Finanzkrise 2.0 und Risikomanagement von Banken

Regulatorische Entwicklungen – Konzepte für die Umsetzung

Herausgegeben von
Axel Becker und Prof. Dr. Hermann Schulte-Mattler

Mit Beiträgen von

Axel Becker, Arne Martin Buscher, Carsten Demski, Karl Dürselen, Dr. Karsten Geiersbach, Wolfgang Greiner, Jan Hrynko, Arno Kastner, Helge Kramer, Karina Kuks, Thorsten Manns, Michael Mertens, Stefan Prasser, Dirk Röckle, Susanne Rosner-Niemes, Diana Savova, Alexander Schmid, Daniela Schröder, Prof. Dr. Hermann Schulte-Mattler, Thomas Stausberg, Prof. Dr. Stefan Zeranski

ERICH SCHMIDT VERLAG

Bibliografische Information der Deutschen Nationalbibliothek

Die Deutsche Nationalbibliothek verzeichnet diese Publikation in der Deutschen Nationalbibliografie; detaillierte bibliografische Daten sind im Internet über http://dnb.d-nb.de abrufbar.

Weitere Informationen zu diesem Titel finden Sie im Internet unter
ESV.info/978 3 503 13688 9

Gedrucktes Werk: ISBN 978 3 503 13688 9
eBook: ISBN 978 3 503 13689 6

Alle Rechte vorbehalten
© Erich Schmidt Verlag GmbH & Co. KG, Berlin 2012
www.ESV.info

Dieses Papier erfüllt die Frankfurter Forderungen der Deutschen Nationalbibliothek und der Gesellschaft für das Buch bezüglich der Alterungsbeständigkeit und entspricht sowohl den strengen Bestimmungen der US Norm Ansi/Niso Z 39.48-1992 als auch der ISO-Norm 9706.

Druck und Bindung: Danuvia, Neuburg an der Donau

Vorwort der Herausgeber

Im Zuge der Finanzmarktkrise haben weltweit eine größere Zahl von Kreditinstituten erhebliche Verluste erleiden müssen, die bis hin zu einer Existenzgefährdung und darüber hinaus gereicht haben. Die Krise machte deutlich, dass die Risikomanagementsysteme der Kreditinstitute – also die Gesamtheit aller Maßnahmen zur Erkennung, Analyse, Bewertung, Kommunikation, Überwachung und Steuerung von Risiken – die herannahende Krise unzureichend angezeigt haben und daher künftig noch deutlich verbessert werden müssen. Schon derzeit kommen bei den in der Praxis vorherrschenden Risikomessmethoden – insbesondere dem „Ökonomischen Kapitalkonzept" – hochintelligente Menschen wie auch modernste Technik zum Einsatz. Zudem arbeiten Institute an verbesserten Risikofrühwarnindikatoren, deren Aussage- und Prognosekraft stärker als die oft rätselhaften Antworten delphischer Orakelsprüche sind.

Mit den Erfahrungen aus der anhaltenden Finanzmarktkrise im Rücken fühlten sich die Herausgeber bei den Diskussionen mit den beteiligten Autoren über die „Vorhersehbarkeit" und „Quantifizierbarkeit" von Risiken oft in den Science-Fiction-Klassiker „Per Anhalter durch die Galaxis" des englischen Schriftstellers Douglas Adams versetzt. Dort versucht eine Rasse hyperintelligenter Lebewesen mit ihrem Supercomputer „Deep Thought" eine Antwort auf die Frage aller Fragen, nämlich die „nach dem Leben, dem Universum und dem ganzen Rest" zu finden. Der Computer fand zwar nach 7,5 Millionen Jahren Rechenzeit eine absolut korrekte Antwort, die Zahl „42", aber niemand weiß, wie die „ultimative Frage" zu der Antwort lautet. Der Planetenarchitekt „Slartibartfass" schuf mit der „Erde" einen noch besseren Supercomputer, um die entsprechende Frage zur Antwort zu finden. Leider war auch dieses Unterfangen nicht von Erfolg gekrönt, weil die Erde wenige Minuten vor Ablauf des Programms im Rahmen eines kosmischen Verkehrsprojekts gesprengt wurde. Diese Fiktion hat eine Analogie zu den „Quants" in den Instituten, die mit komplizierten mathematisch-statistischen Computermodellen Risiken abschätzen, „Anomalien" in den Märkten aufspüren oder Bewertungsmodelle von Instrumenten formulieren, die sich eigentlich nicht bewerten lassen (wie CDOs). Sie finden also auch eine ganze Reihe von Antworten auf Fragen, die keiner mit Sicherheit kennt und die größtenteils auch nicht gestellt worden sind.

Da die Turbulenzen an den Finanzmärkten und mithin viele Probleme im Risikomanagement auch auf die extensive Verwendung von komplizierten Modellen und Handelssystemen zurückzuführen ist, wäre ein größerer ökonomischer Sachverstand über die Thematik wünschenswert. Das vorliegende Werk „Finanzkrise 2.0 und Risikomanagement von Banken" möchte dazu einen Beitrag leisten und verfolgt das Ziel, im Wege einer Gesamtbetrachtung alle wesentlichen theoretischen und praktischen Einzelaspekte und Neuerungen des Risikomanagements darzustellen und zu analysieren. Ausgehend von den organisatorischen und betriebswirtschaftlichen Rahmenbedingungen des Risikomanagements der Kreditinstitute in Teil I werden schwerpunktmäßig die Neuerungen als Reaktion auf die Finanzkrise vertieft. Von großer Bedeutung ist die sich in Teil II anschließende Untersuchung des Risikomanagements in Krisenphasen. Hierbei werden die hochaktuellen Diskussionen der Risikofrüherkennung, des Risikotragfähigkeitskonzeptes, Stresstests, Liquiditätssteuerung und Vergütungssysteme aufgegriffen und praktische Lösungsansätze aufgezeigt. Ein besonderes Anliegen war den Herausgebern in Teil III nicht zuletzt auch das Aufzeigen innovativer Weiterentwicklungen im Risikomanagement.

Wir möchten an dieser Stelle allen Autoren danken, die durch ihren engagierten Einsatz zur Entstehung dieses Handbuches beigetragen haben. Den Lesern wünschen wir eine spannende und anregende Lektüre.

Stuttgart und Dortmund, im Januar 2012

Axel Becker   Hermann Schulte-Mattler

Geleitwort

Seit der Banken- und Finanzkrise 2008 ist das Risikomanagement von Kreditinstituten in den Fokus der Öffentlichkeit gerückt. Diese Krise führte – wie keine andere zuvor – zu einem regelrechten „Regulierungsfeuerwerk" (an dieser Stelle seien nur Basel III, CRD IV, SolvV-Neufassung, 3. MaRisk-Novelle genannt), dessen Ende noch nicht in Sicht ist. Die globale Vernetzung der Finanzmärkte, die angespannte Haushaltslage in den USA und einiger EU-Mitgliedsstaaten wie Griechenland, Irland, Portugal und auch Italien wirken sich potenziell auf jedes einzelne Kreditinstitut aus und erfordern ein professionelles und dynamisches Risikomanagement der Marktteilnehmer.

Die Herausgeber und Autoren des Buches „Finanzkrise 2.0 und Risikomanagement von Banken" gehen in verschiedenen Beiträgen auf die organisatorischen und betriebswirtschaftlichen Anforderungen des Risikomanagements ein, beschreiben das Risikomanagement in Krisenphasen und stellen innovative Weiterentwicklungen dar. Die Aufsätze beleuchten sowohl die neuen und neu überarbeiteten regulatorischen Anforderungen als auch die praktischen Lösungsansätze in den einzelnen Instituten. Die Risikofrüherkennung nimmt hierbei einen besonderen Stellenwert ein. Ergänzt werden die Ausführungen aus dem Blickwinkel der Wissenschaft, der Revision und der externen Bankenberatung. Ich wünsche den Herausgebern und Autoren eine erfolgreiche Auflage und eine intensive Diskussion zu einem dringenden wie spannenden Thema.

Stuttgart, Januar 2012

Dr. Andreas Maurer
Mitglied des Vorstandes der SÜDWESTBANK AG, Stuttgart

Inhaltsübersicht

Vorwort der Herausgeber... 5
Geleitwort.. 7

Hermann Schulte-Mattler und Karl Dürselen
Dritte Novelle der Mindestanforderungen an das Risikomanagement der Banken (MaRisk BA)... 11

Wolfgang Greiner und Michael Mertens
Die Überarbeitung der SolvV: Ein Überblick über die neuen Eigenkapitalanforderungen und Verhältniskennzahlen...................... 37

Axel Becker
Risikofrüherkennung im Kreditgeschäft im Umfeld Finanzmarktkrise: Anforderungen und Erfahrungen aus Sicht der Internen Revision.............. 75

Arno Kastner
Die Bedeutung von unternehmensbezogenen Krisenindikatoren in der Finanzkrise... 101

Helge Kramer
Moderne Risikotragfähigkeitsmodelle im Kontext der Finanzkrise........... 141

Karsten Geiersbach und Stefan Prasser
Bankaufsichtliche Anforderungen an Stresstests der Banken aus Sicht der Internen Revision 169

Stefan Zeranski
Wirkungsvolle Liquiditätssteuerung in Banken im Krisenfall.................... 203

Arne Martin Buscher
Aufsichtsrechtliche Anforderungen an Vergütungssysteme von Banken..... 235

Susanne Rosner-Niemes
Risikoorientierte System- und Verfahrensprüfungen in Bereichen des Risikomanagements 285

Dirk Röckle
Die neue Kreditnehmereinheit (wirtschaftliche Risikoeinheit) – Bankinterne Umsetzung und Revisionsansätze................................... 303

Carsten Demski
Marktdatenbasierte Frühwarnsysteme als Antwort auf die Finanzkrise 327

Karina Kuks, Thorsten Manns, Diana Savova und Alexander Schmid
Ermittlung der Risikodeckungsmasse auf Grundlage des IFRS-Konzernabschlusses... 259

Thomas Stausberg
Institutsspezifische Fundierung von Risikotragfähigkeitskonzepten......... 413

Jan Hrynko und Daniela Schröder
Neue Regulierung des OTC-Derivatemarktes 465

Stichwortverzeichnis... 481

Dritte Novelle der Mindestanforderungen an das Risikomanagement der Banken (MaRisk BA)

Von
Hermann Schulte-Mattler und Karl Dürselen

Prof. Dr. Hermann Schulte-Mattler lehrt BWL, insbesondere Finanzwirtschaft, an der FH Dortmund.

Karl Dürselen ist Senior Consultant und Trainer sowie Lehrbeauftragter für Finanz- und Bankwirtschaft an mehreren Universitäten und der FH Dortmund.

Inhaltsverzeichnis

1	Einleitung: MaRisk und qualitative Bankenaufsicht	13
2	Wesentliche Regelungsbereiche der MaRisk	15
	2.1 Anwendungsbereich	16
	2.2 Gesamtverantwortung der Geschäftsleitung	19
	2.3 Allgemeine Anforderungen an das Risikomanagement	19
	2.4 Organisationsrichtlinien und Dokumentation	24
	2.5 Ressourcen	25
	2.6 Neue Produkte oder Märkte und Outsourcing	26
	2.7 Besondere Anforderungen an das interne Kontrollsystem	26
	2.8 Anforderungen an die Aufbau- und Ablauforganisation	27
	2.9 Kreditgeschäft	27
	2.10 Handelsgeschäft	29
	2.11 Anforderungen an die Risikosteuerungs- und -controllingprozesse	30
	2.12 Besondere Anforderungen an die Ausgestaltung der Internen Revision	33
3	Zusammenfassende Betrachtung und Ausblick	34
	Literaturverzeichnis	35

1 Einleitung: MaRisk und qualitative Bankenaufsicht

Die Mindestanforderungen an das Risikomanagement, kurz „*MaRisk*" genannt, wurden im Jahr 2010 aufgrund der Vorgaben von internationaler Ebene zu einzelnen Themen des Risikomanagements erneut angepasst,[1] nachdem sie schon im Jahr 2009 aufgrund der durch die Finanzkrise ausgelösten Regulierungsschritte erheblich überarbeitet worden waren.[2] Die Regelungen der 3. Novelle der MaRisk sind am 15. Dezember 2010 in Kraft getreten, wobei eine Nichteinhaltung der neuen Vorschriften bis 31. Dezember 2011 nicht sanktionsbewehrt ist.[3] Die Anforderungen der 3. MaRisk-Novelle sind im Grunde nur Detaillierungen und Verschärfungen bereits bestehender Anforderungen.[4] Die MaRisk stellen Konkretisierungen von Vorgaben der Aufsichtssäule II der Baseler Eigenkapitalvereinbarung dar („Basel II").

Der Baseler Ausschuss für Bankenaufsicht hat am 26. Juni 2004 mit dem *Basel-II-Rahmenwerk* risikosensitive Aufsichtsregeln zur Ermittlung der regulatorischen Kapitalanforderungen vorgelegt, die Verluste der Kreditinstitute „abpuffern" sollen.[5] Die vorrangigen Ziele von Basel II sind die Förderung der Stabilität und der Solidität des weltweiten Finanzwesens. Das Rahmenwerk räumt dazu im Vergleich zu früheren bankaufsichtlichen Regelungen den bankinternen Methoden und Kontrollsystemen zur Bewertung der Risiken sowie der Überprüfung der Angemessenheit der Eigenkapitalausstattung und der bankinternen Bewertungsverfahren durch die Aufsicht einen deutlich höheren Stellenwert ein.[6]

Im Mittelpunkt von Basel II stehen in der *Aufsichtssäule I* die bankaufsichtliche Abschätzung potentieller Verlustrisiken und die damit verbundene Weiterentwicklung von Risikofrühwarnindikatoren. Die Kreditinstitute können für die Erfassung der Risiken aus den drei zentralen Risikobereichen – nämlich Kredit-, Markt- und operationelle Risiken – wahlweise Standardverfahren oder bankindividuelle Methoden und Modelle einsetzen. Als Anreiz für den Einsatz und die Weiterentwicklung bankinterner Risikomessmethoden dienen Erleichterungen bei den Mindestka-

---

[1] Vgl. Bundesanstalt für Finanzdienstleistungsaufsicht (2010a, 2010b).

[2] Vgl. Bundesanstalt für Finanzdienstleistungsaufsicht (2009a, 2009b), Schulte-Mattler, Dürselen (2009), und Dürselen, Schulte-Mattler (2009).

[3] Eine Ausnahme besteht für die Vorschriften zum Liquiditätspuffer für kapitalmarktorientierte Institute. Diese sind sofort umzusetzen, das heißt, mit dem Aufbau des geforderten Liquiditätspuffers war unmittelbar nach der Veröffentlichung zu beginnen.

[4] Vgl. Beyer, Wohlert (2010), S. 1.

[5] Vgl. Baseler Ausschuss für Bankenaufsicht (2004); Deutsche Bundesbank (2004); Schulte-Mattler, Manns (2005), Hofmann, Pluto (2005); Baseler Ausschuss für Bankenaufsicht (2006).

[6] Das Basel-II-Rahmenwerk aus dem Jahre 2004 wurde im Juli 2006 um spezifische Aspekte des Handelsbuches ergänzt (vgl. Baseler Ausschuss für Bankenaufsicht (2006)). Im Zuge der Finanzmarktkrise erfolgten am 13. Juni 2009 weitere Anpassungen des Rahmenwerkes, welche sich im Wesentlichen auf die Behandlung von Verbriefungen beziehen (vgl. Basel Committee on Banking Supervision (2009)).

pitalanforderungen. Dies beinhaltet natürlich auch eine Entwicklung von Frühwarnindikatoren für ein solventes und unter Ertragsgesichtspunkten effizient aufgestelltes Institut.[7]

Mit der Baseler *Aufsichtssäule II*, dem bankaufsichtlichen Überprüfungsverfahrens (Supervisory Review Process), hat die Bankenaufsicht einen Paradigmenwechsel zu einer stärker qualitativ ausgerichteten Aufsicht vollzogen. Eine quantitativ ausgerichtete Mindesteigenkapitalausstattung ist zwar unter aufsichtsrechtlichen Aspekten von maßgeblicher Bedeutung, sie kann aber allein weder die Solvenz noch die Stabilität des Bankensystems gewährleisten. Entscheidend ist vielmehr – nach Ansicht der Aufsicht – das vom Bankmanagement festgelegte Ertrags- und Risikoprofil eines Instituts unter Berücksichtigung der Fähigkeit, die eingegangenen Risiken zu steuern und dauerhaft zu tragen.[8]

Die europäische *Bankenrichtlinie* (2006/48/EG) hat die rechtliche Grundlage für eine nationale Umsetzung der ansonsten unverbindlichen Baseler Regelungen geschaffen. Die Artikel 22 und 123 der Bankenrichtlinie werden dabei von den MaRisk als neuen zentralen Baustein für die qualitative Aufsicht in der Bundesrepublik Deutschland umgesetzt.[9] Nach der Richtlinie sind von den Instituten angemessene Leitungs-, Steuerungs- und Kontrollprozesse („Robust Governance Arrangements") sowie Strategien und Prozesse einzurichten, die gewährleisten, dass genügend internes Kapital zur Abdeckung aller wesentlichen Risiken vorhanden ist („Interner Prozess zur Sicherstellung der Risikotragfähigkeit"). Mit den MaRisk ist die Abkehr von der traditionell regelbasierten Aufsicht hin zu einer prinzipienorientierten Aufsicht vollzogen worden. Damit ist gleichzeitig auch ein Paradigmenwechsel vollzogen worden, der sowohl Form und Stil der Regulierung als auch die bankaufsichtliche Praxis bereits verändert hat und auch weiterhin verändern wird.

Für das *bankaufsichtliche Überprüfungsverfahren* bestehen vier zentrale, aber allgemeine Grundsätze:[10]

- *Grundsatz 1*: Jedes Institut soll Verfahren entwickeln, mit dem es seine angemessene Eigenkapitalausstattung im Verhältnis zu seinem Risikoprofil beurteilen kann. Weiterhin soll es über eine Strategie für die Sicherung seines Eigenkapitalniveaus verfügen.

- *Grundsatz 2*: Die Aufsichtsbehörden sollen die bankinternen Beurteilungen und Strategien zur angemessenen Eigenkapitalausstattung überprüfen und be-

---

[7] Vgl. Dürselen (2011).
[8] Mit der Aufsichtssäule III will die Bankenaufsicht durch eine Erweiterung der Offenlegungspflicht zusätzlich erreichen, dass die Kräfte der Märkte ergänzend zu den aufsichtlichen Anforderungen disziplinierend auf die Institute wirken.
[9] Durch die MaRisk wird zudem über § 33 Abs. 1 des Gesetzes über den Wertpapierhandel (WpHG) in Verbindung mit § 25a Abs. 1 KWG Art. 13 der Finanzmarktrichtlinie (2004/39/EG) umgesetzt, soweit diese auf Kreditinstitute und Finanzdienstleistungsinstitute gleichermaßen Anwendung findet.
[10] Vgl. Baseler Ausschuss für Bankenaufsicht (2004).

werten und, falls erforderlich, angemessene aufsichtsrechtliche Maßnahmen ergreifen.
- *Grundsatz 3*: Die Aufsichtsbehörden erwarten von den Kreditinstituten, dass sie – insbesondere bei bankspezifischen Unsicherheiten über die Risikosituation – über eine höhere Eigenkapitalausstattung als die aufsichtlich geforderte Mindestkapitalausstattung verfügen.
- *Grundsatz 4*: Die Bankenaufsicht soll frühzeitig eingreifen, um zu verhindern, dass das Eigenkapital eines Kreditinstituts unter das geforderte Mindestniveau fällt, das angesichts des Risikoprofils des jeweiligen Kreditinstituts erforderlich ist.

Die Grundsätze lassen erkennen, dass es auch Aufgabe der Institute ist, *Frühwarnindikatoren* zu entwickeln, um ihre Risiken bankintern frühzeitig zu erkennen und zu steuern und um daraus resultierend keine negativen Auswirkungen auf ihre Eigenkapitalausstattung hinnehmen zu müssen. Weiterhin sollten die Institute aufbau- und ablauforganisatorischen Mindestanforderungen für ihre risikorelevante Bereiche aufbauen und prüfen (insbesondere zur Überprüfung der bankinternen Kapitalsteuerung und Kontrollsysteme). Die Bundesanstalt für Finanzdienstleistungsaufsicht (BaFin) hat in diesem Zusammenhang klargestellt, dass sie auch künftig am prinzipienorientierten Charakter der MaRisk festhalten und weiterhin dem Proportionalitätsgedanken großes Gewicht einräumen wird.

Ziel des Beitrages ist es nach einer kurzen Darstellung der Entstehung und Weiterentwicklung der MaRisk, die Kernbereiche der 3. MaRisk-Novelle zu erläutern.[11] Dazu werden in Abschnitt 2 die wesentlichen MaRisk-Regelungsbereiche aufgeführt, die das Risikomanagement der Institute prägen.[12] Abschnitt 3 bietet eine zusammenfassende Betrachtung und einen Ausblick über die Weiterentwicklung der MaRisk.

2 Wesentliche Regelungsbereiche der MaRisk

Teile des *bankaufsichtlichen Überprüfungsprozesses* der Säule II wurden in der Bundesrepublik Deutschland bereits vor der Verabschiedung von Basel II durch frühere Regelungen der Bankenaufsicht abgedeckt. Die ersten konkreten Mindestanforderungen und ein Vorläufer der derzeitigen MaRisk waren die Mindestanforderungen an das Betreiben von Handelsgeschäften (MaH) vom 23. Oktober 1995. Im Rahmen der Sechsten Novelle des Kreditwesengesetzes (KWG) im Jahr 1998 wurde der § 25a KWG eingefügt, in dem die besonderen organisatorischen Pflichten von Instituten näher konkretisiert wurden. Seither erfolgten zahlreiche Modifi-

---

[11] Vgl. zu den folgenden Abschnitten Dürselen, Schulte-Mattler (2009, 2011); Dürselen (2011).
[12] Im Text der folgenden Abschnitte werden zur Erläuterung zusätzlich in Klammern die betreffenden Modulbezeichnungen (wie AT oder BTR) sowie die Gliederungsebenen angegeben (wie AT 2 oder BTR 3).

zierungen dieses Paragraphen. Zusätzlich zu den MaH erließ die Bankenaufsicht zunächst die Mindestanforderungen an die Ausgestaltung der Internen Revision (MaIR) vom 17. Januar 2000 und die Mindestanforderungen an das Kreditgeschäft (MaK)[13] vom 20. Dezember 2002. Im Anschluss daran erfolgte durch die Aufsicht in Zusammenarbeit mit den Banken die Gründung des „MaK-Fachgremiums". Um den Anforderungen aus Säule II gerecht zu werden, hat die deutsche Bankenaufsicht die verschiedenen Mindestanforderungen in den MaRisk vereinheitlicht und integriert.

Die *MaRisk* wurden vom BaFin am 20. Dezember 2005 erstmals veröffentlicht und bislang schon *dreimal überarbeitet*. In den MaRisk sind die früheren MaH, MaK sowie MaIR weitgehend unverändert oder aktualisiert übernommen worden. Im Rahmen der 1. Novelle im Jahre 2007 stand die Integration der zuvor im Rundschreiben 11/2001 der BaFin vom 6. Dezember 2001 enthaltenen und zwischenzeitlich modifizierten Outsourcing-Regelungen im Mittelpunkt.[14] Schwerpunkt der 2. Novelle im Jahre 2009 war die Beseitigung von Schwachstellen im Risikomanagement, die zu Beginn der Finanzmarktkrise sichtbar wurden. Der erste Entwurf der 3. Novelle wurde vom BaFin am 9. Juli 2010 veröffentlicht und wiederholt angepasst.[15] Damit sollten die zahlreichen Empfehlungen des Ausschusses der Europäischen Bankaufsichtsbehörden (CEBS) umgesetzt werden. Am 7. Oktober 2010 hat das bei der Bankenaufsicht angesiedelte Fachgremium MaRisk getagt, um über die Stellungnahmen des Zentralen Kreditausschusses (ZKA) sowie weiterer Beteiligter zu diskutieren.[16] Als Ergebnis dieser Diskussion wurde von der BaFin am 4. November 2010 ein zweiter Entwurf der MaRisk veröffentlicht. Die endgültige Fassung der MaRisk wurde dann am 15. Dezember 2010 veröffentlicht und ist Gegenstand der nachfolgenden Ausführungen.

2.1 Anwendungsbereich

Die Bankenaufsicht hat als generelle Zielsetzung für den *Anwendungsbereich* (AT 2) der MaRisk formuliert, dass ihre Beachtung durch die Institute dazu beitragen soll, *Missständen im Kredit- und Finanzdienstleistungswesen* entgegenzuwirken, welche die Sicherheit der den Instituten anvertrauten Vermögenswerte gefährden, die ordnungsgemäße Durchführung der Bankgeschäfte oder Finanzdienstleistungen beeinträchtigen oder erhebliche Nachteile für die Gesamtwirtschaft herbeiführen können. Diese Zielsetzung entspricht den in § 6 Abs. 2 KWG festgelegten Aufgaben der BaFin.

---

[13] Vgl. hierzu z. B. Deutsche Bundesbank (2003).
[14] Vgl. Bundesanstalt für Finanzdienstleistungsaufsicht (2007).
[15] Vgl. Bundesanstalt für Finanzdienstleistungsaufsicht (2010c, 2010d).
[16] Vgl. Bundesanstalt für Finanzdienstleistungsaufsicht (2010e).

Alle Institute im Sinne von § 1 Abs. 1b KWG beziehungsweise im Sinne von § 53 Abs. 1 KWG bilden den *Anwenderkreis* (AT 2.1) der MaRisk-Anforderungen. Die MaRisk sind auch von den Zweigniederlassungen deutscher Institute im Ausland einzuhalten. Unternehmen, die das Finanzierungsleasing oder das Factoring gemäß § 1 Abs. 1a Satz 2 Nr. 9 und 10 KWG betreiben und daher Finanzdienstleistungsinstitute im Sinne des KWG sind, unterliegen auch den Anforderungen des § 25a KWG und den MaRisk. Die Anforderungen in Modul AT 4.5 der MaRisk sind von übergeordneten Unternehmen oder übergeordneten Finanzkonglomeratsunternehmen einer Institutsgruppe, einer Finanzholdinggruppe oder eines Finanzkonglomerats auch auf Gruppenebene zu beachten.

Die MaRisk fordern, dass ein Institut im Rahmen eines angemessenen und wirksamen Risikomanagements eine *Risikoinventur* (AT 2.2) für alle für das Institut wesentliche Risikobereiche durchzuführen hat. Im Rahmen einer Risikoinventur muss ein Institut prüfen, welche Risiken die Vermögenslage einschließlich der Kapitalausstattung, die Ertragslage oder die Liquiditätslage wesentlich beeinträchtigen können.[17] Dabei darf sich die Risikoinventur nicht ausschließlich an den Auswirkungen in der Rechnungslegung oder an formalrechtlichen Ausgestaltungen orientieren. Ein Institut hat vielmehr eine ganzheitliche Risikoinventur durchzuführen, bei der auch Risiken aus außerbilanziellen Gesellschaftskonstruktionen einzubeziehen sind (u. a. auch Risiken aus nicht konsolidierungspflichtigen Zweckgesellschaften).

Die Geschäftsleitung eines Instituts muss sich also regelmäßig und anlassbezogen einen Überblick über die „*wesentlichen Risiken*" und das Gesamtrisikoprofil verschaffen. Dazu sind grundsätzlich mindestens die im AT 2.2 aufgezählten Risiken einzubeziehen: Adressenausfallrisiken (einschließlich Länderrisiken), Marktpreisrisiken, Liquiditätsrisiken sowie operationelle Risiken. Abhängig von seinem konkreten Gesamtrisikoprofil muss ein Institut gegebenenfalls auch sonstige Risiken als wesentlich einstufen (wie Vertriebs-, Reputations- oder Platzierungsrisiken).[18]

Mit den wesentlichen Risiken verbundene *Risikokonzentrationen* sind ebenfalls zu berücksichtigen. Die MaRisk verstehen unter Risikokonzentrationen nicht nur Risikopositionen gegenüber Einzeladressen, die allein aufgrund ihrer Größe eine Risikokonzentration darstellen.[19] Risikokonzentrationen können nämlich sowohl durch den Gleichlauf von Risikopositionen innerhalb einer Risikoart („*Intra-Risikokonzentrationen*") als auch durch den Gleichlauf von Risikopositionen über

---

[17] Vgl. hierzu AT 2.2.

[18] Hierzu zählt vor allem das Risiko, dass ein Institut bei Verbriefungstransaktionen einzelne Teile der Emission nicht am Markt platzieren kann.

[19] Diese neueren Erläuterungen zum Begriff „Risikokonzentrationen" sind erst in die Fassung der Mindestanforderungen an das Risikomanagement (MaRisk) vom 15. Dezember 2010 aufgenommen worden.

verschiedene Risikoarten hinweg (*„Inter-Risikokonzentrationen"*)[20] entstehen. Für Risiken, die ein Institut nicht als wesentlich einstuft, muss es „angemessene" Vorkehrungen treffen, die nicht weiter beschrieben werden.

Zu den *einzubeziehenden Geschäften* (AT 2.3) der Institute zählen vor allem die Kreditgeschäfte und Handelsgeschäfte:

– Für die Abgrenzung der *Kreditgeschäfte* wird § 19 Abs. 1 KWG zugrunde gelegt, in dem insbesondere Bilanzaktiva und außerbilanzielle Geschäfte mit Adressenausfallrisiken als Kredit definiert werden. Zusätzlich wurde in die Kommentierung der MaRisk aufgenommen,[21] dass als Kreditgeschäft alle Geschäfte eingestuft werden sollen, unabhängig davon, ob die maßgeblichen Positionen Gegenstand von Verbriefungen sind oder nicht. Als Kreditentscheidung im Sinne der MaRisk gilt jede Entscheidung über Neukredite, Krediterhöhungen, Beteiligungen, Limitüberschreitungen, die Festlegung von kreditnehmerbezogenen Limiten sowie von Kontrahenten- und Emittentenlimiten, Prolongationen[22] und Änderungen risikorelevanter Sachverhalte,[23] die dem Kreditbeschluss zugrunde lagen (wie Sicherheiten oder Verwendungszweck). Dabei ist es unerheblich, ob diese Entscheidung ausschließlich vom Institut selbst oder gemeinsam mit anderen Instituten getroffen wird („Konsortialgeschäfte").

– Als *Handelsgeschäfte*[24] gelten alle Abschlüsse, denen ein Geldmarktgeschäft, Wertpapiergeschäft,[25] Devisengeschäft, Geschäft in handelbaren Forderungen,[26] Geschäft in Waren[27] oder Geschäft in Derivaten[28] zugrunde liegt und

---

[20] Beispielsweise durch gemeinsame Risikofaktoren oder durch Interaktionen verschiedener Risikofaktoren unterschiedlicher Risikoarten.

[21] Dies gilt seit der Fassung der Mindestanforderungen an das Risikomanagement vom 14. August 2009.

[22] Die MaRisk unterscheiden hierbei noch zwischen externen und internen Prolongationen.

[23] Die Erläuterungen der MaRisk gehen auf Zinsanpassungen und Stundungen gesondert ein.

[24] Die Abgrenzung der Handelsgeschäfte gemäß MaRisk überschneidet sich zwar in Teilbereichen mit der Abgrenzung des Handelsbuchs gemäß § 1a KWG, ist aber keineswegs identisch.

[25] Wertpapiergeschäfte sind auch Geschäfte mit Namensschuldverschreibungen sowie die Wertpapierleihe, nicht aber die Erstausgabe von Wertpapieren (Emissionsgeschäft).

[26] Forderungen sind dann als Handelsgeschäfte einzustufen, wenn das Institut eine Handelsabsicht hat. Das Institut muss hierzu geeignete Kriterien festlegen. Ein Handelsgeschäft ist wie der Handel in Schuldscheinen einzustufen.

[27] Zu den Warengeschäften gehören insbesondere der Handel mit Edelmetallen und Rohwaren sowie der CO_2-Handel und der Stromhandel. Bei der Abgrenzung der Geschäfte in Waren in den MaRisk ist § 296 Abs. 2 SolvV zu beachten.

[28] Zu den Geschäften in Derivaten zählen Termingeschäfte, deren Preis sich von einem zugrunde liegenden Aktivum, von einem Referenzpreis, Referenzzins, Referenzindex oder einem im Voraus definierten Ereignis ableitet.

die im eigenen Namen und für eigene Rechnung abgeschlossen werden.[29] Als Handelsgeschäfte gelten auch – ungeachtet des Geschäftsgegenstandes – Vereinbarungen von Rückgabe- oder Rücknahmeverpflichtungen sowie Pensionsgeschäfte.

2.2 Gesamtverantwortung der Geschäftsleitung

Die *Gesamtverantwortung der Geschäftsleitung* (AT 3) erstreckt sich gemäß § 1 Abs. 2 KWG, unabhängig von der internen Zuständigkeitsregelung, auf die *ordnungsgemäße Geschäftsorganisation* und deren Weiterentwicklung. Ihre Verantwortung bezieht sich – auch unter Berücksichtigung ausgelagerter Aktivitäten und Prozesse – auf alle wesentlichen Elemente des Risikomanagements. Die Geschäftsleiter eines übergeordneten Unternehmens einer Institutsgruppe, Finanzholding-Gruppe oder eines übergeordneten Finanzkonglomeratsunternehmens sind zudem für die ordnungsgemäße Geschäftsorganisation in der Gruppe und somit auch für ein angemessenes und wirksames Risikomanagement auf Gruppenebene gemäß § 25a Abs. 1a KWG verantwortlich.

Die Geschäftsleiter werden folglich dieser Verantwortung nur gerecht, wenn sie die getätigten Geschäfte auch *vollumfänglich verstehen*, was in der Finanzkrise in vielen Banken offensichtlich nicht der Fall war. So ist in den MaRisk – wie schon in der MaRisk-Urfassung 2005 – vorgeschrieben, dass die Geschäftsleiter „die Risiken beurteilen und die erforderlichen Maßnahmen zu ihrer Begrenzung treffen" können.[30] Die zwischenzeitliche Abschwächung dieser Regelung in der 1. MaRisk-Novellierung 2006, nach der „das Risikomanagement den Geschäftsleitern die Risikobeurteilung ermöglichen sollte", ist damit wieder zurückgenommen worden.

2.3 Allgemeine Anforderungen an das Risikomanagement

Auf der Grundlage des Gesamtrisikoprofils hat ein Institut – nach den *allgemeinen Anforderungen an das Risikomanagement* (AT 4) – sicherzustellen, dass es seine wesentlichen Risiken durch das Risikodeckungspotenzial unter Berücksichtigung von Risikokonzentrationen laufend abdeckt und damit die Voraussetzungen an die *Risikotragfähigkeit* (AT 4.1) erfüllt.[31] Zur Gewährleistung der Risikotragfähigkeit ist ein interner Prozess einzurichten. Bei der Festlegung oder einer Anpassung der Strategien (AT 4.2) ist die Risikotragfähigkeit ebenfalls zu berücksichtigen. Ein Institut muss zur Umsetzung seiner Strategien und zur Sicherstellung der Risiko-

---

[29] Für das traditionelle Warengeschäft von gemischtwirtschaftlichen Kreditgenossenschaften kann in Abhängigkeit von Art, Umfang und Risikogehalt dieser Geschäftsaktivitäten eine sinngemäße Umsetzung der Anforderungen für das Handelsgeschäft angemessen sein.

[30] Bundesanstalt für Finanzdienstleistungsaufsicht (2005).

[31] Vgl. im Folgenden auch Bausch, Behrends, (2010) und Hannemann, Schneider (2011). Einen Überblick über den Stand der Praxis gibt Deutsche Bundesbank (2010).

tragfähigkeit außerdem geeignete Risikosteuerungs- und Risikocontrollingprozesse (AT 4.3.2) einrichten.

Der interne Prozess zur Sicherstellung der Risikotragfähigkeit hat auch zu analysieren, wie sich beabsichtigte Veränderungen der eigenen Geschäftstätigkeit oder der strategischen Ziele und erwartete Veränderungen des wirtschaftlichen Umfelds auf die *zukünftige Risikotragfähigkeit* auswirken. Es wird in den MaRisk besonders darauf hingewiesen, dass ein Institut seine diesbezügliche Analyse auch üben den Bilanzstichtag hinaus durchführen muss, auch wenn für das Risikotragfähigkeitskonzept eine periodische Betrachtungsweise zugrunde gelegt wird.[32] Die Aufsicht akzeptiert im Normalfall als angemessene Lösungsansätze eine Betrachtung bis zum übernächsten Bilanzstichtag spätestens ab Mitte des Jahres oder eine rollierende 12-Monats-Betrachtung.

Eine *Nichtberücksichtigung von wesentlichen Risiken* in dem Risikotragfähigkeitskonzept ist möglich, muss allerdings vom Institut nachvollziehbar begründet werden. Grundsätzlich kann von einer Berücksichtigung wesentlicher Risiken im Risikotragfähigkeitskonzept abgesehen werden, wenn das Risiko aufgrund seiner Eigenart nicht sinnvoll durch Risikodeckungspotenzial begrenzt werden kann.[33] Gleichwohl muss das Institut sicherstellen, dass solche Risiken in den Risikosteuerungs- und Risikocontrolling-Prozessen angemessen berücksichtigt werden. Verfügt ein Institut über kein geeignetes Verfahren zur Quantifizierung einzelner Risiken, die im Risikotragfähigkeitskonzept berücksichtigt werden sollen, so hat es für diese Risiken auf der Grundlage einer „Plausibilisierung" einen Risikobetrag festzulegen, was bei bestimmten Risikoarten problematisch ist (wie Reputationsrisiken).

Ein Institut hat die Möglichkeit, in seinem Risikotragfähigkeitskonzept innerhalb oder zwischen Risikoarten *risikomindernde Diversifikationseffekte* zu berücksichtigen. In diesem Fall muss sichergestellt sein, dass die zugrunde liegenden Annahmen anhand einer Analyse der institutsindividuellen Verhältnisse getroffen werden und auf Daten basieren, die auf die individuelle Risikosituation des Instituts als übertragbar angesehen werden können. Auch müssen die zugrunde liegenden Datenhistorien ausreichend lang sein, um Veränderungen von Diversifikationseffekten in konjunkturellen Auf- und Abschwungphasen widerzuspiegeln. Das Institut muss die Diversifikationseffekte so konservativ einschätzen, dass diese auch in konjunkturellen Abschwungphasen sowie bei – im Hinblick auf die Geschäfts- und Risikostruktur des Instituts – ungünstigen Marktverhältnissen als ausreichend stabil angenommen werden können. Das Institut muss die Verlässlichkeit und die Stabilität der Diversifikationsannahmen regelmäßig und, falls erforderlich, auch anlassbezogen überprüfen. Die Mitarbeiter der Bank müssen die Geschäftsleitung über die

---

[32] Wenn also von Jahresabschlussgrößen ausgegangen wird.
[33] Dies kann z. B. für Liquiditätsrisiken bei kleineren Sparkassen oder Genossenschaftsbanken gelten.

Diversifikationsannahmen informieren und die Geschäftsleitung muss sie anschließend genehmigen.

Ein Institut darf bei der *Ermittlung der Diversifikationseffekte* keine Daten aus anderen Quellen sowie Annahmen verwenden, die unreflektiert aus anderen Quellen übernommen wurden. Vielmehr muss das Institut bei auf externen Daten beruhenden Annahmen zu Diversifikationseffekten plausibel darlegen können (z. B. im Rahmen von Kreditportfoliomodellen), dass die zugrunde liegenden Daten seine Geschäfts- und Risikostruktur widerspiegeln. Allerdings kann ein Institut bei der Festlegung von Diversifikationsannahmen für Marktpreisrisiken gegebenenfalls Zeitreihen verwenden, die nicht alle Phasen eines Konjunkturzyklus abdecken. Es muss jedoch sicherzustellen, dass Diversifikationseffekte auch auf der Basis eines Zeitfensters ermittelt werden, das eine im Hinblick auf das aktuelle Portfolio des Instituts ungünstige Marktphase abbildet.

Die MaRisk legen fest, dass die Geschäftsleitung verantwortlich für die Festlegung und Anpassung der *Strategien* (AT 4.2) ist und dass diese Verantwortung nicht delegierbar ist. In der „nachhaltigen Geschäftsstrategie" sind die Ziele des Instituts für jede wesentliche Geschäftsaktivität sowie die Maßnahmen zur Erreichung dieser Ziele darzulegen. Eine Konkretisierung der strategischen Ziele sowie der Maßnahmen zur Erreichung dieser Ziele stecken wiederum die Eckpunkte für die operative Planung ab und müssen folglich von der Geschäftsleitung hinreichend konkret formuliert werden, um plausibel in die operative Unternehmensplanung überführt werden zu können (Soll-/Ist-Abgleich).

Bei der Festlegung und Anpassung der Geschäftsstrategie hat die Geschäftsleitung *externe und interne Einflussfaktoren* zu berücksichtigen. Zu den externen Faktoren gehören beispielsweise die Marktentwicklung, die Wettbewerbssituation oder das regulatorisches Umfeld. Beispiele für interne Einflussfaktoren sind die Risikotragfähigkeit, Liquidität, Ertragslage, personelle und technisch-organisatorische Ressourcen. Das Institut muss hinsichtlich der zukünftigen Entwicklung der relevanten Einflussfaktoren Annahmen treffen, die einer regelmäßigen und anlassbezogenen Überprüfung zu unterziehen sind. Falls erforderlich, ist die Geschäftsstrategie bei einer Änderung der Annahmen anzupassen.

Aufgabe der Geschäftsleitung ist es, eine mit der Geschäftsstrategie und den daraus resultierenden Risiken *konsistente Risikostrategie* festzulegen. Das heißt, sie muss bei der Erarbeitung der Risikostrategie die in der Geschäftsstrategie niederzulegenden Ziele und Planungen der wesentlichen Geschäftsaktivitäten sowie die Risiken wesentlicher Auslagerungen berücksichtigen. Die Geschäftsleitung hat weiterhin darauf zu achten, dass die Risikostrategie die Ziele der Risikosteuerung der wesentlichen Geschäftsaktivitäten sowie die Maßnahmen zur Erreichung dieser Ziele umfasst. Dabei kann ein Institut die Risikostrategie in mehrere Teilstrategien unterteilen oder auch die Risikostrategie in die Geschäftsstrategie integrieren. Da die Art und Weise der Darstellung der Risikostrategie im Ermessen eines Instituts liegt, ist es dem Institut daher erlaubt, einen unterschiedlichen Detaillierungsgrad der Teilstrategien vor dem Hintergrund der Komplexität sowie dem Risikogehalt der geplanten Geschäftsaktivitäten festzulegen.

Risikotoleranzen sind unter Berücksichtigung von Risikokonzentrationen für alle wesentlichen Risiken des Instituts festzulegen. Die Finanzmarktkrise hat deutlich gemacht, dass Institute, die besonders abhängig von einzelnen Ertragsquellen sind, tendenziell ertragsvolatiler gegenüber Marktschwankungen sind. Daher muss ein Institut künftig bei der Erfassung der Risikokonzentrationen auch seine Ertragssituation berücksichtigen („Ertragskonzentrationen"). Hierzu ist es für ein Institut erforderlich, dass es seine Erfolgsquellen voneinander abgrenzen und diese quantifizieren kann.

Die Geschäftsleitung muss gemäß der 3. MaRisk-Novelle einen *Strategieprozess* einrichten, der sich insbesondere auf die Prozessschritte Planung, Umsetzung, Beurteilung und Anpassung der Strategien erstreckt. Um eine sinnvolle Beurteilung der Strategien vornehmen zu können, sollen die in den Strategien niedergelegten Ziele so formuliert werden, dass eine sinnvolle Überprüfung der Zielerreichung möglich ist. Nach der Überprüfung der Strategien sind die Ursachen für eventuelle Abweichungen zu analysieren. Dabei ist davon auszugehen, dass dieser Strategieprozess mindestens jährlich und – falls erforderlich – auch anlassbezogen durchzuführen ist.

Das Institut hat die Strategien sowie etwaige erforderliche Anpassungen der Strategien dem *Aufsichtsorgan* des Instituts zur Kenntnis zu geben und mit diesem zu erörtern. Dabei erstreckt sich die Erörterung – falls Zielabweichungen vorliegen – auch auf die Ursachenanalyse nach AT 4.2 Tz. 4. Adressat der Strategien sollte grundsätzlich jedes Mitglied des Aufsichtsorgans sein. Falls das Aufsichtsorgan Ausschüsse gebildet hat, können die Strategien auch an einen Ausschuss weitergeleitet und mit diesem erörtert werden. Jedem Mitglied des Aufsichtsorgans ist allerdings das Recht einzuräumen, die an den Ausschuss geleiteten Strategien einsehen zu können.

Jedes Institut hat entsprechend Art, Umfang, Komplexität und Risikogehalt seiner Geschäftsaktivitäten ein *internes Kontrollsystem* (AT 4.3) einzurichten, wozu Regelungen zur Aufbau- und Ablauforganisation sowie Risikosteuerungs- und Risikocontrollingprozesse gehören:

- Die *Aufbau- und Ablauforganisation* (AT 4.3.1) eines Instituts muss sicherstellen, dass miteinander nicht vereinbare Tätigkeiten von unterschiedlichen Mitarbeitern durchgeführt werden. Auch bei Arbeitsplatzwechseln sollten Interessenkonflikte vermieden werden. Weiterhin ist es Aufgabe der Aufbau- und Ablauforganisation eines Instituts, Prozesse und die damit verbundenen Aufgaben, Kompetenzen, Verantwortlichkeiten, Kontrollen sowie Kommunikationswege klar zu definieren und aufeinander abzustimmen. Dies gilt natürlich auch für die Schnittstellen bei wesentlichen Outsourcing-Aktivitäten. Im Rahmen der Aufbau- und Ablauforganisation ist ein geeignetes Verfahren festzulegen, damit die unter Risikogesichtspunkten wesentlichen Informationen unverzüglich an die Geschäftsleitung, die jeweiligen Verantwortlichen und gegebenenfalls die Interne Revision weitergeleitet werden. Nur so ist es möglich, frühzeitig geeignete Maßnahmen oder Prüfungshandlungen einzuleiten.

- Jedes Institut muss angemessene *Risikosteuerungs- und Risikocontrollingprozesse* (AT 4.3.2) einrichten, die eine Identifizierung, Beurteilung, Steuerung sowie Überwachung und Kommunikation der wesentlichen Risiken und damit verbundener Risikokonzentrationen gewährleisten. Die MaRisk verlangen, dass ein Institut diese Prozesse in eine gemeinsame Ertrags- und Risikosteuerung („Gesamtbanksteuerung") einbindet und dass es dabei angemessene Vorkehrungen zur Begrenzung von Risikokonzentrationen trifft. Es ist dem Institut freigestellt, welche quantitativen Instrumente (wie Limit- oder Ampelsysteme) oder qualitativen Instrumente es als angemessene Vorkehrungen zur Begrenzung von Risikokonzentrationen einsetzt. Dabei muss sichergestellt sein, dass die wesentlichen Risiken – auch aus ausgelagerten Aktivitäten und Prozessen – frühzeitig erkannt, vollständig erfasst und in angemessener Weise dargestellt werden können. Die Risikosteuerungs- und Risikocontrollingprozesse müssen zeitnah an sich ändernde Bedingungen anpasst werden.

Neu in der 3. MaRisk-Novelle ist, dass die *Stresstests* (AT 4.3.3) in einem eigenen Modul behandelt werden, wobei damit alle Methoden gemeint sind, mit denen die Institute ihr individuelles Gefährdungspotenzial[34] auch hinsichtlich außergewöhnlicher, aber plausibel möglicher Ereignisse auf den jeweils relevanten Ebenen des Instituts überprüfen.[35] Stresstests umfassen insbesondere Sensitivitäts- und Szenarioanalysen. Während bei Sensitivitätsanalysen in der Regel nur ein Risikofaktor variiert wird, werden bei Szenarioanalysen mehrere oder alle Risikofaktoren, deren Änderung aus einem vordefinierten Ereignis resultiert, simultan verändert. Stresstests können bei einem Institut auf Portfolio-, Gesamtinstituts- oder auch auf Geschäftsbereichsebene erfolgen.

Ein Institut muss regelmäßig *angemessene Stresstests* durchführen, die Art, Umfang, Komplexität und den Risikogehalt der Geschäftsaktivitäten widerspiegeln. Dies hat auf der Grundlage der für die jeweiligen Risiken identifizierten wesentlichen Risikofaktoren zu geschehen. Anhand geeigneter historischer und hypothetischer Szenarien müssen die Institute in ihren Stresstests neben den Normalfällen auch außergewöhnliche, aber plausibel mögliche Ereignisse abbilden. Bei der Festlegung der Szenarien sollen die Institute ihre strategische Ausrichtung und ihr wirtschaftliches Umfeld berücksichtigen und insbesondere – nach den Erfahrungen der Finanzkrise – die Auswirkungen eines schweren konjunkturellen Abschwungs auf Gesamtinstitutsebene analysieren. Die Stresstests müssen auch die angenommenen

---

[34] Im Rahmen der Änderungen der 3. MaRisk-Novelle wurde der Begriff „Verlustanfälligkeit" durch den Begriff „individuelles Gefährdungspotenzial" ersetzt.

[35] Zur Abgrenzung des Begriffs „Stresstests" siehe die Erläuterungen zu AT 4.3.3.

Risikokonzentrationen und Diversifikationseffekte innerhalb und zwischen den Risikoarten berücksichtigen. Des Weiteren sind im Rahmen der Stresstests auch Risiken aus außerbilanziellen Gesellschaftskonstruktionen und Verbriefungstransaktionen zu beachten.

Die erstmals in den MaRisk adressierten *„inversen Stresstests"* stellen eine echte Neuerung dar. Mit diesen Tests müssen Institute „rückwärts" analysieren, welche Ereignisse und Entwicklungen einen – für die Analyse angenommenen – Zusammenbruch auslösen könnten. Ziel der inversen Stresstests ist es, dass sich die Institute ein besseres Bild über maßgebliche Risikotreiber verschaffen, die – auch in Verkettung miteinander – die Geschäftsaktivitäten besonders beeinflussen können. Die Überlebensfähigkeit des Institutes ist dann als gefährdet anzusehen, wenn sich das ursprüngliche Geschäftsmodell als nicht mehr durchführbar oder tragbar erweist. Die Angemessenheit der Stresstests sowie deren zugrunde liegenden Annahmen sind in regelmäßigen Abständen, mindestens aber jährlich, zu überprüfen.

Jedes Institut ist gemäß MaRisk verpflichtet, über eine funktionsfähige *Interne Revision* (AT 4.4) zu verfügen. Aufgabe der Internen Revision ist es, risikoorientiert und prozessunabhängig die Wirksamkeit und Angemessenheit des Risikomanagements im Allgemeinen und des internen Kontrollsystems im Besonderen sowie die Ordnungsmäßigkeit grundsätzlich aller Aktivitäten und Prozesse zu prüfen und zu beurteilen. Dies gilt unabhängig davon, ob diese ausgelagert sind oder nicht.[36] Die Interne Revision ist über für sie wesentliche Weisungen und Beschlüsse der Geschäftsleitung sowie bedeutende Änderungen im Risikomanagement rechtzeitig zu informieren.

Die Anforderungen an das *Risikomanagement auf Gruppenebene* (AT 4.5) wird seit der 2. MaRisk-Novelle in einem eigenen Modul konkretisiert. In den MaRisk explizit genannte Anforderungen auf Gruppenebene betreffen Geschäfts- und Risikostrategien, Sicherstellung der Risikotragfähigkeit, angemessene Aufbau- und Ablauforganisation (einschließlich Kompetenzen, Verantwortlichkeiten und Kontrollen), laufende Information über die Risikosituation, Stresstests sowie Konzernrevision.

2.4 Organisationsrichtlinien und Dokumentation

Jedes Institut hat zu gewährleisten, dass die Geschäftsaktivitäten auf der Grundlage von *Organisationsrichtlinien* (AT 5) betrieben werden.[37] Die Richtlinien haben sich insbesondere auf folgende Bereiche zu erstrecken: Regelungen für die Aufbau- und Ablauforganisation sowie zur Aufgabenzuweisung, Kompetenzordnung und zu den Verantwortlichkeiten, Regelungen bezüglich der Ausgestaltung der Risikosteuerungs- und Risikocontrollingprozesse, Regelungen zur Internen Revision, Regelun-

---

[36] BT 2.1 Tz. 3 der MaRisk bleibt hiervon unberührt.
[37] Hierzu zählen z. B. Handbücher, Arbeitsanweisungen oder Arbeitsablaufbeschreibungen.

gen, die die Einhaltung gesetzlicher Bestimmungen sowie sonstiger Vorgaben gewährleisten und Regelungen zu Verfahrensweisen bei wesentlichen Auslagerungen.

Im Rahmen der *Dokumentation* (AT 6) hat jedes Institut seine Geschäfts-, Kontroll- und Überwachungsunterlagen systematisch und für sachkundige Dritte nachvollziehbar abzufassen und die Aktualität und Vollständigkeit der Aktenführung sicherzustellen. Ein Institut muss die für die Einhaltung der MaRisk wesentlichen Handlungen und Festlegungen nachvollziehbar dokumentieren.

2.5 Ressourcen

Eine der wichtigsten *Ressourcen* (AT 7) eines Instituts ist das *Personal* (AT 7.1), wobei sich gemäß den MaRisk die quantitative und qualitative Personalausstattung eines Instituts vor allem an betriebsinternen Erfordernissen, den Geschäftsaktivitäten sowie der Risikosituation zu orientieren hat.[38] Das Institut hat sicherzustellen, dass seine Mitarbeiter und deren Vertreter – abhängig von ihren Aufgaben, Kompetenzen und Verantwortlichkeiten – über die erforderlichen Kenntnisse und Erfahrungen verfügen. Es wird erwartet, dass ein Institut mittels geeigneter Maßnahmen ein angemessenes Qualifikationsniveau der Mitarbeiter gewährleistet und dass die Abwesenheit oder das Ausscheiden von Mitarbeitern nicht zu nachhaltigen Störungen des Betriebsablaufs führt. Eine spezifische quantitative oder qualitative Personalausstattung geben die MaRisk nicht vor, da diese Festlegung Aufgabe der Personalabteilung eines Instituts ist.

Umfang und Qualität der *technisch-organisatorischen Ausstattung* (AT 7.2) eines Instituts haben sich – analog zu allgemeinen Anforderungen der MaRisk – wiederum vor allem an seinen betriebsinternen Erfordernissen, den Geschäftsaktivitäten sowie der Risikosituation zu orientieren. Ein Institut muss für seine IT-Systeme und die zugehörigen IT-Prozesse die Integrität, die Verfügbarkeit, die Authentizität sowie die Vertraulichkeit der Daten, insbesondere seiner Kunden, sicherstellen. Daher soll es bei der Ausgestaltung der IT-Systeme und der zugehörigen IT-Prozesse grundsätzlich auf gängige Standards abstellen, insbesondere soll es Prozesse für eine angemessene IT-Berechtigungsvergabe einrichten, die sicherstellen, dass jeder Mitarbeiter nur über die Rechte verfügt, die er für seine Tätigkeit benötigt.

Das Institut hat die *Eignung der IT-Systeme* und der zugehörigen Prozesse regelmäßig von seinen fachlich und technisch zuständigen Mitarbeitern überprüfen zu lassen. Weiterhin hat es die IT-Systeme vor ihrem erstmaligen Einsatz und nach wesentlichen Veränderungen[39] zu testen und von den fachlich sowie auch von den technisch zuständigen Mitarbeitern abnehmen zu lassen. Die MaRisk lassen zwar

---

[38] Bei einem Rückgriff auf Leiharbeitnehmer gilt dies entsprechend.
[39] Bei der Beurteilung der Wesentlichkeit von Veränderungen ist entscheidend auf die Auswirkungen, die eine Veränderung auf die Funktionsfähigkeit des betroffenen IT-Systems haben kann, abzustellen.

Testate Dritter bei der Abnahme zu, weisen aber darauf hin, dass diese die Abnahme jedoch nicht vollständig ersetzen können. Grundsätzlich ist ein Regelprozess der Entwicklung, des Testens, der Freigabe und der Implementierung in die Produktionsprozesse zu etablieren. Dabei sind Produktions- und Testumgebung grundsätzlich voneinander zu trennen.

2.6 Neue Produkte oder Märkte und Outsourcing

Für die Aufnahme von *Geschäftsaktivitäten in neuen Produkten* (AT 8) oder auf neuen Märkten (einschließlich neuer Vertriebswege) muss ein Institut vorab ein Konzept erarbeiten. Grundlage eines derartigen Konzeptes muss nicht nur das Ergebnis der Analyse des Risikogehalts dieser neuen Geschäftsaktivitäten, sondern auch deren Auswirkungen auf das Gesamtrisikoprofil sein. Ein Institut muss in dem Konzept die daraus resultierenden wesentlichen Konsequenzen für das Risikomanagement abbilden.

Weiterhin muss ein Institut vor der *Übernahme anderer Unternehmen oder Fusionen* mit anderen Unternehmen ein Konzept erarbeiten, in dem die wesentlichen strategischen Ziele, die voraussichtlichen wesentlichen Konsequenzen für das Risikomanagement und die wesentlichen Auswirkungen auf das Gesamtrisikoprofil des Instituts und der Gruppe dargelegt werden. Dieses Konzept soll auch die mittelfristig geplante Entwicklung der Vermögens-, Finanz- und Ertragslage, die voraussichtliche Höhe der Risikopositionen, die notwendigen Anpassungen der Risikosteuerungs- und Risikocontrollingprozesse und der IT-Systeme sowie die Darstellung wesentlicher rechtlicher Konsequenzen umfassen.

Falls ein Institut im Rahmen seiner Geschäftsaktivitäten *Outsourcing* (AT 9) nutzen will, muss es zunächst auf der Grundlage einer Risikoanalyse eigenverantwortlich sogenannte wesentliche Auslagerungen festlegen,[40] also Auslagerungen von Aktivitäten und Prozessen, die unter Risikogesichtspunkten wesentlich sind. Im Rahmen der Erstellung der Risikoanalyse sind die maßgeblichen Organisationseinheiten, aber auch die Interne Revision einzubeziehen. Sollten sich künftig wesentliche Änderungen der Risikosituation ergeben, ist die Risikoanalyse anzupassen.

2.7 Besondere Anforderungen an das interne Kontrollsystem

Die *besonderen Anforderungen an das interne Kontrollsystem* (BT 1) beziehen sich insbesondere auf die Ausgestaltung der Aufbau- und Ablauforganisation im Kredit-

---

[40] Gemäß AT 9 der MaRisk liegt eine Auslagerung vor, wenn ein anderes Unternehmen mit der Wahrnehmung solcher Aktivitäten und Prozesse im Zusammenhang mit der Durchführung von Bankgeschäften, Finanzdienstleistungen oder sonstigen institutstypischen Dienstleistungen beauftragt wird, die ansonsten vom Institut selbst erbracht würden. Nicht als Auslagerung im Sinne der MaRisk gilt der sonstige Fremdbezug von Leistungen. Hierzu zählt zunächst der einmalige oder gelegentliche Fremdbezug von Gütern und Dienstleistungen.

und Handelsgeschäft (BTO). Des Weiteren sind – unter Einbeziehung von Risikokonzentrationen – Anforderungen an die Ausgestaltung der Risikosteuerungs- und Risikocontrollingprozesse für Adressenausfallrisiken, Marktpreisrisiken, Liquiditätsrisiken und operationelle Risiken aufgestellt worden (BTR).

2.8 Anforderungen an die Aufbau- und Ablauforganisation

Bei den *Anforderungen an die Aufbau- und Ablauforganisation* (BTO), insbesondere im Kredit- und Handelsgeschäft, wird zwischen „Markt", „Marktfolge" und „Handel" unterschieden. Markt ist der Bereich, der die Kreditgeschäfte initiiert und der im Rahmen der Kreditentscheidungen über ein Votum verfügt. Marktfolge ist der Bereich, der bei den Kreditentscheidungen über ein weiteres Votum verfügt. Zusätzlich unterscheiden die MaRisk folgende Funktionen: Funktionen, die der Überwachung und Kommunikation der Risiken (Risikocontrolling) dienen, und Funktionen, die der Abwicklung und Kontrolle der Handelsgeschäfte dienen.

Ein Institut muss bei der *Ausgestaltung der Aufbauorganisation* grundsätzlich sicherstellen, dass die Bereiche „Markt" und „Handel" bis einschließlich der Ebene der Geschäftsleitung von den Bereichen Marktfolge, Risikocontrolling und Abwicklung und Kontrolle der Handelsgeschäfte getrennt sind. Weiterhin sind die Funktionen des Marktpreisrisikocontrollings – bis einschließlich der Ebene der Geschäftsleitung – von den Bereichen zu trennen, die die Positionsverantwortung tragen.

2.9 Kreditgeschäft

Die MaRisk haben als wesentliche Anforderung für die Ausgestaltung der Prozesse im *Kreditgeschäft* (BTO 1) festgelegt, dass eine klare aufbauorganisatorische *Funktionstrennung und Votierung* (BTO 1.1) der Bereiche Markt und Marktfolge bis einschließlich der Ebene der Geschäftsleitung zu erfolgen hat. Allerdings sind bei kleinen Instituten – unter bestimmten Voraussetzungen – Ausnahmen hinsichtlich der Funktionstrennung erlaubt. Grundsätzlich erfordert eine Kreditentscheidung zwei zustimmende Voten, nämlich der Bereiche Markt und Marktfolge. Ein Institut kann allerdings festlegen, dass für Kreditentscheidungen bei Geschäften, die unter Risikogesichtspunkten als nicht wesentlich einzustufen sind, nur ein Votum erforderlich ist („nicht-risikorelevante Kreditgeschäfte"). Bei Handelsgeschäften muss ein Institut die Kontrahenten- und Emittentenlimite durch eine Votierung aus der Marktfolge festzulegen.

Die *Anforderungen an die Prozesse im Kreditgeschäft* (BT0 1.2) beziehen sich auf die Prozesse für die Kreditbearbeitung (Kreditgewährung und Kreditweiterbearbeitung), Kreditbearbeitungskontrolle, Intensivbetreuung, Problemkreditbearbeitung und Risikovorsorge. Das Institut muss die Verantwortung für die Entwicklung und Qualität der Prozesse Bereichen außerhalb des Marktes zuordnen und Bearbeitungsgrundsätze für die Prozesse im Kreditgeschäft formulieren. Diese sind, falls erforderlich, in geeigneter Weise zu differenzieren. Darüber hinaus müssen Verfahren zur Überprüfung, Verwaltung und Verwertung gestellter Sicherheiten angeordnet werden.

Bei der Verwendung *externer Bonitätseinschätzungen* für die Bestimmung der Ausfallwahrscheinlichkeiten muss das Institut sich auch ein eigenes Urteil über das Adressenausfallrisiko bilden und dabei eigene Erkenntnisse und Informationen bei der Kreditentscheidung berücksichtigen. Die Risiken eines Kreditengagements sind in Abhängigkeit vom Risikogehalt des Kreditgeschäfts sowohl bei der Kreditentscheidung als auch bei turnusmäßigen oder anlassbezogenen Beurteilungen anhand eines Risikoklassifizierungsverfahrens zu bewerten. Eine Überprüfung der Risikoeinstufung ist jährlich vorzunehmen.

Zielsetzung der *Verfahren zur Früherkennung von Risiken* (BTO 1.3) ist eine rechtzeitige Identifizierung von Kreditnehmern, bei deren Engagements erhöhte Risiken erkennbar werden. Das Institut soll damit in die Lage versetzt werden, zu einem möglichst frühen Zeitpunkt Gegenmaßnahmen einleiten zu können. Daher müssen die Institute Indikatoren für eine frühzeitige Risikoidentifizierung auf der Grundlage quantitativer und qualitativer Risikomerkmale entwickeln. Dabei ist es den Instituten freigestellt, bestimmte, unter Risikogesichtspunkten festzulegende Arten von Kreditgeschäften oder Kreditgeschäfte unterhalb bestimmter Größenordnungen von der Anwendung des Verfahrens zur Risikofrüherkennung herauszunehmen.

Zur Früherkennung von Risiken können unter bestimmten Bedingungen auch *Risikoklassifizierungsverfahren* eingesetzt werden. Gemäß den MaRisk muss ein Risikoklassifizierungsverfahren – unter Berücksichtigung betriebswirtschaftlicher Aspekte – insbesondere folgende Komponenten enthalten, um als Methode zur Früherkennung von Risiken eingesetzt werden zu können:

– Indikatoren-bezogene Komponente, das heißt, dass die dem Verfahren zugrunde liegenden Indikatoren (z. B. Kontoumsätze, Scheckrückgaben) dazu geeignet sein sollten, sich abzeichnende Risiken möglichst frühzeitig zu erkennen.

– Zeitraumbezogene Komponente, das heißt, dass auf der Grundlage der Indikatoren eine laufende Identifizierung von sich abzeichnenden Risiken möglich sein sollte.

– Prozessbezogene Komponente, das heißt, dass Signale des Verfahrens zur Früherkennung von Risiken zeitnah zu geeigneten Maßnahmen des Instituts führen sollten und sich dementsprechend Risiken möglichst nicht in Verlusten niederschlagen.

Die MaRisk schreiben vor, dass jedes Institut aussagekräftige *Risikoklassifizierungsverfahren* (BTO 1.4) für die erstmalige, die turnusmäßige oder die anlassbezogene Beurteilung der Adressenausfallrisiken sowie gegebenenfalls der Objekt- oder Projektrisiken implementieren muss. Dabei sind Kriterien festzulegen, die bei der Beurteilung der Risiken eine nachvollziehbare Zuweisung in eine Risikoklasse sicherstellen. Für die Bestimmung der Adressenausfallrisiken im Risikoklassifizierungsverfahren müssen als maßgebliche Indikatoren nicht nur quantitative, sondern auch – soweit möglich – qualitative Kriterien herangezogen werden. Dabei soll in die Beurteilung die zukünftige Ertragsfähigkeit des Kreditnehmers einfließen, um zu gewährleisten, dass der Kredit zurückgeführt werden kann. Das Institut muss die Verantwortung für Entwicklung, Qualität und Überwachung der Anwendung der Risikoklassifizierungsverfahren einer organisatorischen Einheit außerhalb des Marktes zuordnen.

2.10 Handelsgeschäft

Als maßgeblicher Grundsatz für die Ausgestaltung der Prozesse im *Handelsgeschäft* (BTO 2) gilt, dass ein Institut eine klare aufbauorganisatorische Funktionstrennung (BTO 2.1) des Bereichs Handel von den Funktionen des Risikocontrollings sowie der Abwicklung und Kontrolle bis einschließlich der Ebene der Geschäftsleitung vorzunehmen hat. Allerdings kann ein Institut von der Trennung bis einschließlich auf die Ebene der Geschäftsleitung absehen, wenn es seine Handelsaktivitäten insgesamt auf Handelsgeschäfte konzentriert, die unter Risikogesichtspunkten als nicht wesentlich einzustufen sind („nicht-risikorelevante Handelsaktivitäten").

Bei Abschluss von Handelsgeschäften müssen die *Konditionen* einschließlich der Nebenabreden vollständig vereinbart werden und interne Handelsgeschäfte dürfen nur auf der Grundlage klarer Regelungen abgeschlossen werden. Neu in die MaRisk wurde der Passus aufgenommen, dass ein Institut standardisierte Vertragstexte zu verwenden hat, soweit dies in Anbetracht der jeweiligen Geschäftsarten möglich und zweckmäßig ist. Unstimmigkeiten und Auffälligkeiten, die im Rahmen der Abwicklung und Kontrolle von Handelsgeschäften festgestellt werden, sind unter der Federführung eines vom Handel unabhängigen Bereichs unverzüglich zu klären. Für Unstimmigkeiten und Auffälligkeiten, die nicht plausibel geklärt werden können, haben die Institute angemessene Eskalationsverfahren einzurichten.

Als *Anforderung an die Prozesse im Handelsgeschäft* (BTO 2.2) hat ein Institut die im Handel ermittelten Positionen regelmäßig mit den in den nachgelagerten Prozessen und Funktionen (wie Abwicklung und Rechnungswesen) geführten Positionen abzustimmen. In die Abstimmungsaktivitäten müssen auch inaktive Portfolien („dormant portfolios") und fiktive Kontrahenten („dummy counterparts") einbezogen werden. Dabei ist ein besonderes Augenmerk auf die Abstimmung von Zwischen- und Auffangkonten zu richten. Weiterhin sind Auffälligkeiten im Zusammenhang mit diesen Konten unverzüglich zu klären. Die BaFin regt an, dass ein Institut zur Sicherstellung angemessener Abstimmungen Prozesse und Verfahren etabliert, die eine jederzeitige Verifizierung der Entstehungshistorie von Positionen und Cashflows gewährleisten („Audit Trail").

2.11 Anforderungen an die Risikosteuerungs- und -controllingprozesse

Jedes Institut hat unter Berücksichtigung von Risikokonzentrationen besondere *Anforderungen an die Risikosteuerungs- und -controllingprozesse* (BTR) für Adressenausfallrisiken (BTR 1), Marktpreisrisiken (BTR 2), Liquiditätsrisiken (BTR 3) und operationelle Risiken (BTR 4) zu erfüllen. Ein Institut muss die zur Risikomessung eingesetzten Methoden und Verfahren regelmäßig auf ihre Angemessenheit sowie die mit ihnen ermittelten Risikowerte auf ihre Plausibilität überprüfen.

Jedes Institut muss durch geeignete Maßnahmen gewährleisten, dass es seine *Adressenausfallrisiken* (BTR 1) und die damit verbundenen Risikokonzentrationen unter Berücksichtigung der Risikotragfähigkeit begrenzen kann. Bei den Risikokonzentrationen bei Adressenausfallrisiken handelt es sich um Adressen- und Sektorkonzentrationen, regionale Konzentrationen und sonstige Konzentrationen im Kreditgeschäft, die relativ gesehen zum Risikodeckungspotenzial zu erheblichen Verlusten führen können. Hierunter sind beispielsweise Konzentrationen nach Kreditnehmern, Produkten oder Underlyings strukturierter Produkte, Konzentrationen nach Branchen, Verteilungen von Engagements auf Größen- und Risikoklassen, Sicherheiten, gegebenenfalls Ländern und sonstige hoch korrelierte Risiken einzuordnen.

Ein Institut muss seine *Risikokonzentrationen* identifizieren und dabei gegebenenfalls vorhandene Abhängigkeiten berücksichtigen. Bei der Beurteilung der Risikokonzentrationen muss ein Institut qualitative und auch quantitative Verfahren einbeziehen. Es muss seine Risikokonzentrationen anhand geeigneter Verfahren steuern und überwachen. Zu beachten ist, dass vorhandene Abhängigkeiten vorliegen können (wie wirtschaftliche Verflechtungen oder juristischen Abhängigkeiten zwischen Unternehmen).

Für *Marktpreisrisiken* (BRT 2) aus Handelsgeschäften muss es auf der Grundlage der Risikotragfähigkeit ein *System von Limiten* zur Begrenzung dieser Risiken unter Berücksichtigung von Risikokonzentrationen geben. Ein Institut hat zu gewährleisten, dass die mit Marktpreisrisiken behafteten Geschäfte des Handelsbuches unverzüglich auf die einschlägigen Limite angerechnet werden. Der Positionsverantwortliche muss über die für ihn relevanten Limite und ihre aktuelle Ausnutzung zeitnah informiert werden. Das Institut muss bei Limitüberschreitungen geeignete Maßnahmen treffen sowie, falls erforderlich, ein Eskalationsverfahren einleiten. Auch muss ein Institut darauf achten, dass marktbezogene Risiken, die aus der Veränderung der Bonität einer Adresse resultieren oder auf die Marktliquidität zurückzuführen sind, im Rahmen der Risikosteuerungs- und Risikocontrollingprozesse in angemessener Weise berücksichtigt werden.

Die MaRisk stellen in BTR 2.1 allgemeine Anforderungen auf, die für alle *Marktpreisrisiken* einschließlich der Zinsänderungsrisiken des Anlagebuches[41] relevant sind. BTR 2.2 ergänzt BTR 2.1 um Vorschriften, die für Marktpreisrisiken des Handelsbuches gelten. In BTR 2.3 sind Erleichterungen für die Marktpreisrisiken des Anlagebuches aufgestellt worden.[42] Die MaRisk ordnen folgende Risiken den Marktpreisrisiken zu: Kursrisiken, Zinsänderungsrisiken, Währungsrisiken sowie Marktpreisrisiken aus Warengeschäften (einschl. Stromderivaten und CO_2-Emissionszertifikaten). Dabei brauchen Marktpreisrisiken aus dem traditionellen Warengeschäft von gemischtwirtschaftlichen Kreditgenossenschaften nicht berücksichtigt zu werden. Ein Institut muss die mit Marktpreisrisiken behafteten Positionen des Anlagebuches mindestens vierteljährlich bewerten. Es muss weiterhin mindestens vierteljährlich ein Ergebnis für das Anlagebuch berechnen. Es hat durch geeignete Maßnahmen sicherzustellen, dass Limitüberschreitungen aufgrund zwischenzeitlicher Veränderungen der Risikopositionen möglichst ausgeschlossen werden können.

Bei den Vorschriften der MaRisk zu *Liquiditätsrisiken* (BTR 3) hat ein Institut – gemäß den *allgemeinen Anforderungen* (BTR 3.1) – vor dem Hintergrund seiner Risikotoleranz sicherzustellen, dass es seine Zahlungsverpflichtungen jederzeit – auch im Tagesablauf – erfüllen kann. Die Anforderung, die Zahlungsfähigkeit im Tagesverlauf zu gewährleisten, kann auch durch bestehende Verbund- oder Konzernstrukturen erfüllt werden. Grundsätzlich muss ein Institut eine ausreichende Diversifikation im Hinblick auf die Vermögens- und Kapitalstruktur sicherstellen. Ein Institut hat angemessene Verfahren einzurichten, die einerseits sich abzeichnende Liquiditätsengpässe frühzeitig erkennen und andererseits die Auswirkungen anderer Risiken auf die Liquidität des Instituts berücksichtigen.

Ein Institut muss für einen geeigneten Zeitraum eine *aussagekräftige Liquiditätsübersicht* erstellen, in der die erwarteten Mittelzuflüsse den erwarteten Mittelabflüssen gegenübergestellt werden. Dabei muss das Institut seine Liquiditätslaufzeitbänder so detailliert gestalten, dass diese geeignet sind, auch die Entwicklung der kurzfristigen Zahlungsfähigkeit abzubilden. Hierbei müssen auch die in normalen Marktphasen üblichen Schwankungen der Zahlungsflüsse angemessen berücksichtigt werden. Die Annahmen, auf denen die erwarteten Mittelzuflüsse und -abflüsse basieren, sind festzulegen. Sie müssen auch etwaige Inanspruchnahmen aus Liquiditäts- und Kreditlinien umfassen, die das Institut Dritten zur Verfügung gestellt hat.

Ein Institut muss seine Fähigkeit, einen *kurzfristig auftretenden Liquiditätsbedarf* auch bei angespanntem Marktumfeld zu decken, laufend überprüfen. Dabei

---

[41] Es ist einem Institut grundsätzlich freigestellt, wie es seine Zinsänderungsrisiken des Anlagebuches erfasst. Im Rahmen der Methoden zur Beurteilung der Zinsänderungsrisiken des Anlagebuches muss aber sichergestellt sein, dass die wesentlichen Ausprägungen der Zinsänderungsrisiken berücksichtigt sind.

[42] Die Begriffe „Handelsbuch" und „Anlagebuch" sind in § 1a KWG definiert.

muss es insbesondere auch den Liquiditätsgrad seiner Vermögenswerte und den dauerhaften Zugang zu den für das Institut relevanten Refinanzierungsquellen überprüfen. Daher hat ein Institut für kurzfristig eintretende Verschlechterungen der Liquiditätssituation ausreichend bemessene, nachhaltige Liquiditätsreserven, so genannte Liquiditätspuffer, vorzuhalten.[43] Zusätzlich muss ein Institut – in Abhängigkeit von Art, Umfang, Komplexität und Risikogehalt der Geschäftsaktivitäten – seine jeweiligen Liquiditätskosten und -risiken sowie, falls erforderlich, Beiträge zur Refinanzierung einzelner Geschäftsaktivitäten identifizieren und bei der Steuerung der Geschäftsaktivitäten einplanen.

Für Liquiditätsrisiken muss ein Institut regelmäßig *angemessene Stresstests* durchführen, die es individuell definieren muss und für die es unterschiedlich lange Zeithorizonte zugrunde zu legen hat. Dabei sind sowohl institutseigene Ursachen (wie der Abzug von Kundeneinlagen) als auch marktweite Ursachen für Liquiditätsrisiken (wie die Verschlechterung der Refinanzierungsbedingungen einiger oder aller Institute) in die Betrachtung einzubeziehen.

Darüber hinaus muss ein Institut ein *Notfallplan für Liquiditätsengpässe* festlegen, also welche Maßnahmen es im Fall eines Liquiditätsengpasses ergreifen will. Dazu muss es die in diesen Fällen zur Verfügung stehenden Liquiditätsquellen unter Berücksichtigung etwaiger Mindererlöse dokumentieren, die im Fall eines Liquiditätsengpasses zu verwendenden Kommunikationswege festlegen und die geplanten Maßnahmen regelmäßig auf ihre Durchführbarkeit überprüfen und gegebenenfalls anpassen. Die Ergebnisse der Stresstests sind dabei zu berücksichtigen. Der Geschäftsleitung muss ein Institut regelmäßig über die Liquiditätssituation, über die Ergebnisse der Stresstests und über wesentliche Änderungen des Notfallplans für Liquiditätsengpässe berichten.

Die *zusätzlichen Anforderungen an kapitalmarktorientierte Institute* (BTR 3.2) werden in der 3. MaRisk-Novelle neu aufgenommen.[44] So muss ein kapitalmarktorientiertes Institut[45] in der Lage sein, den zusätzlich erforderlichen Refinanzierungsbedarf, der sich aus den institutsindividuellen Stressszenarien über den Zeithorizont von mindestens einem Monat ergibt, mit den in BTR 3.1 Tz. 4 genannten Liquiditätsreserven, also nachhaltigen Liquiditätsreserven, zu überbrücken. Zur Überbrückung eines kurzfristigen Refinanzierungsbedarfs von mindestens einer Woche muss ein Institut neben Geldmitteln hochliquide Vermögensgegenstände

---

[43] Z. B. in Form von hochliquiden, unbelasteten Vermögensgegenständen.

[44] Die Anforderungen zu Liquiditätspuffern kapitalmarktorientierter Institute lehnen sich sehr eng an die diesbezüglichen Vorgaben der CEBS-Guidelines an. Gestützt auf die Erfahrungen aus der Finanzkrise, dass gerade Institute, die sich in signifikantem Umfang über den Kapitalmarkt refinanzieren, besonders anfällig auf Liquiditätsengpässe reagieren, hat die Aufsicht die neuen umfangreichen Regelungen zu den Liquiditätsrisiken auf kapitalmarktorientierte Institute begrenzt.

[45] Für die Abgrenzung der kapitalmarktorientierten Institute legen die MaRisk das Kriterium der Kapitalmarktorientierung gemäß § 264d HGB zugrunde.

vorhalten, die jederzeit ohne signifikante Wertverluste in privaten Märkten[46] liquidiert werden können und die zentralbankfähig sind. Für den weiteren Refinanzierungsbedarf bis zum Ende des Zeithorizonts von mindestens einem Monat kann es andere Vermögensgegenstände als weitere Bestandteile der Liquiditätsreserven nutzen, wenn es diese ohne signifikante Wertverluste innerhalb des Zeithorizonts liquidieren kann.

Kapitalmarktorientierte Institute müssen *Stressszenarien* verwenden, die auch für die Bemessung der Liquiditätsreserven zugrunde zu legen sind. Diese Institute haben im Rahmen ihrer Stresstests sowohl Stressszenarien zu beachten, die auf institutseigenen Ursachen beruhen, als auch Stressszenarien betrachten, die auf marktweite Ursachen (z. B. technischer Ausfall zentraler Kontrahenten oder Kursverfall auf den Sekundärmärkten für Wertpapiere) zurückzuführen sind. Zusätzlich müssen sie beide Aspekte kombiniert betrachten.

Ein Institut muss seine *operationellen Risiken* (BTR 4) durch angemessene Maßnahmen begrenzen. Es muss gewährleisten, dass es wesentliche operationelle Risiken zumindest jährlich identifiziert und beurteilt. Dabei sind bedeutende Schadensfälle unverzüglich hinsichtlich ihrer Ursachen zu analysieren. Die Geschäftsleitung muss mindestens jährlich über bedeutende Schadensfälle und wesentliche operationelle Risiken unterrichtet werden. Das Institut muss im Rahmen seiner Berichterstattung auf die Art des Schadens oder Risikos, seine Ursachen, das Ausmaß des Schadens oder Risikos und auf bereits getroffene Gegenmaßnahmen hinweisen.

2.12 Besondere Anforderungen an die Ausgestaltung der Internen Revision

Die *besonderen Anforderungen an die Ausgestaltung der Internen Revision* (BT 2) legen fest, dass die Prüfungstätigkeit der Internen Revision – auf Basis eines risikoorientierten Prüfungsansatzes – sich grundsätzlich auf alle Aktivitäten und Prozesse des Instituts zu erstrecken hat. Die Interne Revision hat – unter Wahrung ihrer Unabhängigkeit und unter Vermeidung von Interessenkonflikten – bei wesentlichen Projekten begleitend tätig zu sein. Die MaRisk haben als grundlegenden Grundsatz für die Interne Revision formuliert, dass sie ihre Aufgaben selbständig und unabhängig wahrzunehmen hat.

Die Tätigkeit der Internen Revision hat auf einem umfassenden und jährlich fortzuschreibenden *Prüfungsplan* zu basieren, der risikoorientiert zu erfolgen hat. Dabei sind die Aktivitäten und Prozesse des Instituts[47] in angemessenen Abständen, grundsätzlich innerhalb von drei Jahren, zu überprüfen. Die Interne Revision muss zeitnah über jede Prüfung einen schriftlichen Bericht anfertigen und den fachlich zuständigen Mitgliedern der Geschäftsleitung vorlegen. Weiterhin muss die Interne

---

[46] Die MaRisk verwenden den Ausdruck „private Märkte" als Abgrenzung zu Transaktionen mit Zentralnotenbanken (z. B. Offenmarktgeschäfte oder Spitzenrefinanzierungsfazilitäten).

[47] Dies gilt auch für ausgelagerte Aktivitäten und Prozesse.

Revision gemäß MaRisk die fristgerechte Beseitigung der bei der Prüfung festgestellten Mängel in geeigneter Form überwachen und gegebenenfalls eine Nachschauprüfung ansetzen.

3 Zusammenfassende Betrachtung und Ausblick

Als Reaktion auf die *kritischen Ereignisse auf den Finanzmärkten* hat die Bundesanstalt für Finanzdienstleistungsaufsicht (BaFin) im Jahr 2009 die 2. Novellierung der Mindestanforderungen an das Risikomanagement (MaRisk) und im Jahr 2010 die 3. MaRisk-Novelle vorgelegt. Die 3. MaRisk-Novelle setzt weitergehende, internationale Regularien als Folge der Finanzmarktkrise um, ergänzt um Erfahrungen der laufenden Aufsichts- und Prüfungspraxis. Sie hat das Ziel, dass Risikobewusstsein der Institute durch zukunftsorientierte Risikomanagement- und Controllingsysteme zu erhöhen. Die Änderungen betreffen insbesondere die Bereiche Strategieprozesse und Risikotragfähigkeit, Risikoinventuren, Stresstests und Risikokonzentrationen sowie Liquiditätsrisikomanagement.

Allgemein ist die Bankenaufsicht durch die Umsetzung und Anwendung der MaRisk gelungen, eine neue *qualitative Aufsicht* in der Bundesrepublik Deutschland einzuführen. Damit ist eine Abkehr und ein Umdenken in der Kreditwirtschaft von der traditionell regelbasierten hin zu einer prinzipienorientierten Aufsicht vollzogen worden. Es ist – angesichts häufiger Kritik der Institute an der Bankenaufsicht – positiv hervorzuheben, dass die qualitative Ausrichtung der Aufsicht im Sinne der MaRisk von der Bank- und Kreditwirtschaft generell begrüßt worden ist, da sie den Instituten – trotz einer damit einhergehenden höheren Verantwortung – auch größere Umsetzungsspielräume ermöglicht.

Den Instituten werden durch die Öffnungsklauseln der MaRisk vielfältige *Gestaltungsspielräume* eingeräumt, die deren Eigenverantwortung stärken. Allerdings müssen diese Gestaltungsspielräume auf sachgerechte Weise von den Instituten, den Prüfern und der Aufsicht mit Leben gefüllt werden. Die Institute sollten daher von den Prüfern die Beachtung eines risikoorientierten Prüfungsansatzes erwarten. Andererseits ist es der Bankenaufsicht nun möglich, auf der Grundlage einer Gesamtbankbeurteilung bankenaufsichtliche Anforderungen zu stellen und Maßnahmen einzuleiten, die – falls erforderlich – über die Mindestkapitalanforderungen hinausgehen. Dies kann für ein Institut z. B. eine höhere Eigenkapitalunterlegung oder eine stärkere Überwachung durch die Bankenaufsicht bedeuten.

Die *neue europäische Aufsichtsstruktur*, genauer die European Banking Authority (EBA), könnte einen erheblichen Einfluss auf die zukünftige Gestaltung von Mindestanforderungen an das Risikomanagement haben. Die MaRisk sind letztlich eine nationale Interpretation eines entsprechenden Konsultationspapiers des Committees of European Banking Supervision (CEBS), dessen Aufgaben die EBA übernommen hat. Unterstellt man, dass die EBA zukünftig sukzessive in der Vergangenheit bereits von der CEBS publizierte Papiere in bindende technische Standards transformiert, würde die MaRisk unmittelbar ihre Gültigkeit verlieren. An ihre Stelle würden die Inhalte des CEBS-Papiers treten, die die Besonderheiten des deutschen Marktes und der sehr heterogenen Struktur der Institute nur sehr unzulänglich bis gar nicht berücksichtigen. Dass dieses Szenario gravierende Konsequenzen für die Institute haben kann, versteht sich von selbst.[48]

Literaturverzeichnis

Baseler Ausschuss für Bankenaufsicht (2004): Internationale Konvergenz der Kapitalmessung und Eigenkapitalanforderungen, Überarbeitete Rahmenvereinbarung, Basel Juni 2004.

Baseler Ausschuss für Bankenaufsicht (2006): Internationale Konvergenz der Eigenkapitalmessung und Eigenkapitalanforderungen, Überarbeitete Rahmenvereinbarung, Umfassende Version, Juni 2006.

Bausch, Heinz-Hermann; Behrends, Tino (2010): MaRisk für Kreditgenossenschaften, Interpretation und praktische Umsetzungshilfen, 4. Aufl., Wiesbaden 2010.

Beyer, Matthias; Wohlert, Dirk (2010): Veröffentlichung der 3. MaRisk-Novelle, 1 Plus i GmbH, Dezember 2010.

Bundesanstalt für Finanzdienstleistungsaufsicht (2005): Mindestanforderungen an das Risikomanagement, Rundschreiben 18/2005 vom 20. Dezember 2005.

Bundesanstalt für Finanzdienstleistungsaufsicht (2007): Mindestanforderungen an das Risikomanagement – MaRisk, Rundschreiben 5/2007 vom 30.10.2007.

Bundesanstalt für Finanzdienstleistungsaufsicht (2009a): Mindestanforderungen an das Risikomanagement – MaRisk, Rundschreiben 15/2009 (BA) vom 14. August 2009.

Bundesanstalt für Finanzdienstleistungsaufsicht (2009b): Anschreiben zu: MaRisk – Veröffentlichung der Endfassung (GZ: BA 54-FR 2210-2008/0001) vom 14. August 2009.

Bundesanstalt für Finanzdienstleistungsaufsicht (2010a): Mindestanforderungen an das Risikomanagement – MaRisk, Rundschreiben 11/2010 (BA) vom 15. Dezember 2010.

Bundesanstalt für Finanzdienstleistungsaufsicht (2010b): Anschreiben zu: MaRisk – Veröffentlichung der Endfassung (GZ: BA 54-FR 2210-2010/0003 2010/0624474) vom 15. Dezember 2010.

Bundesanstalt für Finanzdienstleistungsaufsicht (2010c): MaRisk-Entwurf in der Fassung vom 9. Juli 2010.

Bundesanstalt für Finanzdienstleistungsaufsicht (2010d): Anschreiben zu: Überarbeitung der MaRisk – Übersendung eines ersten Entwurfs (GZ: BA 54 – FR 2210 – 2010/0003) vom 9. Juli 2010.

Bundesanstalt für Finanzdienstleistungsaufsicht (2010e): Konsultation 5/2010: „Zwischenentwurf" der MaRisk nach der FG-Sitzung am 07. Oktober 2010.

Deutsche Bundesbank (2003): Neue Mindestanforderungen an das Kreditgeschäft: MaK und Basel II, Monatsbericht Januar 2003, S. 45–58.

Deutsche Bundesbank (2004): Neue Eigenkapitalanforderungen für Kreditinstitute (Basel II), Monatsbericht September 2004, S. 75–100.

Deutsche Bundesbank (2010): „Range of Practice" zur Sicherstellung der Risikotragfähigkeit bei deutschen Kreditinstituten, Frankfurt, 11. November 2010.

Dürselen, Karl: MaRisk der Banken und Frühwarnindikatoren, in: Weinrich, Günter; Jacobs, Riegler; Schulte-Mattler, Hermann: Handbuch Frühwarnindikatoren und Krisenfrühaufklärung, Wiesbaden 2011, S. 187–202.

---

[48] Vgl. Mielk (2011), S. 72.

Dürselen, Karl; Schulte-Mattler, Hermann (2009): Stabilisierung des Finanzsystems. Zweite Novellierung der MaRisk, in: Die Bank, 09/2009, S. 48–55.

Dürselen, Karl; Schulte-Mattler, Hermann (2011): Dritte Novellierung der MaRisk – Umsetzung internationaler Regulierungsvorgaben, in: Die Bank, 04/2011, S. 80–85.

Hannemann, Ralf; Schneider, Andreas (2011): Mindestanforderungen an das Risikomanagement (MaRisk), Kommentar unter Berücksichtigung der Instituts-Vergütungsverordnung (InstitutsVergV), 3. Aufl., Stuttgart 2011.

Hofmann, Bernd; Pluto, Katja (2005): Zentrale Aspekte der neuen aufsichtlichen Eigenmittelempfehlungen (Basel II), in: Neupel, Joachim; Rudolph, Bernd; Hahnenstein, Lutz: Aktuelle Entwicklungen im Bankcontrolling: Rating, Gesamtbanksteuerung und Basel II, in: zfbf Sonderheft 52, Düsseldorf 2005, S. 241–270.

Mielk, Holger (2011): Umgestaltet – Die neuen europäischen Aufsichtsbehörden, in: BI, S. 68–73.

Schulte-Mattler, Hermann; Dürselen, Karl (2009): CRD-Änderungsrichtlinie: Weiterentwicklung der europäischen Bankenaufsicht, in: Die Bank, Heft 9, S. 56–60.

Schulte-Mattler, Hermann; Manns, Thorsten (2005), Basel-II-Framework: Ein Meilenstein der Bankenaufsicht, in: Gründl, Helmut; Perlet, Helmut (2005), Solvency II & Risikomanagement, Wiesbaden (Gabler), S. 529–554.

Die Überarbeitung der SolvV: Ein Überblick über die neuen Eigenkapitalanforderungen und Verhältniskennzahlen

Von
Wolfgang Greiner und Michael Mertens

Wolfgang Greiner, M. A. Finance & Banking, Diplom-Betriebswirt (FH) und Bankkaufmann, ist Senior Consultant bei der 1 Plus i GmbH. Im Fokus seiner Beratertätigkeit stehen aufsichtsrechtliche Themen, wie z. B. die Eigenkapitalunterlegung von Adressrisiken, insbesondere die regulatorische Behandlung von Verbriefungen. Darüber hinaus ist Wolfgang Greiner als Seminartrainer und Autor für diese und weitere bankbetriebliche Themen tätig.

Michael Mertens, Diplom Wirtschaftsmathematiker, ist Senior Consultant bei der 1 Plus i GmbH. Zentrale Themen im Rahmen seiner Beratertätigkeit sind die Umsetzung von aufsichtsrechtlichen Fragestellungen insbesondere in den Bereichen Solvabilitätsverordnung und Großkredit- und Millionenverordnung. Zusätzlich ist Michael Mertens als Referent und Autor für den Themenbereich Aufsichtsrecht tätig.

Inhaltsverzeichnis

1	Einleitung		39
2	Begriff der Eigenmittel und Kapitalquoten nach Basel III		39
	2.1	Kapitalquoten	42
	2.2	Capital Conservation Buffer und Countercyclical Buffer	42
	2.3	Gesamtanforderung Kernkapital	44
3	Änderungen durch CRD II		45
4	Neue Regeln für Verbriefungen		46
	4.1	Restriktionen für Investoren durch Anforderungen zum Selbstbehalt, Risikomanagement und Reporting	47
	4.2	Höhere Kapitalanforderungen bei Wiederverbriefungen	51
	4.3	Fazit	52
5	Single Rule Book		53
	5.1	Behandlung grundpfandrechtlicher Sicherheiten	54
	5.2	KSA-Risikogewicht bei Forderungen gegenüber Instituten	54
	5.3	Grandfathering-Regelung für Beteiligungspositionen	55
6	Asset Value Correlation		56
7	Kontrahentenrisiko		57
	7.1	Credit Value Adjustment	57
	7.2	Zentraler Kontrahent	61
	7.3	Besicherte Kontrahenten und Nachschussrisikozeitraum	64
	7.4	Korrelationsrisiken – Wrong way Risiken	65
8	Leverage Ratio		66
9	Liquiditätskennziffern		67
	9.1	Liquidity Coverage Ratio (LCR)	68
	9.2	Net Stable Funding Ratio (NSFR)	70
	9.3	Monitoring Tools	71
10	Offenlegung		71
Literaturverzeichnis			72

1 Einleitung

Der Baseler Ausschuss für Bankenaufsicht hat am 16. Dezember 2010 die finalen Regelungstexte der künftigen internationalen Eigenkapital- und Liquiditätsanforderungen (*Basel III*) veröffentlicht. In Ergänzung dazu wird die geplante zukünftige Behandlung von Zentralen Kontrahenten in dem Konsultationspapier „Capitalisation of bank exposures to central counterparties" ebenfalls aus dem Dezember 2010 beschrieben. Die Kodifizierung in EU-Recht erfolgt über die Änderungen an der *Capital Requirements Directive* mit den Maßnahmenpaketen der CRD II bis CRD IV, die wiederum die Grundlage für die Umsetzung in nationales Recht durch das Kreditwesengesetz (KWG) und die Solvabilitätsverordnung (SolvV) bilden[49].

Die CRD II ist bereits zum 31. Oktober 2010 in *nationales Recht* überführt worden und wird seit 31. Dezember 2010 in den Instituten angewendet. Die Vorgaben der CRD III werden ab Jahresende 2011 geänderte Eigenkapialanforderungen für Verbriefungen bewirken.[50] Mit der finalen Fassung der CRD IV, die für Mitte 2011 erwartet wird, wird dann der größte Teil an Änderungen im KWG und der SolvV zu berücksichtigen sein. Das Basel III Rahmenwerk soll stufenweise vom 1. Januar 2013 bis zum 1. Januar 2019 in Kraft treten. Durch die umfangreichen Gesetzänderungen strebt die Aufsicht eine Stabilisierung des Finanzmarktsektors an, um somit zukünftig weniger krisenanfällig zu sein.

Im Rahmen des vorliegenden Artikels werden die wichtigsten anstehenden Änderungen in den Bereich Eigenmittel bzw. Kapitalquoten, Verbriefungen, Single Rule Book, Kontrahentenrisiko, Leverage, Liquiditätslennziffern und Offenlegung aufgeführt.[51]

2 Begriff der Eigenmittel und Kapitalquoten nach Basel III

In der Finanzmarktkrise hat sich gezeigt, dass die *Qualität zahlreicher Eigenmittelbestandteile* hinsichtlich ihrer Verlustabsorptionsfähigkeit nicht ausreichend war. So wurden trotz anfallender Verluste bei einigen Instituten weiterhin Zinsen auf stille Einlagen gezahlt. Eines der Ziele von Basel III ist somit die Verbesserung der Qualität des regulatorischen Kapitals (*substance over form*). Verbunden ist hiermit ein länderübergreifendes harmonisiertes Vorgehen bei der Definition des Eigenmittelbegriffs. Nachfolgend werden die aktuelle Zusammensetzung („heute") und die zukünftige Zusammensetzung nach Basel III dargestellt.[52]

---

[49] Es wird darauf hingewiesen, dass die CRD II bis CRD IV Anforderungen beinhalten, die nicht nur auf Basel III basieren.

[50] Als CRD II werden die Richtlinien 2009/111/EG, 2009/83/EG und 2009/27/EG bezeichnet. Die CRD III bezeichnet die Richtlinie 2010/76/EG.

[51] Es wird der Stand Mitte Mai 2011 zugrunde gelegt.

[52] Vgl. Loeper (2010).

Die Überarbeitung der SolvV

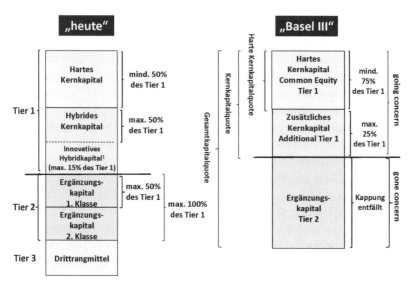

Abbildung 1: Zusammensetzung der Eigenmittel nach Basel III

Mit der *Umsetzung von Basel III* wird es nur noch zwei Kapitalarten geben: Tier 1- und Tier 2-Kapital (siehe Abbildung 1). Drittrangmittel, die bisher zur Abdeckung von Marktrisikopositionen und Optionsrisiken verwendet werden dürfen, entfallen zukünftig. Das Tier 1-Kapital wird aus hartem Kernkapital (Common Equity Tier 1) und zusätzlichem Kernkapital (Additional Tier 1) bestehen und hat den Zweck, laufende Verluste bis zu einem bestimmten Grad auffangen zu können und dadurch das Fortbestehen des Instituts („going concern") zu gewährleisten. Dagegen soll das Tier 2-Kapital (Ergänzungskapital) – falls die Überlebensfähigkeit des Instituts nicht mehr gegeben ist – zusätzlich zur Haftung herangezogen werden können („going concern").

Das *Common Equity Tier 1-Kapital* besteht im Wesentlichen aus eingezahltem Stammkapital bzw. äquivalenten Kapitalformen bei Nicht-Aktiengesellschaften, Rücklagen und Reserven nach § 340g HGB. Daneben können weitere Kapitalbestandteile als hartes Kernkapital angerechnet werden, wenn diese die Anforderungen des Kriterienkatalogs von Basel III erfüllen. Es gelten die Grundsätze, dass nur solches Kapital berücksichtigt werden kann, das nachrangig zu allen anderen Finanzierungsformen ist, dem Institut unbegrenzt zur Verfügung steht und uneingeschränkt für die Kompensation von Verlusten genutzt werden kann. Folglich ist nicht die Rechtsform sondern die Qualität der hereingenommenen Mittel entscheidend („substance over form").

Eine Zurechnung von Kapitalbestandteilen zum *Additional Tier 1-Kapital* ist ebenfalls wiederum abhängig von einem Kriterienkatalog. Hiernach dürfen zeitlich befristete Kapitalinstrumente und Kapitalbestandteile mit Anreizen zur frühzeitigen

Rückzahlung nicht berücksichtigt werden. Rückkäufe und Kündigungen unterliegen einem aufsichtlichen Zustimmungsvorbehalt. Ob es zu Ausschüttungen kommt, muss vollständig im Ermessen des Instituts liegen. Bisher anerkennungsfähiges innovatives Hybridkapital muss somit – womit allerdings in den wenigsten Fällen zu rechnen ist – dem Anforderungskatalog an Additional Tier 1-Kapital genügen, um weiterhin als Kapital berücksichtigt werden zu können.

Für das *Ergänzungskapital Tier 2* wurden ebenfalls prinzipienbasierte Kriterien aufgestellt. Die Hauptanforderungen bestehen darin, dass das Kapital nachrangig zu den Einlagen und dem allgemeinen Fremdkapital des Instituts zugerechnet werden muss, sowie die Mindestursprungslaufzeit fünf Jahre beträgt. Eine Kündigungsoption ist grundsätzlich frühestens nach fünf Jahren zulässig. Anreize zur frühzeitigen Rückzahlung durch den Investor dürfen nicht vereinbart sein. Das Tier 2-Kapital unterliegt keiner Kappung mehr und steht dem Institut im Gone Concern-Fall als Haftungsmasse zur Verfügung.

Hinsichtlich der *Abzugspositionen* strebt Basel III – analog zu den Kapitalbestandteilen – eine internationale Harmonisierung an. Es gilt der Grundsatz, dass Abzüge und Anpassungen im Common Equity Tier 1-Kapital und nicht im Additional Tier 1-Kapital erfolgen. Dem zu Folge dürfen IRBA-Institute Wertberichtigungsfehlbeträge nur noch vom harten Kernkapital und nicht wie bisher hälftig vom Kern- und Ergänzungskapital abziehen. Des Weiteren sind bei der Ermittlung des harten Kernkapitals u.a. nicht-konsolidierte Beteiligungen an Finanzinstituten, Goodwill und andere immaterielle Vermögenswerte in Abzug zu bringen. Es muss stets die Bedingung erfüllt werden, dass das Common Equity Tier 1-Kapital nach Berücksichtigung von Abzügen stets größer als das Additional Tier 1-Kapital ist.

Kapitalbestandteile, die zum Stichtag 01.01.2013 nicht mehr zum harten Kernkapital und Ergänzungskapital zählen, laufen in einer *Übergangsfrist* von zehn Jahren jährlich in 10 %-Schritten aus. Stille Einlagen, ein typisch deutsches Eigenkapitalinstrument, können nur dann dem harten Kernkapital zugerechnet werden, wenn die nachfolgenden Kriterien erfüllt sind: Bei dem anrechnenden Institut handelt es sich um keine Aktiengesellschaft und in der nationalen Rechnungslegung werden stille Einlagen als Eigenkapital anerkannt und aufsichtsrechtlich bisher dem Kernkapital zugerechnet. Dagegen gilt für die stillen Einlagen des Sonderfonds für Finanzmarktstabilisierung (SoFFin) ein Bestandsschutz bis zum 01.01.2018. Abzugsposten werden ebenfalls schrittweise zur Anrechnung gebracht und zwar stufenweise zu 20% in dem Zeitraum vom 01.01.2014 (Start bei 20 %) bis zum 01.01.2018.[53]

---

[53] Zu den Erläuterungen des vorangehenden Abschnitts vgl. Baseler Ausschuss für Bankenaufsicht (2010a), Tz. 53, 55, 58, 67 und 94 f.

2.1 Kapitalquoten

Die *geforderte Gesamtkapitalunterlegung* von 8 % der Risiken bleibt formal bestehen. Jedoch wird diese einerseits durch zusätzliche Puffer de facto erhöht und anderseits nimmt die notwendige Kernkapitalunterlegung durch neue Quoten zu. Als Ziel wird eine Erhöhung der Kernkapitalquote ab dem 01.01.2013 bis 01.01.2015 von 4 % auf 6 % vorgegeben. Dagegen nimmt die Rolle des Ergänzungskapitals bis zum 01.01.2015 stark ab. Die nach Basel III geforderten Kapitalquoten werden in der Abbildung 2 aufgeführt.

	davor	ab 01.01.2013	ab 01.01.2014	ab 01.01.2015
Harte Kernkapitalquote	2,0%	3,5%	4,0%	4,5%
Kernkapitalquote (Tier 1)	4,0%	4,5%	5,5%	6,0%
Maximales Ergänzungskapital (Tier 2) für Mindest-Gesamtkapitalquote	4,0%	3,5%	2,5%	2,0%
Gesamtkapitalquote	8,0%	8,0%	8,0%	8,0%

Abbildung 2: Entwicklung der geforderten Kapitalquoten

2.2 Capital Conservation Buffer und Countercyclical Buffer

Über die Mindestanforderungen hinaus ist Kapital in Form des sog. *Capital Conservation Buffer* vorzuhalten, um in Krisensituationen Verluste auffangen zu können, ohne dass hierbei die Mindestkapitalausstattung gefährdet wird. Der Capital Conservation Buffer ist ab dem 1. Januar 2016 pro Jahr kontinuierlich in Höhe von 0,625 % der risikogewichteten Aktiva (RWA) aus hartem Kernkapital (nach neuer Definition) aufzubauen. Er muss am 1. Januar 2019 in Höhe von 2,5 % der RWA vorliegen.

Solange die Institute diese *Anforderung nicht erfüllen*, sind diese dazu verpflichtet, einen bestimmten Anteil des Gewinns nach Steuern einzubehalten, um somit eine Schwächung der Eigenkapitalbasis zu vermeiden. Je weiter das Institut von der insgesamt geforderten harten Kernkapitalquote in Höhe von 7 % entfernt ist, umso höher ist die Ausschüttungssperre. Abbildung 3 zeigt die Höhe der Ausschüttungssperre in Abhängigkeit der Höhe der harten Kernkapitalquote.

Harte Kernkapitalquote	Ausschüttungssperre
4,500 % – 5,125 %	100 %
> 5,125 % – 5,750 %	80 %
> 5,750 % – 6,375 %	60 %
> 6,375 % – 7,000 %	40 %
> 7,000 %	0 %

Abbildung 3: Capital Conservation Buffer

Da die Finanzmarktkrise gezeigt hat, dass zu schnell steigende Kreditvolumina im Vorfeld einer Rezession sich verstärkend auf einen Abschwung auswirken, soll diesem Aspekt aus Sicht der Aufsicht dadurch vorgebeugt werden, dass exzessive Kreditvergaben durch höhere Eigenmittelanforderungen reguliert werden. Hierzu soll in wirtschaftlich guten Zeiten ein sog. *Countercyclical Buffer* (antizyklischer Puffer) aufgebaut werden[54]. Die Dauer und die Höhe des Kapitalzuschlags werden jährlich von der jeweiligen nationalen Aufsichtsbehörde in Abhängigkeit des Trends von makroökonomischen Faktoren wie Kreditvolumen im Verhältnis zum Bruttoinlandsprodukt bestimmt. Der Countercyclical Buffer ist vollständig zwischen dem 1. Januar 2016 und dem 31. Dezember 2018 aufzubauen. Dieser Puffer soll jährlich um maximal 0,625 % der RWA wachsen, sodass er zum 1. Januar 2019 den Maximalsatz von 2,5 % erreicht. Geplant ist, dass der Aufbau aus hartem Kernkapital erfolgt.

International tätige Banken untersuchen ihre Kreditengagements gegenüber dem privaten Sektor (einschließlich der Engagements gegenüber Nichtbanken im Finanzsektor). Die länderabhängige Anforderung an den antizyklischen Kapitalpuffer wird dann als der gewichtete Durchschnitt der Anforderungen des jeweiligen Landes ermittelt. Die Gewichtung entspricht der gesamten Eigenkapitalanforderung aus dem Kreditrisiko für Kreditengagements gegenüber dem privaten Sektor in diesem Land, dividiert durch die Eigenkapitalanforderungen für Kreditengagements gegenüber dem privaten Sektor in allen Ländern.[55] Analog zum Capital Conservation Buffer sind die Institute wiederum dazu verpflichtet, einen bestimmten Anteil des Gewinns nach Steuern einzubehalten, solange die aufsichtlichen Vorgaben nicht erfüllt werden (siehe Abbildung 4).

---

[54] Gemeint sind hiermit die Phasen, in denen das Institut Gewinne schreibt.
[55] Vgl. Baseler Ausschuss für Bankenaufsicht (2010a), Tz. 144.

Die Überarbeitung der SolvV

Harte Kernkapitalquote zuzüglich des erforderlichen antizyklischen Puffers	Ausschüttungssperre
4,500 % – 5,125 % + erstes Quartil des Puffers[56]	100 %
> 5,125 % – 5,750 % + zweites Quartil des Puffers	80 %
> 5,750 % – 6,375 % + drittes Quartil des Puffers	60 %
> 6,375 % – 7,000 % + viertes Quartil des Puffers	40 %
> 7,000 %	0 %

Abbildung 4: Countercyclical Buffer

2.3 Gesamtanforderung Kernkapital

Die *gesamten Anforderungen* an das Kernkapital können somit in Summe maximal 11 % betragen, wovon 9,5 % auf das harte Kernkapital entfallen. Legt man die harte Kernkapitalquote von 4,5 % zu Grunde, so bedeutet dies, dass die harte Kernkapitalquote inkl. Kapitalerhaltungspuffer 7 % beträgt (siehe Abbildung 5).

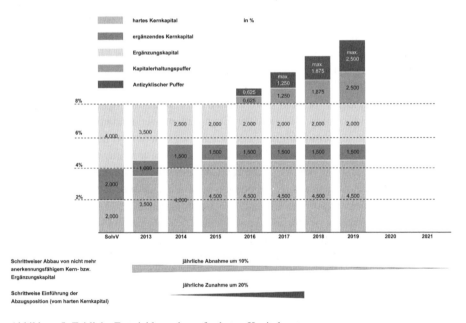

Abbildung 5: Zeitliche Entwicklung der geforderten Kapitalquoten

---

[56] Bei einem Puffer z. B. in Höhe von 2 % entspricht das „erste Quartil des Puffers" 0,5 %.

3 Änderungen durch CRD II

Die *CRD II* wurde zum 31. Oktober 2010 in nationales Recht umgesetzt und ist seit dem 31. Dezember 2010 durch die Institute anzuwenden. Ursprünglich war die CRD II als „technische" Novelle geplant gewesen. Aufgrund der Finanzmarktkrise enthält die CRD II bereits erste Maßnahmen, die auf Erkenntnissen dieser Krise basieren und greift somit zum Teil bereits entsprechende Überlegungen des Baseler Ausschusses mit auf.

Die wesentlichen *Änderungen*, die die *SolvV* (mit Ausnahme des Verbriefungsregelwerks) betreffen, werden in diesem Abschnitt beschrieben:[57]

- Für eine Credit Linked Note, bei der das Institut Sicherungsgeber ist, sind sowohl die Adressenausfallrisikopositionen gegenüber dem Emittenten der CLN als auch die Adressenausfallrisikoposition in Bezug auf das Referenzaktivum bzw. das Referenzportfolio zu berücksichtigen. Die bisherige Regelung, nur das höhere der beiden Adressenausfallrisiken zu berücksichtigen, unterzeichnete das Risiko, da der Sicherungsgeber sowohl dem Risiko des Ausfalls des Referenzschuldners des Kreditderivats als auch dem Ausfallrisiko des Emittenten der CLN ausgesetzt ist.
- Eine Regionalregierung oder eine örtliche Gebietskörperschaft in einem anderen Staat des Europäischen Wirtschaftsraums (EWR) erhält das KSA-Risikogewicht der Zentralregierungen nur noch unter den Voraussetzungen, dass diese ein Steuererhebungsrecht haben und spezifische institutionelle Vorkehrungen zur Reduzierung des Ausfallrisikos existieren. Mit diesen Vorgaben verbunden ist die Tatsache, dass dadurch keine Risikounterschiede zu Risikopositionen gegenüber der Zentralregierung bestehen. Sind diese Regeln nicht erfüllt, so können die geschuldeten Positionen ein KSA Risikogewicht von 20 % erhalten, wenn die Positionen in der Landeswährung der Regionalregierung oder örtlichen Gebietskörperschaft geschuldet und refinanziert werden. In allen anderen Fällen erhalten diese Positionen im KSA ein Risikogewicht in Höhe von 100 %.
- Für Bausparkassen, die ein KSA-Risikogewicht von 50 % vergeben möchten, wurden die Anforderungen dahingehend konkretisiert, dass ein gleichwertiger Beleihungswert zu dem des Pfandbriefgesetzes heranzuziehen ist.
- Die Voraussetzungen zur Anwendung der Transparenzmethode bei Investmentanteilen im KSA wurden dahingehend geändert, dass die Investmentanteile von einem Unternehmen ausgegeben werden müssen und das Unternehmen in einem Staat des EWR beaufsichtigt wird oder es in einem Drittstaat einem gleichwertigen Aufsichtssystem unterliegt. Dies muss von der Bundesanstalt oder der zuständigen Aufsichtsbehörde eines anderen Staates des EWR auch

---

[57] Die Änderungen bei den Verbriefungen werden in einem späteren Abschnitt dieses Beitrags separat erläutert.

dahingehend bestätigt werden, dass die Zusammenarbeit zwischen den beteiligten Aufsichtsbehörden im EWR und des Drittstaates hinreichend gesichert ist.
- Von der Anwendung des IRBA dürfen zeitlich unbeschränkt ausgenommen werden: (a) Adressenausfallrisikopositionen von einem anderen Staat des EWR und (b) Adressenausfallrisikopositionen einer nicht unter a) fallenden Gebietskörperschaft oder einer Verwaltungseinrichtung eines anderen Staates des EWR und sich das Risiko von Forderungen gegenüber dem Schuldner aufgrund spezieller öffentlicher Regelungen nicht von dem Risiko von Forderungen gegenüber dem diesem Staat unterscheidet. Grundsätzlich muss für die Ausnahme vom IRBA gelten, dass das KSA-Risikogewicht für KSA-Positionen, die von dem Mitgliedstaat des EWR geschuldet wird, 0 % beträgt.
- Investmentanteile als finanzielle Sicherheiten dürfen in die finanziellen Sicherheiten aufgeteilt werden, die einerseits im KSA bzw. andererseits im IRBA berücksichtigungsfähig sind.
- Lebensversicherungen werden im IRBA als sonstige Sachsicherheit berücksichtigt und entfalten ihre kreditrisikomindernde Wirkung durch eine reduzierte LGD in Höhe von 40 % (falls nachrangig, dann 70 %) im Vergleich zur LGD des unbesicherten Teil des Kredits in Höhe von 45 % (falls nachrangig, dann 75 %). Im KSA erhält der besicherte Teil des Kredits ein aufsichtlich vorgegebenes Risikogewicht, dass zwischen 20 % bis 150 % liegt.
- Der Kreis der berücksichtigungsfähigen Gewährleistungsgeber wird um internationale Organisationen erweitert, die bei unbesicherten Zahlungsverpflichtungen ein KSA-Risikogewicht von 0 % erhalten würden.
- Als neue Sicherheitenart sind im KSA und IRB-Basisansatz ‚Zahlungszusagen für den Restwert von Leasinggegenständen' hinzugekommen[58]. Als Methode zur Kreditrisikominderung wird auf die bereits bekannt Substitutionsmethode bei Gewährleistungen zurückgegriffen.

4 Neue Regeln für Verbriefungen

Jean Claude Trichet, Präsident der Europäischen Zentralbank, mahnte im Juli 2010 auf einer Konferenz: *„Die Krise ist noch nicht vorüber.* Wir befinden uns jetzt in einer Phase, in der wir neue Regeln und Regulierungen beschließen müssen."[59] Analysen der Finanzmarktkrise zeigen, dass die Verbriefungspraxis nicht deren Ursache war, ihre Idee aber ad absurdum geführt wurde. Unter dem Deckmantel der Risikodiversifikation durch den Kredithandel bildete die Verbriefung nicht nur den instrumentalen Rahmen, sondern wirkte gleichsam als Katalysator für Fehlentwicklungen, die Bankenaufseher nicht verhinderten, sondern gerade in den USA durch

---

[58] Im Fortgeschrittenen IRB-Ansatz besteht keine Beschränkung an berücksichtigungsfähigen Sicherheiten.
[59] Gefunden bei Ruhkamp, Stefan (2010).

Marktliberalisierung, Deregulierung und niedrige Kapitalanforderungen begünstigten. Dazu zählen fehlende Sorgfalt im Zuge einer ausgeweiteten Kreditvergabe, Fehleinschätzungen der Ratingagenturen im Rahmen von Principal-Agent-Beziehungen und zu geringer Datenhistorie, Risikokonzentrationen und Informationsassymetrien, die insbesondere für Investoren, die auf eine Due Diligence verzichteten, Verlust bringende Folgen hatten.[60]

Obwohl die Krise ihren Ursprung in der US-amerikanischen Immobilienblase hatte, entfielen durch die Internationalisierung der Kapitalmärkte auch in Europa nach einer Berechnung von Bloomberg mit 158 Mrd. Euro rund 35 % der *Verluste auf Verbriefungen*.[61] Die Richtlinie 2010/76/EU (CRD III) enthält weitere Neuregelungen für Verbriefungen, die das Finanzsystem stärken sollen. So werden Wiederverbriefungen erhöhten Kapitalanforderungen unterworfen. Die Umsetzung in nationales Recht muss bis zum 31.12.2011 erfolgen.

4.1 Restriktionen für Investoren durch Anforderungen zum Selbstbehalt, Risikomanagement und Reporting

Im Nachgang der Analysen der Subprimekrise rückte insbesondere das „*Originate-to-distribute*"-Modell, Aktiva also zum bloßen Zweck der sofortigen Verbriefung zu generieren, in den Mittelpunkt von Regulierungsbemühungen: „The originate-to-distribute model as it developed, created perverse incentives. […] A mortgage lender knowing beforehand that he would transfer (sell) his entire default risks through MBS or CDOs had no incentive to ensure high lending standards."[62]

Um den Problemen zu *geringer Kreditvergabestandards* („easing of underwriting standards"[63]) und Interessenskonflikten des Originate-to-distribute-Modells zu begegnen, wurde eine Risikobeteiligung in Form eines Selbstbehalts festgelegt. Obwohl die Richtlinie 2006/48/EG im neuen Artikel 122a Abs. 1 Satz 1 nur zu einem „materiellen Nettoanteil" (*net economic interest*) von 5 % verpflichtet, beschloss der deutsche Gesetzgeber nach einer Empfehlung des Finanzausschusses eine Anhebung auf 10 %, verbunden mit der Zielsetzung, die Erhöhung auch auf europäischer Ebene durchzusetzen.[64]

---

[60] Die genannten Gründe sind Ergebnis von vielen Beiträgen zu den Ursachen der Finanzmarktkrise. Vgl. Reinhart, Rogoff (2008) S. 4; Rudolph (2008) S. 720 f.; The Financial Crisis Inquiry Commission (2011), S. 42–45, 99 f., 187, 212, 422 f., 426 f.; Zeitler (2010), S. 5–8.

[61] „Verluste", im Sinn von bilanziellen Abschreibungen (*writedowns*) und realisierten Ausfällen (*losses*), vgl. Cerveny (2010), S. 2.

[62] The High-Level Group on Financial Supervision in the EU (2009), S. 9.

[63] IOSCO Technical Committee (2008), S. 6.

[64] Vgl. Deutscher Bundestag (Hrsg.) (2010a), S. 26, 53. Dem gingen lange Diskussionen zur Wirksamkeit des in der CRD II geringeren vorgeschriebenen Selbstbehalts voraus. Der Bundesrat wollte hier einen Alleingang verhindern und erzielte in der Folge im Vermittlungsausschuss eine längere Übergangsfrist. Vgl. Dt. Bundestag (Hrsg.) (2010b), S. 1 f.; Dt. Bundestag Hrsg. (2010c), S. 2.

Nach § 18a Abs. 1 KWG darf nunmehr ein Institut nur dann in Verbriefungen investieren, wenn sich der Originator oder Sponsor verpflichtet, dauerhaft einen *materiellen Nettoanteil von 10 %* zu halten.[65] Die Anforderung bietet nach § 18a Abs. 1 Satz 2 KWG vier Möglichkeiten zur Erfüllung: wenn ein Anteil von 10 % gehalten wird, erstens an jeder Tranche, zweitens am Nominalwert bei revolvierenden Pools, drittens an den Forderungen nach dem Zufallsprinzip ausgewählt oder viertens an der Erstverlusttranche unter Einbezug der nächsten gleichrangingen oder höherrangigen Tranche, wenn die Erstverlusttranche nicht den vollen Satz abdeckt (siehe Abbildung 6, Nr. 1-4).[66] Die *Wahl der Methodik* ist, von außergewöhnlichen Umständen abgesehen, dauerhaft beizubehalten.[67] Vom Selbstbehalt ausgenommen sind nach § 18a Abs. 3 KWG u. a. Verbriefungen, die von Zentralregierungen oder Zentralnotenbanken garantiert werden oder solche, die sich auf Indexpositionen beziehen.

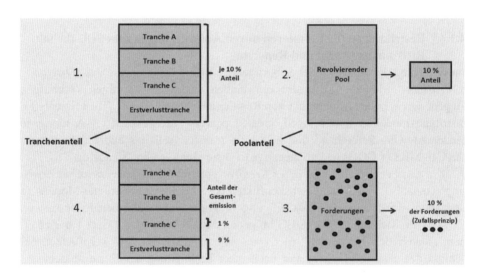

Abbildung 6: Die vier Alternativen des Selbstbehalts nach § 18a Abs. 1 KWG

---

[65] Nach den Übergangsbestimmungen des § 64m Abs. 4 KWG gilt für Verbriefungstransaktionen, abgeschlossen zwischen dem 1.1.2011 und dem 31.12.2014, ein erleichterter Satz von 5 %. Vor dem 1.1.2011 abgeschlossene Transaktionen sind zunächst ausgenommen, abgesehen von solchen mit revolvierenden Pools, die ebenso ab dem 1.1.2015 für den Selbstbehalt herangezogen werden.

[66] Vgl. Prüm, Dartsch (2010), S. 482.

[67] Vgl. Commitee of European Banking Supervisors (2010), S. 2.

1. Operationelle Anforderungen für Investoren
   - ✓ Analyse und Erfassung der Informationen zu der Verbriefung
   - ✓ Durchführung einer Risikoanalyse
   - ✓ Durchführung eigener Stresstests
   - ✓ Überwachung der Wertentwicklung des verbrieften Portfolios

2. Operationelle Anforderungen für Originatoren/Sponsoren
   - ✓ Investoren dürfen nur dann in Verbriefungstransaktionen investieren, wenn der Originator, Sponsor oder ursprüngliche Kreditgeber einen materiellen Nettoanteil (fünf bzw. zehn Prozent*) der Risiken zurückbehält (Selbstbehalt) und dies dem Investor mitteilt
   - ✓ Der materielle Nettoanteil muss kontinuierlich aufrecht erhalten werden, das heißt kein Verkauf, keine Absicherung

*ab 1. Januar 2015

Abbildung 7: Organisatorische Anforderungen für Verbriefungen im KWG; Quelle: Modifiziert entnommen bei Kronat, Oliver, Thelen-Pischke, Hiltrud (2010): S. 1027.

Die neuen Vorschriften zur *Due-Diligence* nach § 18a Abs. 4 KWG und zu organisatorischen Maßnahmen nach § 18b KWG stehen unter dem Aspekt der Transparenz und des Risikomanagements. So muss der Investor künftig im Besitz aller wesentlich risikorelevanten Informationen einer Verbriefung sein und diese bewerten können. Dazu gehören z. B. Art und Diversifikation der Forderungen, Ausfallquoten, Besicherungen und Bonitätsbewertungen.[68]

Vorgeschrieben ist für Investoren auch das *Verständnis um die Funktionsweise der Verbriefungsstruktur*, dessen Dokumentation sowie die Anwendung der gleichen Vergabeprozesse bei der Investition wie bei gewöhnlichen Krediten. Als Sanktion wird nach § 18b Abs. 6 KWG mit einem erhöhten Risikogewicht bis hin zu 1250 % gedroht. Originatoren dürfen bei den Kreditvergabestandards nicht zwischen gewöhnlichen Krediten und solchen, für die eine Verbriefung angedacht ist, unterscheiden. Daneben müssen sie die vom Investor benötigten Informationen zur Risikoeinschätzung und zum Selbstbehalt fortlaufend bereitstellen, um eine Kapitalentlastung in Anspruch nehmen zu können.[69]

Sonstige Änderungen bei der begleitenden Veröffentlichung der neuen Solvabilitätsverordnung ergeben sich aus der bereits im Juli 2009 verabschiedeten Richtlinie 2009/83/EG. Darunter fallen wesentliche Anpassungen mit der Streichung des § 257 Abs. 5 SolvV, der Wegfall des reduzierten Risikogewichts von

---

[68] Vgl. § 18b Abs. 1 und 2 KWG.
[69] Vgl. § 18b Abs. 4 und 7 KWG. Ein Überblick der Anforderungen des § 18 a und b KWG findet sich in Abbildung 24. Die IOSCO mahnt für strukturierte Produkte (unter Einschluss der Verbriefungen) ausdrücklich Transparenz auch nach dem Handel („post-trade") an. Vgl. IOSCO Technical Committee, (2009a), S. 4, 25.

sechs Prozent für bestimmte Senior-Tranchen im RBA und die Präzisierung des wesentlichen Risikotransfers für Transaktionen ohne Mezzanine Tranchen in § 232 Abs. 2 Nr. 2 SolvV (ein Rückbehalt von maximal 20 % der Erstverlustposition, wobei diese den EL substanziell übersteigen muss).[70] Daneben wurden die Konversionsfaktoren für nicht beanspruchte Teile qualifizierter Liquiditätsfazilitäten im § 239 Abs. 2 und § 259 Abs. 2 SolvV erhöht. Im IRB-Ansatz entfällt die Privilegierung von Liquiditätsfazilitäten für Marktstörungen und solcher mit Laufzeit unter einem Jahr, sodass der CCF für Liquiditätsfazilitäten 100 % beträgt.[71]

Im KSA wurden die Erleichterungen beim *CCF für qualifizierte Liquiditätsfazilitäten* unter einem Jahr bzw. solche für Marktstörungen abgeschafft, sodass nun qualifizierte Liquiditätsfazilitäten von der Laufzeit unabhängig mit einem CCF von 50 % angerechnet werden (siehe Abbildung 8).[72]

Eine weitere Änderung wurde im § 226 SolvV Absatz 4 zur Bestimmung des zu verwendenden Ansatzes vorgenommen. Der weite *Begriff der IRBA-Fähigkeit* sieht vor, dass eine Verbriefungstransaktion dann im IRBA zu behandeln ist, wenn ihre Positionen mehrheitlich einer im IRBA geführten Forderungsklasse zugeordnet werden kann. Dies wurde nunmehr eingegrenzt auf Positionen, für die das interne Einstufungsverfahren nach § 259 SolvV angewendet werden soll. Andere Verbriefungen müssen zur Anwendung des IRBA mehrheitlich tatsächliche IRB-Positionen enthalten, ansonsten müssen die KSA-Regeln angewendet werden.[73] Eine *Übergangsfrist* erlaubt Instituten bis zum 31.12.2015 die IRBA-Fähigkeit weiterhin nach der alten Fassung zu ermitteln, womit sich temporär höhere KSA-Risikogewichte vermeiden lassen.

Verbriefungsposition aus dem nicht in Anspruch genommenen Teil	Konversionsfaktor (CCF) im	
	KSA	IRB
einer jederzeit fristlos und unbedingt kündbaren, höchstrangigen Liquiditätsfazilität	0%	0%
qualifizierten Liquiditätsfazilität ohne externes oder abgeleitetes Rating	50%	100%
anderen Verbriefungsposition	100%	100%

Abbildung 8: Die Konversionsfaktoren nach der CRD II Änderungsverordnung

---

[70] Eingefügt wurde mit dem neuen § 232 Abs. 2 Satz 2 SolvV auch eine Vorbehaltsklausel, die die Aufsicht ermächtigt im begründeten Einzelfall den Risikotransfer zu verweigern.
[71] Die Nullanrechnung von Liquiditätsfazilitäten die unmittelbar und fristlos kündbar sind, bleibt jedoch in beiden Ansätzen bestehen.
[72] Die BaFin verweist zur Begründung auf die Erfahrungen der Finanzmarktkrise, bei der eine oft nur formale Befristung offenkundig wurde. Vgl. BaFin (2010), S. 64 f.
[73] Es muss also ein abgenommenes internes Rating für diese Positionen anwendbar sein.

4.2 Höhere Kapitalanforderungen bei Wiederverbriefungen

In der CRD III neu eingeführt wurde der *Begriff der Wiederverbriefung* und zusammen mit den anderen Verbriefungsdefinitionen im § 1b KWG platziert. Nach der Vorgabe des Absatzes 4 wird eine Transaktion mit wenigstens einer Verbriefungsposition im Pool bereits als Wiederverbriefung eingestuft. Absatz 5 beinhaltet neben der Bezeichnung der Position einer solchen Transaktion als Wiederverbriefungsposition die wichtige Erleichterung, dass die BaFin befugt ist, aus eigener Initiative oder auf Antrag bei Vorliegen besonderer Gründe, die Klassifizierung zurückzunehmen.

Die Richtlinie führt des Weiteren aus, dass *poolspezifische Liquiditätsfazilitäten* nicht als Wiederverbriefung klassifiziert werden. Eine weitere Ausnahme wird zugelassen für Zweitverlustpositionen, sofern sich die Transaktion über nur eine Tranche begebener Geldmarktpapiere refinanziert (ABCP-Programm) oder die Transaktion völlig durch Instrumente des Sponsors geschützt ist.[74]

Mit einer Umsetzung der CRD III, die in *erhöhten Eigenkapitalanforderungen* für Wiederverbriefungen mündet, ist spätestens zum Jahresende 2011 zu rechnen. Die neuen Anforderungen ergeben sich im ratingbasierten Ansatz aus Abbildung 9. Im IRBA gibt es bei Wiederverbriefungen eine Unterscheidung. (siehe Abbildung 10).[75]

	Bonitätsstufen				
	1	2	3	4*	5 und höher
Risikogewicht für Verbriefungspositionen im KSA	20 %	50 %	100 %	350 %	1250 %
Risikogewicht für Wiederverbriefungspositionen im KSA *NEU*	40 %	100 %	225 %	650 %	1250 %

*nicht für Kurzfristratings

Abbildung 9: Risikogewichte für KSA-Verbriefungspositionen (incl. Wiederverbriefungen).

---

[74] Vgl. Richtlinie 2010/76/EU, Rn. 24.
[75] Vgl. Richtlinie 2010/76/EU, Anhang I, 4. b viii.

Bonitätsstufe	Risikogewicht im IRBA				
	granular und höchstrangig	granular und nicht-höchstrangig	nicht-granular	Wiederverbriefungspositionen *NEU*	
				höchstrangige*	sonstige
1	7,42 %	12,72 %	21,20 %	21,20 %	31,80 %
2	8,48 %	15,90 %	26,50 %	26,50 %	42,40 %
3	10,60 %	19,08 %	37,10 %	37,10 %	53 %
4	12,72 %	21,20 %	37,10 %	42,40 %	68,90 %
5	21,20 %	37,10 %	37,10 %	63,60 %	106 %
6	37,10 %	53,00 %	53,00 %	106,00 %	159 %
7	63,60 %	79,50 %	79,50 %	159 %	238,5 %
8	106,00 %	106,00 %	106,00 %	212 %	371 %
9	265,00 %	265,00 %	265,00 %	318 %	530 %
10	450,50 %	450,50 %	450,50 %	530 %	689 %
11	689,00 %	689,00 %	689,00 %	795 %	901 %
schlechter als 11	1250 % / Abzug	1250 % / Abzug	1250 % / Abzug	1250 % / Abzug	1250 % / Abzug

*daneben keine Wiederverbriefungen im Pool

Abbildung 10: Risikogewichte für IRBA-Verbriefungspositionen (incl. Wiederverbriefungen)

Niedrigere *Risikogewichte für Wiederverbriefungspositionen* sind anzuwenden, sofern diese höchstrangig sind und keine Wiederverbriefungspositionen im Pool enthalten. Auch bei der Anwendung des SFA werden Wiederverbriefungen dahingehend berücksichtigt, dass das im SFA ermittelte Mindestrisikogewicht von 7 % auf 20 % erhöht wird.[76] Ergänzend ist hinzuzufügen, dass zur Ermittlung der Granularitätseigenschaft bei der Berechnung der effektiven Forderungen über den Parameter *N*, sofern Verbriefungspositionen im Pool enthalten sind, nicht auf Einzelforderungsebene hindurchgesehen werden darf.[77]

Als weitere Neuerung führt die CRD III dazu, dass Institute für *Verbriefungen, die im Handelsbuch* geführt werden und nach den Vorschriften für Marktrisiken unterlegt werden, die Standardmethode für die Ermittlung des besonderen Kursrisikos verwenden müssen. Die engen Vorgaben einer alternativen Ermittlung im Korrelationshandelsportfolio schließt Wiederverbriefungen in jedem Fall aus. Das bedeutet letztlich, dass Verbriefungen im Handelsbuch nun nach den Regeln des Anlagebuchs unterlegt werden müssen.[78]

4.3 Fazit

Die Bemühungen der Bankenregulierung zu einer *risikogerechten Bewertung* und Beaufsichtigung *der Verbriefungen* und den nun verabschiedeten Neuerungen zielen in die richtige Richtung. Ihre Gestaltung im Detail ist jedoch mitunter fragwürdig.

---

[76] Vgl. Richtlinie 2010/76/EU, Anhang I, 4. b xii.

[77] Somit führen einzelne diversifizierte Forderungen, die einer solchen Verbriefungsposition im Pool zu Grunde liegen, nicht zu einer Erhöhung der effektiven Forderungen. Vgl. Richtlinie 2010/76/EU, Anhang I, 4. b xiii. Die Klausel ist aber insofern keine Neuerung, da sie schon in § 257 Abs. 3 Satz 2 der ersten Fassung der Solvabilitätsverordnung vorhanden war.

[78] Vgl. Kronat, Thelen-Pischke (2010), S. 1027 f.; Richtlinie 2010/76/EU, Anhang II, 1. c, d.

Der Verbriefungsmarkt leidet noch unter dem Vertrauensverlust, dem die Industrie mit neuen Transparenzstandards entgegenwirkt. Die Reformbestrebungen der Aufsicht haben das gleiche Ziel. Erfolgreiche Transaktionen, wie solche der True Sale International, zeigen, dass Verbriefungen grundsätzlich ein funktionsfähiges Finanzinstrument sind.[79] Eine Überregulierung jedoch würde den Markt nachhaltig beeinträchtigen. Wenn das Instrument wieder zur Refinanzierung und dem Risikotransfer am Markt genutzt werden soll, sind maßvolle und durchdachte Maßnahmen eine Grundvoraussetzung.

Die Änderungen am Verbriefungsregelwerk diskriminieren teilweise diese Form der *Kreditfinanzierung* gegenüber anderen Formen wie gedeckten Schuldverschreibungen. So nimmt auch die Komplexität von *covered bonds* zu.[80] Eine Risikoanalyse und Verständnis für erworbene Produkte sollten für Banken eigentlich selbstverständlich sein. Anforderungen wie solche des § 18b KWG sind nun zwar kostenträchtig, aber aufgrund der Umstände der Finanzmarktkrise berechtigt. Sie müssten sich aber dann auch auf andere Produkte erstrecken.

Angesichts künftig erhöhter Kapitalanforderungen durch Basel III sollte den Banken weiterhin das *Risikotransferinstrument der Verbriefungen* zur Verfügung stehen. Diese Notwendigkeit beschreibt die IOSCO treffend: „The absence of a well-functioning securitisation market will impact con-sumers, banks, issuers and investors. The price of credit is likely to be high-er for the consumer and the availability scarcer. Banks will no longer have a tool to reduce risk and diversify their financing sources."[81]

5 Single Rule Book

Im Rahmen der Initiative „*Single Rule Book*" beabsichtigt die EU die Abschaffung von nationalen Wahlrechten und Optionen in den Richtlinien 2006/48/EG und 2006/49/EG sowie die Beseitigung von im Vergleich zu EU-Vorgaben strengeren nationalen Regelungen (Goldplating). Auf das letztgenannte Vorhaben wird in dem vorliegenden Beitrag nicht näher eingegangen. Insgesamt sehen die Richtlinien 141 Wahlrechte vor[82]. Im weiteren Verlauf dieses Abschnitts werden auszugsweise drei Wahlrechte und die damit verknüpften Vorhaben der EU näher erläutert. Dabei ist zu beachten, dass diese im Erstellungszeitpunkt dieses Beitrags einen Diskussionsstand darstellen und noch nicht final verabschiedet waren.

---

[79] Die True Sale International bietet seit Jahren eine Verbriefungsplattform in Deutschland an.
[80] Vgl. European Central Bank, Recent Developments in Securitisation, 2011, S. 28.
[81] IOSCO Technical Committee, (2009b), S. 13.
[82] Für eine Übersicht vgl. Deutsche Bundesbank (2011), S. 1.

5.1 Behandlung grundpfandrechtlicher Sicherheiten

Ein zentrales Wahlrecht besteht im Rahmen der *Anerkennung von grundpfandrechtlichen Sicherheiten* bei Wohn- und Gewerbeimmobilien. Bisher erfolgt eine Privilegierung von Grundpfandrechten auf Wohnimmobilien auf der Grundlage, dass es sich um einen lang etablierten Markt für Wohnimmobilien handelt[83]. Hierzu ist die Einschätzung der nationalen Aufsicht hinsichtlich eines „gut entwickelten und lang etablierten Markts" ausreichend. Zukünftig soll hierzu – analog zu den grundpfandrechtlichen Besicherungen durch Gewerbeimmobilien – ein nationaler Hard Test für Wohnungsbaukredite eingeführt werden. Folglich ist eine Privilegierung von Wohnungsbaukrediten nur noch dann möglich, wenn bestimmte Höchstverlustraten nicht überschritten werden[84].

Der Nutzen eines solchen *Hard Tests* wird seitens der Institute in Frage gestellt, da Erhebungen der deutschen Kreditwirtschaft für den Zeitraum 1988 bis 2008 gezeigt haben, dass die Verluste im Bereich Wohnfinanzierungen stets unter den geforderten Grenzen lagen. Somit würde der hohe Aufwand durch die Durchführung des Hard Tests zu keinen neuen Erkenntnissen führen. Des Weiteren würde zukünftig nicht mehr berücksichtigt werden, dass sich europäische Immobilienmärkte unterschiedlich entwickeln und durch den Wegfall nationaler Wahlrechte zu einer Benachteiligung gerade der gut entwickelten und lang etablierten Immobilienmärkte führen.

Bei Besicherungen durch Gewerbeimmobilien soll zukünftig der *institutsindividuelle Nachweis der Privilegierung* der Gewerbeimmobilie entfallen. Ausschließlich das Bestehen des bereits existierenden Hard Tests für Gewerbeimmobilien soll unabdingbare Voraussetzung für ihre Berücksichtigung als Sicherheit sein. Daneben ist angedacht, das privilegierte Risikogewicht von derzeit 50 % zu erhöhen. Auch bei den Besicherungen durch Gewerbeimmobilien haben Erhebungen der deutschen Kreditwirtschaft für den Zeitraum 1998 bis 2008 gezeigt, dass die Verluste stets unter den geforderten Grenzen lagen. Ein generelles Risikogewicht in Höhe von 100 % bei Nicht-Einhaltung des Hard-Tests würde unterstellen, dass Grundpfandrechte an Gewerbeimmobilien generell keine Kreditrisikominderung mehr bewirken.[85]

5.2 KSA-Risikogewicht bei Forderungen gegenüber Instituten

Ein Wahlrecht, welches ebenfalls entfallen soll, liegt in der *Ermittlung des KSA-Risikogewichts* bei Forderungen gegenüber Instituten. Bisher erfolgt die Ermittlung

---

[83] Vgl. Richtlinie 2006/48/EG, Anhang VI, Teil 1 Nr. 49.
[84] Unterstellt man die Höchstverlustraten von grundpfandrechtlichen Besicherungen durch Gewerbeimmobilien, so darf die Summer der Verluste, die auf 60 % des Beleihungswerts fallen, 0,3 % nicht übersteigen. Zusätzlich darf die Summe der Verluste, die insgesamt durch das Grundpfandrecht besichert sind, nicht 0,5 % überschreiten.
[85] Vgl. Potthast (Aareal Bank AG) (2010).

der Risikogewichte in der Regel gemäß § 31 Nr. 2 SolvV und damit als KSA-Risikogewicht der Zentralregierung des Sitzstaates des Instituts.[86] In der Regel erhalten Institute ein KSA-Risikogewicht in Höhe von 20 %. Anstatt auf die Bonitätsstufe der Zentralregierung abzustellen, soll zukünftig auf das Rating des Instituts selbst abgestellt werden (siehe Abbildungen 11 und 12).[87]

Bonitätsstufe der Zentralregierung	1	2	3	4	5	6
KSA-Risikogewicht	20 %	50 %	100 %	100 %	100 %	150 %

Abbildung 11: KSA-Risikogewichte gegenüber Instituten

Rating	Bonitätsstufe	KSA-RW	KSA-RW (Ursprungslaufzeit ≤ 3 Monate)
AAA – AA-	1	20 %	20 %
A+ – A-	2	50 %	20 %
BBB+ – BBB-	3	50 %	20 %
BB+ – BB-	4	100 %	50 %
B+ – B-	5	100 %	50 %
CCC+ und schlechter	6	150 %	150 %
ungeratet		50 %	20 %

Abbildung 12: Zugeordnete KSA-Risikogewichte bei Bonitätsstufen von Instituten
Anmerkung: Exemplarisch werden Ratings von Fitch verwendet.

Vergleicht man die aktuellen *Credit Ratings von Instituten*,[88] so liegen viele Institute im Bereich zwischen A+ und A-, was zur Folge hat, dass diese ein KSA-Risikogewicht in Höhe von 50 % erhalten würden, was einem Anstieg beim Eigenkapitalbedarf um das 2,5 fache bei Forderungen gegenüber Instituten gleichkommt. Dabei ist beachtlich, dass die Risikogewichte für von Instituten emittierte gedeckte Schuldverschreibungen aufgrund ihrer Koppelung an das Risikogewicht des emittierenden Instituts ebenfalls steigen werden.

5.3 Grandfathering-Regelung für Beteiligungspositionen
Bisher besteht gemäß der EU Richtlinie 2006/48/EG Artikel 154 Abs. 6 das Wahlrecht, bestimmte *Beteiligungspositionen* bis zum 31. Dezember 2017 von der Be-

---

[86] Vgl. SolvV Anlage 1 Tabelle 6. Bonitätsbeurteilungen in Form von Länderklassifizierungen von Exportversicherungsagenturen werden der Übersichtlichkeit wegen hier nicht aufgeführt.
[87] Vgl. Richtlinie 2006/48/EG, Anhang VI, Teil 1 Tz. 24.
[88] Vgl. Deutscher Derivateverband (2011), S. 1.

handlung im IRB-Ansatz auszunehmen. Hierunter fallen Beteiligungen, die am 31. Dezember 2007 von Kreditinstituten gehalten wurden.

Würde dieses *Wahlrecht*, dass in § 338 Abs. 4 SolvV umgesetzt worden ist, wegfallen, müssten Beteiligungen unmittelbar in den IRB-Ansatz überführt werden. Insbesondere unter dem Aspekt einer Übergangsphase bis zum 31. Dezember 2017 haben sich Institute für einen IRB-Ansatz entschieden.

6 Asset Value Correlation

Mit der Verabschiedung der Basel III Rahmenvereinbarung werden in den beiden *IRB-Ansätzen alle Exposures*[89] gegenüber Finanzinstituten mit höheren Eigenmittelanforderungen belastet. Unter Finanzinstitute fallen alle, die die nachfolgenden Kriterien erfüllen:[90]

- *Beaufsichtigte Finanzinstitute, die eine Bilanzsumme in Höhe von mindestens US$ 100 Mrd. vorweisen*: Unter ein beaufsichtigtes Institut fallen „ein Mutterunternehmen sowie seine Tochterunternehmen, bei dem eine wesentliche juristische innerhalb des Konsolidierungskreises einer Aufsichtsinstanz untersteht, die aufsichtsrechtliche Anforderungen gemäß internationalen Normen aufstellt." Hierunter fallen u.a. regulierte Versicherungsunternehmen, Broker, sowie Banken, Sparkassen.
- *Nicht beaufsichtigte Finanzinstitute (ohne Größenangabe): Hierunter fallen juristische Personen, deren Kerngeschäft hauptsächlich in einen der folgenden Bereiche fällt*: Verwaltung finanzieller Vermögenswerte, Kreditvergabe, Factoring, Leasing, Bereitstellung von Bonitätsverbesserungen, Verbriefung, Anlagegeschäft, Depotgeschäft, zentrale Gegenpartei und Eigenhandel.

Die Zunahme an Eigenmittelanforderungen wird umgesetzt durch die *Erhöhung des Korrelationsparameters* (Asset Value Correlation) in der IRB-Risikogewichtsfunktion um 25 %. Durch die Erhöhung des Korrelationsparameters soll dem Umstand Rechnung getragen werden, dass Institute, Versicherungen und Finanzintermediäre stärker einem systemischen Risiko ausgesetzt sind als andere Kreditnehmer. Die IRB-Korrelationsformel hat dann folgende Gestalt:

$$R = 1{,}25 \cdot \left[0{,}12 \cdot \frac{(1 - e^{-50 \cdot PD})}{1 - e^{-50}} + 0{,}24 \cdot \left(1 - \frac{1 - e^{-50 \cdot PD}}{1 - e^{-50 \cdot PD}}\right) \right]$$

Wendet man diese neue Asset Value Correlation im IRB-Basisansatz auf *unbesicherte Forderungen* gegenüber einem Institut an, so erhält man unter Berücksichtigung der aufsichtlichen Verlustquote in Höhe von 45 % und einer maßgeblichen

---

[89] Hierunter fallen sowohl Derivate als auch Kredite wie Schuldverschreibungen.
[90] Vgl. Baseler Ausschuss für Bankenaufsicht (2010a), Tz. 102.

Restlaufzeit von 2,5 Jahren unter Variation der Ausfallwahrscheinlichkeit (PD) die Ergebnisse für die Risikogewichte in Abbildung 13.

PD	Risikogewicht Basel II	Risikogewicht Basel III	Zunahme
0,03 %	15,3 %	20,8 %	35,95 %
0,05 %	20,8 %	28,3 %	36,06 %
0,10 %	31,4 %	42,5 %	35,35 %
0,20 %	46,5 %	62,2 %	33,76 %
0,5 %	73,8 %	96,5 %	30,76 %
1,0 %	97,9 %	125 %	27,68 %

Abbildung 13: Beispiel Asset Value Correlation

Offensichtlich führt die Erhöhung der Asset Value Correlation zu einer *Zunahme des Eigenmittelbedarfs* um mindestens 27 % bei Forderungen gegenüber beaufsichtigten und nicht beaufsichtigten Finanzinstituten. Dahingegen ist eine Erhöhung der Eigenmittelanforderungen bei derartigen Geschäften im Kreditrisikostandardansatz nicht geplant.

7   Kontrahentenrisiko

Ein zentrales Anliegen von Basel III ist die Stärkung der Risikodeckung. Aufgrund des deutlichen Anstiegs an gehandelten OTC Derivaten in den letzten Jahren ist das Kontrahentenrisiko[91] verstärkt in den Fokus aufsichtsrechlicher Überlegungen geraten. In den nachfolgenden Abschnitten werden die wichtigsten Neuerungen vorgestellt.

7.1   Credit Value Adjustment

Neben der bisherigen Eigenmittelunterlegung für das *Ausfallrisiko des Kontrahenten*[92] sind nach Basel III ab dem 1. Januar 2013 auch durch Bonitätsveränderungen bedingte Marktwertverluste (Credit Value Adjustments, CVA)[93] mit Eigenmitteln zu unterlegen (CVA Risk Capital Charge). Ursache sind die beträchtlichen Credit Value Adjustments der Finanzmarktkrise, die teilweise zu größeren Verlusten geführt haben als die effektiven Ausfälle.

---

[91] Unter Kontrahentenrisiko wird das Risiko verstanden, dass der Kontrahent eines Geschäfts vor der endgültigen Abwicklung der mit dem Geschäft verbundenen Zahlungen ausfallen könnte. Ein wirtschaftlicher Verlust tritt nur in dem Fall ein, falls das Geschäft mit dem betroffenen Kontrahenten zum Zeitpunkt des Ausfalls einen positiven Wert aufweist.

[92] Wird weiterhin über den KSA oder über einen der IRB-Ansätze ermittelt.

[93] Wird auch als kreditbezogene Bewertungsanpassung bezeichnet.

Betroffen sind hiervon jegliche *OTC Derivate im Handels- und Anlagebuch* eines Instituts[94]. Aufrechnungsvereinbarungen werden berücksichtigt, indem das Aufrechnungsergebnis unmittelbar in die Ermittlung des CVA eingeht. Nicht berücksichtigt werden bei der Ermittlung der CVA Risk Capital Charge Transaktionen mit einem Zentralen Kontrahenten, sowie „Securities Financing Transactions" (SFT)[95]. Für letztgenannte Geschäfte muss die Aufsicht das CVA Verlustrisiko als nicht materiell einstufen.

Bei der *Ermittlung der CVA Risk Capital Charge* wird danach unterschieden, ob es sich um eine „doppelte Modellebank" handelt, die sowohl eine aufsichtlich genehmigte Interne-Modelle-Methode zur Exposure-Ermittlung als auch ein internes Marktrisikomodell für das spezifische Zinsrisiko verwendet, oder um ein Institut, das keine Modellebank ist. Letztgenannte ermitteln eine sog. standardisierte CVA Risk Capital Charge.

Die *fortgeschrittene CVA-Ermittlung* für Modellebanken beruht auf einer seitens der Aufsicht vorgegebenen Formel und kann interpretiert werden als der Wert des Protection Leg eines Credit Default Swap (CDS) in Höhe des zum jeweiligen Zeitpunkt simulierten erwarteten Kontrahentenexposures (EPE) bzw. als Marktpreis der Absicherung gegen Ausfall und Credit Spread-Änderungen des Kontrahenten. Die Formel zur fortgeschrittenen CVA-Ermittlung lautet[96]:

$$CVA = LDG_{MKT} \cdot \sum_{t=1}^{T} \underbrace{Max\left(0; \exp\left(-\frac{s_{i-1} \cdot t_{i-1}}{LGD_{MKT}}\right) - \exp\left(-\frac{s_i \cdot t_i}{LGD_{MKT}}\right)\right)}_{\text{risikoneutrale Ausfallwahrscheinlichkeit}} \cdot \left(\frac{EE_{i-1} \cdot D_{i-1} + EE_i \cdot D_i}{2}\right)$$

wobei
- t_i = Zeit des i-ten Neubewertungszeitraums ab $t_0=0$
- t_T = die längste vertragliche Laufzeit bei allen Netting-Sets mit dem Kontrahenten
- D_i = ausfallrisikofreier Diskontierungsfaktor zum Zeitpunkt t_i, wobei $D_0=1$

Die LGD_{MKT} entspricht der Verlustquote des Kontrahenten, die auf dem Spread eines am Markt gehandelten Instruments des Kontrahenten basiert[97] oder, wenn für den Kontrahenten kein solches Instrument verfügbar ist, einem für Rating, Branche und Region des Kontrahenten angemessenem Näherungswert. Die Größe s_i entspricht dem Creditspread des Kontrahenten für die Laufzeit t_i. Ist für den Kontrahenten ein CDS-Spread verfügbar, ist dieser stets zu verwenden, ansonsten ist ein für Rating, Branche und Region des Kontrahenten angemessener Näherungswert zu

---

[94] Basel III spricht hier von „außerbörslichen Derivaten". Vgl. Baseler Ausschuss für Bankenaufsicht (2010a), Tz. 99.
[95] Werden auch als Wertpapierfinanzierungsgeschäfte bezeichnet. Hierunter fallen u.a. Repos.
[96] Vgl. Baseler Ausschuss für Bankenaufsicht (2010a), Tz. 99.
[97] Es handelt sich hierbei nicht um die bankintern geschätzte LGD für den Kontrahenten, die im Fortgeschrittenen IRB-Ansatz verwendet wird.

verwenden. Die risikoneutrale Wahrscheinlichkeit entspricht dem Marktpreis für die Absicherung gegen einen Ausfall[98]. Die Größe EE_i entspricht dem erwarteten Forderungsbetrag gegenüber dem Kontrahenten zum Neubewertungszeitpunkt t_i und wird mittels der Interne Modelle Methode ermittelt.

Der auf diese Art ermittelte CVA ist dann wiederum als Grundlage für alle Eingangsparameter des bankinternen VaR-Modells zur Ermittlung des speziellen Marktrisikos für Anleihen heranzuziehen. Als Hedge für das CVA-Risiko sind nur sog. single-name CDS anerkannt, dagegen sind sog. n-th to default CDS nicht anerkennungsfähig.

Die *CVA Risk Capital Charge* stellt eine eigenständige Kapitalanforderung für Marktrisiken dar, die auf der Grundlage der (fortgeschrittenen) CVA Werte – unter Berücksichtigung aller zulässigen CVA-Absicherungen – für alle außerbörslichen Derivate aller Kontrahenten beruht. Berücksichtigt das interne VaR-Modell keine Schuldtitel des Kontrahenten bzw. wird keine Interne Modelle Methode verwendet, darf die Fortgeschrittene CVA-Ermittlung nicht angewendet werden. Es muss in diesem Fall eine sog. Standard Risk Capital Charge ermittelt werden. Diese wird auf Portfolioebene (wieder) gemäß einer aufsichtlich vorgegebenen Formel ermittelt[99]:

$$K = 2{,}33 \cdot \sqrt{h} \cdot \sqrt{\left(\sum_i 0{,}5 \cdot w_i \cdot \left(M_i \cdot EaD_i^{total} - M_i^{hedge} \cdot B_i\right) - \sum_{ind} w_{ind} \cdot M_{ind} \cdot B_{ind}\right)^2 + \sum_i 0{,}75 \cdot w_i^2 \cdot \left(M_i \cdot EaD_i^{total} - M_i^{hedge} \cdot B_i\right)^2}$$

- $h = 1$ (=Risikohorizont)
- EaD_i^{total} = Gesamt EaD von Kontrahent i (nach Berücksichtigung Netting); bei Verwendung der Interne Modelle Methode, Standardmethode bzw. Marktbewertungsmethode sind entsprechende Sicherheiten zu berücksichtigen; wird keine Interne Modelle Methode angewendet, so ist das EaD mit dem Faktor $(1-\exp(-0{,}05 \cdot M_i))/(0{,}05 \cdot M_i)$ ab zu diskontieren
- B_i = Nominal des single name CDS zur Absicherung des CVA-Risiko von Kontrahent i, ist wieder abzudiskontieren mit dem Faktor $(1-\exp(-0{,}05 \cdot M_i^{hedge}))/(0{,}05 \cdot M_i^{hedge})$
- B_{ind} = Nominal eines oder mehrerer Index CDS zur Absicherung des CVA-Risikos, ist wieder abzudiskontieren mit dem Faktor $(1-\exp(-0{,}05 \cdot M_{ind}))/(0{,}05 \cdot M_{ind})$

---

[98] Die risikoneutrale Ausfallwahrscheinlichkeit unterscheidet sich in der Regel von der Ausfallwahrscheinlichkeit des Kontrahenten.

[99] Vgl. Baseler Ausschuss für Bankenaufsicht (Dezember 2010), Tz. 99.

- w_{ind} = Durchschnittsgewicht, basierend auf Zuordnung Rating-Gewicht; als Grundlage ist Index-Zusammensetzung heranzuziehen
- M_i = effektive Restlaufzeit[100] aller Geschäfte gegenüber dem Kontrahenten i
- M_i^{hedge} = Restlaufzeit des Hedge Instruments mit Nominal B_i
- M_{ind} = Restlaufzeit des Index Hedge ‚ind' mit Nominal B_{ind}

Die Gewichte w_i ergeben sich gemäß Abbildung 14 aus der Zuordnung des externen Ratings des Kontrahenten.[101]

Rating	Gewicht w_i
AAA	0,7 %
AA	0,7 %
A	0,8 %
BBB	1,0 %
BB	2,0 %
B	3,0 %
CCC	10,0 %

Abbildung 14: Zuordnung Rating zu Gewichten

Abschließend ergibt sich die *Gesamt-Eigenmittelbelastung* gegenüber einem Kontrahenten wie folgt:
1. für Modellebanken: Summe über alle CVA Risk Capital Charges plus der Capital Charge aus der Internen Modelle Methode[102].
2. Institute mit zugelassener Interne Modelle Methode, aber ohne zugelassenes VaR-Modell für das spezifische Zinsrisiko: Standard Risk Capital Charge plus der Capital Charge aus der Internen Modelle Methode.
3. für Institute, die nicht unter Punkt 1, 2 fallen: Standard Risk Capital Charge plus der Eigenmittelbelastung unter Berücksichtigung der Standardmethode bzw. Marktbewertungsmethode.

Aufgrund der restriktiven Voraussetzungen an die fortgeschrittene Methode zur CVA-Ermittlung werden die meisten Institute die *Standard Risk Capital Charge* ermitteln müssen. Seitens der Kreditwirtschaft wird aus diesem Grunde die Voraussetzung einer aufsichtlich zugelassenen Internen Modelle Methode für die Verwendung eigener CVA-Modelle kritisiert. Eine abschließende Kalibrierung der CVA

---

[100] Für IMM-Banken wird M_i gemäß der Formel 6 aus Anlage 2 SolvV ermittelt. Nicht-IMM-Banken ermitteln M_i gemäß § 96 Abs. 2 Nr. 2 SolvV.

[101] Liegen interne Ratings vor, so sind diese den externen Ratings zuzuordnen.

[102] Es wird an dieser Stelle darauf hingewiesen, dass der sog. Stress-EaD im Rahmen der Internen Modelle Methode zu berücksichtigen ist.

Risk Capital Charge erfolgt im Anschluss an eine Auswirkungsstudie Ende des ersten Quartals 2011. Gegenstand der Kalibrierung ist einerseits die Haltedauer (h) von einem Jahr, sowie die effektive Restlaufzeit der Geschäfte gegenüber dem Kontrahenten, aber auch der Anwendungsbereich, welcher bisher alle Derivatepositionen unabhängig von der Art des Kontrahenten oder dem Handelszweck erfasst.

7.2 Zentraler Kontrahent

Aufgrund der Intransparenz bzgl. der Abwicklungsprozesse und den Informationsasymmetrien und der daraus resultierenden Unsicherheit in Bezug auf Kontrahentenrisiken im Marktsegment Derivate soll zukünftig die Abwicklung von außerbörslichen Geschäften über eine *qualifizierte zentrale Gegenpartei* (CCP) erfolgen. Aus Sicht der Aufsicht liegen die Vorteile bei Nutzung eines qualifizierten CCP einerseits in der Verbesserung der Steuerung von Kontrahentenrisiken sowie andererseits in der Erhöhung der Transparenz, da den Aufsichtsinstanzen und der Öffentlichkeit Informationen zu Marktaktivitäten und Risikopositionen (mit Angaben zu Preisen und Volumina) zur Verfügung stehen. Offensichtliche Nachteile bestehen in der Verteuerung des Derivatehandels durch zusätzliche Entrichtung von Gebühren und Vorschüssen, sowie zusätzlicher Sicherheitenstellung bei Abwicklung über einen qualifizierten CCP.

Als *qualifizierter CCP* gilt eine zentrale Gegenpartei, wenn sie die Standards für zentrale Gegenparteien erfüllen. Die Standards werden gegenwärtig durch den Ausschuss für Zahlungsverkehrs- und Abrechnungssysteme (GPSS) und das Technical Committee of the International Organization of Securities Commissions (IOSCO) überarbeitet. Bei offenen Geschäften (trade exposures) gegenüber dem CCP ist für Clearing Member Banken aktuell ein Risikogewicht in Höhe von 2 % geplant.[103] Von einem Risikogewicht in Höhe von 0 % wird derzeit abgesehen, da aus Sicht des Baseler Ausschuss immer noch ein Rest-Adressenausfallrisiko gegenüber dem Zentralen Kontrahenten besteht. Allerdings haben die nationalen Aufsichtsbehörden ein Wahlrecht dahingehend, dass sie mehr als die Mindestkapitalanforderungen für Positionen gegenüber CCPs verlangen können[104]. Die Bemessungsgrundlage kann über die Marktbewertungs- oder Standardmethode bzw. die Interne Modelle Methode ermittelt werden.

Der Begriff der *trade exposures* umfasst sowohl marktbewertete Positionen als auch die gestellten Sicherheiten. Werden die gestellten Sicherheiten separat gehalten und sind diese nicht von einem Ausfall des Verwahrers betroffen, so darf unter der Voraussetzung, dass es sich um eine Clearing Member Bank handelt, auch ein

---

[103] Vgl. Baseler Ausschuss für Bankenaufsicht (2010b), Tz. 9. Non Clearing Member Banken können die privilegierte Risikogewichtung nur dann nutzen, wenn die Sicherheiten separat von den Sicherheiten des jeweiligen Clearing Members gehalten werden und bei einem Ausfall des Clearing Members, ein anderes Clearing Member die Geschäfte übernimmt.

[104] Vgl. Baseler Ausschuss für Bankenaufsicht (2010b), Annex A Tz. 107.

Risikogewicht in Höhe 0 % verwendet werden.[105] Neben den trade exposures sollen auch die sog. *default fund exposures*[106] unter Berücksichtigung eines Wasserfallprinzips mit Eigenmitteln unterlegt werden. Grundlage hierzu ist das sog. hypothetische Kapital (K_{CCP})[107]. Dieses entspricht dem marktbewerteten Wiedereindeckungsaufwand (Marktbewertungsmethode) reduziert um die Initial Margins mittels umfassender Methode:

$$K_{CCP} = \sum_{Clearing\ Member} (marktbewerterWiedereindeckungsaufwand - Initial\ Margins) \cdot RW \cdot Kapitalkoeff.$$

Den marktbewerteten Wiedereindeckungsaufwand gilt es auch Sicht des qualifizierten CCP zu ermitteln. Die Höhe des Risikogewichts (RW) beträgt 20 %[108], als Kapitalkoeffizient werden die (bekannten) 8 % herangezogen.

In Abhängigkeit davon, wie sich das hypothetische Kapital und die zur Deckung von Verlusten verfügbaren finanziellen Mittel des CCP zueinander verhalten, kommen *unterschiedliche Mindestkapitalanforderungen* zur Anwendung. Die zur Verfügung stehenden finanziellen Mittel des CCP entsprechen den eigenen finanziellen Mitteln des CCP plus die eingezahlten Beträge der Clearing Member. Die einzelnen Clearing Member müssen ihren pro-rata-Anteil an den genannten Kapitalanforderungen vorhalten. Abbildung 15 zeigt die Ermittlung der Risikogewichte in Abhängigkeit des Verhältnisses vom hypothetischen Kapital zu den finanziellen Mitteln, die zur Deckung von Verlusten herangezogen werden können.

---

[105] Das Marktpreisrisiko, welches der Sicherheit ausgesetzt ist, ist weiterhin mit Eigenmitteln zu unterlegen.
[106] Institute, die direkt mit einem CCP handeln, müssen in einen default fund einzahlen, um mögliche Ausfälle von Clearing Membern des CCP abzusichern.
[107] Vgl. Baseler Ausschuss für Bankenaufsicht (2010b), Tz. 9 g.
[108] Die nationalen Aufsichtsbehörden können das Risikogewicht jeder Zeit erhöhen. Vgl. Baseler Ausschuss für Bankenaufsicht (2010b), Annex A Tz. 117 i.

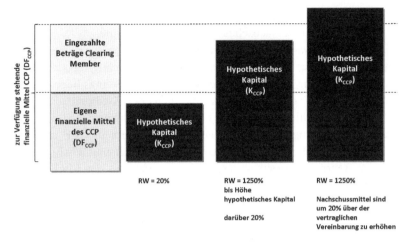

Abbildung 15: Wasserfallprinzip bei CCP

Das *mathematische Modell*, was der Bestimmung der Eigenkapitalbelastung bei Default Exposures zu Grunde liegt, lautet wie folgt[109]:

$$\sum K_{CM} = \begin{cases} c_2 \cdot \mu \cdot (K_{CCP} - DF) + c_2 \cdot \sum DF_{CM}, & \text{falls } DF < K_{CCP} \quad (3) \\ c_2 \cdot (K_{CCP} - DF_{CCP}) + c_1 \cdot (DF - K_{CCP}), & \text{falls } DF_{CCP} < K_{CCP} \leq DF \quad (2) \\ c_1 \cdot \sum DF_{CM}, & \text{falls } K_{CCP} \leq DF_{CCP} \quad (1) \end{cases}$$

wobei

– DF setzt sich aus den eigenen finanziellen Mittel des CCP (DF_{CCP}) und den eingezahlten Beträgen der Clearing Member (DF_{CM}) zusammen.
– $\sum K_{CM}$ entspricht der Eigenkapitalbelastung für alle default fund exposures.

In Fall (1) verfügt der CCP über mehr eigene finanzielle Mittel als hypothetisches Kapital ermittelt worden ist, so gilt c_1=1,6 % (=20 % x 8 %=RW · Kapitalkoeffizient). Die Fallkonstellation (2) entspricht dem Fall, dass das hypothetische Kapital höher ist als die eigenen finanziellen Mittel, allerdings geringer sind als die eigenen finanziellen Mittel plus die eingezahlten Beträge der Clearing Member. Bei dieser Fallkonstellation sind c_1=1,6 % (=20 % x 8 %=RW x Kapitalkoeffizient) und c_2=100 % (=1250 % x 8 % = RW x Kapitalkoeffizient) zu setzen. Das Beispiel (3) entspricht dem Fall, dass die eigenen finanziellen Mittel plus eingezahlte Beträge der Clearing Member geringer sind als das hypothetische Kapital. In diesem Fall werden aufsichtsrechtlich vorgegeben: μ=1,2 und c_2=100 %, was einem Risikoge-

---

[109] Vgl. Basel Committee on Banking Supervision, Dezember 2010.

wicht in Höhe von 1250 % entspricht, sowie dass die Nachschussmittel um 20 % über die vertraglich vereinbarten Nachschussmittel zu erhöhen sind.

Die *Anhebung der Eigenmittelanforderungen* für Positionen gegenüber einem CCP ist nach Auffassung der Kreditwirtschaft nur dann gerechtfertigt, wenn die gegenwärtige Nullgewichtung das Risiko unterzeichnet[110]. Allerdings liegen hierzu keine empirischen Beweise vor. Zusätzlich wird seitens der Kreditwirtschaft kritisch angemerkt, dass die nationale Aufsicht ein Wahlrecht dahingehend hat, dass sie Mindestkapitalanforderungen für Positionen gegenüber einem CCP erhöhten kann. Weitere Kritikpunkte bestehen in der komplexen Berechnung der Eigenmittelunterlegung für Beiträge gegenüber dem Default Fund und der Marktbewertungsmethode zur Ermittlung des hypothetischen Kapitals. Insbesondere die Verwendung der *aufsichtlich vorgegebenen Add-on-Faktoren* führt zu einer Risikoüberzeichnung. Insbesondere das tägliche Variation-Margining (Mark-to-Market) bei Futures Kontrakten[111] als auch die Berücksichtigung von Aufrechnungsvereinbarungen erfolgt dadurch nicht risikoadäquat.

Insgesamt bleibt abzuwarten, wie die *finalen Regelungen* des Baseler Ausschusses im September 2011 aussehen werden bzw. welche abschließenden Regeln seitens der EU beschlossen werden. Bis dahin wird der Baseler Ausschuss eine quantitative Auswirkungsstudie durchgeführt haben, deren Ergebnisse unmittelbar Eingang in das finale Baseler Papier zur Behandlung von Zentralen Kontrahenten finden werden. Das Inkrafttreten der neuen Regelungen ist für den 1. Januar 2013 geplant.

7.3 Besicherte Kontrahenten und Nachschussrisikozeitraum

Bei Anwendung der Interne Modelle-Methode sind zukünftig längere *Nachschussrisikozeiträume* zu betrachten. Gegenwärtig wird bei einer täglichen Nachschussberechnung und Marktbewertung, der Nachschussrisikozeitraum für Aufrechnungsvereinbarungen, die ausschließlich aus Wertpapierpensions- oder ähnlichen Geschäften bestehen eine Untergrenze von fünf Geschäftstagen angesetzt, dagegen wird bei den übrigen Aufrechnungsvereinbarungen eine Untergrenze von zehn Tagen herangezogen. Bei Aufrechnungsvereinbarungen, die innerhalb eines Quartals zu einem beliebigen Zeitraum mehr als 5000 Geschäfte umfassen, wird ein Nachschussrisikozeitraum für das nachfolgende Quartal von mindestens zwanzig Tagen herangezogen. Analog gilt dies für Aufrechnungsvereinbarungen, die mindestens ein Geschäft mit illiquiden Sicherheiten oder ein außerbörsliches Derivat enthalten, welches nicht ohne weiteres ersetzt werden kann. Ist es in einer bestimmten Aufrechnungsvereinbarung in den letzten beiden Quartalen zu mehr als zwei Streitigkeiten bzgl. der Nachschusshöhe gekommen und wird diese länger als der anwend-

---

[110] Vgl. Zentraler Kreditausschuss (2011), S. 1 ff.
[111] Aus Kreditrisikogesicht erfolgt dadurch eine Verkürzung der Restlaufzeit auf einen Tag.

bare Nachschussrisikozeitraum angedauert haben, so ist für die nächsten beiden Quartale ein Nachschussrisikozeitraum anzusetzen, der mindestens das Doppelte des eigentlich aufsichtlich vorgegebenen Nachschussrisikozeitraums beträgt.

Daneben müssen Institute, die eine Interne Modelle-Methode anwenden, über eine *Sicherheitenverwaltungseinheit* verfügen, die für die Berechnung und Durchführung von Nachschussvereinbarungen sowie für das Management von Zusatzbeträgen, Einschüssen und Nachschüssen verantwortlich ist. Diese Einheit muss der Geschäftsleitung regelmäßig angemessene Managementinformationen zu den Sicherheiten zur Verfügung stellen.[112]

7.4 Korrelationsrisiken – Wrong way Risiken

Institute müssen *Korrelationsrisiken* beachten. Hierbei wird zwischen dem allgemeinen und dem speziellen Korrelationsrisiko unterschieden. Ein *allgemeines Korrelationsrisiko* (general wrong way risk) liegt nach § 224 Abs. 8 SolvV genau dann vor, wenn die Ausfallwahrscheinlichkeiten von Kontrahenten positiv mit allgemeinen Marktrisikofaktoren korrelieren.[113] Nach der bisherigen Regelung müssen Institute „Forderungen, die mit einem erheblichen Korrelationsrisiko verbunden sind, angemessen berücksichtigen". Zukünftig müssen nach Basel III auf der Basis von Stresstest und Szenarioanalysen Risikofaktoren identifiziert werden, die positiv mit der Bonität von Kontrahenten korreliert sind. Diese Verfahren müssen eventuelle schwerwiegende Schocks bei Änderung der Wechselbeziehung zwischen Risikofaktoren in Betracht ziehen[114].

Institute müssen – passend zu ihrem Portfolio – das *general wrong way risk* nach Produkten, Regionen, Wirtschaftsbereichen etc. überwachen. Durch Anwendung der Interne Modelle-Methode wird das allgemeine Korrelationsrisiko durch Einführung des Stress-EPE[115] und einem Alphafaktor in Höhe von 1,4 seitens des Aufsicht als abgedeckt betrachtet.

Unter dem *speziellen Korrelationsrisiko* (*specific wrong way risk*) versteht man nach § 224 Abs. 9 SolvV das Risiko, wenn aufgrund der Art der mit einem Kontrahenten bestehenden Geschäfte der Wiederbeschaffungswert dieser Geschäfte positiv mit der Ausfallwahrscheinlichkeit des Kontrahenten korreliert (z. B. ein CDS bei dem der Kontrahent des CDS und der Emittent des Underlyings rechtlich mit einander verbunden sind). Nach der bisherigen Regelung war es ausreichend, wenn ein Institut über Verfahren verfügt, mit denen spezielle Korrelationsrisiken vom Geschäftsabschluss ab über die gesamte Laufzeit des Geschäfts hinweg ermittelt,

---

[112] Vgl. Baseler Ausschuss für Bankenaufsicht (2010a), Tz. 103, 106.
[113] Vgl. § 224 Abs. 8 SolvV.
[114] Vgl. Baseler Ausschuss für Bankenaufsicht (2010a), Tz. 100.
[115] EPE: expected positiv exposure bzw. erwarteter positive Wiederbeschaffungswert. Für die Herleitung siehe § 223 SolvV.

verfolgt und kontrolliert werden können. Zukünftig sind neben der vorstehenden Anforderung die specific wrong way Risiken mit Eigenkapital zu unterlegen. Dies bedeutet z. B. bei einem single name CDS, dass das „EaD für diese Swap-Kontrahentenposition dem gesamten erwarteten Verlust des verbleibenden Zeitwerts der Basisinstrumente unter der Annahme der Liquidation des zugrundeliegenden Emittenten entspricht[116]". In diesem Fall müssen Institute, die einen IRB-Ansatz gewählt haben, für derartige Kontrakte eine LGD in Höhe von 100 % ansetzen, Banken mit KSA wählen das Risikogewicht für eine unbesicherte Forderung. Geschäfte, für die ein spezielles Korrelationsrisiko festgestellt worden ist, dürfen nicht mehr im Nettingkreis des Kontrahenten berücksichtigt werden.

8 Leverage Ratio

Im Vorfeld der Finanzmarktkrise lag ein *extrem hoher Verschuldungsgrad* im on- und off-balance Bereich bei den Instituten vor, was zu einem erheblichen Abwertungsdruck auf die Assets geführt hat. Um zukünftig ein unkontrolliertes Kreditwachstum bzw. die Folgen eines erzwungenen *Deleveraging* – wie in der Finanzkrise erfolgt – auf den Bankensektor zu vermeiden, soll die Verschuldung der Banken begrenzt werden[117]. Es muss der Anteil des Kernkapitals (nach neuer Basel III-Definition) an der Gesamtverschuldung mindestens 3 % betragen[118]:

$$\text{Leverage Ratio} = \frac{\text{Tier1} - \text{Kapital}}{\text{Verschuldung}} \geq 3\%.$$

Ein Institut darf somit maximal das *33-fache des Kernkapitals* am Kapitalmarkt als Refinanzierungen aufnehmen. Die Verschuldung wird als die Summe der nicht-risikogewichteten Aktiva interpretiert werden. Hierbei wird im Wesentlichen den Bilanzierungs- bzw. Rechnungslegungsvorschriften Rechnung getragen, d.h., bilanzielle Exposure gehen nach Berücksichtigung von Wertberichtigungen und Risikovorsorge in die Berechnung der Leverage Ratio mit ein. Sachsicherheiten und finanzielle Sicherheiten sowie Gewährleistungen dürfen nicht berücksichtigt werden. Nettingregeln nach SolvV sind nur bei Repos (bzw. SFTs) und Derivaten (inkl. der Kreditderivate, bei denen die Bank Sicherungsgeber ist) erlaubt.

Bei *Derivaten* wird der bilanzwirksame Wertansatz des Engagements abzüglich eines Aufschlags für den potenziellen künftigen Wert, der mittels Marktbewertungsmethode ermittelt wird, zu Grunde gelegt.[119] *Zusagen*, die zu jeder Zeit unbe-

---

[116] Vgl. Baseler Ausschuss für Bankenaufsicht (2010a), Tz. 101.
[117] Zusätzlich sollen durch die Leverage Ratio auch Modellrisiken Rechnung getragen werden.
[118] Bereits in § 24 Abs. 1 Nr. 16 KWG wird eine sog. modifizierte Eigenkapitalquote definiert. Beim Kapital wird hier auf das bilanzielle Eigenkapital abgestellt. Abweichungen von mindestens 5 % sind der Aufsicht unverzüglich zu melden.
[119] Vgl. Baseler Ausschuss für Bankenaufsicht (2010a), Tz. 153, 157, 161.

dingt kündbar sind, werden mit einem Kreditkonversionsfaktor in Höhe von 10 % berücksichtigt[120]. Bei allen *anderen Off-Balance Sheet Positionen* ist ein konservativer Kreditkonversionsfaktor in Höhe von 100 % zu verwenden.[121]

Die *Leverage Ratio* ist quartalsweise auf Basis der monatlichen Durchschnitte der Höchstverschuldungsquote zu ermitteln. Für die Jahre 2011 und 2012 werden die Leverage Daten der Institute noch auf halbjährlicher Basis daraufhin beobachtet, ob eine 3 %-tige Leverage Ratio für einen vollständigen Kreditzyklus und für die verschiedenen Geschäftsmodelle angemessen ist (Monitoring Period). Ab 2013 wird die Leverage Ratio regelmäßig an die Aufsicht gemeldet. Ab 2015 ist die Leverage Ratio im Rahmen der Offenlegung zu berücksichtigen. In 2017 findet dann eine abschließende Kalibrierung statt und ab 2018 ist die Berücksichtigung der Leverage Ratio in den Mindestkapitalanforderungen geplant.

Damit die *Vergleichbarkeit der Leverage Ratio* über die verschiedenen Jurisdiktionen möglich ist, wird eine internationale Harmonisierung bei der der Ermittlung der zugrunde liegenden Positionen angestrebt, was eine Anpassung hinsichtlich der unterschiedlichen Rechnungslegungsvorschriften erforderlich macht.

Kritisiert wird seitens der Kreditwirtschaft, dass die Leverage Ratio *kein risikosensitives Risikomaß* ist und risikoarme Geschäftsmodelle – wie bei Pfandbriefbanken – erheblich benachteiligt. Ob es hier zu Anpassungen seitens der EU im Rahmen der CRD IV kommen wird, ist noch offen. Denkbar sind z. B. in Abhängigkeit des jeweiligen Geschäftsmodells unterschiedliche Quoten für die Leverage Ratio. Hinsichtlich neuer Geschäftsstrategien sind stets die Auswirkungen auf die Leverage Ratio zu überprüfen.

9 Liquiditätskennziffern

Mit Basel III wird das *Liquiditätsrisiko* mit den Basel II Risikoarten Kredit- und Marktpreisrisiko sowie operationellem Risiko auf die gleiche Stufe gestellt. Damit wird dem Aspekt Rechnung getragen, dass die Finanzkrise auch ein Liquiditätsproblem war, insbesondere dahingehend, dass langfristige Kredite kurzfristig – in der Regel – zu günstigen Konditionen refinanziert wurden. Hierzu führt die BIS die Kennzahlen Liquidity Coverage Ratio (LCR) und Net Stable Funding Ratio (NSFR) ein, die von jedem Institut einzuhalten sind. Auch wenn noch offen ist, ob diese beiden Kennzahlen unmittelbar in der SolvV geregelt werden, so sind sie

---

[120] Die Regelung weicht ab zu der im KSA, wo derartige Zusagen einen Konversionsfaktor in Höhe von 0 % erhalten.

[121] Der konservative Konversionsfaktor in Höhe von 100 % wird seitens des Baseler Ausschusses damit begründet, dass außerbilanzielle Positionen eine „Quelle für einen potenziellen Verschuldungsgrad" aufweisen. Desweiteren wird der Baseler Ausschuss „Untersuchungen durchführen, um sicherzustellen, dass der CCF von 10 % auf der Grundlage historischer Erfahrungen ausreichend konservativ ist". Vgl. Baseler Ausschuss für Bankenaufsicht (2010a), Tz. 163 und 164.

doch zumindest im Rahmen der Offenlegung zu berücksichtigen. Aus diesem Grund wird in diesem Abschnitt auf die wesentliche Aspekte des LCR und des NSFR eingegangen. Sowohl die LCR als auch die NSFR sind ab dem 1. Januar 2012 an die Aufsicht zu melden. Während die LCR ab dem 1. Januar 2015 verbindlich einzuhalten ist, gilt dies für die NSFR erst ab dem 1. Januar 2018.

9.1 Liquidity Coverage Ratio (LCR)

Die *Liquidity Coverage Ratio* fordert die Sicherstellung eines Bestands an qualitativ hochwertiger unbelasteter liquider Aktiva (Liquiditätspuffer), der in einem aufsichtlich vorgegebenen Liquiditätsstressszenario mindestens die kumulierten Nettozahlungsausgänge der nächsten 30-Kalendertage abdeckt:[122]

$$LCR = \frac{\text{Liquiditätspuffer}}{\text{Kumulierte Nettozahlungsausgänge der nächsten 30-Kalendertage}} \geq 100\%.$$

Das aufsichtlich vorgegebene *Stressszenario*, welches sich in den Anrechnungsfaktoren der einzelnen Bestandteile wiederspiegelt, beruht auf einer Kombination aus systemischen und idiosynkratischen Schocks und umfasst u.a. Stressszenarien wie einen „Run-off" auf die Kundeneinlagen, eine beschränkte Refinanzierung am Interbanken- und Kapitalmarkt, nur noch beschränkt möglichen Repo-Finanzierungen mit hoch qualitativen Sicherheiten, eine Herabstufung des Institutsratings um drei Stufen, eine Zunahme der Marktvolatilitäten und den damit verbunden Folgen für Sicherheiten und Derivate-Exposures, sowie eine Zunahme außerplanmäßiger Ziehungen von zugesagten Kreditlinien.

Als *Liquiditätspuffer* wird ein Bestand an sogenannten hochwertigen liquiden Aktiva berücksichtigt. Hierbei wird unterschieden zwischen Aktiva der Ebene 1 und Ebene 2. Die wichtigsten Bestandteile der Ebenen 1 und 2 werden in Abbilddung 16 aufgeführt. Der erwartete kumulierte Nettozahlungsmittelabfluss der nächsten 30 Kalendertage während eines vorgegebenen Stressszenarios ergibt sich wie folgt:[123]

Kumulierter Nettozahlungsabfluss =
Erwartete Zahlungsmittelabflüsse –
Min {erwartete Zahlungsmittelzuflüsse, 75 % der erwarteten Zahlungsmittelabflüsse}

Die erwarteten *Zahlungsmittelzuflüsse und Zahlungsmittelabflüsse* ergeben sich aus den vertraglich vereinbarten Zahlungsströmen zuzüglich den mit spezifischen Faktoren gewichteten bilanziellen und außerbilanziellen Positionen. Diese Faktoren spiegeln die erwarteten Quoten wieder mit der die Positionen während des Szena-

---

[122] Vgl. Baseler Ausschuss für Bankenaufsicht (2010c), Tz. 16.
[123] Vgl. Baseler Ausschuss für Bankenaufsicht (2010c), Tz. 50.

rios ab- oder zufließen. In der nachfolgenden Tabelle werden die wichtigsten Positionen mit ihren Bandbreiten an Faktoren aufgeführt.[124]

Kategorie	Posten	Bewertung
Ebene 1	• Barmittel • Zentralbankguthaben[125] • Marktgängige Wertpapiere: Öffentliche Schuldtitel (i.d.R. mit 0 %-KSA-Risikogewicht[126])	Aktueller Marktwert ohne Haircut
Ebene 2	• Von öffentlichen Stellen emittierte/garantierte Schuldtitel mit 20 %-KSA-Risikogewicht • (Nichtfinanz-) Unternehmensschuldverschrei-bungen mit einem Mindestrating von AA-- • Gedeckte Schuldverschreibungen (Pfandbriefe von Kreditinstuten) mit einem Mindestrating von AA- Einschränkungen: • Beschränkung auf 40 % des Gesamtbestands der hochwertigen liquiden Aktiva nach Berücksichtigung von Haircuts • Beschränkung der angepassten Aktiva[127] der Ebene 2 aus 2/3 des Bestands der angepassten Aktiva der Ebene 1 nach Berücksichtigung von Haircuts	Aktueller Marktwert abzüglich eines Haircuts in Höhe von 15 %

Abbildung 16: Übersicht Liquiditätspuffer

Zahlungsmittelzuflüsse		Zahlungsmittelzuflüsse	
Positionen	Faktoren	Positionen	Faktoren
Retaileinlagen	5 % bis 10 %[128]	Reverse Repos	0 % bis 100 %
Unbesichertes Wholesale Funding	5 % bis 100 %	Erhaltene Kredit- oder Liquiditätszusagen	0 %
Besichertes Funding	0 % bis 100 %	Fällige Kredite	50 %
ABCP, SIVs, Conduits Sicherheiten für Derivatgeschäfte Nettoverbindlichkeiten aus Derivatgeschäften	100 % 20 % 100 %	Nettozahlungen aus Derivaten	100 %

---

[124] Vgl. Baseler Ausschuss für Bankenaufsicht (2010c), Anhang 1.

[125] Sie müssen in Stresszeiten abgezogen werden können. Vgl. Baseler Ausschuss für Bankenaufsicht (2010c), Tz. 39.

[126] Weitere Kriterien sind in Tz. 40 der Basel Rahmenvereinbarung definiert.

[127] Angepasste Aktiva im Sinne von „verfügbar": Sie sind nicht als Sicherheit hinterlegt, ihre Verwendung zur Liquiditätssteuerung ist weder rechtlich noch vertraglich ausgeschlossen worden, sowie sie dienen intern exklusiv der Liquiditätserzeugung und sind der liquiditätssteuernden Einheit zugeordnet.

[128] In Abhängigkeit davon, wie stabil die Einlagen sind.
Denkbar ist z. B., dass Einlagen (-höhen), die durch den Einlagensicherungsfonds abgedeckt sind, als stabil betrachtet werden.

Die Überarbeitung der SolvV

Gewährte nicht gezogene Kreditlinien	5 % bis 100 %		
Fällig werdende vertragliche Verbindlichkeiten	100 %		

Abbildung 17: Übersicht Zahlungsmittelzu- und -abflüsse

9.2 Net Stable Funding Ratio (NSFR)

Gemäß der *Net Stable Funding Ratio* ist sicherzustellen, dass langfristige Aktiva und sonstige Geschäftsaktivitäten durch einen Mindestbestand an stabiler Passiva im Verhältnis zu deren Liquiditätsprofilen refinanziert werden:

$$\text{NSFR} = \frac{\text{Verfügbarer Bestand an stabiler Passiva}}{\text{Benötigte stabile Refinanzierung}} > 100\,\%.$$

Der *verfügbare Bestand an stabilen Passiva* muss als Refinanzierungsmittel auch unter Stress für mindestens ein Jahr verfügbar sein. Der Buchwert der Passiva wird mit einem sogenannten Verfügbarkeits-/Stabilitätsfaktor (ASF) gewichtet. Der Buchwert der bilanziellen und außerbilanziellen Positionen der benötigten stabilen Refinanzierung wird mit Faktoren (RSF) gewichtet, die die Liquiditätsnähe wiedergeben. In der Abbildung 18 werden die wichtigsten Positionen mit ihren Faktoren aufgeführt.[129] Offensichtlich gilt: Umso höher der ASF ist, umso stabiler sind die Refinanzierungsmittel bzw. umso kleiner der RSF, umso höher ist die Liquidität der Aktiva.

Available Stable Funding (ASF)		Required Stable Funding (RSF)	
Positionen	Faktoren	Positionen	Faktoren
Aufsichtliches Kapital, sonstiges Kapital und Verbindlichlichkeiten ≥ 1 Jahr	100 %	Barmittel, Forderungen < 1 Jahr	0 %
Stabile Einlagen < 1 Jahr (Privatkunden und KMUs)	90 %	Schuldtitel ≥ 1 Jahr	5 %
Weniger stabile Einlagen < 1 Jahr (Privatkunden und KMUs)	80 %	Bestimmte Schuldtitel ≥ 1 Jahr mit AA-Rating	20 %
Andere Einlagen und Verbindlichkeiten < 1 Jahr (Unternehmen des Nichtfinanzsektors)	50 %	Aktien, Gold, gewerbliche Kredite < 1 Jahr	50 %
Sonstige Verbindlichkeiten	0 %	Hypotheken, andere Kredite ≥ 1 Jahr	65 %
		Kredite an Privatkunden < 1 Jahr	85 %
		Forderungen an KIs	100 %

Abbildung 18: Übersicht ASF und RSF

---

[129] Vgl. Baseler Ausschuss für Bankenaufsicht (2010c), Tz. 121, 131 und 133.

9.3 Monitoring Tools

Neben den vorstehenden Liquiditätskennziffern sind noch die nachfolgenden *vier Monitoringtools* durch die Institute einzuführen.[130]

1. Vertragliche Laufzeiteninkongruenz (Contractual Maturity Mismatch): Sie dient zur Darstellung des Fristentransformationsprofils unter Berücksichtigung von konservativen Annahmen. So werden Lücken zwischen den vertraglichen Liquiditätszuflüssen und -abflüssen in vorgegebenen Laufzeitbändern identifiziert. Mittels der Lücken wird angezeigt, wie viel Liquidität das Institut möglicherweise in jedem Laufzeitband beschaffen müsste, wenn sämtliche Abflüsse zum frühestmöglichen Zeitpunkt einträten.
2. Finanzierungskonzentration (Concentration of Funding): Es sollen jene Quellen von Grosskundenmitteln identifiziert werden, die so bedeutend sind, dass es bei Wegfall dieser Mittel zu Liquiditätsproblemen kommen kann. Verbunden ist hiermit eine Diversifizierung von Finanzierungsquellen.
3. Verfügbare lastenfreie Assets (Available unencumbered Assets): Es sollen der Aufsicht Angaben über den Umfang und die wichtigsten Merkmale der verfügbaren lastenfreien Aktiva geliefert werden.
4. Marktbezogene Überwachungsinstrumente (Market-related Monitoring Tools): Markdaten, bei denen maximal geringe zeitliche Verzögerungen bestehen, können bei der Überwachung potenzieller Liquiditätsprobleme als Frühwarnindikatoren herangezogen werden.

10 Offenlegung

Da bereits in vorstehenden Abschnitten jeweils auf die Anforderungen bzgl. der Offenlegung eingegangen worden ist, sollen hier nur noch ergänzende Offenlegungsanforderungen aufgeführt werden. So müssen zukünftig regulatorische Kapitalbestandteile vollständig auf die in der Bilanz offengelegten Eigenkapitalbestandteile zurückgerechnet werden. Des Weiteren sind sämtliche Abzüge offenzulegen. Daneben unterliegen die wesentlichen Eigenschaften der Eigenkapitalinstrumente sowie die Berechnung der Kapitalquoten und die Vergütungsregeln zukünftig ebenfalls den Offenlegungspflichten.

---

[130] Vgl. Baseler Ausschuss für Bankenaufsicht (2010c), Tz. 140, 151, 164 und 177.

Literaturverzeichnis

BaFin (2010): Konsultation 6/2010 – Entwurf der CRD II Änderungsverordnung, Bonn.

Baseler Ausschuss für Bankenaufsicht (2010a), Basel III: Ein globaler Regulierungsrahmen für widerstandsfähigere Banken und Bankensysteme", Basel.

Baseler Ausschuss für Bankenaufsicht (2010b), Capitalisation of bank exposures to central counterparties (consultative document), Basel.

Baseler Ausschuss für Bankenaufsicht (2010c), Basel III: Internationale Rahmenvereinbarung über Messung, Standards und Überwachung in Bezug auf das Liquiditätsrisiko, Basel.

Cerveny, Frank (2010): Entwicklung von ABS & Co. Performance von
Verbriefungen während der Finanzkrise, in: RISIKO MANAGER Nr. 19 vom 16.09.2010.

Commitee of European Banking Supervisors (2010): Consultation paper on guidelines to Article 122a of the Capital Requirements Directive (CP 40), London.

Deutsche Bundesbank (2011): Supervisory Disclosure – options and national discretions, online im Internet unter: http://www.bundesbank.de/sdtf/index2.htm (1.6.2011).

Deutscher Bundestag (Hrsg.) (2010a): Beschlussempfehlung und Bericht des Finanzausschusses (7. Ausschuss), BT-Drs. 17/2472 vom 07.07.2010, http://dip21.bundestag.de/dip21/btd/17/024/1702472.pdf, (13.3.2011).

Deutscher Bundestag (Hrsg.) (2010b): Unterrichtung durch den Bundesrat - BT-Drs.17/3037 vom 28.09.2010, http://dip21.bundestag.de/dip21/btd/17/030/1703037.pdf, (13.3.2011).

Deutscher Bundestag (Hrsg.) (2010c): Beschlussempfehlung des Vermittlungsausschusses, BT-Drs. 17/3312 vom 14.10.2010, http://dip21.bundestag.de/dip21/btd/17/033/1703312.pdf (13.3.2011).

Deutscher Bundestag (Hrsg.) (2010d): Finanzausschuss – Wortprotokoll – 19. Sitzung vom 16.06.2010, Berlin, http://webarchiv.bundestag.de/Archive/2010/0702/bundestag/ausschuesse17/a07/anhoerungen/2010/019/019-16_06_10-_A_BankenRL.pdf (20.3.2011).

Deutscher Derivate Verband (2011): Credit Ratings, http://www.deutscher-derivate-verband.de/DEU/Transparenz/CreditRating (19.5.2011).

European Central Bank (2011): Recent Developments in Securitisation – February 2011, Frankfurt am Main.

IOSCO Technical Committee (2008): Report on the subprime crisis – Final Report, http://www.iosco.org/library/pubdocs/pdf/IOSCOPD273.pdf, (18.3.2011).

IOSCO Technical Committee (2009a): Transparency of structured finance products – Consultation Report, www.iosco.org/library/pubdocs/pdf/IOSCOPD306.pdf, (18.3.2011).

IOSCO Technical Committee (2009b): Unregulated Financial Markets and Products – Consultation Report, http://www.iosco.org/library/pubdocs/pdf/IOSCOPD290.pdf, (18.3.2011).

Kronat, Oliver, Thelen-Pischke, Hiltrud (2010): Neue Regularien und ihre Auswirkungen auf Verbriefungen, in: ZfgK, 63. Jg., 2010, S. 1025–1028.

Loeper Erich (Deutsche Bundesbank) (2010): Vortrag „Die neuen Baseler Eigenmittel- und Liquiditätsvorschriften", Handelsblatt Tagung 2010, Mainz.

Potthast, Axel (Aareal Bank AG) (2010): Vortrag „Neue bankenaufsichtliche Regelungen für die Behandlung von grundpfandrechtlich besicherten Krediten", Handelsblatt Tagung 2010, Mainz.

Prüm, Thomas, Dartsch Andreas (2010): Die jüngste KWG-Novelle und ihre Auswirkungen auf ABS-Emissionen, in: Corporate Finance law, 1. Jg., Heft 8, S. 475–486.

Reinhart, Carmen, Rogoff, Kenneth S. (2008): Is the 2007 U.S. sub-prime financial crisis so different? An international comparison, NBER Working Paper, Nr. 13761, Cambridge

Rudolph, Bernd (2008): Lehren aus den Ursachen und dem Verlauf der internationalen Finanzkrise, in: zfbf, 60. Jg. (2008), S. 713–741.

Ruhkamp, Stefan (2010): EZB reagiert dünnhäutig auf deutsche Kritik, http://www.faz.net/-01crtg, (11.3.2011).
The Financial Crisis Inquiry Commission (2011): The Financial Crisis Inquiry Report – Final Report of the National Commission on the Causes of the Financial and Economic Crisis in the United States, Washington.
The High-Level Group on Financial Supervision in the EU (The de Larosière-Group) (2009): Report, Brüssel.
Zeitler, Franz-Christoph (2010): Rede „Welche Lehren ziehen wir aus der Finanzmarktkrise?" Tagung „Krisen der Weltwirtschaft", Tutzing.
Zentraler Kreditausschuss (2011): Stellungnahme des Zentralen Kreditausschusses zum Konsultationspapier der EU-Kommission „Counterparty credit risk Capitalisation of bank exposures to central counterparties Treatment of incurred credit valuation adjustments", http://circa.europa.eu/Public/irc/markt/markt_consultations/library?l=/financial_services/credit-risks/others/assoc-german-banks/_DE_1.0_&a=d (3.6.2011).

Risikofrüherkennung im Kreditgeschäft im Umfeld Finanzmarktkrise: Anforderungen und Erfahrungen aus Sicht der Internen Revision

Von
Axel Becker

Axel Becker ist Leiter der Internen Revision der SÜDWESTBANK AG, Stuttgart, freiberuflicher Fachjournalist (Autor/Herausgeber von Aufsätzen und Standardwerken) und Mitglied des Verwaltungsrates/stellvertretender Leiter des Arbeitskreises „Revision des Kreditgeschäfts" beim Deutschen Institut für Interne Revision e.V. in Frankfurt/Main.

Inhaltsverzeichnis

1	Einleitung: „Frühwarnverfahren und Interne Revision"	77
2	Umfeld der Finanzmarktkrise	78
	2.1 Frühwarnverfahren im Kontext der MaRisk	82
	2.2 Frühwarnindikatoren	83
	2.3 Nutzung von Ratingsystemen als Frühwarnverfahren	86
3	Prüfungserfahrungen der Internen Revision	87
	3.1 System- und Verfahrensprüfungen	91
	3.2 Funktionsprüfungen	97
4	Zusammenfassende Betrachtung	98
Literaturverzeichnis		99

1 Einleitung: „Frühwarnverfahren und Interne Revision"

Wir befinden uns mittlerweile im 5. Jahr nach dem erstmaligen Auftreten der *Finanzmarktkrise* im Juni/Juli 2007.[131] Die wirtschaftliche Situation in Deutschland hat sich bisher sehr gut entwickelt. Auf EU-Ebene wird jedoch um einige überschuldete Krisenländer wie Griechenland, Irland, Portugal und Spanien gebangt. Allein Griechenland ist Ende 2012 mit einer Summe verschuldet, die mehr als 150 % der jährlichen Wirtschaftsleistung des Landes entspricht.[132] Über eine Umschuldung der stark defizitären Länder wird aktuell offen diskutiert. Dabei liegen die geschätzten Kosten für den deutschen Steuerzahler derzeit bei knapp 400 Milliarden Euro.[133] Es bleibt abzuwarten, inwieweit sich dies auf die Bonität der deutschen Finanzinstitute auswirkt, die zum Teil noch über Anleihen an kritischen EU-Ländern engagiert sind.

Im ersten Halbjahr 2010 stiegen die *Privatinsolvenzen* in Deutschland um 11,6 % an; die Firmeninsolvenzen sind im Vergleich zum Vorjahresmonat (Juni 2009) mit 1,3 % leicht rückläufig.[134] Diese Entwicklung zeigt auf, dass die deutschen Banken sowohl im Bereich der Firmenkredite als auch der Privatkredite nachhaltig von der Insolvenz und den damit verbundenen Kreditausfällen betroffen sind.

Aufgrund der aktuellen Lage an den Finanzmärkten sowie in den einzelnen Volkswirtschaften gewinnen wirkungsvolle Früherkennungsverfahren und -prozesse für Kreditinstitute weiterhin an Bedeutung. Durch diese Verfahren können die Risiken der in- und ausländischen Firmenkunden als auch der Privatkunden präventiv und frühzeitig erkannt und eine wirkungsvolle Risikoprävention eingeleitet werden. Ein entscheidender Vorteil der Frühwarnverfahren besteht gerade darin, dass die Liquiditätssituation der Kreditnehmer über verschiedene Kennzahlen frühzeitig erfasst wird und sich daran bereits verschiedene Krisenmerkmale ableiten lassen. Auch die Entwicklung von marktdatenbasierten Frühwarnverfahren – wie das in diesem Buch dargestellte „Risk Guard" – ermöglichen eine wirkungsvolle Risikofrüherkennung von Bonitätsrisiken auf den Finanzmärkten.[135]

---

[131] Vgl. Bundesfinanzministerium: Entwicklung der Finanzmarktkrise – von der US-Subprime-Krise zum Bad Bank-Gesetz unter: www.bundesfinanzministerium.de/DE/Buergerinnen_und_Buerger/Gesellschaft vom 30.05.2011.

[132] Vgl. Ruhkamp S.: Die schleichende Umschuldung, FAZ.NET Kurzlink: http://www.faz.net/-01o7pq vom 04.02.2011

[133] Vgl. Sinn H.-W.: Griechenland – „immer mehr Geld hilft nicht" unter http://www.wiwo.de/politik-weltwirtschaft/info-chef-sinn-immer-mehr-geld-hilft-nicht-... vom 10.06.2011.

[134] Vgl. Manager Magazin Online 2010 vom 08. September 2010 – „Fast 12 Prozent mehr Privatinsolvenzen" unter www.manager-magazin.de/unternehmen/artikel/.

[135] Vgl. Demski C.: Marktdatenbasierte Frühwarnsysteme als Antwort auf die Finanzkrise in: Becker A./Schulte-Mattler H. (Hrsg.): Neue Entwicklungen und Anforderungen im Risikomanagement, Berlin 2011, S. 1.

Gemäß den aktuellen *Mindestanforderungen an das Risikomanagement* (MaRisk) sollen funktionsfähige Frühwarnverfahren die Kreditinstitute in die Lage versetzen, in einem möglichst frühzeitigen Stadium Krisensignale im Engagement zu erkennen.[136] Die hierbei gewonnene Zeit kann sowohl für das Kreditinstitut als auch für den Kreditnehmer von entscheidendem Vorteil sein und beiderseitig sinnvoll genutzt werden. Als Ergebnis eines wirkungsvollen Risikofrüherkennungsprozesses können nach rechtzeitig eingeleiteten Gegenmaßnahmen, einer wirkungsvollen Krisenberatung (z. B. in- und externe Beratung) oder weiterer Sanierungsmaßnahmen in einigen Fällen auffällige Kreditengagements, die sich nachhaltig wirtschaftlich verbessern, wieder der Normalbetreuung zugeleitet werden.

In den einzelnen Kreditinstituten kommt der *Internen Revision* die Aufgabe zu, risikoorientiert und prozessunabhängig die Wirksamkeit und Angemessenheit des Risikomanagements im Allgemeinen und des internen Kontrollsystems im Besonderen sowie die Ordnungsmäßigkeit grundsätzlich aller Aktivitäten und Prozesse zu prüfen und zu beurteilen.[137] Hierbei zählen auch die bankeigenen Früherkennungsprozesse zu den relevanten Prüfungsgebieten, die von den Kreditinstituten im Rahmen der Risikomanagement- und -überwachungsverfahren genutzt werden.[138]

Ziel des vorliegenden Beitrags ist es, die nachhaltig hohe Bedeutung des Prüffeldes „Frühwarnverfahren" für die Interne Revision aufzuzeigen. Die folgenden Abschnitte behandeln zunächst das Umfeld der Finanzmarktkrise, die bankaufsichtlichen Erfordernisse an Frühwarnverfahren aus den MaRisk. Diese bilden für die Interne Revision die Prüfungsgrundlage. Es werden dabei verschiedene Prüfungsansätze und ihre Bedeutung für die Interne Revision aufgezeigt.

2 Umfeld der Finanzmarktkrise

Der zentrale Auslöser der Finanzmarktkrise bestand in hohen Ausfallquoten der gering besicherten US-amerikanischen *Immobilienkredite* (Subprime), die zu einem hohen Anteil über Anleihen verbrieft und an verschiedenste Investoren verkauft worden sind.[139] Diese Verbriefungen wurden zum Teil in Collaterized Debt Obligations (CDO) umgepackt, neu geratet und weltweit vertrieben (siehe Abbildung 1).[140]

---

[136] Vgl. MaRisk, BTO 1.3 Verfahren zur Früherkennung von Risiken, Tz. 1 ff.

[137] Vgl. Becker A.: Die Prüfung von Frühwarnverfahren durch die Interne Revision in: Bearbeitungs- und Prüfungsleitfaden – Risikofrüherkennung im Kreditgeschäft – Becker A./Berndt M./Klein J. (Hrsg.), Heidelberg 2008, S. 207.

[138] Vgl. ebenda, S. 2.

[139] Vgl. Franke G./Krahnen P.: Finanzmarktkrise: Ursachen und Lehren, in FAZ vom 24. November 2007, Seite 13.

[140] Vgl. Zeitler F.-C.: Welche Lehren ziehen wir aus der Finanzmarktkrise – Vortrag „Krisen der Weltwirtschaft" Politische Akademie, Tutzing vom 12. März 2010, S. 5.

Gerade solche Finanzinstitute, welche teils unter Ausnutzung verschiedener *regulatorischer Lücken* übermäßig hohe Risikopositionen aufgebaut hatten, gerieten durch die Finanzmarktkrise in die Schieflage.[141] In Folge kam es zu Turbulenzen am Interbanken-Geldmarkt, da das Vertrauen und die Bereitschaft zu gegenseitigen Ausleihungen im Rahmen der Finanzmarktkrise gelitten haben (Vertrauenskrise am Geldmarkt).[142]

Stationen der Finanzmarktkrise				
Juni/Juli 2007	September 2008	Oktober 2008	Januar 2009	Mai 2009
Hypothekenkrise in den USA Hedgefonds werden geschlossen und liquidiert	Lehmann Brothers meldet Insolvenz an Panikwelle an den Finanzmärkten	Kursstürze an den Börsen; Island steht vor Staatsbankrott Finanzmarktstabilisierungsgesetz wird verabschiedet	Bundesregierung beschließt das Konjunkturpaket II	Gesetz zur Stabilisierung des Finanzmarkts geht durch Bundesrat

Abbildung 1: Ausschnitt aus Stationen der Finanzmarktkrise; Quelle: Bundesfinanzministerium: Entwicklung der Finanzmarktkrise – von der US-Subprime-Krise zum Bad Bank-Gesetz unter: www.bundesfinanzministerium.de/DE/Buergerinnen_und_Buerger/Gesellschaft vom 30.05.2011, S. 1.

Die im Vorfeld der Finanzmarktkrise bestehende *Risikowahrnehmung* war nach Meinung von Experten zu gering ausgeprägt. Dies zeigt sich insbesondere durch folgende Aspekte:[143]

– Nachhaltiger Glauben an eine grenzenlose Marktliquidität
– Grenzenloses Vertrauen an die Einstufung der Ratingagenturen
– Vergütungs- und Bonussysteme, die meist auf den kurzfristigen Erfolg ausgerichtet waren
– Uneingeschränktes Vertrauen auf die im Markt etablierten vergangenheitsorientierten mathematischen Risikomodelle (Ex-Post-Betrachtungen)
– Fehlende Konsolidierung/Eigenkapitalunterlegung von Zweckgesellschaften (unter 365 Tagen keine Konsolidierung)

Ausgehend von der Finanzmarktkrise wurden auf internationaler Ebene – insbesondere durch den Baseler Ausschuss für Bankenaufsicht und dem Committee of European Banking Supervisors (CEBS) – verschiedene Grundlagen für eine *verschärfte Regulierung* geschaffen, um die Branche der Finanzdienstleister zu stabilisieren.[144] Abbildung 2 zeigt, welche Regulierungsinitiativen geschaffen wurden.[145]

---

[141] Vgl. Weber A.: Stabilitätsanker Eurosystem in: Die Bank 4/2011, Wiesbaden, S. 57
[142] Vgl. ebenda, S. 57.
[143] Vgl. ebenda, S. 7.
[144] Vgl. Anschreiben der Bundesanstalt für Finanzdienstleistungsaufsicht (BaFin) zum Rundschreiben 11/2010 (BA) vom 15.12.2010 – Mindestanforderungen an das Risikomanagement – MaRisk, S. 1.

Aufsichtsstrukturen
Kapital- und Liquiditätsanforderungen (Basel III)
Systemische Risiken und makroprudentielle Aufsicht
Restrukturierungsvorgaben und Bankenabgabe
Finanztransaktions-/Finanzaktivitätssteuern
Vergütungssysteme
Regulierung von Derivateprodukten und -märkten
Einlagensicherungssysteme

Abbildung 2: Regulierungsinitiativen aufgrund der Finanzmarktkrise

Die internationalen Bankaufsichtsgremien und der nationale Gesetzgeber erhöhen damit die aufsichtlichen Anforderungen in qualitativer und quantitativer Hinsicht. Neben einer weiteren Intensivierung der „externen Aufsicht" (Bankenaufsicht) wird auch eine Verbesserung der „internen Aufsicht" (im Unternehmen) gefordert, d. h. eine „gute Unternehmensleitung" sowie ein „angemessenes Risikomanagement".[146]

In Hinblick auf die einzelnen Finanzdienstleistungsinstitute geht es im Kern um *zwei zentrale Bereiche* bei der Risikobegrenzung und -steuerung:[147]

– Die Unterlegung des Eigenkapitals der Institute soll künftig an dem tatsächlichen Risiko ausgerichtet werden. Damit einhergehen soll ein Zusammenwirken zwischen den bankaufsichtlichen Regelungen (regulatorisches Kapital) und die Anwendung von bankinternen Verfahren (ökonomisches Kapital).
– Künftig soll ein ganzheitliches bankinternes Risikomanagement geschaffen werden, welches alle relevanten Risikogruppen berücksichtigt und in eine wirksame und effektive Kontrollkultur eingebunden ist.

Der Baseler Ausschuss für Bankenaufsicht veröffentlichte am 16. Dezember 2010 die endgültigen Fassungen der regulatorischen *Eigenkapital- und Liquiditäts-*

---

[145] Vgl. Massenberg H.-J.: Gestärkt aus der Krise durch bessere Regulierung und Aufsicht – Wege und Irrwege, Folienvortrag anlässlich der 11. Handelsblatt Jahrestagung „Neue Entwicklungen der Bankenaufsicht" vom 03. und 04.11.2010 in Mainz, Folie 3.

[146] Vgl. Lutz P.: Bankaufsichtliche Konsequenzen aus der Finanzkrise – aktuelle Änderungen im KWG sowie in der GroMiKV und den SolvV, Folienvortrag anlässlich der 11. Handelsblatt Jahrestagung „Neue Entwicklungen der Bankenaufsicht" vom 3. und 4.11.2010 in Mainz, Folie 19.

[147] Vgl. Schiwietz M.: Die Prüfung des Kreditgeschäfts vor dem Hintergrund von Basel II in: Aufsichtsrecht für Prüfungen im Kreditgeschäft A. Becker/A. Kastner (Hrsg.), Frankfurt/M. 2007, S. 101.

standards.[148] Die Finanzmarktkrise hatte diese Entwicklung nachhaltig beschleunigt.[149] Basel III soll bezwecken, sowohl die einzelnen Institute als auch den gesamten Bankensektor weiter und kontinuierlich zu stabilisieren.[150] Künftig erwartet die Aufsicht nach den neuen MaRisk zudem, dass sie bei ihren *Stresstests* auch Auswirkungen eines schweren konjunkturellen Abschwungs auf Gesamtinstitutsebene analysiert und dabei die strategische Ausrichtung des Instituts und das wirtschaftliche Umfeld mit berücksichtigt.[151]

In den künftig vorgesehenen *Eigenkapitalstandards* teilt sich das regulatorische Eigenkapital ab dem 1. Januar 2013 in die drei Komponenten, hartes und ergänzendes Kernkapital sowie in Ergänzungskapital auf. Die dabei zurechenbaren Kapitalinstrumente müssen einen auf die jeweilige Kategorie abgestimmten Kriterienkatalog erfüllen, der im Fall des harten und ergänzenden Kernkapitals insbesondere eine Verlustpartizipation auf „Going-Concern" und im Rahmen des Ergänzungskapitals auf „Gone-Concern-Basis" fordert.[152]

Im Rahmen des Basel-III-Pakets sind *zusätzliche Kapitalpuffer* vorgesehen, die von den Banken sukzessive bereitgehalten werden müssen. Dieser Kapitalerhaltungspuffer „Capital Conservation Buffer" ist beginnend zum 1. Januar 2016 kontinuierlich pro Jahr mit 0,625 % der risikogewichteten Aktiva aufzubauen, bis er am 1. Januar 2019 nunmehr 2,5 % der risikogewichteten Aktiva beträgt.[153] Falls ein Institut die festgelegten Quoten nicht erfüllt, werden entsprechende Ausschüttungsbegrenzungen in Relation zu dem zur Verfügung stehenden Polster auferlegt.[154] Die Ausschüttungsbegrenzungen setzen sich aus Dividenden, Aktienrückkäufe und andere Auszahlungen von Kapitalinstrumenten des harten Kernkapitals sowie Bonuszahlungen zusammen. Die Anwendung wird auf konsolidierter Basis durchgeführt und den nationalen Aufsichtsbehörden wird eine Option für die Anwendung auf Einzelinstitutsebene eingeräumt.[155]

Der *antizyklische Puffer* ist parallel zum Kapitalerhaltungspuffer im Zeitraum vom 1. Januar 2016 bis zum 1. Januar 2019 aufzubauen. Die Festlegung des entsprechenden Prozentsatzes erfolgt konjunkturabhängig und wird mit Hilfe makro-

---

[148] Vgl. Ernst & Young: Financial Services Newsticker – Ausgabe 1 – 2011, S. 7
[149] Vgl. DIIR-Arbeitskreis „Risiko- und Kapitalmanagement in Kreditinstituten": Bankaufsichtliche Konsequenzen aus der Finanzkrise – Auf dem Weg zu Basel II – Auswirkungen der aktuellen regulatorischen Neuerungen auf die Interne Revision in: ZIR 2/2011, S. 55
[150] Vgl. Beyer M./Gendrisch T./Mertens M.: Basel III – Stärkung der Widerstandskraft der Banken und des Bankensystems, Fachbeitrag abrufbar unter: www.1plusi.de, S. 1 ff.
[151] Vgl. Dürselen K./Schulte-Mattler H.: Dritte Novellierung der MaRisk in: Die Bank 04/2011, Wiesbaden, S. 82.
[152] Vgl. Ernst & Young: Financial Services Newsticker – Ausgabe 1 – 2011, S. 7.
[153] Vgl. Beyer M./Gendrisch T./Mertens M.: Basel III – Stärkung der Widerstandskraft der Banken und des Bankensystems, Fachbeitrag abrufbar unter: www.1plusi.de, S. 1 ff.
[154] Vgl. Ernst & Young: Financial Services Newsticker – Ausgabe 1 – 2011, S. 7.
[155] Vgl. ebenda, S. 7.

ökonomischer Parameter durch eine von der nationalen Aufsicht zu bestimmenden Instanz bestimmt. Der antizyklische Kapitalpuffer stellt damit eine zusätzliche Erweiterung des Kapitalerhaltungspolsters dar und ist bei Nichteinhaltung mit denselben Ausschüttungsbegrenzungen verbunden.[156]

Auf der Grundlage des vom Baseler Ausschuss für Bankenaufsicht am 16. Dezember 2010 veröffentlichten Rahmenwerks zu Basel III soll die nationale Umsetzung bis Ende 2011 abgeschlossen werden. Auf der EU-Ebene soll die Kommission hierzu einen Richtlinienvorschlag (Capital Requirements Directive CRD IV) erstellen, der im Frühjahr 2011 finalisiert werden soll. Auf dieser Basis soll die nationale Umsetzung bis Ende 2012 abgeschlossen werden.[157]

2.1 Frühwarnverfahren im Kontext der MaRisk

Die Grundnorm für die Einrichtung von *Frühwarnverfahren* leitet sich aus dem § 25a KWG ab. Die MaRisk setzen einen flexiblen und praxisnahen Rahmen für die Ausgestaltung des Risikomanagements der Kreditinstitute.[158] Frühwarnverfahren sind dadurch gekennzeichnet, dass diese bereits geringe Veränderungen der Bonität des Kreditnehmers anhand von geeigneten Risikokriterien erkennen können.[159] Der erzielte Zeitgewinn wird genutzt, um geeignete risikomindernde Maßnahmen zeitnah und effektiv anzusetzen und die Engagements einem risikoadäquaten Bearbeitungsprozess wie die Überleitung in die Problemkreditbearbeitung zuzuführen.[160]

Die *bankaufsichtlichen Anforderungen* an die Frühwarnverfahren leiten sich sowohl aus dem KWG im Allgemeinen und den MaRisk im Speziellen ab. Nach § 25a KWG haben Banken adäquate Verfahren zu implementieren, anhand derer sich die finanzielle Lage des Instituts jederzeit mit hinreichender Genauigkeit bestimmen lässt.[161] Dies ist eine der Grundnormen für funktionsfähige Frühwarnverfahren in Kreditinstituten. Spezielle Anforderungen zum Frühwarnverfahren sowie eine bankaufsichtliche Begriffsdefinition sind in den MaRisk enthalten.[162] Danach dient das Verfahren zur Früherkennung von Risiken insbesondere der rechtzeitigen Identifizierung von Kreditnehmern, bei deren Engagements sich erhöhte Risiken abzuzeichnen beginnen.[163] Gerade vor dem Hintergrund der derzeiti-

---

[156] Vgl. Ernst & Young: Financial Services Newsticker – Ausgabe 1 – 2011, S. 7.
[157] Vgl. Deutsche Bundesbank: Basel III – Kurzinformation unter: http://www.bundesbank.de/bankenaufsicht/bankenaufsicht_3basel.php.
[158] Vgl. Bundesanstalt für Finanzdienstleistungsaufsicht (BaFin): Rundschreiben 11/2010 (BA) vom 15.12.2010 – Mindestanforderungen an das Risikomanagement – MaRisk, S. 3.
[159] Quantitative und qualitative Kriterien.
[160] Vgl. Becker A.: Prüfung von Frühwarnverfahren durch die Interne Revision in: Risikomanagement und Frühwarnverfahren Bantleon U./Becker A. (Hrsg.), Stuttgart 2010, S. 389
[161] Vgl. § 25a Abs. 1 Nr. 3 KWG.
[162] Vgl. MaRisk, BTO 1.3 Verfahren zur Früherkennung von Risiken, Tz. 1 ff.
[163] Vgl. ebenda, Tz. 1.

gen Entwicklung an den internationalen Finanzmärkten helfen wirkungsvolle Frühwarnverfahren bei der frühzeitigen Erkennung kritischer Entwicklungen bei den bestehenden Kreditengagements.

2.2 Frühwarnindikatoren

Je nach Komplexität der eingesetzten Anwendungen werden *verschiedene Frühwarnindikatoren* genutzt. Bei einfachen und teils manuellen Verfahren, wie im Bereich der Privat- und Gewerbekunden, konzentrieren sich die Institute zum Teil auf wenige, aber schlagende Kriterien wie „Schufa-Merkmale" oder „Kontoüberziehungen" aus der täglichen Überziehungsliste. Bei aufwändigen und anspruchsvollen DV-Anwendungen, die vor allem mittlere und größere Institute einsetzen, werden teils eine Vielzahl von Frühwarnindikatoren genutzt. Die Verfahren greifen auf interne als auch externe Informationsquellen zurück. Aufgrund der aktuell steigenden Länderrisiken in und außerhalb der EU-Zone sollte auch die Möglichkeit genutzt werden, kritische Entwicklungen bei den Kreditnehmern wie Bonitätsabstufungen bei Staatskrediten Griechenlands zu berücksichtigen.

Externe Frühwarnindikatoren können letztlich aus einer Vielzahl von Informationsmedien – wie Internet, Presse – gewonnen werden, die sich vom Informationsgehalt auf den Kreditnehmer des Instituts beziehen. Wichtig ist hierbei, bankintern einen klaren und transparenten Informationsweg festzulegen und den Informationsgehalt klar und informationsgerecht aufzubereiten und zu kommunizieren (siehe Abbildung 3).

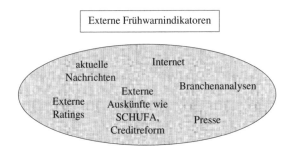

Abbildung 3: Externe Frühwarnindikatoren; Quelle: Becker A.: Prüfung von Frühwarnverfahren durch die Interne Revision in: Risikomanage-ment und Frühwarnverfahren Bantleon U./Becker A. (Hrsg.), Stuttgart 2010, S. 390.

Entgegen der externen Informationen liegen die *internen Frühwarninformationen* meist bereits beim eigenen Institut vor (siehe Abbildung 4). Häufig beziehen sich diese aus Erkenntnissen aus der eigenen Kontoführung (falls vorhanden). Daher funktionieren wirkungsvolle Frühwarnverfahren immer dann, wenn eine fortlaufende Kontoführung für den Kreditnehmer auch beim finanzierenden Institut unterhalten wird. Existiert lediglich eine Kreditfinanzierung, z. B. Investitionsdarlehen ohne fortlaufende Kontoverbindung, können wichtige Frühwarnindikatoren aufgrund fehlender Eingangsdaten nicht erfasst und verarbeitet werden. Dies sollte auch die Interne Revision im Rahmen ihrer Prüfungen berücksichtigen, um entsprechende Handlungsempfehlungen für die Fachbereiche/das Management abzuleiten.

Abbildung 4: Interne Frühwarnindikatoren; Quelle: Becker A.: Prüfung von Frühwarnverfahren durch die Interne Revision in: Risikomanage-ment und Frühwarnverfahren Bantleon U./Becker A. (Hrsg.), Stuttgart 2010, S. 390.

Die Interne Revision in den Kreditinstituten sollte sich bei den *Prüfungen der Frühwarnverfahren* an der individuellen Risikostruktur des eigenen Instituts orientieren und dabei vor allem die Erfordernisse der MaRisk berücksichtigen.[164] Auch traditionelle Risikoklassifizierungsverfahren, die die in Abbildung 5 aufgeführten bankaufsichtlich vorgegebenen Mindestkomponenten beinhalten, können als Frühwarnverfahren für die Praxis geeignet sein.

---

[164] Vgl. MaRisk, BTO 1.3 Verfahren zur Früherkennung von Risiken – Regelungstext mit Erläuterungen, Tz. 1 ff.

Frühwarnkomponente	Beschreibung
Indikatorenbezogenen	Die dem Verfahren zugrunde liegenden Indikatoren wie Informationen aus Kontoumsätzen, Scheck- und Lastschriftrückgaben etc. sollten dazu geeignet sein, dass abzeichnende Risiken möglichst rechtzeitig erkannt werden können.
Zeitraumbezogen	Auf Grundlage der geeigneten Frühwarnindikatoren sollte eine fortlaufende Identifizierung von sich abzeichnenden Risiken möglich sein.
Prozessbezogenen	Die relevanten Signale des Verfahrens zur Früherkennung von Risiken sollten zeitnah zu geeigneten Maßnahmen des Kreditinstituts führen (beispielsweise die Intensivierung des Kundenkontakts, Hereinnahme neuer Sicherheiten, Tilgungsaussetzungen). Das Ziel ist die Vermeidung von Verlusten.

Abbildung 5: Komponenten der Frühwarnverfahren nach den MaRisk: Quelle: MaRisk, BTO 1.3 Verfahren zur Früherkennung von Risiken – Regelungstext mit Erläuterungen, Tz. 1 ff.

Auf der Grundlage von *qualitativen und quantitativen Risikomerkmalen* sind in den Kreditinstituten geeignete Indikatoren für eine frühzeitige Risikoidentifizierung zu entwickeln bzw. zu nutzen.[165] Diese Risikomerkmale können sich vergleichsweise häufig – deutlich innerhalb eines Jahres – verändern.[166] Ansatzpunkt für eine Prüfung der Interne Revision ist auch die Prüfung und Beurteilung der genutzten Risikomerkmale im Unternehmen. Denn diese sind gerade für die Selektion der risikodefinierten Auswahl an Krediten von Bedeutung. Die verschiedenen Frühwarnkriterien sind in Abbildung 6 aufgeführt.

Frühwarnkriterien	Erläuterung
Kontoinformationen (quantitative Kriterien)	• Kontoüberziehungen (Häufigkeit der Überziehung, Betrachtung von Tagesgrenzen (30/60/90 Tage) etc.) • Rückstände (Zinsen und/oder Tilgung) • Rückgaben (Scheck und Lastschriften) • Kontopfändungen
Analyse der wirtschaftlichen Verhältnisse (quantitative Kriterien)	• Negative Entwicklung der Vermögens-/und Ertragslage • Zwischenzahlen des Unternehmens sind negativ z. B. Quartalszahlen, Zwischenabschlüsse, betriebswirtschaftliche Auswertungen) • Verspätete Vorlage von Unterlagen zu den wirtschaftlichen Verhältnissen des Kreditnehmers (Unterlagen werden nicht rechtzeitig eingereicht, Mahnungen erfolgen) • Negative Cash Flow-Entwicklung

---

[165] Vgl. MaRisk, BTO 1.3 Verfahren zur Früherkennung von Risiken, Tz. 2.

[166] Rehbein R.: Frühzeitige Identifizierung der Risiken des Kreditgeschäfts unter „www.1plusi.de", S. 2.

Unternehmensspezifisches Umfeld (qualitative Kriterien)	• Wirtschaftliche Abhängigkeiten wie wegfallende Großabnehmer • Fehlende/nicht geregelte Nachfolgeregelung/ oder anhängige Rechtsverfahren • Missmanagement (z. B. Liquiditätsentzug durch Entnahmen, Qualitätsdefizite in den Produkten und Dienstleistungen etc.)
Externe Informationen (quantitative/qualitative Kriterien)	• Negative Presse (z. B. Imageschäden über Produkte/Dienstleistungen) • Erkenntnisse aus externen Branchendiensten oder Unternehmerverbänden • Auskünfte von Dritten (i. d. R. Kreditinstitute) • SCHUFA, Creditreform und weitere Auskunfteien

Abbildung 6: Kategorien von Frühwarnkriterien; Quelle: Becker A.: Die Prüfung von Frühwarnverfahren durch die Interne Revision in: Bearbeitungs- und Prüfungsleitfaden Risikofrüherkennung im Kreditgeschäft, Becker A./Berndt M./Klein J. (Hrsg.), Heidelberg 2008, S. 219–220.

2.3 Nutzung von Ratingsystemen als Frühwarnverfahren

Nach den Anforderungen der MaRisk können Funktionen der klassischen Früherkennung von Risiken auch von einem *Risikoklassifizierungsverfahren* wahrgenommen werden, wenn das Verfahren auch eine Früherkennung von Risiken ermöglicht (Früherkennungsfunktion). Hierbei ist sicherzustellen, dass die in den MaRisk aufgeführten Mindestkomponenten, d. h. die indikatorenbezogenen, die zeitraumbezogenen sowie die prozessbezogenen Komponenten, durch das Risikoklassifizierungsverfahren abgebildet und dargestellt werden können. Die BaFin möchte hierbei sicherstellen, dass die Risikoklassifizierungsverfahren kontobezogene und weitere kurzfristige Informationen berücksichtigen, eine fortlaufende Risikoidentifizierung ermöglichen und angemessen in die Frühwarnprozesse – als Teil der Kreditprozesse – eingebunden sind.

Vor dem Hintergrund des *zeitlichen Turnus der Auswertungen* reicht eine jährliche Auswertung, wie bei den Risikoklassifizierungsverfahren üblich, nicht aus, um einen geeigneten Auswertungslauf sicherzustellen. Die Frühwarnauswertungen sollten zumindest in vierteljährlichem Turnus vorgenommen werden, um eine kurzfristige Früherkennung und adäquate Handlungsmöglichkeiten zu gewährleisten.[167]

Die Interne Revision hat bei den *Prüfungen der Risikoklassifizierungsverfahren* die einschlägigen bankaufsichtlichen Anforderungen zu berücksichtigen. Wichtig ist dabei, dass die Frühwarnindikatoren regelmäßig von dem zuständigen Fachbereich auf ihre Trennschärfe hin untersucht werden. Eine zentrale Rolle nimmt dabei auch die Datenqualität ein, die von dem Revisor im Rahmen der Prüfungen mitbetrachtet werden sollte. Auch die Prüfung der fortlaufenden Qualitätssicherung und

---

[167] Vgl. Becker A.: Die Prüfung von Frühwarnverfahren durch die Interne Revision in: Bearbeitungs- und Prüfungsleitfaden Risikofrüherkennung im Kreditgeschäft, Becker A./Berndt M./Klein J. (Hrsg.), Heidelberg 2008, S. 221.

die Pflege der Frühwarnanwendung durch eine fachlich qualifizierte und einer Marktfolge zugeordneten Organisationseinheit, in der Regel das Kreditrisikocontrolling, gehören mit zu den Prüfungsaufgaben der Internen Revision.

3 Prüfungserfahrungen der Internen Revision

Der *risikoorientierte Prüfungsansatz* der Internen Revision beinhaltet auch die Prüfung von Projekten in Kreditinstituten. Die Bedeutung der Projektrevision nimmt ständig zu, da gerade durch die Finanzkrise die hauseigenen Risikosteuerungs- und Managementverfahren modifiziert wurden. Die Entwicklung wird auch durch die aktuelle Ergänzung der MaRisk forciert.[168] Dabei hat die Interne Revision unter Wahrung ihrer Unabhängigkeit und unter Vermeidung von Interessenkonflikten bei wesentlichen Projekten begleitend tätig sein.[169] Die in Abbildung 7 aufgeführten Aspekte sprechen für eine Prüfung von Frühwarnprojekten in Kreditinstituten durch die Interne Revision.

Gründe für Projektbegleitung	Erläuterung
Wirtschaftliche/Ökonomische Komponente	Frühwarnverfahren haben eine große Bedeutung – insbesondere im Hinblick auf die rechtzeitige Risikofrüherkennung und damit der Nutzung von Zeitvorteilen, die auf eine Konsolidierung der Kreditverhältnisse ausgerichtet sein können.
Bankaufsichtliche regulatorische Komponente	Ein wirkungsvolles und angemessenes Risikomanagement wird bankaufsichtlich nach § 25a KWG gefordert. Konkret fordern die MaRisk im BTO 1.3 die Implementierung von Frühwarnverfahren im Kreditgeschäft.
Wettbewerbs-Komponente	In dem intensiven Wettbewerb im Finanzdienstleistungsbereich gewinnen leistungsfähige Instrumente zur Früherkennung von Risiken stark an Bedeutung. Diese Instrumente können auch Zielrichtung bei strategischen Unternehmenszusammenschlüssen/ Konzentrationen sein.

Abbildung 7: Gründe für Projektbegleitungen; Quelle: Becker A.: Prüfung von Frühwarnverfahren in: Risikofrüherkennung im Kreditgeschäft: Prüfungs- und Bearbeitungsleitfaden – Becker A./ Berndt M./Klein J. (Hrsg.), Heidelberg 2008, S. 226.

Als Hilfsmittel für die Interne Revision stehen für Projektrevisionen verschiedene *Standards* zur Verfügung, die nachfolgend in Kurzform behandelt werden, um Ansätze für die Prüfung von Frühwarnverfahren aufzuzeigen.

DIIR-Prüfungsstandard Nr. 4 „Standard zur Prüfung von Projekten – Definitionen und Grundsätze": Der Standard wurde am 13. Mai 2008 vom Deutschen Insti-

---

[168] Vgl. MaRisk Konsultation 5/2010 – Überarbeitung der MaRisk: Übersendung eines ersten Entwurfs vom 09. Juli 2010.

[169] Vgl. MaRisk BT 2.1 Aufgaben der Internen Revision, Tz. 2.

tut für Interne Revision e.V. (DIIR) veröffentlicht, um den Internen Revisionen bei der Prüfung von Projekten eine wirksame Hilfestellung zu geben. Weiterhin veröffentlichte das DIIR in 2010 einen detaillierten Interpretationsleitfaden zur Projektrevision, aus dem einige wertvolle Hinweise für den täglichen Prüfungsalltag abgeleitet werden können.[170]

Die Tätigkeit der Projektrevision zählt bei den Internen Revisionen regelmäßig zum Bestandteil des *risikoorientierten Prüfungsansatzes* und beinhaltet die Prüfung und Beurteilung von bedeutenden Projekten in Kreditinstituten. Darüber hinaus gehört die Prüfung und Beurteilung der Projektmanagementprozesse regelmäßig zum Prüfungsumfang der Internen Revision, die nach den MaRisk die Ordnungsmäßigkeit grundsätzlich aller Aktivitäten und Prozesse zu prüfen hat.[171] Das DIIR unterscheidet nach dem Prüfungsstandard Nr. 4 verschiedene Formen der Revisionen in Projekten, die in Abbildung 8 dargestellt sind.[172]

Formen der Projektrevision		
Projekt Management Revision	*Business Case Revision*	*Revision der fachlichen Anforderungen*
Untersuchung der Organisation, der Prozesse und der Produkte des Projekt- und Portfoliomanagements	Untersuchung der Prozesse zur Erstellung des Business Case eines Projektes oder die Beurteilung des Business Case selbst	Prüfung von fachlichen Anforderungen des Projektes sowie deren Umsetzung im Rahmen der Projektarbeit.

Abbildung 8: Formen der Projektrevision

Im Falle der *Projektrevision im Bereich der Frühwarnverfahren* ergeben sich verschiedene Ansatzpunkte für die Interne Revision. Zum einen kann über die *Projekt Management Revision* der ganzheitliche Ansatz des Projekt- und Portfoliomanagements betrachtet werden. Als Funktionstest kann exemplarisch das Projekt „Einführung/Modifikation von Frühwarnverfahren" geprüft und beurteilt werden. Der Ansatz der *Business Case Revision* eignet sich für die revisorische Prüfung der „Einführung/Modifikation von Frühwarnverfahren". Praktische Ansatzpunkte entstehen dann, wenn das Kreditinstitut seine Frühwarnprozesse auf neue – bislang nicht betrachtete – Kreditbereiche ausdehnt (z. B. kleinteiliges Kreditgeschäft, Gewerbekredite und Fremdwährungskredite).

Die Umsetzung der *Revision der fachlichen Anforderungen* entsteht bei allen Fachanfragen zur Gestaltung der einzelnen Frühwarnprozesse, die durch das Projektmanagement an die Interne Revision gestellt werden. Hierbei liefert die Interne Revision in der Praxis Hilfestellung beispielsweise bei der revisorischen Beurteilung von Prozessentwürfen und Umsetzungslösungen für die Bankpraxis.

---

[170] Vgl. Deutsches Institut für Interne Revision (DIIR): Leitfaden zur Prüfung von Projekten – Erläuterungen zum DIIR-Standard Nr. 4, DIIR-Schriftenreihe Band 45, Frankfurt/M. 2010.
[171] Vgl. MaRisk AT 4.4 Interne Revision, Tz. 3.
[172] Vgl. ebenda, S. 34 ff.

Für die Tätigkeit der Projektrevision steht mit der vom Fachausschuss Prüfung und Kontrolle des Deutschen Sparkassenverbands erstellten Stellungnahme eine auf Kreditinstitute ausgerichtete Prüfungshilfe für die Interne Revision zur Verfügung. Danach entscheidet die Interne Revision unabhängig, ob und inwieweit sie sich unter Berücksichtigung des Grundsatzes der „Unabhängigkeit"[173] an Projekten beteiligt bzw. diese prüferisch begleitet. Aufgrund der immer komplexer werdenden Systeme und Prozesse in Kreditinstituten ist es notwendig, dass sich die Interne Revision in einem frühen Stadium (Ex-Ante) in Form der Projektrevision einsetzt und sich dabei bei der projektseitigen Gestaltung der Prozesse beratend und unabhängig mit der Wirksamkeit und Angemessenheit des Risiko-managements im Allgemeinen und des Internen Kontrollsystems im Besonderen sowie der Ordnungsmäßigkeit grundsätzlich aller Aktivitäten und Prozesse befasst.[174] Die Gestaltung der Stellungnahme des DSGV-Fachausschusses ist in Abbildung 9 aufgeführt.[175] Die Prüfungshilfe des DSGV kann für den Praxiseinsatz der Internen Revision empfohlen werden und ist an den MaRisk-Vorgaben ausgerichtet.

Inhalte
Projektdefinition
Projektverantwortung
Grundlagen für die Projektbegleitung
Inhalt und Umfang für die Projektbegleitung
Dokumentation
Berichterstattung
Maßnahmenüberwachung und Follow Up

Abbildung 9: DSGV- Fachausschuss Kontrolle und Prüfung: Stellungnahme Nr. 3/1994 i.d.F.v. 2008 „Projektbegleitende Prüfung der Internen Revision"

Neben den bankaufsichtlichen Erfordernissen wird die Prüfungsdienstleistung der „*Projektrevision*" bankintern vermehrt nachgefragt und kann ideal bei Prüfungen der Frühwarnverfahren eingesetzt werden. Hierbei sind folgende Punkte für die Begleitung von Projekten von Bedeutung:[176]

– Ordnungsmäßigkeit, d.h. die Einhaltung regulatorischer Anforderungen (wie MaRisk) sowie bankinterner Regularien (z. B. Organisationshandbücher, Arbeitsanweisungen).

---

[173] Vgl. Becker A.: Besonderer Teil der MaRisk – Interne Revision in: Neue MaRisk – Prüfungs- und Bearbeitungsleitfaden, Becker A./Berndt M./Klein J. (Hrsg.), Heidelberg 2011, S. 483.
[174] Vgl. DSGV– Fachausschuss Kontrolle und Prüfung: Stellungnahme Nr. 3/1994 i.d.F.v. 2008 „Projektbegleitende Prüfung der Internen Revision", Berlin im Dezember 2008, S. 1.
[175] Vgl. ebenda, S. 1 ff.
[176] Vgl. Becker A.: Prüfung von Frühwarnverfahren durch die Interne Revision in: Risikomanagement und Frühwarnverfahren – Bantleon U./Becker A. (Hrsg.), Stuttgart 2011, S. 398.

- Erfüllung wesentlicher Unternehmensziele (betriebswirtschaftliche/strategische Ziele), z. B. die Entwicklung/Weiterentwicklung leistungsfähiger Frühwarnverfahren.
- Erfüllung spezieller Marktanforderungen wie Kundenwünsche (Produkte, neue Finanzdienstleistungen etc.), Marktbedingungen (Einhaltung von Marktusancen, Gesetzen etc.), Ressourcenbindung (Mitarbeiter/Kapital). Dies beinhaltet auch die Gefahr/das Risiko der Nichterfüllung der Projektziele, finanzielle Risiken/ökonomische Risiken.

Für die Interne Revision ergeben sich folgende *zentrale Zielrichtungen* bei der Projektrevision:
- *Information über den Stand des Projektes*: Die Interne Revision hat eine prozessneutrale, d.h. prozessunabhängige Funktion im Unternehmen. Projektrevisionen haben den Vorteil, dass die Revision im Rahmen ihrer Tätigkeit eine Plausibilisierung des Projektcontrollings vornehmen kann. Weiterhin kann sie im Rahmen ihrer Prüfungstätigkeit über bestehende Projektrisiken informieren und damit wichtige Handlungsempfehlungen an das Projektmanagement geben.[177]
- *Informationen über Einhaltung des Projekterfolgs:* Das Ergebnis der Projektrevision kann Anstöße bzw. Handlungsempfehlungen für Korrekturen bei laufenden Projekten geben. Dies sind beispielsweise Themen zu Ressourcenfragen, inhaltliche Themen sowie Ergebnisse/Teilergebnisse des Projektes, zeitliche Einhaltung der Projektvorgaben, finanzielle Einhaltung der Projektvorgaben (z. B. bei vorgegebenen Budgets) und Schwächen im Internen Kontrollsystem (IKS). Das Ergebnis der Projektrevision kann weiterhin Hinweise auf mögliche Systemschwächen, wie IKS-Schwächen im Risikofrüherkennungsprozess aufzeigen.[178]
- *Ex-Post- und Ex-Ante Ansatz:* Für die Interne Revision ergeben sich im Hinblick auf die zeitliche Komponente zwei mögliche Ansätze, den Ex-Post- und den Ex-Ante-Ansatz. Ist die Revision bereits frühzeitig, d. h. in der Entstehungsphase des Projektes mit der Projektrevision betraut, stellt dies den Ex-Ante-Ansatz dar. Wird die Projektrevision im Nachhinein durchgeführt, d. h. sind die Projekte bereits abgeschlossen, wenn die Projektrevision beginnt, bezeichnet man dies als Ex-Post-Ansatz. Die Vorteile des Ex-Ante-Ansatzes liegen auf der Hand. Durch die frühzeitig beginnende Projektrevision können auch zeitnahe Hinweise/Feststellungen der Internen Revision zu Korrekturmaßnahmen bereits in dem laufenden Projekt führen. Diese Maßnahmen können wirtschaftlich positive Effekte beinhalten (Kosten/Ressourcen). Auch teu-

---

[177] Vgl. Becker A.: Prüfung von Frühwarnverfahren durch die Interne Revision in: Risikomanagement und Frühwarnverfahren – Bantleon U./Becker A. (Hrsg.), Stuttgart 2011, S. 398.
[178] Vgl. ebenda.

re Korrekturmaßnahmen im Hinblick auf bankaufsichtliche Erfordernisse können somit vorab vermieden werden.[179]

3.1 System- und Verfahrensprüfungen

Als favorisierter Prüfungsansatz ist eine *umfassende System- und Verfahrensprüfung* des gesamten Projektmanagements im Kreditinstitut zu empfehlen. Hierbei wird erkennbar, inwieweit Projekte im Hause umgesetzt werden und inwieweit das Projektmanagement und -controlling auch tatsächlich funktioniert. Es bietet sich weiterhin an, gezielt das Projektmanagement einzelner Projekte im Rahmen von Funktionstests zu prüfen. Dabei kommt den laufenden Projekten wie die Implementierung/Weiterentwicklung von Frühwarnverfahren eine besondere Bedeutung zu.

Wesentliche Prozessanforderungen für Frühwarnverfahren leiten sich aus den *unterschiedlichen Erfordernissen der MaRisk* ab. Prozessanforderungen ergeben sich sowohl aus aufbau- als auch ablauforganisatorischen Erfordernissen der MaRisk.[180]

Prozessanforderung Aufbauorganisation: Neben dem Grundsatz der funktionalen Trennung des „Marktes" zur „Marktfolge" gibt es bezüglich der Ausgestaltung der Frühwarnverfahren wenige allgemeine Anforderungen im AT (Allgemeinen Teil). Es ist für Frühwarnverfahren derzeit in den MaRisk nicht wie bei den im Bankbetrieb eingesetzten Risikoklassifizierungsverfahren erforderlich, dass die Verantwortung für Entwicklung, Qualität und Überwachung der Anwendung durch eine funktional getrennte Einheit vorzunehmen ist (Grundsatz der funktionalen Trennung). Die Interne Revision sollte jedoch bei der praktischen Anwendung der Frühwarnverfahren bewusst darauf achten, dass die Grundsätze der funktionalen Trennung auch bei der Zuordnung der Funktionen innerhalb der Aufbau- und Ablauforganisation eingehalten werden. Danach könnte ein Bereich Gesamtbanksteuerung/Controlling für die fortlaufende Pflege und Entwicklung der im Kreditinstitut eingesetzten Frühwarnverfahren verantwortlich sein. Insbesondere ist die Genauigkeit und Validität der Frühwarnindikatoren vom zuständigen Fachbereich im Sinne einer fortlaufenden Qualitätssicherung regelmäßig zu überprüfen und ggf. anzupassen.[181]

Bei Erstellung der Prozesse innerhalb der *Aufbau- und Ablauforganisation* ist zu gewährleisten, dass miteinander unvereinbare Tätigkeiten durch unterschiedliche Mitarbeiter wahrgenommen werden.[182] Dieser Grundsatz der funktionalen Trennung ist wesentlich bei der Gestaltung der Prozesse bzw. Vergabe von Kompeten-

---

[179] Vgl. Becker A.: Prüfung von Frühwarnverfahren durch die Interne Revision in: Risikomanagement und Frühwarnverfahren – Bantleon U./Becker A. (Hrsg.), Stuttgart 2011, S. 398–399.
[180] Vgl. Becker A.: Die Prüfung von Frühwarnverfahren durch die Interne Revision in: Bearbeitungs- und Prüfungsleitfaden Risikofrüherkennung im Kreditgeschäft, Becker A./Berndt M./Klein J. (Hrsg.), Heidelberg 2008, S. 242.
[181] Vgl. ebenda, S. 242.
[182] Vgl. MaRisk, AT 3.3.1 Aufbau- und Ablauforganisation.

zen und Verantwortlichkeiten. Aufbauorganisatorisch sind die Bereiche Markt und Handel bis einschließlich der Geschäftsleitungsebene von den weiteren Organisationsbereichen (z. B. Marktfolge, Abwicklung und Kontrolle, Risikocontrolling) zu trennen.[183]

Prozessanforderung Ablauforganisation: Die Erfordernisse leiten sich im Wesentlichen aus den klassischen Kreditprozessen ab. So wird bei den Erläuterungen zu den bankaufsichtlichen Anforderungen an die Frühwarnverfahren in den MaRisk direkt auf die möglichen Handlungsempfehlungen bei der Intensivbetreuung von Engagements hingewiesen.[184] Das Ergebnis aus dem Frühwarnverfahren wird bei den Kreditinstituten häufig als Kriterium für die Intensivbetreuung von Engagements herangezogen. Die Interne Revision hat bei Prüfungen des „Intensivbetreuungsprozesses" insbesondere darauf zu achten, dass die Verantwortung für die Entwicklung und Qualität der Kriterien im Prozess der Intensivbetreuung durch eine funktional getrennte Einheit außerhalb des Bereichs „Markt" zugeordnet ist (Grundsatz der funktionalen Trennung).[185]

Ein weiteres Gebiet des Intensivbetreuungsprozesses ist das Führen von *„Watchlisten oder Überwachungslisten"* für kritische Kreditengagements. Die Kriterien für die Intensivbetreuung von Engagements führen dazu, dass die kritisch erkannten Engagements automatisch auf einer gesonderten Watchlist geführt werden. Diese ist ein häufig genutztes Dokumentationshilfsmittel für die zeitnahe Engagementbegleitung/-überwachung und wird auch im laufenden Forderungsbewertungsprozess genutzt.[186] Die Watchlist dient den kreditüberwachenden Organisationseinheiten wie der Marktfolge regelmäßig für die Dokumentation der Handlungsalternativen im Rahmen der Engagementbetreuung und Berichtsmedium im Rahmen des Kreditberichtswesens. In der Watchlist werden regelmäßig aktuelle Erkenntnisse aus dem Frühwarnverfahren berücksichtigt.[187]

Prozessanforderung Normalbetreuung: Im Sinne der MaRisk wird die Normalbetreuung als regulärer Kreditprozess wie Kreditgewährung, Kreditweiterbearbeitung, Kreditbearbeitungskontrolle definiert.[188] Die Normalbetreuung grenzt sich daher von der Intensivbetreuung und Problemkreditbearbeitung unmissverständlich ab. Bereits in dieser Phase werden Kreditengagements durch Frühwarnverfahren erfasst, soweit die folgenden Voraussetzungen vorhanden sind:

---

[183] Vgl. MaRisk, BTO Anforderungen an die Aufbau- und Ablauforganisation, Tz. 3.
[184] Vgl. MaRisk, BTO 1.3 Verfahren zur Früherkennung von Risiken, Tz. 1, Satz 2.
[185] Vgl. MaRisk, BTO 1.2.4 Intensivbetreuung, Tz. 1.
[186] Vgl. Becker A./Helfer M./Kastner A./Weis, D.: Prüfungsleitfaden für Problemkreditbereiche – System-, Funktions- und Einzelengagement-Prüfungen/Umsetzung der MaRisk-Vorgaben, Heidelberg 2005, S. 56–57.
[187] Vgl. ebenda, S. 57.
[188] Vgl. MaRisk, BTO 1.2.1 – 1.2.3.

- Für die Engagements ist eine Kontoführung/Kontoverbindung im Hause notwendig, da verschiedene Frühwarninformationen anhand der einzelnen Kontodaten sichtbar werden.
- Die wesentlichen und risikorelevanten Kreditarten müssen der Frühwarnselektion zugeordnet sein. In der Praxis unterliegen nicht alle Kreditportfolien dem Frühwarnverfahren. Die MaRisk sehen hierbei einige Erleichterungen (Öffnungsklauseln) vor. Dabei kann das Kreditinstitut bestimmte, unter Risikogesichtspunkten festzulegende Arten von Kreditgeschäften oder Kreditgeschäfte unterhalb bestimmter Größenordnungen von der Anwendung des Verfahrens zur Früherkennung von Risiken ausnehmen.[189] Hierbei untersuchen die Kreditinstitute aus Kosten-/Nutzenaspekten die Prozesse und nutzen regelmäßig Öffnungsklauseln der MaRisk im kleinteiligen Kreditgeschäft d. h. unterhalb bestimmter Grenzwerte.
- Die festgelegten Risikomerkmale (quantitative und qualitative) müssen dafür geeignet sein, auch tatsächlich Risiken frühzeitig zu erkennen. Dies erfordert auch, dass die Trennschärfe der Kriterien fortlaufend durch eine für die fortlaufende Qualitätssicherung zuständige Organisationseinheit (z. B. Kreditsekretariat, Risikocontrolling) zu überprüfen ist.
- Neben den DV-gestützten Frühwarnverfahren sollten funktionsfähige Frühwarnprozesse implementiert sein, die einen transparenten und zeitnahen Ablauf im Rahmen der Risikofrüherkennung sicherstellen.
- Die Ergebnisse der Frühwarnverfahren sind innerhalb des Kreditrisikoreportings zu implementieren. Dafür eignen sich Frühwarnportfoliodarstellungen in dem mindestens vierteljährlich zu erstellenden Kreditrisikoberichtswesen gem. MaRisk.[190]

Prozessanforderung Intensivbetreuung: Das Kreditinstitut hat Kriterien festzulegen, wann ein Kreditengagement einer gesonderten Beobachtung, d. h. der Intensivbetreuung unterzogen wird. Die Verantwortung für die Entwicklung und Qualität dieser Kriterien sowie deren regelmäßige Überprüfung muss außerhalb des Bereichs Markt zugeordnet sein.[191] Generell stellt sich die Frage, zu welchem Zeitpunkt sich bestimmte Krisensymptome bei dem Kreditnehmer abzeichnen.

Oft entsteht die *strategische Krise* relativ frühzeitig, indem das Unternehmen Produkte entwickelt, die sich im Markt schwierig absetzen lassen. Auch interne Streitigkeiten und/oder eine Führungskrise kann/können zu Problemen führen. Tritt die Erfolgskrise ein, d. h., die Produkte und/oder Dienstleistungen lassen sich am Markt nicht/oder nicht in ausreichendem Maße absetzen, ist die Liquiditätskrise bereits vorprogrammiert. Liquiditätsengpässe lassen sich dann auch sehr schnell im Rahmen der Kontoführung erkennen. Spätestens hier sprechen eine Fülle von

---

[189] Vgl. MaRisk BTO 1.3 Verfahren zur Früherkennung von Risiken.
[190] Vgl. MaRisk BTR 1 Adressenausfallrisiken, Tz. 7.
[191] Vgl. MaRisk BTO 1.2.4 Intensivbetreuung, Tz. 1.

Frühwarnhinweisen an, die von den üblichen Frühwarnverfahren sehr schnell erkannt werden.

Engagements, die der *Intensivbetreuung* unterliegen, werden aufgrund der negativen Auffälligkeitsmerkmale (wie Einstufung im Frühwarnsystem) zwar noch im Markt betreut, stehen jedoch unter besonderer Beobachtung durch eine dem Markt nachgelagerten Organisationseinheit (Marktfolge). Im Rahmen der Intensivbetreuung ist regelmäßig unter Einbindung der Marktfolge zu entscheiden, wie mit dem Engagement weiter zu verfahren ist (betreuende Stelle). In verschiedenen Banken werden intensiv betreute Engagements auch auf einer „Watchlist" (Beobachtungsliste) geführt.

Die *Strategie des Kreditengagements* ist im regelmäßigen Turnus, meist vierteljährlich, zu überprüfen. Die Kriterien für die Aufnahme in die Watchlist sind innerhalb der Prozessbeschreibungen beschrieben.[192] Es ist auch möglich, die Verfahren der Risikofrüherkennung über die Prozesskette der Problemkreditbearbeitung (wie Sanierung) laufen zu lassen. Denn bei Unternehmen in der Sanierung ist es für die Kreditinstitute von Bedeutung, über ein zuverlässiges Frühwarnverfahren zu verfügen, um zu erkennen, ob der Gesundungsprozess scheitern wird.[193]

Instrumente der Intensivbetreuung: Im Rahmen des Intensivbetreuungsprozesses werden verschiedene Instrumente wie Frühwarnverfahren und/oder Watchlist genutzt, um das Risiko des Kreditnehmers frühzeitig zu erfassen. Abbildung 10 gibt einen Überblick über die Prozesse der Intensivbetreuung.

---

[192] Vgl. Becker A.: Die Prüfung von Frühwarnverfahren durch die Interne Revision in: Bearbeitungs- und Prüfungsleitfaden Risikofrüherkennung im Kreditgeschäft, Becker A./Berndt M./Klein J. (Hrsg.), Heidelberg 2008, S. 247.

[193] Vgl. Portisch, W.: Drohende Insolvenzen frühzeitig erkennen in: Die Bank 7/2010, Wiesbaden 2010, S. 66.

Vereinfachte Darstellung des Intensivbetreuungsprozesses

- Risikofaktoren bearbeiten
- Intensivbetreuung erforderlich
- Aufnahme Watchlist
- Engagementstrategie festlegen
- Handlungsempfehlungen festlegen/umsetzen
- Ergebnisse überwachen
- Entscheidung über Bearbeitungsstatus

- Bearbeitung Markt/ Einbindung Marktfolge
- Information an entsprechenden Kompetenzträger
- Aufnahme im MaRisk-Kreditrisikobericht
- Enge Betreuung, vierteljährliche Engagementüberprüfung

Abbildung 10: Prozess der Intensivbetreuung; Quelle: Becker A: Die Prüfung von Frühwarnverfahren durch die Interne Revision, DSGV-Fachseminar für leitende Innenrevisoren Modul 2 – Gesamtbanksteuerung und Controlling 31.03.2008 in Bonn.

Prüfungsansätze der Internen Revision: Die Interne Revision kann von dem implementierten Frühwarnverfahren im Institut profitieren. Dabei kann sie ihre Prüfungshandlungen im Rahmen des risikoorientierten Prüfungsansatzes direkt auf die mittels der Frühwarnanwendung als „kritisch" identifizierten Kreditengagements konzentrieren.[194] Während die Menge der bisherigen bei den klassischen Krediteinzelfallprüfungen selektierten Engagements, oft relativ groß war, erlaubt das Frühwarnverfahren eine gezielte Vorselektion. Dementsprechend kann die Interne Revision weniger Kreditengagements prüfen, erhöht aber durch die Berücksichtigung der Frühwarnanwendung ihre Trefferquote bei den risikobehafteten Engagements (risikoorientierte Auswahl). Das Frühwarnverfahren trägt insoweit mit zur Effizienzsteigerung bei und ermöglicht der Internen Revision einen effektiven Einsatz mit geringeren Ressourcen.[195] Allerdings ist zu berücksichtigen, dass nicht alle Frühwarnverfahren Kennzahlen bezüglich der Besicherung der Kreditengagements, und damit zur Berechnung des Blankoanteils, enthalten. Damit relativiert sich die singuläre Aussagekraft der Frühwarnnote in der Prüfungspraxis.

Systemprüfungen: Der favorisierte Prüfungsansatz der Internen Revision besteht in der System- und Verfahrensprüfung des Frühwarnprozesses. Der Ansatz der Internen Revision ist risikoorientiert auszurichten und sollte sich verstärkt mit den internen Prozessen und Verfahren des Risikomanagements auseinandersetzen (siehe Abbildung 11).[196] Durch den ganzheitlichen Ansatz können sowohl das Frühwarnverfahren insgesamt als auch das Zusammenspiel mit den im Verfahren implemen-

---

[194] Vgl. Rehbein R.: Frühzeitige Identifizierung der Risiken des Kreditgeschäfts unter „www.1plusi.de", S. 2.
[195] Vgl. ebenda, S. 2.
[196] Vgl. DSGV: Mindestanforderungen an das Risikomanagement – Interpretationsleitfaden Version 1.0, Berlin 2006, S. 192.

tierten internen Kontrollen geprüft, bewertet und beurteilt werden. Aus den Prüfungsergebnissen lassen sich regelmäßig wertvolle Handlungsempfehlungen für den/die Fachbereiche und die Geschäftsleitung ableiten.[197]

> Systemprüfungen sollen die Wirksamkeit von Systemen und Prozessen im Rahmen des Operational und Management Auditings überprüfen. Ein zentraler Schwerpunkt besteht in der Prüfung des Internen Kontrollsystems. Die Systemprüfung setzt sich regelmäßig aus einer Aufbauprüfung und einer Ablaufprüfung incl. Funktionsprüfung zusammen.

Abbildung 11: Systemprüfung; Quelle: Enger T.: Begriff, Zielsetzungen und Aufgaben in: Kompendium der Internen Revision – Internal Auditing in Wissenschaft und Praxis, Berlin 2011, S. 11.

Auch die *Bankenaufsicht* favorisiert den Prüfungsansatz der Systemprüfung. Für die BaFin werden Prozess- und Systemprüfungen weiter an Bedeutung gewinnen.[198] Folgende Aspekte können dabei für die Prüfung von Frühwarnverfahren abgeleitet werden:

– Ordnungsmäßigkeit der aufbau- und ablauforganisatorischen Regelungen.
– Wirtschaftlichkeit des Verfahrens (bei umfangreichen Datenmengen ist eine DV-gestützte Frühwarnanwendung ein „Muss" für die Kreditinstitute).
– Funktionsfähigkeit der Internen Kontrollen (Funktionstests mehrerer wesentlicher Kontrollen im Ablauf geben einen Hinweis über die Funktionsfähigkeit des Internen Kontrollsystems).
– Funktionsfähigkeit der Frühwarnverfahren (Diese kann durch Beeinträchtigungen bei der Datenversorgung oder auch durch fehlende Daten (z. B. Kontoverbindungen bei Drittinstituten = keine kontenbezogene Daten verfügbar) eingeschränkt werden).
– Risiko (Sowohl die Darstellung des Portfolios als auch die Inhalte können durch Fehler in der Anwendung beeinträchtigt werden).

Darüber hinaus können von der Internen Revision wertvolle Hinweise im Zusammenhang mit der Darstellung des *Frühwarnportfolios* herausgearbeitet werden. Dies sind beispielsweise Anregungen für „Wanderungsbewegungen" im Frühwarnportfolio sowie Aussagen dazu im Kreditrisikobericht.[199]

---

[197] Vgl. Becker A.: Die Prüfung von Frühwarnverfahren durch die Interne Revision unter Berücksichtigung der Mindestanforderungen an das Risikomanagement unter: www.revision-online.de, S. 15.
[198] Vgl. BaFin: Protokoll zur 1. Sitzung des Fachgremiums MaRisk am 4.5.2006 in der Bundesanstalt für Finanzdienstleistungsaufsicht abrufbar unter: www.bafin.de.
[199] Vgl. Becker A.: Die Prüfung von Frühwarnverfahren durch die Interne Revision unter Berücksichtigung der Mindestanforderungen an das Risikomanagement unter: www.revision-online.de, S. 20.

Die Interne Revision sollte auch bei Systemprüfungen der Frühwarnverfahren berücksichtigen, dass bestimmte Ereignisse die *Frühwarnnote* unzulässigerweise positiv beeinträchtigen können. Beispiele hierfür sind von Kreditnehmern „künstlich" herbeigeführte Haben-Umsätze wie durch Umbuchungen generierte Umsätze oder punktuelle Saisonumsätze bei Unternehmen mit starken saisonalen Schwankungen (z. B. Weihnachts- oder Sommergeschäft). Hierbei ist auf eine ausgewogene Berücksichtigung der Frühwarnindikatoren zu achten.

3.2 Funktionsprüfungen

Die *Funktionsprüfung* bezieht sich auf die Prüfung von wenigen oder einzelnen zentralen Funktionen innerhalb eines Verfahrens/Prozesses. Die Prüfungsauswahl erfolgt nach risikoorientierten Kriterien. Beispiele hierfür sind zentrale interne Kontrollfunktionen innerhalb von Arbeitsprozessen, die eine wesentliche Rolle im Hinblick auf das interne Kontrollsystem, Qualität/Ergebnis des Prozesses und auch die Einhaltung gesetzlicher, bankaufsichtlicher sowie interner Vorgaben spielen. Ein Beispiel hierfür ist die Prüfung der Funktionsfähigkeit einer Daten-Schnittstelle innerhalb einer DV-gestützten Frühwarnanwendung. Der Fokus der Prüfung kann in der Funktionsfähigkeit der Datenübertragung aus externen Datenbanken (z. B. Rechenzentrum, SCHUFA etc.) in die Frühwarnanwendung liegen.[200]

Die Interne Revision verfügt traditionsgemäß über eine große Erfahrung bei der Nutzung von *Risikoindikatoren*, die auch zum Teil in Frühwarnanwendungen mit genutzt werden (Krediteinzelfallprüfungen). Dies sind beispielsweise:

- Kontobewegungen (z. B. Soll- und Haben-Umsätze)
- Überziehungskennzeichen
- Wirtschaftliche Verhältnisse (§ 18 KWG-Erfüllung oder auch die institutsinterne Offenlegungsgrenze)
- Umsatzlose Konten (keine Habenumsätze)/eingefrorene Salden
- Rückgaben (Schecks und Lastschriften)

Weiterhin werden bei den *klassischen Krediteinzelfallprüfungen* immer konsequenter die Ergebnisse aus dem Frühwarnverfahren mit berücksichtigt (z. B. Frühwarnergebnis wie die Ampelfarbe/Notensystem). Es kann allerdings auch vorkommen, dass sich negative Erkenntnisse aus der Krediteinzelfallprüfung noch nicht im Ergebnis der Frühwarnauswertung widerspiegeln.[201]

Funktionsprüfungen: Aus der Prüfung von wesentlichen Funktionen (internen Kontrollen) innerhalb der Frühwarnverfahren lassen sich wertvolle Erkenntnisse

---

[200] Vgl. Becker A.: Prüfung von Frühwarnverfahren im Kreditgeschäft durch die Interne Revision; Vortrag im Rahmen des DSGV-Fachseminars Innenrevisoren Modul 1 – Bankaufsichtsrecht vom 10. Mai 2006 in Bonn, S. 68.

[201] Vgl. Becker A.: Die Prüfung von Frühwarnverfahren durch die Interne Revision unter Berücksichtigung der Mindestanforderungen an das Risikomanagement unter: www.revision-online.de, S. 19.

ableiten. Der Schwerpunkt kann dabei auf inhaltlichen Themen wie die Erfüllung der bankaufsichtlichen Vorgaben liegen als auch auf Themen der Datenverarbeitung/Datenqualität. Die Prüfungserfahrungen sind vielfältig. Nachfolgend werden einige mögliche Themen aus Funktionsprüfungen aufgezeigt:

- Nutzung der Frühwarnnote im Bearbeitungsprozess der Intensivbetreuung/ Problemkreditbearbeitung.
- Bearbeitungsintensität der Hinweise für „auffällige" Kreditengagements mit einer negativen Frühwarneinstufung im Kreditprozess, d. h. für Engagements mit dringendem Handlungsbedarf für Intensivbetreuungsmaßnahmen.
- Art der gewählten Gegenmaßnahmen und Plausibilität der eingeleiteten Maßnahmen.
- Fortlaufende Qualitätssicherung/Pflege des Frühwarnverfahren/der DV-gestützten Anwendung.

4   Zusammenfassende Betrachtung

Die *Auswirkungen der Finanzkrise* sind angesichts der aktuellen Folgewirkungen auf den Kapitalmärkten wie die „Griechenland-Krise" noch nicht ausgestanden. Dies zeigt die nachhaltige Notwendigkeit von effektiven Frühwarnverfahren – gerade auch im internationalen Kreditgeschäft – auf.

Die *Interne Revision* setzt sich bei der Umsetzung der bankaufsichtlichen Anforderungen – bereits bei Projektbegleitungen/-prüfungen – als auch im Rahmen der regulären risikoorientierten Prüfungen mit dem bedeutenden Themenbereich der Prüfung von Frühwarnverfahren auseinander. Hierbei können neben der revisorischen Bewertung der Ordnungsmäßigkeit, Funktionsfähigkeit, Zweckmäßigkeit und der Wirksamkeit der Internen Kontrollen in Frühwarnprozessen auch wertvolle Handlungsempfehlungen für die Fachbereiche und das Management in Kreditinstituten abgeleitet werden, um Frühwarnprozesse zielgerichteter und effektiver einzustellen.

Literaturverzeichnis

Bundesfinanzministerium: Entwicklung der Finanzmarktkrise – von der US-Subprime-Krise zum Bad Bank-Gesetz unter: www.bundesfinanzministerium.de/DE/Buergerinnen_und_Buerger/Gesellschaft vom 30.05.2011.

Bundesanstalt für Finanzdienstleistungsaufsicht (BaFin): Rundschreiben 11/2010 (BA) vom 15.12.2010 – Mindestanforderungen an das Risikomanagement – MaRisk.

Bundesanstalt für Finanzdienstleistungsaufsicht (BaFin): Anschreiben zum Rundschreiben 11/2010 (BA) vom 15.12.2010 – Mindestanforderungen an das Risikomanagement – MaRisk.

Becker A./Berndt M./Klein J. (Hrsg.): Neue MaRisk – Prüfungs- und Bearbeitungsleitfaden – 2. Auflage, Heidelberg 2011.

Becker A.: Besonderer Teil der MaRisk – Interne Revision in: Neue MaRisk – Prüfungs- und Bearbeitungsleitfaden, Becker A./Berndt M./Klein J. (Hrsg.), Heidelberg 2011.

Becker A.: Prüfung von Frühwarnverfahren durch die Interne Revision in: Risikomanagement und Frühwarnverfahren Bantleon U./Becker A. (Hrsg.), Stuttgart 2010.

Becker A. (Hrsg.): Solvabilitätsverordnung: Ansätze für die Prüfung und Verbesserung der neuen Prozessanforderungen im Risikomanagement – 2. Auflage, Heidelberg 2011.

Becker A.: Die Prüfung von Frühwarnverfahren durch die Interne Revision in: Bearbeitungs- und Prüfungsleitfaden Risikofrüherkennung im Kreditgeschäft, Becker A./Berndt M./Klein J. (Hrsg.), Heidelberg 2008.

Becker A./Helfer M./Kastner A./Weis D.: Prüfungsleitfaden für Problemkreditbereiche, Heidelberg 2005.

Becker A./Eisenbürger B.: Die Prüfung von Sanierungs- und Abwicklungskrediten durch die Interne Revision in: BankPraktiker 02/2007.

Becker A: Die Prüfung von Frühwarnverfahren durch die Interne Revision, DSGV-Fachseminar für leitende Innenrevisoren Modul 2- Gesamtbanksteuerung und Controlling 31.03.2008 in Bonn.

Becker A./Schöffler S./Rosner-Niemes S.: Frühwarnverfahren nach den MaK in: ZIR 3/2004.

Becker A.: Die Prüfung von Frühwarnverfahren durch die Interne Revision unter Berücksichtigung der Mindestanforderungen an das Risikomanagement unter: www.revision-online.de.

Beyer M./Gendrisch T./Mertens M.: Basel III – Stärkung der Widerstandskraft der Banken und des Bankensystems, Fachbeitrag abrufbar unter: www.1plusi.de.

Demski C.: Marktdatenbasierte Frühwarnsysteme als Antwort auf die Finanzkrise in: Becker A./ Schulte-Mattler H. (Hrsg.): Neue Entwicklungen und Anforderungen im Risikomanagement, Berlin 2011.

Deutsche Bundesbank: Basel III – Kurzinformation unter: http://www.bundesbank.de/bankenaufsicht/bankenaufsicht_3basel.php.

Deutscher Sparkassen- und Giroverband (DSGV): Fachausschuss Kontrolle und Prüfung: Stellungnahme Nr. 3/1994 i.d.F.v. 2008 „Projektbegleitende Prüfung der Internen Revision", Berlin im Dezember 2008.

Deutscher Sparkassen- und Giroverband (DSGV) – Fachausschuss Kontrolle und Prüfung: Konzept zur Prüfung des Kreditgeschäfts und des Handelsgeschäfts unter Berücksichtigung der MaRisk, Berlin, den 10.01.2007, Prüffeld 2.5 – Prozess Problemkredite.

Deutscher Sparkassen- und Giroverband (DSGV): Fachausschuss Kontrolle und Prüfung: Konzept zur Prüfung des Kreditgeschäftes und des Handelsgeschäftes unter Berücksichtigung der MaRisk, Berlin 2007, Prüffeld 4.6 – System zur Identifizierung von Risiken (Frühwarnsystem).

Deutsches Institut für Interne Revision (DIIR): Leitfaden zur Prüfung von Projekten – Erläuterungen zum DIIR-Standard Nr. 4, DIIR-Schriftenreihe Band 45, Frankfurt/M. 2010.

Deutsches Institut für Interne Revision (DIIR): DIIR Prüfungsstandard Nr. 4 – Standard zur Prüfung von Projekten – Definitionen und Grundsätze, Frankfurt 2008.
Deutsches Institut für Interne Revision (DIIR): DIIR-Arbeitskreis „Risiko- und Kapitalmanagement in Kreditinstituten": Bankaufsichtliche Konsequenzen aus der Finanzkrise – Auf dem Weg zu Basel II – Auswirkungen der aktuellen regulatorischen Neuerungen auf die Interne Revision in: Zeitschrift Interne Revision (ZIR) 2/2011.
Dürselen K./Schulte-Mattler H.: Dritte Novellierung der MaRisk in: diebank 04/2011, Wiesbaden 2011.
Eisenbürger B.: Die Prüfung der Problemkreditbearbeitung durch die Interne Revision in: Handbuch Prüfungen in Kreditinstituten und Finanzdienstleistungsunternehmen Becker A./Wolf M. (Hrsg.), Stuttgart 2005, S. 169 ff.
Enger T.: Begriff, Zielsetzungen und Aufgaben in: Kompendium der Internen Revision – Internal Auditing in Wissenschaft und Praxis, Berlin 2011.
Ernst & Young: Financial Services Newsticker – Ausgabe 1 – 2011.
Franke G./Krahnen P.: Finanzmarktkrise: Ursachen und Lehren, in FAZ vom 24. November 2007.
Habel F.-M.: Bank-Checklisten für Sanierungsgutachten in: BankPraktiker 03/2006.
Hannemann R./Schneider A./Hanenberg L.: Mindestanforderungen an das Risikomanagement (MaRisk) – Eine einführende Kommentierung, Stuttgart 2006.
Krystek U./Klein J.: Erstellung von Sanierungskonzepten (Teil 2): Leitfaden zur Ausgestaltung von Sanierungskonzepten in: Der Betrieb, Heft Nr. 34 vom 27.08.2010.
Kunze, R.: "Neue" bankgeschäftliche Prüfungen als Vor-Ort-Prüfungen der Deutschen Bundesbank in: Blümler P./Euler M./Geyer C./Hauke S./Kleinmann S./Kunze R./Lange L./Piatek D./Schnabel C./Struwe H. (Hrsg.) § 44 KWG-Prüfungen im Kreditgeschäft, Heidelberg 2006.
Lauer J.: Das Kreditengagement zwischen Sanierung und Liquidation, Stuttgart 2005.
Lutz P.: Bankaufsichtliche Konsequenzen aus der Finanzkrise – aktuelle Änderungen im KWG sowie in der GroMiKV und den SolvV, Folienvortrag anlässlich der 11. Handelsblatt Jahrestagung „Neue Entwicklungen der Bankenaufsicht" vom 03. und 04.11.2010 in Mainz.
Manager Magazin Online 2010 vom 08. September 2010 – „Fast 12 Prozent mehr Privatinsolvenzen" unter www.manager-magazin.de/unternehmen/artikel/0,2828,716336,00.html.
Massenberg H.-J.: Gestärkt aus der Krise durch bessere Regulierung und Aufsicht – Wege und Irrwege, Folienvortrag anlässlich der 11. Handelsblatt Jahrestagung „Neue Entwicklungen der Bankenaufsicht" vom 03. und 04.11.2010 in Mainz.
Portisch, W.: Drohende Insolvenzen frühzeitig erkennen in: die Bank 7/2010, Wiesbaden 2010.
Rosner-Niemes S./Kastner A.: Abweichungsanalyse der bestehenden Rundschreiben der BaFin (MaH, MaK und MaIR) zu den Mindestanforderungen an das Risikomanagement (MaRisk) – mit besonderer Bedeutung für die Interne Revision in: ZIR 2/2006.
Rosner-Niemes S.: System-/Ablaufprüfungen im Rahmen eines prozessorientierten Prüfungsansatzes in: Becker A./Wolf M. (Hrsg.) Prüfungen in Kredit- und Finanzdienstleistungsunternehmen, Stuttgart 2005.
Ruhkamp S.: Die schleichende Umschuldung, FAZ.NET Kurzlink: http://www.faz.net/-o1o7pq.
Schiwietz M.: Die Prüfung des Kreditgeschäfts vor dem Hintergrund von Basel II in: Aufsichtsrecht für Prüfungen im Kreditgeschäft A. Becker/A. Kastner (Hrsg.), Frankfurt/M. 2007.
Sinn H.-W.: Griechenland – „immer mehr Geld hilft nicht" unter http://www.wiwo.de/politik-weltwirtschaft/info-chef-sinn-immer-mehr-geld-hilft-nicht-... vom 10.06.2011.
Weber A.: Stabilitätsanker Eurosystem in: diebank 4/2011, Wiesbaden 2011.
Zeitler F.-C.: Welche Lehren ziehen wir aus der Finanzmarktkrise – Vortrag „Krisen der Weltwirtschaft" Politische Akademie, Tutzing vom 12. März 2010.

Die Bedeutung von unternehmensbezogenen Krisenindikatoren in der Finanzkrise

Von

Arno Kastner

Arno Kastner ist seit 1986 bei einem Kreditinstitut beschäftigt und Inhaber der MTB – Management/Training/Beratung – in Eggenstein-Leopoldshafen. Bankseitig war er zunächst im Firmenkundenbereich mit Aufgabenschwerpunkt Firmensanierung und Firmenabwicklung beschäftigt, bevor er in den Revisionsbereich wechselte, wo er auch heute noch tätig ist. Nebenberuflich befasst sich Herr Kastner mit der Beratung über die Finanzierung und Steuerung mittelständischer Unternehmen sowie den damit verbundenen Prüfungshandlungen aus Bankensicht (Stichwort: Analyse von Krisenindikatoren und Aufbau von Frühwarnsystemen). Er ist sowohl auf Firmenseite wie auch auf Bankseite als Seminartrainer, Berater und Buchautor tätig. Herr Kastner ist Vizepräsident der „Vereinigung Controller (RKW)" e.V. in Mainz und Leiter des Arbeitskreises „Revision des Kreditgeschäftes" des DIIR – Deutsches Institut für Interne Revision e.V. in Frankfurt am Main.

Inhaltsverzeichnis

1	Einleitung	103
2	Definitionen	103
	2.1 Krisenindikatoren	103
	2.2 Finanzkrise	104
	2.3 Unternehmenskrise	105
3	Anforderungen an Krisenindikatoren	110
	3.1 Grundlegende Anforderungen an Krisenindikatoren	110
	3.2 Unternehmensseitige Anforderungen an Krisenindikatoren	115
	3.3 Bankseitige Anforderungen an Krisenindikatoren	116
4	Einzelkrisenindikatoren und Risikoklassifizierungssysteme	119
	4.1 Einzelkrisenindikatoren	120
	4.1.1 Krisenindikatoren aus dem Bankenbereich	121
	4.1.2 Krisenindikatoren aus dem Unternehmensbereich	122
	4.1.3 Krisenindikatoren aus dem Unternehmensumfeld	130
	4.1.4 Sonstige Krisenindikatoren	131
	4.2 Risikoklassifizierungssysteme	131
	4.2.1 Anforderungen an Risikoklassifizierungsverfahren	131
	4.2.2 Einsatz von Ratingsystemen	132
5	Konsequenzen beim Auftreten von Krisenindikatoren	134
	5.1 Die Berücksichtigung von Krisenindikatoren im Rahmen der Kreditgewährung und -beurteilung	135
	5.2 Bildung von Risikovorsorgen	135
	5.3 Überprüfung/Änderung der Bearbeitungszuständigkeiten	136
	5.4 Berichterstattung	137
6	Anforderungen an die Interne Revision	138
	6.1 Anforderungen an die Revision eines Unternehmens	138
	6.2 Anforderungen an die Revision eines Kreditinstituts	138
7	Ausblick	139
Literaturverzeichnis		140

1 Einleitung

Dem Einsatz unternehmensbezogener Krisenindikatoren in der Finanzkrise kommt sowohl unternehmens- als auch bankseitig eine besondere Bedeutung zu.

Unternehmensseitig bilden die Indikatoren eine wertvolle Hilfe zur Unternehmenssteuerung während der Krise und in der Zeit danach. Gut aufgestellte Unternehmen verfügen in der Regel über unternehmensspezifische Indikatorensysteme, mit denen sie in der Lage sind, sich abzeichnende Krisen frühzeitig zu erkennen. Hierdurch werden sie in die Lage versetzt, entsprechende Gegenmaßnahmen zur eigentlichen Krisenvermeidung bzw. zur Minimierung möglicher Krisenauswirkungen einzuleiten.[202]

Bankseitig werden Krisenindikatoren (Einzelindikatoren und Indikatorensysteme) einerseits zur Unternehmensbeurteilung und andererseits zur Festlegung von Bearbeitungszuständigkeiten eingesetzt. Da es hierbei in der Vergangenheit bei einigen Banken zu erheblichen Problemen kam, hat sich auch die Bankenaufsicht intensiv mit dieser Problematik auseinandergesetzt und in den Mindestanforderungen an das Risikomanagement eindeutige Regelungen bezüglich der Festlegung und den Anforderungen an den Einsatz von Krisenindikatoren erlassen, die in regelmäßigen Abständen auf ihre Aktualität hin überprüft und bei Bedarf an aktuelle Gegebenheiten angepasst werden.[203]

Der Artikel setzt sich in der Folge mit den Anforderungen an Krisenindikatoren in einer sich abzeichnenden oder bereits eingetretenen Finanzkrise und deren Prüfung durch die Interne Revision auseinander.

2 Definitionen

2.1 Krisenindikatoren

Ein Krisenindikator zeigt auch Basis einer bestimmten Datenausprägung (z. B. Sachverhalt oder Kennzahl) an, dass bei dem Unternehmen möglicherweise eine beginnende Unternehmenskrise vorliegt oder bereits eingetreten ist. Aus der vorstehenden Definition geht hervor, dass das alleinige Auftreten einer Merkmalsausprägung noch nicht ausreicht, um mit hinreichender Sicherheit Aussagen über eine beginnende oder bereits eingetretene Unternehmenskrise treffen zu können. Vielmehr gilt es im Rahmen von umfassenden Analysen des Unternehmens und des Unter-

---

[202] Vgl. Mantell, Gordon: Risikofrüherkennung als Instrument des Kreditrisikomanagements, in: Bearbeitungs- und Prüfungsleitfaden Neue MaRisk, Heidelberg, 2011, Seite 281 ff.

[203] Vgl. Bundesanstalt für Finanzdienstleistungsaufsicht (BaFin): Rundschreiben 11/2010 Mindestanforderungen an das Risikomanagement – MaRisk (zitiert als MaRisk) sowie die Vorgängerversionen, wie z. B. Bundesanstalt für Finanzdienstleistungsaufsicht (BaFin): Rundschreiben 18/2005 Mindestanforderungen an das Risikomanagement – MaRisk (zitiert als MaRisk (2005)).

nehmensumfeldes zu analysieren und entscheiden, ob eine solche effektiv vorliegt.[204]

2.2 Finanzkrise

Eine Finanzkrise[205] ist eine gravierende und nicht temporäre Verschlechterungen in den Ausprägungen von wesentlichen Finanzmarktindikatoren (Wertpapier- und Wechselkurse, Zinsen, Bonitätsbewertungen etc.), die meist innerhalb kurzer Zeit auftritt und massive und andauernde realwirtschaftliche Folgen nach sich ziehen kann. Finanzkrisen treten in teils vielseitigen und immer wieder neuen Formen auf. Hinsichtlich des Grades der in ihren zum Ausdruck kommenden Marktanomalien werden diese auch in Informationskrisen und Spekulationskrisen unterschieden.[206]

Bei der *Informationskrise* liegt oftmals nur eine Verschlechterung der Fundamentalwerte zugrunde. Diese führt in der Regel zu einer Wertkorrektur der entsprechenden Wertvorschriften. In der Folge kann es dann aufgrund von korrigierenden Eingriffen oder einer unzureichenden Informationsdiffusion zu Verzögerungen der Anpassungen kommen, die sich dann bei Versagen der Korrektur oder Eintreffen der Informationen krisenartig entladen und zu Überschießungseffekten führen können. In der Praxis hat diese Krisenform einen langfristig stabilisierenden Charakter und stellt, obwohl es für die Betroffenen oftmals gravierende Auswirkungen hat, keine Marktanomalie dar.[207]

In der *Spekulationskrise* hingegen richten die Finanzmarktakteure ihre Dispositionen nicht an Fundamentaldaten aus sondern an der allgemeinen Marktentwicklung oder an dem Verhalten anderer Marktteilnehmer. In der Praxis ist dabei oftmals eine irrationale spekulationsorientierte Sozialdynamik mit einem hohen Maß an so genannten „Mitläuferspekulationen" zu beobachten, welche in der Folge aufgrund einer positiven Rückkopplung zu einer immer weiter zunehmenden Abweichung zwischen Fundamental- und Finanzmarktwerten führt. Durch diesen Verlauf kommt es zum Entstehen einer so genannten „spekulativen Blase", welche für die

---

[204] Vgl. Mantell, G.: Risikofrüherkennung als Instrument des Kreditrisikomanagements, in: Bearbeitungs- und Prüfungsleitfaden Neue MaRisk, Heidelberg, 2011, Seite 281.

[205] Teilweise wird synonym auch der Begriff der Begriff Finanzmarktkrise verwendet. Da aber eine Finanzmarktkrise im eigentliche Sinne nur die Krisensituation des Finanzmarktes bzw. der Finanzmärkte beschreibt, wird im Rahmen dieses Artikels der Begriff Finanzkrise verwendet, da dieser Begriff umfassender ist und neben der Situation auf den Finanzmärkten auch die Auswirkungen auf Staaten, Unternehmen und Privatpersonen berücksichtigt.

[206] Gabler, Begriff: Finanzkrise, unter
http://wirtschaftslexikon.gabler.de/Definiton/finanzkrisen.html.

[207] Gabler, Begriff: Finanzkrise, unter
http://wirtschaftslexikon.gabler.de/Definiton/finanzkrisen.html.

einzelnen Wirtschaftteilnehmer oftmals verheerende Folgen bis hin zum wirtschaftlichen Ruin nach sich ziehen kann.[208]

Eine wesentliche Gefahr von *Finanzkrisen* stellt die Gefahr der Ausbreitung dar. Eine zunächst lokal oder einzelwirtschaftlich begrenzte Finanzkrise kann sich, aufgrund der zwischenzeitlich weltweiten Verflechtung der Finanzmärkte, innerhalb kurzer Zeit grenzüberschreitend zu einer kontinentalen oder globalen Krise ausweiten, wobei man nach dem äußeren Erscheinungsform der Krisen unterscheidet zwischen
- Bankenkrisen
- Währungskrisen
- Finanzsystemkrisen
- Länderkrisen

Grenzüberschreitende Finanzkrisen der jüngsten Vergangenheit waren z. B.:[209]
- US-Sparkassenkrise in den 1980er Jahren
- Lateinamerikakrise in den 1970er und 1980er-Jahren
- Japanische Bankkrise in den 1990er-Jahren
- Asienkrise der Jahre 1997 und 1998
- Russlandkrise der Jahre 1998 und 1999
- Brasilienkrise 1999
- Dotcom-Krise wurde durch eine im März 2000 geplatzte Spekulationsblase ausgelöst.
- Finanzkrise ab 2007 (Subprime-Krise)

Sowohl unternehmens- als auch bankseitig ist es besonders wichtig, sich mit den Märkten, auf denen man sich bewegt und den marktbeeinflussenden Faktoren auseinander zu setzen, um bei sich abzeichnenden Krisen möglichst frühzeitig reagieren und entsprechende Gegenmaßnahmen einleiten zu können. Hierbei können sich durchaus Synergieeffekte ergeben, die es in der Praxis optimal zu nutzen gilt. Hierfür eignen sich insbesondere Kreditgespräche, bei denen Kreditnehmer und Kreditinstitute ihre Erkenntnis und Erfahren austauschen und gemeinsame Strategien zu Bewältigung der Krise treffen können.

2.3 Unternehmenskrise
Eine *Unternehmenskrise* wird entweder durch das Untenehmen selbst oder durch Einflüsse, die von außen auf des Unternehmen einwirken, ausgelöst.

---

[208] Gabler, Begriff: Finanzkrise, unter http://wirtschaftslexikon.gabler.de/Definiton/finanzkrisen.html.
[209] Wikipedia, Begriff: Finanzkrise, unter http://de.wikipedia.or/wiki/Finanzkrise.

Ursachen für selbstverschuldete Unternehmenskrisen sind beispielsweise:
- Fehlentscheidungen des Managements
  - falsche Produktpolitik
  - falsche Investitionsentscheidungen
  - fasche Beteiligungsstrategie
  - falsche Entnahme-/Ausschüttungspolitik
- Streitigkeiten unter den Eigentümern
- Erbauseinandersetzungen
- Nutzung von Steuersparmodellen
- Spekulationen

Ursachen für extern ausgelöste Unternehmenskrisen sind z. B.:
- Wegfall bedeutender Lieferanten
- Ausfall oder Verlust wesentlicher Kunden
- Erkenntnisse aus neuen Forschungsergebnissen
- Änderung von Gesetzesvorgaben
- Naturkatastrophen
- Finanzkrisen

Eine auftretende Unternehmenskrise stellt eine unmittelbare Gefahr für den Fortbestand des Unternehmens und dessen Fähigkeit Beteiligungsmittel und aufgenommene Kredite zurückzuführen. Handelt es sich hierbei um bedeutendes Unternehmen eines Landes oder einer Region, kann es in der Folge auch zu erheblichen Problemen bei den Lieferanten, Kunden, Beteiligungsgebern und den finanzierenden Banken kommen. Hierfür gibt es hinreichende Beispiele wie die Kirch-Pleite oder den Wertverfall von Unternehmen, die am neuen Markt gelistet waren und die bei den Banken in jüngerer Vergangenheit zu umfangreichen Kreditausfällen geführt haben.[210]

Unternehmenskrisen können plötzlich und unerwartet entstehen. Analysen von Sanierungs- und Abwicklungsfällen bei verschiedenen Kreditinstituten haben jedoch gezeigt, dass Unternehmenskrisen durch bestimmte Merkmale geprägt sind und sich in Praxis frühzeitig durch entsprechende Indikatoren abzeichnen.[211] Um das Auftreten und die Auswirkungen einer Unternehmenskrise zu vermeiden bzw. zu minimieren, ist es erforderlich, dass sich sowohl das Unternehmen als auch die Beteiligungsgeber und finanzierenden Banken intensiv mit der Implementierung sinnvoller Krisenindikatoren auseinandersetzen. Hierbei ist auch darauf zu achten,

---

[210] Vgl. Becker, Axel: Die Prüfung von Abwicklungsfällen im Kreditgeschäft, in: Becker, A./ Kastner A. (Hrsg.), Die Prüfung des Kreditgeschäfts durch die Interne Revision, Stuttgart, 2007, S. 382.

[211] Vgl. Eisenbürger, B.: Die Prüfung der Problemkreditbearbeitung durch die Interne Revision, in: Handbuch Prüfungen in Kreditinstituten und Finanzdienstleistungsunternehmen, Becker, A./Wolf, M. (Hrsg.), Stuttgart, S. 171.

dass nicht nur firmenbezogene Indikatoren zum Einsatz kommen, sondern auch Indikatoren, welche das Unternehmensumfeld (z. B. Branchenkennzahlen) berücksichtigen.[212]

Zeichnet sich eine *Finanzkrise* ab oder ist diese bereits eingetreten, ist sowohl unternehmens- als auch bankseitig unter Beachtung der krisenauslösenden Faktoren und des Unternehmensumfeldes zu entscheiden, ob die verwendeten Krisenindikatoren ausreichende Aussagen über den aktuellen Krisenverlauf sowie die Wirkungsweise eingeleiteter Maßnahmen zur Krisenbewältigung liefern. Es ist weiterhin zu berücksichtigen, dass eine Finanzkrise eine Katalysatorfunktion hat und sich auf eine Vielzahl von Unternehmen auswirken kann. Sofern die verwendeten Krisenindikatoren zur frühzeitigen Erkennung von Risiken nicht geeignet sind, ist es zwingend erforderlich, diese gegen wirkungsvolle Indikatoren auszutauschen. Hierbei kann es durchaus sinnvoll sein, dass sich Unternehmen und finanzierende Banken darüber verständigen, welche Krisenindikatoren sinnvoll sind und letztlich zum Einsatz kommen. Dabei ist es von grundlegender Bedeutung in welchem Krisenstadion sich das Unternehmen gerade befindet. In der Bankpraxis werden folgende Formen der Krisen unterschieden:[213]

– Strategische Krise
– Führungskrise
– Produkt-/Absatzkrise
– Erfolgskrise
– Liquiditätskrise

Strategische Krise
Die *strategische Krise* ist in der Regel auf Fehlentscheidungen des Unternehmensmanagements zurückzuführen. Dabei können die Fehler sehr vielfältig sein und sich auf alle Unternehmensbereiche beziehen. Zeichnet sich eine Finanzkrise ab oder ist diese bereits eingetreten, wirken sich derartige Fehlentscheidungen noch gravierender aus, da von der Krise i. d. R. auch die Kunden des Unternehmens betroffen sind, was sich wiederum oftmals unmittelbar und negativ auf den Umsatz des Unternehmens auswirkt. Strategische Fehler, die in der Praxis immer wieder auftreten, sind beispielsweise:

– Falsche Investitionsentscheidungen (z. B. überdimensionierte Prestigebauvorhaben, Unternehmensbeteiligungen)
– Falsche Produktproduktion bzw. Projektfinanzierung (z. B. Streichung von Produkten mit hohen Deckungsbeiträgen im Rahmen einer Produktbereinigung,

---

[212] Vgl. Reich, M.: Frühwarnsysteme, in: Zerres, M. (Hrsg.): Handbuch Marketingcontrolling, Berlin, 2000, Seite 123 ff.
[213] Vgl. Hennings, E.: Die Rolle der Bank in Sanierungsfällen, in: BANK MAGAZIN 12/97, Seite 33 ff.

Produktion nicht markfähiger bzw. marktgerechter Produkte, Produktproduktion auf Lager)
- Falsche Finanzierungsentscheidungen (z. B. Abschluss nicht passender Derivatgeschäfte, Verstoß gegen grundlegende Finanzierungsgrundsätze)

Ein wesentliches Problem der strategischen Fehler besteht darin, dass erforderliche Korrekturmaßnahem in der Praxis häufig erst sehr verspätet oder überhaupt nicht eingeleitet werden und die ursprünglichen Entscheidungen des Managements trotz veränderter Entwicklung der Märkte nicht/nicht ausreichend korrigiert werden.[214]

Führungskrise
Führungskrisen in Unternehmen können sowohl unabhängig als auch abhängig vom Unternehmensablauf auftreten. Führungskrisen die unabhängig von Unternehmensablauf auftreten sind z. B. auf Streitigkeiten zwischen den Unternehmenseignern, Erbauseinandersetzung oder fehlende Nachfolgeregelungen zurückzuführen. Dahingegen sind Führungskrisen in Abhängigkeit vom Unternehmensablauf oftmals im direkten Zusammenhang mit den zuvor getroffenen strategischen Fehlentscheidungen zu sehen. Anstatt sich mit den eigentlichen Ursachen der Unternehmenskrise gezielt auseinanderzusetzen, wird unternehmensseitig oftmals versucht, die Probleme durch gegenseitige Schuldzuweisungen und Kündigungen bzw. Umbesetzungen von Mitgliedern des Managements zu lösen. Dieser Prozess geht in der Praxis oftmals mit der Kündigung von Leistungsträgern des Unternehmens einher, die das Unternehmen mit ihren bisherigen vorgesetzten verlassen oder sich eigenständig einen neuen Arbeitsplatz suchen. Verläuft dieser Prozess parallel zu einer sich abzeichnende oder bereits eingetretenen Finanzkrise, fehlt den Untenehmen in der Folge häufig das entsprechende Fachpersonal um der Krise erfolgreich zu begegnen.[215]

Produkt-/Absatzkrise
Wurden seitens des Untenehmens falsche strategische Entscheidungen hinsichtlich der Produktpalette des Unternehmens getroffen, wird sich dies in der Folge normalerweise unmittelbar auf die Umsatzzahlen des Unternehmens auswirken, die mit großer Wahrscheinlichkeit sinken bzw. nicht in dem erwarteten Ausmaß steigen

---

[214] Vgl. Becker, A.: Die Prüfung von Abwicklungsfällen im Kreditgeschäft, in: Becker, A./ Kastner A. (Hrsg.), Die Prüfung des Kreditgeschäfts durch die Interne Revision, Stuttgart, 2007, Seite 382 und vgl. Welge, M./Al-Laham, A., Strategisches Management, Wiesbaden, 2. Auflage 1999, Seite 322 ff und vgl. Mantell, G.: Risikofrüherkennung als Instrument des Kreditrisikomanagements, in: Bearbeitungs- und Prüfungsleitfaden Neue MaRisk, Heidelberg, 2011, Seite 294.

[215] Vgl. Becker, A.: Die Prüfung von Abwicklungsfällen im Kreditgeschäft, in: Becker, A./ Kastner A. (Hrsg.), Die Prüfung des Kreditgeschäfts durch die Interne Revision, Stuttgart, 2007, Seite 383.

werden. Kommt hierzu noch eine Finanzkrise, wird dieser Effekt noch verstärkt, da die Kunden des Unternehmens aufgrund der fehlenden Kaufkraft oder aus Vorsichtsgründen erforderliche Investitionen zurückstellen.[216]

Erfolgskrise
Werden die Produkte des Unternehmens vom Markt nicht angenommen oder kommt es beispielsweise aufgrund einer Finanzkrise zu Umsatzeinbrüchen, hat dies unmittelbare Auswirkungen auf den tatsächlichen Erfolg des Unternehmens, da mit dieser Entwicklung oftmals mit einer Reduzierung der finanziellen Mittel verbunden ist, die dem Unternehmen zu Verfügung stehen. Verfügt das Unternehmen zu diesem Zeitpunkt über keine finanziellen Reserven, ist es nur noch eine Frage der Zeit, bis eine Liquiditätskrise entsteht.[217]

Liquiditätskrise
In der *Liquiditätskrise* ist das Unternehmen nicht mehr in der Lage, seinen finanziellen Verpflichtungen in vollem Umfang nachzukommen. Spätestens zu diesem Zeitpunkt ist davon auszugehen, dass die Kreditoren Kenntnisse von der angespannten Unternehmenssituation erhalten und mit entsprechenden Maßnahmen (z. B. Lieferung gegen Barzahlung, Kündigung von Kreditlinien) reagieren, die im Extremfall noch zu einer Verschärfung der Liquiditätskrise beitragen. Liegt eine Finanzkrise vor, ist davon auszugehen, dass sich die Liquiditätskrise des Unternehmens noch verstärken wird, da davon auszugehen ist, dass auch die Debitoren des Unternehmens von der Finanzkrise betroffen sind und es bei dem einen oder anderen Kunden ebenfalls zu Zahlungsengpässen oder Zahlungsausfällen kommen wird.[218]

Um die Auswirkungen der hier dargestellten Krisenszenarien zu vermeiden oder zumindest zu minimieren, werden unternehmens- und bankseitig spezielle *Krisenindikatoren* bzw. *Frühwarnsysteme* eingesetzt. Diese sollen geeignete Risikoindikatoren beinhalten, um eine Wirksamkeit der Frühwarnverfahren zu gewährleisten. Das Ziel der Frühwarnverfahren liegt darin, eine notwendige Reaktionszeit zu

---

[216] Vgl. Becker, A.: Die Prüfung von Abwicklungsfällen im Kreditgeschäft, in: Becker, A./ Kastner A. (Hrsg.), Die Prüfung des Kreditgeschäfts durch die Interne Revision, Stuttgart, 2007, Seite 383.

[217] Vgl. Becker, A.: Die Prüfung von Abwicklungsfällen im Kreditgeschäft, in: Becker, A./ Kastner A. (Hrsg.), Die Prüfung des Kreditgeschäfts durch die Interne Revision, Stuttgart, 2007, Seite 383 und vgl. Mantell, G.: Risikofrüherkennung als Instrument des Kreditrisikomanagements, in: Bearbeitungs- und Prüfungsleitfaden Neue MaRisk, Heidelberg, 2011, Seite 294.

[218] Vgl. Becker, A.: Die Prüfung von Abwicklungsfällen im Kreditgeschäft, in: Becker, A./ Kastner A. (Hrsg.), Die Prüfung des Kreditgeschäfts durch die Interne Revision, Stuttgart, 2007, Seite 383 und vgl. Mantell, G.: Risikofrüherkennung als Instrument des Kreditrisikomanagements, in: Bearbeitungs- und Prüfungsleitfaden Neue MaRisk, Heidelberg, 2011, Seite 294.

gewinnen, um geeignete Maßnahmen zur Risikoreduzierung einleiten zu können.[219] Die Bankenaufsicht empfiehlt, auf Basis von quantitativen und qualitativen Risikomerkmalen Indikatoren für eine frühzeitige Risikoidentifizierung im Kreditgeschäft zu entwickeln.[220]

3 Anforderungen an Krisenindikatoren

Die *Anforderungen* an *Krisenindikatoren* sind von den unterschiedlichen Bedürfnissen wie von den Zielen der Marktteilnehmer und der zur Verfügung stehenden Datenbasis abhängig. Neben den grundlegenden Anforderungen an Krisenindikatoren kommt insbesondere den unternehmens-, branchen- und bankspezifischen Krisenindikatoren bzw. Indikatorensystemen eine besondere Bedeutung zu.

3.1 Grundlegende Anforderungen an Krisenindikatoren

Die kritische Auseinandersetzung mit Krisenindikatoren soll den Unternehmen die Möglichkeit eröffnen, zu einem sehr frühen Zeitpunkt Informationen über eine sich abzeichnende oder bereits eingetretene Krisen zu erhalten. Hierdurch werden die betroffenen Unternehmen einerseits in die Lage versetzt, zeitnah Maßnahmen zur Krisenbewältigung einzuleiten um somit mögliche Schäden für das Unternehmen zu minimieren oder gar ganz zu vermeiden. Andererseits kann das Unternehmen gegenüber seinen finanzierenden Stellen (Kreditgeber, Aktionäre, Gesellschafter usw.) aufzeigen, dass es in der Lage ist, auf auftretende Risiken angemessen zu reagieren. Dies wird sich im Rahmen von Bankgesprächen und -beurteilungen positiv auf die Beurteilung des Unternehmens und des Managements auswirken.[221]

Krisenindikatoren sollen externe Analysten wie z. B. Kreditinstitute möglichst zu einem frühen Zeitpunkt über mögliche Schieflagen der Kreditnehmer in Kenntnis setzen. Dadurch werden die Kreditinstitute in die Lage versetzt, zusammen mit den betroffenen Unternehmen nach Lösungsmöglichkeiten zu suchen, um eine sich abzeichnende Krise bereits im Vorfeld vermeiden zu können bzw. zumindest seine negativen Folgen für die Bank und das Unternehmen zu minimieren. Analysen der typischen Krisenverläufe haben gezeigt, dass sich Unternehmenskrisen oftmals

---

[219] Vgl. Becker, A./Helfer, M.: System- und Funktionsprüfungen der Problemkreditbereiche auf Basis der MaK und MaRisk in: Becker, A./Helfer, M./Kastner, A./Weis, D., Prüfungsleitfaden für Problemkreditbereiche, Heidelberg 2005, S. 50 ff.
[220] Vgl. MaRisk (2005), BTO 1.3 , Tz. 2.
[221] Vgl. Kastner, A.: Wie bekomme ich einen Kredit für mein Unternehmen, Eschborn, 2004, Seite 40 ff.

nicht schlagartig eintreten sondern sich anhand von einschlägigen Krisenindikatoren bereits zu einem sehr frühen Zeitpunkt systematisch abzeichnen.[222]

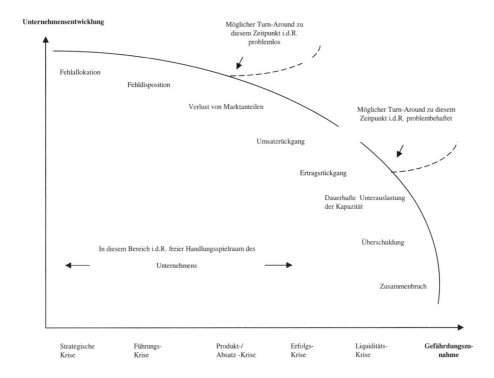

Abbildung 1: Der Verlauf einer Unternehmenskrise[223]

Je früher mögliche *Unternehmenskrisen* erkannt werden, desto früher können entsprechende *„Turn-Around-Maßnahmen"* zur Krisenbewältigung eingesetzt werden. Dies bedingt in der Praxis, dass das Bankpersonal einerseits in der Lage sein muss, die wirtschaftliche Lage des Unternehmens kritisch beurteilen und bei Bedarf entsprechende Lösungsansätze zur Krisenabwehr unterbreiten zu können. Andererseits muss bei bereits eingetretenen Schieflagen sichergestellt sein, dass diese seitens des finanzierenden Kreditinstituts kritisch analysiert und hinterfragt werden und dass anhand der festgestellten Ergebnisse ermittelt wird, anhand welcher Krisen-

---

[222] Vgl. Becker, A./Kastner, A.: Steigende Bedeutung der Risikofrüherkennung im Kreditgeschäft für die Interne Revision, Zeitschrift für Interne Revision, 45 Jahrgang, April 2010, Seite 50.

[223] Vgl. Hennings, E.: Die Rolle der Bank in Sanierungsfällen in: BANK MAGAZIN 12/97, Seite 33 ff.

indikatorenausprägungen die Krise erkennbar gewesen wären. Im nächsten Schritt ist dann anhand der im Einsatz befindlichen Indikatoren abzuklären, ob diese für eine frühzeitige Krisenidentifikation geeignet sind.

Grundsätzlich lassen sich *Krisenindikatoren* einteilen in:
- Zu-Früh-Indikatoren
- Frühindikatoren
- Spätindikatoren
- Zu-Spät-Indikatoren

Zu-Früh-Indikatoren
Bei *„Zu Früh-Indikatoren"* handelt es sich um Indikatoren, welche den Marktteilnehmern zu einem sehr frühen Zeitpunkt Hinweise auf mögliche Risiken bzw. beginnende Krisen geben. Aufgrund von fehlenden und/oder unvollständigen Informationen sind diese Indikatoren mit erheblichen Risiken behaftet, weswegen sich zum Zeitpunkt des Auftretens in der Praxis nicht mit hinreichender Sicherheit korrekte Aussagen über eine bestehende oder sich abzeichnende Krisensituation getroffen werden können. Treffen Marktteilnehmer aufgrund aufgetretener Indikatoren oder Indikatorenausprägungen in diesem frühen Stadion auf der Basis von unvollständigen Marktinformationen Entscheidungen, so können diese im Worst-Case dazu führen, dass eine Krise überhaupt erst ausgelöst wird.[224]

Beispiel 1:
Ein Unternehmen geht aufgrund eines kurzfristigen Preisanstieges von Rohstoffen von einer sich nachhaltig abzeichnende Preissteigerung aus und schließt darauf hin langfristige Rohstoffkontrakte ab. Tatsächlich entwickelt sich der Markt gegenläufig und die Rohstoffpreise fallen nachhaltig.

Beispiel 2:
Ein Unternehmen benötigt betriebsbedingt eine kurzfristige Ausweitung des bestehenden Kontokorrentkredites. Da die beantragte Erhöhung des Kontokorrentkredites gleichzeitig mit einem kurzfristigen Umsatzeinbruch verbunden ist, geht der zuständige Kreditsachbearbeiter von finanziellen Problemen des Unternehmens aus und verweigert die Erhöhung des Kontokorrentkredites, wodurch das Unternehmen in der Folge in Zahlungsschwierigkeiten gerät.

Besonders problematisch wird es, wenn das Auftreten von Zu-Früh-Indikatoren mit einer sich abzeichnenden Finanzkrise oder bereits eingetretener Finanzkrise zusammenfällt. In diesem Fall besteht die Gefahr, dass auftretende Indikatoren im

---

[224] Becker, A./Kastner, A.: Steigende Bedeutung der Risikofrüherkennung im Kreditgeschäft für die Interne Revision, Zeitschrift für Interne Revision, 45 Jahrgang, April 2010, Seite 49.

direkten Zusammenhang mit der Krisensituation gesehen und in der Folge falsch interpretiert werden, wodurch in der Praxis dann ebenfalls eine Krisensituation ausgelöst oder beschleunigt werden kann.

Frühindikatoren
Frühindikatoren zeigen den Marktteilnehmern zu einem frühen Zeitpunkt eine sich abzeichnende oder bereits eingetretene Krise an. Im Normalfall stehen dann den Marktteilnehmern aufgrund der Aktualität der Indikatoren diverse Möglichkeiten zur Krisenvermeidung bzw. -bewältigung zur Verfügung. Liegt eine Finanzkrise vor, ist davon auszugehen, dass sich diese zeitnah auf die Frühindikatoren auswirkt und zu entsprechenden Handlungen bei den verschiedenen Marktteilnehmern führt.[225]

Beispiel:
Durch einen Nachfragerückgang fallen die Umsatzzahlen eines Unternehmens. Aufgrund einer gerade begonnen Finanzkrise stellt das Unternehmen fest, dass die Nachfrage weiter zurückgeht. In der Folge drosselt das Unternehmen die Produktion der betreffenden Produkte, um eine Lagerproduktion mit entsprechender Kapitalbindung zu vermeiden. Parallel zu dieser Maßnahme stellt die Hausbank des Unternehmens einen Überbrückungskredit zur Verfügung, um die sich drohenden Auswirkungen der Finanzkrise abzumindern.

Spätindikatoren
Spätindikatoren sind, wie der Name sagt, Indikatoren die zu einem sehr späten Zeitpunkt anzeigen, dass eine Krise vorliegt oder sich abzeichnet. In der Praxis spielen diese Indikatoren insbesondere bei Unternehmensexternen (Lieferanten, Kunden, Kreditinstitute, usw.) eine besondere Rolle. Meist werden diese Indikatoren aus den Daten der Quartalsberichte und/oder der Jahresabschlüsse der Unternehmen abgeleitet. Für die betreffenden Unternehmen selbst spielen diese Indikatoren eher eine untergeordnete Rolle, da sie jederzeit auf die aktuellen Werte Ihrer Buchhaltung und Fachabteilungen zurückgreifen können.[226]

---

[225] Vgl. Gerberich, C.: Neue Herausforderungen an Management und Controlling, in: Praxishandbuch Controlling, Wiesbaden, 2005, Seite 50 ff.; vgl. Becker, A./Kastner, A.: Steigende Bedeutung der Risikofrüherkennung im Kreditgeschäft für die Interne Revision, Zeitschrift für Interne Revision, 45 Jahrgang, April 2010, Seite 49 und vgl. Mantell, Gordon: Risikofrüherkennung als Instrument des Kreditrisikomanagements, in: Bearbeitungs- und Prüfungsleitfaden Neue MaRisk, Heidelberg, 2011, Seite 281.

[226] Vgl. Gerberich, C.: Neue Herausforderungen an Management und Controlling, in: Praxishandbuch Controlling, Wiesbaden, 2005, Seite 50 ff. und vgl. Becker, A./Kastner, A.: Steigende Bedeutung der Risikofrüherkennung im Kreditgeschäft für die Interne Revision, Zeitschrift für Interne Revision, 45 Jahrgang, April 2010, Seite 50 und vgl. Mantell, G.: Risikofrüherkennung als Instrument des Kreditrisikomanagements, in: Bearbeitungs- und Prüfungsleitfaden Neue MaRisk, Heidelberg, 2011, Seite 281.

Bei einer sich abzeichnenden oder bereit eingetretenen *Finanzkrise* kommt diesen Indikatoren eine besondere Bedeutung zu. Einerseits kann es sein, dass sich bei Veröffentlichung der Unternehmensdaten die Krise überhaupt noch nicht in den Zahlenwerten niedergeschlagen hat. Andererseits müssen externe Analysten davon ausgehen, dass bei bereits eingetretener Krise das betreffende Unternehmen seine Daten z. B. durch gezielte Bilanzpolitik (window dressing) bewusst geschönt hat. In beiden Fällen müssen sich die Analysten kritisch mit den veröffentlichten Zahlenwerten auseinander setzen und gegebenenfalls Korrekturen vornehmen, um korrekte Indikatorenwerten zu erhalten, auf deren Basis dann über die Einleitung entsprechender Maßnahmen zu entscheiden ist.[227]

Beispiel:
Auf Grund einer Finanzkrise brach der Umsatz des zu analysierenden Unternehmens ein. Das Unternehmen hat daraufhin auf Lager produziert, was zu einer entsprechenden Bestandserhöhung und in der Folge zu einer Erhöhung des Betriebsergebnisses geführt hat. Parallel dazu wurde nicht benötigtes Betriebsvermögen (Grundstück mit stillen Reserven) veräußert. Die hierbei erzielten außerordentlichen Erträge wurden in der G+V-Rechnung in der Position Umsatzerlöse ausgewiesen. Erfolgen im Rahmen der Indikatorenanalyse keine entsprechenden Korrekturen, kommt es zu einer viel zu positiven Indikatorenausprägung in deren Folge sich abzeichnende negative Konsequenzen für das Unternehmen nicht in dem erforderlichen Ausmaß berücksichtigt und auch keine Gegenmaßnahmen eingeleitet werden.

Zu-Spät-Indikatoren
Bei *Zu-Spät-Indikatoren* handelt es sich um Indikatoren, bei deren die Marktteilnehmer praktisch keine Handlungsalternativen mehr haben.[228]

Beispiel:
Ein Unternehmen bzw. ein Bank erfährt aus den amtlichen Meldungen der Tagespresse, dass eine Kunde Insolvenz angemeldet hat. In der Folge wird das von den Marktteilnehmern erhoffte Insolvenzverfahren mangels Masse abgelehnt.

In Krisenzeiten treten derartige Indikatoren verstärkt auf, da die Handlungsalternativen der Marktteilnehmer auf Grund der Krisensituation erheblich eingeschränkt sind, was in der Praxis auch mit einer steigenden Zahl von Insolvenzanträgen verbunden ist. Treten derartige Indikatoren auf, müssen sich die Betroffen intensiv und kritisch mit den unternehmensseitig verwendeten Indikatoren und/oder Indikatoren-

---

[227] Vgl. Coennenberg, A.: Jahresabschluss und Jahresabschlussanalyse, 17. Auflage, Landsberg/Lech, 2000, Seite 1137 ff.
[228] Becker, A./Kastner, A.: Steigende Bedeutung der Risikofrüherkennung im Kreditgeschäft für die Interne Revision, Zeitschrift für Interne Revision, 45 Jahrgang, April 2010, Seite 50.

systeme auseinandersetzen, um künftige Schäden bereits im Vorfeld auszuschließen.

3.2 Unternehmensseitige Anforderungen an Krisenindikatoren
Bei gut organisierten Unternehmen erfolgt die:
- Umsetzung von Visionen,
- Planung von Zielen,
- Entwicklung von Strategien,
- Implementierung neuer Produkte und Produktionstechniken,
- Überwachung des operativen Bereichs sowie
- die Kontrolle und Steuerung

auf Basis einer Vielzahl von Indikatoren, von denen etliche auch die Funktion haben, sich abzeichnende Krisen zu einem möglichst frühen Zeitpunkt anzuzeigen *(Risikofrüherkennungsfunktion)*. Hierdurch soll gewährleistet werden, dass die Unternehmen zu einem möglichst frühen Zeitpunkt in der Lage ist, auf sich ändernde Marktverhältnisse angemessen zu reagieren. Eine wesentliche Voraussetzung hierfür ist, dass die verwendeten Indikatoren eindeutig definiert sind und in regelmäßigen Zeitabständen auf ihre Aktualität überprüft werden.

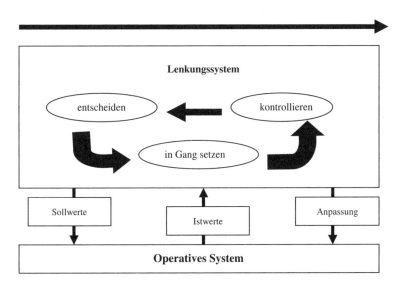

Abbildung 2: Lenkungssystem mittels Krisenindikatoren

Zeichnet sich eine *Finanzkrise* ab oder ist eine solche bereits eingetreten, ist unternehmensseitig gezielt zu analysieren, welche Auswirkungen dies auf das Unternehmen hat. Wird unternehmensseitig eine Abweichung zwischen den vorgegebenen Sollwerten und den tatsächlichen Istwerten festgestellt, ist im Rahmen von Abweichungsanalysen kritisch zu untersuchen, ob die Abweichungen krisenbezogen sind oder andere Ursachen haben. In beiden Fällen sind jedoch entsprechende Anpassungen bezüglich des operativen Systems erforderlich um möglichen Schaden von dem Unternehmen abzuwenden.[229]

Für Kreditinstitute ist die die Auseinandersetzung mit den verwendeten *Unternehmensindikatoren* ebenfalls von großer Bedeutung. Da diese auf der Basis effektiver Unternehmensdaten ermittelt werden, werden die Kreditinstitute in die Lage versetzt, ihre selbst ermittelten Kennzahlen auf deren Aktualität und Aussagekraft zu untersuchen. Außerdem bietet die Analyse der vom Unternehmen verwendeten Kennzahlen. sowie die darauf basierenden Handlungsszenarien, eine wesentliche Grundlage für die Beurteilung des Unternehmens in der Gesamtbetrachtung und des Managements im Speziellen.

3.3 Bankseitige Anforderungen an Krisenindikatoren

Seitens der Kreditinstitute werden im Rahmen der Kreditentscheidung und -beurteilung des Firmenkundengeschäftes eine Vielzahl von Einzelindikatoren bzw. Risikoklassifizierungssystemen (z. B. Firmenkundenrating, Bauträgerrating, Länderrating), die einzelne Indikatoren beinhalten, eingesetzt. Welche Indikatoren jeweils zum Einsatz kommen, wird individuell vom einzelnen Kreditinstitut festgelegt und hängt von den jeweiligen Vorgaben und Ausgestaltung der Risiken des einzelnen Institutes ab. In der Praxis kann dies zur Folge haben, dass Unternehmen von Kreditinstituten bei gleicher Datenbasis vollkommen unterschiedlich eingestuft werden.

Vor dem Hintergrund, dass der Einsatz von *Krisenindikatoren* bzw. *Indikatorensystemen* in der Vergangenheit bei einzelnen Kreditinstituten nicht zum gewünschten Erfolg führte, was für die betroffenen Institute in nicht seltenen Fällen weit reichende Konsequenzen nach sich zog (z. B. diverse Zwangsfusionen), hat sich auch die Bankenaufsicht intensiv mit dieser Problematik auseinandergesetzt und in den MaRisk an verschiedenen Stellen Aussagen zum Einsatz von Krisen-

---

[229] Vgl. Hefti, E., Steuerung der Performance mit KPIs im Maschinen- und Anlagenbau, in: Praxishandbuch Controlling, Wiesbaden, 2005, Seite 464 ff. und vgl. Welge, M./Al-Laham, A. Strategisches Management, Wiesbaden, 2. Auflage 1999, Seite 109 ff. und vgl. Fink, A.: Szenarien als Instrumente zur Strategieentwicklung und strategischen Früherkennung, in: Praxishandbuch Controlling, Wiesbaden, 2005, Seite 330–345.

indikatoren bzw. Indikatorensysteme getroffen, die bankseitig zu beachten sind. Wesentliche Vorgaben diesbezüglich sind: [230]

- Wesentliche Risiken, bei deren Beurteilung Krisenindikatoren zum Einsatz kommen können, sind Adressenausfallrisiken (einschl. Länderrisiken) Markpreisrisiken, Liquiditätsrisiken und operationelle Risiken[231]. Sofern Risikokonzentrationen vorliegen, sind diese zu berücksichtigen. Bei Risiken mit wesentlichem Einfluss ist eine Risikoinventur zu erstellen.
- Auf Basis der Geschäftsstrategie und den daraus resultierenden Risiken ist eine Risikostrategie zu erstellen die zu überwachen und bei Bedarf anzupassen ist.[232]
- Bankseitig eingesetzte Risikosteuerungs- und Controllinginstrumente sollen die Identifizierung, Beurteilung, Steuerung, Überwachung und Kommunikation der wesentlichen Risiken und Risikokonzentrationen gewährleisten. Dabei ist sicherzustellen, dass wesentliche Risiken frühzeitig erkannt werden.[233]
- Für die wesentlichen Risiken sind regelmäßig Stresstests mit Abbildung von gewöhnlichen und außergewöhnlichen möglichen Ereignissen durchzuführen.[234]
- Bei Aktivitäten in neuen Produkten oder auf neuen Märkten ist vor Einführung ein Konzept unter Beachtung des Ergebnisses der Risikoanalyse durchzuführen.[235]
- Bedeutende Aspekte für das Adressenausfallrisiko eines Kreditengagements (Branchenrisiken, Länderrisiken) sind unter der Annahme verschiedenen Szenarien darzustellen.[236]
- Risiken sind in Abhängigkeit vom Risikogehalt sowohl bei der Kreditentscheidung als auch bei der Kreditbeurteilung mittels eines Risikoklassifizierungsverfahrens zu bewerten, wobei zwischen der Einstufung und der Konditionengestaltung ein Zusammenhang bestehen muss.[237]
- Jährlich ist eine Engagementbeurteilung in Abhängigkeit vom Risikogehalt durchzuführen.[238]
- Seitens des Kreditinstituts sind Kriterien festzulegen, wann ein Engagement in die Intensivbetreuung oder Problemkreditbearbeitung überführt werden soll.[239]

---

[230] Vgl. Hanenberg, L./Kraische, K./Schneider, A.: MaK – Zum Inhalt des Rundschreibens 34/2002 der BaFin, in: Die Wirtschaftsprüfung 8/2003, Seite 398 ff.
[231] Vgl. MaRisk, AT 2.2.
[232] Vgl. MaRisk, AT 4.2.
[233] Vgl. MaRisk, AT 4.3.
[234] Vgl. MaRisk, AT 4.3.3.
[235] Vgl. MaRisk, AT 6.
[236] Vgl. MaRisk, BTO 1.2.
[237] Vgl. MaRisk, BTO 1.2.
[238] Vgl. MaRisk, BTO 1.2.2.
[239] Vgl. MaRisk, BTO 1.2.3 und 1.2.5.

- Auf Basis qualifizierter und quantifizierter Risikomerkmale sind Indikatoren für eine frühzeitige Risikoidentifzierung zu entwickeln. Dabei kann die Funktion der Risikofrüherkennung auch von einem Risikoklassifizierungsverfahren wahrgenommen werden.[240]
- Es ist ein aussagekräftiges Risikoklassifizierungsverfahren für die erstmalige und turnusmäßige Beurteilung der Kreditrisiken einzurichten. Dabei ist die Verantwortung für die Entwicklung, Qualität und Überwachung außerhalb des Marktbereiches anzusiedeln.[241]
- Durch geeignete Maßnahmen ist sicherzustellen, dass Adressenausfallrisiken und damit verbundene Risikokonzentrationen unter Berücksichtigung der Risikotragfähigkeit beschränkt werden können.[242]
- Risikokonzentrationen sind unter Berücksichtigung entsprechender Abhängigkeiten zu identifizieren und mittels geeigneter Verfahren zu überwachen und zu steuern.[243]

Kommen seitens des Kreditinstituts *Risikoklassifizierungsverfahren* zum Einsatz, so haben neben den betriebswirtschaftlichen Aspekten insbesondere folgende Komponenten zu umfassen, um die *Voraussetzung* als Verfahren zur *Früherkennung von Risiken* zu erfüllen:[244]

Indikatorenbezogene Komponente
Die gewählten Indikatoren müssen gewährleisten, dass Risiken frühzeitig erkannt werden können (z. B. Lastschriftrückgaben, negative SCHUFA-Auskunft).

Zeitraumbezogene Komponente
Auf Basis der gewählten Indikatoren soll eine permanente Identifizierung von sich abzeichnenden Risiken möglich sein. Dies bedingt in der Praxis, dass zur Unternehmensbeurteilung Indikatoren eingesetzt werden, die für eine Vielzahl von Unternehmen geeignet sind und über einen längerfristigen Zeitraum aussagekräftige Werte über das Unternehmen und seine Entwicklung liefern.

Prozessbezogene Komponente
Sofern die Indikatoren auf eine mögliche Krise hinweisen, sollten entsprechende Handlungen des Kreditinstituts generiert werden, um einen möglichen Schaden

---

[240] Vgl. MaRisk, BTO 1.3.
[241] Vgl. MaRisk, BTO 1.4.
[242] Vgl. MaRisk, BTR 1.
[243] Vgl. MaRisk, BTR 1.
[244] Vgl. MaRisk (2005), Anlage 1: Erläuterungen zu den MaRisk, S. 29; und vgl. Kastner, A.: Der Einsatz von Krisenindikatoren im Rahmen des Firmenkundengeschäftes, in: Becker, A./Gruber, W./Wohlert, D.: Handbuch MaRisk, Frankfurt/Main 2006, S. 397–423.

vom Kreditinstitut abzuwenden (z. B. Zins- und Tilgungsstreckung, Neuordnung des Kreditengagements).

Liegt eine sich abzeichnende oder bereits eingetretene Finanzkrise vor, sind die seitens der Kreditinstitute verwendeten Krisenindikatoren und Risikoklassifizierungssysteme gezielt dahingehend zu überprüfen, ob sie zur Krisenbeurteilung geeignet und in der Lage sind, Aussagen bezüglich der Wirksamkeit evtl. einzuleitenden bzw. eingeleiteter Maßnahmen zur Krisenbereinigung zu treffen. Sollte dies nicht der Fall sein, sind sie unter Beachtung der MaRisk-Vorgaben unverzüglich gegen geeignete Indikatoren auszutauschen.

4 Einzelkrisenindikatoren und Risikoklassifizierungssysteme

Zeichnet sich eine *Finanzkrise* ab oder ist eine solche bereits eingetreten, ist seitens der Kreditinstitute zu analysieren, ob die angewendeten Krisenindikatoren zur Beurteilung der Krisensituation ausreichen oder ob der Einsatz von speziellen Indikatoren zur Krisenbewältigung erforderlich ist. Auch ist zu analysieren, ob die seitens der Unternehmen zur Verfügung gestellte Datenbasis uneingeschränkt übernommen werden kann oder ob entsprechende Korrekturen zur korrekten Indikatorenermittelung erforderlich sind.

Beispiel:
Auf Grund einer eingetretenen Finanzkrise kam es bei einem Unternehmen zu einem Umsatzeinbruch und in der Folge zu einem negativen Betriebsergebnis. Kurz vor Bilanzjahresschluss trennt sich das Unternehmen von einer unbelasteten Firmenimmobilie mit erheblichen stillen Reserven. Der erzielte außerordentliche Ertrag wird in der Gewinn- und Verlustrechnung als Umsatzerlös (alternativ oft auch als außerordentlicher betrieblicher Ertrag) ausgewiesen, wodurch in der Folge ein positives Betriebsergebnis sowie ein positiver Cashflow ausgewiesen werden. Wird bankseitig im Rahmen der Datenerfassung zur Bilanz- und Kennzahlenanalyse keine Korrektur dieses Sachverhaltes durchgeführt, kommt es in der Folge zu einer falschen Kennzahlenberechnung die im Extremfall dazu führt, dass eine durch die Finanzkrise ausgelöste Unternehmenskrise nicht erkannt wird.

Auch bei korrekt ermittelten Kennzahlen ist bankseitig kritisch zu hinterfragen, ob das Ergebnis nicht doch als Krisenindikator zu werten ist. Wird dies in der Praxis unterlassen, kann es dazu führen, dass eine unternehmensseitig bereits eingetretene Krise nicht erkannt und in der Folge bankinterne Vorgaben hinsichtlich der Bearbeitungszuständigkeiten (Abgabe in die Intensivbetreuung bzw. Problemkreditbearbeitung) nicht beachtet werden. Kann das Unternehmen die Krise nicht aus eigener Kraft bewältigen, verstreicht aus Sicht der finanzierenden Kreditinstitute oftmals wertvolle Zeit für die Einleitung erforderlicher Maßnahmen zur Krisenbewältigung, was im Worst-Case dazu führen kann, dass eines Unternehmensinsolvenz unabwendbar ist.

Beispiel:
Aufgrund einer eingetretenen Finanzkrise sinkt der Umsatz des Unternehmens nachhaltig. Da das Personal nicht kurzfristig abgebaut werden kann und noch entsprechendes Vorratsvermögen vorhanden ist, produziert das Unternehmen auf Lager. In der Gewinn- und Verlustrechnung schlägt sich diese Lagerproduktion in Form von Bestandserhöhungen nieder, die in gleicher Höhe auch das Betriebsergebnis erhöhen. Da jedoch den Bestandserhöhungen keinerlei finanzielle Mittel gegenüberstehen, ist dieser Sachverhalt bei der Kennzahlenanalyse zu berücksichtigen, was in der Praxis eine entsprechende manuelle Korrektur dieser Kennzahlen zur Folge hat. Unterbleibt diese Korrektur, so werden z. B. alle Kennzahlen, die auf dem Betriebsergebnis beruhen (z. B. Cashflow), falsch ermittelt.

4.1 Einzelkrisenindikatoren

Beim *Einsatz* von *Krisenindikatoren* im Einzelfall und beim Einsatz in Frühwarnverfahren im Kreditgeschäft ist zunächst zu entscheiden, aus welchen Bereichen die Indikatoren stammen sollen und welche Indikatoren zur Krisenbeurteilung und Analyse der Wirksamkeit der eingeleiteten Maßnahmen geeignet sind. Das nachfolgende Schaubild zeigt auf, aus welchen Bereichen sich im Firmenkundenbereich Krisenindikatoren auswählen lassen.[245]

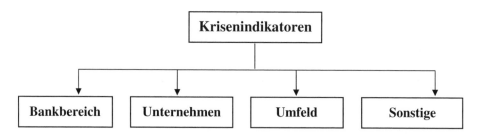

Abbildung 3: Einteilung von Krisenindikatoren im Firmenkundenbereich [246]

---

[245] Vgl. Wöhe, G.: Einführung in die Allgemeine Betriebswirtschaftslehre, 20. Auflage, München, 2000, Seite 1078 ff. und vgl. Becker, A./Kastner, A.: Steigende Bedeutung der Risikofrüherkennung im Kreditgeschäft für die Interne Revision, Zeitschrift für Interne Revision, 45 Jahrgang, April 2010, Seite 48 ff.

[246] Vgl. Becker, A./Kastner, A.: Steigende Bedeutung der Risikofrüherkennung im Kreditgeschäft für die Interne Revision, Zeitschrift für Interne Revision, 45 Jahrgang, April 2010, Seite 50.

4.1.1 Krisenindikatoren aus dem Bankenbereich

Bei *Krisenindikatoren* auf *Bankebene* handelt es sich um Indikatoren, welche einer finanzierenden Bank aufgrund ihrer Geschäftsverbindung zu dem Kunden bekannt sind bzw. werden, und die es umfassend zu analysieren gilt. Wesentliche Krisenindikatoren auf Bankebene sind:[247]

- Es findet ein häufiger Wechsel im Hinblick auf die finanzierende Hausbank statt bzw. die Hausbankfunktion wird von keiner Bank wahrgenommen.
- Es werden in verstärktem Umfang Kreditanträge gestellt.
- Zunehmende Verschuldung bei Drittbanken.
- Beantragte Kredite werden nicht gewährt.
- Bereits bewilligte Kredite werden nicht verlängert bzw. fällig gestellt.
- Seitens des Unternehmens kommt es zu rückläufigen Haben-Umsätzen.
- Eingeräumte Kreditlinien werden permanent ausgenutzt.
- Es finden häufig Überziehungen statt.
- Es kommt zu Scheck- und Lastschriftrückgaben.
- Es finden Pfändungen statt.
- Das Kreditinstitut erhält negative Informationen aus den § 14 KWG-Rückmeldungen.
- Der Kreditnehmer war aktuell oder in jüngster Vergangenheit nicht in der Lage, seinen vertraglichen Verpflichtungen nachzukommen (z. B. Vorliegen von Zins- und Tilgungsrückstände).
- Es werden Zins- und Tilgungsstreckungen erforderlich oder wurden bereits eingeräumt.
- Kredite und/oder deren Zinsen konnten nur durch den außerplanmäßigen Verkauf von Aktiva und der damit i. d. R. verbundenen Auflösung stiller Reserven zurückgeführt werden.
- Negative Erkenntnisse aus regelmäßig durchzuführenden Analysen (Bilanzen, BWA, diverse Planungsunterlagen usw.).
- Unterlagen bzw. angeforderte Informationen werden nur schleppend oder überhaupt nicht zu Verfügung gestellt.
- Das Unternehmen kann Fragen des Kreditinstitutes zu den wirtschaftlichen Verhältnissen nicht hinreichend beantworten (negative Managementbeurteilung).
- Es ergeben sich negative Erkenntnisse aus Frühwarnsystemen.

---

[247] Vgl. Becker, A.: Auswirkungen der neuen MaK sowie Basel II auf die Tätigkeit der Internen Revision, in: Eller, R./Gruber, W./Reif, M. (Hrsg.): Handbuch MaK, Stuttgart 2003, Seite 114–116 und vgl. Eisenbürger, B.: Die Prüfung der Problemkreditbearbeitung durch die Interne Revision in: Becker, A./Wolf, M. (Hrsg.) Prüfungen in Kreditinstituten und Finanzdienstleistungsunternehmen, Stuttgart 2005, Seite 179 und vgl. Becker, A./Helfer, M.: System- und Funktionsprüfungen der Problemkreditbereiche auf Basis der MaK und MaRisk in: Becker, A./Helfer, M./Kastner, A./Weis: Prüfungsleitfaden für Problemkreditbereiche, Heidelberg 2005, Seite 92 ff.

- Seitens des Kreditinstituts sind für den Kreditnehmer Risikovorsorgen zu bilden oder wurden bereits gebildet.
- Es liegen Projektkrisenindikatoren vor, hier z. B. dargestellt am Beispiel von Immobilienfinanzierungen:
    - Die prognostizierten Planberechnungen werden nicht erreicht
    - Es kommt zu wesentlichen Kostenüberschreitungen in der Bauphase
    - Das Objekt weist steigende Leerstandsquoten auf
    - Es gibt Probleme bei der Vermietung bzw. beim Abverkauf von Wohnungen
    - Mieten werden nicht ordnungsgemäß bezahlt, weswegen bereits erhebliche Mietrückstände aufgelaufen sind
    - Die Mieterbonitäten verschlechtern sich nachhaltig
    - Es kommt zu erheblichen Verzögerungen hinsichtlich des vorgesehenen Fertigstellungstermins
    - Die Objekte können nicht wie geplant verkauft werden
    - Der Abverkauf und/oder die Vermietung ist nur mit großen Abschlägen möglich

4.1.2 Krisenindikatoren aus dem Unternehmensbereich[248]

Im Folgenden wird ein Überblick über allgemeine Krisenindikatoren aus dem Unternehmensbereich gegeben, die sowohl bei Kreditgewährungen als auch bei der Beurteilung der ausgereichten Kredite von Bedeutung sein können. Spezielle Unternehmens- und Branchenspezifika wurden bei der Aufstellung nicht berücksichtigt, da die diesbezüglichen Indikatoren in der Praxis nur für wenige Engagements von Bedeutung sind. Seitens der finanzierenden Kreditinstitute ist im Bedarfsfall festzulegen, ob und in welchem Umfang im Einzelfall zusätzliche Indikatoren berücksichtigt werden. Außerdem ist im Falle einer sich abzeichnenden oder bereits eingetretenen *Finanzkrise* seitens des Kreditinstitutes zu entscheiden ob die verwendeten Indikatoren sowie die Datenbasis für deren Ermittlung für die Krisenbeurteilung ausreichen. Sollte dies nicht der Fall sein, sind speziellere Indikatoren einzusetzen und beim Unternehmen aktuelle Unternehmensdaten (z. B. BWA, Auftragsdaten, Kreditoren-/Debitorenlisten) anzufordern, die zeitnah auszuwerten sind.[249]

An dieser Stelle ist noch anzumerken, dass die nachfolgend aufgeführten Indikatoren auch von vielen Unternehmen selbst permanent überwacht werden, da sie einerseits wichtige Hinweise auf die Krisenanfälligkeit des Unternehmens liefern und andererseits erste Anhaltspunkte bezüglich möglicher Probleme bei Lieferanten und Kunden aufzeigen können. Die jeweiligen Analyseergebnisse werden oftmals

---

[248] Vgl. Kastner, A.: Wie bekomme ich einen Kredit für mein Unternehmen, Eschborn, 2004, Seite 81 und vgl. Kastner, Arno: Die neue Insolvenzordnung, Eschborn, 1999, Seite 129 ff.

[249] Vgl. Kastner, A.: Wie bekomme ich einen Kredit für mein Unternehmen, Eschborn, 2004, Seite 81 und vgl. Kastner, Arno: Die neue Insolvenzordnung, Eschborn, 1999, Seite 411.

im Rahmen von Frühwarn- und Managementinformationssystemen berücksichtigt, damit seitens der Entscheidungsträger besonders auch im Fall einer sich abzeichnenden oder bereits eingetretenen Finanzkrise frühzeitig entsprechende Maßnahmen bezüglich einer möglichen Insolvenz- oder Schadensvermeidung eingeleitet werden können. Gut aufgestellte Unternehmen bereiten sich u. a. auch unter Berücksichtigung der nachfolgend aufgeführten Indikatoren auf anstehende Kredit- und Bilanzgespräche vor, um einerseits einen möglichst guten Eindruck zu hinterlassen und andererseits im Rahmen der Managementbeurteilung gut beurteilt zu werden.[250]

Organisation
– Es findet ein Wechsel der Gesellschaftsform vor dem Hintergrund anstehender Zahlungsverpflichtungen bzw. sich abzeichnender Haftungsansprüche gegen das Unternehmen statt.
– Es kommt zu häufigen Änderungen des Gesellschaftsvertrages.
– Es kommt zu einem häufigen Wechsel der Gesellschafter bzw. es werden neue Gesellschafter aufgenommen.
– Langjährige Gesellschafter scheiden plötzlich aus dem Unternehmen aus.
– Es steht eine Unternehmensfusion an.
– Es liegen undurchsichtige und/oder nicht nachvollziehbare Unternehmensverflechtungen vor.
– Ein sog. „Crash Manager" tritt in das Unternehmen ein.
– Es finden häufige Änderungen der Registereintragungen statt.
– Niederlassungen des Unternehmens werden geschlossen.
– Es bestehen fehlende/unzureichende Vertretungsregelungen.
– Es bestehen fehlende/unzureichende Nachfolgeregelungen.
– Es wurden unvorteilhafte Vertragsabschlüsse (z. B. überhöhter Zeitmietvertrag) getätigt.
– Es liegt keine Unternehmensphilosophie und/oder -strategie vor.
– Es gibt keine Organisationsrichtlinien, Arbeitsanweisungen und Kompetenzregelungen.
– Die Betriebsorganisation gewährleistet keinen optimalen Betriebsablauf.
– Es gibt kein oder nur ein unzureichendes Managementinformationssystem.

Investitionsplanung
– Erforderliche Investitionen werden nicht oder erst mit erheblicher Verspätung durchgeführt.
– Es werden keine kurz-, mittel- und langfristige Planungsrechnungen durchgeführt.

---

[250] Vgl. Kastner, A.: Kredit- und Bilanzgespräche fachlich vorbereiten und erfolgreich führen, Eschborn, 1996, Seite 119 ff.

- Der Investitionsplanung liegen falsche Prämissen zu Grunde.
- Im Rahmen der Investitionsplanung werden keine Vergleichsrechnungen durchgeführt.
- Es werden keine Best-/Worst-Case-Betrachtungen durchgeführt.
- Die von der Investition betroffenen Abteilungen werden nicht in die Planung einbezogen.
- Es werden keine Maschinenausfall- und Betriebsunterbrechungsversicherungen abgeschlossen.

Finanzierung
- Es wird keine Finanzplanung durchgeführt.
- Alternative Finanzierungsmöglichkeiten werden nicht mit ins Kalkül einbezogen.
- Der Finanzierung liegen falsche Prämissen zu Grunde.
- Es findet keine optimale Finanzierung statt.
- Bei der Finanzierung wird nicht die Möglichkeit der Inanspruchnahme zinsgünstiger oder kostenloser öffentlicher Mittel berücksichtigt.
- Im Rahmen der Planung und/oder der Realisation werden keine allgemein anerkannten Finanzierungsregeln berücksichtigt.
- Bei Vertragsabschlüssen werden erforderliche Kurssicherungsgeschäfte (z. B. Dollar/Euro) nicht oder nicht in erforderlichem Umfang abgeschlossen.
- Es werden in verstärktem Umfang Leasingfinanzierungen durchgeführt.

Beschaffung
- Die Lieferanten, von denen bezogen wird, sind unzuverlässig.
- Es bestehen Abhängigkeitsverhältnisse von bestimmten Lieferanten, bei deren Ausfall das Unternehmen in ernsthafte Schwierigkeiten gerät.
- Ein Lieferant bietet ohne ersichtlichen Grund Waren zu Vorzugskonditionen oder besonders preisgünstig an (möglicher Hinweis auf wirtschaftliche Schwierigkeiten des Lieferanten).
- Es werden Listenpreise außerhalb der bisherigen Gepflogenheiten und ohne ersichtlichen Grund geändert.
- Seitens der Lieferanten werden plötzlich günstigere Skonto- und Rabattkonditionen bei gleichem Grundpreis angeboten.
- Seitens des Unternehmens werden keine Skontiermöglichkeiten nicht genutzt
- Dem Unternehmen eingeräumte Zahlungsziele werden überschritten.
- An das Unternehmen wird Ware nur noch gegen bar oder Vorauskasse geliefert.
- Die gelieferte Ware/Dienstleistung weist Qualitätsmängel auf.
- Sonderwünsche und/oder Reklamationen werden nicht angenommen bzw. nicht ordnungsgemäß bearbeitet.
- Seitens der Lieferanten werden plötzlich Sortimentsbereinigungen durchgeführt.

– Beim Kundendienst/Service sind Qualitätseinbußen festzustellen.

Produktion
– Es liegt seitens des Unternehmens eine veraltete Sortimentsstruktur vor.
– Der Auftragsbestand des Unternehmens ist rückläufig.
– Es sind permanent Überkapazitäten vorhanden.
– Es wird mit veralteten Maschinen produziert.
– Es wird nur mit den modernsten Maschinen produziert.
– Der Produktionsablauf des Unternehmens ist ineffizient, was zu einem zusätzlichen Zeit- und/oder Kostenaufwand führt.
– Der Produktionsablauf des Unternehmens entspricht nicht dem aktuellen Standard.
– Seitens des Unternehmens werden keine Synergieeffekte genutzt.
– Seitens des Unternehmens werden bestehende Umweltvorschriften nicht eingehalten.

Kalkulation
– Bei der Kalkulation werden nicht alle erforderlichen Faktoren berücksichtigt.
– Das Unternehmen arbeitet mit veralteten Kalkulationsvefahren bzw. -ansätzen.
– Das Unternehmen hat keine Informationen über die absolute kurzfristige Preisuntergrenze.
– Seitens des Unternehmens wird keine Nachkalkulation durchgeführt.
– Bei Durchführung von Nachkalkulationen werden bei Abweichungen keine Konsequenzen gezogen.

Controlling
– Das Unternehmen verfügt über keine Controllingabteilung bzw. eine Controllingfunktion wird nicht wahrgenommen.
– Die anfallenden Kosten und deren Verteilung werden nicht permanent überwacht und bei Bedarf aktualisiert.
– Das Unternehmen arbeitet mit falschen Zuschlagssätzen, was aufgrund der fehlenden Controllingfunktion nicht erkannt wird.
– Festgestellte Controllingkenntnisse fließen nicht in das Berichtswesen ein bzw. werden im Rahmen von Managementinformationssystemen nicht berücksichtigt.
– Es kommt bei Konzernunternehmen aufgrund der fehlenden Controllingfunktion zum Ansatz von falschen Verrechnungspreisen bei konzerninternen Lieferungen.
– Seitens des Unternehmens werden keine Soll-/Ist-Vergleiche sowie Vergleiche mit Vergangenheitswerten durchgeführt.

Rechnungswesen
- Seitens des Unternehmens werden Buchungen nicht tagesaktuell ausgeführt.
- Das Unternehmen hat es unterlassen, bei eingetretenen Ausfällen bzw. sich abzeichnenden Ausfällen zeitnah erforderliche Wertberichtigungen/Rückstellungen durchzuführen.
- Das Unternehmen führt Änderungen der Bilanzansätze und/oder der Verbrauchsfolgeverfahren usw. durch.
- Das Unternehmen verfügt über kein oder nur über ein unzureichendes Mahnwesen.

Personalbereich
- Die Mitarbeiter des Unternehmens verfügen nicht über die erforderlichen Qualifikationen bzw. die Qualifikation der einzelnen Mitarbeiter ist nicht bekannt.
- Die Mitarbeiter des Unternehmens nehmen nicht an Weiterbildungsveranstaltungen teil.
- Seitens des Unternehmens liegen keine Personalentwicklungskonzepte vor.
- Es verlassen qualifizierte Mitarbeiter das Unternehmen bzw. werden vom Unternehmen gekündigt.
- Es werden seitens des Unternehmens Vorruhestandsregelungen angeboten.
- Das Unternehmen beantragt Kurzarbeit.
- Das Unternehmen schränkt freiwillige Sozialleistungen ein.

Absatzbereich
- Das Untenehmen führt keine bzw. keine permanenten Kundenanalysen durch.
- Der Umsatz des Unternehmens ist rückläufig.
- Das Unternehmen erhält bei öffentlichen Ausschreibungen grundsätzlich den Zuschlag.
- Es kommt zu zunehmenden Reklamationen von Kunden.
- Es liegen von Konkurrenzunternehmen negative Hinweise in Bezug auf Kunden vor.
- Kunden des Unternehmens werden von Konkurrenzunternehmen nur noch gegen bar oder Vorkasse beliefert.
- Aktuell aufgegebenen Bestellungen weichen permanent bzw. erheblich vom Durchschnitt der Vormonate bzw. der Vorjahre ab.
- Die Kunden des Unternehmens nehmen keine Skontiermöglichkeiten wahr.
- Die Kunden des Unternehmens zahlen mit erheblichen Verspätungen.
- Es kommt zur Rückgabe von Kundenschecks.
- Es kommt zu Rücklastschriften bei Einzugsermächtigungen.
- Seitens der Kunden werden vereinbarte Zahlungswege und/oder -ziele nicht eingehalten.
- Seitens der Kunden des Unternehmens wird nach Stundungsmöglichkeiten nachgefragt.

Marketing
- Es liegt keine Budgetierung und/oder Koordinierung von Marketingaktivitäten vor.
- Seitens des Unternehmens werden keine Marketinganalysen durchgeführt bzw. in Auftrag gegeben oder alternativ derartige Analysen eingekauft.
- Es findet keine Analyse von Marketingaktivitäten hinsichtlich ihrer Auswirkung statt.
- Seitens des Unternehmens erfolgt keine Überwachung der Effektivität der Absatzwege.
- Seitens des Unternehmens bestehen keine Vorgaben von Mindestabnahmemengen bzw. Erhebung von Kleinstmengenzuschlägen.
- Seitens der Unternehmen findet keine Überwachung der sog. „Signalpreise" statt.
- Das Unternehmen verfügt über kein Beschwerdemanagement.
- Das Unternehmen führt keine Kundenanalysen durch.

Konkurrenzanalyse
- Das Unternehmen führt keine oder nur in eingeschränktem Umfang Konkurrenzanalysen durch.
- Die durchgeführten Konkurrenzanalysen schließen mit negativen Erkenntnissen für das Unternehmen ab (siehe hierzu auch die Ausführungen zu Krisenindikatoren aus dem Unternehmensumfeld).

Bilanz
- Seitens des Unternehmens findet ein häufiger Wechsel des Wirtschaftsprüfers/Steuerberaters statt.
- Der Wirtschaftsprüfer/Steuerberater des Unternehmens erteilt ein eingeschränkten Testat oder einen eingeschränkten Bestätigungsvermerk.
- Im Rahmen der Bilanzerstellung kommt es zu einer Änderung der Bilanzierungsansätze und/oder Bewertungsansätze.
- In der Bilanz des Unternehmens kommt es zu einem sinkenden/steigenden Forderungsbestand.
- Aufgrund der durchgeführten Inventur werden gestiegene Lagerbestände ausgewiesen.
- Das Unternehmen hat im Verlauf des Jahres oder zum Jahresende *Sale-and-lease-back-Transaktionen* durchgeführt.

- Im Verlauf des Jahres fand eine Finanzierung über Abschreibungen statt (Problem: *Marx-Engels-/Lohman-Ruchti-Effekt*)[251].
- Im Verlauf des Geschäftsjahres fand ein Verkauf von Anlagevermögen zwecks Realisierung stiller Reserven statt.
- Im Verlauf des Geschäftsjahres kam es zu einer Ausweitung der Kreditinanspruchnahme.
- Aufgrund der Geschäftsaktivitäten kam es zu einer Zunahme der ausgewiesenen Rückstellungen.
- Aufgrund von Kreditaufnahmen kommt es zu einem steigenden Ausweis von Verbindlichkeiten.
- Das Unternehmen weist einen sinkenden oder negativen Eigenkapitalanteil an der Finanzierung aus.
- Seitens der Unternehmenseigner kam es zu hohen Privatentnahmen.
- Aufgrund getätigter Geschäftsaktivitäten kommt es zu einem zunehmenden Ausweis von Eventualverbindlichkeiten bei den Angaben unter dem Bilanzstrich.
- Seitens des Unternehmens wurden Derivatgeschäfte getätigt, ohne dass das erforderliche Know How vorhanden war.
- Seitens des Unternehmens fand keine fristenkongruente Finanzierung statt und es wurden keine erforderlichen Sicherungsgeschäfte geschlossen.
- Bezüglich des analysierten Unternehmens wird eine negative Bilanzkennzahlenentwicklung festgestellt.
- Im Lagebericht des Unternehmens werden negative Informationen ausgewiesen.

<u>Gewinn- und Verlustrechnung</u>
- Das Unternehmen weist im Vergleich zum Vorjahr rückläufige Umsatzerlöse aus.
- Das Unternehmen weist bei steigenden Umsatzerlösen ein stagnierendes bzw. rückläufiges Betriebsergebnis aus.
- Im abgelaufenen Geschäftsjahr kam es zu erheblichen Erlösschmälerungen aufgrund nachträglich gewährter Preisnachlässe.
- Aufgrund der wirtschaftlichen Aktivitäten des Unternehmens kommt es zu einem erheblichen Ausweis von Bestandsveränderungen (Problem: Cashflow).
- Seitens des Unternehmens werden für das abgelaufene Geschäftsjahr Eigenleistungen ausgewiesen (Problem: Cashflow).

---

[251] Beim *Marx-Engels-* oder analog *Lohmann-Ruchti-Effekt* kommt es zu einer Kapazitätsausweitung des Unternehmens durch den Einsatz erwirtschafteter und momentan noch nicht benötigter Abschreibungsmittel. Wird hierbei eine fristenkongruente Finanzierung außer Acht gelassen, kann dies erhebliche finanzielle Konsequenzen für das Unternehmen nach sich ziehen, sofern die eingesetzten Finanzmittel in der Folge zur Finanzierung aktuell anfallender Ersatzbeschaffungen benötigt werden und nicht zur Verfügung stehen. Vgl. hierzu auch Wöhe, G.: Einführung in die Allgemeine Betriebswirtschaftslehre, 20. Auflage, 2000, Seite 790.

- Die Material-, Personal, Zins- und/oder Abschreibungsaufwandsquote liegt über dem Branchendurchschnitt.
- Das Unternehmen weist eine rückläufige bzw. geringe Abschreibungsquote aus.
- Aufgrund geschlossenen Leasingverträge kommt es zu einem zunehmenden Ausweis von Leasinggebühren/Ausweis von Finanzierungsleasingkosten
- Der positive Ausweis des Betriebsergebnisses bzw. Gewinnes basiert auf dem Erhalt eines Zuschusses oder von Zuschüssen.
- Seitens des Unternehmens werden in erheblichem Ausweis außerordentliche Erträge ausgewiesen.
- Seitens des Unternehmens werden sinkende Gewinne bzw. Verluste ausgewiesen.
- Es kommt zu einer negativen Kennzahlenentwicklung aufgrund der wirtschaftlichen Unternehmensentwicklung des abgelaufenen Geschäftsjahres.
- Es ergibt sich ein zu geringer Cashflow bei der Durchführung einer modifizierten Cashflow Berechnung (Probleme bzgl. der Schuldentilgungsfähigkeit).

Kennzahlenanalyse
Im Rahmen der Kennzahlenanalyse wird folgendes festgestellt:[252]
- Sinkende Umsatzrentabilität (sinkende Ertragskraft, fehlerhafte Kalkulation, sinkende Marktstellung, Trendwende, veraltetes Sortiment)
- Sinkende Cashflow-Rate (Sinkende Selbstfinanzierungskraft, fehlerhafte Kalkulation, Trendwende, veraltetes Sortiment)
- Sinkende Betriebsrentabilität (negative Unternehmensentwicklung, deren Gründe vielseitig sein können)
- Sinkende Personalaufwandsquote (Hinweis auf Personalentlassungen)
- Sinkende Abschreibungsquote (Hinweis auf veralteten Maschinenpark und Nichtdurchführung dringend erforderlicher Ersatzinvestitionen)
- Steigende Zinsaufwandsquote (zunehmende Fremdfinanzierung)
- Sinkende Anlageintensität (Hinweis auf Notverkäufe von Unternehmensgegenständen)
- Zunehmende Lagerdauer (Hinweis auf Absatzschwierigkeiten, beginnende Finanzierungsprobleme, falls Kosten nicht weitergereicht werden können)
- Steigende Debitorenlaufzeit (Hinweis auf beginnende Zahlungsschwierigkeiten von Kunden, uneffizientes Mahnwesen)

---

[252] Die hier aufgeführten Ergebnisse aus Kennzahlenanalysen stellen nur einen kleinen Ausschnitt einer Vielzahl von möglichen Analyseergebnissen dar. Welche Kennzahlen in der Praxis tatsächlich zur Beurteilung der Ertrags- Vermögens- und Liquiditätslage sowie Finanzlage zum Einsatz kommen, hängt von dem jeweiligen Unternehmen, der Branche und den jeweiligen aktuellen Gegebenheiten ab. Die Angaben in den Klammern stellen die möglichen Ursachen und teilweise die daraus resultierenden Konsequenzen dar.

- Steigende Kreditorenlaufzeit (Hinweis auf beginnende Zahlungsschwierigkeiten, zunehmende Inspruchnahme von teuren Lieferantenkrediten, da Skontiermöglichkeiten nicht genutzt werden
- Zunehmender dynamischer Verschuldungsgrad (steigende Unternehmensverschuldung, sinkende Selbstfinanzierungsquote, sinkende Ertragskraft des Unternehmens, veraltetes Sortiment, Trendwende)
- Sinkende Eigenkapitalquote (Rückgang der finanziellen Stabilität, steigendes Risiko, Gefahr der Überschuldung, falls Trend anhält)
- Anlagendeckung < 1 (Anlagevermögen wurde mit kurzfristigem Kapital finanziert, risikobehaftete Finanzierung, Hinweis auf finanzielle Instabilität)
- sinkende Selbstfinanzierungsquote (Eigenfinanzierungsspielraum wird eingeengt, Hinweis auf möglichen Kreditbedarf, Gründe können vielseitiger Natur sein)

4.1.3 Krisenindikatoren aus dem Unternehmensumfeld

Hierbei handelt es sich um Indikatoren, die mit den produzierten Produkten oder angebotenen Dienstleistungen, der Branchenzugehörigkeit sowie dem vorhandenen und potentiellen Lieferanten, Kunden und den Geldgebern des Unternehmens in Verbindung stehen. Zeichnet sich eine Finanzkrise ab oder ist sie schon eingetreten, kommt diesen Indikatoren eine besondere Bedeutung zu, da Aussagen über das Standing des Unternehmens zulassen und Hinweise auf mögliche Krisenauswirkungen bei Lieferanten und Kunden des Unternehmens geben.

- Den eingeschalteten Auskunfteien erteilen negative Auskünfte über das Unternehmen.
- Es kommt unternehmensbezogen zu permanenten Bonitätsanfragen (z. B. von anderen Banken).
- In den Medien erfolgt eine negative Berichterstattung über das Unternehmen.
- Kunden, Lieferanten oder Konkurrenten äußern sich negativ über das Unternehmen.
- Es werden aktuell hohe Reklamationsquoten festgestellt.
- Es liegen negative Erkenntnisse bezüglich der hergestellten Produkte vor.
- Es kam in jüngster Vergangenheit zu Änderungen des Markt und Wettbewerbsumfeldes.
- Seitens des Unternehmens können neue Entwicklungen/Erfindungen vorgewiesen werden.
- Es gibt Probleme mit einem/mehreren Hauptlieferanten bzw. einer oder mehrere Hauptlieferanten sind ausgefallen.
- Es gibt Probleme mit einem/mehreren Hauptkunden bzw. einer oder mehrere Hauptkunden sind ausgefallen.
- Aus der vermeintlich langfristigen Strategie von Konkurrenzunternehmen ergeben sich negative Auswirkungen auf das eigene Unternehmen.

- Im Rahmen der Konkurrenzanalyse werden bei Konkurrenzunternehmen im Vergleich zum eigenen Unternehmen gravierende Vorteile festgestellt.
- Die Konkurrenzunternehmen verfügen über günstigere Produktionsabläufe.
- Die Konkurrenzunternehmen verfügen über günstigere Bezugsquellen.
- Durch die Aktivitäten von Konkurrenzunternehmen sind die Bezugsquellen des Unternehmens in Gefahr.
- Die Aktivitäten von Konkurrenzunternehmen haben erhebliche Auswirkungen auf das finanzierte Unternehmen.
- Es zeichnet sich eine negative Branchenentwicklung ab oder ist bereits eingetreten.
- Es sind Länderrisiken abzusehen oder bereits eingetreten.

4.1.4 Sonstige Krisenindikatoren

Hierbei handelt es sich um Indikatoren, die mit dem Unternehmen selbst nicht in direktem Zusammenhang stehen, die aber besonders in Krisenzeiten gravierende Auswirkungen auf einzelne Unternehmen, bestimmte Branchen, bestimmte regionale Bereiche usw. haben können, wie z. B.: [253]

- Neuerlass und/oder Veränderungen von Normen (z. B. neue Industrienorm),
- Beschluss von neuen Gesetzen und/oder Gesetzesänderungen,
- Erlass von regionalen Verordnungen und Entscheidungen,
- Verschlechterung von Länderrisiken,
- Erlass bzw. Aufhebung von politischen und/oder wirtschaftlichen Sanktionen,
- Erlass bzw. Aufhebung von Handelseinschränkungen.

4.2 Risikoklassifizierungssysteme

Um sich ein umfassenden Bild über das zu beurteilende Unternehmen zu machen, werden seitens der Kreditinstitute u. a. auch diverse Risikoklassifizierungsverfahren eingesetzt, bei denen neben verschiedene Risikokennzahlen auch subjektive Aspekte, wie z. B. die Beurteilung des Managements bezüglich der Möglichkeiten und Fähigkeiten zur Krisenbewältigung, in die Beurteilung mit eingehen.[254]

4.2.1 Anforderungen an Risikoklassifizierungsverfahren

In den Kreditinstituten befinden sich diverse Risikoklassifizierungsverfahren zur Beurteilung des Adressenausfallrisikos bzw. des Objekt-/Projektrisikos im Einsatz. Im Rahmen der Implementierung dieser Verfahren wurden quantitative und qualita-

---

[253] Vgl. Kastner, A.: Der Einsatz von Krisenindikatoren im Rahmen des Firmenkundengeschäftes, in: Becker, A./Gruber, W., Wohlert, D. (Hrsg.), Frankfurt/Main, 2006, Seite 416 ff.

[254] Vgl. Kastner, A.: Der Einsatz von Krisenindikatoren im Rahmen des Firmenkundengeschäftes, in: Becker, A./Gruber, W., Wohlert, D. (Hrsg.), Frankfurt/Main, 2006, Seite 407.

tive Kriterien festgelegt, welche eine Risikobeurteilung und eine nachvollziehbare Zuweisung in eine Risikoklasse gewährleisten sollen.[255] In der Praxis erfolgt die Zuweisung eines Firmenkunden oder einer speziellen Finanzierung in eine Risikoklasse auf Basis einer Analyse von festgelegten Krisenindikatoren (z. B. Kennzahlen) bzw. von Sachverhalten die mittels Krisenindikatoren beurteilt werden (z. B. Managementbeurteilung). Hierbei ergeben sich in der Praxis aber immer wieder Probleme, da wesentliche Einflussfaktoren nicht oder nicht im erforderlichen Einfluss berücksichtigt werden.[256] In der Folge kann dies zu Fehlentscheidungen seitens des Kreditinstitutes führen, die bis hin zur Existenzgefährdung für das Institut reichen können. Um dies zu vermeiden, müssen die eingesetzten Verfahren sowie die eingepflegten Daten in regelmäßigen Abständen auf ihre Aktualität überprüft und bei Bedarf den aktuellen Gegebenheiten angepasst werden.

Zeichnet sich eine *Finanzkrise* ab oder ist sie bereits eingetreten, so ist im Vorfeld und bei Durchführung der Analysen seitens der Kreditinstitute kritisch der Frage nachzugehen, ob und wie sich die Finanzkrise im Risikoklassifizierungsverfahren niederschlägt. Kommt das Kreditinstitut hierbei zu dem Ergebnis, dass das Ergebnis aus den Risikoklassifizierungsverfahren die Probleme der sich abzeichnenden oder eingetretenen Finanzkrise nicht umfassend abbilden, sind die eingesetzten Systeme entweder zu modifizieren oder ergänzende Krisenindikatoren und/oder Risikoklassifizierungsverfahren zur aktuellen Beurteilung der aktuellen Situation mit heranzuziehen.[257]

4.2.2 *Einsatz von Ratingsystemen*

Durch den Einsatz von *Ratingsystemen* können eine Vielzahl von Ergebnissen (Hard- und Soft-Facts) aus verschiedenen Analyseverfahren (z. B. Bilanzanalyse, Branchenvergleich, Kontokorrentkontenanalyse, Managementbeurteilung) zusammengefasst und entsprechend ihrer Bedeutung gewichtet werden. Gegenüber der Einzelanalyse hat der Einsatz von Ratingsystemen den Vorteil, dass eine Vielzahl unterschiedlicher Aspekte im Rahmen der Kreditentscheidung und -überwachung entsprechend ihrer Bedeutung unter Berücksichtigung diverser Krisenindikatoren berücksichtigt werden können. In Krisenzeiten ist jedoch genau zu analysieren, in welchen Bereichen sich bereits mögliche Auswirkungen der Krise niedergeschlagen

---

[255] Vgl. MaRisk, BTO 1.4, Tz. 1.
[256] Vgl. Bundesanstalt für Finanzdienstleistungsaufsicht (BaFin): Jahresbericht 2010, Seite 138.
[257] Vgl. Kastner, A.: Anforderungen an das Controlling bei der Kreditvergabe, in: Praxishandbuch Controlling, Wiesbaden, 2005, Seite 434 ff.

haben und ob die zur Beurteilung herangezogenen Vergleichswerte eine fundierte Grundlage zur Beurteilung der Krisensituation darstellen.[258]

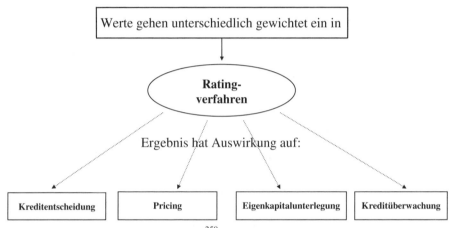

Abbildung 4: Funktion von Ratingverfahren[259]

Je nach Kreditinstitut und Anwendungsbereich kommen unterschiedliche Rating-Systeme (z. B. Firmenkundenrating, Konsortialkreditrating, Bauträgerrating, Projektrating, Branchenrating, Länderrating) zum Einsatz. Allen Ratingsystemen ist jedoch gemein, dass man als Ergebnis der Ratinganalyse i. d. R. eine ziffernmäßige Beurteilung des Firmenkunden, der zu beurteilenden Maßname der Branche oder eines Landes in Form einer sog. „Rating-Kennziffer" erhält. Diese Kennziffer stellt einen Risiko-/Krisenindikator hinsichtlich der ordnungsgemäßen Rückführung ei-

---

[258] Vgl. Kastner, A.: Anforderungen an das Controlling bei der Kreditvergabe, in: Praxishandbuch Controlling, Wiesbaden, 2005, Seite 428 ff. und vgl. Schachten, M,/Wyludda, J./Schwope, J,/Becker, A/Kastner; A.: Aspekte der Kreditrisikosteuerung, in: Fachbeiträge zur Revision des Kreditgeschäftes, IIR Schriftenreihe Bd. 34, Berlin 2002, Seite 85.

[259] Vgl. Schachten, M./Wyludda, J./Schwope, J./Becker, A./Kastner, A.: Aspekte der Kreditrisikosteuerung, in: Fachbeiträge zur Revision des Kreditgeschäftes, IIR Schriftenreihe Bd. 34, Berlin, 2002, Seite 85.

nes Kredites bzw. finanzierten/zu finanzierenden Maßnahme dar und dient in der Praxis als Grundlage für die

- Kreditentscheidung
- Festlegung der Kreditkonditionen (Pricing)
- Kreditüberwachung
- Eigenkapitalunterlegung

des jeweiligen Kreditinstitutes. Erfolgt anhand der Rating-Kennziffer eine Zuweisung in entsprechende Bonitätsstufen, lassen sich Aussagen über den Risikogehalt des einzelnen Engagements sowie die Zusammensetzung des gesamten Kreditportfolios des Kreditinstitutes treffen. Bei einer sich abzeichneten oder bereits eingetretenen Finanzkrise ist im Rahmen der Analyse darauf zu achten, dass die Ausprägung der verwendeten Krisenindikatoren nicht durch gezielten Aktivitäten der Firmenkunden (z. B. Realisierung von stillen Reserven, Sale-and-lease-back-Transaktionen, Bilanzpolitik) und/oder der Analysten (z. B. Abgabe zu positiver Bewertungen bei der Beurteilung von Soft-facts) beeinflusst werden. Sollte dies dennoch der Fall sein, sind gezielte Korrekturen der verwendeten Daten erforderlich, um zu korrekten Ergebnissen hinsichtlich der Krisenauswirkungen zu gelangen.[260]

5 Konsequenzen beim Auftreten von Krisenindikatoren

Sofern *Krisenindikatoren* vorliegen, muss sich das Kreditinstitut im Zusammenhang mit einer sich abzeichnenden oder bereits eingetretenen Finanzkrise mit der Frage auseinandersetzen, welche möglichen bzw. tatsächlichen Auswirkungen im Hinblick auf den Kreditantragsteller bzw. Kreditnehmer verbunden sein können. Dabei ist im Einzelfall ist dabei zu entscheiden, ob

- ein Kredit vor dem Hintergrund der Finanzkrise bewilligt bzw. prolongiert werden kann
- das Engagement aufgrund der Krisensituation der Intensivbetreuung oder dem Problemkreditbearbeitungsbereich zugeführt werden soll
- die Bildung einer Risikovorsorge erforderlich ist

mögliche Informationspflichten anfallen, die zu erfüllen sind.[261]

---

[260] Wöhe, G.: Einführung in die Allgemeine Betriebswirtschaftslehre, 20. Auflage, München, 2000, Seite 1078 ff.
[261] Vgl. Kastner, A.: Der Einsatz von Krisenindikatoren im Rahmen des Firmenkundengeschäftes, in: Becker, A./Gruber, W./Wohlert, D. (Hrsg.), Frankfurt/Main, 2006, Seite 417.

5.1 Die Berücksichtigung von Krisenindikatoren im Rahmen der Kreditgewährung und -beurteilung

Im Rahmen des Firmenkundenkreditgeschäftes und der Projekt-/Objektfinanzierung spielen Krisenindikatoren und deren Ausprägung in Verbindung mit Hinweisen auf sich abzeichnende oder bereits eingetretene Finanzkrisen eine wesentliche Rolle bei der Kreditgewährung sowie der Kreditweiterbearbeitung und -beurteilung.[262]

Im Rahmen der *Kreditgewährung* muss sich das Kreditinstitut mit der Frage auseinandersetzen, welche möglichen Risiken unter Beachtung von Best- und Worst-Case-Szenarien aus den vorliegenden Krisenindikatoren resultieren können. Im Fall der sich abzeichnenden oder bereits eingetretenen Finanzkrise sind diese Szenarien unter Berücksichtigung der speziellen Krisensituation auszuweiten, um beurteilen zu können, ob das zu finanzierende Unternehmen im „*Worst-Case-Fall*" in der Lage sein wird, den zu bewilligenden Kredit auch im bei einer Finanzkrise ordnungsgemäß zurückzuführen[263].

Im Rahmen der *Kreditweiterbearbeitung* ist seitens des Kreditinstitutes die Frage zu prüfen, ob bei einer negativen Ausprägung der Krisenindikatoren die Kapitaldienstfähigkeit des Kreditnehmers jetzt und in Zukunft noch gegeben ist[264]. Werden dem Kreditinstitut aus internen oder externen Quellen Informationen bekannt, die auf eine wesentliche negative Änderung der Risikoeinschätzung des Engagements oder der Sicherheiten hindeuten, (z. B. massiver Umsatzeinbruch, Lagerproduktion, Konterminierung des Betriebsareals) oder sich eine Finanzkrise abzeichnet oder bereits schon eingetreten ist, hat das Kreditinstitut unverzüglich eine außerordentliche Überprüfung des Engagements und der zur Verfügung gestellten Sicherheiten durchzuführen[265]. Darüber hinaus ist mindestens einmal jährlich abzuklären, ob die vorhandenen Sicherheiten korrekt bestellt sind und in Abhängigkeit des Sicherungswertes das Risiko des Kreditinstitutes abdecken[266]. Da sich im Zusammenhang mit Finanzkrisen oftmals auch nachhaltige Änderungen der Sicherheitenwerte ergeben, ist dieser Problematik eine besondere Bedeutung beizumessen, sofern diese Änderungen von Dauer sind.

5.2 Bildung von Risikovorsorgen

Bezüglich der Bildung von Risikovorsorgen schreiben die MaRisk vor, dass das Kreditinstitut Kriterien festzulegen hat, auf deren Grundlage unter Beachtung der angewandten Rechnungslegungsnormen Risikovorsorgen (Abschreibungen, Wertberichtigungen und Rückstellungen) zeitnah zu ermitteln und fortzuschreiben

---

[262] Vgl. Kastner, A.: Der Einsatz von Krisenindikatoren im Rahmen des Firmenkundengeschäftes, in: Becker, A./Gruber, W./Wohlert, D. (Hrsg.), Frankfurt/Main, 2006, Seite 402 ff.
[263] Vgl. MaRisk, BTO 1.2.1, Tz. 1.
[264] Vgl. MaRisk, BTO 1.2.2, Tz. 2.
[265] Vgl. MaRisk, BTO 1.2.2, Tz. 4.
[266] Vgl. MaRisk, BTO 1.2.2, Tz. 3.

sind[267]. Bei der Entscheidung hinsichtlich der Bildung von Risikovorsorgen spielen Krisenindikatoren ebenfalls eine wichtige Rolle, da sich je nach Ausprägung der Indikatoren Hinweise auf die Werthaltigkeit eines Sicherungsgutes ergeben können. Zeichnet sich eine Finanzkrise ab oder liegt eine solche vor, muss sich das Kreditinstitut intensiv mit den Auswirkungen dieser Krise, auf das einzelne Unternehmen, die Branche sowie die Werthaltigkeit der zur Verfügung gestellten Sicherheiten auseinandersetzen. Kommt es dabei zum Ergebnis, dass gravierende und nachhaltige Veränderungen vorliegen, ist dies bei der Bildung von Risikovorsorgen zu berücksichtigen und nachvollziehbar zu dokumentieren.

Beispiel
Ein Unternehmen hat zur Absicherung seine Forderungen an das finanzierende Kreditinstitut abgetreten. Da die Forderungen um inländische Forderungen handelt, die in der Vergangenheit ordnungsgemäß bedient wurden, hat man sie bei der Kreditgewährung im vorangegangenen Jahr mit einem Wertansatz von 50 % bewertet. Bei der aktuellen Analyse der Forderungsbestände wird festgestellt, dass es aufgrund der zwischenzeitlich eingetretenen Finanzkrise zu erheblichen Branchenproblemen gekommen ist, und mehre Kunden des scheinbar längerfristig nicht mehr in der Lage sind, ihren Verpflichtungen aus Lieferungen und Leistungen ordnungsgemäß nachzukommen. Aufgrund des neuen Sachverhaltes hat das Kreditinstitut Wert der Forderungsabtretung neu festzusetzen und eine Entscheidung hinsichtlich der künftigen Beurteilung von Forderungen unter Berücksichtigung der aktuellen und prognostizierten Auswirkungen der Finanzkrise zu treffen. Sofern das Unternehmen keine weiteren Sicherheiten zur Verfügung stellen kann, muss das Kreditinstitut weiterhin entscheiden, ob max. bis in Höhe des vorhandenen Blankorisikoanteils eine Risikovorsorge zu bilden ist, wobei die diesbezüglichen steuerlichen Vorgaben entsprechend zu berücksichtigen sind.

5.3 Überprüfung/Änderung der Bearbeitungszuständigkeiten

Durch die frühzeitige Identifizierung problembehafteter Engagements sollen Kreditinstitute in die Lage versetzt werden, entsprechende Schritte zur Abwendung der Krise einzuleiten. Zu diesem Zweck sehen die MaRisk vor, dass seitens der Kreditinstitute Kriterien festzulegen sind, ab wann ein Engagement einer Intensivbetreuung oder Problemkreditbearbeitung zu unterziehen ist[268]. Bezüglich der Festlegung der Kriterien für den Übergang in die Intensivbetreuung wird es den Kreditinstituten freigestellt, ob die Kriterien einen Automatismus statuieren (z. B. Abgabe in die Intensivbetreuung bei einer bestimmten Ratingnote) oder ob es sich um Indikatoren (z. B. starke Umsatzrückgänge, geringes oder negatives Betriebsergebnis, sinkende

---

[267] Vgl. MaRisk, BTO 1.2.6, Tz. 1 und 2.
[268] Vgl. MaRisk, BTO 1.2.4.

Eigenkapitalquote) handelt[269]. Die Kriterien sollten jedoch so gewählt werden, dass mögliche Probleme frühzeitig erkannt und entsprechende Maßnahmen zu deren Behebung eingeleitet werden können. Im Fall einer vorliegenden Finanzkrise kann sich in der Praxis das Problem das Problem ergeben, dass aufgrund der krisenbezogenen Ausprägung der Krisenindikatoren oder Ratingsysteme eine Vielzahl von Unternehmen in die Intensivbetreuung oder Problemkreditbearbeitung überführt werden müssen. Um hierbei eine korrekte und angemessene Bearbeitung des Intensivbetreuungs- und Problemkreditbearbeitungsbereichs sicherzustellen, ist besonders in einer vorliegenden Krisensituation zu gewährleisten, dass unternehmens- und brachenbezogen alle erforderlichen Schritte zur Krisenbewältigung eingeleitet werden. Weiterhin sollte sowohl während als auch nach der Krise gezielt analysiert werden, welche Krisenindikatoren besonders geeignet und welche Bearbeitungsschritte zur Krisenbewältigung erfolgreich sind bzw. waren, um hieraus Erkenntnisse für die Bewältigung künftiger Krisen zu erhalten.

5.4 Berichterstattung

Informationen, die unter Risikogesichtspunkten wesentlich sind, sind unverzüglich an die Geschäftsleitung, die jeweiligen Verantwortlichen und die Interne Revision weiterzuleiten[270]. Hierdurch soll gewährleistet werden, dass das Kreditinstitut geeignete Maßnahmen bzw. Prüfungshandlungen in die Wege leiten kann[271]. Weiterhin muss das Kreditinstitut in regelmäßigen Abständen, mindestens ab vierteljährlich, einen Risikobericht erstellen, welcher die wesentlichen und strukturellen Merkmale des Kreditgeschäftes enthalten muss[272]. Der Bericht, welcher der Geschäftsleitung zu Verfügung zu stellen ist, muss u. a. auch Angaben über die

– Entwicklung des Kreditportfolios z. B. nach Branchen, Länder, Risikoklassen und Größenklassen oder Sicherheitenkategorien
– gegebenenfalls eine gesonderte Darstellung der Länderrisiken
– die Entwicklung der Risikovorsorge

enthalten. Da bei der Beurteilung der vorgenannten Teile Krisenindikatoren eine wichtige Rolle spielen, kann es in Einzelfällen erforderlich sein, dass auch über die Auswahl der Krisenindikatoren oder deren Veränderung berichtet wird, sofern sich aufgrund der Veränderungen wesentliche Auswirkungen auf das Kreditportfolio und deren Bewertung ergeben. Im Falle einer sich abzeichnenden oder bereits eingetretenen Finanzkrise ist dies auch bei der Berichterstattung zu berücksichtigen. So ist die Geschäftsleitung des Kreditinstituts über mögliche bzw. aktuelle Auswir-

---

[269] Vgl. MaRisk (2005), Anlage 1: Erläuterungen zu den MaRisk, Seite 27.
[270] Vgl. MaRisk, AT 4.3.2, Tz. 5.
[271] Vgl. MaRisk, AT 4.3.2, Tz. 5.
[272] Vgl. MaRisk, BTR 1, Tz. 7.

kungen der Krise auf das Kreditinstitut (z. B. krisenbezogene Kreditausfälle, grundlegende Auswirkungen auf Sicherheitenpositionen, Probleme bei der Refinanzierung) zu informieren. Sofern sich die Krise erst abzeichnet oder noch nicht beendet ist, sind im Rahmen der Berichterstattung unter Worst-Case-Gesichtspunkten mögliche Auswirkungen der Finanzkrise aufzuzeigen und Handlungsvorschläge zur Begrenzung oder Minimierung der möglichen Auswirkung der Finanzkrise zu unterbreiten[273].

6 Anforderungen an die Interne Revision
6.1 Anforderungen an die Revision eines Unternehmens

Im Rahmen einer sich abzeichnenden oder bereits eingetretenen Finanzkrise sollte sich auch die Revision des Unternehmens, sofern eine vorhanden ist (alternativ Controlling- oder Finanzabteilung), intensiv mit den im Einsatz befindlichen Krisenindikatoren des Unternehmens auseinandersetzen. Dabei sollte insbesondere der Frage nachgegangen werden, ob die verwendeten Indikatoren bezogen auf die spezielle Situation des Unternehmens sinnvoll sind und verlässliche und brauchbare Informationen zur Krisenbewältigung liefern. Dies insbesondere auch vor dem Hintergrund, dass seitens der Kreditinstitute im Rahmen der Kreditgewährung und -beurteilung regelmäßig analysiert wird, ob Unternehmen über geeignete Steuerungsinstrumente verfügen und wie verlässlich diese in Krisensituationen sind. Liegen seitens des Unternehmens geeignete Steuerungsinstrumente vor, wirkt sich dies meist sehr positiv im Rahmen von Ratingbeurteilungen (z. B. Beurteilung des Managements) aus. Kommen bislang unternehmensseitig keine Krisenindikatoren zu Einsatz, so ist umgehend auf einen baldigen Einsatz hinzuwirken um künftigen Krisensituationen optimal begegnen zu können.[274]

6.2 Anforderungen an die Revision eines Kreditinstituts

Auf Basis einer risikoorientierten Prüfungsplanung hat die Interne Revision eines Kreditinstitutes im Regelfall innerhalb von drei Jahren die Aktivitäten und Prozesse des Kreditinstitutes zu prüfen[275]. Liegen besondere Risiken vor, so sind diese im Rahmen der Prüfungsplanung zu berücksichtigen und kürzere Prüfungsintervalle (z. B. jährliche Prüfung) zu wählen. Da sich Finanzkrisen in der Regel nicht langfristig ankündigen, ist bei deren Auftreten die aktuell und langfristig ausgelegte Prüfungsstrategie der Revisionsabteilung eines Kreditinstituts unverzüglich auf ihre Aktualität hin zu untersuchen und bei Bedarf der aktuellen Gegebenheit anzupas-

---

[273] Vgl. MaRisk, AT 4.3.2, Tz. 7.
[274] Vgl. Kastner, A. Kredit- und Bilanzgespräche fachlich vorbereiten und erfolgreich führen, Eschborn, Seite 82–83.
[275] Vgl. MaRisk, BTO 2.3.1, Tz. 1.

sen. Dies insbesondere auch vor dem Hintergrund, dass sich eine Finanzkrise nicht nur auf das Kreditgeschäft des Kreditinstitutes, sondern i. d. R. auch auf dessen Finanzierungsseite auswirkt.

Vergibt ein Kreditinstitut Firmenkundenkredite oder führt Objekt-/Projektfinanzierungen, werden diese Kredite in der Praxis normalerweise im Jahresturnus geprüft. Für Prüfungen des risikoärmeren Privatkundengeschäfts (Hausfinanzierungen, Konsumentenkredite) finden hingegen eher im zwei- oder dreijährigen Prüfungsturnus statt. Da sich Finanzkrisen oftmals unverzüglich auf die Auftragslage der Firmen sowie die Firmenfinanzierung auswirken, ist dieser Problematik revisionsseitig eine besondere Aufmerksamkeit beizumessen. Dies auch vor dem Hintergrund, dass sich Unternehmensschieflagen oftmals unmittelbar auf das in den Unternehmen beschäftigte Personal und somit auch direkt auf das Privatkundengeschäft in der betroffenen Region oder den betroffenen Branchen auswirken. Hierbei ist z. B. unter Worst-Case-Gesichtspunkten zu analysieren, wie sich etwaige betriebsbedingte Kündigungen oder gar Insolvenzen von Firmenkunden der Bank auf deren Arbeitgeben auswirken, sofern sie ebenfalls Bankkunden sind.[276]

Im Rahmen von Prüfungen sollte im Hinblick auf sich abzeichnende oder bereits eingetretene Finanzkrisen auch der Fragen nachgegangen werden, ob die seitens des Kreditinstitutes verwendeten Krisenindikatoren korrekt festgelegt wurden und ihrer Funktion gerecht werden. Sollte dies nicht der Fall sein, wäre revisionsseitig auf eine umgehende Anpassung der Krisenindikatoren hinzuwirken.[277]

7 Ausblick

Bei einer sich abzeichnenden oder bereits eingetretenen Finanzkrise müssen Krisenindikatoren in der Lage sein, Probleme zu einem möglichst frühen Zeitpunkt anzuzeigen. Weiterhin wird von ihnen erwartet, dass sie, bei eingeleiteten Maßnahmen zur Krisenbewältigung, Informationen über die Wirksamkeit der Maßnahmen geben. Die Tatsache, dass Krisenindikatoren bei einer Finanzkrise hervorragende Dienste geleistet haben, ist noch jedoch keine Garantie dafür, dass die verwendeten Krisenindikatoren bei der nächsten Finanzkrise ebenso gute Dienste leisten. Dies gilt es dann bei der neuen Krise erneut krisenabhängig zu beurteilen. Dies bedingt sowohl für die Unternehmen als auch für die Kreditinstitute, dass sie sich permanent nach geeigneten Krisenindikatoren umschauen müssen, um im *Worst-Case-Fall* schnell und zielstrebig reagieren zu können.

---

[276] Vgl. Kastner, A.: Der Einsatz von Krisenindikatoren im Rahmen des Firmenkundengeschäftes, in: Becker, A./Gruber, W., Wohlert, D. (Hrsg.), Frankfurt/Main, 2006, Seite 421.

[277] Vgl. Roel, C.: Prüfung der laufenden Kreditüberwachung, in: Becker, A./Kastner, A. (Hrsg.) Prüfung des Kreditgeschäfts durch die Interne Revision, Sparkassenverlag, Stuttgart, 2007, Seite 332.

Literaturverzeichnis

Becker, A./Kastner, A. Steigende Bedeutung der Risikofrüherkennung im Kreditgeschäft für die Interne Revision, Zeitschrift für Interne Revision, 45 Jahrgang, April 2010.

Becker, A.: Die Prüfung von Abwicklungsfällen im Kreditgeschäft, in: Becker, A./Kastner A. (Hrsg.), Die Prüfung des Kreditgeschäfts durch die Interne Revision, Stuttgart, 2007.

Becker, A./Helfer, M.: System- und Funktionsprüfungen der Problemkreditbereiche auf Basis der MaK und MaRisk in: Becker, A./Helfer, M./Kastner, A./Weis, D., Prüfungsleitfaden für Problemkreditbereiche, Heidelberg 2005, S. 50 ff.

Becker, A.: Auswirkungen der neuen MaK sowie Basel II auf die Tätigkeit der Internen Revision, in: Eller, R./Gruber, W./Reif, M. (Hrsg.): Handbuch MaK, Stuttgart 2003.

Bundesanstalt für Finanzdienstleistungsaufsicht (BaFin): Jahresbericht 2010.

Bundesanstalt für Finanzdienstleistungsaufsicht (BaFin): Rundschreiben 11/2010 vom 15.12.2010, Mindestanforderungen an das Risikomanagement – MaRisk.

Bundesanstalt für Finanzdienstleistungsaufsicht (BaFin): Rundschreiben 18/2005 Mindestanforderungen an das Risikomanagement – MaRisk.

Coennenberg, A..: Jahresabschluss und Jahresabschlussanalyse, 17. Auflage, Landsberg/Lech, 2000.

Eisenbürger, B.: Die Prüfung der Problemkreditbearbeitung durch die Interne Revision, in: Handbuch Prüfungen in Kreditinstituten und Finanzdienstleistungsunternehmen, Becker, A./Wolf, M. (Hrsg.), Stuttgart, 2006.

Fink, A.: Szenarien als Instrumente zur Strategieentwicklung und strategischen Früherkennung, in: Praxishandbuch Controlling, Wiesbaden, 2005.

Gabler Begriff: Finanzkrise, unter http://wirtschaftslexikon.gabler./Definiton/finanzkrisen.html.

Gerberich, C.: Neue Herausforderungen an Management und Controlling, in: Praxishandbuch Controlling, Wiesbaden, 2005.

Hanenberg, L./Kreische, K./Schneider, A.: MaK – Zum Inhalt des Rundschreibens 34/2002 der BaFin, in: Die Wirtschaftsprüfung 8/2003.

Hefti, E.: Steuerung der Performance mit KPIs im Maschinen- und Anlagenbau, in: Praxishandbuch Controlling, Wiesbaden, 2005.

Hennings E.: Die Rolle der Bank in Sanierungsfällen in: BANK MAGAZIN 12/97.

Kastner, A.: Der Einsatz von Krisenindikatoren im Rahmen des Firmenkundengeschäftes, in: Becker, A./Gruber, W./Wohlert, D.: Handbuch MaRisk, Frankfurt/Main 2006.

Kastner, A.: Anforderungen an das Controlling bei der Kreditvergabe, in: Praxishandbuch Controlling, Wiesbaden, 2005.

Kastner, A.: Wie bekomme ich einen Kredit für mein Unternehmen, Eschborn, 2004, Seite 40 ff.

Kastner, A.: Die neue Insolvenzordnung, Eschborn, 1999.

Kastner, A.: Kredit- und Bilanzgespräche fachlich vorbereiten und erfolgreich führen, Eschborn, 1996.

Mantell, G.: Risikofrüherkennung als Instrument des Kreditrisikomanagements, in: Bearbeitungs- und Prüfungsleitfaden Neue MaRisk, Heidelberg, 2011.

Reich, M.: Frühwarnsysteme, in: Zerres, Michael P. (Hrsg.): Handbuch Marketingcontrolling, Berlin, 2000.

Roel, C.: Prüfung der laufenden Kreditüberwachung, in: Becker, Axel/Kastner, Arno (Hrsg.) Prüfung des Kreditgeschäfts durch die Interne Revision, Sparkassenverlag, Stuttgart, 2007.

Schachten, M./Wyludda, J./Schwope, J.:/Becker, A./Kastner, A.: Aspekte der Kreditrisikosteuerung, in: Fachbeiträge zur Revision des Kreditgeschäftes, DIIR-Schriftenreihe Bd. 34, Berlin 2002.

Welge, M./K./Al-Laham, A.: Strategisches Management, Wiesbaden, 2. Auflage 1999.

Wikipedia, Begriff: Finanzkrise, unter http://de.wikipedia.or/wiki/Finanzkrise.

Wöhe, Günter: Einführung in die Allgemeine Betriebswirtschaftslehre, 20. Auflage, Verlag Vahlen, München, 2000.

Moderne Risikotragfähigkeitsmodelle im Kontext der Finanzkrise

Von
Helge Kramer

Helge Kramer ist Leiter der Gesamtbanksteuerung und Verhinderungsvertreter eines Vorstandes der Taunus Sparkasse. Verantwortlich für die Abteilungen Finanzen, Kapital- und Risikomanagement, Operatives- und strategisches Controlling. Ein Schwerpunkt seiner Tätigkeit liegt in der konsequenten Weiterentwicklung der Steuerungsinstrumente für die Ermittlung und Limitierung aller wesentlichen Risikoarten und deren Aggregation zum Gesamtbankrisiko. Herr Kramer ist zudem Repräsentant der hessisch-thüringischen Sparkassen im Großprojektteam Banksteuerung bei der Finanz Informatik, freiberuflicher Autor und Dozent bei Seminaren und Verbandsveranstaltungen.

Inhaltsverzeichnis

1 Übersicht und Vorbemerkungen 143
   1.1 Risikotragfähigkeit – Motivation und Grundlage- 143
   1.2 Risikotragfähigkeit – Zentraler Anker der Planung/Strategie .. 143
   1.3 Risikotragfähigkeit – Grundidee 144
   1.4 Risikotragfähigkeit – Verfahren und Methoden 146
   1.5 Risikotragfähigkeit – Änderungen in der MaRisk Novelle 2010.... 147
   1.6 Bedeutung des Treasury-Prozesses zur Bestimmung der Risikotragfähigkeit 148
      1.6.1 Zentrale Fragestellungen aus Sicht der Gesamtbank(steuerung) 149
      1.6.2 Zentrale Fragestellungen bei der Betrachtung der einzelnen Risikoarten 149
      1.6.3 Zentrale Fragestellungen im Zusammenhang mit Stresstests 150

2 Relevante Risikoarten 150
   2.1 Risikolandkarte 151
   2.2 Risiko und Risikomessung 152
   2.3 Risk-Return-Analysen 153

3 Wertorientierte Risikotragfähigkeit 154
   3.1 Grundlagen der strategischen Asset-Allokation 155
   3.2 Bestimmung der Ziel-Asset-Allokation 156
   3.3 Vermögenswert 159
   3.4 Darstellung einer fiktiven Ziel Allokation 160
   3.5 Fazit wertorientierte/ökonomische Risikotragfähigkeit 162

4 GuV-/bilanzorientierte Risikotragfähigkeit 163
   4.1 Bilanzorientierte Ableitung des Risiko(deckungs)potenzials... 163
   4.2 Stresstest 164
   4.3 Fazit bilanzorientierte Risikotragfähigkeit 164

5 Zusammenhang zwischen den Risikosteuerungskreisläufen 165
6 Fazit 167
Literaturverzeichnis 168

1 Übersicht und Vorbemerkungen

1.1 Risikotragfähigkeit – Motivation und Grundlage

Die „Finanzmarktkrise" hat aufgezeigt, dass die Berechnung und die Interpretation der institutsindividuellen Risikotragfähigkeit und die Liquiditätsausstattung einer Bank entscheidend dafür sein kann, negative Kettenreaktionen im globalen Finanzsystem zu vermeiden. Schon vor der Finanzmarktkrise wurde das Thema Risikotragfähigkeit in der ersten Fassung der MaRisk[278] als ein Kernelement des institutsinternen Risikomanagements aufgegriffen. Jedoch erst in jüngster Vergangenheit erlagen die Verfahren und Methoden, unterschieden zum Einen nach Going-Concern- oder Liquidationsansätze sowie zum Anderen danach, ob die Ableitung des Risikodeckungspotenzials (=RDP) in einem Steuerungskreis GuV-/bilanzorientiert oder wertorientiert erfolgt, nähere Konkretisierungen[279]. Insbesondere die Anforderung gemäß § 25a Abs. 1 KWG, die ein angemessenes und wirksames Risikomanagement in den Kreditinstituten beinhaltet, bildet die Grundlage für die bankaufsichtliche, inhaltliche Überprüfung der internen Verfahren zur Steuerung der Risikotragfähigkeit, die laufend sicherzustellen ist. Diese Überprüfung orientiert sich dabei vor allem an dem Gebot der Vollständigkeit, der Risikoabbildung, der Konsistenz aller Kernbanksteuerungsverfahren sowie am Vorsichtsprinzip.

1.2 Risikotragfähigkeit – Zentraler Anker der Planung/Strategie

Der ICAAP[280] (interner Kapitalallokationsprozess) in Verbindung mit dem SREP[281] (bankaufsichtlicher Überprüfungsprozess) stellt die Sicht der Institute auf ihre Risikotragfähigkeit dar. Die Kreditinstitute müssen jedoch selber dafür Sorge tragen mit welchen konkreten Verfahren sie hierbei die laufende Risikotragfähigkeit steuern. Selbstverständlich findet die Methodenfreiheit indes dort ihre Grenze, wo die internen Verfahren die Zielsetzung „Sicherstellung der Risikotragfähigkeit" nicht hinreichend gewährleisten. Die Risikotragfähigkeitsermittlung muss in die strategischen und planerischen Steuerungskreisläufe des Institutes eingebettet sein.

---

[278] Siehe BaFin-Rundschreiben 18/2005 vom 20. Dezember 2005
[279] Siehe E-Mail von Dr. Peter Lutz, BaFin an das Fachgremium MaRisk, vom 05. Juli 2011, „Aufsichtliche Beurteilung interner Risikotragfähigkeitskonzepte der Kreditinstitute"
[280] ICAAP = Internal Capital Adequacy Assessment Process
[281] SREP = Supervisory Review and Evaluation Process

Moderne Risikotragfähigkeitsmodelle im Kontext der Finanzkrise

Abbildung 1: Einflüsse auf die Risikotragfähigkeit

Da die Aktivitäten in den Kerngeschäftsfeldern der Banken in der Regel mit dem Eingehen von Risiken verbunden sind, müssen dezidierte Risikostrategien oder entsprechende Teilstrategien hierzu definiert werden, wobei die Festlegungen in der Risikostrategie konsistent zur Geschäftsstrategie und der Planung des Hauses sein muss. Die Fundierung, Dokumentation und Erläuterung der Strategie hat – nicht zuletzt durch die Novelle der MaRisk 2010[282] – einen hohen Stellenwert im Rahmen der Umsetzung einer modernen Gesamtbanksteuerung erhalten. Zur Gewährleistung eines angemessenen Risikomanagements ist sie auch Prüfungsgegenstand. Die Verzahnung der Risikostrategie mit den wesentlichen Risikoarten und der Risikoneigung des Vorstandes liefert die Risikotragfähigkeitsbetrachtung.

1.3 Risikotragfähigkeit – Grundidee

Die Risikotragfähigkeit ist gegeben, wenn durch das Risikodeckungspotenzial (=RDP) alle wesentlichen Risiken unter Berücksichtigung von Risikokonzentrationen **laufend** abgedeckt sind. Der Begriff „laufend" impliziert keine tägliche Berechung; die Steuerungsverfahren sollten jedoch so ausgestaltet sein, dass durch geeignete Maßnahmen (Risikopuffer, Festlegung von Schwellenwerten/Limiten, Stresstest, etc.) die Abdeckung auch für Zeiträume zwischen Ermittlungs- und Reportingterminen gegeben ist.

---

[282] Siehe BaFin-Rundschreiben 11/2010 vom 15. Dezember 2010, AT 4.2 Strategien.

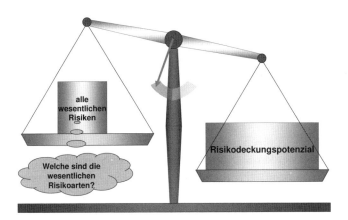

Abbildung 2: Prinzipdarstellung der Risikotragfähigkeit

Auf Grundlage der Risikoinventur (Gesamtrisikoprofil) beschreibt die Risikotragfähigkeit welche potenziellen Deckungsmassen einem Institut zur Abdeckung von Risiken und Verlusten zur Verfügung stehen. Im Rahmen dieser Möglichkeiten legt der Vorstand nach seiner **Risikoneigung** fest, welchen Risikoarten welches **Risikobudget** zugeordnet wird.

Eine **zentrale Aufgabe** des Managements ist es somit sicherzustellen, dass die wesentlichen **Risiken identifiziert** werden und das **Deckungspotenzial** insgesamt **nicht überstiegen wird.** Außer den Methoden der Quantifizierung, Messung und Analyse der Risiken, die sinnvoller Weise durch Risikodeckungspotenzial begrenzt werden können[283], muss die Geschäftsführung auch das Risikodeckungspotenzial (Eigenmittel, Eigenkapital, geplante Ergebnisgrößen, Vermögen, etc.) festlegen. Hierbei ist streng darauf zu achten, dass die in den jeweiligen Sichten verankerten Annahmen und definierten Steuerungsprozesse konsistent zueinander sind (z. B.: gleicher Betrachtungszeitraum, gleiche Konfidenzniveaus, Berücksichtigung von stillen Reserven, etc.). Die Risikodeckungsmasse muss somit zu den betrachteten Risiken passen. Des Weiteren kann diese nur einmal zu Risikoabdeckung verwendet werden. Daraus abzuleiten ist die Verlustobergrenze. Diese Entscheidung fällt aus Sicht des Autors den Verantwortlichen häufig schwer, da mental niemand gerne „etwas verliert".

Eine weitere Gefahr droht in der „unbeabsichtigten" Vermischung von periodischer, wertorientierter oder regulatorischer Sichtweise innerhalb der institutsinternen Steuerungskreisläufe. Darüber hinaus führt der bewusste Verzicht des Mana-

---

[283] Z. B. ohne Berücksichtigung des Zahlungsunfähigkeitsrisikos, welches durch das RDP nicht zu limitieren ist, muss aber als Teil des Liquiditätsrisikos betrachtet werden.

gements auf einen dieser Steuerungskreisläufe[284] zwangsläufig zu Fehlsteuerungsimpulsen, die aus Gesamtbanksicht vermieden werden sollten.
Die Risikotragfähigkeitskonzeption eines Institutes ist das zentrale Element der Gesamtbanksteuerung und das wesentliche (Risiko-) Steuerungsinstrument der Geschäftsleitung[285].

1.4 Risikotragfähigkeit –Verfahren und Methoden

Als **Going-Concern-Ansätze** werden Steuerungskreise bezeichnet, bei denen das Institut unter Einhaltung der bankaufsichtlichen Mindestkapitalanforderungen noch fortgeführt werden könnte, selbst wenn alle Positionen des definierten Risikodeckungspotenzials (RDP) durch schlagend werdende Risiken aufgezehrt würden. Beinhaltet die RDP-Definition hingegen (auch) Positionen, bei deren Aufzehrung ceteris paribus eine Fortführung des Instituts grundsätzlich nicht mehr möglich wäre, so handelt es sich um einen **Liquidationsansatz** (auch als Gone-Concern-Ansatz bezeichnet). Bei diesem steht im Vordergrund, dass bei einer fiktiven Liquidation (mit Abstellen auf Zerschlagungswerte) die Gläubiger befriedigt werden könnten.

Wegen der unterschiedlichen Zielsetzung beider Ansätze bilden die Mindestkapitalanforderungen nach der Solvabilitätsverordnung (SolvV) eine relevante Trennlinie. Werden regulatorische Eigenmittel gar nicht oder maximal in der Höhe als RDP angesetzt, wie sie zum Verlustausgleich verfügbar wären, ohne eine Verletzung der SolvV-Mindestanforderungen auszulösen (freie Eigenmittel), so liegt ein Going-Concern-Ansatz vor. Bezieht ein Institut hingegen in sein RDP Bestandteile der regulatorischen Eigenmittel ein, bei deren Aufzehrung die SolvV-Mindestanforderungen nicht mehr eingehalten werden könnten, so wird von einem Liquidationsansatz ausgegangen. Gleiches gilt, wenn Positionen als RDP angesetzt werden, die per se nur im Insolvenz- bzw. Liquidationsfall zum Verlustausgleich zur Verfügung stehen, was insbesondere auf typische nachrangige Verbindlichkeiten zutrifft[286].

In beiden Verfahren kann nun noch eine **GuV/bilanzorientierte** oder eine **ökonomisch-/wertorientierte** Ableitung der **Steuerungskreisläufe** für die Risikotragfähigkeit umgesetzt werden.

---

[284] In vielen Sparkassen wird aus Sicht des Autors derzeit der ökonomisch/wertorientierten Sicht keine angemessene Beachtung geschenkt.

[285] Siehe DSGV, Mindestanforderung an das Risikomanagement, Interpretationsleitfaden 4 Auflage, Seite 221 ff.

[286] Siehe e-mail von Dr. Peter Lutz, BaFin, an des Fachgremium MaRisk, 05. Juli 2011, „Aufsichtliche Beurteilung interner Risikotragfähigkeitskonzepte der Kreditinstitute", Textziffer 7 und 8.

Die Betrachtung der Risikotragfähigkeit sollte aus Sicht des Autors grundsätzlich **wertorientiert** und in einem **Going-Concern-Ansatz** erfolgen, da somit nicht nur die bevorstehende Periode, sondern die gesamte Vermögenssituation der Bank in der Totale im Fokus steht und das aufsichtsrechtliche „Weiterleben" der Bank ohne externe Kapitalzufuhr dargestellt wird. Die periodischen Bedürfnisse und die regulatorischen Anforderungen (Solvabilität) an die Risikotragfähigkeit müssen dabei natürlich gleichgewichtet beachtet und eingehalten werden.

Die Aufsicht fordert unabhängig vom gewählten Risikotragfähigkeitsansatz, dass alle wesentlichen Risiken vom Institut abzudecken sind. Der Vorstand, auch bei „kleineren Kreditinstituten", sollte alle Auswirkungen seines Handelns in den **drei Steuerungsebenen** kennen, um langfristig eine Fehlallokation des Vermögens der Bank **zu vermeiden**.

1.5 Risikotragfähigkeit – Änderungen in der MaRisk Novelle 2010

Bezogen auf die Anforderungen an die Risikotragfähigkeit ergeben sich aus der Novelle der MaRisk zwei wesentliche Ergänzungen bzw. Vertiefungen.

- Eine stärkere Berücksichtigung beabsichtigter oder erwarteter Veränderungen des internen und externen Umfeldes des Institutes. Diese stärkere Betonung der **Zukunftsorientierung** soll eine verändernde Geschäftstätigkeit, beabsichtigte Strategieänderungen und erwartete Veränderungen des wirtschaftlichen Umfeldes in der Risikotragfähigkeit abbilden. Ein wichtiger Punkt hierbei ist, eine über den Bilanzstichtag hinausgehende Analyse vorzunehmen, wobei eine rollierende Betrachtung – natürlich auch des Zinsüberschusses und der Abschreibungsrisiken – hier sinnvoll erscheinen. [287]
- Bei den **Diversifikationsannahmen** darf keine unreflektierte Übernahme aus externen Quellen erfolgen und es werden detaillierte Anforderungen an die Ermittlung von impliziten/expliziten Korrelationen gestellt. Das Problem der Belastbarkeit von Diversifikationseffekten, insbesondere die **inter-risk** Effekte (zwischen Risikoarten) müssen so konservativ geschätzt werden, dass auch unter Stressphasen die Korrelationsannahmen halten.

Beide Anforderungen scheinen auf den ersten Blick leicht lösbar, in der Umsetzung ergeben sich häufig Herausforderungen. Die erste Anforderung bedarf aus Sicht des Autors eine stärkere Ausrichtung in der periodenorientierten Sicht der Risikotragfähigkeit auf gleichartige z. B. 12- bzw. 24-monatige rollierende Berechnungszeiträume um Veränderungen der Risikopositionen miteinander vergleichen zu können. In der wertorientierten Sicht sind naturgemäß diese „Herausforderungen" nicht vorhanden, da die Berechnungen immer den ganzen Lebenszyklus beinhalten. Die zweite Herausforderung erfordert angemessen lange, für das Institut

---

[287] Siehe Prof. Günther Luz, Deutsche Bundesbank, Vortrag: MaRisk Novelle und neue Anforderungen zur Corporate Governance, Bundesbank Symposium am 17. Mai 2011.

repräsentative Risk-Return-Historien für die einzelnen Asset-Klassen (hier wertorientierter Ansatz). Sind diese nicht vorhanden so muss bei den vorgenommenen Expertenschätzungen eine wesentlich tiefere Auseinandersetzung auf der Führungsebene mit diesen Verfahren erfolgen. Für beide Ansätze ist es zwingend notwendig regelmäßig oder anlassbezogen die Überprüfung der Annahmen durchzuführen. Des Weiteren wird von der Aufsicht auch erwartet, dass Stresstests auf die angenommenen Diversifikationseffekte durchgeführt werden, um hier keine Risikounterzeichnung zu erhalten.

Im Ergebnis bedeutet dies, dass die **Korrelationsannahmen** zwischen den einzelnen Risikoklassen bestimmt, validiert und gestresst werden müssen. Dieses ist derzeit in den Sparkassen bzw. Genossenschaftsbanken nicht immer vollumfänglich umgesetzt.

1.6 Bedeutung des Treasury-Prozesses zur Bestimmung der Risikotragfähigkeit

Der moderne Banksteuerungsprozess beinhaltet die Komponenten Strategie, Steuerung und Controlling[288] mit den jeweiligen, teilweise über Funktionstrennung unabhängig sicherzustellenden Teilaufgaben:

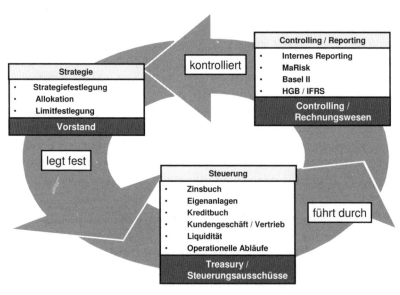

Abbildung 3: Moderner Banksteuerungsprozess[289]

---

[288] Vgl. Beck/Stückler: Moderne Banksteuerung im Kontext der MaRisk, 2006.
[289] Vgl. Beck/Kramer in Bantleon/Becker: Risikomanagement und Frühwarnverfahren, 2010, S. 57.

Für die Bestimmung der wert-, periodenorientierten bzw. aufsichtsrechtlichen Risikotragfähigkeit wird durch das Management zunächst die Risikostrategie festgelegt. Diese beinhaltet neben der **Allokation des Vermögens** auch die Festlegung des jeweils zugehörigen Risikokapitals in Form der einzelnen Limite.
Im Bereich der **Steuerung** der einzelnen wesentlichen Risiken, z. B.

- Marktpreisrisiko (inklusive Zinsrisiko),
- Adressenrisiko,
- Liquiditätsrisiko,
- Operationelles Risiko,

muss die Strategie unter Berücksichtigung der definierten Limite umgesetzt werden.
Das **Controlling** schließlich hat die Einhaltung der Limite und der Strategievorgaben zu überwachen und zu berichten. In allen drei Komponenten müssen die zentralen Fragen einer modernen Banksteuerung berücksichtigt und beantwortet werden[290]:

1.6.1 Zentrale Fragestellungen aus Sicht der Gesamtbank(steuerung)
- Wie verteilt sich das Vermögen auf einzelne Anlageklassen?
  - Stimmen Ist-Situation und Zielvorstellung überein?
  - Wie viel von welchem Risiko ist gewünscht?
- Wie wird die Ziel-Asset-Allokation (Stichwort Risikostrategie) erreicht?
- Wie wird das Gesamtlimit/Risikodeckungspotenzial abgeleitet?
- Wie werden die Risiken zum Gesamtrisiko aggregiert?
- Wie werden Diversifikationseffekte korrekt berücksichtigt?
- Wie wird das Limit auf die Risikoarten verteilt?
- Gibt es Risikokonzentrationen innerhalb der einzelnen Risikoarten?
- Wie werden diese Klumpenrisiken berücksichtigt?
- Mit wie viel Ertrag kann die Bank rechnen?

1.6.2 Zentrale Fragestellungen bei der Betrachtung der einzelnen Risikoarten
- Welche Messmethoden werden für die einzelnen Risikoarten eingesetzt?
- Welche Kennzahlen sind die richtigen Ertrags- und Risikomaße?
- Welche Größen werden wie limitiert?
- Wie wird sichergestellt, dass die vorgegebenen Risiken eingehalten werden?

---

[290] Vgl. Beck/Kramer in Bantleon/Becker: Risikomanagement und Frühwarnverfahren, 2010, S. 56 ff.

1.6.3 Zentrale Fragestellungen im Zusammenhang mit Stresstests

- Kann das Risiko auch unter Stressbedingungen gedeckt werden?
- Ist die Risikotragfähigkeit auch im Stressfall gegeben?

Beide Fragestellungen werden in „guten Zeiten" gerne in den Hintergrund gedrängt. Gerade die Marktentwicklungen im Rahmen der Finanzmarktkrise zeigen jedoch, dass dieser Sichtweise nicht nur in Krisenzeiten eine fundamentale Bedeutung zukommt. Das **Ziel der Stresstests** besteht darin, die Auswirkung möglicher unwahrscheinlicher, aber plausibler Ereignisse auf das Institut (Gesamtbankstresstest) bzw. auf das einzelne Risiko (Sensitivitätsanalysen) abzuschätzen. Diese Stresstests[291] müssen regelmäßig, auf Basis historischer oder zukunftsorientiert hypothetischer Szenarien durchgeführt werden. Sie müssen verstärkt Risikokonzentrationen und die unterstellten Diversifikationsannahmen berücksichtigen, die Simulation eines schweren konjunkturellen Abschwungs beinhalten und führen „am Ende" zu der Betrachtung eines sogenannten „inversen Stresstest". Die Auswertung der Stresstests soll als Basis für die Festlegung von Risikopuffern, Limitsystemen, Frühwarnsystemen oder Ampelfunktionen dienen und Notfallpläne und Absicherungsstrategien beinhalten[292]. Die Ergebnisse stellen somit eine kritische zukunftsorientierte Betrachtung dar und sollen zusätzlich zu den statistisch-mathematischen Modellen bei der Beurteilung der Risikotragfähigkeit berücksichtigt und kritisch reflektiert werden. Eine **Einbeziehung** der Resultate in die quantitative Ermittlung der Risikotragfähigkeit und eine zusätzliche Kapitalvorsorge ist jedoch **nicht zwingend erforderlich.**

2 Relevante Risikoarten

Für alle in der Grafik dargestellten wesentlichen Einzelrisiken, die in den MaRisk auch zum Teil explizit genannt werden, müssen Risikosteuerungs- und Controlling Prozesse nach AT 4.3.2 eingerichtet werden. Bis auf das Zahlungsunfähigkeitsrisiko, das in der Liquiditätsreserve berücksichtigt wird, müssen alle unten dargestellten wesentlichen Risiken aus Sicht des Autors Eingang in die Risikotragfähigkeitsbetrachtung finden.

---

[291] Siehe erweiterte Anforderungen in den MaRisk an Stresstests, AT 4.3.3.
[292] Siehe Prof. Günther Luz, Deutsche Bundesbank, Vortrag: MaRisk Novelle und neue Anforderungen zur Corporate Governance, Bundesbank Symposium am 17. Mai 2011.

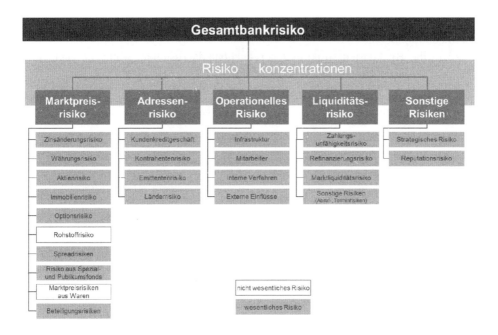

Abbildung 4: Risikobewertung in der Taunus Sparkasse

Wenn ein Institut bei Einzelrisiken (z. B.: bei den operationellen Risiken) über kein geeignetes statistisch-mathematisches Verfahren zur Risikoermittlung verfügt (z. B. keine ausreichenden Datenbestände vorhanden), kann ein pauschaler Risikobeitrag festgelegt werden. Auf Grundlage plausibler Annahmen – hierzu zählen auch Expertenschätzungen – ist die Höhe des Risikobetrages zu bestimmen. Die Annahmen und Bewertungen sollten nachvollziehbar begründet und dokumentiert werden[293].

2.1 Risikolandkarte

Die Risikoarten müssen differenziert betrachtet und das Risiko mittels gängiger Verfahren abgebildet werden. Hierzu wird ein standardisierter Kriterienkatalog in Form einer Risikolandkarte verwendet. Die dabei resultierenden Kennzahlen stellen gleichzeitig die Basis für die Aggregation der Risiken zum Gesamtbankrisiko dar. Die in der Praxis verwendeten Methoden und darauf aufbauenden Optimierungsrechnungen[294] stehen hier nicht im Mittelpunkt der Betrachtung, sondern die Kon-

---

[293] Siehe DSGV, Mindestanforderung an das Risikomanagement, Interpretationsleitfaden 4. Auflage, Seite 227.

[294] Vgl. Beck/Kramer in Bantleon/Becker: Risikomanagement und Frühwarnverfahren, 2010, S. 60 ff.

zeption und der Aufbau im Rahmen der Risikotragfähigkeitsbetrachtung (wert- und periodenorientiert).

Um die Risikoarten strukturell vergleichbar darzustellen, sollte die Bank folgende Checkliste für jede Risikoart erstellen:

Definition Risiko:	Wie ist das betrachtete Risiko definiert?
Methoden:	Welche Methoden/Modelle werden zur Risikomessung eingesetzt?
Kennzahlen:	Welche Kennzahlen werden betrachtet?
Benchmarks:	Existieren zu der betrachteten Risikoklasse Benchmarks zum Risiko- und Performancevergleich?
Steuerungsmaßnahmen:	Mit welchen Instrumenten bzw. Maßnahmen kann das Risiko ausgesteuert werden?

Die Beantwortung dieser Fragen aus der periodischen und wertorientierten Sicht bildet das Gerüst, um die Risikotragfähigkeitskonzepte aufzubauen.

2.2 Risiko und Risikomessung

Als Risiko bezeichnet man im Allgemeinen die **negative Abweichung** von einem **erwarteten Ergebnis** (Erwartungswert) oder den **potenziell eingetretenen Verlust** als Risikobetrag. Die zum Teil komplexen Methoden zur Risikomessung schätzen Verlustpotenziale unter Berücksichtigung von Wahrscheinlichkeitsaussagen ab. Hierzu kommen in der Regel statistische Modelle zum Einsatz. Da Risiken immer aus Unsicherheiten und unvollkommenen Informationen über mögliche zukünftige Entwicklungen resultieren, sind die gewonnenen Erkenntnisse immer nur **als Indikation zu verstehen**.

Wesentliche Parameter der Risikomessung sind **Haltedauer** und **Konfidenzniveau**. Prüfer, als auch die Aufsicht sehen sich diese Parametrisierung genau an und überprüfen, ob die Darstellungen zu der Risikoart und der Risikoneigung des Vorstandes passen. In Abhängigkeit der Risikofaktoren, beispielsweise Zinssätze bei Zinsänderungsrisiken, Ausfallraten bei Adressrisiken, Aktienkurse bei Aktienkursrisiken wird von den Prüfern darauf geachtet, dass die eingesetzten Modelle (z. B. Varianz-Kovarianz-Ansatz, historische Simulation, Monte-Carlo-Simulationen oder Szenarioanalysen) nicht nur vollständig dokumentiert sind; insbesondere ist es wichtig, dezidiert die Grenzen der Verfahren aufzuzeigen und explizit an Fallbeispielen die Auswirkungen zu erklären. Insbesondere wenn risikomindernde Diversifikationseffekte **innerhalb einer Risikoart (Intra Risk**[295]**)** enthalten sind, fordert die dritte MaRisk Novelle in AT 4.1 Tz. 6 und 7, dass diese Effekte auch in konjunkturellen Ab- und Aufschwungphasen Bestand haben müssen.

Das Management der erwarteten, „sichtbaren" Risiken im Kredit- und Einlagengeschäft wie auch der Vermögensanlage, ist Kernkompetenz jeder Sparkasse und Genossenschaftsbank. Die unerwarteten **„unsichtbaren" Risiken**, die mit Hilfe obiger Modelle und Verfahren abgeschätzt werden sollen, stellen zum Teil aus verschiedensten Gründen (z. B. keine ausreichende Historie, keine statistisch ausreichende Datengrundgesamtheit, fehlende Verteilungsannahmen, etc.) noch etliche Herausforderungen an die Controller und Kreditexperten.

Ein weiteres Problem liegt danach in der **Aggregation der Einzelrisiken** zum **Gesamtbankrisiko**, eventuell unter Beachtung von Korrelationseffekten. Die Berücksichtigung dieser risikomindernden Diversifikationseffekte **zwischen den verschiedenen Risikoarten (Inter Risk)** ist nur dann statthaft, wenn auch unter Stressbedingungen die Wechselwirkung explizit nachgewiesen werden kann.

2.3 Risk-Return-Analysen

Durch die Festlegung der einzubeziehenden Risikoklassen kann mittels geeigneter Verfahren zu jeder möglichen Risikoklassen-Kombination ein **Gesamtreturn** und das **Gesamtrisiko** ermittelt werden. Die verschiedenen Mischungen können dann im Rahmen von Risk-Return-Analysen verglichen werden:

---

[295] Z. B.: Bei Zeitreihen für Aktienindizes sind implizit Korrelationen enthalten; auch das Verfahren der historischen Simulation enthält von der Konzeption her einen Gleichlauf zwischen den verwendeten Zeitreihen und beinhaltet damit implizite Korrelationen.

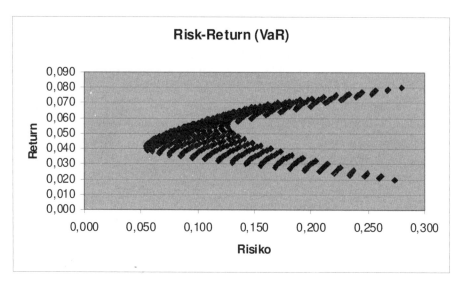

Abbildung 5: Varianten verschiedener Mischungen aus 3 Risikokategorien

Als Verfahren stehen hier Korrelationsmodelle, historische Simulationen oder Verteilungsaggregationen mittels Copula Techniken zur Verfügung. Die Taunus Sparkasse nutzt für die wertorientierte Vermögensdarstellung und Optimierung die **Standardsoftware S-Karisma (Asset-Allokation)**[296]. Die verschiedenen vom IT-Auswertungstool berechneten Mischungen können dann im Rahmen von Risk-Return-Analysen verglichen und die für die Sparkasse unter Risiko-Ertrags-Gesichtspunkten optimale Mischung bestimmt werden. Hierbei werden im Rahmen der Optimierung insbesondere auch Nebenbedingungen, wie Investitionsgrenzen (z. B. max. Aktienanteil) oder nicht-allokierbare Vermögensbestandteile (z. B. strategische Beteiligungen), berücksichtigt. Auch maximale Umschichtungsbeträge können vorgegeben werden.

3 Wertorientierte Risikotragfähigkeit

Es handelt sich um eine wertorientierte Risikodeckungspotenzial-Ableitung, wenn das RDP aus rein ökonomischer Perspektive grundsätzlich losgelöst von der Abbildung in der externen Rechnungslegung definiert ist und bilanzielle Ansatz- und Bewertungsregeln, die im Hinblick auf die ökonomische Betrachtung verzerrend wirken können, mithin nicht zum Tragen kommen.

---

[296] Asset-Allokations Software der Firma ICnova AG, Karlsruhe.

3.1 Grundlagen der strategischen Asset-Allokation

Als zentraler Ankerpunkt der Risikotragfähigkeitsberechung dient die in der Geschäftsstrategie vorgegebene mittelfristige Asset-Allokation (Vermögens-Allokation). Hier wird vom Vorstand, mittels der Software S-Karisma, eine Ziel Allokation definiert, die unter den Risiko-Ertrags-Relationen der Risikoneigung des Vorstandes und Verwaltungsrates entspricht[297]. Diese Ziel Allokation berücksichtigt auch die **GuV-Bedürfnisse** und die sich daraus ergebenden **aufsichtsrechtlichen Kennzahlen**.

Die Sparkasse kann – begründet – von dieser Zielarchitektur abweichen, um z. B. Marktverwerfungen besser ausnutzen zu können. Beispielsweise kann eine bewusste Erhöhung des Zinsbuchhebels in Betracht kommen, um bei einer steileren Zinsstrukturkurve ein höheren Return – bei gleichzeitig höherem Risiko – für das Institut zu generieren. Folgender iterativer Prozess wird von der Taunus Sparkasse im regelmäßigen Rhythmus durchgeführt:

Abbildung 6: Wertorientierter Steuerungskreis in der Taunus Sparkasse

Die Software S-Karisma dient der Erfassung und Archivierung von Vermögensbilanzen nach Risikoklassen, um eine genaue Zuordnung sowie Berechnung des jeweiligen Risikos unter Ausweis der Performance auf Gesamtbankebene zu ermöglichen. Für Risikoklassen, die benchmarkbasiert gesteuert werden, dienen Bench-

---

[297] Siehe Kramer, H.: Moderne Ansätze zur fachseitigen Ausgestaltung der Risikotragfähigkeitsdarstellung in einer mittelgroßen Sparkasse, im Handbuch Bearbeitungs- und Prüfungsleitfaden Risikotragfähigkeit im Fokus der Bankenaufsicht, von Becker/Bernd/Klein, 2010

markindizes[298] (Performanceindizes) als Datengrundlage für die Schätzung von Performance und Risiko sowie der Korrelationen zwischen den Risikoklassen für das in der Taunus Sparkasse verwendete Korrelationsmodell.

Auf Basis dieser **Parametrisierung** lässt sich das Gesamtbankrisiko berechnen und limitieren. Mittels Vorgabe verschiedenster Nebenbedingungen (u. a. nicht allokierbare Risikoklassen, Höhe des maximalen Umschichtungsvolumens pro Risikoklasse) können Optimierungsrechnungen durchgeführt werden, um die „optimale" Portfoliostruktur bzw. „Asset-Allokation" zu bestimmen. Dabei können Szenarioanalysen unter Berücksichtigung unterschiedlicher Eingangsparameter sowie verschiedener Optimierungskriterien durchgeführt werden. Die Ist-Portfoliostruktur kann mit der optimal ausgewählten Struktur abgeglichen werden, um die Effizienz der Ist-Allokation zu bestimmen und ggf. Maßnahmen daraus abzuleiten. Die Erstellung der **Vermögensbilanz** nach Risikoklassen mit Ermittlung des Gesamtbankrisikos erfolgt in der Taunus Sparkasse quartalsweise. Dieser **Vermögenswert** stellt die Basis für die Höhe des **Risikodeckungspotenzial** (RDP) dar.

Die **Performance- und Risikoparameter** werden gemeinsam mit dem Vorstand auf Basis der Analyse historischer Zeitreihen – in Kombination mit zukunftsgerichteten Expertenschätzungen – bestimmt und sind mindestens jährlich zu überprüfen. Anhand von Optimierungsrechnungen (Korrelationsmodell) wird auf Basis der eigenen Risikopräferenz und der Auswahl individueller Risikoklassen eine strategische Asset-Allokation ermittelt und vom Vorstand beschlossen.

Weitere **Aggregationsmethoden,** um ein Gesamtbankrisiko zu ermitteln, sind in der Praxis auch die Moderne Historische Simulation und zum anderen die Verteilungsaggregation auf Basis sogenannter Copula-Verfahren[299]. Das zuletzt genannte Verfahren bietet wesentliche Vorteile, da auch eine Gesamtverteilung als Ergebnis erzeugt wird, schiefe Verteilungen (z. B. bei Bonitäts- oder operationellen Risiken) adäquat abgebildet und nicht-lineare Abhängigkeiten modelliert werden können. Die Komplexität der Methoden und die damit einhergehende Wissensvermittlung in Richtung der Entscheider bilden noch einen Hemmschuh bei der Umsetzung. Hinzuweisen wäre noch darauf, dass mit den Copula Funktionen nicht nur „normale Risikomessung" (Normal-Copula) sondern auch Stressfallvarianten (Student-Copula) leichter zu ermitteln und abzubilden sind.

3.2 Bestimmung der Ziel-Asset-Allokation

Die Institute sollten verschiedene **Effizienzanalysen** durchführen um die gewünschte Ziel Performance bei geringstem Risiko zu erreichen. Dabei sollte als

---

[298] Vgl. Weiterentwicklung der Kapitalallokation, DSGV, Olaf Wegner, Dr. Göbel, S. 10 ff.

[299] Vgl. Beck/Kramer in Bantleon/Becker: Risikomanagement und Frühwarnverfahren, 2010, S. 73 ff.

Zielkriterium der RORAC[300] herangezogen werden. Aus Sicht des Fachbereiches und des Managements wird die zu lösende Optimierungsaufgabe in der Regel unterschiedlich betrachtet[301]. Das **Ziel-Risiko** entspricht häufig der präferierten Sicht des **Fachbereichs**.

Optimierungsaufgabe: Sicht Fachbereich

Abbildung 7: Limitierung Gesamtbankrisiko (MaRisk-Anforderung)

Die obige Sichtweise entspricht auch der aufsichtsrechtlichen Anforderung der MaRisk. Auf der Grundlage des Gesamtrisikoprofils ist sicherzustellen, dass die wesentlichen Risiken der Sparkasse durch das Risikodeckungspotenzial, unter Berücksichtigung von Wechselwirkungen, laufend abgedeckt sind und damit die Risikotragfähigkeit gegeben ist. Eine alternative Sicht auf das Optimierungsproblem ergibt sich, wenn man die Optimierungsaufgabe aus Sicht einer Returnvorgabe formuliert. Die **Ziel-Performance** entspricht somit häufig der Sicht des **Top-Managements**.

Optimierungsaufgabe: Sicht Management

Abbildung 8: Zielperformance bei minimalem Risiko

Das **Top-Management** präferiert in der Regel eine möglichst risikoarme Asset-Allokation, die einen vorgegebenen strategischen **Ziel-Return** erwirtschaftet.

---

[300] RORAC ist das Verhältnis aus der Differenz der Performance der optimalen Allokation und der risikolosen Anlage zur Differenz der entsprechenden Risiken.
[301] Vgl. Beck/Kramer in Bantleon/Becker: Risikomanagement und Frühwarnverfahren, 2010, S. 77 und vgl. Weiterentwicklung der Kapitalallokation, DSGV, Olaf Wegner, Dr. Göbel, S. 16 ff.

Der Vorteil dieser Sichtweise ist auch, dass auf Basis der Vorgabe des angestrebten Ziel-Returns die Vorgabe für die Risikotragfähigkeit abgeleitet werden kann, wie die Abbildung 9 illustriert.

Zunächst gibt das Management einen Ziel-Return bezogen auf das Vermögen vor. Anschließend wird unter Vorgabe des Returns und gegebenenfalls weiterer Nebenbedingungen eine optimale Allokation und deren Gesamtrisiko ermittelt. Das Gesamtrisiko ist dann mit der eigenen Präferenz abzugleichen. Stimmen die Präferenz und das zum **Ziel-Return** gehörige **Risiko** nicht überein, ist eine Iteration des Prozesses durchzuführen.

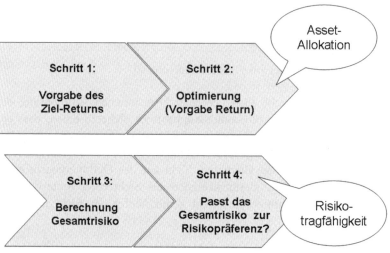

Abbildung 9: Ableitung der Risikotragfähigkeit

Da dieser iterative Prozess den Verantwortlichen für die Steuerung der Gesamtbank bei vorgegebenen Zielgrößen sehr schnell ein gutes „Gefühl" für die **Chancen-/ Risikoprofile** der einzelnen, bevorzugten Risikoallokationen liefert, sollte dieser Prozess, auch wenn man zunächst operativ nur periodenorientiert steuert, aus Sicht des Autors immer durchgeführt werden. Hier werden sehr schnell bei verschiedenen Risikosichten, die Ertragschancen des (Sparkassen-) Vermögens dargestellt, so dass auch in der (mittelfristigen) Gesamthausplanung nicht willkürliche (Ertrags-) Ziele aus der Vermögensallokation gefordert werden können. Mit dem dargestellten iterativen Verfahren in Kombination mit der Software S-Karisma, wird auf Risikoklassenebene der Erfolgsbeitrag „trennscharf" bestimmt. Dadurch können im Rahmen des Strategieprozesses die zu ermittelnden **Ertragskonzentrationen**[302] in der **Vermögensallokation** identifiziert und beachtet werden.

---

[302] Siehe MaRisk-Novelle 2010 in AT 4.2 Tz. 2.

3.3 Vermögenswert

In der wertorientierten Betrachtung gilt es zuerst das **Vermögen der Bank** zu bestimmen und die optimale Allokation des Vermögens, wie vorher beschrieben, unter den gewünschten Ertrags- und Risikoerwartungen festzulegen. In der Regel stellt bei kleineren und mittelgroßen Sparkassen und Genossenschaftsbanken das gesamte zinstragende Geschäft des Institutes den dominierenden Teil des Vermögenswertes dar. Werden in der Steuerung des Zinsbuches noch gehebelte Strukturen eingesetzt, so wird die Bedeutung dementsprechend erhöht.

Der **Diskussions- und Erläuterungsanteil** in den jährlichen Aufsichtsgesprächen mit der **BaFin/Bundesbank** in Bezug auf den Ergebnisbeitrag der Vermögensallokation oder der Anteil des **Fristentransformationsbeitrages** nimmt einen immer gewichtigeren Stellenwert ein. Sogar in den geplanten Neuerungen in der Solvabilitätsverordnung/Groß- und Millionenkreditmeldung werden Aspekte der Risikotragfähigkeit und der Ergebnisaufspaltung dezidiert abgefragt[303].

Neben dem Zinsbuch gehören in der Regel Aktien, Beteiligungen, Immobilien (eigene/fremde) und Sachmittel zum Vermögen des Institutes. Unter Berücksichtigung der Adressrisikoprämien für das Kunden- und Eigengeschäft, dem Vertriebs-, Options-, Währungs- und Spreadrisiko und den operationellen Risiken ergibt sich ein (Netto-) Vermögenswert des Institutes.

Die **nachhaltig erzielbaren Provisionen** (z. B.: laufende Kontogebühren, etc.) in den zukünftigen Perioden werden dazu und die zur Abarbeitung des Bestandskreditgeschäftes anfallenden Aufwendungen (**Kostenbarwert**) vom oben errechneten Vermögenswert abgezogen. Das Ergebnis entspricht dem Wert des Risikodeckungspotenzials.

In der Taunus Sparkasse wird anschließend noch der „aktuelle" Kernkapitalbedarf aus der aufsichtlichen Anforderung der Solvabilitätsverordnung (als „Risikopuffer") abgezogen und der verbleibende Betrag wird als Verlustobergrenze bezeichnet. Dieser Wert steht zur Limitierung des barwertigen Gesamtbankrisikos zur Verfügung.

In der folgenden Grafik soll schematisch die Festlegung und Verteilung des Risiko(deckungs)kapitals dargestellt werden:

---

[303] Siehe BaFin, Konsultation 12/2011 - Entwurf einer Verordnung zur weiteren Umsetzung der Richtlinie 2010/76/EU, Änderungen an der Solvabilitätsverordnung und der Großkredit- und Millionenkreditverordnung.

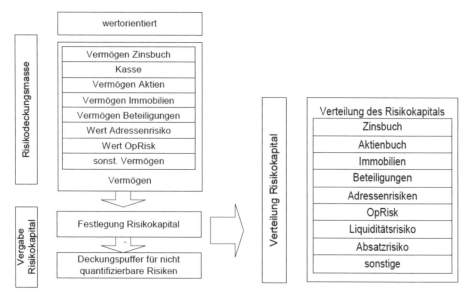

Abbildung 10: Festlegung wertorientiertes Risikokapital[304]

Rechnen Institute auch **erwartete Vermögenszuwächse aus Neugeschäft** hinzu, so darf es sich nur um vorsichtig kalkulierte Planansätze bezogen auf den Zeitraum der Risikotragfähigkeitsbetrachtung handeln. Hierzu sind dann alle erwarteten/unerwarteten Verluste und Bearbeitungskosten, analog den Bestandspositionen, zu berücksichtigen. Der Autor hält diese „Schleife" für die Sparkassen nicht für erforderlich, da die erhöhten Prozess- und Dokumentationsaufwendungen in keinem Verhältnis zu dem „Wertzuwachs" in Relation zu dem Vermögenswert der Institute stehen.

Auf die Verfahren zur Risikoermittlung in der jeweiligen Risikoklasse, also die Bestimmung geeigneter Benchmarks, Zeitreihen, Konfidenzniveaus, Korrelationen, Mischungsverhältnisse oder die Anforderungen an die Expertenschätzungen soll in diesem Artikel nicht näher eingegangen werden.

3.4 Darstellung einer fiktiven Ziel Allokation

Die folgende Grafik soll beispielhaft eine Ziel-Asset Allokation darstellen, die idealerweise längerfristig (> 5 Jahre) als Benchmark auch Bestand haben sollte. Wichtig aus Sicht des Autors ist es hierbei, dass sich die Sparkasse nicht „sklavisch" an diese Positionierung halten muss, sondern kurzfristige Marktchancen (z. B. einen höheren Zinsbuchhebel, Ausnutzung von Spread-Opportunitäten) ausnutzen kann.

---

[304] Darstellung in Anlehnung an Präsentationsfolien des Sparkassenverbandes Bayern (SVB), 2011.

Sollten sich an der längerfristigen, strategischen Einschätzung fundamental, z. B. aus Risiko- oder Ertragssicht bzw. aus den GuV-Anforderungen, Veränderungen ergeben, ist die Asset Allokation zeitnah anzupassen. Anbei die Darstellung einer möglichen Ziel-Allokation:

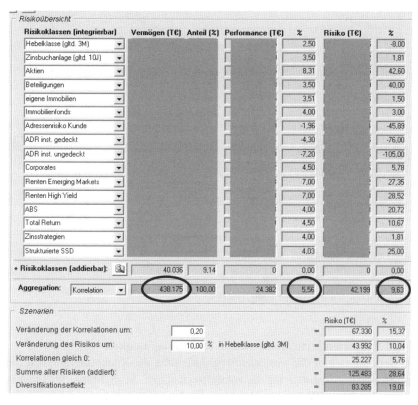

Abbildung 11: Ziel-Vermögensallokation, Gesamtperformance und -Risiko

In diesem Beispiel wird aufgezeigt, dass der (Netto-) Vermögenswert 438,2 Mio. € beträgt, die Beispielbank auf Jahressicht bei einem Konfidenzniveau von 99 % ein Risiko als Verlust in Höhe von 9,6 % (relativ zum Vermögenswert) eingeht, bei einer Ertragschance von 24,4 Mio. € p.a. bzw. einer Performance von 5,6 % des Treasury Vermögens. Die unten angegebenen Szenarien können in Relation zum Treasury Vermögen analysiert und interpretiert werden und bilden somit einen **zentralen Baustein** in der derzeitigen aufsichtsrechtlichen und betriebswirtschaftlichen Diskussion rund um die durchzuführenden **Stresstests** im Rahmen der Risikotragfähigkeitsbetrachtung.

Bewegt sich eine Sparkasse von der Risikopräferenz[305] in der Region kleiner 10 Prozent, spricht man von einer risikokonservativen Positionierung.

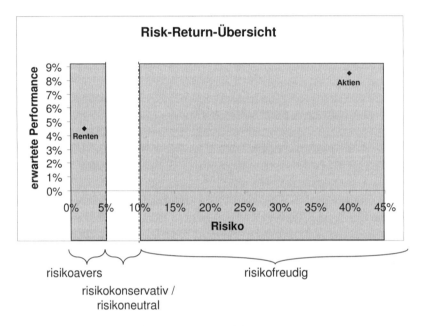

Abbildung 12: Prinzipienbild Risikoneigung (DSGV)

3.5 Fazit wertorientierte/ökonomische Risikotragfähigkeit

Aus Sicht des Autors gibt die wertorientierte Ableitung der Risikotragfähigkeit die **zentralen Steuerungsimpulse** für die zukunftsorientierte Ausrichtung des Finanzinstitutes vor. Nur hier erkennt der Vorstand ob sich das Vermögen und damit der Wert des Instituts erhöht oder abschmilzt. Die von der Aufsicht geforderten **Stresstest**[306] sollen zusätzlich die Verlustanfälligkeit der Bank auf einzelne Vermögenspositionen aufzeigen und die strategischen Überlegungen in der Asset Allokation unterstützen.

Bedenkt man, dass die Banken ihren Kunden eine **ganzheitliche Betrachtung der Anlange** empfehlen, so ist es zwingend notwendig, dass Banken auch selbst alle ihre (Risiko-) Vermögensklassen in der Steuerung des Risikos und ihres Ertrages mit einbeziehen.

---

[305] Nach DSGV-Nomenklatur, in 2010.
[306] Siehe MaRisk in AT 4.3.3 Tz. 1.

4 GuV-/bilanzorientierte Risikotragfähigkeit

Die in der wertorientierten Risikotragfähigkeit (Going Concern Ansatz) dargestellten Prinzipien und grundsätzlichen Verfahren gelten dem Sinne nach auch für die GuV-/bilanzorientierte Risikotragfähigkeit.

4.1 bilanzorientierte Ableitung des Risiko(deckungs)potenzials

Eine GuV-/bilanzorientierte Ableitung der Risikodeckungspotenzials liegt vor, wenn als Grundlage das **handelsrechtlich ausgewiesene Eigenkapital** einschließlich der **stillen Vorsorgereserven** z. B. gemäß § 340f HGB und ein Plangewinn wie er in der externen Rechnungslegung erwartet wird, angesetzt werden. Die periodenorientierte Ableitung des Risiko(deckungs)kapitals zeigt schematisch die nachfolgende Grafik auf.

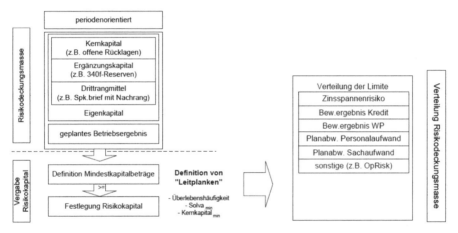

Abbildung 13: Festlegung periodenorientiertes Risikokapital[307]

Die Ermittlung des Risikodeckungspotenzials aus periodisierter Sicht erfolgt in der Regel auf Basis der Ergebnisse der Ergebnisvorschaurechnung des aktuellen Jahres und des Folgejahres oder auf einem rollierenden[308] 12-Monats Intervall unter Berücksichtigung der stillen Reserven und Lasten (z. B. im Bereich der Wertpapiergeschäfte). Stille Reserven in nicht handelbaren Beteiligungen oder Immobilien werden grundsätzlich nicht als Risikodeckungspotenzial anerkannt. Hierbei werden oft bank- oder bankengruppenspezifische Ableitungsschemata verwendet, die sich in der Regel jedoch nur marginal unterscheiden. Die Verwendung der Werte aus der

---

[307] Darstellung in Anlehnung an Präsentationsfolien des Sparkassenverbandes Bayern (SVB), 2011.
[308] Siehe DSGV, Mindestanforderung an das Risikomanagement, Interpretationsleitfaden, 4. Auflage, Seite 229 (AT 4.1 Tz. 3 – Erläuterung).

Ergebnisvorschaurechnung und der stillen Reserven wird hierbei oft motiviert durch die Tatsache, dass als Nebenbedingung an die GuV die strikte Vermeidung eines negativen Gesamtergebnisses gilt.

Das Gesamtbankrisiko aus periodisierter Sicht setzt sich in der Regel vor allem aus den Komponenten

- Schwankung des **Zinsüberschusses**,
- Berücksichtigung des **Abschreibebedarfs** im Bereich **der Eigenanlagen** durch Marktpreisänderungen unter verschiedenen Szenarien sowie
- Abschreibebedarf im Bereich des Adressenrisikos zusammen.

In der Praxis wird hierbei zwischen „normalen" Risikoszenarien und Stress-Szenarien[309] unterschieden. Auch die Anrechnung auf das Risikodeckungspotenzial erfolgt oft zweistufig:

- **Stufe 1**: Abschreibebedarf und Reduktion des Zinsüberschusses unter „normalen Risikoszenarien" muss insgesamt ein nicht-negatives Ergebnis ermöglichen (ohne die zusätzliche Anrechnung potenzieller stiller Reserven).
- **Stufe 2**: Im gestressten Fall sollte zumindest durch die zusätzliche Auflösung stiller Reserven noch eine „schwarze Null" möglich sein.

4.2 Stresstest

Die bankaufsichtlichen Anforderungen an Stresstest werden anschließend von Herrn Karsten Geiersbach in diesem Buch näher erläutert. Diese außergewöhnlichen, aber plausiblen Belastungsfälle und deren Auswirkungen auf die Risikotragfähigkeit stehen derzeit im Fokus der Aufsicht. Als Hinweis sei hier angemerkt, dass die Wahl des Konfidenzniveaus in der Risikotragfähigkeitsbetrachtung eng mit den Anforderungen an die Stresstest korreliert. Des Weiteren müssen Stresstest durchgeführt werden, die sich von der Risikoquantifizierung in der Risikotragfähigkeitsbetrachtung zugrunde gelegten Verlustverteilung lösen. Der Blick wird somit auch auf Ereignisse gelegt die in der Historie bisher nicht zu beobachten waren oder deren Schwankungsbreite (z. B.: eigene strategische Immobilien-Beteiligungen) bisher zu gering gewesen ist.

4.3 Fazit bilanzorientierte Risikotragfähigkeit

Die GuV-orientierte Risikotragfähigkeit dient derzeit noch maßgeblich dazu die Ergebniswirkung auf den **laufenden Jahresabschluss** abzuschätzen. Durch die Novellierung der MaRisk 2010 wird die Betrachtungsperiode weiter „nach vorne"

---

[309] Entspricht **nicht** dem in den MaRisk geforderten Gesamtbankstresstest, also den Anforderungen an extrem Szenarien nach AT 4.3.3 Tz. 1 MaRisk.

geschoben, so dass auch zukünftige Perioden ins Blickfeld geraten. Dieses ist aus Sicht des Autors sehr zu begrüßen. Betrachtet man nun alle zukünftigen Perioden so endet man von der Diktion her in der wertorientierten Sicht. Damit ergänzen sich aus Sicht des Autors die beiden Steuerungskreisläufe und lassen sich auch **betriebswirtschaftlich ineinander überführen**.

5   Zusammenhang zwischen den Risikosteuerungskreisläufen

Der Zusammenhang mit der wertorientierten Steuerung erfolgt unter anderem durch Verwendung einer **gemeinsamen Daten- und Planungsbasis** sowohl für die wertorientierte Steuerung als auch für die GuV-Planung und -Steuerung. Hierbei sind zum einen integrierte Systeme auf Basis einheitlicher Daten von zentraler Bedeutung. Zum anderen erfolgt die Überleitung wertorientierter Sichtweisen (beispielsweise margenorientierte Vertriebsplanung) in eine Zinsüberschuss- und Provisionsergebnisplanung unter Berücksichtigung der aktuell definierten Benchmarkstrategie des Treasurys einheitlich und findet in beiden Sichtweisen eine entsprechende Berücksichtigung.

Um die Akzeptanz **der Steuerungskreise im Vorstand und Verwaltungsrat** weiter zu erhöhen, ist es aus Sicht des Autors hilfreich, eine **Überleitungsrechnung** zwischen der wertorientierten und periodenorientierten Sicht herzuleiten. Um die GuV-Wirkung der strategischen Asset Allokation, abschätzen zu können, kann man beispielhaft nach unten angegebenem Verfahren vorgehen[310].

---

[310] Diese Überleitungsrechung wurde in Zusammenarbeit mit Beratern der Firma ICnova AG, Karlsruhe erstellt.

GuV-Überleitungsrechnung der strategischen Zielallokation

	2009	2010	2011	2012
Steuersatz				
Steuern				
EK				
DBS				
Delta GuV vor Kosten und vor Steuern in Mio. EUR				
Ergebnis Vertrieb				
Ordentlicher Aufwand Gesamtbank				
Vermögenswert	438,18	453,64	469,61	486,10
Vermögensrendite	5,56	5,56	5,56	5,56
Ergebnis Vermögensanlage	24,36	25,22	26,11	27,03
Gewinn Gesamtbank (wertorientiert)				
CIR (Wertorientiert)	0,80	0,80	0,79	0,79
EK-Rendite (wertorientiert)	10,43	10,33	10,24	10,16
Betriebsergebnis (wertorientiert) vor Steuern in % DBS	0,48	0,49	0,50	0,51
Betriebsergebnis (GuV) vor Steuern/nach Bewertung in Mio. EUR	**10,86**	**11,21**	**11,58**	**11,97**
Betriebsergebnis (GuV) vor Steuern/nach Bewertung in % DBS	0,28	0,28	0,29	0,30
Betriebsergebnis (GuV) vor Steuern/vor Bewertung in % DBS	0,53	0,53	0,54	0,55
EK-Rendite GuV	6,05%	5,99%	5,94%	5,89%

Abbildung 14: Überleitungsrechung strategische Asset Allokation und GuV-Wirkung

Der ermittelte Vermögenswert und die dazugehörige Performance werden übernommen. Aus der Planung werden das **Vertriebsergebnis** (Saldo aus Ertrag/Aufwand Kundengeschäft incl. Risikokosten) und die **Verwaltungskosten** herangezogen. Nach Berechung des wertorientierten Gesamtertrages wird im Prinzip unterstellt, dass nur ein Teil der wertorientierter Performance in der Gewinn- und Verlustrechung landet.

Mit diesen Angaben und Annahmen lassen sich sehr schnell die wert- und periodenorientierten Zielgrößen wie Cost Income Ratio (CIR) bzw. die Eigenkapitalrentabilität (EK-Rendite) bestimmen. In der Sparkassenfamilie sind Kennzahlen in Bezug zur durchschnittlichen Bilanzsumme (DBS) sehr populär; diese können auch dargestellt werden. Aus Sicht des Autors ist die durchschnittliche Bilanzsumme nicht immer geeignet, eine gute Vergleichbarkeit herzuleiten. Hier könnten Kennzahlen in Bezug auf das Kundengeschäftsvolumen (Aktiv- und Passiv) oder in Relation zur Risikoaktiva bessere Aussagen liefern.

Insgesamt wird die **strategische Ziel-Allokation** mit der **Mittelfristplanung** und **Strategie** verknüpft, so dass unter der gewünschten Risikoneigung und der beabsichtigten Ertragsentwicklung der Sparkasse mögliche Defizite schnell aufgezeigt werden können. Strategische wie auch operative Handlungsempfehlungen können abgeleitet werden und **verbessern langfristig den Erfolg** der Sparkasse.

6 Fazit

Die verschiedenen Sichtweisen und Aufgaben in Bezug auf die Risikotragfähigkeitsermittlung sollen in unten dargestellter Grafik noch einmal veranschaulicht werden.

periodisch	wertorientiert	regulatorisch	Grundsätze der Konzeption
Externe (z. B. Marktteilnehmer) / Internes Management		Aufsicht	Adressat
Steuerung der GuV und Bilanz (Zielgrößen: EK-Rentabilität, CIR)	betriebswirtschaftlicher Steuerungsansatz (Vermögenssteigerung)	Sicherstellung der Solvenz durch Einhaltung regulatorischer Messgrößen	Zielsystem
im Vordergrund steht der Buchwert (HGB), IFRS mit Ausrichtung auf Marktwerte	im Vordergrund steht der Markt- bzw. Barwert der einzelnen Vermögensgegenstände	im Vordergrund steht der Buchwert; Mischformen; z. T. derzeit inkonsequent	Wert
Gestaltungsspielräume, Vorsichtsprinzip, Ergebnisglättung	keine Gestaltungsspielräume (allerdings generell Bewertungsfragen zu klären)	geringe Gestaltungsspielräume bei Eigenkapital-Komponenten	Beeinflussbarkeit
Abbildung bis Jahresultimo und ggf. Folgejahr	Abbildung aller Effekte am Planungshorizont und Berücksichtigung der Totalperiode	rollierender 1-Jahres-Horizont	Risikohorizont
keine Dynamisierung, keine Portfoliosicht	Basis für Bestimmung der optimalen Vermögensallokation (Performance-Risiko-Optimierung)	stark eingeschränkte Berücksichtigung von Risikostreuung / Diversifizierung	Anlageentscheidungen

Abbildung 15: Verschiedene Sichtweisen –Aufgaben der Risikotragfähigkeit[311]

Ob die aufgezeigten bankinternen Verfahren angemessen sind oder nicht, beurteilt die Aufsicht grundsätzlich in Form einer **Gesamtwürdigung aller Elemente der Risikotragfähigkeitssteuerung** im jeweiligen Einzelfall. Dabei beachtet sie, nach eigener Aussage, das Prinzip der **Wesentlichkeit.** Ob aus Sicht der Institute bei Prüfungshandlungen hier die gleiche Einschätzung geteilt wird, bleibt abzuwarten.

Die drei **Risikotragfähigkeitskonzepte** geben die zentralen Steuerungsimpulse für das Management, um das Institut „auf Kurs" zu halten. Nur die gemeinsame, integrierte Betrachtung der Steuerungskreisläufe in der Risikotragfähigkeitsermittlung **liefert einredefreie Handlungsimpulse**. Die immer aussagefähiger werdenden Methoden und Systeme helfen den Verantwortlichen ergebnisverbessernde und risikominimierende Handlungen durchzuführen, die im Kontext des Geschäftsmodells zu Ergebnis- und/oder Vermögenssteigerungen führen. Wichtig ist hierfür, dass die gewählten **Methoden und Parameter** von allen betroffenen Entscheidern gemeinsam festgelegt, akzeptiert und **verstanden** werden.

Die **Aufsicht** hat bewusst Methodenfreiheit zugelassen. In der Praxis gleichen sich jedoch, aus Sicht des Autors, die Steuerungskreisläufe stetig an (Verbandsempfehlungen, Interpretationsleitfäden); dieses kann in der Zukunft auch zu Problemen führen, da gleichgerichtete Aktivitäten Trends eher verstärken als abmildern.

---

[311] Siehe DSGV, Mindestanforderung an das Risikomanagement, Interpretationsleitfaden, 4. Auflage, Seite 223.

Der Autor begrüßt es,
- dass der Fokus wieder verstärkt auf die **Qualität der Steuerungsinstrumente** und nicht nur auf die Eigenmittelausstattung des Institutes gelegt wird,
- dass die Risikotragfähigkeit eines Institutes nur dann gegeben ist, wenn **alle drei** hier **dargestellten Sichtweisen** vom Institut erfüllt werden und
- dass die Institute auf Grundlage Ihrer **eigenen Erfahrungen** und Steuerungskreisläufe die Risikotragfähigkeit im aufsichtlichen Sinne gestalten können.

Literaturverzeichnis

Aulibauer A., Goebel R., in Handbuch Liquiditätsrisiko, Bartetzky, Gruber, Wehn, Schaeffer-Poeschel, 2007.

Beck, A., Feix, M.: in Riekeberg, Utz: Strategische Gesamtbanksteuerung, Deutscher Sparkassenverlag, 2009.

Beck, A., Lesko, M.: Copula-Funktionen zur Ermittelung des Gesamtbankrisikoprofils, in: Betriebswirtschaftliche Blätter, 05/2006, S. 289–293.

Beck, A., Lesko M.: in Pfeiffer, Ullrich, Wimmer: MaRisk-Umsetzungsleitfaden, Finanz-Colloquium Heidelberg, 2006.

Beck A., Lesko M.: Strategische Asset-Allokation Teil 1, Risikomanager, 20/2007 und Strategische Asset-Allokation Teil 2, Risikomanager, 21/2007.

Beck, A./Stückler, R.: Moderne Bankensteuerung im Kontext der MaRisk, in: ZfgK, 02/2006, 2006.

DSGV, Mindestanforderung an das Risikomanagement, Interpretationsleitfaden 4 Auflag, 2011.

Göbel, R./Schumacher, M./Sievi, Ch.: Wertorientiertes Management und Performancesteuerung, 1998.

Kramer, H.: Moderne Ansätze zur fachseitigen Ausgestaltung der Risikotragfähigkeitsdarstellung in einer mittelgroßen Sparkasse, im Handbuch Bearbeitungs- und Prüfungsleitfaden Risikotragfähigkeit im Fokus der Bankenaufsicht, von Becker/Bernd/Klein, 2010.

Kramer, H./Beck, A.: Risikomanagement und Frühwarnverfahren, in Bantleon/Becker 2010.

Lutz G., Deutsche Bundesbank, Vortrag: MaRisk Novelle und neue Anforderungen zur Corporate Governance, Bundesbank Symposium am 17. Mai 2011.

Lutz, P.: BaFin, Email an die Mitglieder des Fachgremium MaRisk, 05. Juli 2011, „Aufsichtliche Beurteilung interner Risikotragfähigkeitskonzepte der Kreditinstitute".

o.V.: BaFin, Konsultation 12/2011 - Entwurf einer Verordnung zur weiteren Umsetzung der Richtlinie 2010/76/EU, Änderungen an der Solvabilitätsverordnung und der Großkredit- und Millionenkreditverordnung, Verfügbar via www.bafin.de.

o.V.: Rundschreiben 18/2005, Mindestanforderungen an das Risikomanagement. Verfügbar via www.bafin.de.

o.V.: Rundschreiben 11/2010, Mindestanforderungen an das Risikomanagement vom 15. Dezember 2010, Verfügbar via www.bafin.de.

Wegner O., Sievi, C., Integration von Marktpreisrisiken - Auf dem weiten Weg zur quantitativen Gesamtbanksteuerung. Betriebswirtschaftliche Blätter 08/2005.

Wegener, O.: Weiterentwicklung der Kapitalallokation, DSGV, 2010.

Bankaufsichtliche Anforderungen an Stresstests der Banken aus Sicht der Internen Revision

Von
Karsten Geiersbach und Stefan Prasser

Dr. Karsten Geiersbach (CIA) ist Bereichsdirektor Innenrevision der Kasseler Sparkasse. Nach dem Studium der Volkswirtschaftslehre war er als Verbandsrevisor bei der Prüfungsstelle des Sparkassen- und Giroverbandes Hessen-Thüringen und als Abteilungsleiter Risikocontrolling bei der Kasseler Sparkasse tätig. Er ist registrierter Quality Assessment Assessor beim Deutschen Institut für Interne Revision e.V. und Certified Internal Auditor (CIA) beim Institute of Internal Auditors.

Stefan Prasser (CIA), Dipl.-Math., ist Referent für Gesamtbanksteuerung in der Innenrevision der Kasseler Sparkasse. Nach mehrjähriger Tätigkeit in der Unternehmenssteuerung bei sächsischen Sparkassen erfolgte der Wechsel in die Revision der Kasseler Sparkasse. Er ist Certified Internal Auditor (CIA) beim Institute of Internal Auditors.

Die Ausführungen geben die persönliche Auffassung der Autoren wieder.

Inhaltsverzeichnis

1	Grundlagen der Revisionstätigkeit	171
2	Rahmenbedingungen	173
3	Risikotragfähigkeit	175
4	Risikokategorien	180
	4.1 Risikoquantifizierung	181
	4.2 Marktpreisrisiko	182
	4.3 Kreditrisiko	183
	4.4 Liquiditätsrisiko	185
5	Risikotreiber für einzelne Risikokategorien identifizieren	190
	5.1 Marktpreisrisiko	190
	5.2 Kreditrisiko	191
	5.3 Liquiditätsrisiko	192
6	Stresstests für einzelne Risikokategorien durchführen	192
	6.1 Marktpreisrisiko	193
	6.2 Kreditrisiko	194
	6.3 Liquiditätsrisiko	195
7	Zusammenführung zur Gesamtinstitutsbetrachtung	195
8	Inverse Stresstests	197
9	Auswirkungen analysieren, Berichtswesen und Reaktion	198
10	Fazit	199
Literaturverzeichnis		200

1 Grundlagen der Revisionstätigkeit

Aus ökonomischer Sicht leiten sich Funktion und Aufgaben der Internen Revision aus den betriebswirtschaftlichen Anforderungen an eine ordnungsmäßige Unternehmensführung ab. Hierbei stellt die Überwachung bzw. Kontrolle eine Funktion des Unternehmensmanagements dar. Die Verantwortung für die Einrichtung eines funktionsfähigen Internen Überwachungssystems, welches aus den Säulen des Internen Kontrollsystems und der Internen Revision besteht, hat der Vorstand. Die Revisionsaufgaben muss er aber nicht selbständig durchführen, da die Prüfungsfunktion zu den delegierbaren Aufgaben der Unternehmensführung zählt. Die Revisionsaufgaben umfassen die Bewertung von Risikomanagement-, Kontroll- und Überwachungssystemen (governance processes) sowie die Lieferung eines Beitrags zu deren Verbesserung. Die Zielkategorien bei den einzelnen Prüfungen lassen sich unterscheiden in die Effektivität und Effizienz von Prozessen/Systemen im Sinne der strategischen Zielerreichung, die Zuverlässigkeit und Integrität der Informationen, die Sicherung des Betriebsvermögens und die Einhaltung von Gesetzen, Verordnungen und Verträgen.

Aus juristischer Sicht ergibt sich die Notwendigkeit für die Einrichtung und Unterhaltung einer Internen Revision aus dem durch das Gesetz zur Kontrolle und Transparenz im Unternehmensbereich (KonTraG) eingefügten § 91 Abs. 2 AktG. Bei Kreditinstituten im Besonderen ist neben dem § 25a Abs. 1 Satz 3 KWG noch zusätzlich die Wirkungskette Basel – Brüssel – Berlin zu verdeutlichen: Ausgangspunkt bildet das 3-Säulenkonzept von Basel II bzw. Basel III. Letzteres wurde Ende Dezember 2010 veröffentlicht und tritt am 1. Januar 2013 in Kraft.[312]

Internationaler Impulsgeber für ein modernes Konzept eines Internen Kontrollansatzes war Anfang der neunziger Jahre das Committee of Sponsoring Organisations of the Treadway Commission (COSO), welches einheitliche, allgemein anerkannte Standards und Methoden für einen generellen Internal Control-Ansatz setzte. Im COSO-Modell wird unter Internal Control ein Prozess verstanden, der keine absolute, sondern relative Sicherheit hinsichtlich der Erreichung der Unternehmensziele geben soll. Im Jahre 2004 wurde das „Internal Control – Integrated Framework" um das „Enterprise Risk Management – Integrated Framework" (ERM) ergänzt. Neben der Etablierung eines konsistenten Risiko- und Überwachungsbewusstseins im ganzen Unternehmen ist das Ziel vom ERM (Enterprise Risk Management), auch ein allgemein anerkanntes Modell zum Risikomanagement zu etablieren. Im ERM-Modell wird eine weite Definition von Risikomanage-

---

[312] Vgl. zu Basel III *Loeper* (2011): Basel III und weitere Regulierungsvorhaben des Baseler Ausschusses, Vortrag beim Bundesbank Symposium „Bankenaufsicht im Dialog", Frankfurt/Main, 17.05.2011. Ebf. ausführlicher *Geiersbach/Prasser* (2011): Prüfung und Beurteilung des Zinsrisikomanagements aus Sicht der Internen Revision, in: Reuse (Hrsg.): Zinsrisikomanagement, Finanz Colloquium Heidelberg, 2. Auflage, 2011, erscheint voraussichtlich Ende 2011.

ment verwendet. Danach wird unter einem unternehmensweiten Risikomanagement ein Prozess verstanden, „ausgeführt durch Überwachungs- und Leitungsorgane, Führungskräfte und Mitarbeiter einer Organisation, angewandt bei der Strategiefestlegung sowie innerhalb der Gesamtorganisation, gestaltet um die die Organisation beeinflussenden, möglichen Ereignisse zu erkennen, und um hinreichende Sicherheit bezüglich des Erreichens der Ziele der Organisation zu gewährleisten".[313]

Die folgende Abbildung zeigt das ERM-Konzept als dreidimensionales Modell in der Form eines Würfels:[314]

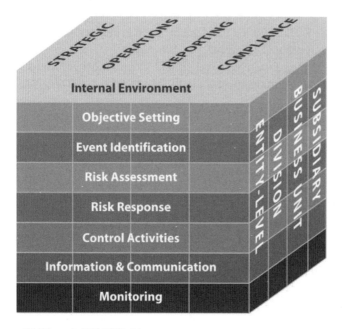

Abbildung 1: ERM-Würfel

Die Oberseite des Würfels stellt die vier Zielkategorien dar (Strategie, operative Ebene, Berichterstattung und Compliance). Die Vorderseite beinhaltet die acht Komponenten:

- Internes Umfeld,
- Zielfestlegung,
- Ereignisidentifikation,

---

[313] *COSO – ERM* (2004): Enterprise Risk Management – Integrated Framework, Committee of Sponsoring Organizations of the Treadway Commission: September 2004, Übersetzung des DIIR e.V.
[314] Ebenda.

- Risikobewertung,
- Risikosteuerung,
- Kontrollaktivitäten,
- Information und Kommunikation,
- Überwachung.

Die „dritte Dimension" führt die Organisationseinheiten des Unternehmens auf.[315]

Die Interne Revision übernimmt in dem ERM-Modell wichtige Aufgaben hinsichtlich der Beurteilung der Effektivität und Effizienz des ERM-Prozesses. An dieser Stelle setzt die Prüfungstätigkeit der Internen Revision bei Prüfungen des Risikomanagementsystems an. In diesem Zusammenhang sind in den Prüfungen auch die Konzepte und Ideen des ERM zu berücksichtigen.

Prüfungen des Risikomanagements, inklusive der Prüfungen zu den Stresstests, sind primär Systemprüfungen und müssen Bestandteil der risikoorientierten Prüfungsplanung der Internen Revision sein.[316]

2 Rahmenbedingungen

Mit der MaRisk-Novelle 2009 wurden von Seiten der deutschen Aufsicht erstmals regelmäßige Stresstests gefordert.[317] Hiermit sind die Anforderungen an die Ausgestaltung von Szenariobetrachtungen ersetzt bzw. konkretisiert und erweitert worden. Dies erfolgte u.a. vor dem Hintergrund der durch die Finanzkrise verursachten Belastungen im Kreditgewerbe. Im Rahmen der MaRisk-Novellierung 2010 wurden die Ausführungen zu den Stresstests (AT 4.3.3 MaRisk) überarbeitet und konkretisiert sowie um das Thema *„inverse Stresstests"* erweitert. Letztere sollen helfen, die Ursachen herauszufinden, die die Überlebensfähigkeit des Kreditinstituts gefährden könnten und sind eine Ergänzung zu den sonstigen Stresstests.[318] Des Weiteren sollen die Stresstests auch die Risikokonzentrationen und Diversifikationseffekte innerhalb und zwischen den Risikoarten umfassen (AT 4.3.3 Tz. 1).

Stresstests sind notwendig, um die Verlustanfälligkeit der Institute auch in extremen Situationen zu erkennen. Damit wird die Risikoanalyse anhand von mathe-

---

[315] Für einen Anwendungsleitfaden des ERM-Konzepts wird verwiesen auf *IIA Austria* (2009): Das Interne Kontrollsystem aus der Sicht der Internen Revision, Institut für Interne Revision Österreich, Arbeitskreis „IKS-Publikation", Wien 2009.

[316] Für eine Darstellung zu den praktischen Grundlagen für risikoorientierte Prüfungsplanung und -handlungen wird verwiesen auf *Geiersbach/Prasser* (2011): Prüfung und Beurteilung des Zinsrisikomanagements aus Sicht der Internen Revision, in Reuse (Hrsg.): Zinsrisikomanagement, Finanz Colloquium Heidelberg, 2. Auflage, 2011, erscheint voraussichtlich Ende 2011.

[317] Vgl. *Thelen-Pischke/Syring* (2010): Neue Anforderungen an Stresstests – ein Überblick über internationale, europäische und nationale Entwicklungen, ZfgK, 14/2010, S. 740 f.

[318] Vgl. die BaFin-Erläuterungen zu AT 4.3.3 Tz. 3 der MaRisk 2010.

matisch-statistischen Modellen ergänzt, da mit diesen nur eine reduzierte Abbildung der Wirklichkeit ermöglicht und zudem oftmals auf historisch beobachteten Annahmen und Interdependenzen beruht.[319] Der Sinn von Stresstests kann auch wie folgt beschrieben werden:[320]

„Es geht letztlich darum, den Black Swan denkbar zu machen, die Heavy Tails besser zu ergründen und somit die Risikomessung über die Standardsysteme, welche lediglich in normalen Marktsituationen gut funktioniert um eine Komponente des sehr Unwahrscheinlichen und Undenkbaren zu ergänzen. Es geht also darum, die bekannten Fehler oder Ungenauigkeiten der üblicherweise verwendeten Modelle aufzudecken, zu enttarnen und daneben auch noch besonders unwahrscheinliche oder kritische Marktentwicklungen zu untersuchen. Für die tägliche Steuerung sind solche Stresstests oft wenig hilfreich, für die Einschätzung des Überlebens von Instituten jedoch umso nützlicher."

Es ist sicherzustellen, dass die in Anlehnung an die CEBS-Richtlinie „Guidelines on Stress Testing"[321] (jetzt: European Banking Authority – EBA) aufgestellte Prozesskette sachgerecht beachtet wird, um den Anforderungen an Stresstests bei Kreditinstituten zu genügen. Nachfolgende Abbildung verdeutlicht diese Anforderung:

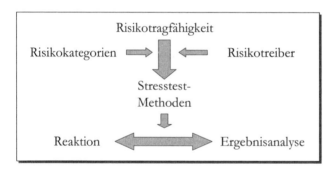

Abbildung 2: Prozesskette Stresstests

Dies spiegelt auch die Struktur bzw. Prozesskette der MaRisk wider. Im Folgenden sollen diese Aspekte aus Prüfersicht behandelt werden.

---

[319] Vgl. *Deutsche Bundesbank* (2009), Monatsbericht September 2009, S. 78.
[320] Vgl. *Gorodinskiy/Walter* (2010): Grundlagen, in: Geiersbach/Walter (Hrsg.): Praktikerhandbuch Stresstesting, Finanz Colloquium, Heidelberg, 2010, S. 6. Dieser Beitrag beinhaltet auch weitere Ausführungen zu den aufsichtlichen Grundlagen.
[321] Vgl. *CEBS* Guidelines on Stress Testing (GL32), 26.08.2010.

3 Risikotragfähigkeit

Abbildung 3: Risikotragfähigkeit

Ein Risikotragfähigkeitskonzept soll der Geschäftsleitung eine strukturierte Übersicht über die Risikotragfähigkeit des Instituts verschaffen. Erreicht werden kann die betriebswirtschaftlich und aufsichtsrechtlich Notwendigkeit sowie Transparenz durch

- die Aufnahme aller wesentlichen mit der Risikotragfähigkeit verbundenen Teilbereiche sowie
- eine klare und plausible Struktur.

In der Sparkassenorganisation erfolgt die Konzeption über folgende Struktur:[322]

---

[322] Vgl. *Schumacher/Friedberg/Vogelsang* (2005): Rahmenkonzept für die Risikotragfähigkeit, Betriebswirtschaftliche Blätter, 11/2005.

Abbildung 4: Kapital und Risikoprofil

Hilfreich ist es, wenn die zentralen Begriffe zur *Risikotragfähigkeit* in diesem Konzept an die MaRisk angelehnt sind. So wird unter Risikotragfähigkeit die Fähigkeit verstanden, Risiken durch so genanntes Risikodeckungspotenzial laufend abzudecken. Das heißt nichts anderes, als dass dieses Risikodeckungspotenzial verbraucht ist, sobald die Risiken schlagend geworden sind.

Das *Risikodeckungspotenzial* ist demnach aus ökonomischer Perspektive das gesamte realisierbare Vermögen, in handelsrechtlicher bzw. aufsichtlicher Betrachtungsweise das Eigenkapital bzw. die Eigenmittel. Natürlich darf auch im Verlustfall dieses Vermögen nicht komplett aufgezehrt werden, da das Institut ja weitergeführt werden soll. Die Geschäftsleitung hat folglich den Anteil am Vermögen festzulegen, der auch im Verlustfall als Gesamtbanklimit nicht überschritten werden darf. Das als Risikodeckungspotenzial umschriebene Vermögen ist in aller Regel kleiner als der Unternehmenswert, da immaterielle Vermögensbestandteile – Wert der Kundenbeziehungen, Wert der Mitarbeiter, Wert der Unternehmens-Marke etc. – nicht als Risikodeckungspotenzial geeignet sind. Im Rahmen der Risikotragfähigkeit wird geprüft, inwieweit die quantifizierbaren Risiken den festgelegten Anteil am Risikodeckungspotenzial auslasten. Mit der Unterschreitung im Zeitverlauf ist die laufende Risikotragfähigkeit gegeben.

Als Risiko wird dabei der potenzielle Verlust verstanden. In der wertorientierten Darstellung entspricht dieser Begriff dem potenziellen Vermögensverlust gegenüber dem erwarteten Vermögen zum Planungshorizont. In der periodischen Betrachtung stellt dieser Verlust die negative Abweichung vom geplanten, bereits in der Betriebsergebnisrechnung berücksichtigten, Verlust (Bewertungsergebnis Kredit, neutrales Ergebnis, ggf. Bewertungsergebnis Wertpapiere) bzw. Ergebnis (Zinsspanne) dar.

Bei der Umsetzung in der Sparkassenorganisation stehen betriebswirtschaftlich gebotene Aspekte im Rahmen der Risikotragfähigkeit im Vordergrund. Diese gehen damit inhaltlich über die aufsichtlichen Anforderungen hinaus, zu denen neben den MaRisk auch die SolvV und die LiqV gehören, die die Grundsätze I und II ablösten.

In der Literatur sind beispielhaft Prozessschritte zur Ermittlung der Risikotragfähigkeit anhand des in Abbildung 4 skizzierten Zusammenhangs zwischen Kapital und Risiko dargelegt, mit Hilfe derer man eine Prüfung des Risikotragfähigkeitskonzeptes durchführen kann:

– Bestimmung des Gesamtvermögens bzw. Kapitals des Kreditinstituts (Risikodeckungspotenzial).
– Geschäftspolitische Entscheidung, wie groß der Anteil am Risikodeckungspotenzial sein soll, der zur Risikoabsorption eingesetzt werden soll.
– Entscheidung über die Aufteilung des eingesetzten Gesamtvermögens bzw. Kapitals auf die einzelnen Risikoarten (Asset Allokation).
– Quantifizierung der einzelnen Risikoarten und Risikoaggregation.
– Verbindung zwischen der Quantifizierung der einzelnen Risikoarten und dem eingesetzten Gesamtvermögen bzw. Kapital (Limitauslastung).
– Ausgehend von diesen vorbereitenden Prozessschritten kann eine abschließende Entscheidung getroffen werden:
  – Ermittlung von Maßnahmen entsprechend der Limitauslastung.

Mit diesen Prozessschritten wird die Übersicht *Kapital* und *Risikoprofil* (Abbildung 4: Kapital und Risikoprofil) sukzessive von oben nach unten durchlaufen.

Dabei sollten immer die drei Kernfragen der Risikotragfähigkeit gestellt werden:[323]

– Wie viel Kapital hat das Institut?
– Wie viel Kapital will das Institut einsetzen?
– Wie viel Kapital benötigt das Institut für bereits eingegangene und geplante Risiken?

Die klassischen Steuerungskonzepte haben sich lange Zeit ausschließlich auf die periodischen Erfolge innerhalb der GuV konzentriert. Diese Sichtweise ist jedoch als Basis für eine moderne ertrags- und risikoorientierte Steuerung von Marktpreisrisiken nicht mehr ausreichend. Obwohl die *Barwertmethodik* als das

---

[323] Vgl. *Schierenbeck* (2005): Ertragsorientiertes Bankmanagement Band II, Gabler, 2005.

ökonomisch überlegene Konzept anerkannt ist, muss dieser Steuerungsansatz weiterhin die handelsrechtliche, GuV-orientierte Betrachtung berücksichtigen.[324]

Das Verfahren für die Ermittlung der Risikotragfähigkeit hat den allgemein anerkannten Grundsätzen zu entsprechen. Im Rahmen einer Prüfung der Risikotragfähigkeit durch die Interne Revision können die folgenden Sachverhalte beachtet und zur Einschätzung der Konzeption herangezogen werden.

Es sollte festgestellt werden, ob das *Risikodeckungspotenzial* auf periodenorientierter (GuV/Bilanz) und/oder wertorientierter Basis ermittelt wird. Die MaRisk geben allerdings keine Betrachtungsweise vor, insbesondere ist die wertorientierte Betrachtung keine Pflicht. Jedoch ist darauf zu achten, dass die Ermittlungsmethoden für das Risikodeckungspotenzial einerseits und die Risiken andererseits widerspruchsfrei sind. Die periodische und die wertorientierte Basis sollen möglichst nicht vermischt werden.

Daneben ist zu untersuchen, welche Risiken als wesentlich definiert wurden. In deutschen Universalbanken sind dies in der Regel zumindest Adressenausfall-, Marktpreis- und Liquiditätsrisiken sowie operationelle Risiken. Diese werden dann auch in den MaRisk in BTR „Anforderungen an die Risikosteuerungs- und -controllingprozesse" in den BTR 1 – 4 gesondert adressiert.

Im Rahmen des Risikotragfähigkeitskonzeptes wird das Risikodeckungspotenzial den wesentlichen Risiken gegenübergestellt. Das Risikotragfähigkeitskonzept setzt insoweit eine substanzielle Aussage über die Höhe der wesentlichen Risiken voraus. Die MaRisk geben in diesem Zusammenhang keine konkreten Verfahren vor. Ein sinnvolles Verfahren zur Messung der Risiken sollte nach der Fachliteratur vor allem folgende Eigenschaften besitzen:[325]

- Eine Verdoppelung der eingesetzten risikobehafteten Anlage führt zur Verdoppelung des Risikomaßes („positive Homogenität").
- Mehr Risiko bedeutet ein höheres Risikomaß („Monotonie").
- Das Risikomaß eines Portfolios aus zwei risikobehafteten Anlagen ist kleiner oder gleich der Summe der Risikomaße der beiden einzelnen risikobehafteten Anlagen („Subadditivität" oder „Diversifikation").
- Eine zusätzliche Investition in eine risikolose Anlage verringert das Risikomaß („Translationsvarianz").

Mindestens die wesentlichen Risiken sollten bei der Ermittlung der Risikotragfähigkeit mit einbezogen werden. Eine Nichtberücksichtigung, wie beispielsweise im Allgemeinen Liquiditätsrisiken (MaRisk AT 4.1, Tz. 4), ist entsprechend festzuhalten und nachvollziehbar zu begründen. Auch wenn diese Risiken nicht explizit

---

[324] Vgl. *Schierenbeck/Kirmße* (2007): Aktuelle Entwicklungen und Fragestellungen in der Banksteuerung, Fritz Knapp, 2007, S. 20 f.; ebf. *Rolfes* (1999): Gesamtbanksteuerung, Schäffer-Poeschel, 1999.

[325] Vgl. *Hannemann/Schneider* (2011): Mindestanforderungen an das Risikomanagement – Eine einführende Kommentierung, Schäffer-Poeschel, 2011, S. 145.

Eingang in die Risikotragfähigkeitskonzeption finden sind sie dennoch ausreichend im Risikosteuerungs- und -controllingprozess zu berücksichtigen. Dies kann durch angemessene Puffer oder Abschläge erfolgen. Im Falle des Liquiditätsrisikos sind jedoch auf jeden Fall die Anforderungen aus dem BTR 3 Liquiditätsrisiken zu beachten.

Bei *wertorientierter Ermittlung* der Risiken sind die handelsrechtlichen Auswirkungen auf Bilanz und GuV hinreichend zu berücksichtigen. Die handelsrechtliche Betrachtung ist immer als eine Nebenbedingung zu sehen. Allgemein sollten die genutzten Verfahren zur Ermittlung und Quantifizierung der Risiken angemessen sein und dem aktuellen Stand entsprechen.

Daneben ist zu prüfen, welche Szenarien, z. B. Real Case für den Normalbelastungsfall, Worst Case für den negativen Belastungsfall und Stressszenarien für den Extremfall für die Risikotragfähigkeit zu Grunde gelegt werden. Diese Szenarien sind darauf zu prüfen ob sie hinreichend und plausibel sind. So müssen zum Beispiel beim Extremfall nicht alle Risikoarten bezüglich extremer negativer Ergebnisse betrachtet werden.

Zumindest bei wesentlichen Eingaben sollten ausreichende Kontrollen im Sinne des Vier-Augen-Prinzip vorgesehen sein. Wenn diese nicht IT-gestützt erfolgen, kann dies zum Beispiel auf entsprechenden Bearbeitungs-Checklisten dokumentiert werden, in dem Erfasser und Kontrolleur mit Datum und Handzeichen die entsprechenden Bearbeitungsschritte auf den Checklisten abzeichnen. Im Rahmen der Prüfung sollte darauf geachtet werden, ob die angewiesenen Kontrollen ordnungsgemäß durchgeführt und dokumentiert wurden. Auch sollte die Ermittlung der Risikotragfähigkeit ausreichend dokumentiert und für einen sachkundigen Dritten – wie z. B. dem internen und externen Prüfer – nachvollziehbar sein.

Daneben ist nach AT 4.1 Tz. 8 der MaRisk die Angemessenheit der Methoden zur Beurteilung der Risikotragfähigkeit zumindest jährlich durch die fachlich zuständigen Mitarbeiter zu überprüfen. Zur Erfüllung dieser Anforderung sollte auch eine Dokumentation der Überprüfung erfolgen, sofern keine Anpassung erfolgt.

Neben der quantitativen Betrachtung ist für die Sicherstellung der Risikotragfähigkeitskonzeption auch der qualitative Prozesscharakter in das Blickfeld aufzunehmen. Das bedeutet z. B., dass eine regelmäßige Risikoprofilanalyse zu erfolgen hat und das verfügbare Risikodeckungspotenzial ad hoc oder zu fixen Stichtagen zu überprüfen ist. Ebenfalls als Teile des Prozesskreislaufs sind das interne Limitsystem, die Geschäfts- und Risikostrategien sowie das Reporting an Geschäftsleitung und Überwachungsorgan zu sehen.

Abschließend zur Betrachtung der Risikotragfähigkeit ist festzuhalten, dass die Steuerungsprozesse keine Einbahnstraße sein sollten, sondern als Regelkreisläufe funktionieren sollten, die dem Grundmuster aus Planung, Maßnahmendurchführung und Ergebnisanalyse folgen.

Mögliche Prüfungsfragen:
- Beinhalten die Regelkreisläufe auch eine Analyse von absehbaren Änderungen der operativen Geschäftstätigkeiten, der strategischen Ziele oder des wirtschaftlichen Umfeldes auf die künftige Risikotragfähigkeit? Baut das Risikotragfähigkeitskonzept auf handelsrechtlichen Größen auf, so ist eine angemessene Betrachtung über den Bilanzstichtag hinaus erforderlich (AT 4.1 Tz. 3).
- Wenn innerhalb oder zwischen den Risikoarten risikomindernde Diversifikationseffekte berücksichtigt werden, so müssen die verwendeten Annahmen aus der Analyse der institutsindividuellen Verhältnisse abgeleitet bzw. plausibilisiert werden und auf Daten basieren, die für die individuelle Risikosituation als repräsentativ angesehen werden kann. Ansonsten dürfen Diversifikationseffekte nicht berücksichtigt werden. Das Verfahren und das Vorgehen der Repräsentativitätsanalysen sind zu dokumentieren (AT 4.1 Tz. 6).
- Wurden die Diversifikationsannahmen auf ihre Verlässlichkeit und Stabilität hin überprüft? Die Überprüfung hat regelmäßig und gegebenenfalls anlassbezogen zu erfolgen. Die Annahmen sind der Geschäftsleitung zu berichten und von ihr zu genehmigen (AT 4.1 Tz. 7). Aus Sicht der Verfasser sollte auch das Überwachungsorgan über die Annahmen unterrichtet und diese mit ihm erörtert werden.
- Ist geregelt, dass die Ergebnisse der Stresstests bei der Beurteilung der Risikotragfähigkeit angemessen berücksichtigt werden?
- Ist das System, bestehend aus Geschäfts- und Risikostrategie, der Risikotragfähigkeitskonzeption sowie der Methoden der Risikoquantifizierung, konsistent?

4 Risikokategorien

Abbildung 5: Risikokategorien

Bei der Identifikation der Risikoarten sollten die wesentlichen Risiken des Unternehmens erfasst werden. Nach den MaRisk sind dies grundsätzlich Adressrisiken, Marktpreisrisiken, Liquiditätsrisiken und operationelle Risiken.

Für die wesentlichen Risiken sind regelmäßig angemessene Stresstests durchzuführen. Besonderes Augenmerk wird dabei von Seiten der Aufsicht auf die Liquiditätsrisiken gelegt. Zu den Liquiditätsrisiken werden als einzige Risikoart in dem besonderen Teil der MaRisk (BT) explizit Anforderungen für die durchzuführenden Stesstests formuliert. Bei den restlichen Risikoarten ergeben sich die Verpflichtungen zu Stresstests aus den allgemeinen Anforderungen an Stresstests (AT 4.3.3) die mit der MaRisk-Novelle 2010 aus den Anforderungen an Risikosteuerungs- und controllingprozesse der MaRisk (AT 4.3.2) herausgelöst wurden und somit einen eigenen Gliederungspunkt im AT 4.3 Internes Kontrollsystem bekamen.

Die einzelnen Risikoarten untergliedern sich in Teilrisikoarten, die als Risikokategorien bezeichnet werden. Das *Adressrisiko* gliedert sich beispielsweise in die Risikokategorien „Kundengeschäft", „Eigengeschäft" und „Beteiligungen" auf, das Liquiditätsrisiko kann in das Zahlungsunfähigkeitsrisiko, das Marktliquiditätsrisiko und das Refinanzierungsrisiko unterteilt werden.

4.1 Risikoquantifizierung

Für die Messung des Risikos hat sich in den letzten Jahren der *Value-at-Risk-Ansatz* (VaR) durchgesetzt. Der VaR gehört zu den Downside-Risikomaßen und es wird der maximale Verlust eines Portfolios bei einer vorgegebenen Wahrscheinlichkeit (Konfidenzniveau) während eines bestimmten Zeitraums (Haltedauer) angegeben.

Im „klassischen" Ansatz wird das Risiko mit der Standardabweichung gemessen. Die Standardabweichung bewertet jedoch als symmetrisches Maß Chancen und Risiken gleichermaßen. Je weiter entfernt das Ergebnis von dem Erwartungswert liegt, umso größer wird gefühlsmäßig das Risiko dieser Anlage eingestuft. Daher eignet sich die Standardabweichung, um die Abweichung von der Erwartung zu beschreiben. Als Vorteile der Standardabweichung als Risikomaß sind zu nennen:

- intuitiv nachvollziehbar
- unterjährige Werte sind mit der Wurzel-Regel leicht auf ein Jahr umzurechnen
- Effekt der Diversifikation (Subadditivität, Risiko(E1 + E2) <= Risiko(E1) + Risiko(E2)), ist erfüllt.

Als Nachteil der Standardabweichung als Risikomaß ist zu erwähnen, dass es sich um ein symmetrisches Maß handelt, d. h. zwischen Gewinnen und Verlusten wird nicht unterschieden.

Zur Berechnung des VaR liegen verschiedene Ansätze vor. Die moderne historische Simulation ist für alle Risiken geeignet und es erfolgt eine implizite Berücksichtigung der Korrelationen. Allerdings ist die Vergangenheit der einzige Maßstab und ein hoher Berechnungsaufwand für große Portfolien notwendig. Dagegen erfordert der Varianz-Kovarianz-Ansatz eine explizite Berücksichtigung der Korrelationen bei nur geringem Berechnungsaufwand, die Kenntnis der Parameter vorausgesetzt, wobei eine Normalverteilung unterstellt ist, so dass der Ansatz für nichtlineare Risiken (z. B. Risiken aus Optionen) nicht geeignet ist. Die Monte-Carlo-Simulation als statistisch saubere Methode ist für alle Risikoarten einsetzbar, hier liegt aber ein sehr komplexes Modell vor, bei dem ein hoher Rechenaufwand erforderlich ist und Annahmen über die Wahrscheinlichkeitsverteilung der einzelnen Risikoparameter notwendig ist.

Die Vorteile des VaR als Risikomaß sind, dass es als Downside-Risikomaß die Verlustbetrachtung unterstützt, dass es zurzeit als Risikomaß weit verbreitet ist, dass dessen Bedeutung noch intuitiv nachvollziehbar ist und dass es von der Aufsicht anerkannt wird. Der wesentliche Nachteil des VaR liegt darin, dass die Verluste hinter der Konfidenzwahrscheinlichkeit unberücksichtigt bleiben.[326] Um diesen Nachteil abzumildern wird mitunter der Conditional-VaR als Risikomaß herangezogen.

Vor diesem Hintergrund sollen in sich konsistente Stresstests die Risikomanagementsysteme ergänzen und auch dazu beitragen, die Schwächen bzw. Grenzen der modellbasierten Risikoquantifizierung zu „überwinden".

4.2 Marktpreisrisiko

Marktpreisrisiken, wie zum Beispiel Zinsänderungsrisiken, können aus *periodischer Sichtweise* und/oder aus *wertorientierter Sichtweise* betrachtet werden. Die MaRisk geben dahingehend keine Betrachtungsweise vor. Allerdings ist zu beachten, ob diesbezüglich eine Konsistenz zur Risikostrategie und zur Risikotragfähigkeit auf Gesamtbankebene besteht.

Die eingegangenen Marktpreisrisiken sollten in Einklang mit der Risikostrategie stehen, Abweichungen sollten dokumentiert werden. Gegebenenfalls ist die Risikostrategie zu überdenken.

Speziell zur wertorientierten Messung und Steuerung der Zinsänderungsrisiken werden mitunter zentral Verfahren und Methoden entwickelt. So wurden zum Beispiel in der Sparkassenorganisation mit dem Abschlussbericht zum Projekt „Typische Zinsszenarien und Dispositionskonzept" oder der Studie „Steuerung des Zinsbuches einer Sparkasse – aktives versus passives Management" den Sparkassen Grundlagen bereitgestellt. Hier ist insbesondere zu beachten, dass auch ergänzende Studien wie zum Beispiel das Projektergebnis zur Integration von Marktpreisrisiken oder der Leitfaden „Umfang des Zinsbuch-Cash-flow" angemessen Berücksichtigung finden.

Bei einem (ausschließlich) wertorientierten Ansatz muss sichergestellt sein, dass auch die periodische (GuV-bezogene) Tragfähigkeit gegeben ist. Dies kann gegebenenfalls aus bilanziellen Reserven sichergestellt werden. Besser ist es jedoch, wenn sowohl die periodische als auch die wertorientierte Betrachtung erfolgt.

---

[326] Vgl. für weitere Kritikpunkte *Gleißner/Romeike* (2011): Die größte anzunehmende Dummheit im Risikomanagement, Risk, Compliance & Audit, 1/2011, S. 21 ff.

Für die Zinsänderungsrisiken ist sicherzustellen, dass bei der periodischen Ausrichtung eine angemessene Betrachtung über den Bilanzstichtag hinaus erfolgt. Dies sollte mindestens für das Folgejahr der Fall sein, die Tragfähigkeit der Risiken sollte auch für die nächsten Jahre nachgewiesen werden.

Für die Zinsänderungsrisiken kann eine aktive, passive oder semi-aktive Steuerung Steuerungsstrategie festgelegt werden.

Bei einer aktiven Steuerung hat das Kreditinstitut zum Beispiel Quellen, Methoden und den Prozess für die Erstellung der Zinsprognose nachvollziehbar festzulegen. Bei passiver bzw. semi-aktiver Steuerung ist hingegen ein geeigneter Benchmark-Cashflow festzulegen.

Zur Aggregation der Einzelrisiken (Zinsänderungsrisiken, Aktienkurs-, Währungs- und sonstigen Preisrisiken) sollten angemessene Verfahren vorliegen, nach denen auch entsprechend vorgegangen wird und eine Zusammenfassung der Risiken erfolgt. So können beispielsweise über die moderne historische Simulation Korrelationseffekte zwischen Zinsänderungsrisiken und Aktienkursrisiken genutzt werden, um einen Risikowert zu errechnen, der immer kleiner oder gleich der Addition der beiden Risikowerte ist. Für diese Gesamtrisiko-Minderungen gegenüber dem Risiko, welches sich aus der Addition der einzelnen Risiken ergibt, sollten entsprechende sachgerechte Nachweise vorliegen.

Außerdem kann im Rahmen einer Prüfung festgestellt werden, ob ein angemessenes Kontrollsystem

- für manuelle Eingaben,
- zur Datenabstimmung und
- zur Ermittlung der gleitenden Durchschnitte im Rahmen der wertorientierten Zinsbuchsteuerung bzw. Zinselastizitäten im Rahmen der der periodischen (GuV-basierten) Steuerung

vorliegt. Insbesondere bei Parametern oder bei der Nutzung von Schnittstellen zur Datenversorgung bei Überleitung aus anderen IT-Anwendungen erscheint die Einrichtung eines Kontrollsystems grundsätzlich sinnvoll. Dieses sollte, wie schon einige Male erwähnt, auch „gelebt" werden, so dass eine Prüfung der Durchführung der Kontrolltätigkeiten nebst Dokumentation zumindest in Stichproben Gegenstand von Prüfungshandlungen sein kann.

4.3 Kreditrisiko

Kreditportfoliomodelle können grundsätzlich in Ausfallmodelle oder Marktwertmodelle (Migrationsmodelle bzw. Mark-to-Model) bzw. in Analyse- oder Simulationsmodelle unterschieden werden. Bekannte Modelle sind CreditMetrics, CreditRisk+ oder CreditPortfolioView, welches als Grundlage für die weiteren Ausführungen dient.[327]

Nach den Anforderungen der MaRisk an das Adressenrisikomanagement und -controlling (BTR 1 Tz. 1) ist durch geeignete Maßnahmen sicherzustellen, dass Adressenausfallrisiken und damit verbundene Risikokonzentrationen unter Berücksichtigung der Risikotragfähigkeit begrenzt werden können. Dies wird durch den AT 4.3.3 Tz. 1 ergänzt, da auch für Stresstests die angenommenen Risikokonzentrationen und Diversifikationseffekte innerhalb und zwischen den Risikoarten zu berücksichtigen sind. Ergänzt wurden auch die Risiken aus Verbriefungstransaktionen, die mit in die *Stresstestsimulationen* aufzunehmen sind. Eine bankbetriebswirtschaftlich sinnvolle Methode zur Kreditrisikoquantifizierung auf Portfolioebene sind Kreditrisikomodelle, die es erlauben, Aussagen über die Wahrscheinlichkeit zukünftiger Wertentwicklungen eines Kreditportfolios zu geben (unerwartete Verluste). Das Simulationsmodell „*CreditPortfolioView*" (CPV) berücksichtigt Branchenkorrelationen und quantifiziert potenzielle Wertänderungen aufgrund von Ratingmigrationen und Ausfällen (Marktwertmodusmodell) auf Basis der Monte-Carlo-Simulation. Die Simulationen basieren auf Parametern und auf aufbereiteten unbesicherten Cash flows, die in drei Portfolioklassen untergliedert werden. Als Parameter sind z. B. zu nennen: Mittlere Migrationsmatrix, Einbringungs- und Verwertungsquoten der Sicherheiten, die Zinskurve sowie die Korrelationsmatrix und Shift-Parameter.

Bei CPV kommen zwei Wahrscheinlichkeitsverteilungen zum Einsatz: Zum einen eine Gammaverteilung für die Ausfallwahrscheinlichkeiten und eine Normalverteilung für die Einbringungs- und Verwertungsquoten. Durch die Kombination von Makro- und Mikrosimulationen können simulativ u.a. der Stand-alone-Value-at-Risk (unerwarteter Verlust) und der auf dem Conditional-Value-at-Risk basierende Risikobeitrag bestimmt werden. Die CPV-Kennzahlen bilden die Grundlage für eine wertorientierte Steuerung des Kreditportfolios.

Die in CPV verwendeten Parameter kann man verschiedenen Kategorien zuordnen. Neben den Risikoparametern, zu denen die Migrationsmatrizes für Ratingsysteme, die Verwertungsquoten für Sicherheiten und die Einbringungsquoten für unbesicherte Cashflows sowie Ausfallwahrscheinlichkeiten und Korrelationen für Branchen und Produkte gezählt werden können, werden Simulationsparameter benötigt, zu denen neben der Anzahl der durchzuführenden Simulationen für Makro- und Mikrosimulationen auch das Konfidenzniveau für die Bestimmung der Risikokennzahlen zählen. Zu den Bewertungsparametern können der Eigenkapitalverzinsungsanspruch für das gebundene ökonomische Kapital oder die zu verwendende risikolose Zinsstrukturkurve zugeordnet werden, während zu den Vorverarbeitungsparametern der Großkundenschwellenwert für die Abgrenzung der Zuordnung

---

[327] Vgl. *Geiersbach/Prasser* (2010): Kreditportfoliomodelle: Risikotragfähigkeitskonzeption und Risikoquantifizierung; ForderungsPraktiker 05/2010, S. 213–219.

zu diversifiziertem oder undiversifiziertem Portfolio und die Bildung von Risikoverbünden zur Datenaufbereitung gezählt werden können. Erfolgt die Parametrisierung auf einem zu schwachem Niveau, so besteht die Gefahr, dass die Risikotragfähigkeit nur unzureichend abgedeckt werden kann.

Mit der MaRisk-Novelle 2010 sind die Anforderungen an Stresstest weiter konkretisiert worden. Stresstests haben neben Risikokonzentrationen auch außergewöhnliche, aber plausibel mögliche Ereignisse abzubilden. Da regionale Gegebenheiten und die institutsindividuelle Portfoliostruktur berücksichtigt werden muss, können pauschal keine allgemein anwendbaren Vorgaben zur Durchführung von Stresstests bezüglich des Adressenausfallrisikos mittels CPV festgelegt werden. Insbesondere ist individuell festzulegen, wie intensiv z. B. die Ausfallwahrscheinlichkeiten oder die Qualität und Höhe der Kreditbesicherungen für den Stresstest simuliert werden. Mit CPV können Konjunktureinbrüche in der Art simuliert werden, dass für die bei der Risikoberechnung durchzuführenden Makrosimulationen die Wahrscheinlichkeiten für Rezessionsszenarien erhöht werden, d. h. die Ausfallratenverteilung für Risikosegmente wird verändert. Dies spiegelt auch die Anforderungen des AT 4.3.3 Tz. 2 der MaRisk wider, dass die Stresstests auch die „Auswirkungen eines schweren konjunkturellen Abschwungs auf Gesamtinstitutsebene" – mit Berücksichtigung der Adressenrisiken umfassen müssen. Daneben können mit CPV die Auswirkungen von Ratingverschlechterungen kombiniert mit z. B. Verminderung der Einbringungsquoten auf die Risikosituation des Kreditinstituts simuliert werden. Nach Auffassung der Bankenaufsicht sollte ein schlüssiges Gesamtkonzept von dem Institut erarbeitet werden, welches sowohl die erwarteten als auch die unerwarteten Verluste angemessen berücksichtigt. Teilweise wird im Rahmen von Stresstests für Modellrisiken eine Erhöhung des Konfidenzniveaus (VaR-Fall) durchgeführt. Nach unserem Verständnis entspricht dieses Vorgehen keinem Stresstest für Modellrisiken.

4.4 Liquiditätsrisiko

Die Sicherstellung der Liquidität[328], insbesondere bei sog. Marktunvollkommenheiten, stellt eine wesentliche Voraussetzung für die Stabilität des Banken- und Finanzsystems dar, deren unzureichende Beachtung zu nachhaltigen Störungen im Finanzsektor – mit Ausstrahlungswirkung auf realwirtschaftliche Allokationsprozesse – führen kann. Nach § 11 Abs. 1 Satz 1 KWG müssen Kreditinstitute ihre Mittel so anlegen, dass jederzeit eine ausreichende Zahlungsbereitschaft (Liquidi-

---

[328] Liquidität soll verstanden werden als die Fähigkeit, Zunahmen von Aktiva zu refinanzieren und Verbindlichkeiten bei Fälligkeiten ordnungsgemäß zu erfüllen. Vgl. *Basel Committee on Banking Supervision* (2000), S. 1.

tät) gewährleistet ist. Diese Gesetzesformulierung ist materiell nicht neu.[329] Neu ist aber, dass die dem § 11 KWG unterliegenden Institute nicht mehr den (alten) Grundsatz II, sondern die am 1. Januar 2007 in Kraft getretene Liquiditätsverordnung (LiqV) zu beachten haben.[330]

Neu ist in diesem Zusammenhang, dass die MaRisk als normenkonkretisierendes Schreiben des § 25a Abs. 1 KWG, die quantitativen Anforderungen der LiqV um qualitative Elemente erweitern, mit dem Ziel, dass Institute ein angemessenes und wirksames Liquiditätsmanagement implementieren müssen. Es ist also vielmehr die *qualitative Ausrichtung*, die einen prinzipienorientierten und keinen detailbasierten Prüfungsansatz begründet.[331] Dieser diskretionäre Ansatz, der auch die Eigenverantwortung der Institute in den Vordergrund stellt, findet sich punktuell auch in der neuen Liquiditätsverordnung wieder. Denn § 10 der LiqV ermöglicht den Instituten – im Gegensatz zu dem alten Grundsatz II – mit befreiender Wirkung von allen quantitativen Vorgaben ihre internen Liquiditätssteuerungsmodelle aufsichtlich anerkennen zu lassen.[332]

„Zur Steuerung des Liquiditätsrisikos in Instituten sind zwei Sichtweisen einzunehmen, in der unterschiedliche Risikoanalysekonzepte für eine angemessene Liquiditätsrisikosteuerung zu verbinden sind: Eine dispositive und eine strukturelle Sicht. Die dispositive Liquiditätsrisikosteuerung ist kurzfristig orientiert und stellt die tägliche Zahlungsbereitschaft eines Instituts her, indem die Nettomittelabflüsse eines Instituts jederzeit fristgerecht in voller Höhe gedeckt werden. Die strukturelle Liquiditätsrisikosteuerung steuert im Unterschied dazu längerfristig orientiert die Liquiditätsstrukturen so, dass unter Berücksichtigung der Kunden- und Eigengeschäftsplanung sowie der Refinanzierungsmöglichkeiten jederzeit eine angemessene Liquiditätsreserve für die Deckung der Nettomittelabflüsse eines Instituts sichergestellt ist. Ist das Liquiditätsrisiko für ein Institut wesentlich, müssen angemessene Eigenmittel in den Liquiditätsstrukturen berücksichtigt werden, um auch liquiditätsbedingte Vermögensbelastungen decken zu können; letztere hatten einige

---

[329] Vgl. *Zeranski/Geiersbach/Walter* (2008): Ökonomisches Kapital für das Liquiditätsrisiko in Instituten, in: Becker/Gehrmann/Schulte-Mattler (Hrsg.): Handbuch Ökonomisches Kapital, Knapp, 2008, S. 369–434; ebf. *Geiersbach* (2010): Prüfung des Liquiditätsmanagements durch die Interne Revision, in: Bantleon/Becker (Hrsg.): Risikomanagement und Frühwarnverfahren, Deutscher Sparkassenverlag, 2010, S. 509–539. Zur Historie und Entwicklung der Liquiditätsrisikotheorie vgl. *Hartmann-Wendels/Pfingsten/Weber* (2007): Bankbetriebslehre, Springer, 2010, S. 468 ff.

[330] Vgl. hierzu die Liquiditätsverordnung – Verordnung über die Liquidität der Institute (LiqV) in der Fassung der Bekanntmachung vom 14.12.2006.

[331] Der ganzheitliche Ansatz ist auch eine entscheidende Stütze in der aktuellen Finanzkrise für den Erfolg oder Misserfolg eines Instituts gewesen. Vgl. für weitere Untersuchungsergebnisse zur praktischen Wirksamkeit von Risikomanagementsystemen und -prozessen in der aktuellen Finanzkrise den Bericht der *Senior Supervisors Group* (2008), S. 3.

[332] Vgl. *Meister* (2006): Umbruch in der Bankenregulierung, Vortrag vom 06.11.2006 an der LMU München, S. 8.

Institute im Zuge der Subprime Krise unerwartet erhöht zu tragen, vereinzelte konnten diese selbst aber nicht decken. Entsprechend sind zwei Steuerungsgrößen einzuführen: Der „*Liquidity at Risk*" (LaR) misst die Liquiditätsbelastung, die mit einer vorgegebenen Wahrscheinlichkeit in einer bestimmten Zeitdauer nicht überschritten wird. Der *Liquidity-Value at Risk* (L-VaR) misst den Vermögensverlust aufgrund unerwartet hoher Refinanzierungskosten, der mit einer vorgegebenen Wahrscheinlichkeit in einer bestimmten Zeitdauer nicht überschritten wird. Während der LaR eine Volumengröße darstellt, ist der L-VaR eine Vermögensgröße. Letzterer ist mit Eigenmitteln zu unterlegen, falls das Institut ihn als wesentlich ansieht. Im Unterschied zu den traditionellen Analysen ordnen diese Anätze den Risikobeträgen eine statistische Eintrittswahrscheinlichkeit zu und liefern damit einen Beitrag zum risikoorientierten Liquiditätsmanagement in einer ertragsorientierten Gesamtbanksteuerung."[333]

Für die laufende Messung und Überwachung des Nettofinanzierungsbedarfs haben die Institute entsprechende Verfahren und Prozesse zu implementieren. Die eingesetzten Modelle und Methoden zur täglichen Disposition, zur Identifizierung und Quantifizierung des Liquiditätsrisikos, die Maßnahmen zur Absicherung des Liquiditätsrisikos das Berichtswesen sind zu dokumentieren. Eine Liquiditätsanalyse sollte auf Basis mehrerer Szenarien durchgeführt werden. Die der Liquiditätssteuerung zugrunde liegenden Annahmen und Parameter sind regelmäßig zu überprüfen.[334]

Mögliche Prüfungsfragen:

- Wurde zwischen dispositiver und struktureller Liquiditässsteuerung unterschieden?
- Methodische Annahmen und Klassifizierungen zur Modellierung der Zahlungsströme.
- Eine Berechnung des Liquiditätsrisikos aus historischen Daten auf Basis der Normalverteilungsannahme sollte nicht erfolgen.[335]
- Modelle beruhen im Wesentlichen auf getroffenen Annahmen, die u. a. auch im Einklang mit den in der Risikostrategie getroffenen Präferenzen stehen müssen. Vor diesem Hintergrund sollten Vorstand und Verwaltungsrat bzw. Aufsichtsrat über die getroffenen Modellannahmen unterrichtet und ihnen deren Wirkungsmechanismen transparent gemacht werden.

---

[333] Vgl. *Zeranski/Geiersbach/Walter* (2008): Ökonomisches Kapital für das Liquiditätsrisiko in Instituten, in: Becker/Gehrmann/Schulte-Mattler (Hrsg.): Handbuch Ökonomisches Kapital, Knapp, 2008, S. 380 f.

[334] Vgl. *Basel Committee on Banking Supervision* (2000): Sound Practices for Managing Liquidity in Banking Organisations, Februar 2000, S. 7 ff.; ebf. *Deutsche Bundesbank/BaFin* (2008): Praxis des Liquiditätsrisikomanagements in ausgewählten deutschen Kreditinstituten, Januar 2008, S. 20 ff.

[335] Vgl. *Europäische Zentralbank* (2002): Developments in Bank´s Liquidity Profile and Management, Mai 2002, Frankfurt am Main, S. 29.

- Welche Annahmen wurden bezüglich Marktfähigkeit der Aktiva und Zugang zu Refinanzierungsquellen in Stresszeiten getroffen (z. B. Annahmen über den Refinanzierungs- und Anlagehorizont in den einzelnen Produktgruppen und Geschäftsbereichen sowie Prolongationswahrscheinlichkeiten und Neugeschäftsannahmen)?
- Das Liquiditätsrisiko wird beim Konzept des Liquidity at Risk für Zahlungsstromrisiken unmittelbar aus den tatsächlichen Zu- und Abflüssen an Zentralbankgeld abgeleitet. Erfolgt die Ermittlung dieses Liquiditätsbedarfs bzw. -überschusses ordnungsgemäß und sind dabei alle relevanten Zahlungsströme erfasst?
- Werden Wechselwirkungen zwischen dem Liquiditätsrisiko und anderen Risikoarten berücksichtigt? Werden darüber hinaus die Parameter bei der VaR-Modellierung des Liquiditätsrisikos (z. B. L-VaR) mit den Steuerungsparametern bei den anderen wesentlichen Risiken abgestimmt?
- Annahmen, die den Stresstests zu Grunde liegen, wie z. B. auslösendes Moment und Dauer einer Krise bzw. Reaktionszeiten für Gegenmaßnahmen, Häufigkeit von Stresstests, Risikoparameter sowie Abhängigkeiten zu anderen Risikoarten. Die Annahmen und Parameter der Stresstests sollten ebenfalls regelmäßig überprüft werden.
- Nach den MaRisk sind regelmäßig angemessene Stresstests für die wesentlichen Risiken durchzuführen. Dies hat auf der Basis der für die jeweiligen Risiken identifizierten maßgeblichen Risikofaktoren zu geschehen. Die Stresstests haben insbesondere auch *Risikokonzentrationen* und *Diversifikationseffekte* innerhalb und zwischen den Risikoarten sowie Risiken aus außerbilanziellen Geschäften und Verbriefungstransaktionen zu umfassen. Sie sind auch auf Gesamtbankebene durchzuführen. Stresstests für das Liquiditätsrisiko sollten somit nicht nur singulär durchgeführt werden, sondern als Gesamtstresstest über alle wesentlichen Risikoarten, so dass die kombinierten Auswirkungen negativer Entwicklungen über alle Risikoarten analysiert werden können. Im Bereich der Szenarioanalysen sollten in diesem Zusammenhang auch Abhängigkeiten zwischen den einzelnen Risikoarten Berücksichtigung finden.
- Beinhalten die Stresstests auch außergewöhnliche, aber plausible mögliche Ereignisse? Wurden bei der Festlegung der Szenarien die strategische Ausrichtung des Instituts und sein wirtschaftliches Umfeld berücksichtigt? Folgende Stressszenarien können z. B. für die kurzfristige Liquidität simuliert werden:
    - *Liquiditätsschock* („bankrun"): Annahme, dass 50 v. H. der Sichteinlagen, der täglich fälligen Einlagen sowie der Spareinlagen, der Inhaberschuldverschreibungen und sämtliche der kurzfristigen Interbankenfinanzierungen nicht mehr zur Verfügung stehen.
    - Einlagenabzug der zehn größten Wirtschaftsverbünde: Simulation eines Szenarios, dass die zehn größten Wirtschaftsverbünde ihre Einlagen kurz-

fristig abheben. Dieses Szenario gibt auch Auskunft über mögliche Größenkonzentrationen in der Refinanzierung.
- Für das langfristige Liquiditätsrisiko können – unter Berücksichtigung des Geschäftsmodells – z. B. folgende Szenarien gebildet werden:
  - Rückgang der wesentlichen Kundenpassiva um zehn Prozent p.a.
  - Steigerung der wesentlichen Kundenaktiva um zehn Prozent p.a.
  - Erheblicher Abschreibungsbedarf auf Kundenforderungen (Worst Case).
- Hat das Institut die Angemessenheit der Stresstests inklusive der gewählten Annahmen in regelmäßigen Abständen, mindestens aber jährlich, überprüft? Zu den marktweiten und institutseigenen Ursachen für Liquiditätsrisiken wird auf die Erläuterungen der BaFin zu dem BTR 3.1 Tz. 6 der MaRisk verwiesen. Wurden in diesem Zusammenhang auch unterschiedlich lange Zeiträume bei den Stresstests unterlegt (BTR 3.1 Tz. 6 MaRisk)?
- Zu bewerten ist auch, ob die abgeleiteten Ergebnisse aus den durchgeführten Berechnungen plausibel sind und ob daraus sachgemäße Maßnahmen abgeleitet und an die verantwortlichen Entscheidungsträger zeitnah berichtet werden.
- Hat sich die Geschäftsleitung in angemessenen Abständen über die Risikosituation und die Ergebnisse der Stresstests berichten lassen (diese darstellenden und beurteilenden Berichte sind in nachvollziehbarer, aussagefähiger Art und Weise zu verfassen)?
- Werden in den Reports die Annahmen sowie Ergebnisse der Stresstests und ihre potentiellen Auswirkungen auf die Risikosituation und die Risikodeckungspotentiale dargestellt?
- Besteht ein geeignetes Verfahren um risikorelevante wesentliche Informationen unverzüglich an die Geschäftsleitung, die jeweiligen Verantwortlichen und gegebenenfalls die Interne Revision weiterzuleiten?
- Für eine verbesserte Internal Governance ist die vierteljährliche Berichterstattung der Geschäftsleitung an das Aufsichtsorgan in nachvollziehbarer, aussagefähiger Art und Weise zu verfassen. Die Reports müssen einen darstellenden und einen bewertenden Teil beinhalten, in denen auch auf besondere Risiken für die Geschäftsentwicklung und entsprechend geplante Maßnahmen der Geschäftsleitung gesondert einzugehen ist.
- Wurden geeignete Verfahren festgelegt, die sicherstellen, dass dem Aufsichtsorgan unter Risikoaspekten wesentliche Informationen von der Geschäftsleitung unverzüglich weitergeleitet werden?
- Von hoher Tragweite für den effizienten Einsatz der Liquiditätsmodelle ist die Durchführung einer qualitativen und quantitativen Validierung der Parameter. So umschließt die qualitative Validierung z. B. ein regelmäßiges Backtesting der Systeme, während der quantitative Teil z. B. auf die Modellarchitektur, die Datenqualität und den „use test" abstellt. Für das Backtesting kann die Binomialverteilung bezogen auf den Betrachtungszeitraum und Eintrittswahrscheinlichkeit herangezogen werden:

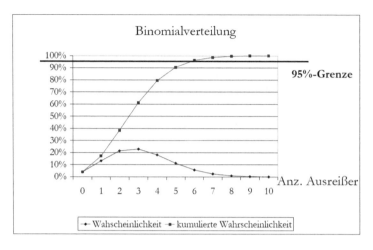

Abbildung 6: Backtesting mittels Binomialverteilung

D. h. bei einer Ausreißerwahrscheinlichkeit von 5 v. H. wird mit einer Wahrscheinlichkeit von 95 v.H. bei 63 betrachteten Stützstellen die Anzahl der Ausreißer kleiner als 6 sein.

5 Risikotreiber für einzelne Risikokategorien identifizieren

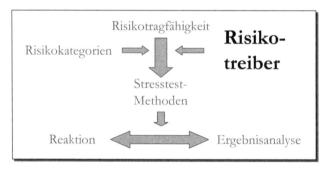

Abbildung 7: Risikotreiber

5.1 Marktpreisrisiko

Bei dem Marktpreisrisiko stellen für das Zinsänderungsrisiko die Abbildungsvorschriften für variabel verzinsliche Produkte grundsätzlich eine wesentliche, das Risiko stark beeinflussende Größe dar. Bei einem Kreditinstitut, bei welchem das Zinsbuch aktivlastig positioniert ist, haben verkürzte Mischungsverhältnisse bei variabel verzinsten Passivprodukten einen risikoerhöhenden Einfluss. Die Simulation der Auswirkungen verkürzter Mischungsverhältnisse auf die Zinsspanne und auf die barwertige Zinsbuchbetrachtung ist durchzuführen, wobei für die handelsrechtliche Betrachtung unterschiedliche Zinsszenarien mit der geänderten Duplizierung durchzurechnen sind. Einen weiteren Einflussfaktor auf das Betriebsergebnis des Unternehmens stellen die Bewertungsprämissen für bilanzielle und außerbilanzielle Positionen dar. Bezüglich diesen Punktes sollte untersucht werden, welchen Einfluss ein geänderter handelsrechtlicher Ausweis bei Positionen hat, die bisher bewertungsfrei sind, für die aber künftig Bewertungsmaßnahmen in Form von Abschreibungen oder Bildung von Drohverlustrückstellungen ergriffen werden müssen. Dies könnte zum Beispiel für Zinsswaps, die bislang mit dem Argument der Gesamtbanksteuerung nicht bewertungsrelevant sind, oder Schuldscheindarlehen zutreffen. Darüber hinaus spielt bei der Risikoberechnung mittels moderner historischer Simulation der verwendete historische Zeitraum eine wesentliche Rolle. Wenn Jahre mit stark gestiegenen Kapitalmarktzinsen wie z. B. 1999 oder 1990 nicht im Betrachtungszeitraum aufgenommen sind so fällt das Ergebnis der Risikoberechnung entsprechend niedriger aus.

5.2 Kreditrisiko

Ein Risikotreiber sind die Ratingnoten. Hier sind Ratingverschlechterungen der Kreditnehmer zu simulieren.[336] Dies kann in der Form erfolgen, dass jede Ratingnote um z. B. drei Klassen verschlechtert wird. Die Ergebnisse bezüglich der erwarteten Verluste (GuV-orientiert und barwertig) und des Value-at-Risk sind denen ohne Ratingverschlechterung gegenüberzustellen. Daneben sind die Sicherheitenwerte ein wesentlicher Risikotreiber. Hier sind für die wertorientierte Simulation die Verwertungs- und Einbringungsquoten um z. B. 30% zu vermindern und das Kreditrisikomodell mit den entsprechend niedrigeren Quoten zu parametrisieren. Auf der GuV-Ebene kann eine Verschlechterung der Höhe und Qualität von Kreditsicherheiten unterstellt werden.

Hinsichtlich der Risikokonzentrationen im Adressenrisiko kann unterschieden werden in

– Sektorkonzentrationen (z. B. Länder, Branchen, Bonitätsklassen),
– Konzentration von Einzeladressen („Klumpenrisiko"),
– Konzentration von Sicherheiten (z. B. Sicherheitenarten, -geber).

Diese Kriterien sind zu untersuchen und zu bewerten sowie der Geschäftsleitung und dem Überwachungsorgan quartalsweise zu berichten.

---

[336] Vgl. *Pollmann/Schöning* (2010): Kreditrisikostresstests in Banken – Anforderungen und Methoden, ZfgK, 14/2010, S. 742–746.

5.3 Liquiditätsrisiko

Beim Liquiditätsrisiko sind die Kundeneinlagen sowie die Interbankeneinlagen ein wesentlicher Refinanzierungs- und damit auch Risikofaktor. Diese können im Falle eines *Liquiditätsschocks* („bankrun") zu großen Teilen wegfallen. Hierbei kann simuliert werden, welche Auswirkungen der Abzug von 50 Prozent der kurzfristigen Kundeneinlagen (Spareinlagen, Sichteinlagen sowie täglich fällige Einlagen) und 100 Prozent der kurzfristigen Interbankenrefinanzierung auf die Liquiditätssituation des Kreditinstituts hat. Ein weiteres Szenario kann in der Form dargestellt werden, dass die zehn größten Wirtschaftsverbünde ihre Einlagen abziehen. Dies gibt einen Einblick in die Größenkonzentration bei der Refinanzierung über das Kundengeschäft.

Stresstests umfassen außergewöhnliche, aber plausibel mögliche Ereignisse. Für risikoartenübergreifende Stresstests, die außergewöhnliche aber plausibel mögliche Ereignisse berücksichtigen, können z. B. folgenden kombinierte Sensitivitäts- und Szenarioanalysen verwendet werden:

- (Staats-) Krisen in Europa.
- Verstärkter, intensiverer Wettbewerb um Bestandskunden.
- Strukturelle, regionale Probleme, z. B. aufgrund regionaler Konzentrationen von Arbeitgebern, die in wirtschaftliche Schwierigkeiten geraten können.
- Makroökonomische Verwerfungen: Rezession mit stark steigender Inflation.
- Schlagend werdendes Reputationsrisiko aufgrund eines Ausfalls eines Zentralinstituts in der Sparkassen- bzw. Genossenschaftsbankengruppe.

6 Stresstests für einzelne Risikokategorien durchführen

Abbildung 8: Stresstestmethoden

Nach der Identifizierung der Risikofaktoren sind auf dieser Basis regelmäßig angemessene Stresstests durchzuführen. Insbesondere sind Risikokonzentrationen und Risiken aus außerbilanziellen Geschäften zu berücksichtigen; die Stresstests sind auch auf Gesamtinstitutsebene durchzuführen.[337] Beachtenswert ist insbesondere, dass seit der MaRisk-Novelle 2009 die Analysen für die wesentlichen Risiken durchzuführen sind, während davor die Beschränkung auf die in der Risikotragfähigkeit berücksichtigten Risiken vorlag.

Bei den durchzuführenden Stresstests kann zwischen *marktinduzierten* und *modellinduzierten* Tests unterschieden werden.

6.1 Marktpreisrisiko

Bei der Durchführung der marktinduzierten Stresstests sind die Marktfaktoren zu variieren, so dass zum Beispiel für das Zinsbuch, falls im Institut positive Fristentransformation betrieben wird, eine inverse Zinsstrukturkurve in der Regel deutliche Auswirkungen auf die Zinsspanne hat. In einem weiteren Szenario kann man die Zinsstrukturkurve ad-hoc um 200 Basispunkte nach oben verschieben und die handelsrechtlichen und ökonomischen Auswirkungen darstellen. Ebenso können die historischen Zinsänderungen, die die größten negativen Auswirkungen auf die Zinsspanne und den Barwert haben, für Simulationsrechnungen herangezogen und die Wertveränderungen ausgewertet werden. Bei Immobilien kann eine deutliche Verschlechterung des Immobilienmarkts simuliert werden, was in einem Rückgang der Ertragswerte resultiert. Dies führt zu einer Barwertreduzierung sowie in der GuV-Sicht zu niedrigeren Mieterträgen. In einem weiteren Szenario können neben den rückläufigen Mieterträgen Ausfälle bei den Mieteinnahmen durch Nichtzahlung bzw. Leerstand simuliert werden. Bei den Beteiligungen ist eine differenzierte Betrachtungsweise vorzunehmen. Neben den Ertragsausfällen oder Abschreibungen auf Beteiligungen müssen auch Nachschusszahlungen angemessen berücksichtigt werden.

Bei *modellinduzierte Tests* werden marktunabhängig die Prämissen der Modelle variiert. So haben zum Beispiel Veränderungen bei der Abbildung der variabel verzinslichen Produkte über gleitender Durchschnitte als identifizierte Risikotreiber der Zinsbuchsteuerung einen wesentlichen Einfluss auf das Risiko und den Zinsbuchbarwert. Daneben haben auch die geplanten Margen für das Neugeschäft einen wesentlichen Einfluss auf die künftige Ergebnisentwicklung und können in entsprechenden Szenarien angemessen im Sinne von Stressszenarien variiert werden. Wenn man sich für Immobilien und Beteiligungen über den Risikoansatz der Solvabilitätsverordnung (SolvV) entschieden hat ist das Modellrisiko offensichtlich, da das dieser Ansatz nicht für eine der jeweiligen Risikosituation entsprechende qualifizierte Risikobewertung vorgesehen und geeignet ist. Bei der Berücksichtigung von impliziten Optionen im Kundengeschäft sind immer Annahmen über das Ausübungsverhalten der Kunden zu treffen, die im Stressszenario zu Ungunsten den Unternehmens angesetzt werden sollten.

---

[337] Vgl. *BaFin* (2010): MaRisk RS 11/2010 (BA), AT 4.3.3.

6.2 Kreditrisiko

Die Stresstests haben neben Risikokonzentrationen auch außergewöhnliche, aber plausibel mögliche Ereignisse abzubilden. Da regionale Gegebenheiten und die institutsindividuelle Portfoliostruktur berücksichtigt werden muss können wie bei Marktpreisrisiken keine allgemein anwendbaren Vorgaben zur Durchführung von Stresstests bezüglich des Adressenausfallrisikos festgelegt werden. Ist als Kreditportfolio-Modell, z. B. *CreditPortfolioView* (CPV), im Einsatz, so ist insbesondere individuell festzulegen, welche Erhöhung der Ausfallwahrscheinlichkeiten für den Stresstest unterstellt wird. Mit CPV können Konjunktureinbrüche in der Art simuliert werden, dass für die bei der Risikoberechnung durchzuführenden Makrosimulationen die Wahrscheinlichkeiten für Rezessionsszenarien erhöht werden, d. h. die Ausfallratenverteilung für Risikosegmente wird verändert. Daneben können mit CPV die Auswirkungen von Ratingverschlechterungen kombiniert mit z. B. Verminderung der Einbringungsquoten auf die Risikosituation des Kreditinstituts simuliert werden. Bei dieser kundenbezogenen Sicht können auch in Verbindung mit digitalen Migrationsmatrizen, mit denen lediglich zwischen „Überleben" und „Ausfall" unterschieden wird, die handelsrechtlichen Auswirkungen auf erwartete Verluste in einem Szenario dargestellt werden, indem zum Beispiel eine Verschlechterung um drei Rating-Klassen für jeden Kreditnehmer simuliert wird. Als ein weiteres marktinduziertes Szenario kann eine Verschlechterung der Sicherheiten unterstellt werden, was u.a. eine Erhöhung des Blankokreditvolumens, verbunden mit höheren erwarteten Verlusten, zur Folge hat.

Insbesondere beim Kreditrisiko sind Risikokonzentrationen zu berücksichtigen. Diese umfassen neben den *Sektorkonzentrationen* über z. B. Branchen, Regionen und Länder auch *Einzeladresskonzentrationen* und Konzentrationen in wirtschaftlich verbundenen Unternehmen und Einzelpersonen.

Betrachtet man auf der Kundengeschäftsebene im Kreditgeschäft die wesentlichen marktgetriebenen Faktoren, so sind die Bonitätseinstufung, der unbesicherte Cash Flow sowie die Verwertungs- und Einbringungsquoten zu nennen. Für die Praxis können als Stresstests für Marktentwicklungen z. B. folgende Parameteränderungen berücksichtigt werden:

- Ratingverschlechterung um drei Klassen,
- Verringerung der Besicherung: Auf GuV-Ebene werden die Besicherungswerte um 30 % reduziert (Anstieg des Blankokreditvolumens) und bei der wertorientierten Betrachtung können die Verwertungs- und Einbringungsquoten ebenfalls um 30 % verringert werden.
- GuV-Ebene: Eine Kombination von Ratingverschlechterungen um zwei Klassen sowie eine Reduzierung der Besicherungswerte um 20 %.
- Barwertebene: Simulation eines Konjunktureinbruches (tiefe Rezession) in CPV durch Erhöhung des Wertes für die Rezessionswahrscheinlichkeit.

Bei modellbasierten Stresstest können beispielsweise Korrelationsannahmen stark verändert oder herausgerechnet werden sowie die Startwerte der Simulationsparameter deutlich modifiziert werden.

6.3 Liquiditätsrisiko

Neben der Simulation eines „bankrun", bei welchem exemplarisch 50 % der kurzfristig verfügbaren Kundeneinlagen (Sichteinlagen, Spareinlagen, Inhaberschuldverschreibungen) und 100 % der kurzfristigen Interbankenrefinanzierung nicht mehr zur Verfügung stehen, kann beim marktinduzierten Stresstest eine Spreadausweitung am Interbankenmarkt simuliert werden, welches bedingt durch eine Verschlechterung der eigenen Bonität zu höheren Refinanzierungsspreads und somit zu höheren Refinanzierungskosten führt.

Des Weiteren sind die *Konzentrationsrisiken* im *Kundengeschäft* zu analysieren, z. B. die zwanzig größten Wirtschaftsverbünde auf der Passivseiter der Bilanz sowie die Einlagenstruktur von Nichtbanken (Refinanzierungsstruktur). In einem nächsten Schritt sollten auch die Konzentrationsrisiken bei der Interbankenfinanzierung untersucht und bewertet werden.

7 Zusammenführung zur Gesamtinstitutsbetrachtung

Aus den MaRisk ergibt sich die Anforderung, die Stresstests auf Gesamtinstitutsebene durchzuführen. Hierzu ist es zweckmäßig, geeignete Szenarien zu definieren und die Auswirkungen auf die einzelnen Risikoarten zu untersuchen.

So können z. B. Analysen für folgende Szenarien durchgeführt werden:

– Schwerer konjunktureller Abschwung (Mindestanforderung aus AT 4.3.3)
– (Staats-)Krisen in Europa
– Hoher Wettbewerb um Kunden
– Strukturelle Probleme in der Region
– Starke Rezession bei gleichzeitig hoher Inflation
– Reputationsrisiko

Die Quantifizierung erfolgt über die Berechnung der Risikoparameter, welche sich unter Stressbedingungen verändern. Die in den Sensitivitätsanalysen sowie in den Szenarioanalysen identifizierten Hauptrisikofaktoren sind zwingend in die Szenariogenerierung einzubeziehen. Die Szenarioerstellung hat durch historische und hypothetische Betrachtung zu erfolgen, kann aber mit ökonometrischen Methoden wie der *Regressionsanalyse* oder einer *Monte-Carlo-Simulation* durchgeführt werden. Außerdem muss es sich hierbei um sowohl plausible als auch außergewöhnliche Ereignisse handeln, welche institutsspezifische als auch systematische Risikostrukturen berücksichtigen.

Im nächsten Schritt muss ermittelt werden, welche Auslastung der Stress-Deckungsmassen im Risikoeintritt und unter den verschiedenen Szenarien resultieren würde. Dies erfordert die Festlegung, welcher Anteil am Risikodeckungspotenzial für die Deckung von Stressfällen zur Verfügung stehen wird. Anhand dieser möglichst graphischen oder tabellarischen Aufbereitung der Ergebnisse ist die Auswirkung von außergewöhnlichen aber plausibel möglichen Ereignissen, die über die Stressszenarien dargestellt sind, zu erkennen und zu analysieren. Beispielhaft können die Ergebnisse in folgender Form dargestellt werden:

	schwerer konjunkt. Abschwung	(Staats-) Krisen in Europa	Hoher Wettbewerb um Kunden	Strukturelle Probleme in der Region	...
Zinsspannenrisiko					
Implizite Optionen					
Beteiligungen					
Kreditrisiko - Kundengeschäfte					
Kreditrisiko - Eigengeschäfte					
Operationelle Risiken					
Liquiditätsrisiken					
Aggregiertes Risiko der Bank					
Stresstests - Risikotragfähigkeit					

Abbildung 9: Auswirkungen von außergewöhnlichen/plausibel möglichen Ereignissen

Die MaRisk fordern in diesem Punkt eine „kritische Reflexion", gegebenenfalls verbunden mit der Identifikation von Handlungsbedarf. Handlungsbedarf ist indiziert, wenn die Stresstest-Risikotragfähigkeit für ein oder mehrere Szenarien niedriger ist als das über die Risikokategorien identifizierte aggregierte Gesamtbankrisiko. Explizit werden im Zusammenhang mit der Anforderung an die kritische Reflexion erneut die Auswirkungen eines schweren konjunkturellen Abschwungs in den MaRisk erwähnt, denen besondere Aufmerksamkeit zu schenken ist (AT 4.3.3 Tz. 5).

8 Inverse Stresstests

Die Durchführung von *inversen Stresstests* ist eine Herausforderung, die mit den MaRisk 2010 neu auf die Institute zukommt.[338] Es soll untersucht werden, durch welche Vorkommnisse die Überlebensfähigkeit des Instituts gefährdet ist. Inverse Stresstests stellen eine Ergänzung (oder „Backtesting") der sonstigen Stresstests dar. Aufgrund ihrer Konstruktionsweise steht bei inversen Stresstests die kritische Reflexion der Ergebnisse im Vordergrund. Die Ergebnisse müssen in der Regel bei der Beurteilung der Risikotragfähigkeit nicht berücksichtigt werden (MaRisk AT 4.3.3 Tz. 3 Erläuterungen).

Die Überlebensfähigkeit ist dann als gefährdet anzunehmen, wenn sich das ursprüngliche Geschäftsmodell als nicht mehr durchführbar beziehungsweise tragbar erweist. In solch einem Fall kann von einer drohenden Insolvenz ausgegangen werden. Nach Diskussion zwischen dem Fachgremium MaRisk und dem Zentralen Kreditausschuss (ZKA) gilt ein Institut als gefährdet, „wenn entweder die ökonomischen oder dir regulatorischen Vorgaben nicht mehr eingehalten werden".[339] Somit können sich inverse Stresstests in der Konsequenz entweder auf die regulatorische oder auf die ökonomische Perspektive beziehen.

Für das zu analysierende Institut kann als Ausgangslage für die Aufstellung eines inversen Stresstests die im Rahmen der Ermittlung der Stress-Risikotragfähigkeit zur Verfügung stehende Deckungsmasse angenommen werden. In der Analyse der Gesamtinstitutsbetrachtung zur Zusammenführung der Stresstests kann eine weitere Betrachtungsebene aufgenommen werden, in der ohne wirtschaftlichen Zusammenhang für jede Risikoart eine vor dem Hintergrund der vorab festgelegten Szenarien extrem ungünstige Entwicklung angenommen wurde. Das Ergebnis ist ein Indikator dafür, ob das Institut auch bei gleichzeitigem Eintreten dieser negativen Entwicklungen die Belastbarkeit gewährleisten kann.

Daneben sind insbesondere besondere Ereignisse innerhalb der Institutsgruppe zu untersuchen bzw. darzustellen. So können für Sparkassen z. B. Zusammenbrüche von Landesbanken oder bedeutenden Sparkassen den Marktzugang, die Reputation und das Ausfallrisiko insbesondere im Eigengeschäft deutlich negativ beeinflussen.

Aus den Stressuntersuchungen können gegebenenfalls Hinweise resultieren, dass das augenblickliches Geschäftsmodell sich als nicht mehr durchführbar bzw. tragbar erweist. Gemäß AT 4.3.3 Tz. 3 gilt für die Ausgestaltung und Durchführung inverser Stresstests auch das Proportionalitätsprinzip („Art, Umfang, Komplexität und Risikogehalt der Geschäftsaktivitäten").

---

[338] Vgl. auch *CEBS* Guidelines on Stress Testing (GL32), 26.08.2010, Tz. 63 ff.

[339] Vgl. *Hannemann/Schneider* (2011): Mindestanforderungen an das Risikomanagement – Eine einführende Kommentierung, Schäffer-Poeschel, 2011, S. 273 f.

9 Auswirkungen analysieren, Berichtswesen und Reaktion

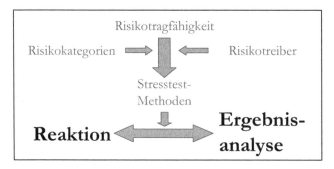

Abbildung 10: Reaktion/Ergebnisanalyse

Die Durchführung von Stresstests für die wesentlichen Risiken war eine der bedeutenden Neuerungen in den MaRisk 2009, die mit den MaRisk 2010 in einigen Aspekten konkretisiert und ausführlich in AT 4.3.3 beschrieben werden. Die erstmals mit den MaRisk 2010 adressierten „inversen Stresstests" stellen hingegen eine echte Neuerung dar. Im Gegensatz zu den marktinduzierten haben modellinduzierte Stresstests u. a. zum Ziel, die systemimmanenten Schwächen der eingesetzten Risikomodelle zu überbrücken, und mittels Sensitivitäts- oder Szenarioanalysen außergewöhnliche, aber plausibel mögliche Ereignisse und deren Auswirkungen auf die Risikotragfähigkeitskonzeption zu überprüfen. Von besonderer Relevanz ist das Reporting der Ergebnisse. Der Geschäftsleitung ist in angemessenen Abständen über die Risikosituation und die Stresstestergebnisse zu berichten. Die Auswirkungen auf die Risikosituation und die Risikodeckungspotenziale sind darzulegen und zu beurteilen (AT 4.3.2 Tz. 4). Eine ergänzende, prägnante Darstellung in Form eines Management Summary kann dem Risikobericht vorangestellt werden. Die getroffenen Annnahmen und die Parametrisierung von Modellen sind der entscheidende Faktor für die simulierten Ergebnisse. Denn die Transparenz über die den Stresstests zugrunde liegenden wesentlichen Annahmen und Parameter ist für den Berichtsempfänger entscheidend, damit die Modellergebnisse von ihm sachgerecht interpretiert werden können. Dieser Punkt wurde in die aktuellen MaRisk unter AT 4.3.2. Tz. 4 Satz 2 aufgenommen.

Resultieren aus den Stresstests besondere Risiken mit einer potenziell außergewöhnlichen Auswirkung auf die Geschäftsentwicklung bzw. Risikotragfähigkeit, so sollte das Aufsichtsorgan über die unterstellten Annahmen, die Ergebnisse und mögliche, geplante Maßnahmen unterrichtet werden. Es empfiehlt sich somit, die regelmäßigen Reports über Stresstestergebnisse an die Geschäftsleitung auch gegenüber dem Aufsichtsorgan zu kommunizieren. Dies fördert zum einen das Verständnis für ein modernes Risikocontrolling und zum anderen sensibilisiert es für methodische Schwächen bzw. Grenzen der Value-at-Risk-Modelle.

Mögliche Prüfungsfragen:
- Werden für die im Rahmen der Risikotragfähigkeit berücksichtigten wesentlichen Risiken regelmäßig Stresstests durchgeführt?
- Bilden die Stresstests auch außergewöhnliche, aber plausibel mögliche Ereignisse ab?
- Sind dabei geeignete historische und hypothetische Szenarien dargestellt?
- Werden bei der Festlegung der Szenarien die strategische Ausrichtung des Unternehmens und sein wirtschaftliches Umfeld ausreichend berücksichtigt?
- Sind die Stresstests angemessen und die zugrundeliegenden Annahmen plausibel?
- Wurden die Angemessenheit der Stresstests sowie deren zugrunde liegende Annahmen in regelmäßigen Abständen, mindestens jährlich, geprüft?
- Werden die Ergebnisse der Stresstests bei der Risikosteuerung angemessen berücksichtigt?
- Sind die Ergebnisse der Stresstests und ihre Auswirkungen auf die Risikosituation und die Risikodeckungspotenziale in der Risikoberichterstattung ausreichend dargestellt?
- Wurden die den Stresstests zugrunde liegenden wesentlichen Annahmen ebenfalls dargestellt?
- Ist geregelt, in welchen Zeitabständen der Vorstand über die Risikosituation und die Ergebnisse der Stresstests zu informieren ist?

10 Fazit

Die Prüfung des Stresstestings hat durch die aktualisierten MaRisk 2010 einen weiteren Schub, insbesondere für die inversen Stresstests, erhalten, aber die ökonomische Notwendigkeit gab es im Grundsatz bereits vor der aufsichtlichen Erwartungshaltung. Bei der Bearbeitung dieses anspruchsvollen Prüfungsfeldes steht auch die Interne Revision vor neuen, spannenden Herausforderungen. Damit ein Kreditinstitut seine geschäftspolitischen Ziele erreichen und seine Internal Governance stärken kann, muss sich auch die Interne Revision künftig noch stärker auf risikoorientierte Prüfungen der Risikosteuerungs- und -controllingprozesse einstellen. Hierzu zählen auch die komplexen Anforderungen zu den Stresstests.

Ein effektives und effizientes Risikomanagement trägt wesentlich zur Existenzsicherung von Kreditinstituten bei. Darüber hinaus unterstützt eine wirksame Internal Governance diese internen Systeme und hilft, dass Share- und Stakeholder ihr Vertrauen in die Solidität von Banken nicht verlieren. Für die Interne Revision ergeben sich somit im Allgemeinen und im Besonderen verantwortungsvolle Aufgaben, die künftig noch stärker als heute bereits üblich in die Prüfungsplanung zu integrieren sind. Quantitative Modelle sind zwar notwendig, aber für ein wirksames Risikomanagement alleine nicht hinreichend. Von entscheidender Bedeutung sind aber weitere, qualitative Faktoren: „Culture and governance affect the quality of risk management."[340]

Literaturverzeichnis

BaFin (2010): Mindestanforderungen an das Risikomanagement – MaRisk, Rundschreiben 11/2010 (BA), 15.12.2010.

Basel Committee on Banking Supervision (2000): Sound Practices for Managing Liquidity in Banking Organisations, Februar 2000.

Bernanke (2008): Risk management in financial institutions, BIS Review 60/2008.

CEBS Guidelines on Stress Testing (GL32), 26.08.2010.

COSO – ERM (2004): Enterprise Risk Management – Integrated Framework, Committee of Sponsoring Organizations of the Treadway Commission:, September 2004, Übersetzung des DIIR e.V.

Deutsche Bundesbank (2009): Änderung der neu gefassten EU-Bankenrichtlinie und der EU-Kapitaladäquanzrichtlinie sowie Anpassung der Mindestanforderungen an das Risikomanagement, Monatsbericht September 2009, S. 67–83.

Deutsche Bundesbank/BaFin (2008): Praxis des Liquiditätsrisikomanagements in ausgewählten deutschen Kreditinstituten, Januar 2008.

Europäische Zentralbank (2002): Developments in Bank´s Liquidity Profile and Management, Mai 2002, Frankfurt am Main.

Geiersbach (2010): Prüfung des Liquiditätsmanagements durch die Interne Revision, in: Bantleon/Becker (Hrsg.): Risikomanagement und Frühwarnverfahren, Deutscher Sparkassenverlag, 2010, S. 509–539.

Geiersbach/Prasser (2010): Kreditportfoliomodelle: Risikotragfähigkeitskonzeption und Risikoquantifizierung; ForderungsPraktiker 05/2010, S. 213–219.

Geiersbach/Prasser (2011): Prüfung und Beurteilung des Zinsrisikomanagements aus Sicht der Internen Revision, in: Reuse (Hrsg.): Zinsrisikomanagement, Finanz Colloquium Heidelberg, 2. Auflage, 2011, erscheint voraussichtlich Ende 2011.

Gleißner/Romeike (2011): Die größte anzunehmende Dummheit im Risikomanagement, Risk, Compliance & Audit, 1/2011, S. 21–26.

Gorodinskiy/Walter (2010): Grundlagen, in: Geiersbach/Walter (Hrsg.): Praktikerhandbuch Stresstesting, Finanz Colloquium, Heidelberg, 2010, S. 5–37.

Hannemann/Schneider (2011): Mindestanforderungen an das Risikomanagement – Eine einführende Kommentierung, Schäffer-Poeschel, 2011.

Hartmann-Wendels/Pfingsten/Weber (2007): Bankbetriebslehre, Springer, 2010, S. 468 ff.

IIA Austria (2009): Das Interne Kontrollsystem aus der Sicht der Internen Revision, Institut für Interne Revision Österreich, Arbeitskreis „IKS-Publikation", Wien 2009.

Loeper (2011): Basel III und weitere Regulierungsvorhaben des Baseler Ausschusses, Vortrag beim Bundesbank Symposium „Bankenaufsicht im Dialog", Frankfurt/Main, 17.05.2011.

Meister (2006): Umbruch in der Bankenregulierung, Vortrag vom 06.11.2006 an der LMU München.

Pollmann/Schöning (2010): Kreditrisikostresstests in Banken – Anforderungen und Methoden, ZfgK, 14/2010, S. 742–746.

Rolfes (1999): Gesamtbanksteuerung, Schäffer-Poeschel, 1999.

Schierenbeck (2005): Ertragsorientiertes Bankmanagement Band II, Gabler, 2005.

---

[340] Vgl. *Ben S. Bernanke* (2008): Risk management in financial institutions, BIS Review 60/2008, S. 1–6.

Schierenbeck/Kirmße (2007): Aktuelle Entwicklungen und Fragestellungen in der Banksteuerung, Fritz Knapp, 2007, S. 20 f.

Schumacher/Friedberg/Vogelsang (2005): Rahmenkonzept für die Risikotragfähigkeit, Betriebswirtschaftliche Blätter, 11/2005.

Senior Supervisors Group (2008): Observations on Risk Management Practices during the Recent Market Turbulence, 6. März 2008.

Thelen-Pischke/Syring (2010): Neue Anforderungen an Stresstests - ein Überblick über internationale, europäische und nationale Entwicklungen, ZfgK, 14/2010, S. 740–741.

Zeranski/Geiersbach/Walter (2008): Ökonomisches Kapital für das Liquiditätsrisiko in Instituten, in: Becker/Gehrmann/Schulte-Mattler (Hrsg.): Handbuch Ökonomisches Kapital, Knapp, 2008, S. 369–434.

Wirkungsvolle Liquiditätssteuerung in Banken im Krisenfall

Von

Stefan Zeranski

Prof. Dr. Stefan Zeranski ist Professor für Betriebswirtschaftslehre im Bereich Finanzdienstleistungen und Finanzmanagement am Institut für Finanzen, Steuern, Recht an der Brunswick European Law School (BELS), Ostfalia Hochschule für angewandte Wissenschaften. E-Mail: st.zeranski@ostfalia.de.

Inhaltsverzeichnis

1	Einleitung	205
2	Einführung in die Liquiditätsrisikoanalyse in Banken	207
	2.1 Grundüberlegungen zu Liquidität und Liquiditätsrisiko in Banken	207
	2.2 Problemstellung der kurzfristigen und strukturellen Liquidität in Banken	210
	2.3 Entwicklungsstufen der Liquiditätssteuerung in Banken	211
3	Lehren aus der Finanzkrise für die Liquiditätssteuerung in Banken	214
4	Integration von Liquiditätsrisikostresstests in die Banksteuerung	216
	4.1 Aufbau eines wirkungsvollen Liquiditätsrisikosteuerungskreislaufs in Banken	216
	4.2 Systematische Ableitung von Liquiditätsrisikostresstests in Banken	218
	4.3 Stresstests für die kurzfristige Liquiditätssteuerung in Banken	222
	4.4 Stresstests für die strukturelle Liquiditätssteuerung in Banken	226
5	Zusammenfassung und Praxistipps	231
	Literaturverzeichnis	234

1 Einleitung

"Wer die in laufender Zeit fällig werdenden Zahlungen aus eigner Hand macht, ohne das zeitliche Eintreten von Einnahmen und Ausgaben vollständig reguliren zu können, muss andauernd einen »Kassen-Vorrath« und diesen in einer Grösse halten, mit welcher auch der ungünstigen Verumständung begegnet werden kann." [341]

"Wir geben uns der eitlen Hoffung nicht hin, daß die Lehren der Geschichte je von der Geschäftswelt so zu Herzen genommen würden, um eine Krisis zu vermeiden, und wenn wir die Maßregeln aufzufinden suchen, durch welche die Katastrophe verhütet werden könne, so geschieht es nur in der Erwartung, daß die Wirkung solcher Unglücksfälle in Zukunft wenigstens gemildert und vielleicht auch der Eine oder der Andere gewarnt werde, um sich rechtzeitig vor dem Schiffbruch in Sicherheit zu bringen." [342]

Die Ausführungen von Karl Knies und Max Wirth wurden vor dem Hintergrund der Börsenkrise in Wien 1873 geschrieben: Die Behandlung der Liquidität in Banken hat damit einen frühen Ursprung im deutschen Schrifttum. Sie war jedoch in den letzten Jahrzehnten durch die Auffassung geprägt, dass das Liquiditätsrisiko der Banken kein wesentliches Risiko für die Vermögens-, Finanz- und Ertragslage sei. Nach Stützel folgt die Liquidität der Bonität und nicht umgekehrt.[343] Daraus wurde – und wird zum Teil immer noch – in der Bankpraxis abgeleitet, dass es keiner aufwändigen eigenständigen Steuerung der Liquidität bedürfe, sondern eine Konzentration auf das Bonitätsrisiko bzw. die nachhaltige Ertragskraft genüge. Die aktuelle Finanzkrise, die im Jahr 2007 ausbrach und sich auch mit Basel III weit über das Jahr 2011 hinaus auswirkt, lässt die prominente These von Stützel im neuen Licht erscheinen. Wie bereits die Börsenkrise von 1873 zeigen die aktuelle Bankenrettungsmaßnahmen sowie die damit einhergehenden Staatsschuldenkrisen, die Behandlung der Peripherieländer Europas als PIIGS-Staaten und das Verhalten der Ratingagenturen, dass das Liquiditätsrisiko in Banken generell als ein wesentliches, eigenständiges Risiko behandelt werden muss, weil andernfalls die Existenz und die Unabhängigkeit einer Bank bzw. Bankengruppe gefährdet sind, wenn es ihr nicht gelingt, Liquiditätskrisen wirkungsvoll aus eigener Kraft zu überwinden.

Eine wirkungsvolle *Liquiditätssteuerung* im Krisenfall ist in Banken möglich, wenn diese ihre Risikomodelle in letzter Konsequenz stets mit ökonomischem Sachverstand begreifen und interpretieren, d. h. Banken dürfen wesentliche Entscheidungen nicht auf mathematische Scheingenauigkeiten stützen und dabei Restrisiken systematisch ausblenden. Im Kern obliegt dem Management bei der Vorbereitung einer wirkungsvollen Liquiditätssteuerung für den Krisenfall die Aufgabe, in Liquiditätsrisikostresstests die Verlustanfälligkeit des Bankbetriebs beim Liqui-

---

[341] Knies, Karl: Geld und Credit II. Abteilung Der Credit, Leipzig 1876, S. 249.
[342] Wirth, Max: Geschichte der Handelskrisen, Frankfurt am Main 1890, S. 8 f.
[343] Vgl. z. B. Stützel, Wolfgang: Bankpolitik heute und morgen, 3. Aufl., Frankfurt/Main 1983, S. 33 f.

ditätsrisiko plausibel institutsspezifisch herauszuarbeiten und wirksame Maßnahmen zur Gegensteuerung sowie eine vertrauensbildende Kommunikation vorzubereiten. Vor diesem Hintergrund behandelt der vorliegende Kurzbeitrag die wirkungsvolle Liquiditätssteuerung im Krisenfall, die durch angemessene Stresstests für die Liquidität von Banken vorzubereiten ist.[344] Aufgrund der Vielfalt der Institute können die Ausführungen nur allgemein ausgerichtet sein und keinen Anspruch auf Vollständigkeit erheben. Bei der Umsetzung in der Bankpraxis sind stets die institutsspezifischen Besonderheiten angemessen zu berücksichtigen, da die wirkungsvolle Liquiditätssteuerung im Krisenfall eine Kernkompetenz in Banken betrifft.

Vor diesem Hintergrund gibt der zweite Abschnitt eine kurze Einführung in die bankbetriebliche *Liquiditätsrisikoanalyse*, um den Untersuchungs- und Steuerungsgegenstand ökonomisch umsichtig zu erfassen. Er startet mit Grundüberlegungen zur Liquidität und zum Liquiditätsrisiko in Banken (2.1), um danach die Problemstellung der kurzfristigen und strukturellen Liquiditätssteuerung (2.2) zu skizzieren, an die sich eine pragmatische Systematisierung der Entwicklungsstufen in der

---

[344] Der vorliegende Beitrag knüpft damit insbesondere an folgenden Beiträgen an: Zeranski, Stefan: Stresstesting Liquiditätsrisiko in Banken, in: Geiersbach, Karsten/Walter, Bernd (Hrsg.): Praktikerhandbuch Stresstesting – risikoartenübergreifend – ganzheitlich – MaRisk-konform, Heidelberg 2010, S. 199–264; Zeranski, Stefan (Hrsg.): Ertragsorientiertes Liquiditätsrisikomanagement, 2. Aufl., Heidelberg 2010; Zeranski, Stefan: Implikationen auf die Weiterentwicklung des Liquiditätsrisikocontrollings, in: Romeike, Frank et al. (Hrsg.): Die Bankenkrise – Ursachen und Folgen im Risikomanagement, Frankfurt/Main 2010, S. 163–195; Zeranski, Stefan: Implikationen auf die Weiterentwicklung des Marktrisikocontrollings, in: Romeike, Frank et al. (Hrsg.): Die Bankenkrise – Ursachen und Folgen im Risikomanagement, Frankfurt/Main 2010, S. 131–162; Zeranski, Stefan: Liquiditätsmanagement bei Banken: Theoretische Fundierung, in: Thießen, Friedrich/Walther, Ursula: Knapps Enzyklopädisches Lexikon des Geld-, Bank- und Börsenwesens, 5. Aufl., Frankfurt/Main 2007; Zeranski, Stefan/Geiersbach, Karsten/Walter, Bernd: Ökonomisches Kapital für das Liquiditätsrisiko in Banken, in: Becker, Axel/Gehrmann, Volker/Schulte-Mattler, Hermann (Hrsg.): Handbuch ökonomisches Kapital, Frankfurt/Main 2008, S. 368–432; Zeranski, Stefan: Liquidity at Risk zur Steuerung des liquiditätsmäßig-finanziellen Bereichs, Chemnitz 2005; Bartetzky, Peter/Gruber, Walter/Wehn, Carsten S. (Hrsg.): Handbuch Liquiditätsrisiko, Stuttgart 2008; Basel Committee on Banking Supervision: International Framework for Liquidity Risk Measurement, Standards and Monitoring, December 2010; Basel Committee on Banking Supervision: Principles for Sound Liquidity Risk Management and Supervision, September 2008; Basel Committee on Banking Supervision, Principles for Sound Stress Testing Practices and Supervision, May 2009; Bundesanstalt für Finanzdienstleistungsaufsicht: Rundschreiben 11/2010 (BA) vom 15.12.2010, Mindestanforderungen an das Risikomanagement – MaRisk; Bundesministerium der Finanzen: Verordnung über die Liquidität der Institute (Liquiditätsverordnung – LiqV) vom 14. Dezember 2006; Committee of European Banking Supervisors: Guidelines on Stress Testing, August 2010; Committee of European Banking Supervisors: Guidelines on Liquidity Buffers & Survival Periods, December 2009; Committee of European Banking Supervisors: Guidelines on Liquidity Cost Benefit Allocation, October 2010; Deutsche Bundesbank: Stresstests: Methoden und Anwendungsgebiete, Sonderaufsatz im Finanzstabilitätsbericht 2007; Deutsche Bundesbank: Zur Steuerung von Liquiditätsrisiken in Kreditinstituten, Monatsbericht September 2008.

bankbetrieblichen Liquiditätssteuerung (2.3) anschließt. Daran anknüpfend widmet sich der dritte Abschnitt bei den Lehren aus der Finanzkrise typischen Schwachstellen in der bankbetrieblichen Liquiditätssteuerung.

Darauf aufbauend behandelt der vierte Abschnitt die Integration von *Liquiditätsrisikostresstests* in die Banksteuerung, um die Liquiditätssteuerung wirkungsvoll auf die Bewältigung von Liquiditätskrisen vorzubereiten. Der vierte Abschnitt beginnt mit der Skizzierung eines wirkungsvollen bankbetrieblichen Liquiditätsrisikosteuerungskreislaufs (4.1), der eine systematische Ableitung von Liquiditätsrisikostresstests in Banken (4.2) folgt, um daraus Stresstests für die kurzfristige Liquidität (4.3) und die strukturelle Liquidität (4.4) abzuleiten. Der fünfte Abschnitt fasst den vorliegenden Kurzbeitrag mit Praxistipps zusammen.

2 Einführung in die Liquiditätsrisikoanalyse in Banken
2.1 Grundüberlegungen zu Liquidität und Liquiditätsrisiko in Banken

Banken führen eine Betrags-, Währungs-, Risiko-, Fristen- und Liquiditätstransformation zwischen Kapitalangebot und -nachfrage durch. Sie gewähren Kunden vielfältige Verfügungs- und Wahlrechte in Produkten. Dies hat zur Folge, dass die Zahlungsströme eines Instituts weitgehend durch Kunden bestimmt sind. Aufgrund der Fremdbestimmtheit der Zahlungsströme darf sich ein Institut nicht darauf verlassen, dass ihm künftig nicht mehr Mittel als bisher abfließen.

Die theoretischen Ansätze zur *Liquidität* von Banken[345] haben sich gewandelt: Meyer, Hagenmüller und Jacob ordnen Goldene Bankregel, Bodensatztheorie, Shiftability Theory und Maximalbelastungstheorie als traditionelle theoretische Ansätze für das bankbetriebliche Liquiditätsproblem ein. Süchting und Paul kommen bei der Goldenen Bankregel zum Ergebnis, dass sie für die Liquiditätssicherung weder hinreichend noch notwendig sei, weil diese Dispositionsregel insbesondere den Bodensatzcharakter von Einlagen und Krediten nicht berücksichtige; zudem würde ihre strikte Befolgung den Verzicht auf positive Erfolgsbeiträge aus der Liquiditäts- und Fristentransformation bedeuten. Obwohl Bodensatz- und Shiftability Theory der Realität durch die Berücksichtigung von Prolongations- und Substitutionseffekten besser Rechnung tragen, lassen sie offen, wie Bodensätze quantifiziert werden. Bodensatz- und Shiftability Theory erklären daher nur deskriptiv, warum Banken den mit der Industrialisierung einhergegangenen, veränderten Finanzierungsbedürfnissen ihrer Kunden entsprechen konnten, ohne illiquide zu werden. Die Maximalbelastungstheorie von Stützel unterstellt für die Planung das Stressszenario eines Einleger-Run, für dessen Bewältigung alle Aktiva einer Bank so zu dimensionieren sind, dass die Summe der möglichen Liquidationsverluste das Eigenkapital nicht

---
[345] Die nachfolgenden Ausführungen verzichten auf einen ausführlichen Literaturnachweis, um den Text hier nicht zu „überfrachten"; zu den Literaturnachweisen sei auf Zeranski, Stefan: Liquidity at Risk zur Steuerung des liquiditätsmäßig-finanziellen Bereichs in Kreditinstituten, Chemnitz 2005, S. 11–62, verwiesen.

übersteigt. Abgesehen vom Problem, die Liquidationsdisagios der Aktiva für diesen Fall vorherzusagen, ist die Maximalbelastungsrechnung statisch, weil Eventualverpflichtungen, -forderungen und Zahlungsansprüche aus künftigen Geschäften unberücksichtigt bleiben. Ausgehend von den traditionellen Ansätzen gab es daher Bestrebungen, das Liquiditätsproblem durch dynamische Ansätze zu lösen.

Die *jederzeitige Zahlungsbereitschaft* (§ 11 KWG) bedeutet somit, dass eine Bank jederzeit in der Lage sein muss, alle berechtigten Auszahlungserfordernisse und daher auch größere Nettomittelabflüsse als in der Vergangenheit zu decken. Ausgehend von der Transformationsfunktion bilden dispositive und strukturelle Liquidität neben dem Performance- und Rentabilitätsziel die Komponenten des finanziellen Gleichgewichts (Abb. 1). Liquidität und Solvabilität sind aufsichtlich geregelt, wobei § 25a KWG eine Gesamtbanksteuerung fordert, die nach DRS 5–10 sowie den MaRisk- und SolvV-Regelungen zur Marktdisziplin offen zu legen ist.

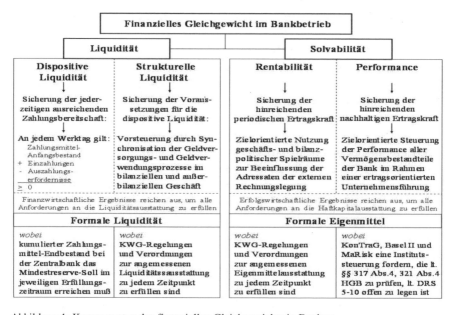

Abbildung 1: Komponenten des finanziellen Gleichgewichts in Banken

Basel III wendet sich erstmalig einer internationalen Liquiditätsregulierung mit zwei neuen Liquiditätskennzahlen zu und verfolgt dabei vor allem zwei Ziele:

„The first objective is to promote the short-term resilience of the liquidity risk profile of banks by ensuring that they have sufficient high-quality liquid assets to survive a significant stress scenario lasting 30 calendar days. ...

The second objective is to promote resilience over a longer time horizon by creating additional incentives for banks to fund their activities with more stable sources of funding on an ongoing basis."[346]

Der neue regulatorische Standard für die *kurzfristige Liquiditätsvorsorge* (Liquidity Coverage Ratio, LCR) ist im Jahr 2015 zur verbindlichen Einführung vorgesehen. Das LCR setzt den Nettomittelabfluss im Stressfall ins Verhältnis zum Liquiditätspuffer, wobei die genaue Ermittlung derzeit noch nicht abschließend festgelegt ist. Der neue regulatorische Standard für die mittelfristige bzw. strukturelle Liquiditätsvorsorge (Net Stable Funding Ratio, NSFR) ist im Jahr 2018 verbindlich anzuwenden. Das NSFR setzt die tatsächliche stabile Refinanzierung zur erforderlichen stabilen Refinanzierung ins Verhältnis. Bei der Neuregulierung der Liquidität in Basel III soll unter anderem sichergestellt werden, dass neben Staatsanleihen auch hochwertige private Schuldtitel, wie z. B. Pfandbriefe, als Liquiditätsvorsorge anerkannt werden.[347] Zudem sollen durch das NSFR längerfristig orientierte Kreditbeziehungen nicht beeinflusst werden, da sich diese aus Sicht der Bankenaufsicht als stabilisierendes Korrektiv in der Krise erwiesen haben. Mit den MaRisk-Novellen in 2009 (RS 15/2009, 14.08.2009) und in 2010 (RS 11/2010, 15.12.2010) wurde das Liquiditätsrisiko als wesentliches Risiko in Banken eingeordnet.

Das *Liquiditätsrisiko* in Instituten ist vielschichtig (Abb. 2):[348] Es besteht in der Gefahr von höheren Refinanzierungskosten und kann in letzter Konsequenz bis zur Zahlungsunfähigkeit führen, wenn die Nettomittelabflüsse eines Instituts nicht durch die Liquiditätsreserve und hinreichend diversifizierte Refinanzierungsquellen gedeckt werden. Das Liquiditätsrisiko entsteht zunächst durch die zeitliche und betragliche Inkongruenz der Zahlungseingänge und -ausgänge als Nettomittelabflüsse und nicht durch institutsinterne Umschichtungen. Diese Inkongruenzen können zum Beispiel durch vorzeitigen Abruf der Einlagen, Inanspruchnahme der Kreditlinien oder Verzögerung der Zahlungseingänge unerwartet verstärkt werden. Liquiditätskosten für die Aufnahme von Refinanzierungsmitteln zur Deckung der Nettomittelabflüsse können aufgrund sinkender Bonität oder fehlender Marktliquidität bzw. auftretender Marktstörungen unerwartet ansteigen. Ist die Liquiditätsreserve zu klein und sind die Refinanzierungsquellen zu wenig diversifiziert, können hohe Nettomittelabflüsse den Erfolg, die Eigenmittel und im Extremfall die Unabhängigkeit sowie den Fortbestand des gesamten Instituts gefährden.

---

[346] Basel Committee on Banking Supervision: Basel III: International framework for liquidity risk measurement, standards and monitoring, December 2010, S. 3.

[347] Weiterführend zur Diskussion von Basel III und den neuen Liquiditätskennzahlen vgl. Thießen, Friedrich/Zeranski, Stefan: Damoklesschwert der Staatsverschuldung und die Folgen für die Banksteuerung, in: Zeitschrift für das gesamte Kreditwesen 2011, Heft 3, S. 120–126.

[348] Weiterführend vgl. Zeranski, Stefan: Liquiditätsverordnung – Kommentierung, in: Boos, Karl-Heinz/Fischer, Reinfrid/Schulte-Mattler, Hermann (Hrsg.): Kreditwesengesetz: Kommentar zu KWG und Ausführungsvorschriften, 3. Aufl., München 2008, S. 2755–2760.

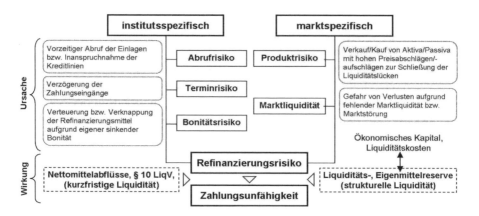

Abbildung 2: Komponenten des Liquiditätsrisikos in Banken

2.2 Problemstellung der kurzfristigen und strukturellen Liquidität in Banken

Zur *Steuerung* des *Liquiditätsrisikos* in Banken sind daher zwei Sichtweisen einzunehmen (Abb. 3), in der unterschiedliche Risikoanalysekonzepte für eine angemessene Liquiditätssteuerung zu verbinden sind, d. h. eine dispositive und eine strukturelle Sicht auf die bankbetriebliche Liquidität, wobei Stressszenarien im Ergebnis vor allem extreme Nettomittelabflüsse („Volumen") und Liquiditätskosten („Preise") sowie die Belastung der Liquiditäts- und Eigenmittelreserven betreffen:

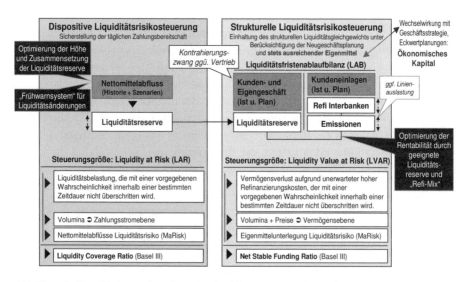

Abbildung 3: Kurzfristige und strukturelle Liquiditätssteuerung in Banken

Die *kurzfristige Liquiditätssteuerung* stellt die tägliche Zahlungsbereitschaft eines Instituts her, indem die Nettomittelabflüsse eines Instituts jederzeit fristgerecht in voller Höhe gedeckt werden. Die strukturelle Liquiditätssteuerung steuert im Unterschied dazu längerfristig orientiert die Liquiditätsstrukturen so, dass unter Berücksichtigung der Kunden- und Eigengeschäftsplanung sowie der Refinanzierungsmöglichkeiten jederzeit eine angemessene Liquiditätsreserve für die Deckung der Nettomittelabflüsse eines Instituts sichergestellt ist. Da das Liquiditätsrisiko für Banken wesentlich ist, müssen angemessene Eigenmittel in den Liquiditätsstrukturen berücksichtigt werden, um auch alle liquiditätsbedingten Vermögensbelastungen in extremen Geschäftsverläufen decken zu können.

Entsprechend sind im ersten Schritt zwei Steuerungsgrößen einzuführen: Der Liquidity at Risk (LAR) schätzt die Liquiditätsbelastung, die mit einer vorgegebenen Wahrscheinlichkeit in einer bestimmten Zeitdauer nicht überschritten wird. Der *Liquidity Value at Risk* (LVAR) schätzt den Vermögensverlust aufgrund unerwartet hoher Refinanzierungskosten, der mit einer vorgegebenen Wahrscheinlichkeit in einer bestimmten Zeitdauer nicht überschritten wird. Im zweiten Schritt sind LAR und LVAR durch Stressszenarien zu ergänzen, um die in Risikomodellen nicht erfassbaren Risiken aus Strukturbrüchen zur erfolgreichen Bewältigung von Instituts- und Finanzmarktkrisen zu schätzen. Dabei stellen das LAR- und LVAR-Konzept bei umsichtiger Anwendung sicher, dass Normal- und Stressszenarien klar voneinander getrennt werden, was zur Verminderung der Katastrophenkurzsichtigkeit („disaster myopia") bei Liquiditätskrisen beiträgt.

2.3 Entwicklungsstufen der Liquiditätssteuerung in Banken

Alle Versuche, die finanzielle Zukunft aus der Bilanz herauszulesen, sind bisher gescheitert, weil zukünftige Finanzbewegungen nicht aus der Bilanzbuchhaltung ersichtlich sind. Bei *bilanzorientierten Liquiditätsvorschaurechnungen* fehlt die Verknüpfung zu den Risikotreibern für das Liquiditätsrisiko, das aus den Zahlungsstrominkongruenzen einer Bank resultiert. Sie sind daher für das ertragsorientierte Liquiditätsrisikomanagement der kurzfristigen Nettomittelabflüsse in Banken in der Praxis weniger geeignet und lassen lediglich einfache Liquiditätsstrukturbetrachtungen zu. Vertreter der Bankpraxis verweisen daher darauf, dass die Liquiditätsablaufbilanz „nur" eine Analysevariante und keine realistische Liquiditätsvorschau darstellen muss. Vor diesem Hintergrund steht das Liquiditätsrisikocontrolling in der Liquiditätsvorschau vor einem komplexen Problem, zu dessen Lösung in der Praxis mitunter gerne auf die Unterteilung in deterministische (sichere) und stochastische (unsichere) Zahlungsströme zurückgegriffen wird. Überführen wir stochastische und deterministische Cash Flows schematisch in die Liquiditätsvorschau, ergibt sich folgendes Bild (Abb. 4):

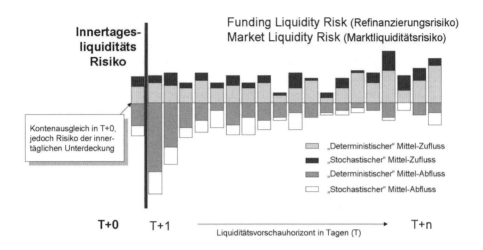

Abbildung 4: Modellierungsproblem der Liquiditätsvorschau in Banken

Abb. 4 deutet auch den Implementierungsaufwand für diesen Planungs-, Steuerungs- und Überwachungsansatz in einer Bank an, wobei als weitere Risikoquellen nachteilige Veränderungen bei den Refinanzierungsquellen (funding liquidity risk) sowie der *Finanzmarktliquidität* (market liquidity risk) zu berücksichtigen sind.

Bei der Umsetzung in Universalbanken erscheint die o. g. Einteilung in deterministische und stochastische Cash Flows unter Wirtschaftlichkeitsaspekten derzeit wenig operational, zumal viele Institute ihren Kunden in Festzinskrediten, wie etwa der privaten Baufinanzierung, umfangreiche Sondertilgungsrechte gewähren, z. B. das jährliche Recht 5 % der Darlehenssumme außerplanmäßig zu tilgen oder gegen einen Zinssatzaufschlag das Recht, jederzeit das gesamte Darlehen in voller Höhe abzulösen. Ebenso lassen Banken in ihren Einlagenprodukten Verfügungen vor der vertraglich vereinbarten Fälligkeit zu. So besehen beinhalten die meisten sog. deterministischen Zinsprodukte einer Bank optionale Komponenten und sind daher streng genommen stochastische Cash Flows mit einer u. U. geringer ausgeprägten Zahlungsstromschwankung.

Führt man diese Überlegung in der Praxis für *deterministische Zinsprodukte* fort, wandeln sich diese bei der Planung der zukünftigen Geschäftsentwicklung aus dem Bestands- und Neugeschäft in stochastische bzw. unsichere Zahlungsströme, d. h., z. B. wenn es darum geht, den Bestand an Baufinanzierungsdarlehen nach Ablauf der Zinsfestschreibung für die nächsten Jahre zu planen. Wie bereits aus der Finanzplanung bekannt erhöhen sich insb. für Bankbetriebe mit fortschreitendem Planungshorizont die Unsicherheit und Unschärfe der Zahlungsstromaussagen.

Ausgehend von der obigen Begriffseinteilung in stochastische und deterministische Zahlungsströme stellt sich für die Praxis die Frage, ob ein Steuerungsansatz in Universalbanken auf dieser Grundlage den damit einhergehenden Aufwand unter

Wirtschaftlichkeitsaspekten rechtfertigt, zumal es in Universal- und Direktbanken streng genommen fast ausschließlich Bankprodukte mit mehr oder minder stark ausgeprägten stochastischen Cash Flows gibt. Unbeschadet dessen ist es notwendig, dass Banken ihre Risikotreiber bei den Zahlungsstromrisiken kennen, um eine umsichtige Ermittlung des Liquiditätsrisikos vornehmen zu können.

Obwohl es noch keine geschlossene Liquiditätstheorie in Banken gibt, hat sich bei der Darstellung der Liquiditätsrisikoposition für die Liquiditätssteuerung die Auffassung etabliert, dass diese drei Bedingungen erfüllen muss: Sie muss (1) sich auf die Zahlungsströme eines Instituts beziehen, (2) die Unsicherheit der Zahlungsströme erfassen und (3) den Risikowerten realistische Eintrittswahrscheinlichkeiten zuordnen. Aufgrund der Fremdbestimmtheit und Unsicherheit der Zahlungsströme besteht bei zahlungsstromorientierten Liquiditätsplanungen in Banken ein Spannungsverhältnis zwischen dem Erfordernis einer betrag- und taggenauen Liquiditätsplanung sowie der Schwierigkeit, einen größeren Planungszeitraum mit Präzision zu beherrschen. Dieses Spannungsverhältnis nimmt mit fortschreitendem Vorschauhorizont zu; die Komplexität steigt bei den Vorbereitungen für Liquiditätskrisen sowie den dafür erforderlichen Prognosen für die Zahlungsströme, die verfügbaren Liquiditätsreserven und die Liquiditätskosten in einer Liquiditätskrise.

Auf der Grundlage der vorgenannten Grundüberlegungen lässt sich folgendes Schaubild ableiten, das Banken helfen kann, ihren Entwicklungsstand in der Liquiditätssteuerung näher zu bestimmen, wobei das Bankmanagement entscheiden muss, welche Stufe bei der Liquiditätsrisikoanalyse für das jeweilige Institut unter Risiko-Kosten-Nutzen-Aspekten angemessen ist (Abb. 5):

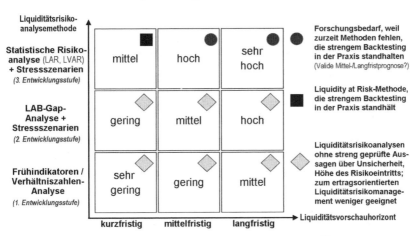

Abbildung 5: Entwicklungsstufen der Liquiditätssteuerung in Banken[349]

---

[349] Zeranski, Stefan: Liquiditätsmanagement bei Banken – Theoretische Fundierung, in: Thießen, Friedrich/Walther, Ursula (Hrsg.): Enzyklopädisches Lexikon für das Geld-, Bank- und Börsenwesen, 5. Aufl., CD-ROM, Frankfurt/M. 2007, S. 8.

3 Lehren aus der Finanzkrise für die Liquiditätssteuerung in Banken

- Die Bankbilanz beginnt auf der Passivseite.
- Liquidität ist der Schmierstoff des Finanzsystems.
- Die Kapitalmärkte sind nicht vollkommen und das Liquiditätsrisiko in Banken ist ein wesentliches Risiko für die Vermögens-, Finanz-, Ertragslage.
- Liquiditätskosten: Der Gewinn von Banken liegt auch im Einkauf von Liquidität.
- "Over recent years, liquidity risk has obviously been underestimated by financial institutions. It should receive more attention in the future."
  Remsperger, Hermann: Financial market turbulences, Frankfurt/ Main, 31 January 2008

Liquiditätsrisikomanagement

To Do: Ermittlung und Steuerung der Liquiditätsposition der Gesamtbank für normale & unruhige Geschäftsverläufe mit fortschrittlichen Methoden inkl. Stresstests

Don't: Wenige, unreflektierte Methoden; unbewegliche Liquiditätssteuerung

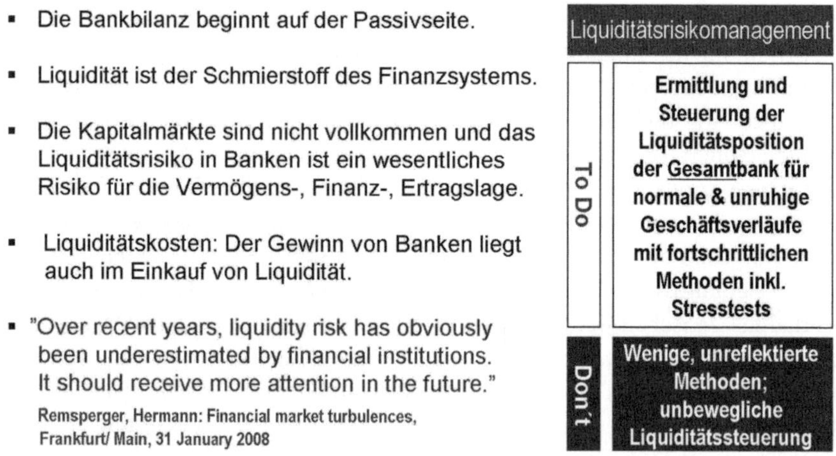

Abbildung 6: Lehren aus der Finanzkrise für die Liquiditätssteuerung in Banken

Als zentrale Lehre der *Finanzkrise* für das bankbetriebliche Risikomanagement und die Allokation des ökonomischen Kapitals in Banken kann bei der Planung künftiger Mittelaufnahmen und Mittelanlagen in der bankbetrieblichen Liquiditätssteuerung festgehalten werden, dass es einen Zusammenhang zwischen Liquiditäts- und Erfolgsrisiken gibt (Abb. 6), da Liquiditätskosten als liquiditätsbedingte Vermögensverluste die Ertragslage einer Bank nachhaltig belasten können. Die australische Bankenaufsicht fasst dies prägnant wie folgt zusammen:

„Liquidity risk – from a capital adequacy perspective, liquidity risk can be viewed as the risk that an ADI [authorised deposit-taking institution] will incur unexpected costs or losses in meeting its financial obligations when they fall due, because of the mismatch between the contractual maturities of its actual (or contingent) financial assets and liabilities. Assumptions as to the renewal or replacement of maturing liabilities, the drawdowns of outstanding commitments, or the ease of realising particular types of assets, may prove unsustainable. Unexpected costs or losses can therefore result from the forced replacement of maturing liabilities on disadvantageous terms, or the forced realisation of assets at lower than fair market values, or some combination of both. Some amount of liquidity mismatching – i.e. borrowing short to lend long – is fundamental to the business of banking. Even for very conservatively managed ADIs there will be some residual liquidity risk that can result in unexpected losses, which require capital support. The greater the mismatch, the greater the potential cost of having to generate alternative funding to cover that mismatch, should the need arise." [350]

Die *Schwachstellen* bei der *Liquiditätssteuerung* konzentrieren sich in der Praxis auf folgende Punkte, wobei die Aufzählung keinen Anspruch auf Vollständigkeit erhebt. Schwächen treten vor allem in den folgenden Bereichen auf: Integration des Liquiditätsrisikomanagements in die Banksteuerung; Strategie, Planung und Organisation des Liquiditätsrisikomanagements; Steuerung und Überwachung im Liquiditätsrisikomanagement; Reporting über das Liquiditätsrisiko; Überwachung und Limitierung des Liquiditätsrisikos; Notfall- und Krisenplanung: [351]

- Im Bankrisikoprofil ist unter Berücksichtigung aller außerbilanziellen Auszahlungserfordernisse inkl. Konzern-, Zweckgesellschaften zu beurteilen, inwiefern das Liquiditätsrisiko als Nettomittelabfluss- und Mindererlösrisiko für die Finanz-, Vermögens-, Ertragslage sowie die aufsichtlich relevante Eigenmittelausstattung von wesentlicher und existenzbedrohlicher Bedeutung ist. Bei der Ermittlung des Verlustpotenzials ist zu beachten, dass extreme Nettomittelabflüsse und Mindererlöse aus Adress-, Reputations-, Marktpreis-, Marktliquiditäts-, Vertriebsrisiken und Verschlechterungen der eigenen Bonität resultieren können.

- Ausgehend vom Bankrisikoprofil sind für das Liquiditätsrisikomanagement eine Liquiditätsrisikostrategie, Funktionen, Methoden und Systeme zur Liquiditätsrisikoanalyse inkl. Stresstests, Steuerungs- und Controllingprozesse, Kompetenzen, Berichtslinien, Eskalationsmechanismen insbesondere bei Überschreitungen der Liquiditätsrisikotoleranz zu definieren und einzurichten. Die Liquiditätsrisikostrategie hat sich mit der Höhe, Zusammensetzung und Mobilisierbarkeit der Liquiditätsreserven auseinanderzusetzen und sicherzustellen, dass bei einer drohenden Überschreitung der Liquiditätsrisikotragfähigkeit die Geschäftsaktivitäten überprüft und bei Bedarf risiko- und ertragsorientiert angepasst werden.

- Der Vorstand ist für die Einführung einer Liquiditätsrisikostrategie verantwortlich. Bedeutende Änderungen der Liquiditätsrisikostrategie, z. B. Rahmenlimite, sollten vom Vorstand genehmigt werden. Um die Flexibilität im Managementprozess zu erhalten, sollte der Vorstand Genehmigungskompetenzen, z. B. Anpassungen des internen Liquiditätsrisikomodells, an ein Gremium, z. B. den Steuerungsausschuss Gesamtbank, delegieren können.

- Der Vorstand und der Aufsichts- bzw. Verwaltungsrat sind regelmäßig über die Liquiditätsrisikosituation durch aktuelle, verständliche Reports zu informieren, welche angemessen und risikoadäquat in das Gesamtbankreporting zu integrieren sind, um einen effizienten, stabilen Informationsfluss in der Gesamtbank-

---

[350] Australian Prudential Regulation Authority: Implementation of the Basel II Capital Framework, 12 September 2007, S. 9. http://www.apra.gov.au.

[351] Ausführlicher in Zeranski, Stefan (Hrsg.): Ertragsorientiertes Liquiditätsrisikomanagement, 2. Aufl., Heidelberg 2010, Kapitel C.

steuerung sicherzustellen. Der Vorstand hat dabei sicherzustellen, dass die Liquidität des Instituts in normalen und unruhigen Geschäftsverläufen sowie insbesondere in Krisenfällen stets angemessen gesteuert wird.

Als *Lehre* aus der *Finanzkrise* kann weiter festgehalten werden, dass Liquiditätsrisiken und Liquiditätsrisikostresstests umsichtig in die Gesamtbanksteuerung zu integrieren sind, wobei veränderte Wettbewerbs- und Umweltbedingungen laufend bei der Überarbeitung sowie Anpassung der Stresstests angemessen zu berücksichtigen sind. Vor diesem Hintergrund widmet sich der nachfolgende Abschnitt nun der Integration von Liquiditätsrisikostresstests in die Gesamtbanksteuerung und geht zu Beginn auf den Liquiditätsrisikosteuerungskreislauf ein.

4 Integration von Liquiditätsrisikostresstests in die Banksteuerung
4.1 Aufbau eines wirkungsvollen Liquiditätsrisikosteuerungskreislaufs in Banken

Für den Liquiditätsrisikosteuerungskreislauf kann folgende Darstellung festgehalten werden (Abb. 7), wobei der Überblick keinen Anspruch auf Vollständigkeit erhebt und dazu dient, die Liquiditätssteuerung in der Bankpraxis präziser zu erfassen:

Liquiditäts-risikoebene	Identifizieren	Ermitteln/ Schätzen	Steuern	Reporting/ Überwachen	Organisationsrichtlinien
Dispositive Liquidität: Kurzfristige fremdbestimmte Nettomittelabflüsse Strukturelle Liquidität: Refinanzierungsstruktur/ -kosten bei der Institutsliquidität inkl. außerbilanzieller Geschäfte, ggf. unter Beachtung der Muttergesellschaft und aller Tochtergesell-	Zu-/Abflüsse an Liquidität/ Zahlungsströme inkl. Konzentrationen Liquiditätsablauffächer (LAF; als Fristenfächer bzw. maturity ladder in der Bankfinanzplanung) Einlagen-, Depot A-, Kreditkonzentrationen in Liquiditätsstruktur unter Beachtung von Risiko-, Ertragskonzentrationen	LiqV-Meldewesen: a) LiqV-Standard: Meldekennzahl, Beobachtungskennzahlen, Inkongruenzen, Meldepositionen b) Internes Modell c) Basel III-Ratios Frühwarnindikatoren: a) Zahlungsströme b) Liquiditätsstruktur c) Margen, Spreads d) Kundenvertrauen/-zufriedenheit	Maßnahmen: a) Risikovermeidung, b) -verminderung c) -überwälzung d) -übernahme unter Beachtung der Wechselwirkungen zu anderen Risikoarten Entscheidungsträger: Vorstand: Risikostrategie Anlageausschuss: strukturelle Liquidität	Intervall: innertäglich täglich wöchentlich monatlich quartalsweise jährlich anlassbezogen/ad hoc in Krisen Inhalte: Zahlungsströme/Struktur: ( ) vollständig ( ) genau Risikoanalyse: ( ) Nettoabflussverläufe ( ) Strukturen/ Kosten/Nutzen ( ) Modell-/ Schätzgüte	Gesamtbankbezogene Liquiditätsrisikostrategie inkl. Liquiditätsrisikotoleranz, Steuerungs- und Beobachtungslimite, Frühwarnindikatoren Regelungen und Arbeitsanweisungen für Treasury bzw. Liquiditätsrisikosteuerung und Liquiditätsrisikocontrolling

216

Liquiditäts-risikoebene	Identifizieren	Ermitteln/ Schätzen	Steuern	Reporting/ Überwachen	Organisations-richtlinien
schaften eines Konzerns sowie des Wettbewerbs um Liquidität Produktliquidität inkl. Beleihbarkeit, Collateral im Repo, ESZB Marktliquidität in Segmenten der Institutsliquidität, insb. Kunden/Banken; Emissionen; Depot A; Wettbewerber; Zentralbank	Abruf-/Zusagekonzentrationen in der Liquiditätsstruktur Liquiditätskosten/-nutzen, Bonitätsspreads, Passiv-/Aktivmargen, Opportunitätskosten EZB-Collateral, Liquiditätspuffer, Liquiditätskostentragfähigkeit	Liquiditätsablauffächer-Analysen @Risk-Analysen: a) Financial Mobility b) Liquidity Value c) Liquidity at Risk Szenarien: a) Zahlungsströme b) Bilanzpositionen c) Refinanzierung d) Spreads/Margen e) LiqV-Standard Stresstests: (Institut/Markt) a) Statistische Stresstests b) Ereignisse c) Inverse Stresstests	Gelddisposition: kurzfristige Liquidität Überwachungsträger: Controlling, Innenrevision, Aufsichtsrat, externe Prüfer, Bankenaufsicht, Sicherungseinrichtung, sonstige Krisenträger: Eigentümer, Finanzverbund, Sicherungseinrichtung, Staat, Zentralbank	Disposition: () Instrumente () Kosten () Erfolg Organisation: () Aufbau, Ablauf () Flexibilität, Notfälle Know How: () Bank () Märkte Reserven: () Höhe, Preis () Verfügbarkeit	Notfall-/Krisenpläne inkl. der Kommunikation an die Kunden, institutionelle Kapitalgeber, Bankenaufsicht, Ratingagenturen, Presse, Mitarbeiter, sonstige Dokumentation der Steuerungsentscheidungen sowie deren Überprüfung inkl. Mobilisierbarkeit aller Liquiditätsreserven in Krisen

Abbildung 7: Überblick über den Liquiditätsrisikosteuerungskreislauf in Banken [352]

Traditionell erfolgte die Beurteilung des Liquiditätsrisikos in Banken anhand von *Liquiditätskennziffern*. Die meisten Liquiditätskennziffern sind aus Stichtagsbeständen der Bilanz abgeleitet und können daher nur indirekt Aussagen zum Liquiditätsrisiko liefern. Die Verwendung bilanzorientierter Liquiditätsrisikoanalysen, z. B. der Liquiditätsablaufbilanz, für die Analyse der kurzfristigen Nettomittelabflüsse birgt die nicht zu unterschätzende Gefahr in sich, dass mit einem falschen Gefühl der Sicherheit Steuerungsentscheidungen auf der Basis irrelevanter Zahlen getroffen werden, da sie nicht unmittelbar an den Zahlungsströmen der Bank ansetzen. Daher ist bei der Gestaltung von Liquiditätsablauffächern (LAF) und den damit einhergehenden Gap-Analysen zu möglichen Liquiditätsfehlbeträgen in der Zukunft ein besonderes Augenmerk auf die Annahmen für die Liquiditätsabläufe zu legen. Einen standardisierten Liquiditätsablauffächer enthält das Standardverfahren

---

[352] In Anlehnung an Walter, Bernd: Controlling des Liquiditätsrisikos für das Treasury Management in Banken, in: Zeranski, Stefan (Hrsg.): Treasury Management in mittelständischen Banken, Heidelberg 2011, Kapitel G.II; Zeranski, Stefan: Liquidity at Risk zur Steuerung des liquiditätsmäßigfinanziellen Bereichs in Kreditinstituten, Chemnitz 2005, S. 208–209.

der Liquiditätsverordnung zur Ermittlung der sog. Melde- und Beobachtungskennzahlen mit den Laufzeitbändern 1, 1–3, 3–6, 6–12 Monate und pauschalen, zum Teil sehr vorsichtigen Anrechnungs- bzw. Liquiditätsablauffaktoren, die für die § 11 KWG-Meldung nicht mehr vom einzelnen Institut zu überprüfen sind.

LAR und LVAR sind statistische Ansätze zur *Analyse* des *Liquiditätsrisikos* auf der Zahlungsstrom- und Vermögensebene. Während der LAR eine Volumengröße darstellt, ist der LVAR eine Vermögensgröße, die auf die Schwankung der liquiditätsbedingten Vermögensverluste und somit auf die Liquiditätskosten sowie eine Belastung der Vermögens- und Ertragslage in Banken abstellt. Die Ermittlung des LVAR kann barwert- und GuV-orientiert erfolgen. Angesichts der in den MaRisk postulierten Methodenfreiheit bei der Ermittlung der Liquiditätsrisikotoleranz sind die Liquiditätskosten im Sinne des LVAR-Konzepts auch pragmatisch aus der GuV-Eckwertplanung ermittelbar, indem in Stressszenarien für Liquiditätskrisen Liquiditätsabläufe sowie erhöhte Refinanzierungskosten vorsichtig ermittelt und der Liquiditätsrisiko- sowie der Erfolgsrisikotragfähigkeit gegenübergestellt werden.

Im Unterschied zu den traditionellen Analysen ordnen der LAR- sowie der LVAR-Ansatz den Liquiditätsrisikobeträgen eine statistische Eintrittswahrscheinlichkeit zu und liefern damit einen Beitrag zur risikoorientierten Liquiditätssteuerung in einer ertragsorientierten Gesamtbanksteuerung. Die Ergänzung durch Stresstests soll die finanzielle Beweglichkeit einer Bank zur Bewältigung von Liquiditätsengpässen in einer Liquiditätskrise sicherstellen.

4.2 Systematische Ableitung von Liquiditätsrisikostresstests in Banken

Für eine angemessene Handhabung von *Stresstests* in Banken ist es zweckmäßig, den formellen und materiellen Rahmen von Liquiditätsstresstests näher zu bestimmen, wobei der formelle Rahmen (Abb. 8) die Technik bei der Ableitung von Liquiditätsrisikostresstests und der materielle Rahmen (Abb. 9) die Problemlösungsumsicht bei der Ableitung von Liquiditätsrisikostresstests fokussiert.

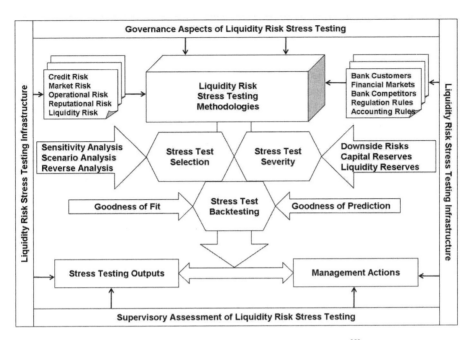

Abbildung 8: Formeller Rahmen für Liquiditätsrisikostresstests in Banken[353]

Das *Wettbewerbsumfeld* von Banken wird insbesondere durch die Bankkunden, Finanzmärkte, Konkurrenz, die Bankenregulierung und die Bankenrechnungslegung geprägt. Da sich Banken beim Erfolgsstreben in einem dynamischen Wettbewerbsumfeld bewegen, sind Liquiditätsrisikostresstests laufend zu überprüfen und bei Bedarf zeitnah anzupassen. Das interne Kontrollsystem muss daher sicherstellen, dass Liquiditätsrisikostresstests die Liquiditätsverlustanfälligkeit institutsspezifisch mit angemessenen Methoden stets aktuell und plausibel herausarbeiten.

Bei der Durchführung von *Liquiditätsrisikostresstests* lassen sich vor allem drei Arbeitsschritte unterscheiden: (1) Auswahl und Durchführung der Liquiditätsrisikostresstests, (2) Beurteilung und Anwendung der Liquiditätsrisikostresstests, (3) Backtesting und Anpassung der Liquiditätsrisikostresstests.

Bei der Auswahl und Durchführung von *Liquiditätsrisikostresstests* lassen sich Sensitivitätsanalysen, Szenarioanalysen und reverse bzw. inverse Stresstests unterscheiden. Bei Sensitivitätsanalysen wird im Liquiditätsrisikostresstest nur ein Liquiditätsrisikofaktor variiert, während Szenarioanalysen mehrere Liquiditätsrisikotreiber gleichzeitig verändern. Bei den Szenarioanalysen lassen sich historische und hypothetische sowie statistisch abgeleitete Liquiditätsrisikostresstests unterschei-

---

[353] In Anlehnung an Committee of European Banking Supervisors: Guidelines on Stress Testing, August 2010.

den. Szenario- und Sensitivitätsanalysen untersuchen die Auswirkung eines oder mehrerer Risikofaktoren auf das Liquiditätsrisiko. Es wird beispielsweise untersucht, wie sich ein hoher Ausfall von Kundenkrediten und eine Ratingverschlechterung auf die Liquiditätsabflüsse und die Liquiditätskosten eines Instituts auswirken. Szenario- und Sensitivitätsanalysen führen somit „What-if- bzw. Feed-forward-Analysen" durch; diese Verfahren bergen die Gefahr in sich, dass die Liquiditätsrisikotreiber nicht korrekt erfasst und bewertet werden. Zur Ergänzung sind daher inverse Stresstests notwendig, die als implizite Liquiditätsrisikostresstests untersuchen, wie ein bestimmter Liquiditätsrisikoverlust entstehen kann; inverse Stresstests führen dabei „Goal-seek- bzw. Feed-back-Analysen" durch; diese Verfahren beinhalten die Gefahr, dass sich das Management (möglichst) kleine Risikobeträge aussucht, um Erlösminderungen aus einer hohen Liquiditätsreserve (möglichst) gering zu halten.

Bei der Beurteilung und Anwendung von *Liquiditätsrisikostresstests* sind die Ergebnisse der Liquiditätsrisikostresstests auf Plausibilität zu prüfen und den verfügbaren Liquiditätsreserven sowie möglichen erhöhten Liquiditätskosten gegenüberzustellen. Das Bankmanagement trifft aus der Gegenüberstellung von extremen Liquiditätsgefahren und Liquiditätsreserven Maßnahmen, die in eine Erhöhung der Liquiditätsreserven und/oder eine Verminderung der Liquiditätsrisiken münden können, was im Ergebnis auch eine Anpassung der Geschäftsziele und des Erfolgsstrebens bedeutet. Liquiditätsrisikostresstests beinhalten damit die Aufstellung von Liquiditätskrisenplänen, zu der auch die Kommunikation mit den Eigentümern, allen wichtigen Kunden, der Öffentlichkeit und der Bankenaufsicht gehört.

Nach der Durchführung der Stresstests sind diese laufend im Backtesting auf ihre Angemessenheit zu prüfen und wie bereits angesprochen zeitnah anzupassen, da beim Erfolgsstreben einer Bank laufend neue wesentliche Liquiditätsrisikotreiber auftreten können. Beim Backtesting der Liquiditätsrisikostresstests stehen die Goodness-of-Fit (GoF)- und die Goodness of Prediction (GoP)-Analyse in enger Wechselwirkung: Die GoF-Analyse untersucht bei der Konstruktion von Liquiditätsrisikostresstests, ob der Liquiditätsrisikostresstest für das jeweilige Institut plausibel ist und der Vielschichtigkeit des Liquiditätsrisikos gerecht wird. Die GoP-Analyse achtet im Rückvergleich vor allem darauf, ob die vorher geschätzten Liquiditätsrisikostresswerte (z. B. für Nettomittelabflüsse, Liquiditätskosten) in der Realität eingetreten sind. Stellt sich bei der ursache- und wirkungsbezogenen Analyse heraus, dass sich *Liquiditätsrisikostressszenarien* im Bereich der Normalszenarien bewegen, waren die Liquiditätsrisikostresstests zu wenig fundiert; an dieser Stelle wird deutlich, dass eine umsichtige IST-Finanzrechnung der Nettomittelabflüsse und Liquiditätskosten zur Überprüfung von Stresstests unerlässlich ist.

Im formellen Rahmen für Liquiditätsrisikostresstests ist zu berücksichtigen, dass originäre und derivative Liquiditätsrisiken in extremer Form auftreten können. Derivate Liquiditätsrisiken resultieren z. B. aus Kredit- und Markt- sowie operationellen und Reputationsrisiken. Originäre Liquiditätsrisiken entstehen vor allem aus

Refinanzierungs-, Termin- und Abrufrisiken. In der Bankpraxis ist es ohne eine umsichtige IST-Finanzrechnung, d. h. ohne laufende Analyse der Nettomittelabflüsse und Liquiditätskosten, schwer, frühzeitig zu erkennen, wann sich Liquiditätsnormal- in -stressszenarien wandeln. Für die Infrastruktur von Liquiditätsrisikostresstests wird damit deutlich, dass die angemessene Handhabung von Liquiditätsrisikostresstests eng mit der angemessenen Steuerung des Liquiditätsrisikos im normalen Geschäftsbetrieb verbunden ist, wozu vor allem zutreffende Liquiditätsrisikomodelle, „funktionierende Limite" sowie aktuelle, entscheidungsorientierte Liquiditätsrisikoreports und das erforderliche Know-how in Banken gehören.

Bei der *materiellen Ableitung* von *Liquiditätsrisikostresstests* lassen sich die strategisch-taktische und die operative Bankebene unterscheiden. Aus dem Geschäftszweck und der Geschäftsstrategie einer Bank wird das Erfolgsstreben einer Bank abgeleitet; die damit einhergehenden Risiken sind in der Risikostrategie angemessen zu berücksichtigen und stets durch das Risikodeckungspotenzial angemessen zu decken. Die aktuelle Finanzkrise hat gezeigt, dass einige Banken versucht haben, Ertragsschwächen durch ertragreichere Geschäfte mit erhöhten Liquiditätsrisiken zu kompensieren, wobei die Risikostrategie als Korrektiv nicht für den erforderlichen Aufbau der Liquiditäts- und Eigenmittelreserven und/oder die Anpassung der Geschäftätigkeit gesorgt hat. Als Beispiel sei hier nur der Fall der Sachsen-LB genannt, den der Sächsische Rechnungshof umfassend analysiert hat.[354]

Für die Ableitung von Liquiditätsrisikostresstests ist eine ursache- und wirkungsbezogene Analyse des Liquiditätsrisikos unverzichtbar (Abb. 9). Andernfalls besteht die Gefahr, dass Stresstests „Ursache" (A) mit „Wirkung" (B) verwechseln und Liquiditätsrisikosteuerungsmaßnahmen im Stressfall zu kurz greifen. Im Einzelnen lassen sich bei der Diskussion von Liquiditätsrisikostresstests (LST) in Banken fünf Ebenen unterscheiden: (1) LST auf der strategisch-taktischen Bankgeschäftsebene, (2) LST auf der operativen Bankgeschäftsebene, (3) LST auf der Zahlungsstromebene der Bank, (4) LST auf der Vermögensebene der Bank, (5) LST auf der Reserve- und Mobilitätsebene, wobei (1) bis (4) auch das ökonomische Kapital (C) einer Bank für die Bewältigung von Eigenmittel- und Liquiditätsrisiken betreffen.

---

[354] Zum Sonderbericht des Sächsischen Rechnungshofes zur Landesbank Sachsen Girozentrale vom März 2009, der die Risiken für das Geschäftsmodell und die Entscheidungslage in der Bank aufgearbeitet hat vgl. http://www.rechnungshof.sachsen.de.

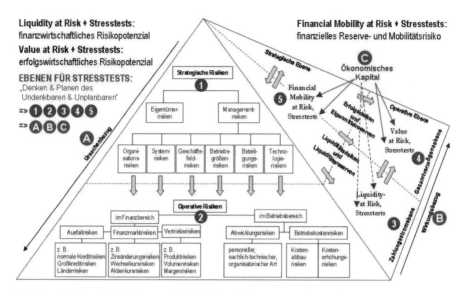

Abbildung 9: Materieller Rahmen für Liquiditätsrisikostresstests in Banken

Das Bankmanagement und der Aufsichts- bzw. Verwaltungsrat müssen sicherstellen, dass Liquiditätsrisikostresstests formell und materiell angemessen in die Gesamtbanksteuerung integriert sind, da Liquiditätsrisiken und Erfolgsrisiken in enger Wechselwirkung stehen und im Extremfall „existenzbedrohlich im Gleichschritt auftreten können". Vor diesem Hintergrund behandeln nun die beiden nächsten Abschnitte Stresstests für die kurzfristige und strukturelle Liquidität in Banken.

4.3 Stresstests für die kurzfristige Liquiditätssteuerung in Banken

Ausgehend von einem fundierten Gesamtbankrisikoverständnis, das Bankrisiken umsichtig nach deren Ursache und Wirkung trennt, steht beim Controlling der kurzfristigen Liquidität die Analyse der Nettomittelabflüsse für das LAR-Konzept im Vordergrund, um die *Liquiditätsreserve* im normalen Geschäftsbetrieb zu optimieren, wobei für Liquiditätskrisen ergänzende Vorkehrungen über Stressszenarien in Verbindung mit dem strukturellen Liquiditätsrisikocontrolling abzuleiten sind, um angemessene finanzielle Reserven für extreme Liquiditätsverläufe sicherzustellen. Die tägliche Ermittlung der fremdbestimmten Nettomittelabflüsse dient dem Liquiditätsrisikocontrolling neben anderen Liquiditätsrisikoindikatoren auch als Frühwarninformation, da hohe Nettomittelabflüsse im Fristenfächer 1 bis 30 Tage Hinweise auf gravierende Liquiditätsstrukturverschlechterungen geben können, die sich bei einem monatlichen Gesamtbankdatenabzug und der daran anschließenden Analyse im Regelfall erst später offenbaren. Durch laufende Überwachung der Nettomittelabflüsse sowie deren Analyse mit dem LAR-Konzept (Abb. 10) für den normalen Geschäftsbetrieb ist es möglich, im Liquiditätsablauffächer (LAF) für Liquiditätsabflüsse frühzeitig zu erkennen, wann sich ein Normalszenario in ein Stressszenario wandelt, um rechtzeitig im vorbereiteten Liquiditätskrisenplan zu eskalieren. So kann z. B. das Überschreiten des LAR-Quantils von 99 % an einem Tag als Impulsgeber („Ampelereignis") für eine Erhöhung der Beobachtungs- und Managementintensität beim Liquiditätsrisiko dienen:

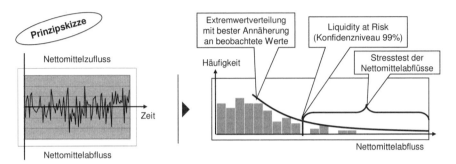

Abbildung 10: Stresstests und LAR zur Schätzung von Zahlungsstromrisiken in Banken

Die LAR-Analyse der *Nettomittelabflüsse* kann z. B. im Fristenfächer 1 bis 30 Tage erfolgen, um diese der Liquiditätsreserve in der kurzfristigen Liquiditätsrisikotragfähigkeit gegenüberzustellen. Je nach Risikoneigung des Vorstandes können Mindestwerte für die verschiedenen Liquiditätsklassen abgeleitet und damit die Höhe sowie die Zusammensetzung der Liquiditätsreserve unter Berücksichtigung der möglicherweise erforderlichen Eigenmittel für liquiditätsbedingte Vermögensverluste auch für Krisenfälle bestimmt werden (Abb. 11), was die folgende Prinzipskizze veranschaulicht:

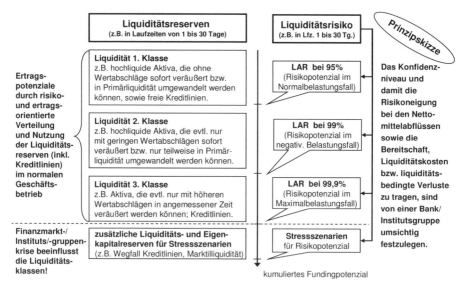

Abbildung 11: Prinzipdarstellung zur Liquiditätsreserveanalyse in Banken[355]

Die *Liquiditätsrisikostrategie* bildet den Rahmen für die Liquiditätssteuerung unter Beachtung von Eigenmittelanforderungen für liquiditätsbedingte Vermögensverluste in Liquiditätskrisen. Die Liquiditätsrisikostrategie muss rückkopplungsfähig zur Geschäftsstrategie die Liquiditätsrisikotreiber und -konzentrationen aus allen Geschäftsaktivitäten eines Instituts angemessen in ein Liquiditätsrisikotragfähigkeitskalkül sowie dazu konsistente Liquiditätsrisikolimite und geeignete Liquiditätsrisikosteuerungsmaßnahmen mit Reserven für extreme Nettomittelabflüsse und hohe liquiditätsbedingte Vermögensverluste in Liquiditätskrisen einbeziehen.

Für die *kurzfristige Liquiditätssteuerung* sind die Höhe und Zusammensetzung der Liquiditätsreserve stets hinreichend zu gestalten. Die in der kurzfristigen Steuerung für den normalen Geschäftsbetrieb optimierte Liquiditätsreserve ist die Diskussionsgrundlage für die Wahl der geeigneten Refinanzierungsmittel in der Steuerung der Liquiditätsstrukturen. Bei diesen Liquiditätsvorkehrungen sind die Liquiditätsanforderungen für Liquiditätskrisen zu berücksichtigen, in denen sich die Mobilisierbarkeit und die Kosten der Liquiditätsreserven gegenüber dem normalen Geschäftsbetrieb gravierend verändern, zumal im Krisenfall in der Regel wichtige Geldhandelslinien und Kreditzusagen für Mittelaufnahmen wegfallen. Die Bankenaufseher beschäftigen sich auch detailliert mit Liquiditätskrisen und sprechen damit

---

[355] In Anlehnung an Rempel-Oberem, Thomas/Zeranski, Stefan: Liquidity at Risk zur Liquiditätssteuerung in Finanz-Instituten, in: RISIKOMANAGER 2008, Heft 2, S. 10; Zeranski, Stefan: Liquidity at Risk zur Steuerung des liquiditätsmäßig-finanziellen Bereichs in Kreditinstituten, Chemnitz 2005, S. 95.

die vom Management zu beantwortenden Fragen an, wie lange der Stresszeitraum dauern kann und wie viel Liquidität in der Krise abfließen kann (Abb. 12):

Counterbalancing Capacity under different views		Timeframe		
View	Definition	Short-term	Medium-term	Long-term
"Business-as-Usual" view	Projections according to business plan	Readily available funds to offset **Business-as-Usual Net Funding Gap**		
"Planned Stress" view	Projections according to stressed business plan under "Planned" Scenarios	Readily available funds to offset Business-as-Usual Net Funding Gap + Planned additional funds to offset **Incremental "Planned Stress" Net Funding Gap**		
"Protracted Stress" view	Readying the business for "Protracted Stress" scenarios, more severe and/or longer stresses	Readily available funds to offset Business-as-Usual Net Funding Gap + Planned additional funds to offset Incremental "Planned Stress" Net Funding Gap + Other fund generation through Contingency Funding Plan to offset **Incremental "Protracted Stress" Net Funding Gap**		

Abbildung 12: CEBS-Papier zu Liquidity Buffers & Survival Periods[356]

Schätzungen für *Nettomittelabflüsse* in *Bankliquiditätskrisen* in Osteuropa reichen bis zu 30 % der Bilanzsumme, wobei Einlagensicherungssysteme und ggfs. die Institutssicherung einen maßgeblichen Einfluss auf die Höhe der abfließenden Mittel haben. Die Mittelabflüsse aus griechischen Banken im Zuge der Staatsschuldenkrise von Griechenland lagen in 2011 zum Teil noch höher, während Bankruns in Deutschland bisher ca. 15 % bis 20 % der Bilanzsumme erreichten.[357]

Für die Bankpraxis ist es empfehlenswert, unruhige Geschäftsverläufe von geplanten und verlängerten Stresstests zu unterscheiden, um damit der Katastrophenkurzsichtigkeit (disaster myopia) vorzubeugen, zumal das Management bei hohem Ertragsdruck mitunter dazu neigt, extreme Risiken zu unterschätzen. Mit der Bewältigung von Liquiditätskrisen ist aus betriebswirtschaftlicher Sicht die finanzielle Beweglichkeit einer Bank angesprochen, die notwendig ist, um existenzbedrohliche Liquiditätskrisen aus eigener Kraft erfolgreich bewältigen und alle berechtigten Auszahlungserfordernisse in voller Höhe mit vertretbaren Kosten zu decken.

Ordnet man *Stresstests* als neues Instrument in das Liquiditätsrisikocontrolling ein, wird mit Blick auf die aktuelle Finanzkrise deutlich, dass das Bankcontrolling eine erhebliche Erweiterung erfahren muss, weil die Liquiditätssteuerung vom

---

[356] Vgl. Committee of European Banking Supervisors: Guidelines on Liquidity Buffers & Survival Periods, December 2009, S. 28 ff.

[357] Derzeit gibt es keine offiziellen Zahlen von Banken und der Aufsicht zur Höhe der Nettomittelabflüsse und der Liquiditätskosten in der aktuellen Finanzkrise. Die genannten Zahlen beruhen auf vertraulichen Informationen, die nicht näher offen gelegt werden können.

Controlling vernetzt abgeleitete Liquiditätsrisikosteuerungsimpulse benötigt, um die Liquidität in einer Bank als Voraussetzung für das Erfolgsstreben auch in Liquiditätskrisen nachhaltig sicherstellen zu können. Bei der Ableitung von Impulsen für die Liquiditätssteuerung muss das Liquiditätscontrolling neben der kurzfristigen Liquidität auch die Struktur der Liquidität unter Extrembedingungen analysieren, da sich aus Einlagen-, Anlagen-, Zusage-, Bonitäts-, Vertrauens-, Fälligkeitskonzentrationen sowie sonstigen Konzentrationsrisiken extreme Nettomittelabflüsse und hohe Liquiditätskosten ergeben können, die eine finanzielle Schieflage herbeiführen.

4.4 Stresstests für die strukturelle Liquiditätssteuerung in Banken

Betrachtet man die erforderliche Verknüpfung von kurzfristiger und struktureller Liquiditätssteuerung zur Bewältigung von Liquiditätsrisikostresssituationen (Abb. 13), besteht eine zentrale Herausforderung für das Liquiditätsrisikocontrolling darin, neben der Analyse der Nettomittelabflüsse und Liquiditätskosten mit Hilfe des LAR- und LVAR-Konzepts bei den Liquiditätsrisikostresstests auch alle Auswirkungen von anderen Risikoarten auf die Liquidität eines Instituts sowie alle Impulse von der Liquiditätssteuerung für alle anderen Risikoarten zu berücksichtigen. Gleichzeitig muss die Liquiditätsrisikoanalyse bei der Überwachung der Nettomittelabflüsse und Liquiditätskosten eines Instituts sicherstellen, dass eine klare Trennung zwischen Normal- und Stressszenarien vorliegt, um rechtzeitig den Wechsel zwischen Normal- und Stressszenarien zu erkennen und eine angemessene Eskalation in der Liquiditätsrisikomanagementintensität zur Bewältigung von Liquiditätsrisikostresssituationen sicherzustellen.

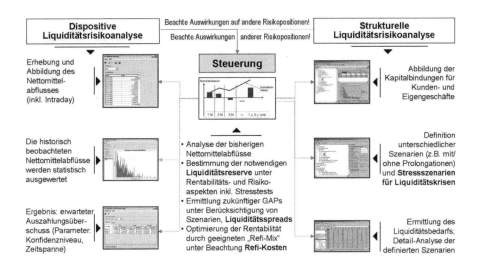

Abbildung 13: Zusammenspiel dispositive und strukturelle Liquiditätsrisikoanalyse in Banken [358]

Mit fortschreitendem Planungshorizont erhöht sich die Unsicherheit über die künftigen bankbetrieblichen Zahlungsströme sowie die damit einhergehende Kapitalbindung, was sich in der *Liquiditätsrisikoanalyse* in einer breiteren Streuung der künftigen Liquiditätssalden ausdrücken lässt. Die Planung künftiger Mittelaufnahmen und Mittelanlagen hängt bedeutend davon ab, ob diese zu akzeptablen oder nur zu ungünstigen Zinssätzen erfolgen können. Dabei sind die Zinssätze für Mittelaufnahmen und Mittelanlagen eng mit den Annahmen über die Marktliquidität, den Marktzugang und die Bonität verknüpft. Sollen Mittelaufnahmen im Planungsverlauf als unbesicherte Finanzierungen erfolgen, spielt die Prognose der Institutsbonität eine besondere Rolle, um die zu zahlenden Adress- und Marktliquiditätsrisikoprämien für Mittelaufnahmen als Risiko- und Kostentreiber auch in der Bankkalkulation realistisch zu erfassen, um rechtzeitig wirksame Maßnahmen im Rahmen der Gesamtbanksteuerung ergreifen zu können.

Eine zentrale Herausforderung des *Liquiditätsablauffächers* (LAF) liegt bei der Aufbereitung der Liquiditätsvorschau für Liquiditätsrisikostresstests darin, alle bestehenden und künftigen Bankgeschäfte realistisch zu erfassen, damit auf dieser Basis Stressszenarien aus der Liquiditätsstruktur für die Nettomittelabflüsse und Liquiditätskosten „trennscharf" abgeleitet werden können. Ursachen für ein Refinanzierungsrisiko im LAF und damit Grundlage für die Bestimmung extremer Liquiditätskosten sind Abweichungen von dem in der bankbetrieblichen Finanzpla-

---

[358] Quelle: ifb AG und parcIT GmbH, beide mit Sitz in Köln, http://www.ifb-group.com, http://www.parcIT.de. Die ifb group und parcIT bieten Komplettlösungen für unterschiedliche Aufgabenbereiche des Finanzdienstleistungssektors an und implementieren unter anderem Software zum Liquiditätsrisikomanagement in Banken.

nung erwarteten Liquiditätsbedarf. Dafür sind umfassende Analysen zu den Prolongationen aller bestehenden Geschäfte sowie aller Neugeschäfte erforderlich, wobei sich im Liquiditätsstressfall das Liquiditätsverhalten gravierend ändern kann. So ist es durchaus vorstellbar, dass in einer deutschen Universalbank bei einem Bankrun innerhalb von 10 Tagen ca. 15 % der Bilanzsumme abfließen.

Das *Liquiditätsbeschaffungsrisiko* aus einer sich möglicherweise verschlechternden Institutsbonität wird für Institute in einem Finanzverbund mit Sicherungseinrichtung entschärft, wenn die Spitzeninstitute für die tägliche Zahlungsbereitschaft der angeschlossenen Institute wirkungsvoll als „lender of last resort" agieren, was Primärinstitute jedoch nicht von einer eigenen Liquiditätsrisikosteuerung zur Sicherstellung der jederzeitigen täglichen Zahlungsbereitschaft nach § 11 KWG befreit.

Die Finanzkrise hat in Deutschland gezeigt, dass die *Liquiditätsversorgung* der Primärinstitute über die Zentralinstitute sehr gut funktioniert. Bei den Banken, die aus Bonitäts- und Liquiditätsgründen mit staatlicher Hilfe gerettet werden mussten, sind die Ursachen für die Notwendigkeit von Liquiditätshilfen vielschichtig; diesen systemrelevanten Banken fehlte im Ergebnis eine ausreichende finanzielle Beweglichkeit, um auf eine Liquiditätskrise aus eigener Finanzkraft angemessen reagieren zu können, wobei dabei das Vertrauen in die Nachhaltigkeit des Geschäftsmodells, die Transparenz über alle wesentlichen Risiken sowie die Qualität des Risikomanagements und Liquiditätsrisikocontrollings eine zentrale Bedeutung einnehmen.

Wie bereits angesprochen dürfen sich *Stressszenarien* nicht im Bereich der Normalszenarien bewegen, weil das Liquiditätsrisikomanagement sonst extreme Liquiditätsrisiken systematisch unterschätzt. Liquiditätsrisikostressszenarien aus der Liquiditätsstrukturanalyse müssen daher vor allem anhand der Nettomittelabflüsse und Liquiditätskosten unter Berücksichtigung der Erfolgs- und Liquiditätskonzentrationen aus dem normalen Geschäftsbetrieb auf Plausibilität geprüft, d. h.:

1. Stressszenarien für die Nettomittelabflüsse müssen den LAR aus einem normalen Geschäftsbetrieb eines Instituts wesentlich übersteigen.
2. Stressszenarien für die Liquiditätskosten müssen den LVAR aus einem normalen Geschäftsbetrieb eines Instituts wesentlich übersteigen.

Für die *Ableitung* von *Stressszenarien* aus der Liquiditätsstruktur kann im ersten Schritt ein Spread-Shift für die Refinanzierungsdauer ermittelt werden, der eine erhöhte Marktvolatilität und ein Downgrade-Risiko beinhalten kann (Abb. 14):

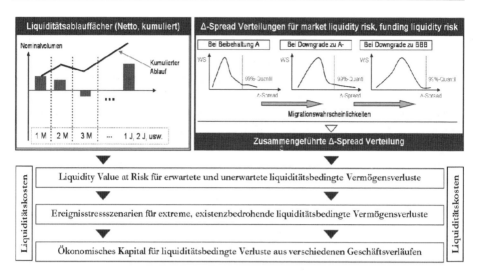

Abbildung 14: Stresstests und LVAR zur Schätzung der Liquiditätsstrukturrisiken in Banken

Mit Hilfe des projizierten Spread-Shifts wird die Verteuerung der geplanten Refinanzierung geschätzt, die aktivisch und passivisch zu schlechteren Konditionen erfolgen kann. Das für den normalen Geschäftsbetrieb so ermittelte Kostenrisiko ist die Basis für den Liquidity Value at Risk (Abb. 14), der um Stressszenarien für extreme Liquiditätskosten zu ergänzen ist, die das ökonomische Kapital belasten.

Ereignisstressszenarien für *Liquiditätskrisen* beschäftigen sich mit negativen Entwicklungen für die bankbetriebliche Liquiditätsausstattung, die zu liquiditätsbedingten Liquiditätsverlusten sowie Eigenmittelbelastungen führen können und sich somit auch negativ auf das ökonomische Kapital eines Instituts auswirken. Folgende Stressszenarien können als Basis dienen, um die „Liquiditätsverwundbarkeit" einer Bank zu diskutieren, wobei die genannten Szenarien instituts- sowie finanzmarktspezifisch aus einem vernetzten Gesamtbankrisikoverständnis abzuleiten sind:

- vollständiger oder teilweiser Abzug von Interbankeneinlagen
- hoher Spareinlagenverlust, z. B. an Geldmarktkonten der Konkurrenz
- Kursverfall der Wertpapiere im Depot A und EZB-Pfandkontokürzungen
- Liquiditätskostenerhöhung, z. B. aus Ratingverschlechterung, Margenrückgängen
- Zinsshift, z. B. +130 Bp/-190 Bp, mit Nettomittelabfluss- und Struktureffekten
- Emissionen sind nicht mehr im Markt wie bisher platzierbar (Roll-Over-Risiko)
- erhöhte Inanspruchnahme von zugesagten Kreditlinien
- veränderte Zahlungsströme strukturierter Geschäfte in speziellen Marktlagen
- geringe Liquidität von Märkten unter angespannten Marktbedingungen
- negative Auswirkungen von Konzentrationen bei Einlagen inkl. Großkunden
- negative Auswirkungen von Konzentrationen bei Anlagen inkl. Depot A.

Bei den vorgenannten *Stressszenarien* handelt es sich nicht um eine abschließende Aufzählung. Liquiditätsrisikostressszenarien sind institutsspezifisch vorzubereiten, regelmäßig zu überprüfen und bei Bedarf anzupassen. Damit ist eine originäre Managementaufgabe angesprochen, die „Liquiditätsverwundbarkeit" für das jeweilige Geschäftsmodell angemessen plausibel herauszuarbeiten, um mit entsprechenden Notfallplänen frühzeitig liquiditätsbedingte Vermögensverluste durch geeignete Steuerungsmaßnahmen zu verhindern und die jederzeitige Zahlungsbereitschaft in allen Geschäftsverläufen des Instituts sicherzustellen. Nach der Identifikation der Stressszenarien und deren Prüfung auf Plausibilität sind auch die Wechselwirkungen zwischen den Stressszenarien in Wirkungsketten (Abb. 15) zu analysieren, da „beim Liquiditätsrisiko mehrere Risikotreiber im Gleichschritt auftreten können":

Szenarien und deren Zusammenfassung zu Wirkungsketten (W)	W1	W2	W3	W4	W5	W6	W7	W8
Ausfall des größten/ der fünf größten Kreditnehmer	X							
Vollständiger oder teilweiser Abzug von Interbankeneinlagen				X				
Starker Abzug der Spareinlagen						X		
Kursverfall der Wertpapiere im Liquiditätspool		X						
Liquiditätskostenerhöhung					X			
Ratingverschlechterung, Wegfall von Refinanzierungsquellen			X	X	X			
Starke Zinsbewegung (z.B. um +/- 200bp)		X						
Emissionen nicht mehr im Markt platzierbar					X			
Hohes Kreditneugeschäftsvolumen						X		
Erhöhte Inanspruchnahme von Kreditlinien oder Bürgschaften			X				X	
Verändertes Tilgungs- oder Ziehungsverhalten der Kunden			X				X	
Cash Flow-Änderung strukturierte Geschäfte in Marktlagen		X						
Kündigungen w/ starkem Zinsanstiegs/ starker Zinssenkung		X				X		
Aussetzen freie Konvertierung einzelner FX-Positionen							X	
Ausfall einer Zentralbank als besicherter Liquiditätsgeber								X
Rezession	X	X	X					
Stress, gesamt	X	X	X	X	X	X	X	X

Legende:
W1 – Ausfall bedeutender Kreditnehmer"
W2 – Kursverfall auf den Wertpapiermärkten"
W3 – Verändertes Ziehungsverhalten bei Krediten
W4 – Vollständiger, teilweiser Abzug Interbankeneinlagen
W5 – Ausfall großer Kreditgeber
W6 – Vollständiger, teilweiser Abzug Kundeneinlagen
W7 – Wechselkursrisiken, eingeschränkte Konvertierbarkeit
W8 – Einschränkungen Refinanzierungsmöglichkeiten bei der Zentralbank"

Abbildung 15: Stressszenariowirkungsketten für die strukturelle Liquiditätssteuerung in Banken[359]

Werden die *Risikotreiber* für das *Liquiditätsrisiko* in integrativen Liquiditätsrisikostresstests betrachtet, sind neben Volumen- auch Kosten- sowie Konzentrationskomponenten zu betrachten (Abb. 16), um extreme Liquiditätskosten zu ermitteln und wirksame Steuerungsmaßnahmen zur Krisenbewältigung vorzubereiten. Bei integrativen Liquiditätsrisikostresstests sind somit in einer vernetzten Banksteuerung auch Adress-, Marktpreis-, Vertriebs- sowie operationelle und Reputationsrisiken mit ihren Auswirkungen auf die Liquiditätsausstattung zu analysieren.

---

[359] In Anlehnung an Thomae, Holger: Implementierung von Stressszenarien im Liquiditätsrisikomanagement in Banken, in: Zeranski, Stefan (Hrsg.): Ertragsorientiertes Liquiditätsrisikomanagement, 2. Aufl., Heidelberg 2010, S. 310 f.

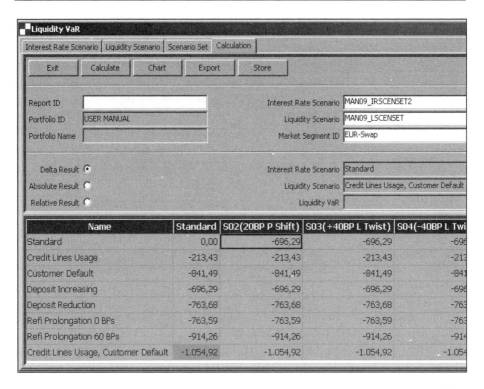

Abbildung 16: LVAR und Liquiditätskosten für extreme Liquiditätsstrukturrisiken in Banken [360]

Bei der *Risikoanalyse* im *Depot A* greift die Normalverteilungsannahme regelmäßig zu kurz: Das Geschäftsjahr 2008 war das bislang schlechteste Geschäftsjahr der deutschen Kreditinstitute seit Bestehen der Bundesrepublik Deutschland mit einem Verlust von ca. 25 Mrd. EUR. Somit liegt es nahe, hohe Kursverluste im Depot A explizit in der strukturellen Liquiditätsrisikoanalyse zu berücksichtigen, zumal damit unmittelbar die Liquiditätsreserven für Liquiditätskrisen betroffen sind.

5 Zusammenfassung und Praxistipps

„Es ist schwer, wenn erst einmal Liquiditätsschwierigkeiten eingetreten sind, Kredite zu ihrer Überbrückung zu erhalten, da dann das Vertrauen sehr oft nicht mehr ausreicht, um das Risiko für den Kreditgeber erträglich zu machen." [361]

Eine angemessene Analyse des Liquiditätsrisikos beginnt mit einer umsichtigen Untersuchung der Liquiditätsreserve für alle Nettomittelabflüsse und künftigen

---

[360] Quelle: COPS GmbH, Sitz in Wien, http://www.copsgmbh.com. Die COPS GmbH bietet Komplettlösungen für unterschiedliche Aufgabenbereiche des Finanzdienstleistungssektors an und implementiert unter anderem Software zum Liquiditätsrisikomanagement in Banken.

[361] Strobel, Arno: Die Liquidität – Methoden ihrer Berechnung, 2. Aufl., Stuttgart 1953, S. 205.

Auszahlungserfordernisse einer Bank, die um eine Vorschau auf die Liquiditätsstrukturen insbesondere im unruhigen Geschäftsverlauf mit Stressszenarien unter Berücksichtigung von Konzentrationsrisiken zu ergänzen ist, um existenzbedrohliche Liquiditätskrisen frühzeitig erkennen und erfolgreich bewältigen zu können.

Bei den Methoden zur Ableitung von Liquiditätsrisikostressszenarien lassen sich hypothetische Szenarien, historische Szenarien, Sensitivitätsanalysen, statistisch abgeleitete Szenarien für finanzmarktinduzierte sowie bankspezifische Krisen und inverse Stresstests unterscheiden, die alle ihre spezifischen Vor- und Nachteile aufweisen. Sie müssen aufgrund der Vielschichtigkeit des bankbetrieblichen Liquiditätsrisikos insgesamt sinnvoll kombiniert werden, um für das Liquiditätsrisikomanagement ein realistisches Bild über die Liquiditätsrisikolage in einer möglichen finanziellen Schieflage einer Bank bzw. Institutsgruppe herauszuarbeiten.

Banken können unter Beachtung von Stressszenarien mit dem LAR-Konzept Liquiditätsrisiken auf der Zahlungsstromebene quantifizieren. Das LVAR-Konzept stellt unter Beachtung von Stressszenarien auf liquiditätsbedingte Vermögensverluste ab. Stressszenarien dienen dazu, die von Risikomodellen nicht erfassbaren Risiken aus Strukturbrüchen bzw. aus Instituts- und Finanzmarktkrisen zu schätzen, um eine angemessene finanzielle Flexibilität in Banken für eine erfolgreiche Bewältigung von Liquiditätskrisen zu erhalten, zu der im Krisenfall auch die Liquiditätsvorsorge für alle berechtigten Auszahlungswünsche der Kreditkunden gehört. Die umsichtige Anwendung des LAR- und LVAR-Konzepts stellt unter Beachtung von Erfolgs- und Liquiditätskonzentrationen sicher, dass sich Normal- und Stressszenarien klar voneinander trennen lassen, was wiederum notwendig ist, um zeitnah in der Reporting- sowie Managementintensität zur Bewältigung von Liquiditätskrisen eskalieren und die Rückkehr zum normalen Liquiditätsverlauf feststellen zu können.

Entscheidend für ein angemessenes Liquiditätsrisikomanagement im Liquiditätskrisenfall ist eine gesamtbankbezogene Sichtweise des Liquiditätsrisikos, d. h. ein umsichtiges Verständnis des jeweiligen Geschäftsmodells und dessen Nachhaltigkeit sowie der Nettomittelabflüsse, der Konzentrations-, Abruf-, Anreizrisiken, Vertriebs-, Markt- und Ausfallrisiken. So besehen ergeben sich vor allem folgende Praxistipps zur wirkungsvollen Bewältigung von Liquiditätskrisen in Banken:

- „Der Gewinn einer Bank liegt (auch) im Einkauf" von Liquidität auf der Passivseite [„liability side liquidity management"] und im „Einkauf auf der Aktivseite" über Wertpapiere, Buchforderungen, Verbriefungen, Collateral [„asset side liquidity management"] unter Beachtung aller außerbilanziellen Geschäfte [„off balance sheet liquidity management"] für normale Geschäftsverläufe [„normal business liquidity management"] sowie für schwierige Geschäftsverläufe [„financial distress liquidity management"]. Berücksichtigen Sie bitte daher in der mehrjährigen GuV-Eckwertplanung neben der Vertriebs-, Zinsrisiko-, Adressrisikoplanung auch die Liquiditätsreserve für Nettomittelabflüsse, die Liquiditätsbindungen und Liquiditätskosten Ihrer Bank für unterschiedliche Geschäftsverläufe. In der Liquiditätssteuerung sind damit die Konzepte für LAR, LAF, LVAR angesprochen, die bei umsichtiger Anwendung Stressszenarien für Liquiditätskrisen ergänzen, die aus Instituts- und Finanzmarktkrisen resultieren können.

- Sorgen Sie in Ihrer Bank für eine transparente Liquiditätssteuerung im Liquiditätskrisenfall mit klaren Limiten und wirksamen Steuerungsmaßnahmen, wozu auch aktuelle, entscheidungsorientierte Reports an die Geschäftsleitung und den Aufsichts- bzw. Verwaltungsrat gehören.
- Überprüfen Sie alle wichtigen Liquiditätsannahmen in Ihrem Institut für normale Geschäftsverläufe und Liquiditätsrisikostresstests. Stellen Sie sicher, dass Ihre Liquiditätsstressszenarien für Nettomittelabflüsse, Liquiditätskosten und die Mobilisierbarkeit von Liquiditätsreserven nicht de facto im Bereich der Normalszenarien liegen. Dieses Problem kann vermieden werden, indem Goodness-of-Fit- und Backtestinganalysen sowie das LAR- und LVAR-Konzept umsichtig eingesetzt werden.
- Die finanzielle Beweglichkeit einer Bank und ein nachhaltiges Geschäftsmodell sind für die erfolgreiche Bewältigung von Liquiditätskrisen und Ertragsverschlechterungen von zentraler Bedeutung. Analysieren Sie daher in Liquiditätsrisikostresstests die finanzielle Beweglichkeit Ihrer Bank für die Ausfall-, Markt-, Vertriebs- und Liquiditätsrisikosteuerung mit wechselseitigen Abhängigkeiten.
- Überprüfen Sie im Liquiditätskrisenplan die Kalkulation der Einstandssätze sowie die Impulse daraus für die Gesamtbanksteuerung und das Tagesgeschäft an den Schnittstellen Treasury, Controlling, Vertrieb insbesondere mit Blick auf finanzmarktbasierte und finanzmarktnahe Mittelaufnahmen sowie margenarme Kredite und Depot A-Anlagen. Legen Sie dabei fest, wann welche Kalkulations- und Steuerungsmethode (Gegenseiten-, Opportunitäts-, Engpassprinzip, ggf. mit Bonus, Malus) bei der Festlegung der Einstandssätze für welche Teile des Zinsgeschäfts in der Liquiditätsversorgung und -verwendung insbesondere bei extremen Liquiditätsverläufen und in Liquiditätskrisen zur Anwendung kommen soll.
- In der Finanzkrise wurde deutlich, dass Marktliquiditätsrisiken einen erheblichen Einfluss auf die Ertragslage haben können, wenn Wertpapiere an Wert verlieren und nur mit hohen Abschlägen beleihbar oder nur mit Verlusten veräußerbar sind. Bitte überprüfen Sie daher die Risiko- und Verlustverteilungsannahmen sowie die Risiko- und Verlusttragfähigkeit für Ihre Eigenanlagen in der Gesamtbanksteuerung. Bitte strukturieren Sie Ihre Eigenanlagen unter Erfolgsrisiko- und Liquiditätsrisikoaspekten so, dass erhöhte Liquidationsdisagien in Liquiditätskrisen weitgehend vermieden und ihre Risiko- sowie Verlusttragfähigkeit nicht überstiegen werden.
- Lassen Sie den gesamten Liquiditätsrisikosteuerungskreislauf in Ihrer Bank sowie alle Liquiditätsrisikostresstests für Liquiditätskrisen von der Innenrevision

und bei systemrelevanten Banken zusätzlich von externen Gutachtern streng überprüfen, um aus dem Feedback zur Angemessenheit von Liquiditätssteuerung und Liquiditätscontrolling noch weitere Hinweise auf mögliche Schwachstellen in der Liquiditäts- und Krisensteuerung erhalten zu können, die zeitnah angemessen fundiert zu beheben sind.

Literaturverzeichnis

Basel Committee on Banking Supervision: Basel III: International framework for liquidity risk measurement, standards and monitoring, December 2010, S. 3.

Committee of European Banking Supervisors: Guidelines on Liquidity Buffers & Survival Periods, December 2009, S. 28 ff.

Committee of European Banking Supervisors: Guidelines on Stress Testing, August 2010.

COPS GmbH, Sitz in Wien, http://www.copsgmbh.com. Die COPS GmbH bietet Komplettlösungen für unterschiedliche Aufgabenbereiche des Finanzdienstleistungssektors an und implementiert unter anderem Software zum Liquiditätsrisikomanagement in Banken.

ifb AG und parcIT GmbH, beide mit Sitz in Köln, http://www.ifb-group.com, http://www.parcIT.de. Die ifb group und parcIT bieten Komplettlösungen für unterschiedliche Aufgabenbereiche des Finanzdienstleistungssektors an und implementieren unter anderem Software zum Liquiditätsrisikomanagement in Banken.

Knies, Karl: Geld und Credit II. Abteilung Der Credit, Leipzig 1876, S. 249.

Rempel-Oberem, Thomas/Zeranski, Stefan: Liquidity at Risk zur Liquiditätssteuerung in Finanz-Instituten, in: RISIKOMANAGER 2008, Heft 2, S. 10; Zeranski, Stefan: Liquidity at Risk zur Steuerung des liquiditätsmäßig-finanziellen Bereichs in Kreditinstituten, Chemnitz 2005, S. 95.

Strobel, Arno: Die Liquidität – Methoden ihrer Berechnung, 2. Aufl., Stuttgart 1953, S. 205.

Stützel, Wolfgang: Bankpolitik heute und morgen, 3. Aufl., Frankfurt/Main 1983, S. 33 f.

Sonderbericht des Sächsischen Rechnungshofes zur Landesbank Sachsen Girozentrale vom März 2009, der die Risiken für das Geschäftsmodell und die Entscheidungslage in der Bank aufgearbeitet hat vgl. http://www.rechnungshof.sachsen.de.

Thießen, Friedrich/Zeranski, Stefan: Damoklesschwert der Staatsverschuldung und die Folgen für die Banksteuerung, in: Zeitschrift für das gesamte Kreditwesen 2011, Heft 3, S. 120–126.

Thomae, Holger: Implementierung von Stressszenarien im Liquiditätsrisikomanagement in Banken, in: Zeranski, Stefan (Hrsg.): Ertragsorientiertes Liquiditätsrisikomanagement, 2. Aufl., Heidelberg 2010, S. 310 f.

Wirth, Max: Geschichte der Handelskrisen, Frankfurt am Main 1890, S. 8 f.

Zeranski, Stefan: Liquidity at Risk zur Steuerung des liquiditätsmäßig-finanziellen Bereichs in Kreditinstituten, Chemnitz 2005, S. 11–62, verwiesen.

Zeranski, Stefan: Liquiditätsverordnung – Kommentierung, in: Boos, Karl-Heinz/Fischer, Reinfrid/Schulte-Mattler, Hermann (Hrsg.): Kreditwesengesetz: Kommentar zu KWG und Ausführungsvorschriften, 3. Aufl., München 2008, S. 2755–2760.

Aufsichtsrechtliche Anforderungen an Vergütungssysteme von Banken

Von
Arne Martin Buscher

Arne Martin Buscher ist Mitarbeiter der Bundesanstalt für Finanzdienstleistungsaufsicht (BaFin). Der Beitrag gibt die persönliche Auffassung des Autors wieder.

Inhaltsverzeichnis

1	Einleitung: Vergütung und Finanzkrise	237
2	Internationale Regulierungsinitiativen	242
3	Nationale Umsetzung im bankaufsichtsrechtlichen Bereich	248
4	Anforderungen der InstitutsVergV	252
4.1	Einstufung als „bedeutendes Institut"	254
4.2	Identifizierung der Risk Taker	256
4.3	Begriffsbestimmungen durch die InstitutsVergV	260
	4.3.1 Begriff der Vergütung	*261*
	4.3.2 Mitarbeiterbegriff	*263*
4.4	Allgemeine Anforderungen	265
4.5	Besondere Anforderungen bei bedeutenden Instituten	269
4.6	Vergütungsausschuss bei bedeutenden Instituten	276
4.7	Gruppenweite Anwendung der Vergütungsanforderungen	277
4.8	Anpassung bestehender Vereinbarungen	279
5	Zusammenfassende Betrachtung und Ausblick	280
Literaturverzeichnis		282

1 Einleitung: Vergütung und Finanzkrise

Nähert man sich dem Thema **Vergütung bei Banken**, stößt man schnell auf einen Ausdruck, der schon dank seiner alliterativen Klangfigur das Zeug zum Wort oder Unwort des Jahres hat. „Banker Boni" wurden im Zuge der Finanzkrise vor allem in den Fällen kritisiert, in denen derartige Zahlungen an Banken erfolgten, die sich in einer wirtschaftlichen Schieflage befanden und sogar auf staatliche Unterstützungsleistungen angewiesen waren. Nicht selten kamen diese Zahlungen im Gewande positiver Begriffsschöpfungen daher, wie „Integrationsmehraufwandspauschalen" oder „leistungsabhängige Mehraufwandsvergütungen". Man erahnt die Erklärungsnot, die sich hinter solchen Begriffsschöpfungen verbirgt.

Dass eine **variable Vergütung** bei einem funktionierendem Vergütungssystem in einem gewissen Abhängigkeitsverhältnis zum wirtschaftlichen Erfolg eines Unternehmens stehen sollte, erschließt sich einem angesichts der Krise nahezu intuitiv. Ob die Mitarbeiter in solchen Fällen aber bereit sind, die negativen wirtschaftlichen Entwicklungen des Instituts auf ihr eigenes Portemonnaie durchschlagen zu lassen, ohne den Arbeitgeber zu wechseln, steht auf einem anderen Blatt. Dies zeigt ein Dilemma der variablen Vergütung. Da hohe variable Vergütungen oft in ertragssensiblen Bereichen mit einem knappen Arbeitskräfteangebot und einem hohen Fluktuationspotenzial gezahlt werden, besteht eine Variabilität der Vergütung faktisch zumeist eher in eine Richtung, nämlich nach oben.

Dies kann dazu führen, dass variable Vergütungen losgelöst von der **wirtschaftlichen Entwicklung** eines Unternehmens aus dessen Substanz gezahlt werden. Dass eben solches geschehen ist, zeigt sich u. a. an Bonuszahlungen einiger großer amerikanischer Banken für das Jahr 2008, die vom New Yorker Generalstaatsanwalt Andrew M. Cuomo untersucht wurden.[362] Diese Banken hatten trotz massiver staatlicher Unterstützungsleistungen variable Vergütungen in Milliardenhöhe gewährt. Hinzu kommt, dass diese Bonuszahlungen teilweise trotz Verlusten gezahlt wurden oder dass diese den Gewinn der Banken um bis zu das Doppelte überstiegen haben. Für Unmut sorgten in diesem Zusammenhang auch die variablen Vergütungen durch einige deutsche Banken, die staatliche Unterstützungsleistungen des Sonderfonds für Finanzmarktstabilisierung (SoFFin) in Anspruch genommen hatten.[363] Bei diesen staatlich gestützten Banken wurden einigen Mitarbeitern unterhalb der Vorstandsebene deutlich höhere (variable) Vergütungen gezahlt, als dies für Mitglieder des Vorstandes möglich gewesen wäre.

Die vorgenannte Kritik bezieht sich auf die Fälle, in denen sich ein Unternehmen schon in Schwierigkeiten befindet. Wenn es aber darum geht, die nötigen Lehren aus der Finanzkrise zu ziehen, ist doch die Frage interessanter, ob nicht **fehllei-**

---

[362] *Andrew M. Cuomo*, Attorney General State of New York, Bericht „No Rhyme or Reason: The „Heads I Win, Tails you loose" Bank Bonus Culture" vom 30.07.2009.
[363] „Millionen für Staatsbanker" in: FAZ vom 26.09.2010, abrufbar unter http://www.faz.net/s/Rub0E9EEF84AC1E4A389A8DC6C23161FE44/Doc~EBA948D94BFC546A89F52FF2EB3AF96D6~ATpl~Ecommon~Scontent.html.

tende **Vergütungssysteme** selbst ein Grund dafür waren, dass es überhaupt zu den wirtschaftlichen Schwierigkeiten bei den Banken kam. Diese Frage ist komfortablerweise durch die Kreditwirtschaft selbst beantwortet worden. Laut dem Ergebnis einer Umfrage des IIF waren 98 % der teilnehmenden Institute der Überzeugung, dass Vergütungssysteme der Institute ein Auslöser dieser Krise waren, wobei insbesondere die fehlende Berücksichtigung von Risiken und Risikolaufzeiten hervorgehoben wurde.[364] Die Höhe der variablen Vergütung bestimmte sich oftmals nach ertrags- oder volumenbezogenen Vergütungsparametern, wobei meist kurze periodische Betrachtungszeiträume vorherrschend waren.

Gestützt wird diese Einschätzung durch den äußerst lesenswerten Untersuchungsbericht des **Permanent Subcommittee on Investigations** des U.S.-Senats vom 13.04.2011. Der Untersuchungsausschuss untersuchte anhand konkreter Beispiele die Vorgänge um die Finanzkrise. Ein Teil des Berichts beschäftigt sich mit „Destructive Compensation Practices" der in der Finanzkrise kollabierten Washington Mutual Bank, die zwischenzeitlich von der U.S.-Bank JPMorgan Chase übernommen wurde.[365] So wurde der Vertrieb gerade im Bereich Immobilienfinanzierungen mit kostenlosen gemeinschaftlichen Aufenthalten in Luxusressorts und Prämienzahlungen belohnt, wenn nur hohe Kreditvolumina, teilweise unter Missachtung der eigenen Kreditvergabestandards, verkauft wurden. Die Qualität eines Kreditengagements spielte in dem Vergütungssystem keine Rolle, zumal diese minderwertigen Kredite im Anschluss verbrieft wurden und sich risikoseitig (zunächst) in Luft auflösten. Zu der unheilvollen Entwicklung trug bei, dass nicht nur der Vertrieb anhand von Volumina vergütet wurde. Auch die Back Office-Einheiten, die u. a. die Qualität der Kreditengagements zu kontrollieren hatten, wurden nach Volumina und möglichst kurzen Bearbeitungszeiten entlohnt. Dieser Gleichlauf der ohnehin schon schädlichen Anreize von Vertrieb und Kontrolleinheiten katalysierte die negativen Entwicklungen bei der Bank.

Sollte man es sich angesichts der Geschehnisse nicht einfach machen und variable Vergütungen schlicht untersagen? In der Tat gibt es berechtigte Kritik, die variable Vergütungen zumindest in Teilbereichen für kontraproduktiv hält und deshalb ausschließlich jährlich anzupassende, wettbewerbsfähige Fixvergütungen fordert.[366]

---

[364] *Institute of International Finance (IIF)*, „Compensation in Financial Services Industry: Progress and the Agenda for Change", März 2009, S. 2.

[365] *Permanent Subcommittee on Investigations, United States Senate*, „Wall Street and the Financial Crisis: Anatomy of a Financial Collapse" vom 13.04.2011, S. 143–155.

[366] *Osterloh, Margit/Frey, Bruno S.*, „Fixlöhne als Alternative zu Boni und Anreizsystemen", in: Neue Züricher Zeitung, 13. März 2009, abrufbar unter http://www.nzz.ch/nachrichten/wirtschaft/aktuell/fixloehne_als_alternative_zu_boni_und_ausgekluegelten_anreizsystemen_1.2190859.html.

Es wird kritisiert, dass es durch variable Vergütungen zu einem **Verdrängungseffekt** bei intrinsisch motivierten Mitarbeitern kommen kann.[367] Die Motivation für intrinsisch anreizbare Mitarbeiter rührt unmittelbar aus der beruflichen Tätigkeit selbst (z. B. Freude an der Arbeit, erreichte Stellung). Bei vor allem materiell extrinsisch anreizbaren Mitarbeitern hingegen rührt die Motivation nicht aus der Arbeit selbst, sondern nur mittelbar aus den für die Arbeit gewährten materiellen Zuwendungen. Werden intrinsisch anreizbare Mitarbeiter mittels materieller Stimuli für Handlungen belohnt, die sie auch von sich aus ausgeführt hätten, wird die intrinsische Motivation mit der Zeit von der materiellen extrinsischen Motivation verdrängt. Sollten die materiellen Stimuli später einmal wegfallen, wird dies nicht mehr durch einen intrinsischen Handlungsanreiz aufgefangen. Ganz zu schweigen von gegebenenfalls erhöhten Personalaufwendungen, die unter Motivationsgesichtspunkten unnötig gewesen wären.

Außerdem können hohe variable Vergütungsbestandteile dazu beitragen, dass vor allem materiell extrinsisch motivierte Personen für das Unternehmen gewonnen oder an dieses gebunden werden, so dass eine **Söldnermentalität** in ein Unternehmen Einzug halten kann. Es besteht dann die Gefahr, dass die materiell extrinsisch motivierten Mitarbeiter das Unternehmen in wirtschaftlich schwierigen Phasen verlassen, weil nur geringe oder keine variable Vergütungen gezahlt werden können. Gerade in solchen Phasen ist ein Unternehmen aber in der Regel auf diese Mitarbeiter angewiesen. Die Unternehmen können sich in dieser Situation gezwungen sehen, variable Vergütungen notfalls aus der Substanz des Unternehmens zu zahlen. Vor diesem Hintergrund werden auch die oben erwähnten Bonuszahlungen durch in Schieflage geratene Banken erklärbar.

Forschungen haben zudem ergeben, dass bei einer steigenden erfolgsabhängigen variablen Vergütung die **Leistungen** nicht zwingend in gleicher Weise steigen. Im Gegenteil scheinen sich gerade bei kreativen Tätigkeiten die Leistungen mit zunehmender Höhe der erfolgsabhängigen variablen Vergütung zu verschlechtern.[368] Bei einfachen mechanischen Tätigkeiten zeigten die Untersuchungen hingegen einen eher positiven Effekt der erfolgsabhängigen variablen Vergütung auf die erbrachte Leistung. Eine Erklärung mag darin liegen, dass gerade bei kreativen Tätigkeiten die Gedanken der Handelnden ab einer gewissen Höhe der erreichbaren variablen Vergütung nicht mehr von der zu erfüllenden Aufgabe, sondern von der möglichen Entlohnung dominiert werden. Überhaupt kann überschießende Kreativität ein weiteres Problem variabler Vergütung sein, jedenfalls dann, wenn sich die Kreativität nicht nur auf die eigentliche berufliche Tätigkeit erstreckt, sondern auch auf die Optimierung des persönlichen Bonusanspruchs. Es ist nicht fernliegend, bei variablen Vergütungen zu argwöhnen, dass die vergütungsrelevanten Zielsetzungen

---

[367] *Böhmer, Nicole*, „Variabel Vergüten", Düsseldorf 2007, S. 76.
[368] *Ariely, Dan/Gneezy, Uri/Loewenstein, George/Mazar, Nina*, „Large Stakes and Big Mistakes", Working Paper 05-11, S. 13 und 16, abrufbar unter http://www.bos.frb.org/economic/wp/wp2005/wp0511.pdf.

und die daran zumessenden Leistungen oder Erfolge der Mitarbeiter Gegenstand manipulativen Verhaltens sein können. Insoweit kann man nicht ausschließen, dass auch im Fall Jérôme Kerviel die Optimierung des Bonusanspruches eine Rolle gespielt hat, mit extremen Konsequenzen für die Bank.[369]

Die Frage ist aber, ob man variablen Vergütungen angesichts dieser Kritikpunkte generell ihre **Berechtigung** absprechen kann. Auf die Macht des Faktischen zu verweisen, dass nämlich variable Vergütungen kein deutsches, sondern ein weltweites Phänomen sind und die Forderung nach deren Abschaffung alle großen Finanzplätze einschließen müsste, wäre argumentativ unbefriedigend. Gleichwohl erscheint ein generelles Verbot variabler Vergütungen angesichts der Konkurrenz zwischen den Finanzplätzen und der Konkurrenz der in- und ausländischen Unternehmen an einem Finanzplatz derzeit nicht durchsetzbar. Auch passt ein generelles Verbot variabler Vergütungen nicht recht zu dem Verständnis von den unternehmerischen Freiheiten, die für eine marktwirtschaftliche Wirtschaftsordnung charakteristisch sind. Solange ein legitimer Zweck für variable Vergütungen existiert und die variablen Vergütungen angemessen ausgestaltet werden, wird man variable Vergütungen nicht ohne weiteres pauschal verbieten können.

Es gibt durchaus **plausible und legitime Zielsetzungen**, die hinter variablen Vergütungen stehen. Einen theoretischen Hintergrund für die variable Vergütung bietet die Principal-Agent-Theorie. Danach dient die variable Vergütung auch dazu, Zielkonflikten zwischen dem Auftraggeber (Principal) und dem grundsätzlich eigennützig handelnden Beauftragten (Agent) entgegenzuwirken, die sich aus den Informationsvorsprüngen des Agenten ergeben können. Der Agent soll so aus seinem Informationsvorsprung und dem Handlungsfreiraum, innerhalb dessen er seinen Informationsvorsprung nutzen kann, nicht Vorteile zu Lasten des Principals generieren können („moral hazard").

Der **Principal-Agent-Konflikt** besteht nicht nur zwischen den Eigentümern als Prinzipal und dem Management als Agent, sondern ist gerade bei großen arbeitsteilig organisierten Unternehmen auch zwischen den unterschiedlichen Hierarchiestufen innerhalb eines Unternehmens denkbar. Dies ist einer der Gründe, der aufsichtliche Vergütungsanforderungen nicht nur für die Geschäftsleitung, sondern grundsätzlich für alle Mitarbeiter rechtfertigt. Die Idee besteht insbesondere darin, die Interessen des Managements an die der Eigentümer anzugleichen. Aus aufsichtlicher Sicht ist diese Interessenangleichung grundsätzlich zu begrüßen, nämlich dann, wenn die Eigentümer an einer langfristig nachhaltigen Entwicklung des Unternehmens interessiert sind. Dies muss aber nicht zwingend der Fall sein. Abhängig von der geplanten Dauer der Eigentümerstellung kann ein Eigentümer auch nur an kurz-

---

[369] *Organisation für wirtschaftliche Zusammenarbeit und Entwicklung (OECD)*, „The Corporate Governance Lessons from the Financial Crisis" vom Februar 2009, S. 14 f.; *CNN*, „Accused billion-dollar rogue trader charged, freed" vom 28.01.2008, abrufbar unter http://edition.cnn.com/2008/WORLD/europe/01/28/rogue.trader/.

fristigen Erfolgen des Unternehmens interessiert sein, um seine Rendite, z. B. in Form eines erhöhten Aktienkurses bzw. Unternehmenswertes, zu optimieren.

Kurz, der Eigentümer ist nicht zwingend primär von den **ehernen Zielen der Nachhaltigkeit** sowie der Banken- und Finanzmarktstabilität inspiriert, sondern eher von seinen Renditechancen. Wenn man sich vergegenwärtigt, dass der Staat und damit der Steuerzahler in der Finanzkrise vielen Banken unmittelbar und auch mittelbar beigesprungen ist, wird deutlich, dass zu den Interessen von Eigentümern und Mitarbeitern zumindest bei volkswirtschaftlich so bedeutsamen Unternehmen wie Banken, Versicherungen und Investmentfondsgesellschaften auch die Interessen des Staates an der Stabilität des Finanzsystems treten müssen. Um sein Interesse an einem stabilen Finanzsystem durchsetzen zu können, ist ein regulatorischer Rahmen notwendig, der auch Mindestanforderungen an Vergütungssysteme umfasst.

Losgelöst von den theoretischen Anknüpfungspunkten lesen sich die **gängigen Zielsetzungen variabler Vergütungen** ohne größere Bauchschmerzen. Ziele sind beispielsweise die Identifikation mit den Unternehmensstrategien, die Mitarbeiterbindung, die Steigerung der Motivation der Mitarbeiter, verbesserte Arbeitsqualität, Förderung des Mitunternehmertums, Förderung der Selbständigkeit und der Verantwortungsübernahme, Förderung der Kommunikation zwischen Führungskräften und Mitarbeitern sowie die Flexibilisierung oder Senkung der Vergütungsaufwendungen.[370] Man wird zugestehen müssen, dass variable Vergütungen angesichts solcher Zielsetzungen grundsätzlich ein legitimes Instrument unternehmerischen Handels sein können.

Angesichts der aufgezeigten Schwächen von variablen Vergütungen und von Vergütungssystemen und der möglichen negativen Auswirkungen, die in der Finanzkrise ihren Beleg gefunden haben, erscheint es gleichwohl notwendig, diese Zielsetzungen durch einen **regulatorischen Rahmen** zu flankieren, um fehlleitende Vergütungssysteme zukünftig möglichst zu verhindern. Dieser regulatorische Rahmen soll nicht einfach einzelne Vergütungsanforderungen oktroyieren, die dann von den betroffenen Unternehmen schematisch abgehakt werden. Noch weniger geht es angesichts von Stammtischpolemik darum, Aktionismus zu beweisen. Vielmehr ist es wesentlich, dieses völlig neue bankaufsichtliche Thema in das Bewusstsein der Akteure zu bringen und eine gesunde auf Nachhaltigkeit gerichtete Vergütungskultur zu etablieren.

In der Konsequenz bedeutet dies, dass Vergütungssysteme nicht isoliert als bloßes Entlohnungs- oder Mitarbeiterbindungsinstrument betrachtet werden dürfen, sondern wegen der zumindest faktischen Steuerungswirkung auf Geschäftsleiter wie auch Mitarbeiter als **Unternehmenssteuerungsinstrument** einzustufen sind.[371]

---

[370] *Böhmer, Nicole*, „Variabel Vergüten", Düsseldorf 2007, S. 69.
[371] *Kramarsch, Michael H.*, „Aktienbasierte Managementvergütung", 2. Auflage, Stuttgart 2004, S. 5.

Als ein solches müssen Vergütungssysteme Teil einer ordnungsgemäßen Geschäftsorganisation und damit auch in das Risikomanagement eines Unternehmens eingebettet sein. Dies schließt es keinesfalls aus, Mitarbeitern attraktive Vergütungspakete zu gewähren, solange dies nicht den Gedanken der Nachhaltigkeit konterkariert. Dabei können die betroffenen Unternehmen das aufsichtsrechtlich Notwendige zum Anlass nehmen, die bestehenden Vergütungssysteme auch auf ein betriebswirtschaftlich sinnvolles Optimierungspotential zu untersuchen.

2 Internationale Regulierungsinitiativen

In Folge der Finanzkrise gewann das Thema Vergütungsanforderungen eine gewisse Prominenz, die sich auch an der **Vielzahl der verschiedenen Regulierungsinitiativen** festmachen lässt. Dabei existieren neben Regulierungsinitiativen, die für alle bedeutenden Industrienationen der Welt von Bedeutung sind, weitere striktere Regelungen auf Ebene der Europäischen Union. Den Regulierungsinitiativen ist gemein, dass sie nicht nur Vergütungsanforderungen für die Geschäftsleitung eines Unternehmens niederlegen, sondern grundsätzlich auf alle Mitarbeiter eines Unternehmens abzielen. Das Hauptaugenmerk der Regelungen liegt gleichwohl auf solchen Mitarbeitern, die einen besonderen Einfluss auf das Risikoprofil eines Unternehmens haben.[372]

Bei den weltweiten Regelungen sind vor allem die Arbeiten des **Rates für Finanzstabilität** (Financial Stability Board – FSB) von Bedeutung.[373] Die Anforderungen des FSB sind dabei nicht auf Banken beschränkt, sondern betreffen „significant financial institutions"[374], was grundsätzlich auch andere signifikante Unternehmen der Finanzbranche einschließt, wie Versicherer und Investmentfonds. Gleichwohl zielen die FSB Anforderungen angesichts der Finanzkrise ganz besonders auf Banken ab. Von Seiten des FSB setzte zunächst der „**Draghi-Report**" fehlleitende Vergütungssysteme in Beziehung zu der Finanzkrise, ohne allerdings

---

[372] *FSB*, „Principles for Sound Compensation Practices – Implementation Standards" vom 25.09.2009, Standard Nr. 6.; Richtlinie 2010/76/EU; Abl. EU Nr. L 329/3 vom 14.12.2010, S. 3–35, Anhang V Abschnitt 11 Nr. 23.
[373] Früher Financial Stability Forum – FSF.
[374] *FSB*, „Principles for Sound Compensation Practices" vom 02.04.2009, S. 1.

konkrete Anforderungen an die Ausgestaltung von Vergütungssystemen zu stellen.[375]

Konturierter wurden die Vergütungsanforderungen des FSB mit den **Prinzipien für solide Vergütungspraktiken** (FSB Principles)[376] und den darauf aufbauenden konkreten Standards (FSB Standards)[377]. Diese Vergütungsanforderungen wurden von der Gruppe der zwanzig wichtigsten Industrie- und Schwellenländer (G 20) beim G 20 Gipfel in Pittsburgh im September 2009 gebilligt.[378] Der Basler Ausschuss für Bankenaufsicht hat zudem erläuternde Leitlinien zu den FSB Principles und Standards erarbeitet, die vor allem eine Bewertung des Umsetzungsstandes der FSB Anforderungen bei den Instituten erleichtern soll.[379]

Die **weltweite Gültigkeit** der vom FSB erarbeiteten Vergütungsanforderungen und eine möglichst konvergente Umsetzung der Anforderungen in den jeweiligen nationalen Rechtsordnungen sind von essentieller Bedeutung für eine wirksame Regulierung in diesem Bereich. Würden die Anforderungen eines Finanzplatzes dauerhaft hinter vereinbarten Mindestregelungen zurückbleiben, entstände eine Sogwirkung für die gesamte Branche. Es würden solche lokalen Vorteile genutzt werden, um keine Wettbewerbsnachteile gegenüber den konkurrierenden Unternehmen zu erleiden. Eine solche Regulierungsarbitrage würde bestehende Regulierungen in anderen Rechtsordnungen in diesem Falle unterminieren.

Um ein fortwährendes **level playing field** zu gewährleisten, haben die G 20 in der Abschlusserklärung zum G 20 Gipfel in Pittsburgh das FSB damit beauftragt, die Umsetzung der FSB Anforderungen in den nationalen Rechtsordnungen und in den Instituten zu überwachen.[380] Hierdurch wird der erforderliche Umsetzungsdruck aufrechterhalten. Ein erster sogenannter peer review wurde bereits durchgeführt und die Ergebnisse veröffentlicht.[381] Aus diesem Bericht lässt sich entnehmen,

---

[375] "One of the striking features of recent events has been firms' sizeable payouts to staff in areas in which the firms have subsequently incurred very large losses as risks materialised. Compensation arrangements often encouraged disproportionate risk-taking with insufficient regard to longer-term risks. This problem can be mitigated if firms closely relate the incentives in their compensation model to long-term, firm-wide profitability. In addition, regulators and supervisors will work with market participants to identify means by which risk management policies and controls can mitigate risks associated with these incentives." Vgl. Financial Stability Forum, "Report of the Financial Stability Forum on Enhancing Market and Institutional Resilience" vom 07.04.2008, S. 20.

[376] *FSB*, „Principles for Sound Compensation Practices" vom 02.04.2009.

[377] *FSB*, „Principles for Sound Compensation Practices – Implementation Standards" vom 25.09.2009.

[378] *G 20*, „Leaders' Statement: The Pittsburgh Summit September 24–25 2009", Strengthening the International Financial Regulatory System, Tz. 13.

[379] *Basler Ausschuss für Bankenaufsicht*, „Compensation Principles and Standards Assessment Methodology" vom Januar 2010.

[380] *G 20*, „Leaders' Statement: The Pittsburgh Summit September 24-25 2009", Strengthening the International Financial Regulatory System, Tz. 13.

[381] *FSB*, „Thematic Review on Compensation: Peer Review Report" vom 30.03.2010.

dass Deutschland zu den Staaten gehört, die bei der Umsetzung der FSB Anforderungen führend sind. Wie in dem Bericht zum letzten peer review angekündigt[382], fand im ersten Halbjahr 2011 ein erneuter FSB peer review statt, der die Fortschritte bei der Umsetzung der FSB Anforderungen in den nationalen Rechtsordnungen und in den Instituten beleuchten soll.

In dem vorgenannten ersten Bericht zum FSB peer review wird der **Basler Ausschuss für Bankenaufsicht** aufgefordert, bis Ende 2010 einen Konsultationsentwurf für Leitlinien insbesondere zur Ausgestaltung von Vergütungssystemen unter Berücksichtigung von Risikogesichtspunkten und zu Veröffentlichungsanforderungen zu erarbeiten.[383] Dieser Aufforderung ist der Basler Ausschuss nachgekommen.[384] Auch die Organisation für wirtschaftliche Zusammenarbeit und Entwicklung (Organisation for Economic Co-operation and Development – OECD) hat sich des Themas angenommen und Grundsätze für Vergütungssysteme erarbeitet, erkennt aber letztlich die FSB Anforderungen als maßgebliche Weiterentwicklung der OECD Grundsätze an.[385]

Die **FSB Anforderungen** haben auch Eingang in die Regulierung auf europäischer Ebene gefunden. Die Europäische Kommission hatte bereits im April 2009 Empfehlungen zur Vergütungspolitik im Finanzdienstleistungssektor veröffentlicht[386]. Im Gegensatz zu dem breiten Anwendungsbereich der FSB Anforderungen betreffen die weiteren Arbeiten auf EU Ebene vor allem den Bankensektor, wobei die Regelungen, anders als bei den FSB Anforderungen, nicht auf „significant financial institutions" beschränkt sind, sondern grundsätzlich alle Institute betreffen. Allerdings gilt ein **Proportionalitätsgedanke**, mit dem man der Bedeutung eines Instituts Rechnung tragen kann. Im Einzelnen hat parallel zu den Empfehlungen der Europäischen Kommission auch der Ausschuss der Europäischen Bankenaufsichtsbehörden (Committee of European Banking Supervisors – CEBS) erste Vergütungsprinzipen erarbeitet.[387]

Von besonderer Bedeutung ist aber die **Änderung der Richtlinien 2006/48/EG und 2006/49/EG** vom 14. Dezember 2010 im Bereich der Eigenkapitalanforderungen für das Handelsbuch und für Weiterverbriefungen sowie im Hinblick auf die

---

[382] *FSB*, „Thematic Review on Compensation: Peer Review Report" vom 30.03.2010, S. 3.
[383] *FSB*, „Thematic Review on Compensation: Peer Review Report" vom 30.03.2010, S. 3.
[384] *Basler Ausschuss für Bankenaufsicht*, „Range of Methodologies for Risk and Performance Alignment of Remuneration" vom Mai 2011; „Pillar 3 disclosure requirements for remuneration, Consultative Document" vom Dezember 2010.
[385] *OECD*, „The Corporate Governance Lessons from the Financial Crisis" vom Februar 2009; „Corporate Governance and the Financial Crisis – Key Findings and main Messages" vom Juni 2009; „Corporate Governance and the Financial Crisis – Conclusions and emerging good practices to enhance implementation of the Principles" vom 24.02.2010, S. 8 f.
[386] Empfehlung der Kommission vom 30. April 2009 zur Vergütungspolitik im Finanzdienstleistungssektor (2009/384/EG).
[387] *CEBS*, „High-level principles for Remuneration Policies" vom 20.04.2009.

aufsichtliche Überprüfung der Vergütungspolitik (Capital Requirements Directive III – CRD III).388 Die eigentlichen Anforderungen finden sich dort in Artikel 22 und vor allem im Anhang V Abschnitt 11 Nr. 23 und 24 sowie im Anhang XII Teil 2 Nr. 15 betreffend die Veröffentlichungspflichten. Durch den neu eingefügten Artikel 22 Absatz 4 der Bankenrichtlinie (2006/48/EG) wird CEBS mit der Erarbeitung von Leitlinien zu den Vergütungsanforderungen aus der CRD III (CEBS Leitlinien) beauftragt. Diese wurden am 10. Dezember 2010 veröffentlicht.[389] Derweil laufen die Arbeiten an der CRD IV, die sich auf die nationalen Vergütungsanforderungen auswirken und in Teilen als Verordnung gar unmittelbare Wirkung entfalten wird.

Die **CEBS Leitlinien** dienen vor allem dazu, die Begrifflichkeiten der CRD III mit mehr Detailschärfe zu versehen, um auf europäischer Ebene einen möglichst einheitlichen Umsetzungsstandard bei der Implementierung der Richtlinienanforderungen in den nationalen Rechtsordnungen zu erreichen. Die CEBS Leitlinien eignen sich grundsätzlich auch zur Auslegung der nationalen Vergütungsanforderungen, wobei allerdings den jeweiligen nationalen Rechtssystematiken Rechnung zu tragen ist.[390] Die europäischen Regelungen gehen bei einigen vor allem technischen Fragen, z. B. bei der Verwendung von eigenkapitalbasierten Vergütungsinstrumenten (wie Aktien) und bei den Veröffentlichungspflichten, teilweise über die FSB Anforderungen hinaus. Insbesondere dem Europäischen Parlament war offenbar an dieser schärferen Anforderung bei den eigenkapitalbasierten Vergütungsinstrumenten gelegen.[391]

Schon diese Unterschiede zwischen den europäischen Regelungen und den G 20-weit geltenden FSB Anforderungen können einen **Wettbewerbsnachteil für europäische Banken** bedeuten, wenn diese an außereuropäischen Finanzplätzen mit den dort ansässigen Unternehmen um Mitarbeiter konkurrieren.[392] Wenn europäische Banken versuchen sollten, ihre Vergütungssysteme einem niedrigeren Re-

---

[388] RL 2010/76/EU; Abl. EU Nr. L 329/3 vom 14.12.2010, S. 3–35.

[389] *CEBS*, „Guidelines on Remuneration Policies and Practices" vom 10.12.2010.

[390] Dies gilt z. B. für die gesellschaftsrechtliche Ausgestaltung der Organe eines Unternehmens und der damit verbunden Aufgabenzuordnung. Wegen der organschaftlichen Trennung von Geschäftsleitung und Aufsichtsorgan und der damit einhergehenden Trennung von Geschäftsleitungsfunktion und Überwachungsfunktion wäre es in Deutschland nicht möglich dem Aufsichtsrat die Zuständigkeit für die Ausgestaltung der Vergütungssysteme der Mitarbeiter zuzuweisen. Als Unternehmenssteuerungsinstrument fallen die Vergütungssysteme für Mitarbeiter und insbesondere deren Ausgestaltung in die Zuständigkeit der Geschäftsleitung. Gleichwohl hat die Überwachung der Vergütungssysteme der Mitarbeiter durch das Aufsichtsorgan einen Rückkopplungseffekt auf die Ausgestaltung der Vergütungssysteme der Mitarbeiter, weil einem etwaigen Monitum durch das Aufsichtsorgan in der Regel eine Anpassung der Vergütungssysteme durch die Geschäftsleitung folgen dürfte.

[391] Pressemitteilung des Europäischen Parlaments vom 07.07.2010, abrufbar unter http://www.europarl.europa.eu/de/pressroom/content/20100706IPR77907/.

[392] *IIF*, „Compensation in Wholesale Banking 2010: Progress in Implementing Global Standards" vom September 2010, S. 45 f.

gulierungsstandard außereuropäischer Finanzplätze anzugleichen, strahlt dieser niedrigere Standard auch in das europäische Sitzland des Unternehmens zurück. Die Anforderungen des europäischen Sitzlandes werden nämlich in der Regel über die Gruppenanforderungen auch für außereuropäische Lokationen des Unternehmens Geltung beanspruchen. Es steigt dann die Gefahr, dass versucht wird, diese strengeren aufsichtsrechtlichen Anforderungen des europäischen Sitzlandes zu umgehen. Um jedenfalls innerhalb der Europäischen Union für ein level playing field zu sorgen, wird ähnlich wie bei den FSB Anforderungen auch die Umsetzung der europäischen Vorgaben von der Nachfolgeorganisation von CEBS, der European Banking Authority (EBA), in Form von „implementation studies" nachgehalten werden.

Die **CRD III** sieht zudem in Artikel 22 verschiedene **Informationserhebungen** durch die nationalen Aufsichtsbehörden vor. Diese Informationen sollen dann der EBA zur Verfügung gestellt werden, um diese dann zumindest teilweise auf europäischer Ebene aggregiert und anonymisiert zu veröffentlichen. Hiervon betroffen sind zum einen Informationen für einen Vergleich im Hinblick auf die Vergütungstrends und -praktiken[393] sowie Informationen zu Mitarbeitern mit Einkommen ab einer Million Euro[394]. Die EBA erarbeitet hierzu derzeit Leitlinien, die auch quantitative Fragebögen enthalten, um eine konsistente Datengrundlage sicherzustellen.[395]

Bei den Informationen zu **Vergütungstrends und -praktiken** handelt es sich im Wesentlichen um die Informationen, die schon laut Anhang XII Teil 2 Nummer 15 Buchstabe f in Verbindung mit Buchstabe g der CRD III zu veröffentlichen sind. Bei der anderen Informationserhebung sehen die EBA Leitlinien derzeit vor, dass jedes Institut Mitarbeiter mit Einkommen ab einer Million Euro melden muss. Darüber hinaus sollen auch die Anzahl der Mitarbeiter abgefragt werden, die einen wesentlichen Einfluss auf das Risikoprofil eines Instituts haben (sogenannte Risk Taker) und wegen dieser Bedeutung von besonderen Vergütungsanforderungen betroffen sind. Dieser Abgleich macht deutlich, dass die EBA bei Mitarbeitern mit einem Einkommen ab einer Million Euro davon ausgeht,

---

[393] Vgl. Artikel 22 Absatz 3 CRD III: „*Die zuständigen Behörden des Herkunftsmitgliedstaats nutzen die gemäß den in Anhang XII Teil 2 Nummer 15 Buchstabe f festgelegten Offenlegungskriterien gesammelten Informationen, um einen Vergleich im Hinblick auf die Vergütungstrends und -praktiken vorzunehmen. Die zuständigen Behörden stellen dem Ausschuss der europäischen Bankaufsichtsbehörden diese Angaben zur Verfügung.*".

[394] Vgl. Artikel 22 Absatz 5 CRD III: „*Die zuständigen Behörden des Herkunftsmitgliedstaats sammeln Informationen über die Anzahl der Personen je Kreditinstitut in Einkommensstufen ab mindestens 1 Mio. EUR einschließlich des betreffenden Geschäftsbereichs und der wesentlichen Bestandteile des Gehalts, Bonuszahlungen, langfristiger Belohnungen und Pensionsbeiträgen. Diese Informationen werden dem Ausschuss der europäischen Bankaufsichtsbehörden übermittelt, der sie in nach Herkunftsmitgliedstaaten aggregierter Form in einem gemeinsamen Berichterstattungsformat veröffentlicht. ...*".

[395] EBA, „EBA consultation paper on guidelines on the remuneration benchmarking exercise (CP 46)" und "EBA consultation paper on guidelines on the remuneration data collection exercise regarding high earners (CP 47)" vom 28.07.2011.

dass diese in der Regel auch als Risk Taker einzustufen sind. Damit entsteht ein greifbarer Auffangtatbestand für die Identifikation von Risk Takern durch die Institute.

Eher Beiwerk scheinen die europäischen Vergütungsanforderungen zu sein, die sich in einem **Richtlinienentwurf zu Wohnimmobilienkreditverträgen** finden.[396] Nach Artikel 5 Absatz 1 Richtlinien-E muss der Kreditgeber oder Kreditvermittler bei der Gewährung oder Vermittlung eines Kredits für Verbraucher ehrlich, redlich und professionell im besten Interesse des Verbrauchers handeln. Um dies sicherzustellen, darf gemäß Artikel 5 Absatz 2 Richtlinien-E die Art und Weise, wie Kreditgeber ihr Personal und die jeweiligen Kreditvermittler vergüten, und die Art und Weise, wie Kreditvermittler ihr Personal vergüten, nicht der Verpflichtung entgegenstehen, im besten Interesse des Verbrauchers zu handeln.

Diese kurzen und **etwas ungelenken Anforderungen** des Richtlinienentwurfs weisen mehrere interessante Aspekte auf. Die in der Folge der Finanzkrise entwickelten Vergütungsanforderungen der CRD III zielen letztlich auf die Sicherung der Banken- und damit der Finanzstabilität. Nunmehr kommt der **Gedanke des Verbraucherschutzes** hinzu. Daneben sind von den Anforderungen nicht nur Kreditgeber, sondern auch Kreditvermittler betroffen. Dies könnte Auswirkungen auf den bislang verwendeten Mitarbeiterbegriff haben, der für die deutschen Vergütungsanforderungen maßgeblich ist.[397]

Die vorstehend beschriebene **Fokussierung der Regulierung auf den Bankenbereich** birgt die Gefahr, dass versucht wird, Aktivitäten aus dem Bankensektor in bislang nicht oder wenig regulierte Bereiche zu verlagern. Nicht nur die Aufsicht[398], sondern auch Repräsentanten der Kreditindustrie[399] betrachten dieses „Schattenreich der Finanzindustrie"[400] mit einigem Unbehagen. Folgerichtig sollen die Vergütungsanforderungen in der Europäischen Union zusehends auf die gesam-

---

[396] Entwurf einer Richtlinie über Wohnimmobilienkreditverträge, verfügbar als Dokument 2011/0062(COD) der Europäischen Kommission vom 31.03.2011.

[397] Siehe unten 4.3.2.

[398] „Je engmaschiger wir unser Netz für die regulierten Teile der Finanzmärkte knüpfen, desto ausgeprägter werden die Ausweichbewegungen, die in nicht oder nur schwach regulierte Gefilde führen." Vgl. *Jochen Sanio* auf dem Neujahrsempfang 2011 der Bundesanstalt für Finanzdienstleistungsaufsicht (BaFin).

[399] „You have an unregulated area which becomes – as a consequence of all the regulatory changes – more and more important." „You may one day wake up and realize that the systemic challenges are so big that you will have to bail out or at least help support the unregulated sector." Vgl. *Josef Ackermann* am 28.01.2011 bei Bloomberg.

[400] „Das Schattenreich der Finanzindustrie" Handelsblatt vom 28.01.2011, abrufbar unter http://www.handelsblatt.com/unternehmen/banken/das-schattenreich-der-finanzindustrie/3817918.html.

te Finanzindustrie ausgerollt werden. So sollen über Solvency II[401] Vergütungsanforderungen für Versicherer Einzug halten.[402] Für Investmentfonds sind die geplante OGAW V Richtlinie[403] und der Entwurf der AIFM-Richtlinie[404] maßgeblich, durch die zukünftig z. B. auch Hedgefonds und Private Equity Fonds Vergütungsregelungen unterliegen werden. Die Regelungen für Versicherer und Investmentfonds werden sich wohl, soweit es die jeweiligen Besonderheiten dieser Bereiche zulassen, an den Anforderungen der CRD III orientieren, um der beschriebenen Gefahr der Regulierungsarbitrage zu begegnen.[405] Auf die Anforderungen in diesen Bereichen und die nationale Umsetzung kann im Rahmen dieses Beitrages nicht näher eingegangen werden.

3 Nationale Umsetzung im bankaufsichtsrechtlichen Bereich

Es ist nicht so, dass **Regelungen für Vergütungssysteme** eine sensationelle Neuerung wären. Schon in den 30er Jahren des letzten Jahrhunderts wurden Grundsätze für die Bezüge von Vorstandsmitgliedern in § 87 AktG geschaffen.[406] Auch als Konsequenz aus der Finanzkrise hat der Gesetzgeber mit dem Gesetz zur Angemessenheit der Vorstandsvergütung (VorstAG)[407] eine Verschärfung bestehender vor allem aktienrechtlicher Anforderungen an die Vorstandsvergütung vorgenommen.[408]

Die **Regelungen des VorstAG**, wie auch die des **Deutschen Corporate Governance Kodex**, sind jedoch nicht geeignet, den Anforderungen aus den internationalen Regulierungsinitiativen im Bankenbereich in Gänze gerecht zu werden. So richten sich die Regelungen des VorstAG an die Organmitglieder eines Unternehmens aber nicht an die übrigen Mitarbeiter. Wie schon erwähnt, würde dies für die

---

[401] Richtlinie 2009/138/EG des Europäischen Parlaments und des Rates vom 25. November 2009 betreffend die Aufnahme und Ausübung der Versicherungs- und der Rückversicherungstätigkeit (Solvabilität II).

[402] Ausgehend von den Durchführungsmaßnahmen für die Governance-Anforderungen nach Artikel 50 der Richtlinie hat das Committee of European Insurance and Occupational Pensions Supervisors (CEIOPS) in dem „CEIOPS' Advice for Level 2 Implementing Measures on Solvency II: Remuneration Issues" vom Oktober 2009 Vergütungsgrundsätze erarbeitet.

[403] *Europäische Kommission*, „Consultation Paper on the UCITS Depositary Function and on the UCITS Managers' Remuneration" vom 14.12.2010.

[404] Richtlinie über Verwalter alternativer Investmentfonds (Alternative Investment Fund Manager Directive – AIFMD) in der Fassung des Standpunktes des Europäischen Parlaments vom 11.11.2010, verfügbar als Dokument P7_TC1-COD(2009)0064.

[405] *Europäische Kommission*, „Consultation Paper on the UCITS Depositary Function and on the UCITS Managers' Remuneration" vom 14.12.2010, S. 27.

[406] *Hüffer*, Kommentar zum Aktiengesetz, 9. Auflage, München 2010, § 87 Rn. 1.

[407] BGBl. I 2009, 2509.

[408] Die Reform war schon Gegenstand zahlreicher Beiträge und soll hier nicht näher beleuchtet werden, vgl. z. B. Bauer/Arnold, AG 2009 717 und dort Fn. 6.

Umsetzung der maßgeblichen internationalen Regulierungsinitiativen im bankaufsichtlichen Bereich zu kurz greifen.[409] Der Fokus des VorstAG liegt zudem auf Aktiengesellschaften, insbesondere auf den börsennotierten Aktiengesellschaften. Etwaige fehlleitende Vergütungssysteme können aber bei allen Instituten unabhängig von ihrer Rechtsform auftreten. Schließlich vermittelt das VorstAG nicht die erforderlichen gesetzlichen Ermächtigungen für hoheitliche Maßnahmen der Bankenaufsicht.

Im **bankaufsichtsrechtlichen Bereich** wurden an verschiedenen Stellen Vergütungsregelungen geschaffen. Dabei gelten für Institute, die staatliche Unterstützungsleistungen erhalten, einige spezialgesetzliche Vergütungsregelungen, die bei konkurrierenden Regelungsinhalten den Vergütungsregelungen des Kreditwesengesetzes (KWG) und der Instituts-Vergütungsverordnung (InstitutsVergV)[410] als lex specialis vorgehen.

Bis auf wenige Ausnahmen wurden **staatliche Unterstützungsleistungen** bzw. Stabilisierungsmaßnahmen durch den Sonderfonds für Finanzmarktstabilisierung (SoFFin) der Bundesanstalt für Finanzmarktstabilisierung (FMSA) gewährt. Mit Inkrafttreten des neuen Restrukturierungsgesetzes[411] Anfang 2011 gewährt der SoFFin keine weiteren Stabilisierungsmaßnahmen, sondern verwaltet nur noch die bis Ende 2010 gewährten Stabilisierungsmaßnahmen. Zukünftig übernimmt der ebenfalls bei der FMSA aufgehängte Restrukturierungsfonds die Aufgaben des SoFFin.

Das **Finanzmarktstabilisierungsfondsgesetz** (FMStFG)[412] sieht in § 10 Absatz 2 Satz 1 Nr. 3 FMStFG als eine zu erfüllende Bedingung für Stabilisierungsmaßnahmen des SoFFin Anforderungen an die Vergütung der Organe, Angestellten und wesentlichen Erfüllungsgehilfen vor, die durch Rechtsverordnung zu bestimmen sind. Hinsichtlich der Vergütungsanforderungen wurde von dieser Rechtsverordnungsermächtigung nicht vollständig Gebrauch gemacht. Zwar kann den betroffenen Unternehmen gemäß § 5 Absatz 2 Nr. 3 Finanzmarktstabilisierungsfonds-Verordnung (FMStFV)[413] aufgegeben werden, ihre Vergütungssysteme und die Vergütungssysteme der von ihnen beherrschten Unternehmen auf ihre An-

---

[409] *CEBS*, „High-level principles for Remuneration Policies" vom 20.04.2009, Tz. 2; *FSB*, „Principles for Sound Compensation Practices – Implementation Standards" vom 25.09.2009, Nr. 6; CRD III Anhang V Abschnitt 11 Nr. 23 und Anhang XII Teil 2 Nr. 15.

[410] Verordnung über die aufsichtsrechtlichen Anforderungen an Vergütungssysteme von Instituten (Instituts-Vergütungsverordnung – InstitutsVergV) vom 06.10.2010, BGBl. I 2010, 1374.

[411] Gesetz zur Restrukturierung und geordneten Abwicklung von Kreditinstituten, zur Errichtung eines Restrukturierungsfonds für Kreditinstitute und zur Verlängerung der Verjährungsfrist der aktienrechtlichen Organhaftung (Restrukturierungsgesetz) vom 09.12.2010, BGBl. I 2010, 1900.

[412] Gesetz zur Errichtung eines Finanzmarktstabilisierungsfonds (Finanzmarktstabilisierungsfondsgesetz – FMStFG) vom 17.10.2008, BGBl. I 2008, 1982.

[413] Verordnung zur Durchführung des Finanzmarktstabilisierungsfondsgesetzes (Finanzmarktstabilisierungsfonds-Verordnung – FMStFV) vom 20.10.2008, eBAnz. 2008, AT 123 V1.

reizwirkung und Angemessenheit zu überprüfen. Daneben haben sie darauf hinzuwirken, dass die Vergütungssysteme nicht zur Eingehung unangemessener Risiken verleiten sowie an langfristigen und nachhaltigen Zielen ausgerichtet und transparent sind.[414] Auch gelten gemäß § 5 Absatz 2 Nr. 4a) FMStFV monetäre Vergütungen von Organmitgliedern und Geschäftsleitern, die 500.000 Euro pro Jahr übersteigen, grundsätzlich als unangemessen.

Wie schon erwähnt, hatte es aber für Unmut gesorgt, dass an **Mitarbeiter vom SoFFin gestützter Banken** fixe und variable Vergütungen gezahlt wurden, die teilweise deutlich über den begrenzten Gehältern der Geschäftsleitung lagen. Für diese Mitarbeiter existierten keine Regelungen in der FMStFV zu Vergütungsobergrenzen entsprechend denen für Organmitglieder und Geschäftsleiter. Vor diesem Hintergrund wurden durch das Restrukturierungsgesetz die Voraussetzungen für eine Begrenzung der Vergütung von Mitarbeitern geschaffen. So wurde das FMStFG nunmehr um Regelungen erweitert, nach denen sowohl für Vergütungen von Organmitgliedern und Geschäftsleitern als auch für Vergütungen von Mitarbeitern eine Begrenzung vorgesehen ist. Gemäß § 10 Absatz 2a FMStFG darf bei Unternehmen, an denen der Finanzmarktstabilisierungsfonds zu mindestens 75 % unmittelbar oder mittelbar beteiligt ist und die Rekapitalisierungsmaßnahmen gemäß § 7 FMStFG in Anspruch nehmen, die Vergütung der Organmitglieder und der Angestellten 500.000 Euro pro Jahr nicht übersteigen. Variable Vergütungen sind in diesem Falle unzulässig.

Bei Unternehmen, bei denen die **Beteiligungsschwelle** von 75 % nicht erreicht wird, darf gemäß § 10 Absatz 2b FMStFG die Vergütung ebenfalls grundsätzlich 500.000 Euro nicht übersteigen. Variable Vergütungen sind zwar zulässig, aber nur wenn die Summe aus variabler und fixer Vergütung die 500.000 Euro-Grenze nicht überschreitet. Diese Obergrenze darf allerdings überschritten werden, sofern das Unternehmen mindestens die Hälfte der geleisteten Rekapitalisierungen zurückgezahlt hat oder soweit die geleistete Kapitalzuführung voll verzinst wird. Das Restrukturierungsgesetz sieht vergleichbare Regelungen für das neue Restrukturierungsfondsgesetz (RStruktFG) vor. Institute, die Restrukturierungsmaßnahmen des Restrukturierungsfonds erhalten, sind mit § 4 Absatz 3 bis 5 RStruktFG von Regelungen betroffen, die denen des FMStFG inhaltlich gleichen.

Bei einer **Gefährdung der ausreichenden Eigenmittel- oder Liquiditätsausstattung** kann nach § 45 Absatz 2 Satz 1 Nr. 6 in Verbindung mit Absatz 1 Satz 3 KWG bei Instituten die Auszahlung variabler Vergütungen untersagt oder zumindest beschränkt werden, und zwar unabhängig davon, ob sie Stabilisierungsmaßnahmen des SoFFin bzw. des Restrukturierungsfonds erhalten haben. Bislang sind die von einer solchen Untersagung oder Beschränkung betroffenen Vergütungsansprüche nicht untergegangen, sondern kumulierten, so dass diese nach

---

[414] Diese Anforderungen an Vergütungssysteme werden durch die SoFFin Vergütungsgrundsätze vom Februar 2010 präzisiert.

Aufhebung der Untersagung durch die BaFin in Gänze wieder geltend gemacht werden konnten. Dies hat der Finanzausschuss des Bundestages in einigen Fällen für nicht sachgerecht erachtet, insbesondere dann, wenn die wirtschaftliche Erholung des Instituts nur aufgrund staatlicher Unterstützungsleistungen erreicht wurde oder wenn das Institut maßgeblich gegen bankaufsichtsrechtliche Vorschriften verstoßen hat.[415]

Neben der Auszahlungsuntersagung ist darum durch das Restrukturierungsgesetz nunmehr eine **Anordnungsbefugnis der BaFin** hinzugekommen, kraft derer diese Vergütungsansprüche unter den Voraussetzungen des § 45 Absatz 5 Satz 5 und 6 KWG erlöschen. Dies gilt beispielsweise dann, wenn das Institut Leistungen des Restrukturierungsfonds erhält. Ziel dieser Leistungen ist es, in Schieflage geratene Institute nachhaltig zu stabilisieren. Die zugeführten Mittel sollen nach Beseitigung der akuten Krise aber nicht dazu verwendet werden, die kumulierten Vergütungsansprüche zu erfüllen.

Der **gesetzliche Anknüpfungspunkt** für die allgemeingültigen bankaufsichtsrechtlichen Vergütungsregelungen des KWG findet sich in § 25a Absatz 1 Satz 3 Nr. 4 KWG. Die Vergütungsregelungen sind danach als Teil des Risikomanagements Bestandteil der ordnungsgemäßen Geschäftsorganisation der Institute. Gemäß § 25a Absatz 1 Satz 3 Nr. 4 KWG umfasst das Risikomanagement angemessene, transparente und auf eine nachhaltige Entwicklung des Instituts ausgerichtete Vergütungssysteme für Geschäftsleiter und Mitarbeiter. Dies gilt gemäß § 25a Absatz 1 Satz 3 Nr. 4 HS. 2 KWG aber nicht hinsichtlich solcher Vergütungen, die durch Tarifvertrag oder in seinem Geltungsbereich durch Vereinbarung der Arbeitsvertragsparteien über die Anwendung der tarifvertraglichen Regelungen oder aufgrund eines Tarifvertrags in einer Betriebs- oder Dienstvereinbarung vereinbart sind. Die vorgenannten tarifbezogenen Vergütungen sind daher gemäß § 1 Absatz 3 InstitutsVergV auch nicht Gegenstand der InstitutsVergV.

Die notwendige **Rechtsverordnungsermächtigung** für die InstitutsVergV schließlich findet sich in § 25a Absatz 5 KWG. Der InstitutsVergV gingen schon im Anschluss an die Veröffentlichung der FSB Prinzipien für solide Vergütungspraktiken im April 2009 umfangreiche Vorarbeiten voraus, von denen die Verordnung profitieren konnte. So wurden erste Regelungen bereits bei der Novellierung des BaFin Rundschreibens Mindestanforderungen an das Risikomanagement (MaRisk) berücksichtigt.[416]

Die **InstitutsVergV** ist der letzte Schritt des dreistufigen Maßnahmenpakets der Bundesregierung zur Umsetzung der FSB Prinzipien und Standards sowie der vergütungsbezogenen Regelungen in der CRD III. Die vorherigen Schritte waren die Selbstverpflichtung acht großer Banken und der drei größten Versicherungsunternehmen zur Einhaltung der FSB Anforderungen im Dezember 2009 und das Rund-

---

[415] BT-Drucks. 17/2181, 9.
[416] Rundschreiben 15/2009 (BA) vom 14.08.2009, AT 7.1 Tz. 4 bis 7.

schreiben der BaFin zu den Anforderungen an Vergütungssysteme von Instituten (22/2009) vom 21. Dezember 2009. Dieses Rundschreiben diente auch als Generalprobe für die spätere InstitutsVergV. Trotz einiger neuer inhaltlicher Anforderungen, die den fortschreitenden internationalen Anforderungen geschuldet sind, ist es gelungen, den materiellen Regelungsgehalt des Vergütungsrundschreibens weitgehend in die InstitutsVergV zu überführen und so für eine Kontinuität der Anforderungen zu sorgen.

Den vorgenannten **Vergütungsregelungen** kam es zugute, dass sie nicht allein in einem Elfenbeinturm der Abteilung für Grundsatzfragen bei der BaFin ersonnen, sondern unter Beteiligung auch aufsichtsexterner Experten im MaRisk-Fachgremium erarbeitet wurden. Das MaRisk-Fachgremium besteht aus Vertretern von Instituten, Verbänden, Wirtschaftsprüfern und Aufsehern, die sowohl etwaige Arbeiten an den MaRisk-Regelungen selbst, als auch einzelne Auslegungsfragen zu den MaRisk behandeln. Daneben hat die BaFin in zahlreichen Veranstaltungen die Diskussion mit der Industrie, Prüfern und Beratern gesucht. Diese Veranstaltungen und die Einbindung des MaRisk-Fachgremiums hat eine größere Praxisnähe der Regelungen sichergestellt und zur vermehrten Akzeptanz der Regelungen durch die Finanzindustrie beigetragen. Die Vergütungsregelungen in den MaRisk und das Vergütungsrundschreiben sind mit Inkrafttreten der InstitutsVergV am 13.10.2010 gegenstandslos geworden.

4 Anforderungen der InstitutsVergV

Eine der wesentlichen Herausforderungen bei der **Schaffung der InstitutsVergV** war, dass die Vergütungsthematik aufgrund der heterogenen Institutsstruktur in Deutschland nicht für alle Institute gleich relevant ist. In Deutschland gab es Ende des Jahres 2010 insgesamt 1923 Institute, wobei die Zahl 189 Kreditbanken, 439 Institute des Sparkassensektors und 1145 Institute des Genossenschaftssektors umfasst.[417] Gerade kleinere Institute, deren Hauptaktivitäten vor allem im Retail sowie im kleineren und mittleren Firmenkundengeschäft liegen, sind oftmals vergleichsweise gut durch die Krise gekommen. Auch gab es bei einer Vielzahl deutscher Institute keine weit verbreiteten Vergütungsexzesse, wie in anderen Staaten.[418]

Es musste also sichergestellt werden, dass, soweit es die internationalen Anforderungen zuließen, diese vorgenannten Institute nicht mit technischen Vergütungsanforderungen überladen werden, die mit der Vergütungsrealität in diesen Unternehmen nichts zu tun haben. Insbesondere konnte es nicht darum gehen, jeden „einfachen" Mitarbeiter als kleinstes Rädchen im Getriebe mit einem komplizierten mehrjährigen Long Term Incentive-Plan für sein dreizehntes und vierzehntes Mo-

---

[417] Jahresbericht der BaFin 2010, Seite 145.
[418] Börsen-Zeitung, „Sparkassen sind nichts für Bonusjäger", Artikel vom 22.07.2011 abrufbar unter http://www.boersen-zeitung.de/index.php?li=312&subm=serien&ressortID=9&spezial ID=183&page_number=1#jump.

natsgehalt zu geißeln. Die Regelungen mussten daher auch für größere Banken Erleichterungen für diese vorgenannten Mitarbeiter erlauben. Das eine **proportionale Anwendung** auch der internationalen Anforderungen möglich sein muss, war von vornherein ein Anliegen der deutschen Bankenaufsicht, die immer wieder auf eine Berücksichtigung dieses Grundsatzes gedrängt hat.[419]

Die InstitutsVergV greift den **Proportionalitätsgedanken** folgerichtig auf und berücksichtigt bei den Anforderungen sowohl die Bedeutung eines Instituts als auch die eines Mitarbeiters und von Mitarbeitergruppen für ein Institut. Der Grundgedanke der InstitutsVergV ist von einem mehrstufigen Proportionalitätsansatz getragen (siehe Abbildung 1). Als erste Stufe der Proportionalität wird gemäß § 1 Absatz 2 InstitutsVergV zunächst zwischen „bedeutenden" und unbedeutenden Instituten unterschieden. Zwar haben alle Institute grundsätzliche allgemeine Vergütungsanforderungen (§§ 3, 4, 7, 9, 10 und 11 InstitutsVergV) zu erfüllen, indes sind nur die „bedeutenden Institute" zusätzlich von weitergehenden besonderen Anforderungen (§§ 5, 6 und 8 InstitutsVergV) betroffen. Von diesen besonderen Anforderungen, die insbesondere spezielle oft technische Anforderungen umfassen, sind aber nicht alle Mitarbeiter eines „bedeutenden Instituts" gleichermaßen betroffen. Mit § 5 Absatz 1 InstitutsVergV wurde vielmehr eine zweite Stufe der Proportionalität eingezogen, die diese Anforderungen auf Geschäftsleiter und besondere Mitarbeiter sowie Mitarbeitergruppen beschränkt. Bei diesen besonderen Mitarbeitern handelt es sich um Mitarbeiter, die für sich allein oder in der Gruppe einen wesentlichen Einfluss auf das Gesamtrisikoprofil des Institutes haben (sogenannte Risk Taker[420]). Den Vorteilen dieser im Folgenden darzustellenden gestuften Proportionalität stehen bei der praktischen Anwendung auch einige Nachteile gegenüber.

---

[419] Dies hat sich u. a. im Anhang V Abschnitt 11 sowie im Anhang XII Teil 2 Nr. 15 der CRD III und bei den CEBS Leitlinien, Tz. 19–26 manifestiert.

[420] Dieser umgangssprachlich gebräuchliche Begriff des Risk Taker ist ungenau, als nicht eine Person allein tatsächlich Risiken für ein Institut eingehen können muss. Oftmals ist dies z. B. wegen des Vieraugenprinzips gar nicht möglich. Es reicht letztlich die Möglichkeit der Einflussnahme bzw. die Mitwirkung aus. Dabei geht es um alle Risikoarten, also auch operationelle Risiken, so dass beispielsweise auch Mitarbeiter der Rechts- oder Personalabteilung Risk Taker sein können.

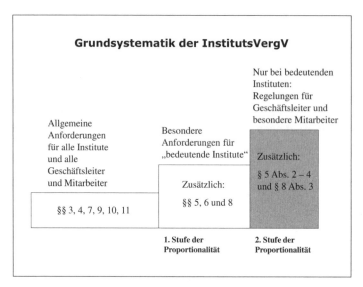

Abbildung 1: Grundsystematik der InstitutsVergV

4.1 Einstufung als „bedeutendes Institut"

Ob ein Institut als **bedeutendes Institut** einzustufen und damit von den besonderen Anforderungen betroffen ist, hängt zunächst von dessen Bilanzsumme ab. Liegt die Bilanzsumme im Durchschnitt zu den jeweiligen Stichtagen der letzten drei abgeschlossenen Geschäftsjahre unter 10 Milliarden Euro handelt es sich definitiv nicht um ein bedeutendes Institut, so dass nur die allgemeinen Anforderungen Anwendung finden. Im Umkehrschluss sind Institute, deren Bilanzsumme 10 Milliarden Euro erreicht oder überschreitet, grundsätzlich als „bedeutend" einzustufen, es sei denn das Institut kann diese Einstufung durch eine eigenverantwortliche Risikoanalyse widerlegen. Bei Instituten mit einer Bilanzsumme ab 40 Milliarden Euro wird dies allerdings nur in atypischen Ausnahmefällen möglich sein, weil die InstitutsVergV schon angesichts der Größe eines Instituts eine gesetzliche Regelvermutung für die Einstufung als „bedeutend" vorsieht.

Mit der **Risikoanalyse** soll es möglich sein, Institute von den besonderen Anforderungen zu befreien, sofern diese insbesondere wegen sehr konservativer Geschäftsmodelle und Vergütungsstrukturen mit den allgemeinen Anforderungen der InstitutsVergV ausreichend bedacht sind. Als Kriterien für die Risikoanalyse gibt die InstitutsVergV einen nicht abschließenden Kriterienkatalog vor. Danach sind insbesondere die Größe des Instituts, seine Vergütungsstruktur sowie Art, Umfang, Komplexität, Risikogehalt und Internationalität der betriebenen Geschäftsaktivitäten zu berücksichtigen. Die Risikoanalyse ist schriftlich zu dokumentieren und muss plausibel, umfassend und für Dritte nachvollziehbar sein. Je eher davon auszugehen ist, dass die Kriterien für eine Anwendung der besonderen Anforderungen sprechen, desto intensiver muss die Risikoanalyse betrieben werden. Bei kleineren Instituten mit überschaubaren Geschäfts- und Vergütungsstrukturen kann dagegen die Risikoanalyse einfacher gestaltet werden. Sollte die Risikoanalyse unplausibel sein und eine Einstufung als bedeutendes Institut dadurch (absichtlich) vermieden werden, greift hierfür das gesamte bankaufsichtliche Maßnahmenspektrum, das für Verstöße gegen § 25a KWG zur Verfügung steht.

Die Risikoanalyse hat den Vorteil, dass mögliche **Klippeneffekte** vermieden werden, wie sie durch den alleinigen Gebrauch einer Bilanzsummengrenze entstehen können. Auch zwingt die Risikoanalyse das Institut dazu, jeden seiner Geschäftsbereiche unter Vergütungsaspekten eingehend zu beleuchten und sich mit einem etwaigen Anpassungsbedarf intensiv zu beschäftigen. Gleichwohl beinhaltet eine Risikoanalyse auch immer die Gefahr, dass zulässige Beurteilungsspielräume seitens des Instituts überspannt werden, um einer Einstufung als „bedeutendes Institut" zu entgehen.

Von besonderer Bedeutung für die Analyse sind die **Geschäftsaktivitäten eines Instituts**. Ist ein Institut beispielsweise im bedeutenden Umfang im Investmentbanking bzw. am Kapitalmarkt aktiv, spricht dies für eine Einstufung als bedeutendes Institut. Es gibt Institute, bei denen das Volumen dieser Geschäftsarten allein schon die gesetzliche Regelvermutung von 40 Milliarden Euro und mehr überschreitet. In diesem Falle müssen etwaige andere konservativere Geschäftsaktivitäten bei der Risikoanalyse in den Hintergrund treten. Solche Unterschiede bei den Geschäftsaktivitäten eines Instituts können bei den in der Folge zu identifizierenden Risk Takern hinreichend berücksichtigt werden. Institute mit einer Bilanzsumme zwischen 10 und 40 Milliarden Euro werden ebenfalls als bedeutend einzustufen sein, wenn die Geschäftsaktivitäten überwiegend im Investmentbanking bzw. Kapitalmarktbereich liegen. Auf die äußere Verpackung eines Institutes kommt es jedenfalls nicht an. Auch Institute mit einem Förderauftrag können abhängig von ihrer Geschäftsstruktur durchaus als bedeutend einzustufen sein. Dies gilt insbesondere dann, wenn die Institute die Mittel für ihr Fördergeschäft letztlich selbst am Kapitalmarkt verdienen müssen und dieses den vorbeschriebenen erheblichen Umfang hat.

Die BaFin und die Deutsche Bundesbank führen derzeit eine **Umfrage zu einzelnen Aspekten** der Vergütungsanforderungen der InstitutsVergV bezogen auf das Jahr 2010 durch. Befragt wurden alle Institute in Deutschland mit einer Bilanzsumme ab 10 Milliarden Euro, wobei zwischen Instituten mit einer Bilanzsumme ab 40 Milliarden Euro und Instituten mit einer geringeren Bilanzsumme unterschieden wurde. Insgesamt wurden 61 Institute befragt und damit ein Großteil des deutschen Bankenmarktes erfasst. Von den 61 Instituten hatten 38 eine Bilanzsumme unter 40 Milliarden Euro (Gruppe a-Institute) und 23 Institute eine Bilanzsumme darüber (Gruppe b-Institute). Von den 23 Instituten der Gruppe b-Institute haben sich zurzeit 2/3 als bedeutend eingestuft, wohingegen sich nur ein Institut der Gruppe a-Institute als bedeutend einstufte. Die als bedeutend eingestuften Institute haben aber einen Anteil von gut 80 % an der Gesamtbilanzsumme aller befragten Institute. Es steht zu erwarten, dass die besonderen Vergütungsanforderungen ca. 2/3 des deutschen Bankenmarktes erreichen werden. Insbesondere die wichtigsten deutschen Banken sind bedeutend im Sinne der InstitutsVergV. Die Mehrzahl der von den Instituten durchgeführten Risikoanalysen erwies sich als plausibel. In einigen Fällen bestehen aber auch Zweifel an der Plausibilität der jeweiligen Risikoanalysen.

Insbesondere die EU Kommission begegnet dem Ansatz, dem Proportionalitätsgedanken durch gesetzlich geregelte Materialitätsschwellen Rechnung zu tragen, mit einiger Skepsis, weil solche Schwellenwerte in der CRD III nicht unmittelbar genannt werden. Diese Skepsis gilt durchaus auch gegenüber anderen Mitgliedsstaaten, wie z.B. dem Vereinigten Königreich, die sich ebenfalls solcher Schwellenwerte bedienen. Vor dem Hintergrund der geschilderten Institutsstruktur in Deutschland und der für alle Institute und Mitarbeiter geltenden strikten allgemeinen Anforderungen der InstitutsVergV, erscheinen die gewählten Materialitätsschwellen aber als risikoadäquat und sachgerecht.

4.2 Identifizierung der Risk Taker

Die **besonderen Vergütungsanforderungen** bei bedeutenden Instituten sind nicht für jeden Mitarbeiter relevant. Gemäß § 5 Absatz 1 Satz 1 InstitutsVergV gelten die besonderen Anforderungen für alle Geschäftsleiter des Instituts und auch für solche Mitarbeiter, deren Tätigkeit einen wesentlichen Einfluss auf das Gesamtrisikoprofil des Instituts hat. Das Institut hat diese Mitarbeiter aufgrund einer eigenverantwortlichen Risikoanalyse selber zu identifizieren. Für die Risikoanalyse können gemäß § 5 Absatz 1 Satz 3 InstitutsVergV unter anderem die Größe, die Art der Geschäftstätigkeit (z. B. Investmentbanking), das Geschäftsvolumen, die Höhe der Risiken und die Erträge einer Organisationseinheit als Kriterien herangezogen werden. Auch die Tätigkeit (z. B. als Händler), die Stellung, die Höhe der bisherigen Vergütung eines Mitarbeiters oder einer Mitarbeiterin sowie eine ausgeprägte Wettbewerbssituation auf dem Arbeitsmarkt kommen als Kriterien in Frage.

Die Risikoanalyse muss **alle Organisationseinheiten** des Instituts abdecken. Je höher die Wahrscheinlichkeit ist, dass bei einzelnen Geschäftsbereichen (z. B. Investmentbanking), Tätigkeiten (z. B. Händler) usw. Mitarbeiter zu finden sind, deren Tätigkeiten einen wesentlichen Einfluss auf das Gesamtrisikoprofil haben, umso höhere Anforderungen werden an die Risikoanalyse gestellt. Mitarbeiter, deren Tätigkeiten einen wesentlichen Einfluss auf das Gesamtrisikoprofil haben, sind mit hoher Wahrscheinlichkeit in den Organen des Instituts zu finden. Gleiches gilt bei den Personen, die den Vorsitz in wichtigen Ausschüssen führen (z. B. die Vorsitzenden eines Risiko- oder Vergütungsausschusses). Auch bei Mitarbeitern, die direkt an die Geschäftsleitung berichten oder die Segment- bzw. Geschäftsbereichen oder Kontrollbereichen vorstehen, ist eine solche Wahrscheinlichkeit gegeben.

Dies kann auch für Mitarbeiter (z. B. Händler) einer Mitarbeitergruppe gelten, wenn diese **als Gruppe einen wesentlichen Einfluss** auf das Gesamtrisikoprofil hat. Wenn ein Mitarbeiter eine Vergütung erhält, die sich in der Vergütungsbandbreite der Geschäftsleiter oder der schon identifizierten Mitarbeiter bewegt, so ist es wahrscheinlich, dass dieser Mitarbeiter ebenfalls einen wesentlichen Einfluss auf das Gesamtrisikoprofil hat. Das Institut muss in der Lage sein, im Falle späterer Realisierung eingegangener Risiken durch den betroffenen Mitarbeiterkreis die vorgenommene Einstufung im Nachhinein auf Basis angemessener Dokumentationen zu rechtfertigen.

Im Rahmen der angesprochenen Vergütungsumfrage durch BaFin und die Deutsche Bundesbank wird auch untersucht, **wieviele solche Mitarbeiter** anhand welcher Kriterien durch die bedeutenden Institute identifiziert wurden. Teilweise lagen in diesem Bereich schon Vergleichswerte zu 2009 vor. Die Kriterien für die Identifikation dieser Mitarbeiter lassen sich diese in solche Kriterien unterteilen, die individuell auf einen Mitarbeiter abstellen und solche, die eine Gruppe von Mitarbeitern charakterisieren. Individualkriterien sind z. B. die Tätigkeit und Stellung eines Mitarbeiters, Leiter von Geschäftsbereichen, Höhe der Vergütung eines Mitarbeiters, Angehörigkeit eines Mitarbeiters zu einem wichtigen Gremium oder Ausschuss und eine direkte Berichterstattung an die Geschäftsleitung. Gruppenkriterien hingegen sind vor allem die Art der Geschäftstätigkeit, die Höhe der Risiken und Erträge einer Organisationseinheit, Geschäftsvolumen und Größe der Organisationseinheit und eine ausgeprägte Wettbewerbssituation in einzelnen Bereichen auf dem Arbeitsmarkt.

Die Untersuchung zeigt sehr deutlich, dass der Fokus fast ausschließlich auf der **Identifikation einzelner (weniger) Mitarbeiter** lag. Man konnte den Eindruck gewinnen, dass Gruppenkriterien weniger dazu verwandt wurden, Mitarbeitergruppen zu identifizieren, als vielmehr Geschäftsbereiche mehr oder weniger großflächig aus einer genaueren Betrachtung auszuklammern. Relevant waren also vor allem die Individualkriterien. Mit den Individualkriterien wurden insbesondere einzelne leitende Mitarbeiter identifiziert, die eine sehr hohe Leitungsverantwortung haben. Andere Mitarbeiter, die auch im Tagesgeschäft eine Rolle spielen, waren nur bei wenigen Instituten berücksichtigt worden.

Bei der **Identifikation der Risk Taker** durch die Institute ist ein Rückschritt bei der Umsetzung der Vergütungsanforderungen zu erkennen. Im Durchschnitt lag der Anteil der identifizierten Mitarbeiter bei nur ca. 0,6 % der Gesamtmitarbeiterzahl. Mit einem Anteil von ca. 9,5 % bildet ein Institut, das staatliche Unterstützungsleistungen erhalten hatte, eine positive Ausnahme. Im Jahr 2009 lag der durchschnittliche Prozentsatz noch bei über 5 %. Es ist offensichtlich, dass Institute tendenziell die Mitarbeiter, die besonderen Einfluss auf das Gesamtrisikoprofil haben, deutlich heruntidentifiziert haben. Es scheinen so oftmals nur solche Mitarbeiter berücksichtigt worden zu sein, die schon aufgrund ihrer Stellung und der Höhe Ihrer Vergütung kaum herausnehmbar waren. Dies wird deutlich, wenn man die

Vergütungshöhen pro Kopf eines identifizierten Mitarbeiters des Jahres 2009 mit denen des Jahres 2010 vergleicht. Die Gesamtvergütung pro Kopf eines identifizierten Mitarbeiters ist nach den vorläufigen Zahlen rund dreimal so hoch wie noch in 2009. Das dies nicht mit einer besseren Wirtschaftslage der Institute zu tun hat, sondern mit der höheren Hierarchiestufe in den Unternehmen, erkennt man daran, dass auch die Fixvergütung für die identifizierten Mitarbeiter in 2010 nach den vorläufigen Zahlen in der Tendenz doppelt so hoch ist wie in 2009.

Diese **Tendenzen entsprechen nicht den Vorstellungen** der internationalen Regulierungsinitiativen, die immer wieder darauf abstellen, dass auch Mitarbeiter, die nur gemeinsam als Gruppe einen wesentlich Einfluss auf das Risikoprofil eines Instituts haben, von den besonderen Anforderungen betroffen sein müssen.[421] Es wird daher nötig sein, die Kriterien für die Identifizierung der Mitarbeiter weiter zu konturieren, um diese greifbarer zu machen. Für Mitarbeiter, die nicht schon kraft ihrer Stellung oder besonderen Aufgaben als Risk Taker ins Auge fallen, nennen die CEBS Leitlinien mehrere mögliche Identifizierungskriterien.[422] Ein Kriterium kann z. B. ein bestimmtes Verhältnis von variabler zu fixer Vergütung sein. Die Festlegung eines solchen Verhältnisses ist derzeit nicht ohne ein gewisses Maß an Gutdünken zu bewerkstelligen. Dies ist auch deshalb der Fall, weil in unterschiedlichen Geschäftsbereichen generell unterschiedliche Vergütungszusammensetzungen zu erwarten sind. Im Investmentbanking beispielsweise wird sicherlich ein höherer variabler Vergütungsanteil üblich sein als im Retailbanking.

Will man sich auf mögliche **Verhältnisse von fixer zu variabler Vergütung** stützen, bedarf es hierzu zukünftiger Erfahrungswerte, die gegebenenfalls durch die beschriebenen Informationserhebungen der EBA verfügbar sein werden. Gleichwohl kann man sich schon jetzt das durchschnittliche Verhältnis der variablen zur fixen Vergütung in den verschiedenen Geschäftsbereichen eines konkreten Instituts betrachten. Sollten Mitarbeiter innerhalb eines Geschäftsbereichs ein deutlich höheres Verhältnis von variabler zu fixer Vergütung aufweisen, sollte dies bei der Identifikation der Risk Taker berücksichtigt werden.

Weiteres durch die CEBS Leitlinien vorgeschlagenes Kriterium kann eine bestimmte Höhe der Gesamtvergütung sein. Auch hier ist es nicht ganz einfach, eine

---

[421] „*Large numbers of lower-level employees with inappropriate incentives can take actions that are individually insignificant but that, taken together, can harm the firm.*" Vgl. FSB, „Principles for Sound Compensation Practices" vom 02.04.2009, S. 7; „*The following categories of staff, unless it is demonstrated that they have no material impact on the institution's risk profile, must be included as the Identified Staff: ... Other risk takers such as: staff members, whose professional activities – either individually or collectively, as members of a group (e.g. a unit or part of a department) – can exert influence on the institution's risk profile, including persons capable of entering into contracts/positions and taking decisions that affect the risk positions of the institution. Such staff can include, for instance, individual traders, specific trading desks and credit officers.*" Vgl. CEBS, „Guidelines on Remuneration Policies and Practices" vom 10.12.2010, Tz. 16.

[422] CEBS, „Guidelines on Remuneration Policies and Practices" vom 10.12.2010, Tz. 16.

Grenze zu ziehen. Allerdings kann aus der oben genannten Informationserhebung der EBA zu Mitarbeitern mit Einkommen ab einer Million Euro ein Wertungsrückschluss gezogen werden. Der Abgleich der Anzahl von Mitarbeitern mit einem Einkommen ab einer Million Euro und der Anzahl von Mitarbeitern, die einen wesentlichen Einfluss auf das Risikoprofil eines Instituts haben (Risk Taker), wie er in den Leitlinien der EBA vorgesehen ist, macht deutlich, dass die EBA Mitarbeiter mit einer Gesamtvergütung ab dieser Höhe in der Regel als Risk Taker ansehen wird. Insoweit wäre eine **Vergütungshöhe ab eine Million Euro** ein Auffang- bzw. Plausibilitätskriterium, um tatsächlich alle relevanten Mitarbeiter als Risk Taker zu erfassen.

Schließlich können laut den CEBS Leitlinien Mitarbeiter oder Gruppen auch dann als Risk Taker einzustufen sein, wenn deren Tätigkeiten potenziell erhebliche Auswirkungen auf das Ergebnis und/oder die Bilanz des Instituts haben könnten. Auch hier sollte man z. B. anhand der Management P&L institutsintern relativ leicht die sensiblen Organisationseinheiten bestimmen können. Bei derartigen Mitarbeiter(gruppen) wird oftmals auch eine erhöhte Wettbewerbssituation auf dem Arbeitsmarkt bestehen, was eine Identifizierung weiter erleichtern dürfte. Mitarbeiterteams beispielsweise, die in der Branche „gejagt" werden, dürften grundsätzlich als Risk Taker einzustufen sein. Problematisch ist in diesem Zusammenhang, dass die Institute angesichts der Wettbewerbssituation gerade bei solchen Mitarbeiterteams versucht sein werden, Vergütungsangebote zu unterbreiten, die dem Mitarbeiter den sofortigen Genuss der zu gewährenden Leistungen ermöglichen. Besondere Vergütungsanforderungen, wie z. B. die Zurückbehaltung von variablen Vergütungsbestandteilen mit Malusregelungen, würden dies erschweren. Getreu dem **Motto „cash is king"** hat nämlich das Institut die besten Karten, das einen möglichst großen Anteil sofort auszahlbarer Geldmittel bieten kann. Dies ist von dem jeweiligen nationalen regulatorischen Rahmen abhängig, der ein Institut dominiert, womit man wieder bei der beschriebenen Rückstrahlungswirkung niedriger Regulierungsstandards gerade im außereuropäischen Ausland wäre.

Eine Risk Taker-Eigenschaft wird oftmals mit dem Argument verneint, dass ein Mitarbeiter (gerade im Tagesgeschäft) letztlich nicht die abschließende Verantwortung für die Eingehung einer Risikoposition habe. Diese liege formal bei den höheren Hierarchiestufen. Eine solche Argumentation ist nicht sachgerecht. Mit dieser Begründung könnte man letztlich alle Verantwortung bei der Geschäftsleitung enden lassen und hätte keine weiteren Risk Taker zu identifizieren. In der Regel werden nämlich die höheren Hierarchien einem positiven Votum auf Arbeitsebene folgen. Die Überschreibung eines Votums auf höherer Ebene dürfte eher die Ausnahme als die Regel sein. Es reicht insoweit eine maßgebliche Mitwirkung eines Mitarbeiters an der Eingehung von Risiken aus, die z.B. in Form eines Votums auf Arbeitsebene geschehen kann. Aus dem gleichen Grund können auch Mitarbeiter von Marktfolgeeinheiten Risk Taker sein. Das Votum der Marktfolgeeinheiten stellt ebenfalls eine maßgebliche Mitwirkung dar.

Teilweise wird eine Risk Taker-Eigenschaft davon abhängig gemacht, dass ein Mitarbeiter allein kraft seiner Kompetenzen die Existenz des gesamten Instituts gefährden oder zumindest eine sehr hohe Risikoposition begründen kann. Dies ist kein tragfähiger Ansatz, weil schon ein Einfluss auf das Risikoprofil ausreicht, der aber nicht ein sehr hohes Verlustpotenzial bergen oder gar bestandsgefährdend sein muss. Wie bereits erwähnt gilt dies auch, wenn Mitarbeiter nur als Gruppe einen solchen Einfluss haben, so dass auch die Arbeitsebene als Risk Taker in Betracht kommt.

Weiterhin werden teilweise Stabsfunktionen (z. B. Recht, Personalabteilung) mit der Begründung aus dem Identifizierungsprozess ausgeklammert, dass es dort keine Risk Taker geben könne, weil in diesen Funktionen keine Geschäftsrisiken generiert würden. Diese Argumentation erscheint nicht überzeugend. Solche Bereiche sind mindestens unter Gesichtspunkten des operationellen Risikos und des Reputationsrisikos in die Risikoanalyse zur Identifizierung der Risk Taker mit einzubeziehen. Beispielsweise kann der Leiter der Personalabteilung als ein Verantwortlicher für die Entwicklung von Vergütungssystemen bedeutende operationelle Risiken und mittelbar auch überproportionale Kredit-, Markt- und Liquiditätsrisiken für das Institut schaffen, wenn die Vergütungssysteme Fehlanreize zur Eingehung unverhältnismäßig hoher Risiken bieten sollten.

Bei Mitgliedern wichtiger Komitees oder Ausschüsse besteht eine hohe Wahrscheinlichkeit, diese als Risk Taker eingestuft zu müssen. Falls eine solche Einstufung nicht vorgenommen wurde, sollte das Institut in der Lage sein, eine solche Nichteinstufung zu begründen. Auch hier gilt, dass eine Mitwirkung an Entscheidungen ausreichend ist.

Im Übrigen ist davon auszugehen, dass die Institute zumeist sehr genau die **sensiblen Mitarbeiterbereiche** kennen, die als Risk Taker einzustufen wären. Nicht selten sitzen diese Mitarbeiter aber im (außereuropäischen) Ausland, so dass die Institute auf dem dortigen Arbeitsmarkt mit den Wettbewerbern um diese Mitarbeiter konkurrieren müssen. Es wurde bereits dargelegt, dass etwaige geringere Vergütungsanforderungen in diesen Rechtsordnungen gerade bei den besonderen Anforderungen für Risk Taker für die europäischen Institute problematisch sein können, weil sie über die Gruppenanforderungen die strengeren Anforderungen des europäischen Sitzlandes zu erfüllen haben. Es ist nicht ganz fernliegend, dass ein Institut auf die Idee kommen könnte, dies dadurch zu kompensieren, dass ein Mitarbeiter erst gar nicht als Risk Taker identifiziert wird.

4.3 Begriffsbestimmungen durch die InstitutsVergV

Eine wichtige Stellschraube für die Vergütungsanforderungen ist das **Grundverständnis** über regelmäßig im Rahmen der Verordnung **wiederkehrender Begrifflichkeiten**. Aus diesem Grunde enthält § 2 InstitutsVergV verschiedene Begriffsbestimmungen, die für die Anwendung der Verordnung von Bedeutung sind. Gerade der Vergütungs- und der Mitarbeiterbegriff in § 2 Nr. 1 und Nr. 6 InstitutsVergV ist besonders sensibel, wenn es darum geht, eine mögliche Umgehung der Vergütungsanforderungen zu vermeiden.

4.3.1 Begriff der Vergütung
Zunächst bleibt festzuhalten, dass Vergütungen, die auf einem **Tarifvertrag** beruhen, nicht unter den Begriff der Vergütung fallen. Solche auf einem Tarifvertrag fußende Vergütungen hat der Gesetzgeber mit Blick auf die von Artikel 9 Absatz 3 Grundgesetz umfasste Tarifautonomie gemäß § 25a Absatz 1 Satz 3 Nr. 4 KWG in Verbindung mit § 1 Absatz 3 InstitutsVergV aus dem Anwendungsbereich der Verordnung genommen. Schon angesichts der Vergütungshöhen erscheint dies durchaus vertretbar. Diese Ausnahme gilt aber nur für die tarifliche Vergütung eines Mitarbeiters. Erhalten Tarifbeschäftigte beispielsweise außertarifliche Vergütungen, werden diese grundsätzlich von dem Wortlaut der gesetzlichen Regelungen weiter umfasst. Diese außertariflichen Vergütungen an Tarifbeschäftigte dürften aber in der Regel derart überschaubar sein, dass ihnen in der Regel keine große aufsichtliche Bedeutung zukommt und daher grundsätzlich zu vernachlässigen sind.

Vergütung im Sinne der Verordnung umfasst gemäß **§ 2 Nr. 1 HS. 1 InstitutsVergV** neben finanziellen Leistungen und Sachbezügen jeder Art auch Leistungen von Dritten, die ein Geschäftsleiter oder ein Mitarbeiter im Hinblick auf seine berufliche Tätigkeit bei dem Institut erhält. Leistungen Dritter wurden deshalb in die Definition einbezogen, weil es Konstruktionen gibt, bei denen ein Mitarbeiter nicht allein durch das Institut entlohnt wird, sondern auch von Dritten Leistungen erhält. Diese Leistungen Dritter sind bei einer Gesamtschau aber dem Institut zuzurechnen. Ohne die Leistung des Dritten würde der Mitarbeiter dem Institut nämlich nicht seine Arbeitskraft zur Verfügung stellen. Carried interest Modelle (siehe Abbildung 2), die z. B. im private equity Geschäft vorkommen können, sind hierfür ein Beispiel.

Neben einem bestehenden Arbeitsverhältnis zwischen Mitarbeiter und Institut existiert bei diesen Modellen noch ein **Beteiligungsverhältnis** zwischen dem Mitarbeiter und einer Beteiligungsgesellschaft. Das Institut ist ebenfalls mehrheitlich an dieser Beteiligungsgesellschaft beteiligt und hat es dem Mitarbeiter ermöglicht, seine oft geringe Beteiligung zu erwerben. In diesen Fällen hat der Mitarbeiter einen direkten Vergütungsanspruch gegen das Institut und einen **Gewinnausschüttungsanspruch** aus seiner Beteiligung gegenüber der Beteiligungsgesellschaft. Das Bundesarbeitsgericht entschied zutreffend, dass der Mitarbeiter neben seinem Vergütungsanspruch aus dem Arbeitsverhältnis keine weiteren Vergütungsansprüche gegenüber dem Institut hat.[423] Arbeitsrechtlich ist also der Gewinnausschüttungsan-

---
[423] BAG vom 03.05.2006 – 10 AZR 310/05.

spruch gegen die Beteiligungsgesellschaft keine Vergütung durch das Institut. Bankaufsichtsrechtlich hingegen gilt dieser Gewinnausschüttungsanspruch als Vergütungsleistung des Instituts, so dass auch diese Zahlungen den Anforderungen der InstitutsVergV genügen müssen.

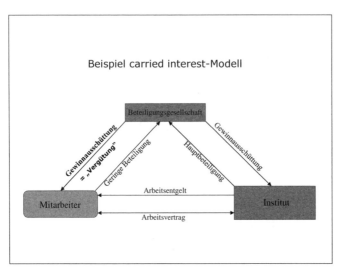

Abbildung 2: Beispiel carried interest-Modell

Weiterhin können einige **materielle Zuwendungen** des Instituts an den Mitarbeiter aus dem Begriff der Vergütung herausgenommen werden. Dies betrifft Leistungen oder Sachbezüge, die gemäß § 2 Nr. HS. 2 InstitutsVergV von dem Institut kraft einer allgemeinen, ermessensunabhängigen und institutsweiten Regelung gewährt werden und keine Anreizwirkung zur Eingehung von Risiken entfalten. Hierunter fallen insbesondere Rabatte, betriebliche Versicherungs- und Sozialleistungen sowie bei Mitarbeitern die Beiträge zur gesetzlichen Rentenversicherung im Sinne des Sechsten Buches Sozialgesetzbuch und zur betrieblichen Altersversorgung im Sinne des Betriebsrentengesetzes. Man könnte nun versucht sein, Teile der variablen Vergütung in diese privilegierten Leistungen oder Sachbezüge umzuwandeln, um nicht aufsichtsrechtlichen Anforderungen für variable Vergütungsbestandteile unterworfen zu sein.

Trotz einer solchen **Umwandlung in privilegierte Leistungen oder Sachbezüge** würden die Anforderungen der InstitutsVergV weiterhin Geltung beanspruchen. Die Umwandlung erfolgt nämlich aus dem Betrag der variablen Vergütung, der zumindest in der juristischen Sekunde vor der Umwandlung ermittelt wurde (siehe Abbildung 3). Dies gilt auch, wenn sich der Mitarbeiter schon vor der Ermittlung der variablen Vergütung die Leistungen aussuchen kann, in die die variable Vergütung später umgewandelt werden soll. Es hängt nämlich immer noch von der Existenz bzw. der Höhe der variablen Vergütung ab, ob eine solche Umwandlung später tatsächlich erfolgen kann. Sollten überdies deutlich erhöhte Altersversorgungen an bestimmte Mitarbeiter gezahlt werden, um die Anforderungen an variable Vergütungen zu umgehen, dürfte es sich dabei nicht um Leistungen handeln, die auf einer allgemeinen, ermessensunabhängigen und institutsweiten Regelung gewährt werden.

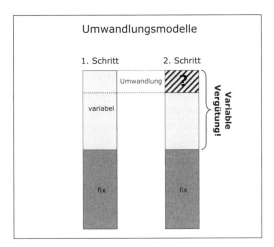

Abbildung 3: Umwandlungsmodelle

4.3.2 Mitarbeiterbegriff

Im alltäglichen Gebrauch wird mit dem **Begriff „Mitarbeiter"** oft ein klares arbeitsvertraglich geregeltes Schuldverhältnis zwischen einem Unternehmen und den dort beschäftigten Personen assoziiert. Beschäftigungsverhältnisse lassen sich teilweise aber derart kreativ gestalten, dass der zunächst scheinbar klar greifbare Mitarbeiterbegriff seine Lücken offenbart. Man könnte beispielsweise auf die Idee kommen, die Anwendung von Vergütungsregelungen auf bestimmte Personenkreise dadurch zu verhindern, dass diese Personen formal bei einem anderen Unternehmen ohne Institutseigenschaft beschäftigt werden, also keinen Vergütungsanforderungen unterliegen, aber trotzdem hauptsächlich für ein Institut Bankgeschäfte durchführen.

Angesichts der **Gestaltungsmöglichkeiten** wurde in § 2 Nr. 6 InstitutsVergV ein **weiter Mitarbeiterbegriff** gewählt, der bis zu einem gewissen Grade solche Konstruktionen abdecken soll. Danach sind Mitarbeiter alle natürlichen Personen, derer sich das Institut bei dem Betreiben von Bankgeschäften oder der Erbringung von Finanzdienstleistungen, insbesondere aufgrund eines Arbeits-, Geschäftsbesorgungs- oder Dienstverhältnisses, bedient, und alle natürlichen Personen, die im Rahmen einer Auslagerungsvereinbarung mit einem gruppenangehörigen Auslagerungsunternehmen, für das § 64b Versicherungsaufsichtsgesetz in Verbindung mit der Versicherungs-Vergütungsverordnung nicht gilt, unmittelbar an Dienstleistungen für das Institut zum Zwecke des Betreibens von Bankgeschäften oder der Erbringung von Finanzdienstleistungen beteiligt sind, mit Ausnahme der Geschäftsleiter und Geschäftsleiterinnen sowie der Handelsvertreter im Sinne des § 84 Absatz 1 des Handelsgesetzbuchs.

Unter den Mitarbeiterbegriff sind auch **Zeitarbeitnehmer** zu fassen. Bei gruppeninternen Auslagerungen kommt es nicht allein auf das Bestehen eines formellen Beschäftigungsverhältnisses zwischen dem Institut und dem Mitarbeiter an. Vielmehr genügt es, wenn der Mitarbeiter im Rahmen eines gruppeninternen Auslagerungsverhältnisses für das Institut Bankgeschäfte betreibt bzw. Finanzdienstleistungen erbringt. Diese Regelung soll dazu beitragen, dass Mitarbeiter nicht in einen Bereich der Gruppe verschoben werden, für den die InstitutsVergV nicht gilt, um so die Vergütungsanforderungen an Institute und deren Mitarbeiter umgehen zu können.

Nicht unter den Mitarbeiterbegriff fallen **Handelsvertreter** gemäß § 84 Absatz 1 HGB, derer sich Institute beim Vertrieb ihrer Produkte häufig bedienen.[424] Diese Ausnahme entbindet die Institute allerdings nicht davon, sich mit den Besonderheiten dieses Vertriebsweges (i. d. R. vollständig variable Vergütung) insbesondere auch unter dem Gesichtspunkt des Reputations- und Haftungsrisikos zu befassen. Für diese Zwecke sind von den Instituten geeignete Kontrollstrukturen einzurichten. Dies gilt insbesondere auch für vertraglich gebundene Vermittler im Sinne von § 2 Absatz 10 Satz 1 KWG, die in der Regel nur für ein Institut bzw. eine Gruppe tätig sind und von denen es in Deutschland mehrere 10 000 gibt[425]. Auch Mitarbeiter von Versicherungsunternehmen gelten nicht als Mitarbeiter des Instituts, weil es für diese mit der Versicherungs-Vergütungsverordnung (VersVergV)[426] bereits detaillierte Vergütungsanforderungen gibt.

---

[424] Es bleibt abzuwarten, ob der Entwurf einer Richtlinie über Wohnimmobilienkreditverträge die Einbeziehung von Handelsvertretern in den Mitarbeiterbegriff notwendig macht.

[425] Siehe Register der vertraglich gebundenen Vermittler gemäß § 2 Absatz 10 Satz 6 KWG abrufbar unter http://www.bafin.de/cln_171/nn_722596/DE/Verbraucher/Recherche/recherche__node.html?__nnn=true.

[426] Verordnung über die aufsichtsrechtlichen Anforderungen an Vergütungssysteme im Versicherungsbereich (Versicherungs-Vergütungsverordnung – VersVergV) vom 06.10.2010, BGBl. I 2010, 1379.

4.4 Allgemeine Anforderungen

Die **allgemeinen Anforderungen**, von denen nachfolgend einige dargestellt werden sollen, gelten für alle Institute und Mitarbeiter sowie für die Geschäftsleiter.[427] Auch innerhalb der allgemeinen Anforderungen gilt der Proportionalitätsgedanke aus § 25a Absatz 1 Satz 4 KWG (siehe Abbildung 4). Danach hängt die Ausgestaltung des Risikomanagements von Art, Umfang, Komplexität und Risikogehalt der Geschäftstätigkeit des Instituts ab. Kleinere Institute mit vergleichsweise konservativen Geschäftsmodellen müssen selbstverständlich nicht die gleichen Maßstäbe wie international tätige Großbanken anlegen.

Allgemeine Anforderungen der InstitutsVergV	
1. Ausrichtung auf Geschäfts- und Risikostrategien	§ 3 Abs. 1
2. Schriftlicher Anstellungsvertrag für Geschäftsleiter	§ 3 Abs. 2
3. Keine Anreize zur Eingehung unverhältnismäßig Risiken	§ 3 Abs. 3
4. Angemessenheit der Vergütung für Geschäftsleiter	§ 3 Abs. 4
5. Angemessenes Verhältnis fixer und variabler Vergütung	§ 3 Abs. 5
6. Funktionsgerechte Vergütung der Kontrolleinheiten	§ 3 Abs. 6
7. Grundsätzlich keine garantierten Bonuszahlungen	§ 3 Abs. 7
8. Keine Hedging Strategien	§ 3 Abs. 8
9. Interne Transparenz der Vergütungssysteme	§ 3 Abs. 9
10. Information des Aufsichtsorgans	§ 3 Abs. 10
11. Organisationsrichtlinien zu Vergütungssystemen	§ 3 Abs. 11
12. Überprüfung u. ggf. Anpassung der Vergütungssysteme	§ 3 Abs. 11
13. Sicherung einer angemessen Eigenmittelausstattung	§ 4
14. Grundlegende Veröffentlichungspflichten	§ 7
15. Ggf. gruppenweite Anwendung der Vergütungsstrategie	§ 9
16. Ggf. Anpassung bestehender Vereinbarungen	§ 10

Abbildung 4: Allgemeine Anforderungen der InstitutsVergV

Eine der bedeutendsten Anforderungen ist, dass gemäß § 3 Absatz 1 Satz 3 InstitutsVergV die Vergütungssysteme auf die Erreichung der in den **Strategien des Instituts niedergelegten Ziele** ausgerichtet sein müssen. Mit den Strategien sind insbesondere eine nachhaltige Geschäftsstrategie und die dazu konsistente

---

[427] Zu den Anforderungen der InstitutsVergV siehe auch *Hannemann, Ralf/Schneider, Andreas*, „Mindestanforderungen an das Risikomanagement (MaRisk) – Kommentar unter Berücksichtigung der Instituts-Vergütungsverordnung (InstitutsVergV)", 3. Auflage, Stuttgart 2011; *Bundesverband Öffentlicher Banken Deutschlands (VÖB)*, „Ausgestaltung der Vergütungssysteme in Banken", Berlin 2011.

Risikostrategie im Sinne von AT 4.2 MaRisk gemeint. Damit erhebt die Instituts-VergV die Ausrichtung an den Institutsstrategien zu einer dominanten Zielsetzung eines Vergütungssystems. Ergänzende Zielsetzungen[428], die mit einem Vergütungssystem verfolgt werden können, sind selbstverständlich zulässig, es sei denn, diese weiteren Zielsetzungen sind im Einzelfall nicht mit der Ausrichtung an den Institutsstrategien vereinbar. Die Ausrichtung der Vergütungssysteme auf die Institutsstrategien ist eine logische Notwendigkeit, weil Vergütungssysteme zumindest faktisch auch ein Instrument zur Unternehmenssteuerung sind.

Dies hat zur Folge, dass die Vergütungssysteme, auch was die Vergütungsparameter angeht, konsistent in die **Gesamtbanksteuerung** eingebunden sein müssen. Der Eigenschaft als Unternehmenssteuerungsinstrument wurde in der Vergangenheit nicht immer ausreichend Rechnung getragen. Viele Vergütungssysteme machten den Eindruck, als ginge es vor allem darum, die Mitarbeiter an das Institut zu binden. Um ein attraktives Vergütungsniveau sicherzustellen, wurden in der Vergangenheit nicht selten vergütungsrelevante Ziele festgelegt, die leicht zu erreichen waren und nicht zu den in den Unternehmensstrategien gesetzten Zielen passten. Wurden selbst diese oft wenig ambitionierten vergütungsrelevanten Zielsetzungen nicht erreicht, sind vereinzelt gleichwohl nachträglich variable Vergütungen unter Hinweis auf beispielsweise exogene Effekte gewährt worden. Die Ausrichtung der Vergütungssysteme an den Strategien des Instituts soll dazu beitragen, dass die vergütungsrelevanten Ziele hinreichend ambitioniert sind und die Vergütungssysteme einen effektiven Beitrag zur Erreichung der in den Unternehmensstrategien formulierten Ziele leisten können. Damit wird die auch risikosteuernde Funktion der Vergütungssysteme bzw. der variablen Vergütungsbestandteile unterstrichen.

Für die angemessene Ausgestaltung Vergütungssysteme der Mitarbeiter ist gemäß § 3 Absatz 1 Satz 1 InstitutsVergV die **Geschäftsleitung** zuständig. Als ein Unternehmenssteuerungsinstrument fällt die Ausgestaltung der Vergütungssysteme für Mitarbeiter unter die Geschäftsleitungsbefugnis der Geschäftsleiter. Auf der Grundlage des deutschen Gesellschaftsrechts bleibt für das Aufsichtsorgan die Überwachung, dass die Geschäftsleitung für die Einführung eines angemessenen Vergütungssystems Sorge getragen hat.

Für die Ausgestaltung der Vergütungssysteme der Geschäftsleitung hingegen ist in Anlehnung an das deutsche Gesellschaftsrecht gemäß § 3 Absatz 1 Satz 2 und 3 InstitutsVergV das **Verwaltungs- oder Aufsichtsorgan** verantwortlich. Das Verwaltungs- oder Aufsichtsorgan hat bei der Festsetzung der Vergütung des einzelnen Geschäftsleiters dafür zu sorgen, dass diese in einem angemessenen Verhältnis zu den Aufgaben und Leistungen des Geschäftsleiters sowie zur Lage des Instituts steht und die übliche Vergütung nicht ohne besondere Gründe übersteigt. Variable Vergütungen sollen daher eine mehrjährige Bemessungsgrundlage haben. Für außerordentliche Entwicklungen soll das Verwaltungs- oder Aufsichts-

---

[428] Siehe oben 1.

organ eine Begrenzungsmöglichkeit vereinbaren. Inhaltlich entspricht dies den Regelungen des § 87 Absatz 1 Satz 1 und 3 AktG, so dass auch auf die dort bestehenden Erfahrungen und Rechtsprechung zurückgegriffen werden kann.

Die Regelung des § 87 Absatz 1 Satz 2 AktG, dass die Vergütungsstruktur bei börsennotierten Gesellschaften auf eine nachhaltige Unternehmensentwicklung auszurichten ist, wurde nicht übernommen, weil diese Aussage letztlich in wesentlich größerer Anwendungsbreite und Detailtiefe der InstitutsVergV als Ganzes innewohnt. Andere einschlägige bundes- oder landesgesetzliche Regelungen zur Vergütung von Geschäftsleitern bleiben gemäß § 3 Absatz 4 Satz 4 InstitutsVergV hiervon unberührt. Dies kann beispielsweise für die Sparkassengesetze der Länder relevant sein, sofern diese einen entsprechenden Regelungsgehalt aufweisen.

Eine weitere allgemeine Anforderung betrifft das **Verhältnis von fixer und variabler Vergütung**. Nach § 3 Absatz 5 InstitutsVergV müssen diese in einem angemessenen Verhältnis zueinander stehen. Das Verhältnis ist angemessen, wenn einerseits keine signifikante Abhängigkeit von der variablen Vergütung besteht, die variable Vergütung aber andererseits einen wirksamen Verhaltensanreiz setzen kann. Das Setzen eines wirksamen Verhaltensanreizes durch die variable Vergütung wird, abhängig von der jeweiligen Tätigkeit eines Mitarbeiters, gerade für Risk Taker relevant sein. Es ist also insbesondere bei Risk Takern grundsätzlich nicht möglich, die Fixvergütung derart zu erhöhen, dass die steuernde und disziplinierende Wirkung einer nach den neuen Vergütungsanforderungen gestalteten variablen Vergütung ausgehebelt wird.

Gemäß § 3 Absatz Satz 1 Nr. 1 InstitutsVergV darf es aber auch **keine signifikante Abhängigkeit der Geschäftsleiter und Mitarbeiter** von der variablen Vergütung geben. Das Institut hat deshalb angemessene Obergrenzen für das Verhältnis zwischen fixer und variabler Vergütung festzulegen. Sinn und Zweck der Vorschrift ist es, das finanzielle Wohl und Wehe der Geschäftsleiter oder Mitarbeiter nicht davon abhängig zu machen, eine variable Vergütung erhalten zu müssen. Sollte ein Mitarbeiter in hohem Maße auf eine variable Vergütung angewiesen sein, besteht die Gefahr, dass er bereit ist, überproportional hohe Risiken einzugehen oder gar Manipulationen vorzunehmen. Wie ein solches Verhältnis genau aussehen kann, legen weder internationale Vorgaben noch die InstitutsVergV fest. Dies wäre auch schlicht nicht möglich, weil ein solches Verhältnis auch von der jeweiligen Funktion eines Mitarbeiters und dem Wettbewerbsumfeld abhängt. Für Kontrolleinheiten wird beispielsweise generell ein deutlich geringerer variabler Anteil zweckmäßig sein als für den Vertrieb. Unter Zuhilfenahme des gesunden Menschenverstandes sollte es möglich sein, dass sich zukünftig gängige angemessene Verhältnisse herauskristallisieren, die eine Balance zwischen der Attraktivität einer variablen Vergütung und der Vermeidung von Anreizen zur Eingehung überproportional hoher Risiken schafft.

Auch wenn **Handelsvertreter** und insbesondere vertraglich gebundene **Vermittler** im Sinne von § 2 Absatz 10 Satz 1 KWG nicht unter den Mitarbeiterbegriff fallen und damit nicht direkt von der InstitutsVergV betroffen sind, sollte man auch für diese Personen über einen ausreichend hohen fixen Vergütungsanteil nachdenken. Es dürfte insbesondere der Beratungsqualität und in Anbetracht der operationellen Risiken durch etwaige Falschberatungen mittelbar auch der Bank zuträglich sein, wenn diese oft zu 100 % variabel vergüteten Personen eine ausreichende fixe Grundvergütung erhalten.

Etwaige **garantierte variable Vergütungen**, wie sie teilweise in der Vergangenheit gewährt wurden, stehen nicht in Einklang mit einem angemessenen Risikomanagement und dem Prinzip einer leistungsorientierten Vergütung. Daher ist gemäß § 3 Absatz 7 InstitutsVergV eine garantierte variable Vergütung nur im Rahmen der Aufnahme eines Dienst- oder Arbeitsverhältnisses und längstens für ein Jahr zulässig. Hierdurch sollen eventuelle Gehaltseinbußen des Mitarbeiters kompensiert werden können, die bei einem Arbeitsplatzwechsel auftreten können, wie z. B. der Verlust einer in die Zukunft aufgeschobenen variablen Vergütung, die nur in dem Falle gezahlt wird, dass der Mitarbeiter im Unternehmen verbleibt. Anderenfalls würde ein Arbeitsplatzwechsel faktisch deutlich erschwert. Um garantierte variable Vergütungen handelt es sich etwa bei variablen Vergütungsbestandteilen, deren Auszahlung lediglich vom Verbleib des Betroffenen bis zu einem bestimmten Zeitpunkt abhängt.

Die **Risikoorientierung der Vergütung** darf nach § 3 Absatz 8 InstitutsVergV nicht durch Absicherungs- oder sonstige Gegenmaßnahmen eingeschränkt oder aufgehoben werden. Die Institute müssen angemessene Compliance-Strukturen zur Unterbindung solcher Maßnahmen implementieren. In Betracht kommt insbesondere die Verpflichtung der Geschäftsleiter und Mitarbeiter, keine persönlichen Absicherungs- oder sonstige Gegenmaßnahmen zu treffen, welche die Risikoorientierung ihrer Vergütung einschränken oder aufheben. Hierunter kann z. B. die Absicherung einer aktienbasierten Vergütung durch Optionsgeschäfte fallen.

Insbesondere bei der gerade stattfindenden **Neugestaltung der Vergütungssysteme** sollten sich Aufsichts- und Verwaltungsräte frühzeitig ein Bild über die konzeptionellen Arbeiten an den Vergütungssystemen machen. Fehlleitende Vergütungssysteme können nicht nur ein Institut beschädigen, sondern angesichts des öffentlichen Interesses auch die Reputation derer, die solche Systeme genehmigt haben. Um den Aufsichts- und Verwaltungsorganen diese Kontrolle zu erleichtern, haben die Geschäftsleiter das Verwaltungs- oder Aufsichtsorgan gemäß § 3 Absatz 10 InstitutsVergV mindestens einmal jährlich über die Ausgestaltung der Vergütungssysteme des Unternehmens zu informieren, so dass dieses sich ein eigenes Urteil über deren Angemessenheit bilden kann.

In § 7 InstitutsVergV finden sich einige **grundlegende Veröffentlichungspflichten** für alle Institute. Die wichtigste Veröffentlichungspflicht betrifft die Ausgestaltung des Vergütungssystems. Erst durch diese Ausführungen wird die Qualität des Vergütungssystems für Dritte wirklich nachvollziehbar. Dabei ist die Ausgestaltung der Vergütungssysteme auch unterteilt nach Geschäftsbereichen darzustellen. Dies ist notwendig, weil sich die Vergütungssysteme in einem Institut abhängig von dem Geschäftsbereich stark unterscheiden können. Der Detaillierungsgrad der zu veröffentlichenden Informationen hängt von der Größe und Vergütungsstruktur des Instituts sowie von Art, Umfang, Risikogehalt und Internationalität seiner Geschäftsaktivitäten ab. Bei kleineren Instituten reichen einige grundsätzliche Ausführungen aus. Vor allem „bedeutende Institute" haben bei ihren Informationen hingegen einen Detailgrad zu gewährleisten, der es einem Außenstehenden ermöglicht, inhaltlich die Übereinstimmung des Vergütungssystems mit den Anforderungen dieser Verordnung nachvollziehen zu können.

Die bislang von den Instituten **veröffentlichten Ausführungen** zur Ausgestaltung der Vergütungssysteme genügen diesen Anforderungen oft nicht. Dies betrifft gerade größere Institute, die hier einen wesentlich größeren Aufwand betreiben müssen. Überdies sind diese unterteilt nach Geschäftsbereichen auch der Gesamtbetrag aller Vergütungen unterteilt in fixe und variable Vergütung sowie die Anzahl der Begünstigten der variablen Vergütung aufzuführen. Diese Angaben sind in einem möglichst separaten Vergütungsbericht und leicht zugänglich auf der Internetseite des Unternehmens zu veröffentlichen. Im Vorgriff auf die besonderen Anforderungen umfassen die weitergehenden Veröffentlichungspflichten des § 8 InstitutsVergV vor allem betragsmäßige Angaben zu Geschäftsleitern und den identifizierten Mitarbeitern, deren Tätigkeit einen wesentlichen Einfluss auf das Gesamtrisikoprofil des Instituts hat[429].

4.5 Besondere Anforderungen bei bedeutenden Instituten

Es wurde bereits erläutert, dass nur die bedeutenden Institute neben den allgemeinen auch von den **besonderen Vergütungsanforderungen** der Institute betroffen sind (siehe Abbildung 5). Verkürzt gesagt hängt die **Höhe der variablen Vergütung** in der Regel davon ab, inwieweit vordefinierte Zielsetzungen erreicht oder unter- bzw. überschritten wurden. Teilweise wurde in der Vergangenheit nur die Zielerreichung auf Ebene eines einzelnen Mitarbeiters oder vielleicht noch auf Ebene eines Mitarbeiterteams betrachtet. Dies führte stellenweise dazu, dass trotz einer deutlichen negativen wirtschaftlichen Gesamtentwicklung des Instituts unverändert hohe variable Vergütungen an einzelne Mitarbeiter gezahlt wurden.

Zukünftig ist bei der variablen Vergütung der **Gesamterfolg des Instituts** beziehungsweise der Gruppe, der Erfolgsbeitrag der Organisationseinheit und, soweit nicht mit unverhältnismäßigem Aufwand verbunden, der individuelle Erfolgsbeitrag zu berücksichtigen. Bei Institutsgruppen, Finanzholdinggruppen oder Finanzkonglomeraten ist der Gesamterfolg der Gruppe als Maßstab heranzuziehen. Hierdurch wird erreicht, dass sich die variable Vergütung der Geschäftsleiter und

---

[429] Im Rahmen der CRD IV werden mit Artikel 435 CRR-E künftig auch unmittelbar geltende Veröffentlichungspflichten für Institute geregelt.

Mitarbeiter nicht vollständig von der wirtschaftlichen Entwicklung des Unternehmens abkoppeln kann. Die variablen Vergütungen atmen daher entsprechend der wirtschaftlichen Entwicklung eines Institutes mit.

Anhand des Beispiels der **Washington Mutual Bank** wurde veranschaulicht, welch negative Auswirkungen falschgesetzte Vergütungsziele bzw. -parameter haben können. Es soll daher gerade für die Geschäftsleiter und die besonders sensiblen Mitarbeiter, deren Tätigkeiten einen wesentlichen Einfluss auf das Gesamtrisikoprofil haben, sichergestellt sein, dass deren variable Vergütung von Vergütungsparametern abhängen, die einen nachhaltigen Erfolg des Instituts fördern. Deshalb sind gemäß § 5 Absatz 2 Nr. 3 InstitutsVergV insbesondere eingegangene Risiken, deren Laufzeiten sowie Kapital- und Liquiditätskosten zu berücksichtigen.

Besondere Anforderungen der InstitutsVergV	
1. Berücksichtigung Erfolgsbeiträge: individuell/Einheit/Gesamtinstitut	§ 5 Abs. 2 Nr. 1
2. Qualitative Vergütungsparameter: kein rein technischer Vorgang	§ 5 Abs. 2 Nr. 2
3. Berücksichtigung Risiken Laufzeiten, Kapital- und Liquiditätskosten	§ 5 Abs. 2 Nr. 3
4. Zurückbehaltung eines Teils der variablen Vergütung	§ 5 Abs. 2 Nr. 4
5. Verwendung eigenkapitalbasierter Vergütungsinstrumente	§ 5 Abs. 2 Nr. 5
6. Malusregelung für den zurückbehaltenen Teil der variablen Vergütung	§ 5 Abs. 2 Nr. 6
7. Regelungen zu ermessensabhängigen Leistungen zur Altersversorgung	§ 5 Abs. 3
8. Pflicht zur Einrichtung eines Vergütungsausschusses	§ 6
9. Weitergehende Veröffentlichungspflichten	§ 8

Abbildung 5: Besondere Anforderungen der InstitutsVergV

Von besonderer Bedeutung ist vor allem die **Berücksichtigung von Risiken** (siehe Abbildung 6). Risiken kann man schon bei der Festlegung der Vergütungsparameter berücksichtigen, anhand derer sich die Zielerreichung bemisst, die dann wiederum die Höhe der variablen Vergütung bestimmt (ex ante-Sicht). Aber auch wenn man eine Zielerreichung gemessen und in der Folge eine variable Vergütung ermittelt hat, können Risiken, die erst später offenbar werden, gegebenenfalls noch berücksichtigt werden. Dies ist der Fall, wenn nicht gleich die gesamte variable Vergütung eines Jahres ausgezahlt, sondern noch für eine gewisse Zeit zurückbehalten wird, so dass diese im Nachhinein wieder abgeschmolzen werden kann (ex post-Sicht).

Ex ante sollten bei den **vergütungsrelevanten Parametern** nicht kurzfristige Größen, wie Umsatz oder Ertrag, sondern vor allem auch **risikoadjustierte Erfolgsgrößen** Verwendung finden. Hierfür kommen insbesondere auch solche Parameter in Frage, die ein Institut schon selber für die eigene Risikosteuerung verwendet, wie der Value at Risk, RORAC oder RAROC. Auch wertorientierte Ergebnisgrößen, die die Kapitalbasis und die Kapitalkosten berücksichtigen, sind denkbare Zielgrößen (z. B. Economic Profit), soweit auch dem Risiko ausreichend Rechnung getragen wird. Angesichts der Komplexität dieser Größen, werden diese vor allem bei der Bestimmung der zu verteilenden Bonuspools auf Ebene des Unternehmens und gegebenenfalls auf Ebene der einzelnen Geschäftsbereiche eine Rolle spielen. Um auch die Laufzeit der Risiken adäquat zu berücksichtigen, sollte die Messung des vergütungsrelevanten Erfolges anhand (risikoadjustierter) Vergütungsparameter über einen längeren Zeitraum erfolgen, der dem Zeithorizont der eingegangen Risiken Rechnung trägt.

Auch die beschriebene Verpflichtung gemäß § 3 Absatz 5 InstitutsVergV, institutsintern ein **maximales Verhältnis von variabler zu fixer Vergütung** festzulegen, ist im Grunde eine Risikobegrenzung. Ein solches Verhältnis bewirkt nämlich faktisch eine Deckelung der variablen Vergütung, so dass sich für den Mitarbeiter ab einem gewissen Punkt eine zusätzliche Risikoübernahme nicht mehr in Form einer höheren variablen Vergütung auszahlt. Dieser Gedanke steht auch hinter einer sich abflachenden Auszahlungskurve für variable Vergütungen (z. B. S-Kurve). Aber auch beim Auszahlungsvorgang, also ex post, können Risiken noch berücksichtigt werden, indem man z. B. längere Auszahlungszeiträume mit der Möglichkeit eines Malus schafft und Vergütungsbestandteile mit einer Sperrfrist versieht, innerhalb derer nicht über die Vergütungsbestandteile verfügt werden darf. Auch die Auszahlung von variablen Vergütungsbestandteilen in Form von eigenkapitalbasierten Vergütungsinstrumenten, wie Aktien, beinhaltet eine implizite Risikoadjustierung durch die Kurs- bzw. Wertentwicklung des Instruments. Dies ist aber nur bis zu einem gewissen Grad gültig, weil Kursentwicklungen auch durch exogene Faktoren beeinflusst werden, die außerhalb des Beherrschungsvermögens eines Mitarbeiters liegen (z. B. durch „windfall profits").

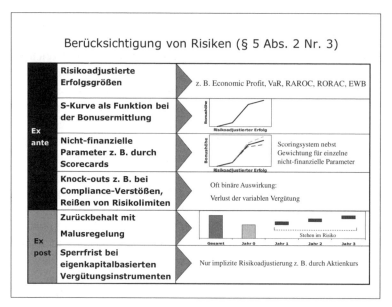

Abbildung 6: Berücksichtigung von Risiken (§ 5 Abs. 2 Nr. 3)

Da in den internationalen Regulierungsinitiativen gerade ex post-Berücksichtigung von Risiken detailliert thematisiert wurde, finden sich hierzu auch in der Instituts-VergV entsprechend **granulare Regelungen**. Dies betrifft insbesondere die Zurückbehaltung eines Teils der variablen Vergütung, der in der Zukunft abgeschmolzen werden kann (Malusregelung), und die Vergütung in eigenkapitalbasierten Instrumenten, wie Aktien, nebst einer Sperrfristregelung für diese Instrumente.

Mindestens 40 % der variablen Vergütung sind gemäß § 5 Absatz 2 Nr. 4 InstitutsVergV über einen **Zurückbehaltungszeitraum** zu strecken, der mindestens drei bis mindestens fünf Jahre beträgt (siehe Abbildung 7). Je bedeutender der Begünstigte im Hinblick auf das Risikoprofil des Instituts ist, desto größer muss der zurückbehaltene variable Vergütungsanteil sein. So müssen bei Geschäftsleitern sowie den Mitarbeitern der unmittelbar nachgelagerten Führungsebene in der Regel mindestens 60 % der variablen Vergütung einem Zurückbehaltungszeitraum unterfallen. Die zurückbehaltene variable Vergütung muss aber nicht zwingend erst in einer Summe am Ende des Zurückbehaltungszeitraumes ausgezahlt werden. Vielmehr kann schon während des Zurückbehaltungszeitraumes zeitanteilig jeweils ein Teil dieser zurückbehaltenen variablen Vergütung geleistet werden.

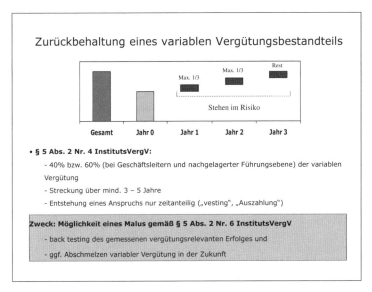

Abbildung 7: Zurückbehaltung eines variablen Vergütungsbestandteils

Zeitanteilig bedeutet, dass in dem Zurückbehaltungszeitraum **alle zwölf Monate eine Tranche** der zurückbehaltenen variablen Vergütung ausgezahlt werden darf, die maximal so hoch ist, wie die zugrundeliegende zurückbehaltene variable Vergütung geteilt durch die Anzahl der Jahre des Zurückbehaltungszeitraumes. Würde z. B. im Jahr N_0 eine variable Vergütung ermittelt und von dieser 40 % über einen Zeitraum von drei Jahre zurückbehalten, so könnten nach dem Jahr N_1 maximal 1/3 dieser zurückbehaltenen 40 % der variablen Vergütung ausgezahlt werden. Nach dem Jahr N_2 wären dies erneut maximal 1/3 und nach dem Jahr N_3 der Rest der zurückbehalten variablen Vergütung aus N_0.

Kompliziert wird das **Konstrukt einer zurückbehaltenen variablen Vergütung** unter anderem dadurch, dass sowohl mindestens 50 % der zurückbehaltenen variablen Vergütung als auch mindestens 50 % des sofort zahlbaren variablen Vergütungsbestandteils von der nachhaltigen Wertentwicklung des Instituts abhängen müssen (§ 5 Absatz 2 Nr. 5 a) und b) InstitutsVergV). Gemeint sind Vergütungsinstrumente, die im Sinne einer wertorientierten Unternehmensführung die Wertentwicklung eines Instituts widerspiegeln. Bei (börsennotierten) Instituten in der Rechtsform der Aktiengesellschaft sind dies aktienbasierte Vergütungsformen, wie Aktienpläne, Optionspläne, Wandelschuldverschreibungen oder Wertsteigerungsrechte. Entscheidend bei diesen vorgenannten Instrumenten ist, dass zumindest bei börsennotierten Instituten der Aktienkurs immer der maßgebliche Referenzwert für die Beurteilung der Wertentwicklung des Unternehmens ist. Mit allen Einschränkungen vermag es dieser noch am ehesten, den Unternehmenswert nachvollziehbar abzubilden.

Institute, denen z. B. wegen ihrer Rechtsform der Aktienkurs als Referenzwert nicht zur Verfügung steht, können auf geeignete betriebswirtschaftliche Kennziffern abstellen, die den **Unternehmenswert** widerspiegeln. Damit dies nicht nach kreativem Gutdünken geschieht, müssen Qualitätsmaßstäbe angelegt werden, um eine gewisse Objektivität des auf diese Weise ermittelten Unternehmenswertes sicherzustellen. Hierfür eigenen sich gegebenenfalls die Grundsätze zur Durchführung von Unternehmensbewertungen des Instituts der Wirtschaftsprüfer (IDW S 1), die entsprechend herangezogen werden könnten. Eine umfassende Unternehmensbewertung soll laut Verordnungsbegründung allerdings nicht erforderlich sein. Auch sonstiges Kapital im Sinne des durch das Gesetz zur Umsetzung der geänderten Bankenrichtlinie und der geänderten Kapitaladäquanzrichtlinie[430] neu geschaffenen § 10 Absatz 2a Satz 1 Nr. 10 KWG in Verbindung mit § 10 Absatz 4 KWG, welches Hybridkapital umfasst[431], kann als ein solches Vergütungsinstrument verwendet werden.

Diesen vorgenannten **Eigenkapital-Instrumenten** ist gemein, dass ihnen im Gegensatz zu reinen Geldmitteln (cash) durch etwaige Schwankungen des Unternehmenswertes eine implizite Risikoadjustierung innewohnt. Die Vergütung in solchen Instrumenten macht aber nur Sinn, wenn die implizite Risikoadjustierung auch über einen gewissen Zeitraum wirken kann. Wäre beispielsweise eine sofortige Veräußerung von Aktien möglich, würden diese einer Vergütung in Geld gleichkommen, weil der Begünstigte in der Regel sofort von der Verkaufsmöglichkeit Gebrauch machen würde. Aus diesem Grunde ist es erforderlich, dass sich nach der Zuteilung von diesen Vergütungsinstrumenten eine Sperrfrist anschließt, in der eine Veräußerung ausgeschlossen ist.

Dementsprechend sieht § 5 Absatz 2 Nr. 5 a) und b) InstitutsVergV vor, dass die Instrumente mit einer **angemessenen Sperrfrist** zu versehen sind, nach deren Verstreichen frühestens über den jeweiligen Teil der variablen Vergütung verfügt werden darf. Auf die Nennung eines Zeitraumes konnte man sich weder auf Ebene des FSB noch auf europäischer Ebene einigen. Allerdings ist davon auszugehen, dass die Sperrfrist umso länger sein sollte, je eher eine Verfügungsberechtigung über diese Instrumente vorgesehen ist. So sollte die Sperrfrist bei den Instrumenten, die nicht zurückbehalten werden müssen, deutlich länger als bei den Instrumenten sein, die schon mehrere Jahre zurückbehalten und erst dann gewährt werden. Dabei erscheint für die nicht zurückbehaltenen Instrumente ein Zeitraum von mindestens einem Jahr angebracht. Der Rest der zurückbehaltenen und nicht zurückbehaltenen variablen Vergütung kann schließlich in Geldmitteln geleistet werden.

Wie schon erwähnt, hat die Zurückbehaltung eines Teils der variablen Vergütung den Zweck, diese **zurückbehaltene Vergütung** zukünftig gegebenenfalls

---

[430] Gesetz zur Umsetzung der geänderten Bankenrichtlinie und der geänderten Kapitaladäquanzrichtlinie vom 19.11.2010, BGBL. I 2010, 1592.
[431] BT-Drucks. 17/2472, 28.

wieder **abzuschmelzen**, falls der gemessene vergütungsrelevante Erfolg sich später nicht als nachhaltig erweisen sollte. Dieses Abschmelzen wird auch als Malus bezeichnet. Eine solche Malusregelung findet sich in § 5 Absatz 2 Nr. 6 InstitutsVergV und umfasst den gesamten zurückbehaltenen Teil der variablen Vergütung, also sowohl Geldmittel als auch die vorerwähnten Vergütungsinstrumente, die sich an der nachhaltigen Wertentwicklung des Instituts orientieren (Aktien etc.).

Mit dem **Malus** findet letztlich eine Art „back testing" des ursprünglich ermittelten vergütungsrelevanten Erfolges statt. In der Praxis ist erkennbar, dass viele Institute für dieses back testing eher solche Kriterien gewählt haben, deren Eintritt eher unwahrscheinlich ist. Ob es sich um Alibikriterien handelt, kann man z. B. testen, indem man rückblickend (auch für den Zeitraum der Finanzkrise) Proberechnungen für einzelne Mitarbeiter durchführt, die auf dem aktuellen Vergütungssystem basieren. Bei Instituten bzw. Geschäftsbereichen, die in den letzten Jahren deutliche Probleme hatten, sollte sich dies tendenziell auch an einem Malus ablesen lassen können.

Das **Abschmelzen oder Streichen einer variablen Vergütung** ist im deutschen Arbeitsrecht nicht unproblematisch, wenn eine Vergütung bereits tatsächlich ausgezahlt wurde oder wenn schon ein konkreter Anspruch auf eine bestimmte Zahlung besteht. Aus diesem Grunde darf gemäß § 5 Absatz 2 Nr. 4 a) InstitutsVergV während des Zurückbehaltungszeitraumes kein juristischer Anspruch auf den zurückbehaltenen Teil der variablen Vergütung bestehen. Die zurückbehaltene Vergütung kann aber als eine Art Merkposten in einem Konto oder Depot ausgewiesen werden. Der Begünstigte hat also während des Zurückbehaltungszeitraumes allenfalls einen Anspruch auf die fehlerfreie Ermittlung der variablen Vergütung als Merkposten. Erst mit Ablauf des Zurückbehaltungszeitraumes darf eine Anwartschaft oder ein Anspruch auf diese variable Vergütung entstehen.[432]

Wie Abbildung 8 zeigt, ist das Zusammenspiel von Zurückbehaltungsanforderungen, Vergütungsinstrumenten, Malusregelung und Sperrfristen **administrativ herausfordernd**. Dies gilt umso mehr, als jedes Jahr aufs Neue variable Vergütungsbestandteile zurückbehalten werden. Somit können in einem Jahr zurückbehaltene variable Vergütungsbestandteile zu einem Anspruch erwachsen und ausgezahlt werden, die ihren Ursprung in verschiedenen zurückliegenden Jahren hatten. Es dürfte jedoch kaum Spielraum bestehen, von den beschriebenen Mindestanforderungen dieser Systematik abzuweichen, indem man z.B. den Zurückbehaltungszeitraum wegen eines längeren Bemessungszeitraumes unter einen Zeitraum von mindestens drei Jahren absenkt. Insbesondere die EU Kommission steht solchen Ausgestaltungen ablehnend gegenüber.

---

[432] Dies kann Auswirkungen auf die Attraktivität von Optionen als Vergütungsinstrument haben. Die erforderliche Haltefrist von vier Jahren gemäß § 193 Absatz 2 Nr. 4 AktG dürfte nämlich erst im Anschluss an den Zurückbehaltungszeitraum beginnen, weil erst dann ein Anspruch auf die Optionen besteht.

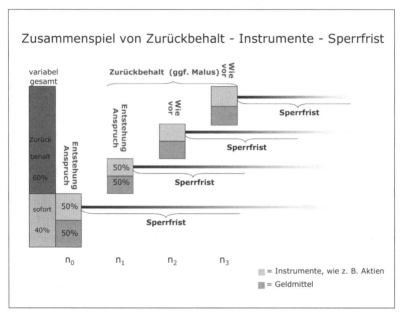

Abbildung 8: Zusammenspiel von Zurückbehalt – Instrumente – Sperrfrist

4.6 Vergütungsausschuss bei bedeutenden Instituten

Bedeutende Institute haben gemäß § 6 InstitutsVergV einen **Vergütungsausschuss** einzurichten. Aufgabe des Vergütungsausschusses ist es, die Angemessenheit der Vergütungssysteme zu überwachen. Die gleichwohl verantwortliche Geschäftsleitung kann und sollte dem Vergütungsausschuss weitere Aufgaben zuweisen, insbesondere die Beratung hinsichtlich der Ausgestaltung und Weiterentwicklung der Vergütungssysteme. Etwaige Defizite der Vergütungssysteme können durch den Ausschuss frühzeitig identifiziert werden, so dass die Geschäftsleitung bei Fehlentwicklungen rechtzeitig gegensteuern kann. Neben Mitarbeitern der Personalabteilung müssen dem Ausschuss nach § 6 Absatz 2 InstitutsVergV auch Mitarbeiter aus den geschäftsinitiierenden Organisationseinheiten und den Kontrolleinheiten angehören, z. B. Markt, Handel, Marktfolge, Risikocontrolling, Compliance-Funktion oder Interne Revision. Die Interne Revision darf nur derart in den Vergütungsausschuss eingebunden werden, dass sie die Angemessenheit der Ausgestaltung des Vergütungssystems auch mit Blick auf den Vergütungsausschuss unabhängig überprüfen kann. Der Risikovorstand und etwaige Risikokomitees sollten ebenfalls in die Arbeit des Vergütungsausschusses eingebunden werden.

Dem Geschäftsleitungsorgan **vorsitzende Geschäftsleiter und Geschäftsleiter**, die Marktbereiche verantworten, sollten dem Vergütungsausschuss nach Möglichkeit nicht angehören. Durch Vernetzung der Personalabteilung mit den anderen

Bereichen eines Instituts kann sowohl die Qualität des Vergütungssystems, als auch die Akzeptanz des Vergütungssystems durch die Mitarbeiter verbessert werden. Vor allem wird hierdurch sichergestellt, dass die Vergütungssysteme eines Instituts auch organisatorisch einen Berührungspunkt mit dem Risikomanagement des Instituts bekommen, der in der Folge weiter mit Leben gefüllt werden kann und muss. Daher sollten auch nicht als bedeutend einzustufende Institute darüber nachdenken, einen solchen Vergütungsausschuss einzurichten.

4.7 Gruppenweite Anwendung der Vergütungsanforderungen

Der **Anwendungsbereich der InstitutsVergV** umfasst gemäß § 1 Absatz 1 InstitutsVergV zunächst die einzelnen Institute gemäß §§ 1 Absatz 1b, 53 Absatz 1 KWG. Hierunter fallen Kreditinstitute und Finanzdienstleistungsinstitute. Die InstitutsVergV ist zudem von allen rechtlich unselbständigen Zweigstellen von Unternehmen mit Sitz im Ausland im Sinne von § 53 Absatz 1 KWG zu beachten. Wegen des Prinzips der Heimatlandkontrolle findet die InstitutsVergV auf Zweigniederlassungen von Unternehmen mit Sitz in einem anderen Staat des Europäischen Wirtschaftsraums (§ 53b KWG) keine Anwendung. Diese Zweigniederlassungen sind aber über die Rechtsordnung der jeweiligen Mitgliedstaaten, in denen das Unternehmen seinen Sitz hat, ebenfalls von den Anforderungen der CRD III und den CEBS Leitlinien betroffen.

Die **Betrachtung der Vergütungsanforderungen auf Einzelinstitutsebene** würde angesichts der in den meisten Fällen bestehenden gesellschaftsrechtlichen Verbindungen mit anderen Unternehmen zu kurz greifen. Die grundsätzliche Ausgestaltung der Vergütungssysteme wird nicht selten zentral in einer Gruppe erarbeitet und dann gegebenenfalls auf dieselbe ausgerollt. Außerdem hat die Finanzkrise gezeigt, dass Mängel in einem gruppenangehörigen Unternehmen erhebliche negative Auswirkungen auf die ganze Gruppe haben können. Aus diesem Grunde ist gemäß § 9 InstitutsVergV das übergeordnete Unternehmen bzw. Finanzkonglomeratsunternehmen einer Institutsgruppe, einer Finanzholding-Gruppe oder eines Finanzkonglomerats für die Einhaltung der Anforderungen der InstitutsVergV auch auf Gruppenebene verantwortlich.

Dafür ist es erforderlich, dass das übergeordnete Unternehmen eine **gruppenweite Vergütungsstrategie** implementiert (siehe Abbildung 9), die den Regelungen der InstitutsVergV entspricht. Diese gruppenweite Vergütungsstrategie strahlt in die gesamte Gruppe aus, so dass auch gruppenangehörige Institute mit Sitz im (auch außereuropäischen) Ausland über die gruppenweite Vergütungsstrategie die Anforderungen der InstitutsVergV zu beachten haben.[433] Dabei muss das übergeordnete Unternehmen mindestens auch dafür Sorge tragen, dass nachgeordnete Unternehmen, für die andere spezielle aufsichtsrechtliche Vergütungsanforderungen

---

[433] Zu den möglichen Problemen siehe oben 1.

gelten, ihren speziellen aufsichtsrechtlichen Anforderungen an Vergütungssysteme nachkommen. Ist das übergeordnete Unternehmen beispielsweise ein Institut und das nachgeordnete Unternehmen ein Versicherungsunternehmen, so muss das übergeordnete Institut sicherstellen, dass das Versicherungsunternehmen die Anforderungen der Versicherungs-Vergütungsverordnung (VersVergV)[434] einhält. Gleiches gilt bei einer Kapitalanlagegesellschaft, für die Vergütungsanforderungen in AT 7.1 Tz. 4 ff. der Mindestanforderungen für das Risikomanagement für Investmentgesellschaften geschaffen wurden[435].

Die Regelungen der InstitutsVergV werden also nicht über die Hintertür der Gruppenanforderungen über **andere artfremde Unternehmen** gestülpt, für die bereits aufsichtliche Vergütungsregelungen existieren. Unternehmen der Gruppe, die selber nicht von spezialgesetzlichen Vergütungsregelungen betroffen sind, deren Mitarbeiter aber unmittelbar an Dienstleistungen für das Institut zum Zwecke des Betreibens von Bankgeschäften oder der Erbringung von Finanzdienstleistungen beteiligt sind, werden über den weiten Mitarbeiterbegriff in § 2 Nr. 6 InstitutsVergV von den Anforderungen der InstitutsVergV betroffen sein. Gleichwohl erscheint es in Anbetracht der gruppenweiten Vergütungsstrategie und eines effektiven Gruppenrisikomanagements notwendig, zu prüfen, inwieweit Regelungen zweckmäßigerweise auch von artfremden Unternehmen umgesetzt werden sollten. Dies gilt insbesondere für die Ausrichtung eines Vergütungssystems an den Unternehmensstrategien.

Gemäß § 9 Satz 2 InstitutsVergV sind bei der Umsetzung der Anforderungen auf Gruppenebene aber auch **Vereinfachungen** möglich, sofern dies unter Berücksichtigung der Größe und der Komplexität der Geschäftstätigkeit der Institutsgruppe, der Finanzholdinggruppe oder des Finanzkonglomerats risikoadäquat erscheinen. Beispielsweise kann ein Vergütungsausschuss für die gesamte Gruppe tätig werden. Ebenso können die Offenlegungspflichten für die gesamte Gruppe erfüllt werden. In solchen Fällen müssen die Anforderungen auf Einzelinstitutsebene nicht mehr erfüllt werden. Das übergeordnete Unternehmen oder das übergeordnete Finanzkonglomeratsunternehmen einer Institutsgruppe, einer Finanzholdinggruppe oder eines Finanzkonglomerats hat die entsprechende Vorgehensweise schriftlich zu dokumentieren.

---

[434] Verordnung über die aufsichtsrechtlichen Anforderungen an Vergütungssysteme im Versicherungsbereich (Versicherungs-Vergütungsverordnung – VersVergV) vom 06.10.2010, BGBl. I 2010, 1379.
[435] BaFin Rundschreiben 5/2010 (WA) vom 30.06.2010 zu den Mindestanforderungen an das Risikomanagement für Investmentgesellschaften – InvMaRisk.

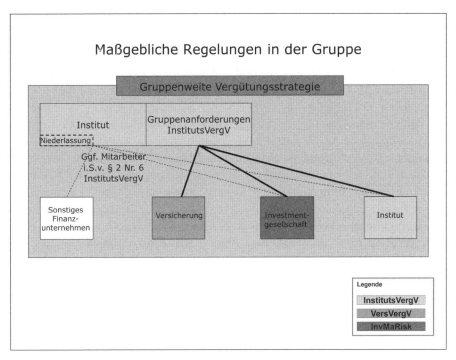

Abbildung 9: Maßgebliche Regelungen in der Gruppe

4.8 Anpassung bestehender Vereinbarungen

Sofern **arbeitsrechtliche Vereinbarungen** mit den aufsichtsrechtlichen Anforderungen an Vergütungssysteme nicht vereinbar sind, werden diese nicht automatisch durch die InstitutsVergV außer Kraft gesetzt oder abgeändert. Bei schon bestehenden arbeitsrechtlichen Vereinbarungen oder betrieblichen Übungen, die mit der Verordnung nicht vereinbar sind, hat das Institut allerdings nach § 10 InstitutsVergV darauf hinzuwirken, dass diese soweit rechtlich zulässig auf Grundlage einer für Dritte nachvollziehbaren fundierten juristischen Begutachtung der Rechtslage und unter Berücksichtigung der konkreten Erfolgsaussichten angepasst werden.[436] Diese Begutachtung kann auch durch sachkundige Mitarbeiter des Instituts erstellt werden.

Interessant ist in diesem Zusammenhang die Frage, in welchem Verhältnis die bankaufsichtsrechtlichen Vergütungsregelungen zu den **Regelungen des deutschen Arbeitsrechts** stehen. Ganz grundsätzlich wird man angesichts des hohen Schutzgutes der aufsichtsrechtlichen Vergütungsregelungen, namentlich der Bankenstabilität und der damit verbundenen Finanzmarktstabilität, zu dem Ergebnis kommen, dass entgegenstehende Vereinbarungen anzupassen sind, wenn auch der Verord-

---

[436] Zum Umfang der Hinwirkungspflicht siehe *Diller, Martin/Arnold, Christian*, ZIP 2011, 837.

nungsgeber durch den Begriff des Hinwirkens zum Ausdruck bringt, dass dies nicht mit der juristischen Brechstange erfolgen muss. Insbesondere muss sich das Institut nicht in juristische Abenteuer stürzen.

Die Regelungen zur **Untersagung der Auszahlung variabler Vergütungsbestandteile** gemäß § 45 Absatz 2 Satz 1 Nr. 6 in Verbindung mit Absatz 1 Satz 3 KWG und zu deren Erlöschen gemäß § 45 Absatz 5 Satz 5 und 6 KWG[437] werden von einer strikteren Anpassungspflicht begleitet, als die Regelungen in der Instituts-VergV. Gemäß § 45 Absatz Satz 9 KWG müssen Institute den vorgenannten Anordnungsbefugnissen in entsprechenden vertraglichen Vereinbarungen mit ihren Geschäftsleitern und Mitarbeitern Rechnung tragen. Dies geht über die Pflicht zur Hinwirkung nach § 10 InstitutsVergV hinaus. Soweit vertragliche Vereinbarungen über die Gewährung einer variablen Vergütung einer der vorgenannten Anordnungen entgegenstehen, können gemäß § 45 Absatz Satz 9 KWG aus ihnen keine Rechte hergeleitet werden. Aus diesen Regelungen wird ersichtlich, dass der Gesetzgeber der Sicherung der Banken- und Finanzmarktstabilität eine hohe Priorität zuschreibt und daher etwaige Anpassungen bei bestehenden Vereinbarungen arbeitsrechtlich gerechtfertigt sein dürften.

5 Zusammenfassende Betrachtung und Ausblick

Die **Finanzkrise** ist sicherlich nicht allein durch fehlleitende Vergütungssysteme entstanden. Gleichwohl haben die aufgezeigten Fehlstellungen bei den Vergütungssystemen der Institute schädliche Entwicklungen zumindest katalysiert. Den internationalen und nationalen Regulierungsinitiativen ist es zu verdanken, dass Vergütungssysteme wegen ihrer zumindest faktischen Steuerungswirkung gerade in Bezug auf die Übernahme von Risiken durch Mitarbeiter auf dem Radarschirm des Risikomanagements erschienen sind. In der Zukunft gilt es, die vorhandene Expertise der Personalabteilungen mit den Erfahrungen anderer Unternehmensbereiche, insbesondere aus dem Bereich Risikomanagement, zu verknüpfen.

Gerade die Verwendung von **nachhaltigen bankspezifischen Vergütungsparametern** ist ohne die Einbindung von Experten aus anderen Bereichen des Unternehmens kaum leistbar. Diese Verknüpfung lässt sich organisatorisch durch die Einrichtung eines Vergütungsausschusses sicherstellen. Dieser Vergütungsausschuss sollte interdisziplinär besetzt sein und über eine ausreichende Expertise sowie Durchsetzungskraft verfügen. Gerade bei der Neu- bzw. Weiterentwicklung der Vergütungssysteme können die verschiedenen Sichtweisen in einem Vergütungsausschuss mögliche Fehlstellungen in einem Vergütungssystem frühzeitig identifizieren helfen. Dies kann später etwaige Fehlentwicklungen und aufwendige Reparaturarbeiten an den Vergütungssystemen ersparen. Darum sollten auch kleinere Institute darüber nachdenken, einen Vergütungsausschuss in dem für sie passenden

---

[437] Siehe oben 3.

Rahmen einzurichten. Durch einen solchen Vergütungsausschuss wäre schließlich auch sichergestellt, dass das jeweilige Aufsichtsorgan des Unternehmens umfassend mit den Informationen versorgt werden kann, die es für eine wirksame Ausübung ihrer Überwachungspflichten im Bereich der Vergütungsanforderungen benötigt.

Diskussionen über **Notwendigkeit oder Obergrenzen variabler Vergütungen** berühren gesellschaftliche und wirtschaftspolitische Fragestellungen für alle Unternehmen auch außerhalb des Finanzsektors und können nicht von der Aufsicht entschieden werden. Die Ausgestaltung der Vergütungssysteme und damit der variablen Vergütungen verbleibt grundsätzlich in der Verantwortung der betroffenen Unternehmen. Es werden allerdings einige regulatorische Pflöcke eingeschlagen, weil die Eigenverantwortung der Unternehmen dort an ihre Grenzen stößt, wo der Staat bzw. der Steuerzahler die Konsequenzen aus fehlleitenden Vergütungssystemen tragen muss.

Betrachtet man die **aufsichtsrechtlichen Anforderungen** an Vergütungssysteme, wird man feststellen, dass es vor allem darum geht, wofür der Geschäftsleiter oder Mitarbeiter eine (variable) Vergütung erhält. Die Höhe von Vergütungen wird aufsichtsrechtlich hauptsächlich nur dort relevant, wo Institute staatliche Unterstützungsleistungen erhalten und wo durch die Gewährung einer variablen Vergütung die angemessene Eigenmittel- und Liquiditätsausstattung eines Instituts gefährdet wäre. Generell dienen die Vergütungsanforderungen letztlich der Sicherung der Banken- und Finanzstabilität. Die regulatorischen Vorgaben bewegen sich damit innerhalb der Aufgabenzuordnung, die der Gesetzgeber der BaFin gemäß § 6 Absatz 2 KWG zugewiesen hat. Danach hat die BaFin Missständen im Kredit- und Finanzdienstleistungswesen entgegenzuwirken, welche die Sicherheit der den Instituten anvertrauten Vermögenswerte gefährden, die ordnungsmäßige Durchführung der Bankgeschäfte oder Finanzdienstleistungen beeinträchtigen oder erhebliche Nachteile für die Gesamtwirtschaft herbeiführen können.

Es wird interessant sein, zu beobachten, ob und inwieweit sich die aufsichtsrechtlichen Vorgaben im Finanzsektor auch zu einem **Maßstab für andere Wirtschaftssektoren** entwickeln. Dies gilt vor allem für die Ausdehnung von Vergütungsanforderungen auf sonstige Mitarbeiter eines Unternehmens, so dass gegebenenfalls nicht mehr nur Organmitglieder von derartigen Regelungen betroffen sind, und für die Veröffentlichungspflichten zur Ausgestaltung der Vergütungssysteme.

Literaturverzeichnis

Ariely, Dan/Gneezy, Uri/Loewenstein, George/Mazar, Nina: Large Stakes and Big Mistakes, Working Paper 05-11.
Basler Ausschuss für Bankenaufsicht: Compensation Principles and Standards Assessment Methodology, Januar 2010.
Basler Ausschuss für Bankenaufsicht: Pillar 3 disclosure requirements for remuneration, Consultative Document, Dezember 2010.
Basler Ausschuss für Bankenaufsicht: Range of Methodologies for Risk and Performance Alignment of Remuneration, Mai 2011.
Bauer, Jobst-Hubertus/Arnold Christian: Festsetzung und Herabsetzung der Vorstandsvergütung nach dem VorstAG, in: AG 2009 S. 717 ff.
Böhmer, Nicole: Variabel Vergüten, Düsseldorf 2007.
Bundesanstalt für Finanzdienstleistungsaufsicht (BaFin): Mindestanforderungen an das Risikomanagement (MaRisk), Rundschreiben 15/2009 (BA) vom 14.08.2009.
Bundesanstalt für Finanzdienstleistungsaufsicht (BaFin): Mindestanforderungen an das Risikomanagement für Investmentgesellschaften (InvMaRisk), Rundschreiben 5/2010 (WA) vom 30.06.2010.
Bundesanstalt für Finanzdienstleistungsaufsicht (BaFin): Jahresbericht 2010 der Bundesanstalt für Finanzdienstleistungsaufsicht
Bundesverband Öffentlicher Banken Deutschlands (VÖB): Ausgestaltung der Vergütungssysteme in Banken, Berlin 2011.
CNN: Accused billion-dollar rogue trader charged, freed, Artikel vom 28.01.2008.
Committee of European Banking Supervisors (CEBS): High-level principles for Remuneration Policies, 20.04.2009.
Committee of European Banking Supervisors (CEBS): Guidelines on Remuneration Policies and Practices, 10.12.2010.
Cuomo, Andrew M.: No Rhyme or Reason: The `Heads I Win, Tails you loose` Bank Bonus Culture, Bericht vom 30.07.2009.
Diller, Martin/Arnold, Christian: Vergütungsverordnungen für Banken und Versicherungen: Pflicht zum Mobbing?, in: ZIP 2011, 837 ff.
Europäische Kommission: Empfehlung der Kommission vom 30. April 2009 zur Vergütungspolitik im Finanzdienstleistungssektor (2009/384/EG).
Europäische Kommission: Consultation Paper on the UCITS Depositary Function and on the UCITS Managers' Remuneration, 14.12.2010.
Europäisches Parlament: Pressemitteilung vom 07.07.2010.
Financial Stability Board (FSB): Report of the Financial Stability Forum on Enhancing Market and Institutional Resilience, 07.04.2008.
Financial Stability Board (FSB): Principles for Sound Compensation Practices, 02.04.2009.
Financial Stability Board (FSB): Principles for Sound Compensation Practices – Implementation Standards, 25.09.2009.
Financial Stability Board (FSB): Thematic Review on Compensation: Peer Review Report, 30.03.2010.
Frankfurter Allgemeine Zeitung: Millionen für Staatsbanker, Artikel vom 26.09.2010.
Group of Twenty (G 20): Leaders´Statement: The Pittsburgh Summit September 24-25 2009, Strengthening the International Financial Regulatory System.
Handelsblatt: Das Schattenreich der Finanzindustrie, Artikel vom 28.01.2011.
Hannemann, Ralf/Schneider, Andreas: Mindestanforderungen an das Risikomanagement (MaRisk) – Kommentar unter Berücksichtigung der Instituts-Vergütungsverordnung (Instituts-VergV), 3. Auflage, Stuttgart 2011.
Hüffer, Uwe: Kommentar zum Aktiengesetz, 9. Auflage, München 2010.

Institute of International Finance (IIF): Compensation in Financial Services Industry: Progress and the Agenda for Change, März 2009.

Institute of International Finance (IIF): Compensation in Wholesale Banking 2010: Progress in Implementing Global Standards, September 2010.

Kramarsch, Michael H.: Aktienbasierte Managementvergütung, 2. Auflage, Stuttgart 2004.

Organisation for Economic Co-operation and Development (OECD): The Corporate Governance Lessons from the Financial Crisis, Februar 2009.

Organisation for Economic Co-operation and Development (OECD): Corporate Governance and the Financial Crisis – Key Findings and main Messages, Juni 2009.

Organisation for Economic Co-operation and Development (OECD): Corporate Governance and the Financial Crisis – Conclusions and emerging good practices to enhance implementation of the Principles, 24.02.2010.

Osterloh, Margit/Frey, Bruno S.: Fixlöhne als Alternative zu Boni und Anreizsystemen, in: Neue Züricher Zeitung, Artikel vom 13. März 2009.

Sonderfonds für Finanzmarktstabilisierung (SoFFin): SoFFin Vergütungsgrundsätze, Februar 2010.

United States Senate, Permanent Subcommittee on Investigations: Wall Street and the Financial Crisis: Anatomy of a Financial Collapse, Bericht vom 13.04.2011, S. 143–155.

Risikoorientierte System- und Verfahrensprüfungen in Bereichen des Risikomanagements

Von
Susanne Rosner-Niemes

Frau *Susanne Rosner-Niemes*, Dipl.-Betriebswirtin (FH) und Dipl. Bankbetriebswirtin Management (ADG), ist seit 2001 Leiterin der Internen Revision bei der RV Bank Rhein-Haardt eG in Lambsheim. Darüber hinaus ist sie Mitglied des Arbeitskreises „Revision des Kreditgeschäfts" des Deutschen Instituts für Interne Revision e.V. in Frankfurt und als Dozentin tätig.

Inhaltsverzeichnis

1	Einleitung: Gesetzliche und aufsichtsrechtliche Vorgaben sowie sonstige Normen	287
2	System-/Verfahrensprüfungen im Rahmen prozessorientierter Prüfungen	289
	2.1 Risiko- und prozessorientierter Prüfungsansatz	289
	2.2 Internes Kontrollsystem	290
	2.3 Systemprüfungen	292
3	Ablauf von Systemprüfungen am Beispiel der Teilprozesse zum Risikomanagement Strategie und Berichtswesen	294
	3.1 Prüfungsplanung	294
	3.2 Prüfungsdurchführung	295
	3.3 Darstellung und Weiterleitung der Prüfungsergebnisse	298
4	Zusammenfassung und Ausblick	299
Literaturverzeichnis		300

1 Einleitung: Gesetzliche und aufsichtsrechtliche Vorgaben sowie sonstige Normen

Im Rahmen der Finanzmarktkrise wurden die *aufsichtsrechtlichen Anforderungen* an das Risikomanagement der Kreditinstitute deutlich verschärft. Damit stellt die Prüfung dieser Prozesse im Bereich des Risikomanagements nicht nur auf fachlicher Ebene eine große Herausforderung für die Interne Revision dar, sondern auch in Bezug auf das Prüfungsvorgehen und die angewandten Prüfungsmethoden. Die Komplexität des Prüffeldes erfordert den Einsatz von umfangreichen System/Verfahrensprüfungen, da mit aussagebezogenen Einzelfallprüfungen allein nicht die Funktionsfähigkeit des Risikomanagements und die Umsetzung der gesetzlichen und aufsichtsrechtlichen Anforderungen beurteilt werden kann.

Aus den Vorgaben von § 25a Abs. 1 KWG ergibt sich die Erfordernis einer *ordnungsgemäßen Geschäftsorganisation*, welche insbesondere ein angemessenes und wirksames Risikomanagement zu umfassen hat. Bestandteile des Risikomanagements stellen nach dem Wortlaut des Gesetzgebers die Festlegung von Strategien, von Verfahren zur Ermittlung und Sicherstellung der Risikotragfähigkeit, die Einrichtung eines Internen Kontrollsystems (IKS) sowie einer Internen Revision dar. Das interne Kontrollsystem beinhaltet dabei neben klaren aufbau- und ablauforganisatorischen Regelungen mit eindeutiger Abgrenzung der Verantwortungsbereiche zueinander insbesondere die Definition von Prozessen zur Identifizierung, Beurteilung, Steuerung, Überwachung und Kommunikation der Risiken.

Bereits in dem vom Institut der Wirtschaftsprüfer in Deutschland e.V. (IDW) im Jahr 2000 veröffentlichen *Prüfungsstandard 340*,[438] der die Vorgaben des § 91 Abs. (2) AktG[439] erläutert und im Hinblick auf die Abschlussprüfung konkretisiert, geht das IDW dabei von einer Prüfungsunterstützung durch die Interne Revision aus und definiert die vom Vorstand ergriffenen Maßnahmen nach § 91 Abs. 2 AktG als Prüfungsgegenstand der Internen Revision. Der erst in 2010 veröffentlichte *IDW Prüfungsstandard 525*[440] zerlegt das Risikomanagement in die zu prüfenden Bestandteile Strategie und Risikobewusstsein, Risikoerkennung, Risikoanalyse, Risikosteuerung und Risikokommunikation und -überwachung.

Zur Konkretisierung dieser gesetzlichen Vorgaben hat die Bankenaufsicht die Mindestanforderungen an das Risikomanagement (MaRisk)[441] verfasst. In den MaRisk werden sowohl die Vorgaben für die *prozessabhängigen Kontrollen* geregelt,

---

[438] Vgl. IDW: Prüfungsstandard 340: Die Prüfung der Risikofrüherkennungssysteme nach § 317 Abs. 4 HGB, in: die Wirtschaftsprüfung 1999, S. 658 ff.

[439] „Der Vorstand hat geeignete Maßnahmen zu treffen, insbesondere ein Überwachungssystem einzurichten, damit den Fortbestand der Gesellschaft gefährdende Entwicklungen früh erkannt werden."

[440] Vgl. IDW: Prüfungsstandard 525: Die Beurteilung des Risikomanagements von Kreditinstituten im Rahmen der Abschlussprüfung, in die Wirtschaftsprüfung 2010, S. 797.

[441] Siehe Bundesanstalt für Finanzdienstleistungsaufsicht: Mindestanforderungen an das Risikomanagement, Rundschreiben 18/2005 vom 20.12.2005 (Fassung vom 15.12.2010).

als auch für die Interne Revision als *prozessunabhängige Prüfungsstelle*. Abschnitt AT 4.4 Tz. 3 der MaRisk definiert als Aufgabe der Internen Revision die risikoorientierte und prozessunabhängige Prüfung und Beurteilung der Wirksamkeit und Angemessenheit des Risikomanagements im Allgemeinen und des Internen Kontrollsystems im Besonderen sowie der Ordnungsmäßigkeit grundsätzlich aller Aktivitäten und Prozesse. Damit formulieren die MaRisk neben der Risikoorientierung als Prüfungsansatz die Prüfung des Risikomanagements und des Internen Kontrollsystems sowie aller Geschäftsprozesse als die Hauptaufgabe der Internen Revision.

Von internationaler Bedeutung ist das 1992 vom Committee of Sponsoring Organisations of the Treadway Commission (COSO) verfasste Rahmenwerk *„Internal Control – Integrated Framework"*,[442] nach dem mit der Einrichtung eines Internen Überwachungssystems[443] folgende Ziele verfolgt werden: Wirksamkeit und Effizienz betrieblicher Abläufe, Verlässlichkeit der finanziellen Berichterstattung und Einhaltung der einschlägigen Gesetze und Vorschriften. Im September 2004 veröffentlichte COSO einen zweiten Report, der das erste Rahmenwerk nicht ersetzt, sondern die Anforderungen an ein Internes Überwachungssystems der ersten Studie um die Einrichtung eines Risikomanagementsystems ergänzt.[444] Neben der Geschäftsleitung und dem Aufsichtsorgan ordnen beide Werke der Internen Revision eine wichtige Rolle bei der Überprüfung der Wirksamkeit des Systems zur Steuerung und Überwachung der Risiken zu.[445]

Der *Beitrag hat das Ziel*, zunächst die sich ergebenden Anforderungen für das allgemeine Prüfungsvorgehen aus den gesetzlichen und aufsichtsrechtlichen Vorgaben zu beschreiben. Er definiert die Begrifflichkeiten hinsichtlich der verschiedenen Prüfungsansätze und -methoden, stellt dabei die Rolle des Internen Kontrollsystems dar, zeigt eine mögliche Prüfungslandkarte im Rahmen der Erstellung der Prüfungsplanung für das Risikomanagement auf und erläutert schließlich das konkrete Prüfungsvorgehen an ausgewählten Teilprozessen des Risikomanagements.

---

[442] The Committee of Sponzoring Organizations of the Treadway Commission: Internal Control-Integrated Framework, http//www.coso.org.

[443] Siehe Lück, Wolfgang (Hrsg.): Lexikon der Internen Revision, München/Wien/Oldenburg 2001, S. 160, wonach der amerikanische Begriff „Internal Control" mit Internem Überwachungssystem und nicht Internes Kontrollsystem zu übersetzen ist, da der Begriff neben den prozessabhängigen auch die prozessunabhängigen Kontrollen (Revision) mit einbezieht.

[444] The Committee of Sponzoring Organizations of the Treadway Commission: Enterprise Risk Management – Integrated Framework, http//www.coso.org.

[445] Zu weiteren veröffentlichten Leitfäden und Hinweisen siehe http//www.coso.org.

2 System-/Verfahrensprüfungen im Rahmen prozessorientierter Prüfungen

2.1 Risiko- und prozessorientierter Prüfungsansatz

Der bereits seit Januar 2000 mit den damaligen Mindestanforderungen an die Ausgestaltung der Internen Revision (MaIR) aufsichtsrechtlich vorgegebene *risikoorientierte Prüfungsansatz* wurde in den MaRisk unter Abschnitt AT 4.4 übernommen: „Die Interne Revision hat risikoorientiert und prozessunabhängig die Wirksamkeit und Angemessenheit des Risikomanagements im Allgemeinen und des internen Kontrollsystems im Besonderen sowie die Ordnungsmäßigkeit grundsätzlich aller Aktivitäten und Prozesse zu prüfen und zu beurteilen…".

Dem Gedanken der Risikoorientierung ist bei der *jährlichen Prüfungsplanung* durch die Revisionsleitung und bei der Erstellung der individuellen Prüfungsstrategie durch den einzelnen Revisor(In) bzw. den Prüfungsleiter(In) Rechnung zu tragen. Im Rahmen der Prüfungsplanung wird das Fehlerrisiko anhand der Analyse der inhärenten Risiken und Kontrollrisiken für das jeweilige Prüffeld bewertet. Für die Beurteilung der inhärenten Risiken eines Prüffeldes, d. h. der Risiken, die sich aus der Situation der Bank ergeben ohne Berücksichtigung interner Kontrollen, können insbesondere folgende Aspekte relevant sein: Volumen und Ergebnisbeitrag für die Gesamtbank, Häufigkeit der Transaktionen, Komplexität des Prüffeldes/der Verarbeitungsvorgänge und gesetzliche und bankaufsichtsrechtliche Vorgaben.

Das *Kontrollrisiko*, d. h. das Risiko, das Fehler trotz interner Kontrollen nicht entdeckt oder verhindert werden, wird vor allem durch folgende Faktoren beeinflusst: Qualität der aufbau- und ablauforganisatorischen Dokumentationen, internes Kontrollsystem i. e. S. (Funktionstrennung, Qualitätssicherung durch Marktfolge), Ressourcenausstattung (Quantität und Qualität des Personals, Sachausstattung) sowie Feststellungen aus vorangegangenen Revisionsprüfungen oder externen Prüfungen.

Zur *Quantifizierung der Risikoanalyse* hat sich bei der Prüfungsplanung der Einsatz eines *Ratingsystems* bewährt, bei dem verschiedene Kriterien (z. B. Internes Kontrollsystem, Personalausstattung) im Rahmen einer mehrstufigen Skala von „entspricht voll den Anforderungen" bis „entspricht nicht den Anforderungen" bewertet werden. Die bewerteten Kriterien fließen nach einer bestimmten Gewichtung in einer Risikokennziffer pro Prüffeld oder Prozess zusammen. In Abhängigkeit von der ermittelten Risikokennziffer werden Prüfungsrhythmus und die vorläufige Prüfungsstrategie festgelegt. Im Rahmen der jährlichen Prüfungsplanung oder bei unterjährigen aktuellen Erkenntnissen sowie im Anschluss an die Prüfung des jeweiligen Prüffeldes nimmt die Revision eine Neubewertung vor. Im Rahmen der Prüfung des einzelnen Prüffeldes erfolgt die risikoorientierte Festlegung der endgültigen Prüfungsstrategie, insbesondere Auswahl und Umfang der einzelnen Prüfungsmethoden.

Die von den MaRisk vorgegebene Prüfungstätigkeit für grundsätzlich alle *Aktivitäten und Prozesse* auf der Grundlage eines *risikoorientierten Prüfungsansatzes*

(Abschn. BT AT 4.3) setzt eine Verknüpfung des risikoorientierten mit dem *prozessorientierten* Ansatz voraus. Bereits bei der Prüfungsplanung erfolgt die Aufnahme der Geschäftsprozesse und Bewertung im Rahmen der Risikoinventur. Im Rahmen der einzelnen Prüfung ist der gesamte Geschäftsablauf eines Produktes (z. B. Baufinanzierungen im Kreditgeschäft oder ein Depot A-Produkt im Handelsbereich) von dessen Entstehung bis zur Abbildung im Rechnungswesen zu würdigen, um insbesondere Schnittstellenschwächen bei abteilungsübergreifenden Prozessen feststellen zu können.

2.2 Internes Kontrollsystem

Nach AT 4.4 Tz. 3 MaRisk hat die Interne Revision die *Wirksamkeit und Angemessenheit des Risikomanagements* im Allgemeinen und des internen Kontrollsystems im Besonderen sowie die Ordnungsmäßigkeit grundsätzlich aller Aktivitäten und Prozesse zu prüfen und zu beurteilen. Damit stellt die Überwachung des Internen Kontrollsystems nach den MaRisk eine zentrale Aufgabe der Revision als prozessunabhängige Unternehmenseinheit dar. Sie analysiert und bewertet das Interne Kontrollsystem anhand von Systemprüfungen, formuliert Maßnahmen zur Effektivitätssteigerung und überwacht die Umsetzung der Maßnahmen.

Nach *Prüfungsstandard 261* des IDW[446] besteht das Interne Kontrollsystem aus Regelungen zur Steuerung der Unternehmensaktivitäten (Internes Steuerungssystem) und zur Überwachung und Einhaltung dieser Regelungen (Internes Überwachungssystem). Das Interne Überwachungssystem beinhaltet prozessintegrierte (organisatorische Sicherungsmaßnahmen, Kontrollen) und prozessunabhängige Überwachungsmaßnahmen (im Wesentlichen durch die Interne Revision). Der Prüfungsstandard 261 regelt die Prüfung des Internen Kontrollsystems für den Abschlussprüfer, die im Folgenden auch übertragbar sind auf die Prüfungstätigkeit der Internen Revision. Im Rahmen einer Aufbauprüfung ist das Interne Kontrollsystem durch den Abschlussprüfer hinsichtlich der in Abbildung 5 dargestellten Komponenten zu prüfen:[447]

---

[446] Institut der Wirtschaftsprüfer in Deutschland e.V.: Prüfungsstandard 261: Feststellung und Beurteilung von Fehlerrisiken und Reaktionen des Abschlussprüfers auf die beurteilten Fehlerrisiken, in: Die Wirtschaftsprüfung 2006, Düsseldorf, S. 1433 ff.

[447] Vgl. auch Basler Ausschuss für Bankenaufsicht: Rahmenkonzept für Interne Kontrollsysteme in Bankinstituten, Basel, September 1998, http://www.bis.org. Der Basler Ausschuss definiert die Elemente des Internen Kontrollsystems folgendermaßen: Verantwortung der Geschäftsleitung und Kontrollumfeld, Risikoerkennung und -einschätzung, Kontrollmaßnahmen und Aufgabentrennung, Informationen und Kommunikation sowie Überwachung und Mängelbehebung. Die Umsetzung in europäisches Recht erfolgte mit der Veröffentlichung der Richtlinie 2006/49/EG des Europäischen Parlaments und des Rates vom 14.06.2006, vgl. Büschelberger, Jürgen: Entwicklung des Internen Kontrollsystems im Zeitablauf, in: Helfer, Michael/Ullrich, Walter (Hrsg.), Interne Kontrollsysteme in Banken und Sparkassen, Heidelberg 2010, S. 37 ff.

Komponenten des IKS	Erläuterungen
Kontrollumfeld	Die Aufgaben des oberstes Verwaltungsorgans (Aufsichts-, Verwaltungsrat) bestehen in erster Linie aus der Genehmigung und regelmäßigen Überprüfung der Geschäftsstrategie und den geschäftspolitischen Grundsätzen, dem Erkennen der eingegangenen Risiken und der Limitfestlegung. Die Geschäftsleitung ist verantwortlich für die Umsetzung der Geschäftsstrategie und -grundsätze, der Einrichtung eines Risikomanagementsystems sowie der Schaffung einer Organisationsstruktur mit klaren Zuständigkeiten, Befugnissen und Rechenschaftspflichten. Sowohl das oberste Verwaltungsorgan als auch die Geschäftsleitung sind nicht nur verantwortlich für die Einrichtung eines angemessenen und wirksamen Systems interner Kontrollen, sondern haben auch ein Umfeld zu schaffen, das den Mitarbeitern die Bedeutung der internen Kontrollen verdeutlicht. Das Kontrollumfeld kann u.a. bestimmt werden durch den Führungsstil der Geschäftsleitung, der vorherrschenden Personalpolitik sowie der Unternehmenskultur im Allgemeinen.
Risikobeurteilungen	Der Prüfer hat zu beurteilen, ob das Institut alle Risiken, welche die Erreichung der Unternehmensziele gefährden können, erkennt und fortlaufend bewertet. Die Geschäftsleitung hat über die Einrichtung von organisatorischen Regelungen zur Abwendung oder Begrenzung möglicher Auswirkungen dieser Risiken zu entscheiden.
Kontrollaktivitäten	Zur Begegnung der identifizierten Risiken sind fehlervermeidende oder fehleraufdeckende Kontrollaktivitäten einzuführen. Bei der Einrichtung der Kontrollen kommt der Funktionstrennung eine besondere Bedeutung zu, da die Gefahr der Vornahme oder Verschleierung doloser Handlungen eingegrenzt werden kann.
Information und Kommunikation	Ein angemessenes funktionsfähiges Informationssystem über die Finanzlage, den Geschäftsbetrieb, die Einhaltung von Grundsätzen und Vorschriften sowie über die für die unternehmerischen Entscheidungen relevanten externen Marktdaten ist Voraussetzung für die Wirksamkeit des Internen Kontrollsystems. Diese Informationssysteme müssen vor dem Zugriff Unberechtigter geschützt und von einer unabhängigen Stelle überwacht werden. Zur Verhinderung eines Versagens der Hard- oder Software führt die EDV-Administration allgemeine Kontrollen durch. Zur Vorbeugung eines Datenverlustes oder eines längeren Ausfalls der Systeme sind Notfallpläne zu erstellen. Durch die Einrichtung leistungsfähiger Kommunikationsprozesse werden die Mitarbeiter über die für ihren Verantwortungsbereich geltenden Grundsätze und Verfahren informiert.
Überwachung des Internen Kontrollsystems	Die Wirksamkeit des Internen Kontrollsystems unterliegt einer fortlaufende Überwachung durch entweder in den Geschäftsprozess integrierten Kontrollen oder prozessunabhängigen Prüfungen der Internen Revision sowie sogenannten „High-level controls" (durch die Geschäftsleitung selbst vorgenommene Überwachungsmaßnahmen).

Abbildung 1: Komponenten des Internen Kontrollsystems nach IDW-Prüfungsstandard 261

Bei der *Prüfung der Funktionsfähigkeit des Internen Kontrollsystems* im Rahmen der System- und Funktionsprüfungen ist die Einhaltung der Schlüsselkontrollen zu beurteilen. Schlüsselkontrollen sind bedeutende Kontrollen im Geschäftsprozess, die sicherstellen, sofern sie funktionsfähig und wirksam sind, dass die wesentlichen Geschäftsziele erreicht werden. Schlüsselkontrollen sind zum einen den gesetzlichen und aufsichtsrechtlichen Vorgaben (wie MaRisk, WpHG und BilMoG) zu entnehmen und zum anderen können sie um vom jeweiligen Institut individuell bestimmte Regelungen, die sich aus dem Qualitätsanspruch des jeweiligen Instituts ableiten, ergänzt werden.[448]

Idealerweise sind die *Schlüsselkontrollen* bereits in den Dokumentationen der Prozesse durch die Organisation in Zusammenarbeit mit den verantwortlichen Fachbereichen schriftlich fixiert. In der Praxis sind viele Unternehmenshandbücher jedoch noch nicht abteilungsübergreifend und prozessorientiert aufgebaut; es existieren meist schriftliche Arbeitsanweisungen für die einzelnen Bereiche. In diesem Fall hat die Interne Revision zu Prüfungsbeginn eine Aufnahme der relevanten Schlüsselkontrollen aus den bereichs- oder abteilungsorientierten Arbeitsanweisungen bezogen auf den zu prüfenden Prozess durchzuführen.

2.3 Systemprüfungen

Aufgrund des stetig wachsenden Druckes auf die Interne Revision hinsichtlich einer kosteneffizienten Prüfung, der zunehmenden Komplexität der Geschäftsvorfälle sowie der in den vorangegangenen Abschnitten dargestellten steigenden gesetzlichen und bankaufsichtsrechtlichen Anforderungen an die Geschäftsprozesse und deren Prüfung nimmt die *Bedeutung von Systemprüfungen* als Pendant zu den Aussagebezogenen Prüfungen deutlich zu. Da eine Systemprüfung einen Ablauf eines Geschäftsprozesses oder ein Verfahren zum Prüfungsgegenstand hat, wird sie in der Literatur auch oft als Ablauf- oder Verfahrensprüfung bezeichnet.[449]

Der *IDW Prüfungsstandard 300*[450] (Prüfungsnachweise im Rahmen der Abschlussprüfung) legt für die externe Abschlussprüfung die Begrifflichkeiten hinsichtlich der Prüfungsarten fest, die auch für die Interne Revision gelten (siehe Abbildung 2).

---

[448] Vgl. Helfer, Michael/Ullrich, Walter: Praxishilfen für den strukturierten Aufbau eines modernen Kontrollsystems, in: Helfer/Ullrich (Hrsg.): Interne Kontrollsysteme in Banken und Sparkassen, Heidelberg 2010, S. 133 ff.

[449] Vgl. Rosner-Niemes, Susanne: System-/Ablaufprüfungen im Rahmen des prozessorientierten Prüfungsansatzes als Antwort auf neue Herausforderungen, in: Becker, Axel/Wolf, Martin (Hrsg.), Handbuch Prüfungen in Kredit- und Finanzdienstleistungsunternehmen, Stuttgart 2005, S. 291 ff.

[450] Institut der Wirtschaftsprüfer in Deutschland eV.: Prüfungsstandard 300: Prüfungsnachweise im Rahmen der Abschlussprüfung (Stand 06.09.2006), in: Die Wirtschaftsprüfung 2006, Düsseldorf, S. 1445 ff.

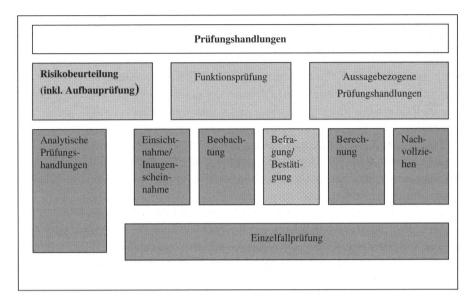

Abbildung 2: Prüfungshandlungen; Quelle: IDW Prüfungsstandard 300: Prüfungsnachweise im Rahmen der Abschlussprüfung, S. 8.

Eine *Aufbauprüfung* beinhaltet zunächst die Aufnahme des zu prüfenden Prozesses hinsichtlich der bestehenden Regelungen zur Aufbau- und Ablauforganisation anhand der Durchsicht der Organisationshandbücher oder sonstigen Richtlinien und Arbeitsanweisungen. Ein Mittel zur Systemaufnahme können auch die Befragung von Mitarbeitern, die in den zu prüfenden Geschäftsprozessen involviert sind, oder die tatsächliche Beobachtung von Arbeitsabläufen sein. Der weitere Prüfungsverlauf ist abhängig von der vorläufigen Beurteilung des aufgenommenen Sollkonzeptes hinsichtlich der Übereinstimmung mit den gesetzlichen Regelungen und sonstigen Vorgaben sowie der Wirksamkeit des Internen Kontrollsystems (Soll-Soll-Vergleich). Erfolgt eine negative Beurteilung, weil die im Geschäftsablauf implementierten Kontrollen nicht alle Risiken abdecken, sind aussagebezogene Prüfungen unumgänglich.

Wird der aufgenommene Soll-Ablauf hinsichtlich der Ordnungsmäßigkeit und Zweckmäßigkeit positiv bewertet, wird das System anhand eines Geschäftsvorfalles im Rahmen der *Funktionsprüfung* bestätigt (Soll-Ist-Vergleich). Unter Berücksichtigung des Ergebnisses der Aufbauprüfung wird anhand eines typischen Geschäftsvorfalles oder einer begrenzten Anzahl an Geschäften die Einhaltung der organisatorischen Regelungen geprüft. U.a. sind folgende Prüfungsfragen von Bedeutung:
– Entspricht der vorgefundene Prozessablauf insgesamt den Arbeitsanweisungen?
– Werden die im Rahmen des Internen Kontrollsystems im Geschäftsablauf integrierten Schlüsselkontrollen beachtet?
– Werden die Kontrollen in geeigneter Weise dokumentiert?

- Erfolgt eine Einhaltung der in den organisatorischen Regelungen vorgesehenen Funktionstrennung?
- Werden die Kompetenzregelungen beachtet?

Wird als *Ergebnis der Funktionsprüfung* keine Übereinstimmung des Ist-IKS mit dem Soll-Konzept festgestellt, erfolgt eine Berichterstattung als Prüfungsfeststellung im Rahmen des Prüfungsberichtes; u. U. sind weitere Einzelfallprüfungen vorzunehmen.

Nach Aufbau- und Funktionsprüfung hat der Prüfer abschließend zu beurteilen, ob das vorgefundene System geeignet erscheint, die Geschäftsvorfälle in Einklang mit den gesetzlichen, bankaufsichtsrechtlichen und sonstigen Vorgaben vollständig, richtig und zeitgerecht zu bearbeiten.

Im Gegensatz zur Tätigkeit des Abschlussprüfers ist es auch *Aufgabe des Internen Revisors*, die Wirtschaftlichkeit der Geschäftsabläufe zu bewerten. Das vorgefundene Interne Kontrollsystem muss einerseits die bestehenden Risiken minimieren, andererseits kann ein Ungleichgewicht zwischen Kontrollen und tatsächlicher Risikorelevanz des zu kontrollierenden Ablaufes eine Unwirtschaftlichkeit des gesamten Prozesses zur Folge haben.[451]

3 Ablauf von Systemprüfungen am Beispiel der Teilprozesse zum Risikomanagement Strategie und Berichtswesen

3.1 Prüfungsplanung

Die MaRisk geben in Abschnitt BT 2.3.1 eine umfassende und jährlich fortzuschreibende *Prüfungsplanung* vor, bei der die Aktivitäten und Prozesse des Kreditinstitutes in angemessenen Abständen zu prüfen sind. Zur Erfüllung der Anforderungen aus den MaRisk erfolgt zu Beginn der jährlichen Prüfungsplanung eine Aufnahme der Geschäftsprozesse. Im Bereich des Risikomanagements bietet sich eine Orientierung an den in den MaRisk Abschnitt BTR 1 bis 4 definierten Risikoarten an (Adressenausfallrisiken, Marktpreisrisiken, Liquiditätsrisiken, Operationelle Risiken). Diese Risikoarten werden insbesondere hinsichtlich der Sachgebiete Strategie, Risikotragfähigkeit, Risikosteuerungs- und Controllingprozesse, Berichtswesen, Ressourcen sowie Aktivitäten in neuen Produkten und auf neuen Märkten, die ebenfalls die MaRisk vorgeben, geprüft (siehe Abbildung 3).

---

[451] Vgl. Rosner-Niemes, Susanne: System-/Ablaufprüfungen im Rahmen des prozessorientierten Prüfungsansatzes als Antwort auf neue Herausforderungen, in: Becker, Axel/Wolf, Martin (Hrsg.), Handbuch Prüfungen in Kredit- und Finanzdienstleistungsunternehmen, Stuttgart 2005, S. 293 ff.

	Risikoarten			
Prüfungsgebiete	Adressenaus-fallrisiken	Marktpreisrisiken	Liquiditätsrisiken	Operationelle Risiken
Strategie				
Risikotragfähigkeit				
Risikosteuerungs- und Controllingprozesse				
Berichtswesen				
Resourcen				
Aktivitäten in neuen Produkten und auf neuen Märkten				

Abbildung 3: Beispiel Auszug Prüfungslandkarte Risikomanagement

Im Sinne der risikoorientierten Prüfungsplanung werden im Anschluss an die Aufnahme die den jeweiligen Prozess betreffenden Risiken (Inhärente Risiken, Kontrollrisiko, Fehlerrisiko) ermittelt und mit einer *Risikokennziffer* bewertet. In Abhängigkeit von der ermittelten Risikokennziffer werden Prüfungsrhythmus und die vorläufige Prüfungsstrategie (Art, Umfang und Prüfungsmethode) für das Prüffeld festgelegt.

Die MaRisk geben einen grundsätzlichen *dreijährigen Prüfungsrhythmus* vor (Abschnitt BT 2.3.1 MaRisk). Bei unter Risikogesichtspunkten nicht wesentlichen Aktivitäten und Prozessen kann vom dreijährigen Turnus abgewichen werden. Sofern im Rahmen der Prüfungsplanung von dem grundsätzlichen dreijährigem Rhythmus abgewichen wird, empfiehlt sich eine ausreichende Dokumentation der Begründung für die Abweichung. Besondere Risiken sind auch nach den MaRisk jährlich zu prüfen.

Bei der Prüfungsplanung ist auch zu berücksichtigen, dass bei prozessorientierte Systemprüfungen oftmals die Notwendigkeit von *spartenübergreifenden Prüferteams* besteht. Bei der Prüfung von Ratingsystemen im Rahmen der Risikosteuerungsprozesse z. B. werden differenzierte EDV- oder mathematische Kenntnisse verlangt, die u.U. ein gemischtes Team aus Kredit-, Gesamtbanksteuerung- oder EDV-Revision erforderlich machen.

3.2 Prüfungsdurchführung

Zur Abdeckung der Prüfungspflichten in den Bereichen des Risikomanagements bieten sich *System- und Funktionsprüfungen* an.[452] Im ersten Schritt erfolgt die Aufnahme des vorgefundenen Systems (Soll-Soll-Vergleich):

---

[452] Vgl. Hanke, Frank: Die Prüfung der Steuerungs- und Controllingprozesse für Adressenausfallrisiken, in: Becker, Axel/Kastner Arno (Hrsg.), Prüfung des Kreditgeschäfts durch die Interne Revision, Handbuch Prüfungen in Kredit- und Finanzdienstleistungsunternehmen, Stuttgart 2007, S. 149 ff.

- Entspricht das vorgefundene und dokumentierte System im Rahmen der Teilprozesse Strategie bzw. Berichtswesen den aufsichtsrechtlichen Anforderungen?
- Wird der aufgenommene Soll-Ablauf hinsichtlich Ordnungsmäßigkeit und Zweckmäßigkeit positiv bewertet und erfolgt im Rahmen von Funktionsprüfungen eine Bestätigung des Systems?
- Wird der Strategie- bzw. Berichterstattungsprozess entsprecht den Prozessdokumentationen gelebt?
- Ist das eingerichtete Interne Kontrollsystem angemessen, funktionsfähig und wirtschaftlich?

Bei der *Durchführung von Systemprüfungen* ist keine jährliche vollständige Aufnahme der Prozessabläufe notwendig; Folgeprüfungen können sich u. U. auf Veränderungen im Geschäftsablauf beschränken. Bei wesentlichen Veränderungen der Aufbau- oder Ablauforganisation oder einem Wechsel des prüfenden Revisors bzw. des Prüferteams ist eine Prüfung des kompletten Systems empfehlenswert.[453]

In den folgenden beiden Abbildungen werden am Beispiel der Teilprozesse Strategie und Berichtswesen im Bereich der Adressenausfallrisiken unter Berücksichtigung der Anforderungen aus den MaRisk, welche die *relevanten Schlüsselkontrollen* beinhalten, mögliche Prüfungsaspekte dargestellt.

Im Gegensatz zum Inhalt der Geschäftsstrategie, der weder Prüfungsgegenstand externer Prüfer noch der Internen Revision ist (AT 4.2 Erläuterungen zu Tz. 1), geben die MaRisk als besonderen Prüfungsschwerpunkt die *Konsistenz zwischen der Geschäfts- und Risikostrategie* und mit den neuen MaRisk-Rundschreiben vom 15. Dezember 2010 den Strategieprozess nach AT 4.2 Tz. 4 MaRisk vor (siehe Abbildung 4). Zum *Berichtswesen* als einem bedeutsamen Prüfungsschwerpunkt in den Bereichen des Risikomanagements finden sich in den MaRisk sowohl im allgemeinen Teil als auch dem die Adressenausfallrisiken betreffenden Abschnitt BTR 1 zahlreiche Prüfungsaspekte, die im Rahmen der System-/Funktionsprüfungen zu berücksichtigen sind (siehe Abbildung 5).

---

[453] Vgl. Rosner-Niemes, Susanne: Risikoorientierte System- und Verfahrensprüfungen im Kreditgeschäft, in: Becker, Axel/Kastner Arno (Hrsg.), Prüfung des Kreditgeschäfts durch die Interne Revision, Handbuch Prüfungen in Kredit- und Finanzdienstleistungsunternehmen, Stuttgart 2007, S. 41 ff.

Mögliche Prüfungsaspekte	Quelle MaRisk
Hat die Geschäftsleitung ein Unternehmensleitbild definiert? Besteht in Übereinstimmung mit dem Unternehmensleitbild eine schriftlich fixierte nachhaltige Strategie für die Adressenausfallrisiken? Ist die Verantwortlichkeit der Geschäftsleitung für die Festlegung, Anpassung und Umsetzung geregelt?	AT 4.2 Tz. 3 Strategie
Werden in der Strategie die Ziele des Instituts für jede wesentliche Geschäftsaktivität sowie die Maßnahmen zur Erreichung dieser Ziele dargestellt? Ist für die Strategiefindung eine Analyse der Ausgangssituation vorgesehen?	AT 4.2 Tz. 1 Strategie
Sind die strategischen Ziele in ausreichendem Maße konkretisiert, um als Eckpunkte in die operative Planung überführt werden zu können?	Erläuterungen zu AT 4.2 Tz. 1 Strategie
Ist sowohl die Berücksichtigung externer als auch interner Einflussfaktoren bei der Strategiefestlegung vorgesehen? Unterliegt die Entwicklung dieser Einflussfaktoren einer hinreichenden anlassbezogenen und regelmäßigen Überprüfung? Erfolgt eine Anpassung der Strategie, sofern erforderlich?	AT 4.2 Tz. 1 Strategie
Wurde eine zur Geschäftsstrategie konsistente Risikostrategie für die Adressenausfallrisiken festgelegt? Ist die Risikostrategie für die Adressenausfallrisiken in die Geschäftsstrategie integriert?	AT 4.2 Tz. 2 Strategie At 4.2 Tz. 3 Strategie
Wurden im Bereich der Adressenausfallrisiken Risikokonzentrationen unter Berücksichtigung von ggf. vorhandenen Abhängigkeiten identifiziert? Wurde bei der Beurteilung der Risikokonzentrationen auf qualitative und quantitative Verfahren abgestellt? Werden zur Steuerung und Überwachung der Risikokonzentrationen geeignete Verfahren eigesetzt, z. B. Limit- oder Ampelsysteme.	BTR 1 Tz. 6 Adressenausfallrisiken
Sind dabei unter Berücksichtigung der Risikokonzentrationen Risikotoleranzen im Bereich der Adressenausfallrisiken festgelegt worden?	AT 4.2 Tz. 2 Strategie
Wurde durch die Geschäftsleitung ein Strategieprozess hinsichtlich Planung, Umsetzung, Beurteilung und Anpassung der Strategien eingerichtet?	AT 4.2 Tz. 4 Strategie
Bestehen Regelungen zur Strategiefestlegung und -kommunikation?	AT 4.2 Tz. 6 Strategie
Werden die Strategien sowie gegebenenfalls erforderliche Anpassungen der Strategien dem Aufsichtsrat zur Kenntnis gegeben und mit diesem erörtert?	AT 4.2 Tz. 5 Strategie
Wurde auf Gruppenebene durch die Geschäftsleitung des übergeordneten Unternehmens eine Geschäftsstrategie und eine dazu konsistente Risikostrategie für die Adressenausfallrisiken festgelegt („gruppenweite Strategie")?	AT 4.5 Tz. 2 Risikomanagement auf Gruppenebene

Abbildung 4: Beispiel Prüfungsaspekte Strategien

Mögliche Prüfungsaspekte	Quelle MaRisk
Bestehen schriftliche Dokumentationen über den Prozess der Berichterstattung?	AT 5,6 MaRisk Organisationsrichtlinien/ Dokumentation
Erfolgt in angemessenen Abständen, mindestens vierteljährlich, eine Berichterstattung an die Geschäftsleitung über die Risikosituation? Enthält die Berichterstattung neben einer Darstellung auch eine Beurteilung der Risikosituation sowie bei Bedarf Handlungsvorschläge?	AT 4.3.2 Tz. 3 Risikosteuerungs- und controllingprozesse BTR 1 Tz. 7 Adressenausfallrisiken
Enthält der Bericht an die Geschäftsleitung die wesentlichen strukturellen Merkmale des Kreditgeschäfts gemäß den Vorgaben der MaRisk?	BTR 1 Tz. 7 Adressenausfallrisiken
Werden in den Risikoberichten die Ergebnisse der Stresstests, deren Auswirkung auf die Risikosituation und das Risikodeckungspotenzial sowie die den Tests zugrunde liegenden wesentlichen Annahmen dargestellt?	AT 4.3.2 Tz. 4 Risikosteuerungs- und controllingprozesse
Wird im Rahmen der Berichterstattung auch auf die Risikokonzentrationen sowie deren mögliche Auswirkungen eingegangen?	AT 4.3.2 Tz. 4 Risikosteuerungs- und controllingprozesse
Ist ein geeignetes Verfahren zur Identifizierung und unverzüglichen Meldung von unter Risikogesichtspunkten wesentlichen Informationen an die Geschäftsleitung, die jeweiligen Verantwortlichen und gegebenenfalls die Interne Revision festgelegt?	AT 4.3.2 Tz. 5 Risikosteuerungs- und controllingprozesse
Erfolgt in vierteljährlichen Abständen gemäß den Vorgaben der MaRisk eine Information über die Risikosituation der Geschäftsleitung an den Aufsichtsrat?	AT 4.3.2 Tz. 6 Risikosteuerungs- und controllingprozesse
Ist ein geeignetes Verfahren zur Identifizierung und unverzüglichen Meldung von unter Risikogesichtspunkten wesentlichen Informationen durch die Geschäftsleitung an den Aufsichtsrat festgelegt?	AT 4.3.2 Tz. 6 Risikosteuerungs- und controllingprozesse
Ist auf Gruppenebene eine regelmäßige Information des übergeordneten Instituts über die Risikosituation der Gruppe vorgesehen?	AT 4.5 Tz. 5 Risikomanagement auf Gruppenebene

Abbildung 5: Beispiel Prüfungsaspekte Berichtswesen

3.3 Darstellung und Weiterleitung der Prüfungsergebnisse

Bei der Erstellung der *Berichte für Prozessprüfungen* in Bereichen des Risikomanagements gelten die konkreten Anforderungen an die Berichterstattung der Internen Revision aus den MaRisk wie auch bei Prüfungen in anderen Bereichen (siehe Abschnitt BT 2.4 Berichtspflicht). Die Darstellung des Prüfungsgegenstandes und der Prüfungsfeststellungen einschließlich der ggf. vorgesehenen Maßnahmen stellen die Mindestinhalte nach den MaRisk dar (vgl. BT 2.4 Berichtspflicht Tz. 1). Weitere Anforderungen an die Gestaltung der Revisionsberichte werden in den Rahmenbedingungen der Internen Revision festgelegt (siehe Abbildung 6).

Bei *Systemprüfungen* sollte der Bericht Aussagen zum aufgenommenen Sollkonzept hinsichtlich der Angemessenheit, Nachvollziehbarkeit und Wirtschaftlichkeit sowie eine Beurteilung enthalten, ob der tatsächliche gelebte Geschäftsablauf den schriftlich definierten Prozessen entspricht.[454] Über die Funktionsfähigkeit des Internen Kontrollsystems ist unter besonderer Beachtung der Schlüsselkontrollen (Darstellung und Bewertung) zu berichten. Bei Prüfungen in Bereichen des Risikomanagements, hier insbesondere die in den vorangegangenen Abschnitten betrachteten Teilprozesse Strategie und Berichtswesen, können von besonderer Bedeutung für die Geschäftsführung – als Adressaten der Berichte und als Strategieverantwortliche – Aussagen zur Datenqualität sein. Hierbei stellt sich die Frage, ob das Interne Kontrollsystem geeignete Kontrollmaßnahmen, für eine korrekte Datengrundlage umfasst.

Anforderungen an die Berichtspflicht der Internen Revision
– Erstellung eines zeitnahen schriftlichen Berichtes über jede Prüfung
– Grundsätzliche Vorlage des Berichtes an die fachlich zuständigen Mitglieder der Geschäftsleitung
– Berichtsinhalte: Prüfungsgegenstand, Prüfungsfeststellungen, ggf. Maßnahmen
– Besondere Hervorhebung wesentlicher Mängel
– Bei schwerwiegenden Mängeln unverzügliche Weiterleitung des Berichtes an die Geschäftsleitung
– Jährliche Erstellung eines Gesamtberichtes und Weiterleitung an die Geschäftsleitung
– Besondere Berichtspflichten bei schwerwiegenden Feststellungen gegen Geschäftsleiter

Abbildung 6: Anforderungen an die Berichtspflichten der Internen Revision nach den MaRisk

4 Zusammenfassung und Ausblick

Die weiterhin *steigenden gesetzlichen und aufsichtsrechtlichen Vorgaben* an das Risikomanagement der Kreditinstitute stellen eine große Herausforderung für die Interne Revision in Bezug auf die Fach- als auch Methodenkompetenz dar. Aufgrund der komplexen Struktur der Prüfungsgebiete im Risikomanagement ist ein Prozessorientierter Prüfungsansatz bei den einzelnen Risikoarten unter Verwendung von System-/Funktionsprüfungen sowie einer besondere Betrachtung des Internen Kontrollsystems erforderlich. Der u. U. noch nicht prozessorientierte Aufbau

---

[454] Vgl. Rosner-Niemes, Susanne: Risikoorientierte System- und Verfahrensprüfungen im Kreditgeschäft, in: Becker, Axel/Kastner Arno (Hrsg.), Prüfung des Kreditgeschäfts durch die Interne Revision, Stuttgart 2007, S. 43 ff.

der im Institut vorliegenden Ablaufbeschreibungen erschwert der Internen Revision hierbei das Prüfungsvorgehen.

Für eine Diskussion mit den Fachabteilungen auf Augenhöhe ist einer *angemessenen Qualifizierung der Revisor(Innen)* in Bereichen des Risikomanagements und ständigen Aktualisierung des Fachwissens ein hoher Stellenwert beizulegen. Nur eine ausreichende Qualifikation ermöglicht bereits eine projektbegleitende Prüfung bei der jeweiligen Umsetzung der aktuellen MaRisk-Rundschreiben und Beratung durch die Interne Revision.

Die teilweise Überschneidung der Prozesse aus dem Risikomanagement mit anderen Prüfungsgebieten erfordert eine *spartenübergreifende Zusammenarbeit* zwischen den einzelnen Revisor(Innen) bzw. auch ein fachbezogenes Wissen für das Risikomanagement z. B. beim traditionellen Kreditrevisor(In). Während eine Spezialisierung der einzelnen Revisor(Innen) auch weiterhin aufgrund des umfangreichen Prüfungsuniversums erforderlich ist, wird die starre Aufteilung in einzelne Fachrevisionen in Zukunft weniger von Bedeutung sein.

Literaturverzeichnis

Basler Ausschuss für Bankenaufsicht: Rahmenkonzept für Interne Kontrollsysteme in Bankinstituten, Basel, September 1998, http://www.bis.org.

Berenz, Bernd/Voit, Franz: Die Geschäftsprozessorientierung in der Abschlussprüfung, in: Die Wirtschaftsprüfung, 22/2001, S. 1233–1243.

Buderath, Hubertus: Das Interne Kontrollsystem in einem internationalen Unternehmen, in: Die Wirtschaftsprüfung, Sonderheft 2003, S. 219–223.

Bundesanstalt für Finanzdienstleistungsaufsicht: Mindestanforderungen an das Risikomanagement, Rundschreiben 18/2005 vom 20.12.2005 (Fassung vom 15.12.2010).

Committee of Sponsoring Organizations of Treadway Commission: Internal Control – Integrated Framework, http://www.coso.org.

Committee of Sponsoring Organizations of Treadway Commission: Enterprise Risk Management – Integrated Framework, http://www.coso.org.

Hanke, Frank: Die Prüfung der Steuerungs- und Controllingprozesse für Adressenausfallrisiken, in: Becker, Axel/Kastner, Arno (Hrsg.), Prüfungs des Kreditgeschäfts durch die interne Revision, Stuttgart 2007, S. 120–153.

Heese, Klaus: Der risiko-, prozess- und systemorientierte Prüfungsansatz, in: Die Wirtschaftsprüfung, Sonderheft 2003, S. 223–230.

Helfer, Michael/Ullrich, Walter: Praxishilfen für den strukturierten Aufbau eines modernen Kontrollsystems, in: Helfer/Ullrich (Hrsg.): Interne Kontrollsysteme in Banken und Sparkassen, Heidelberg 2010, S. 133 ff.

Institut der Wirtschaftsprüfer in Deutschland e.V.: Prüfungsstandard 261: Feststellung und Beurteilung von Fehlerrisiken und Reaktionen des Abschlussprüfers auf die beurteilten Fehlerrisiken, in: Die Wirtschaftsprüfung 2006, Düsseldorf, S. 1433 ff.

Institut der Wirtschaftsprüfer in Deutschland eV.: Prüfungsstandard 300: Prüfungsnachweise im Rahmen der Abschlussprüfung (Stand 06.09.2006), in: Die Wirtschaftsprüfung 2006, Düsseldorf, S. 1445 ff.

Institut der Wirtschaftsprüfer in Deutschland eV.: Prüfungsstandard 340: Die Prüfung der Risikofrüherkennungssysteme nach § 317 Abs. 4 HGB, in: die Wirtschaftsprüfung 1999, S. 658 ff.

Institut der Wirtschaftsprüfer in Deutschland eV.: Prüfungsstandard 525: Die Beurteilung des Risikomanagements von Kreditinstituten im Rahmen der Abschlussprüfung, in die Wirtschaftsprüfung 2010, S 797.

Lück, Wolfgang (Hrsg.): Lexikon der Internen Revision, München/Wien/Odenburg 2001, S. 160–162.

Marten, Kai-Uwe/Quick, Reiner/Ruhnke, Klaus unter Mitarbeitung von Annette G. Köhler: Wirtschaftsprüfung: Grundlagen des betriebswirtschaftlichen Prüfungswesens nach nationalen und internationalen Normen, Stuttgart, 2003.

Rosner-Niemes, Susanne: System-/Ablaufprüfungen im Rahmen eines prozessorientierten Prüfungsansatzes als Antwort auf neue Herausforderungen, in: Becker, Axel/Wolf, Martin (Hrsg.), Handbuch Prüfungen in Kredit- und Finanzdienstleistungsunternehmen, Stuttgart 2005, S. 283–302.

Rosner-Niemes, Susanne: Risikoorientierte System-/und Verfahrensprüfungen im Kreditgeschäft, in: Becker, Axel/Kastner Arno (Hrsg), Prüfung des Kreditgeschäfts durch die interne Revision, Stuttgart 2007, S. 26–49.

Die neue Kreditnehmereinheit (wirtschaftliche Risikoeinheit) – Bankinterne Umsetzung und Revisionsansätze

Von
Dirk Röckle

Dirk Röckle ist Mitarbeiter der Internen Revision der SÜDWESTBANK AG, Stuttgart und Mitglied im DIIR-Arbeitskreis „Risiko- und Kapitalmanagement in Kreditinstituten". Im Rahmen seiner projektbegleitenden Tätigkeit sammelte Herr Röckle umfassende revisionsseitige Erfahrungen bei der Umsetzung der neuen Anforderungen an die Bildung der wirtschaftlichen Risikoeinheit nach § 19 II Satz 6 KWG.

Inhaltsverzeichnis

1	Einleitung		305
2	Bildung von Kreditnehmereinheiten nach den neuen aufsichtsrechtlichen Vorgaben		306
	2.1	Neuerungen bei der Bildung der Kreditnehmereinheit	306
		2.1.1 Wirtschaftliche Abhängigkeiten	*308*
		2.1.2 Wirtschaftliche Abhängigkeit aufgrund der Finanzierungsbeziehung	*309*
		2.1.3 Generelle Ausschlüsse von der Bildung der Risikoeinheit	*310*
	2.2	Inkrafttreten und Übergangsregelungen	311
3	Bankinterne Umsetzung		311
	3.1	Abgrenzung des Kreditnehmereinheitenbegriffes	313
	3.2	Überprüfung des Kreditnehmerbestandes	314
	3.3	Prozessänderung bei der Kreditvergabe	314
	3.4	Adressausfallrisiken aus zugrunde liegenden Geschäften gem. § 6 GroMiKV	320
4	Revisionsansätze		322
	4.1	Schwerpunkte in der Prozessbegleitung	323
	4.2	Schwerpunkte in der Systemprüfung	323
	4.3	Prüfungsinhalte der Einzelfallprüfung	325
5	Schlussfolgerungen		326
Literaturverzeichnis			326

1 Einleitung

Nach nur einem Jahr der praktischen Umsetzung von Basel II, schlug die EU-Kommission im April 2008 eine erneute Änderung der Banken- und Kapitaladäquanzrichtlinie vor, um von den Mitgliedstaaten erkannte Unschärfen der aufsichtsrechtlichen Regelungen von Basel II zu korrigieren. Dieses Vorhaben wurde durch den Verlauf der Finanzmarktkrise deutlich beschleunigt und hat zudem eine Vielzahl weiterer weitreichender Themen aufgeworfen, deren Diskussion und Umsetzung, ausgehend vom bestehenden Basel II-Rahmenwerk, auch auf der globalen Ebene der G20 zu neuen Basel III–Regelungen geführt hat.

Der europäische Weg zur Änderung der Kapitaladäquanzrichtlinie im Rahmen von CRD I bis CRD IV, und insbesondere die hiermit verbundene Erweiterung des regulatorischen Blickfeldes im Rahmen von CRD II[455], beinhaltete unter anderem eine Verbesserung des Managements von Großkrediten und damit verbunden eine Neubetrachtung des Begriffes der Kreditnehmereinheit. Die bisherige Regelung der *Kreditnehmereinheit nach § 19 Abs. 2* des Kreditwesengesetzes (KWG) war aufgrund der nicht widerlegbaren Regelbeispiele des § 19 Abs. 2 Satz 2 KWG nach Aussage der Bankenaufsicht im Rahmen der Umsetzung des Baseler Rahmenwerkes nicht für die Übernahme in die Solvabilitätsverordnung geeignet, da diese den Spielraum für die Institute zu stark einengen könnten. Aus diesem Grund wählte man für die Solvabilitätsverordnung eine eigene inhaltliche Umsetzung. Da die Richtlinienvorgabe in allen Bereichen gleich lautete, lag es dem Gesetzgeber nahe, den Begriff der *Schuldnergesamtheit* gleichermaßen bei Kreditrisikominderungstechniken und für die Verbriefungsregelungen bereits im Kontext von Basel II zu verwenden[456]. Den Kreditinstituten stand es dabei frei, für die Abbildung der Schuldnergesamtheiten die Kreditnehmereinheiten zu verwenden, die sie nach § 19 Abs. 2 des KWG bilden müssen.[457]

Mit der Einführung des Begriffes *Schuldnergesamtheit* wurde jedoch eine konkretere Notwendigkeit zur Betrachtung von *nicht* rechtlich miteinander verbundenen Kreditnehmern verlangt. Gemäß der Solvabilitätsverordnung (SolvV) haben Kreditinstitute diejenigen Kreditnehmer zusammenzufassen, bei denen Zahlungsschwierigkeiten eines Kreditnehmers kausal auch Zahlungsschwierigkeiten bei anderen Kreditnehmern auslösen würden[458]. Doch diese Vorschrift war bisher sehr

---

[455] CRD II: beinhaltet die Leitlinie zur Erreichung einer einheitlichen Verwaltungspraxis in den Mitgliedstaaten des Committee of European Banking Supervisors (CEBS) zu Artikel 4 Absatz 45 und Artikel 106 Absatz 3 der Richtlinie 2006/48/EG, die durch die Richtlinie 2009/111/EG vom 16.09.2009 überarbeitet worden sind.

[456] Der Begriff Schuldnergesamtheit rührt aus dem Begriff „Gruppe verbundener Kunden" (engl.: Group of connected clients) gem. § 4 Absatz 8 SolvV. Gemäß Artikel 4 Abs. 45 der Bankenrichtlinie wird hierfür der Begriff der Schuldnergesamtheit eingeführt.

[457] Vgl. Deutsche Bundesbank, Frankfurt: Begründung zur Verordnung über die angemessene Eigenmittelausstattung (Solvabilität) von Instituten - Solvabilitätsverordnung (SolvV), S. 6.

[458] Vgl. § 4 Abs. 8 Solvabilitätsverordnung.

allgemein gehalten und wurde von den Kreditinstituten meist individuell interpretiert bzw. bereits bei der Bildung von institutseigenen Risikogemeinschaften beachtet. Diese sollen neben den aufsichtsrechtlich vorgegebenen rechtlichen Abhängigkeiten[459] auch gewisse wirtschaftliche Abhängigkeiten berücksichtigten.

Mit der Überarbeitung der bestehenden Banken- und Kapitaladäquanzrichtlinie (CRD[460]), gilt es für Kreditinstitute im Rahmen der CRD II-Umsetzung, ab dem 31.12.2010 bei der Bildung von Kreditnehmereinheiten jetzt diese weiteren Zusammenrechnungstatbestände zu berücksichtigen. Diese neuen aufsichtsrechtlichen Vorgaben, deren Umsetzung in einem Kreditinstitut sowie sich daraus ergebende Auswirkungen auf die Prüfungen der Internen Revision, sind Gegenstand des Beitrags.

2 Bildung von Kreditnehmereinheiten nach den neuen aufsichtsrechtlichen Vorgaben

2.1 Neuerungen bei der Bildung der Kreditnehmereinheit

Kreditnehmereinheiten dienen der Abbildung des gesamten Risikos von Forderungen bei vorhandenen Zusammenrechnungstatbeständen. Mehrere rechtlich selbständige Kreditnehmer müssen bei der Erfüllung von mindestens einem dieser Zusammenrechnungstatbestände bankrechtlich wie ein einziger Kreditnehmer behandelt werden. Das bedeutet, die Forderungen der Bank an diese Kreditnehmer sind entsprechend zusammenzufassen und im Rahmen der Risikobeurteilung, der Risikobehandlung und den aufsichtsrechtlichen Vorgaben, wie z. B. den Anforderungen des § 18 KWG und den Großkreditvorschriften, ganzheitlich zu betrachten.

Bisher erforderten die Zusammenrechnungstatbestände die Ermittlung wesentlicher Kreditstrukturen und des Ausfallrisikos bei rechtlich und gegenseitig wirtschaftlich verflochtenen Wirtschaftseinheiten (Unternehmen und Privatpersonen) gemäß § 19 Absatz 2 KWG. Hierbei stand der Zusammenrechnungstatbestand des beherrschenden Einflusses im Mittelpunkt der Betrachtung. Diese Varianten sind in Tabelle 1 dargestellt. Daneben sind noch Kreditnehmereinheiten zu nennen, die aufgrund der Haftung oder der Personenidentität zu bilden sind (z. B. bei der Gesellschaft bürgerlichen Rechts oder Ehegatten-Konzerne) und Sonderfälle (z. B. Atypisch stille Beteiligung, Strohmannkredite und die treuhänderische Beteiligung).

---

[459] Vgl. § 19 Absatz 2 Satz 1 bis 5 Kreditwesengesetz.

[460] CRD: Capital Requirements Directive, bezeichnet keine eigenständige Richtlinie sondern den Arbeitstitel der bestehenden Bankenrichtlinie (2006/48/EG) sowie der Kapitaladäquanzrichtlinie (2006/49/EG).

Beherrschungsverhältnis	Zusammenrechnungstatbestand
Konzernzugehörigkeit (Unter-/Gleichordnungskonzern)	Beherrschungsvertrag oder Mehrheitsbesitz durch Unternehmen oder einheitliche Leitung
Ergebnisabführungsvertrag	Verpflichtung zur Abführung des gesamten Gewinnes
Mehrheitsbeteiligung und paritätische Beteiligung	Kapitalmehrheit durch Personen oder paritätische Beteiligung in Verbindung mit beherrschendem Einfluss
Personenhandels- und Partnergesellschaften	Persönliche Haftung des Gesellschafters oder Mehrheitsbeteiligung bei eingeschränkter Haftung (Mehrheitskommanditist)

Abbildung 1: Rechtliche Zusammenrechnungstatbestände gemäß § 19 Satz 2 Ziff. 1–5 KWG

Ab dem 31.12.2010 wird der Begriff der Kreditnehmereinheit dahingehend erweitert, dass nicht nur rechtlich und gegenseitig wirtschaftlich verflochtene Kreditnehmer, sondern auch *einseitig wirtschaftliche Abhängigkeiten* zwischen den Kreditnehmern sowie die Refinanzierungsquelle der Kreditnehmer bei der Bildung von Kreditnehmereinheiten betrachtet werden müssen, und ggf. eine Zusammenrechnung dieser Kreditnehmer erfolgen muss.[461] Zudem wird gegenüber den bisherigen Regelungen ein Beherrschungsverhältnis nur noch vermutet und nicht mehr zwingend angenommen (z. B. bei einer Mehrheitsbeteiligung). Hieraus ergibt sich eine neue Widerlegungsmöglichkeit für Kreditinstitute, die jedoch gegenüber der Bankenaufsicht nachgewiesen werden muss. Dies kann z. B. durch die Vorlage eines „Entherrschungsvertrages" erfolgen oder durch das Auseinanderfallen von Kapital- und Stimmrechtsanteilen der Fall sein.

---

[461] Vgl. Bundesanstalt für Finanzdienstleistungsaufsicht, Frankfurt am Main, Rundschreiben 8/2011 vom 15.07.2011, S. 2 ff.

2.1.1 Wirtschaftliche Abhängigkeiten

Die neuen gesetzlichen Regelungen des §19 Absatz 2 Satz 6 KWG sehen grundsätzlich vor, dass der Sachverhalt der Zusammenrechnung gegeben ist, wenn die wirtschaftliche Abhängigkeit dergestalt besteht, dass Finanzierungs- und Rückzahlungsschwierigkeiten eines Kreditnehmers zu Finanzierungs- und Rückzahlungsschwierigkeiten eines anderen Kreditnehmers führt und/oder eine Abhängigkeit von einer gemeinsamen Refinanzierungsquelle besteht. Diese Sachverhalte können zu einer existenzbedrohenden Situation des oder der Kreditnehmer führen, wenn eine dieser Wirtschaftseinheiten in (finanzielle) Schwierigkeiten gerät. Dabei ist das Beherrschungsverhältnisses hiervon gänzlich unabhängig zu betrachten[462]. Zudem genügt bereits eine einseitige wirtschaftliche Abhängigkeit zur Erfüllung des Zusammenrechnungstatbestandes. Die Berücksichtigung einer *solchen existenzbedrohenden* wirtschaftlichen Abhängigkeit erfolgt zukünftig durch die Bildung von sogenannten Risikoeinheiten[463].

Das bedeutet, dass eine wirtschaftliche Abhängigkeit dann besteht, wenn finanzielle Schwierigkeiten eines (Kredit-)Kunden dazu führen, dass dem anderen Kreditkunden die pünktliche Rückzahlung seiner Verbindlichkeiten erschwert wird und diese Rückzahlungsschwierigkeiten existenzbedrohend für den bzw. die Kunden sind. Einseitige (und gegenseitige) wirtschaftliche Abhängigkeiten können sich somit aus verschiedenen Konstellationen ergeben, insbesondere jedoch aus der Geschäftsbeziehung zwischen den Kunden[464] und:

- Unternehmen mit einem Hauptabnehmer
- Unternehmen mit einem identischen, kleinen Kundenstamm
- Unternehmen welche einen Hauptlieferanten haben
- Bürge/Garantiegeber der für eine, für ihn bedeutende Forderung (einseitige, ggf. wechselseitige Abhängigkeit) haftet
- Abhängigkeit von einem Hauptmieter, der schwer substituierbar ist

Weiterhin können auch außerhalb von Geschäftsbeziehungen, also im Privatkundenkreditgeschäft wirtschaftliche Abhängigkeiten bestehen welche es zu betrachten gilt:

- Bei Gemeinschaftskrediten zwischen den einzelnen Kreditnehmern
- Zwischen Kreditnehmer und Sicherheitengeber, wenn die Sicherheitenverwertung die Zahlungsfähigkeit des Sicherheitengebers gefährdet.
- Zwischen Ehepartnern, wenn hier für das Vermögen der Eheleute bedeutende Kredite bestehen und eine gegenseitige Haftung besteht. Diese können gemäß Eherecht oder aufgrund einer Vereinbarung im Kreditvertrag bestehen.

---

[462] Vgl. § 19 Absatz 2 Satz 6 KWG.
[463] Vgl. Ziff. 3.1.
[464] Vgl. Bundesanstalt für Finanzdienstleistungsaufsicht, Frankfurt am Main, Rundschreiben 8/2011 vom 15.07.2011, S. 3–5, Tz. 9–13.

Des Weiteren sind Abhängigkeiten zu prüfen, wenn ein anderes Institut bereits den Kreditkunden als abhängig einschätzt und auch entsprechend behandelt. Dies ist als Indiz zu werten und verpflichtet nicht zur automatischen Zusammenfassung im eigenen Institut[465].

2.1.2 Wirtschaftliche Abhängigkeit aufgrund der Finanzierungsbeziehung

Als Sonderfall der wirtschaftlichen Abhängigkeit wird an dieser Stelle die in § 19 Absatz 2 Satz 6 KWG genannte Abhängigkeit aufgrund einer Hauptrefinanzierungsquelle betrachtet. Bei dieser *wirtschaftlichen Abhängigkeit* sind die Kunden zu betrachten, deren Finanzierung auf der gleichen Quelle beruhen. Dies ist dann der Fall, wenn sich Finanzierungsprobleme eines Unternehmens auf ein anderes übertragen können und die Finanzierungsquelle nicht ohne weiteres ersetzt werden kann und die Substitution nicht durch erhebliche Nachteile oder höhere Kosten erfolgen kann[466].

Von einer wirtschaftlichen Abhängigkeit kann insbesondere in den Fällen gesprochen werden, wenn sich eine Bank im Falle von Verbriefungstransaktionen gegenüber mehreren Conduits oder einzelnen SPV's[467] zur Bereitstellung entsprechender bonitätsverbessernder Fazilitäten Liquiditätslinien oder *Letter of Credits* als möglicher Kreditgeber zur Besserung des Ratings der Verbriefungstransaktion verpflichtet hat (Refinanzierungsquelle) und hierbei die Möglichkeit besteht, das alle diese Verpflichtungen gleichzeitig eingefordert werden weil der Markt (als Finanzierungsquelle) nicht mehr zur Verfügung steht[468]. Diese Art der Abhängigkeit war z. B. im Rahmen der Subprime-Krise mit ausschlaggebend für die Schieflage von Banken, die über Liquiditätsgarantien an ein Conduit entsprechend hohe Forderungen eingegangen sind und nicht mehr refinanzieren konnte. Da die einzelnen SPV's im Rahmen des Conduit in Ihrer Refinanzierungsfähigkeit von der Zahlungsfähigkeit des garantierenden (und in der Regel dann auch initiierenden Instituts) der Securisation abhängig sind, hat dieses Institut die einzelnen SPV's bzw. den Conduit als einen Kreditnehmer zu betrachten. Eine Beispielhafte Conduit-Struktur zeigt Abbildung 2.

---

[465] Vgl. Bundesanstalt für Finanzdienstleistungsaufsicht, Frankfurt am Main, Anlage zum Rundschreiben 8/2011 vom 15.07.2011 (FAQ-Liste), S. 11 Tz. 29.
[466] Vgl. Bundesanstalt für Finanzdienstleistungsaufsicht, Frankfurt am Main, Rundschreiben 8/2011 vom 15.07.2011, S. 5–11 Tz. 14–29.
[467] SPV = Special Purpose Vehicel (Einzweckgesellschaft, welche als Finanzierungsgesellschaft, z. B. für eine ABS-Transaktion gegründet wird).
[468] Vgl. Bundesanstalt für Finanzdienstleistungsaufsicht, Frankfurt am Main, Rundschreiben 8/2011 vom 15.07.2011, S. 5 Tz. 14.

Die neue Kreditnehmereinheit (wirtschaftliche Risikoeinheit)

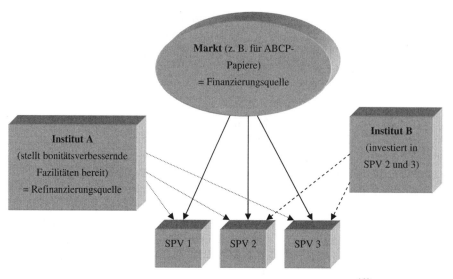

Abbildung 2: Conduit-Struktur mit garantierendem und investierendem Institut[469]

Dies gilt auch im Rahmen der Investitionstätigkeit eines Kreditinstitutes, welche in einzelne von den SPV's begebenen Anleihen (z. B. ABCP-Papiere oder ABS-Anleihen) investiert. Hierbei muss das investierende Institut untersuchen, ob ein einheitliches Risiko zwischen den einzelnen SPV's besteht, von denen Anleihen gekauft wurden. Von einem einheitlichen Risiko kann das Institut in solchen Fällen ausgehen, wenn ein Risikogleichlauf aufgrund der vorgenannten Abhängigkeit von der Refinanzierungsquelle zwischen allen oder den einzelnen SPV's besteht. Dabei muss das investierende Institut die von dem Risikogleichlauf betroffenen Zweckgesellschaften wie einen Kreditnehmer betrachten.

2.1.3 Generelle Ausschlüsse von der Bildung der Risikoeinheit

Aufgrund der Berücksichtigung regionaler und branchenbedingter Konzentrationsrisiken *(strukturelles Risiko)* im Rahmen der Säule 2 von Basel II bzw. der Banken- und Kapitaladäquanzrichtlinie des Baseler Ausschuss für Bankenaufsicht findet dieses Risiko in der aktuellen Änderung der Banken- und Kapitalädaquanzrichtlinie keine Berücksichtigung[470]. Auch ein geografisches Abhängigkeitsverhältnis von einer Finanzierungsquelle erfüllt keinen Zusammenrechnungstatbestand nach § 19 Absatz 2 Satz 6 KWG, da dies in der Regel auf gewachsenen Strukturen bzw.

---

[469] Vgl. Bundesanstalt für Finanzdienstleistungsaufsicht, Frankfurt am Main, Rundschreiben 8/2011 vom 15.07.2011, S. 7.
[470] Vgl. ebenda, S. 2 Tz. 7–8.

einem Hausbankverhältnis besteht[471]. Auch Arbeitgeber und Arbeitnehmer sind, sofern der Ausfall des Arbeitgebers nicht existenzbedrohend für den Arbeitnehmer ist, generell nicht zusammenzurechnen. Der Arbeitgeber ist in der Regel substituierbar[472]. Ebenso verhält es sich mit nicht kreditwürdigen Kunden, die aufgrund Ihrer Bonität vom aktuellen Kreditinstitut abhängig sind[473]. Weitere Ausnahmen sind im § 19 Absatz 2 explizit genannt (Bund, Länder und Gemeinden, die Europäischen Gemeinschaften sowie ausländische Zentral- und Regionalregierungen im europäischen Wirtschaftsraum wenn diese ein KSA Risikogewicht von 0 % erhalten würden)[474].

2.2 Inkrafttreten und Übergangsregelungen

Die neuen aufsichtsrechtlichen Anforderungen sind generell rückwirkend zum 31.12.2010 anzuwenden[475]. Die Aufsichtsorgane sind sich jedoch bewusst, dass die *Prüfung wirtschaftlicher Abhängigkeiten* mit einem entsprechenden Aufwand verbunden ist und gewähren eine Übergangsfrist bis zum 31.12.2011 zur Überprüfung des Kreditnehmerbestandes. Insbesondere Kredite die 2 % des haftenden Eigenkapitals (hEK) des jeweiligen Kreditinstituts übersteigen, sind rückwirkend auf wirtschaftliche Abhängigkeiten zu überprüfen. Auch Kredite unter dieser Grenze sind im Rahmen des laufenden Kreditgewährungs- und Überwachungsprozess auf wirtschaftliche Abhängigkeiten zu überprüfen.

3 Bankinterne Umsetzung

An die *Identifizierungsprozesse* wirtschaftlicher Abhängigkeiten werden aufsichtsrechtlich konkrete Anforderungen gestellt. Generell gilt, dass unabhängig von der Tatsache ob ein Kontrollverhältnis vorliegt, die Kreditinstitute zur Prüfung einer eventuell vorhandenen wirtschaftlichen Abhängigkeit zwischen Ihren Kunden verpflichtet sind. Dieser Identifizierungsprozess sollte ein wesentlicher Bestandteil des Kreditgewährungs- und Überwachungsprozesses sein[476]. Die Überprüfung auf wirtschaftliche Abhängigkeiten sollte sich jedoch auf die *„über dem Kreditnehmer liegenden Stufe"* beschränken, sofern dies dem überprüfenden Kreditinstitut plausibel

---

[471] Vgl. Bundesanstalt für Finanzdienstleistungsaufsicht, Frankfurt am Main, Rundschreiben 8/2011 vom 15.07.2011, S. 8 Tz. 20.
[472] Vgl. Bundesanstalt für Finanzdienstleistungsaufsicht, Frankfurt am Main, Anlage zum Rundschreiben 8/2011 vom 15.07.2011 (FAQ-Liste), S. 12 Ziff. 3.4.1.
[473] Vgl. Bundesanstalt für Finanzdienstleistungsaufsicht, Frankfurt am Main, Rundschreiben 8/2011 vom 15.07.2011, S. 8, Tz. 21.
[474] Vgl. §19 Absatz 2 KWG.
[475] Vgl. Bundesanstalt für Finanzdienstleistungsaufsicht, Frankfurt am Main, Rundschreiben 8/2011 vom 15.07.2011, S. 1 Tz. 2.
[476] Vgl. Bundesanstalt für Finanzdienstleistungsaufsicht, Frankfurt am Main, Rundschreiben 8/2011 vom 15.07.2011, S. 9–11, Tz. 23–29.

erscheint[477]. Das bedeutet, dass der wirtschaftliche abhängige Kunde lediglich mit dem Kunden in der neuen Risikoeinheit zusammen gerechnet werden muss, von dem er abhängig ist. Des Weiteren erfolgt keine kumulative Berücksichtigung bei bereits aufgrund eines Beherrschungsverhältnisses vorhandenen Kreditnehmereinheiten. Es ist eine separate Risikoeinheit zu bilden. Eventuell über diese Stufe hinausgehende Zusammenrechnungstatbestände sind lediglich zu prüfen, sofern diese offensichtlich sind[478]. Eine Zusammenrechnung erfolgt hierbei nur, wenn den betroffenen Kunden auch tatsächlich Kredit gewährt wurde[479]. Dieser Sachverhalt führt zur Notwendigkeit von unterschiedlichen Kreditnehmereinheitenbegriffen, deren Abgrenzung im nachfolgenden Abschnitt erfolgen soll.

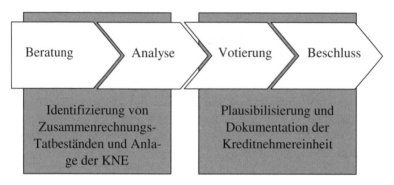

Abbildung 3: Integration der Kreditnehmereinheitenbildung im Kreditvergabeprozess

Vorab wird an dieser Stelle darauf hingewiesen, dass eine Überprüfung eines Kunden auf einen Zusammenrechnungstatbestand auch dann erfolgen muss, wenn ein anderes Institut eine wirtschaftliche Abhängigkeit bei diesem Kunden festgestellt hat[480]. Eine automatische Verpflichtung zur Zusammenrechnung erfordert dieser Sachverhalt nicht. Die Identifikation solcher Sachverhalte erfolgt z. B. über die Stammdatensuchmaschine der Bundesbank, die die Institute im Rahmen des Prozesses zur Identifikation wirtschaftlicher Abhängigkeiten nutzen müssen. Generell sind folgende Überprüfungsanlässe zu nennen:

- Neugeschäft
- Krediterhöhungen und Prolongationen
- Lfd. Bonitätsprüfungen

---

[477] Vgl. Bundesanstalt für Finanzdienstleistungsaufsicht, Frankfurt am Main, Anlage zum Rundschreiben 8/2011 vom 15.07.2011 (FAQ-Liste), S. 12–15, Ziff. 3.4.1.
[478] Vgl. ebenda.
[479] Vgl. ebenda.
[480] Vgl. Bundesanstalt für Finanzdienstleistungsaufsicht, Frankfurt am Main, Anlage zum Rundschreiben 8/2011 vom 15.07.2011 (FAQ-Liste), S. 22 Ziff. 3.4.9.

- Lfd. Erfüllung der Erfordernisse nach §18 KWG
- Erlangen positiver Kenntnis einer wirtschaftlichen Abhängigkeit eines Kunden

Zudem erfolgt hierbei der ausdrückliche Hinweis auf den Kreditbegriff gem. § 19 Absatz 1 KWG, da auch die Zusammenrechnung eines Kreditkunden mit einem Kunden erforderlich sein kann, gegenüber dem die Bank statt einer klassischen Kreditvergabe eine Forderung aus z. B. einem Schuldtitel (z. B. eines festverzinsliches Wertpapieres) hat.

3.1 Abgrenzung des Kreditnehmereinheitenbegriffes

Die Berücksichtung der wirtschaftlichen Abhängigkeiten in den juristischen Systemen der Bank soll durch die Bildung einer sogenannten Risikoeinheit erfolgen. Dort finden sich bereits Verbindungen in Form von Kreditnehmereinheiten, die Aufgrund eines Beherrschungsverhältnisses gebildet wurden. Von einer Verbindung dieser beiden Abhängigkeiten wird seitens der Bankenaufsicht explizit abgesehen, da nicht grundsätzlich davon ausgegangen werden kann, dass die wirtschaftliche Abhängigkeit eines in einer aufgrund einem Beherrschungsverhältnis verbundenem Kunden zu Zahlungsschwierigkeiten in der gesamten Gruppe führen kann. Nur wenn von den Zahlungsschwierigkeiten die gesamte Gruppe betroffen wäre müsste eine Zusammenrechnung des gesamten Konstruktes nach §19 Absatz 2 Satz 6 erfolgen[481]. Des Weiteren haben Banken ggf. bereits aufgrund eigener interner Anforderungen eigene Risikogemeinschaften gebildet, die bereits enge wirtschaftliche Abhängigkeiten berücksichtigen, welche jedoch noch nicht automatisch zur Bildung einer Kreditnehmereinheit führen. Diese Risikogemeinschaften sollten jedoch nicht für die Bildung der Risikoeinheiten herangezogen werden, da hier eben auch andere, insbesondere institutseigene Zusammenrechnungstatbestände relevant sein können und die Begrifflichkeiten *Risikoeinheit* und *Risikogemeinschaft* leicht zu Verwechslungen im Haus führen können. Zudem kann hierdurch die eindeutige Identifizierung der Kreditnehmereinheiten aufgrund wirtschaftlicher Abhängigkeiten im Meldewesen nicht mehr sichergestellt werden. Für die Abgrenzung der Kreditnehmereinheiten gemäß § 19 Absatz 2 Satz 1–5 von den Kreditnehmereinheiten gemäß Satz 6 (Risikoeinheit) und den internen Risikogemeinschaften empfiehlt sich daher eine eindeutige Abgrenzung und die Verwendung unterschiedlicher Begriffe.

Weiter ist hierbei zu beachten, dass durch die neuen aufsichtsrechtlichen Vorgaben die Zusammenrechnungstatbestände für die Großkreditmeldung der Institute von den Zusammenrechnungstatbeständen für die Millionenkreditmeldung auseinanderfallen. Während für die Großkreditmeldung die Betrachtung wirtschaftlicher Abhängigkeiten anzuwenden sind, kommen diese für die Millionenkreditmeldung

---

[481] Vgl. Bundesanstalt für Finanzdienstleistungsaufsicht, Frankfurt am Main, Rundschreiben 8/2011 vom 15.07.2011, S. 8–9, Tz. 22.

nicht in Betracht. Hier werden zukünftig nur Zusammenrechnungstatbestände, welche auf dem Sachverhalt der Beherrschung beruhen, berücksichtigt[482].

3.2 Überprüfung des Kreditnehmerbestandes

In einem ersten Schritt zur bankinternen Umsetzung ist der Kreditnehmerbestand auf *wirtschaftliche Abhängigkeiten* zu überprüfen. Dem augenscheinlichen Umfang dieser Anforderung an die Kreditinstitute hat die Aufsicht jedoch erkannt und eine entsprechende Vereinfachung in der Umsetzung gewährt. So sind zunächst Kredite, die über 2 % des haftenden Eigenkapitals (nachstehend hEK genannt) des Kreditinstituts ausmachen, zwingend auf wirtschaftliche Abhängigkeiten zu überprüfen. Generell unterliegen Kredite, die über dieser Grenze liegen, besonderen Anforderungen bei der Überprüfung (vgl. Abschnitt 3.3).

Alle unter dieser Grenze liegenden Kreditnehmer im Bestand des Hauses, sind im Rahmen des üblichen Kreditbearbeitungsturnus zu überprüfen. Hierunter fallen auch die regulären Kreditprolongationen. Wenn jedoch bereits vermutet wird, dass eine wirtschaftliche Abhängigkeit bei einem Kreditkunden unterhalb dieser Grenze vorhanden ist, muss dies bei der Bestandsüberprüfung näher untersucht werden[483]. Hierzu empfiehlt sich im Rahmen der Durchschau die Berücksichtigung bereits gebildeter (interner) Risikogemeinschaften, da hier die Bank bereits zum Teil gewisse wirtschaftliche Abhängigkeiten festgestellt hat.

Zu beachten ist hierbei auch, dass die Überprüfung auf Einzelkreditnehmerebene stattfindet und *keine kumulative Berücksichtigung* von wirtschaftlichen Abhängigkeiten und Beherrschungsverhältnisse bei der Einheitenbildung vorzunehmen ist[484]. Die Durchführung der Überprüfung ist analog der Vorgehensweise bei der Neukreditvergabe vorzunehmen, welche im nachfolgenden Abschnitt näher erläutert wird.

3.3 Prozessänderung bei der Kreditvergabe

Zur Identifikation wirtschaftlicher Abhängigkeiten rückt die Informationsbeschaffung an eine zentrale Stelle im Kreditgewährungsprozess. Da diese überwiegend direkt beim Kunden stattfindet sind in erster Linie die kundennahen Marktbereiche entsprechend für die neuen aufsichtsrechtlichen Anforderungen zu sensibilisieren und zu schulen. Zu deren Unterstützung empfiehlt sich die Bereitstellung von

---

[482] Vgl. Bundesanstalt für Finanzdienstleistungsaufsicht, Frankfurt am Main, Modernisierung des bankaufsichtlichen Meldewesens – Konzept der deutschen Bankenaufsicht vom 23.02.2011, S. 37.

[483] Vgl. Bundesanstalt für Finanzdienstleistungsaufsicht, Frankfurt am Main, Anlage zum Rundschreiben 8/2011 vom 15.07.2011 (FAQ-Liste), S. 21– 22 Ziff. 3.4.6.

[484] Vgl. Bundesanstalt für Finanzdienstleistungsaufsicht, Frankfurt am Main, Anlage zum Rundschreiben 8/2011 vom 15.07.2011 (FAQ-Liste), S. 21– 22 Ziff. 3.4.6.

Checklistenmaterial, anhand derer die Identifikation wirtschaftlicher Abhängigkeiten im Kundengespräch erleichtert werden soll. Diese Checklisten sollten in erster Linie die möglichen Zusammenrechnungstatbestände sowie entsprechende Kriterien oder Schwellenwerte enthalten, ab deren Erreichen von einer Abhängigkeit ausgegangen werden kann. Ferner sollte die Beurteilung Auswirkungen der Abhängigkeiten auf die Zahlungsfähigkeit des Kunden auf der Checkliste enthalten sein und die Beurteilung, ob diese finanziellen Schwierigkeiten existenzbedrohend sind. Abschließend sollte die Beurteilung einer möglichen Abwendung der Zahlungsschwierigkeiten (z. B. durch Umstellung der Produktion, Hebung von Effizienzen im Umlaufvermögen, Verwertung drittverwendungsfähiger Sicherheiten) geprüft und dokumentiert werden. Eine Musterchecklise zur Prüfung und Dokumentation wirtschaftlicher Abhängigkeitsverhältnisse ist in Abbildung 6 dargestellt. Diese Anforderungen sollten in die Beratungsprozesse zur Kreditgewährung mit eingebunden werden.

Zur weiteren Plausibilisierung im Rahmen des weiteren Kreditvergabeprozesses empfiehlt sich aufgrund der *aufbauorganisatorischen Trennung* zwischen Markt- und Marktfolgeeinheit auch in der Markfolgeeinheit entsprechende Schulungen und eine Sensibilisierung des Themas vorzunehmen, um im Rahmen einer gemeinsamen Kreditkultur zwischen Markt- und Marktfolgeeinheit ein gleiches Verständnis für die Handhabung im eigenen Institut zu verankern.

Da Abhängigkeiten auch im Laufe der Zeit entstehen können, ist eine Definition der Prüfungsanlässe in der Schriftlich fixierten Ordnung des Instituts sowie die Benennung von Zuständigkeiten in der Aufbauorganisation festzulegen. An welcher stelle des gesamten Kreditgewährungsprozesses die Identifikation wirtschaftlicher Einheiten konkret angesiedelt wird, hat jedes Haus letztlich für sich selbst zu entscheiden. Wie vorgenant kann dies Teil des Beratungsprozesses des Instituts sein. Aufgrund der aufsichtsrechtlichen Vorgaben des § 18 KWG, der damit verbundenen Notwendigkeit zur Beurteilung der Kapitaldienstfähigkeit und der Auswirkung wirtschaftlicher Abhängigkeiten auf die Kapitaldienstfähigkeit des Kunden, sind die neuen Vorgaben zur Kreditnehmereinheitenbildung bereits ab der gesetzlich vorgegeben Offenlegungsgrenze für die wirtschaftlichen Verhältnisse von TEUR 750 anzuwenden[485]. Zur Sicherstellung der laufenden Überprüfung empfiehlt sich daher die Einbindung der Verfahren in den Offenlegungsprozess des § 18 KWG, der sowohl im Rahmen der Erstoffenlegung bei der Neukreditvergabe als auch im Rahmen der laufenden Offenlegung im Bestandsgeschäft, zum Tragen kommt und in der Regel bereits hinreichend in den Instituten implementiert ist. Diese Vorgehensweise kommt natürlich nur zum Tragen, wenn die Betragsgrenze von 2 % des hEK des Instituts über der Offenlegungsgrenze des § 18 KWG liegt. Bei kleineren Kreditinstituten muss die intensive Prüfung zwingend beim Erreichen

---

[485] Vgl. Bundesanstalt für Finanzdienstleistungsaufsicht, Frankfurt am Main, Rundschreiben 8/2011 vom 15.07.2011, S. 11–22, Tz. 30.

der Betragsgrenze von 2 % des hEK erfolgen[486]. Bei Kreditinstituten, in denen 2 % des hEK mehr als TEUR 750 betragen, besteht ein Stufenverhältnis. Dies beinhaltet im Rahmen der Offenlegung nach §18 KWG geringere Anforderungen an die Identifizierung von Risikoeinheiten zu stellen sind als bei Erreichen der 2 %-Grenze[487]. Dennoch verlangt die Bundesanstalt für Finanzdienstleistungsaufsicht, bereits ab TEUR 750, bzw. bei kleineren Kreditinstituten ab Erreichen der 2 %-Grenze die Nutzung der Stammdatensuchmaschine der Deutschen Bundesbank[488].

---

[486] Vgl. Bundesanstalt für Finanzdienstleistungsaufsicht, Frankfurt am Main, Rundschreiben 8/2011 vom 15.07.2011, S. 11–22, Tz. 30.
[487] Vgl. ebenda.
[488] Vgl. ebenda.

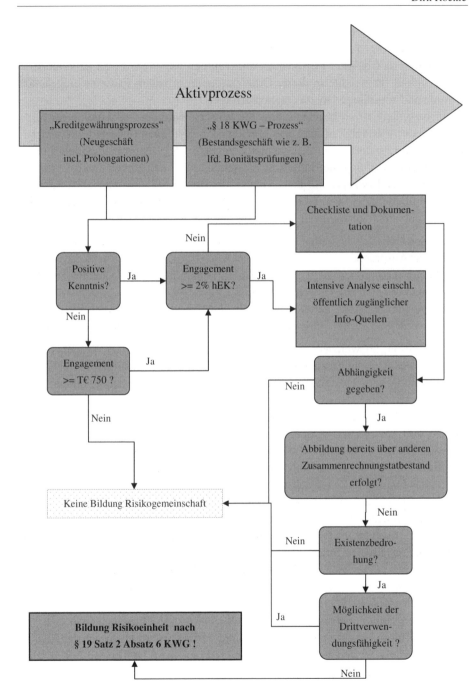

Abbildung 4: Beispielhafte Prozessdarstellung zur Einbindung der Überprüfung des Neu- und Bestandsgeschäftes in den Aktivprozess

Bei positiver Kenntnis entsprechender Abhängigkeiten und Krediten, die 2 % des haftenden Eigenkapitals der Bank übersteigen, ist hierbei zwingend eine intensive Analyse der möglichen Abhängigkeiten in den Kreditprozessen zu verankern. Daher sollten für Kredite in dieser Größenordnung in jedem Fall eine eingehende Prüfung und sorgfältige Dokumentation erfolgen.[489]

Insbesondere ist zu beachten, dass die Einschätzung der Auswirkung der wirtschaftlichen Abhängigkeit, und wie gravierend sich hieraus finanzielle *existenzbedrohende Auswirkungen* auf den Kunden ergeben, in der Verantwortung jedes Instituts verbleibt, da durch die Ergreifung entsprechender Maßnahmen und Erarbeitung entsprechender Konzepte mit dem Kunden die existenziellen finanziellen Schwierigkeiten überwunden werden können. Anhaltspunkte für das vorliegen einer existenzbedrohenden Abhängigkeit könnten beispielsweise sein:[490]

- Substitution des ausfallenden Lieferanten/Abnehmer/Hauptmieter/nimmt viel Zeit in Anspruch.
- „Nachfrageoligopol" bei Unternehmen mit einem identischen, kleinen Kundenstamm lässt sich nur schwer ausweiten.
- Bürge/Garantiegeber haftet für eine, für ihn so bedeutende Forderung, dass die Inanspruchnahme der Bürgschaft bzw. Garantie zur Existenzbedrohung wird.

Die Definition, ab welchem Ausmaß der Abhängigkeit von einer Existenzbedrohung ausgegangen, liegt in der Verantwortung der einzelnen Institute. Daher sollten entsprechende interne Schwellenwerte dokumentiert und regelmäßig validiert werden.

Zur abschließenden Beurteilung der Existenzbedrohung ist des Weiteren die Möglichkeit der *Drittverwendung der entsprechenden Leistung* zu würdigen. Sofern diese besteht, kann im Regelfall eine Existenzbedrohung ausgeschlossen werden. Eine Bildung der Risikoeinheit entfällt in diesem Fall (vgl. Abbildung 4).

Da das Institut in der Lage sein muss, festgestellte Abhängigkeiten festzuhalten, sollte die Durchführung der Überprüfung in jedem Fall dokumentiert und zu den Akten genommen werden. Nur so kann der interne und externe Prüfer die dokumentierten institutsspezifischen Verfahren zur Sicherstellung der Bildung von sachgerechten Kreditnehmereinheiten beurteilen. Festgestellte wirtschaftliche Abhängigkeiten sind im Falle der Kreditierung des abhängigen Kunden entsprechend als Risikoeinheit anzulegen und auch als solche zu kennzeichnen. Kommt das Institut letztlich zu dem Schluss, dass eine existenzbedrohende Abhängigkeit eines Kunden von einem anderen (hierbei handelt es sich um den sogenannten „Risikotreiber") aufgrund nachstehender Sachverhalte vorliegt, ist zu klären, ob der Risikotreiber ebenfalls durch das prüfende Institut kreditiert wird. Ist dies der Fall, ist eine

---

[489] Vgl. Bundesanstalt für Finanzdienstleistungsaufsicht, Frankfurt am Main, Rundschreiben 8/2011 vom 15.07.2011, S. 9, Tz. 23.

[490] Vgl. Bundesanstalt für Finanzdienstleistungsaufsicht, Frankfurt am Main, Anlage zum Rundschreiben 8/2011 vom 15.07.2011, S. 11–12.

Risikogemeinschaft nach § 19 Absatz 2 Satz 6 KWG zu bilden. Die Risikogemeinschaft ist mit dem Kreditnehmer als Leitkreditnehmer anzulegen, von dem die wirtschaftliche Abhängigkeit ausgeht (also dem Risikotreiber) und nicht mit dem abhängigen Kreditnehmer[491]. Wird der Risikotreiber nicht kreditiert, empfiehlt sich dennoch aus Gründen der vorgenannten Anforderungen, festgestellte Abhängigkeiten festzuhalten, eine Risikoeinheit auch mit dem nicht kreditierten Kunden anzulegen. Hierdurch kann sichergestellt werden, dass die festgestellte Abhängigkeit auch im Falle einer späteren Kreditierung des Risikotreibers Berücksichtigung findet.

Kunde:	
Prüfung aufgrund Schwellenbetragsüberschreitung (> TEUR 750 bzw. 2% des hEK):	
Prüfung aufgrund positiver Kenntnis wirtschaftlicher Abhängigkeiten:	
Prüfung, da anderes Institut eine Risikoeinheit aufgrund wirtschaftlicher Abhängigkeit gebildet hat:	

Prüfung Existenzbedrohung in Abhängigkeit von bankindividuell festgelegter Schwellenwerte!

Abnehmerbeziehung: Ein Hersteller eines bestimmten Produktes ist abhängig vom Abnehmer des Produktes

Schwellenwert: (bankindividuell)	a) > X % Produktionsausfall und/oder
	b) > X % Umsatzeinbuße falls dieser einzige Abnehmer wegfällt und/oder
	c) > X % Reduktion der kurzfristig frei verfügbaren Zahlungsmittelkapazitäten und/oder
	d) > X % Ertragsrückgang falls dieser einzige Abnehmer wegfällt

Sofern Abhängigkeit besteht: (Überschreitung Schwellenwert)	Gegenpartei:
	Abhängigkeit in %:

Substitution des Abnehmers möglich?	ja	=> keine Risikoeinheitenbildung
	nein	=> Risikoeinheitenbildung

Abbildung 5: Musterchecklist zur Prüfung und Dokumentation der wirtschaftlichen Abhängigkeit am Beispiel Abnehmerbeziehung

Um festzustellen ob die Bildung einer KNE nach § 19 Abs. 2 Satz 6 KWG erforderlich ist, sind im Wesentlichen folgende Fragen zu beantworten:

1. Ist ein Prüfungsfall gemäß der vom Institut festgestellten Schwellenwerte (existenzbedrohende wirtschaftliche Abhängigkeit) vorhanden?
2. Besteht die Gefahr einer existenzbedrohenden Zahlungsschwierigkeit bei Wegfall des Geschäftspartners (Insolvenz oder anderer Grund, beispielsweise Vertragskündigung)?
3. Ersetzbarkeit der wegfallenden Einnahmen (Substitution)?
4. Ermöglicht die Drittverwendungsmöglichkeit bei Immobilien eine zeitnahe und angemessene Verwertung des Beleihungsobjektes?

---

[491] Vgl. Bundesanstalt für Finanzdienstleistungsaufsicht, Frankfurt am Main, Anlage zum Rundschreiben 8/2011 vom 15.07.2011, S. 12–13.

3.4 Adressausfallrisiken aus zugrunde liegenden Geschäften gem. § 6 GroMiKV

Künftig sind bei der Bildung von Kreditnehmereinheiten auch Konstrukte mit zugrundeliegenden Vermögenswerten zu berücksichtigen, da hier Risikokonzentrationen vorhanden sein können die es zu identifizieren gilt und sich aus den zugrundeliegenden Geschäften Adressenausfallrisiken ergeben[492]. Das bedeutet, dass nicht nur die Adressausfallrisiken aus Direktinvestitionen der Kreditinstitute, sondern auch Anlagen in Konstrukte bei Verbriefungspositionen, in Investmentvermögen, oder generell bei Krediten, denen wiederum Investitionen in Vermögenswerte zugrunde liegen. Denkbare Konstrukte könnten zum Beispiel sein Derivate, Private Equity Fonds, Zertifikate oder Beteiligungen oder Kreditfinanzierungen an Beteiligungsunternehmen.

Die Identifizierung von möglichen Risikokonzentrationen soll hierbei durch Bewertung des Gesamtkonstruktes oder seiner zugrundeliegenden Geschäfte in der Weise durch die Institute erfolgen, die der wirtschaftlichen Substanz und den strukturinhärenten Risiken der Geschäfte gerecht wird[493]. Es sind also Abhängigkeiten zwischen dem Konstrukt selbst, seinen zugrundeliegenden Vermögenswerten, oder beidem mit den Kunden des Instituts zu klären und diese Erkenntnisse bei der Bildung entsprechender Risikoeinheiten zu berücksichtigen. Für die Art und Weise, wie die Durchschau zur Bestimmung der Kreditnehmer bzw. Kreditnehmereinheiten erfolgen soll, hat die Aufsicht mehrere Ansätze zur Verfügung gestellt.

---

[492] Vgl. Bundesanstalt für Finanzdienstleistungsaufsicht, Frankfurt am Main, Anlage zum Rundschreiben 8/2011 vom 15.07.2011 (FAQ-Liste), S. 11 ff.
[493] Vgl. Günther, Frank in: BankPraktiker 05/2011, S. 160 ff.

Abbildung 6: Methoden zur Durchschau von Konstrukten

Die Kreditinstitute sollen hierbei möglichst den risikosensitivsten Ansatz wählen, wobei die Definition und die Grundsätze zur Verfahrenswahl hierbei vom Institut festzulegen sind. Die Aufsicht erwartet, dass diese Entscheidung im Hinblick auf das relative Risiko, falls es im Zusammenhang mit dem Konstrukt zu einem Verstoß gegen die Großkreditgrenzen kommt, gründlich rechtfertigt[494].

Auf weitergehende Ausführungen zur Albestandsregelung sowie Besonderheiten bei Dach- und Zielfondskonstrukten bzw. dem Alternativansatz für Anteile am Investmentvermögen einer Kapitalanlagegesellschaft soll an dieser Stelle verzichtet werden. Hierzu wird auf das Rundschreiben verwiesen[495]. Zusammenfassend ist festzuhalten, dass die Institute bei der Umsetzung dieser Anforderungen vor folgenden Anforderungen stehen:

– Methodenwahl für die Durchschau des Konstruktes

---

[494] Vgl. Bundesanstalt für Finanzdienstleistungsaufsicht, Frankfurt am Main, Rundschreiben 8/2011 vom 15.07.2011, S. 15–20, Ziff. 3.1.3.

[495] Vgl. ergänzend Bundesanstalt für Finanzdienstleistungsaufsicht, Frankfurt am Main, Rundschreiben 8/2011 vom 15.07.2011, S. 20–26 .

- Der Prozess der regelmäßigen Datenbereitstellung, -konsolidierung für die einzelnen Konstrukte ist zu initiieren
- Monatlicher Überwachungsturnus und Zuständigkeiten festlegen
- Einbindung in den Prozess zur Bildung von Kreditnehmereinheiten bei bekannten Abhängigkeiten und diesbezüglich Einbindung in den Kreditgewährungsprozess

Zudem erfolgt der Hinweis, dass die Regelungen des § 6 GroMiKV grundsätzlich auch bei Kreditderivaten anzuwenden sind[496].

4 Revisionsansätze

Mit den neuen aufsichtsrechtlichen Anforderungen ergibt sich auch für die Interne Revision der Institute ein weiteres komplexes Thema welches in zukünftigen Prüfungen, insbesondere im Kredit- und Eigenhandelsgeschäft entsprechend zu berücksichtigen ist.

Diese kann hierbei mehrere Prüfungsansätze verfolgen. Zunächst könnten bisher gesammelte Erfahrungen aus vergangenen oder laufenden Einzelengagementprüfungen bzw. -kreditprüfungen bedeutsam sein. Hieraus können bereits dokumentierte Sachverhalte zur Aufdeckung noch nicht entdeckter einseitiger wirtschaftlicher Abhängigkeiten bei Bestandsengagements führen (auch aufgrund durchgeführter Sonderprüfungen in bestimmten Branchen, z. B. im Bereich „Automotive" im Rahmen der Finanzkrise). Diese Erkenntnisse könnten dann bereits in kommenden Kreditengagementprüfungen Berücksichtigung finden.

Des Weiteren sollte die korrekte Umsetzung der neuen Anforderungen jedoch auch Schwerpunkt von Systemprüfungen im Kreditgeschäft sein und zudem im Handelsgeschäft durch die Revision risikoorientiert geprüft werden.

Aufgrund der knappen zeitlichen Vorgabe zu der Umsetzung der neuen aufsichtsrechtlichen Anforderungen ist zu aller erst zu empfehlen, die Revisionsmitarbeiter direkt in das Umsetzungsprojekt zur Erkennung einseitiger wirtschaftlicher Abhängigkeiten zu integrieren. So kann bereits ex-ante die „revisionssichere" Prozessintegration gewährleistet werden, was zum einen spätere Systemprüfungen der Innenrevision erleichtert, und zum anderen eine qualitätssichernde Vorbereitung auf die kommenden Jahresabschlussprüfungen der Wirtschaftsprüfer bedeutet. Hierbei ist davon auszugehen, dass die neuen aufsichtsrechtlichen Vorgaben aufgrund der Aktualität wesentlicher Bestandteil bei der Prüfung des Kreditgeschäftes der Abschlussprüfer sein dürften.

---

[496] Vgl. Bundesanstalt für Finanzdienstleistungsaufsicht, Frankfurt am Main, Rundschreiben 8/2011 vom 15.07.2011, S. 22 Ziff. 3.1.6.

4.1 Schwerpunkte in der Prozessbegleitung

Um spätere Prüfungen zu vereinfachen, und von vornherein einen zumindest zunächst revisionssicheren Prozess zur Erkennung wirtschaftlicher Abhängigkeiten im eigenen Institut zu erhalten, kann eine beratende Stellung eines fachkundigen Revisors bei der Umsetzung hilfreich sein. Bei dieser Projektbegleitung könnten folgende wesentliche Fragestellungen berücksichtigt werden:

- Sind alle neuen aufsichtsrechtlichen Vorgaben seitens des Umsetzungsprojektes erfasst?
- Wurden diese Vorgaben mit entsprechender Relevanz für das eigene Institut bewertet und ggf. gewichtet?
- Sind entsprechend fachkundige Mitarbeiter mit der Umsetzung betraut und wurden sowohl Mitarbeiter aus Markt- und Marktfolgeeinheiten sowie Mitarbeiter aus dem Handelsbereich mit einbezogen?
- Wurden die Anforderungen an die Überprüfung des Kreditnehmerbestandes entsprechend berücksichtigt und die Überprüfung entsprechend durchgeführt und dokumentiert?
- Wurden die Anforderungen an die Neukreditvergabe entsprechend in den Aktivprozess des Hauses integriert?
- Sind die Anforderungen an Konstrukte mit zugrundeliegenden Vermögenswerten ausreichend berücksichtigt?
- Werden die Dokumentationsanforderungen der Bankenaufsicht erfüllt?
- Wurden entsprechende Schulungsmaßnahmen initiiert und ggf. entsprechende Hilfestellungen für die spätere Anwendung generiert?
- Erfolgt eine sachgerechte Dokumentation der Anforderungen in der schriftlich fixierten Ordnung des Instituts?
- Sind entsprechende Schwellenwerte für die Art und den Umfang der wirtschaftlichen Abhängigkeit definiert und sind diese plausibel?
- Sind die Schwellenwerte unter dem Aspekt der Existenzbedrohung hinreichend definiert?
- Ist die Stammdatensuchmaschine der Bundesbank den später im Prozess verantwortlichen Mitarbeitern zugänglich?

Zur Prüfung der Nachhaltigkeit der Anwendung und Sicherstellung der Erkennung von einseitigen wirtschaftlichen Abhängigkeiten, empfiehlt sich im Nachgang zur Umsetzung die Einbindung des Themas in laufenden Systemprüfungen vorzunehmen.

4.2 Schwerpunkte in der Systemprüfung

Im Rahmen von Systemprüfungen ist die Betrachtung der vorhandenen Struktur des Prozesses zur Erkennung und Bildung von Kreditnehmereinheiten bzw. Risikoeinheiten im Fokus der Validierung der festgelegten Identifikationsschritte vorzunehmen.

Hierzu sollten zunächst die Untersuchung der organisatorischen Gegebenheiten und die Prozesseinbindung Teil der Prüfungshandlungen sein. Dies beinhaltet die Einbindung in die Gesamtorganisation und die Prüfung, ob adäquate interne Kontrollsysteme im Prozess vorhanden sind.

Diese internen Kontrollsysteme sollten auf der Grundlage der Voruntersuchung der ablauforganisatorischen Gegebenheiten einen Überblick darüber verschaffen, welche Prozessschritte notwendig sind, welche vorhanden sind und ob organisatorische Änderung den Prozessablauf behindern, und ob Schlüsselkontrollen verbesserungsbedürftig sind, funktionieren oder sogar fehlen.

Als weitere Grundlage zur Identifikation eventuell vorhandener Schwachstellen in der Gesamtstruktur des Prozesses zur Erkennung und Abbildung wirtschaftlicher Abhängigkeiten, ist die Datenbasis und insbesondere die Grundlage zur Datenbeschaffung einer umfassenden Prüfung zu unterziehen. Diesem Sachverhalt kommt bei der Prüfung von Konstrukten mit zugrundeliegenden Vermögenswerten eine besondere Bedeutung zu. Nur die richtigen Informationen sichern eine entsprechende Datenqualität bei der korrekten Abbildung von Kreditnehmer- und Risikoeinheiten. Eine unzureichende Datenqualität, und damit ggf. falsche Evidenzmeldungen, können erhebliche Auswirkungen haben, insbesondere ggü. der Bundesbank oder externen Prüfern. Hierzu sollten im Rahmen der Systemprüfung die sachgerechte Anwendung der entwickelten Checklisten für die Informationsbeschaffung beim Kreditnehmer durch die kundenbetreuenden Stellen regelmäßig überprüft werden (Funktionsprüfung).

Auch die Validierung der Checklisten sollte Bestandteil der Systemprüfung sein. Insbesondere sollten in den Checklisten festgelegte Schwellenwerte und Fragestellungen zur Ermittlung wirtschaftlicher Abhängigkeiten revisionsseitig auf deren Nachhaltigkeit überprüft werden.

Zusammenfassend sollten folgende Fragestellungen Bestandteil der revisionsseitigen Systemprüfung sein:

- Ist die momentane Einbindung des Prozesses zur Erkennung wirtschaftlicher in die Gesamtorganisation der Bank noch zielführend?
- Bestehen Lücken im Prozessablauf bezüglich der Informationsbeschaffung und Dokumentation der Prüfergebnisse bei vermuteten bzw. vorhandenen Zusammenrechnungstatbeständen?
- Sind alle relevanten Zusammenrechnungstatbestände Teil des Identifizierungsprozesses?
- Wird die geforderte Betragsgrenze von 2% des hEK auch bei einer veränderter Eigenkapitalstruktur noch eingehalten?
- Wird die korrekte Datenbasis, insbesondere bei Konstrukten verwendet?
- Werden die Hilfestellungen zur Informationsbeschaffung (Checklisten und/oder Leitfäden) regelmäßig validiert?
- Werden die Hilfsmittel benutzt (Funktionsprüfung)?

– Werden die Schwellenwerte auf die ausreichende Berücksichtigung der Beurteilung und Dokumentation zur Existenzbedrohung von Abhängigkeitsverhältnissen regelmäßig validiert?

4.3 Prüfungsinhalte der Einzelfallprüfung

Im Rahmen von Einzelfallprüfung von Kreditnehmer bzw. Kreditnehmer- und/oder Risikoeinheiten ergeben sich ebenfalls mehrere Ansatzpunkte für den Revisor im Rahmen der neuen aufsichtsrechtlichen Anforderungen.

Es empfiehlt sich generell die Bildung der Risikoeinheit anhand der vorliegenden Informationen auf deren Nachhaltigkeit zu überprüfen. Hierbei steht insbesondere die Beurteilung der Existenzbedrohung der einseitigen wirtschaftlichen Abhängigkeiten im Vordergrund. Des Weiteren ist auch die Dokumentation der Prüfung einseitiger wirtschaftliche Abhängigkeiten auf deren Qualität und Nachhaltigkeit zu untersuchen und dies insbesondere dann, wenn keine Abhängigkeit erkannt wurde. Dies beinhaltet auch die Prüfung der Dokumentation auf deren Konsistenz ggü. internen und externen Quellen. Hierbei empfiehlt sich das Kreditaktenstudium ebenso wie die Nutzung der Stammdatensuchmaschine der Bundesbank, Interviews mit den zuständigen Markt- und Marktfolgeeinheiten sowie den mit der Bilanzauswertung betrauten Mitarbeitern, da insbesondere an dieser Stelle, aus den dem Institut zur Beurteilung Kapitaldienstfähigkeit zur Verfügung gestellten Dokumente Abhängigkeiten erkannt werden können. Zudem empfiehlt sich bei Firmen- bzw. gewerblichen Kunden die Prüfung der Gesellschafterstrukturen auf bestehende einseitige Abhängigkeiten, die z. B. trotz einer Minderheitenbeteiligung bestehen könnten (z. B. bei vorhandenen Darlehensvergaben der Gesellschafter sowie Bürgschaftsübernahmen).

Die Prüfung von Lieferanten- und Abnehmerstrukturen sollte in die Prüfung mit einbezogen werden, um einseitige und ggf. für den Kreditnehmer existenzgefährdende Abhängigkeiten und letztlich die Notwendigkeit zur Erweiterung der bisherigen Kreditnehmereinheit zur Risikoeinheit zu ermitteln. Auch die Sicherheitenstellung sollte vor diesem Hintergrund genauer betrachtet werden, da auch hier Abhängigkeiten, z. B. im Vermieterpfandrecht bei Sicherungsübereignungen, eine Rolle spielen könnten.

Zusammenfassen sollte folgende Aspekte in die Einzelfallprüfungen mit einbezogen werden:

– Wurden alle bereits bekannten Soft Facts (z. B. aus Ratingfragen) bei der Identifizierung einseitiger wirtschaftlicher Abhängigkeiten berücksichtigt?
– Wurde die erforderliche Prüfung durchgeführt und dokumentiert?
– Wurden die Anforderungen an die Intensität der Prüfung eingehalten?
– Wurde die Stammdatensuchmaschine benutzt?
– Wurde die Sicherheitenstruktur entsprechend berücksichtigt (Alternative Rückzahlungsquelle)?
– Wurde die Drittverwendungsfähigkeit geprüft?

- Wurde die Existenzbedrohung im Falle einer erkannten und dokumentierten wirtschaftlichen Abhängigkeit entsprechend beurteilt?
- Wurde letztlich die Kreditnehmereinheit ordnungsgemäß angelegt und wurde eine Abgrenzung zu bereits bestehenden Kreditnehmereinheiten vorgenommen?
- Wurde hierbei die richtige Kreditnehmereinheitenbezeichnung verwendet?

5 Schlussfolgerungen

Der Aufwand zur Erkennung und Berücksichtigung der neuen gesetzlichen Anforderungen des § 19 Absatz 2 Satz 6 KWG bedeutet für die Kreditinstitute einen erheblichen zusätzlichen Aufwand, welcher in den Kreditprozessen entsprechende Berücksichtigung finden muss. Die Relevanz und der Umgang mit den anstehenden aufsichtsrechtlichen Änderungen sind von Geschäftsstruktur und -umfang sowie der jeweilig individuellen Aufbau- und Ablauforganisation der Institute, aber auch von deren bilanzieller Größe abhängig. Hiervon ist der Grad der ganzheitlichen und umfassenden Umsetzung der neuen Rahmenbedingungen in die bestehenden Prozesse im Meldewesen, der Gesamtbanksteuerung und auch des Kreditbereiches abhängig.

Zur Sicherstellung der notwendigen Informationsbeschaffung sind die mit der Initiierung von Kreditgeschäften betrauten Bereiche nachhaltig zu sensibilisieren und die bankindividuelle Dokumentation sicherzustellen. Auf jeden Fall empfiehlt sich eine EDV-technische Dokumentation erkannter einseitiger Abhängigkeiten.

Auch die Interne Revision sollte sich frühestmöglich, bestenfalls bereits in der Umsetzung mit der Thematik vertraut machen. So können rechtzeitig steuernde und korrigierende Lösungswege aufgezeigt werden. Durch diese ex-ante Betrachtung wird gegebenenfalls eine gewisse präventive Schutzwirkung, auf jeden Fall eine Qualitätssicherung der Umsetzungserfordernisse erzielt.

Literaturverzeichnis

Bundesanstalt für Finanzdienstleistungsaufsicht (BaFin); Rundschreiben 8/2011 (BA) vom 15.07.2011.

Bundesanstalt für Finanzdienstleistungsaufsicht (BaFin); Anlage zum Rundschreiben 8/2011 (BA) vom 15.07.2011 (FAQ-Liste).

Committee of European Banking Supervisors (CEBS); Leitlinie zur Erreichung einer einheitlichen Verwaltungspraxis in den Mitgliedstaaten des zu Artikel 4 Absatz 45 und Artikel 106 Absatz 3 der Bankenrichtlinie 2006/48/EG sowie der Kapitaladäquanzrichtlinie (2006/49/EG), die durch die Richtlinie 2009/111/EG vom 16.09.2009 überarbeitet worden sind.

Gesetz über das Kreditwesen (Kreditwesengesetz – KWG); Kreditwesengesetz in der Fassung der Bekanntmachung vom 9. September 1998 (BGBl. I S. 2776), das zuletzt durch Artikel 2 des Gesetzes vom 22. Juni 2011 (BGBl. I S. 1126) geändert worden ist.

Günther, Frank; Neue Vorgaben zu Kreditnehmereinheiten und Großkrediten, in: BankPraktiker 05/2011, S. 157–162.

Verordnung über die angemessene Eigenmittelausstattung von Instituten, Institutsgruppen und Finanzholding-Gruppen (Solvabilitätsverordnung – SolvV); Solvabilitätsverordnung vom 14. Dezember 2006 (BGBl. I S. 2926), die zuletzt durch Artikel 1 der Verordnung vom 5. Oktober 2010 (BGBl. I S. 1330) geändert worden ist.

Marktdatenbasierte Frühwarnsysteme als Antwort auf die Finanzkrise

Von
Carsten Demski

Carsten Demski ist bei der RSU Rating Service Unit GmbH & Co KG, München verantwortlich für die Themengebiete Produktentwicklung sowie scorecardbasierte Ratingverfahren/kapitalmarktorientierte Produkte. Er verfügt über umfangreiche mehrjährige Berufs- und Projekterfahrung im Bereich Kapitalmarktanalyse und Ratingverfahren.

Inhaltsverzeichnis

1 Einleitung 329
2 Das Frühwarnsystem Risk Guard 330
   2.2 Risk Guard – Überblick 333
   2.3 Unternehmen 335
   2.4 Sovereigns 337
   2.5 Branchen/Segmente 338
3 Ergebnisse der Validierung 2011 Q1 339
   3.1 Übersicht Stichproben 339
   3.2 Trennschärfeanalysen 342
      3.2.1 Unternehmen 344
         3.2.1.1 Modell Aktien Ausfall extern zeitlicher Vorlauf 180–220 Tage 344
         3.2.1.2 Modell CDS Downgrade extern zeitlicher Vorlauf 30–60 Tage 345
         3.2.1.3 Modell Aktien Ausfall intern zeitlicher Vorlauf 180–220 Tage 346
         3.2.1.4 Modell Aktien Downgrade intern zeitlicher Vorlauf 180–220 Tage 347
         3.2.1.5 Gesamtübersicht Unternehmen 348
         3.2.1.6 Exkurs Trennschärfe vs. Trefferquoten 349
      3.2.2 Sovereigns 350
      3.2.3 Segmente/Branchen 352
4 Fallbeispiele 353
5 Zusammenfassung und Ausblick 356
Literaturverzeichnis 357

1 Einleitung

Die *konjunkturellen Rahmenbedingungen* und die *betriebswirtschaftliche Situation* von Unternehmen können sich abrupt verschlechtern. Dies hat nicht nur die jüngste Finanz- und Wirtschaftskrise gezeigt. Interne Ratingmodelle, die üblicherweise im Rahmen der fundamentalen Risikobewertung von Kreditnehmern genutzt werden, haben aufgrund ihrer Struktur während der Finanz- und Wirtschaftskrise leider eine gewisse Latenz aufgewiesen. Auch die Ratingagenturen haben teilweise erst mit deutlicher Zeitverzögerung auf die veränderte Situation der Unternehmen reagiert. Eine Schlussfolgerung, die somit aus der Krise gezogen werden kann, ist die, dass Ratingverfahren zwingend durch Frühwarnsysteme ergänzt werden sollten. Die Verwendung von Verfahren zur Früherkennung von Risiken ist vor dem Hintergrund der Verlustvermeidung sinnvoll und wird auch durch die Bankenaufsicht für Kreditinstitute bereits seit langem explizit in den Mindestanforderungen für das Risikomanagement (MaRisk) eingefordert.[497]

Der Lösungsansatz der RSU Rating Service Unit GmbH und Co. KG (kurz „RSU") ist *Risk Guard*, ein marktdatenbasiertes Frühwarnsystem, das in diesem Artikel genauer beschrieben wird.[498] Risk Guard wurde als Antwort auf die Finanz- und Wirtschaftskrise entwickelt und soll zukünftig seinen Nutzern bei der Früherkennung von Bonitätsrisiken helfen. Im Rahmen dieses Artikels wird zunächst dargestellt, warum Ratingverfahren durch marktdatenbasierte Frühwarnsysteme sinnvoll ergänzt werden können. Es folgt eine kurze Beschreibung des Frühwarnsystems Risk Guard. Die in Risk Guard verwendeten Modelle weisen eine sehr gute Trennschärfe auf und werden von der RSU regelmäßig überwacht, validiert und weiterentwickelt. Die Ergebnisse der jüngsten Validierung, die im 1. Quartal 2011 stattfand, werden komprimiert dargestellt. Anhand von ausgewählten Fallbeispielen wird zudem gezeigt, wie Risk Guard während der Finanz- und Wirtschaftskrise funktioniert hätte. Der Artikel schließt mit einer kurzen Zusammenfassung und skizziert potentielle Weiterentwicklungsthemen für die Zukunft.

---

[497] Die Mindestanforderungen für das Risikomanagement fordern von Kreditinstituten die Verwendung von Verfahren zur Risikofrüherkennung, die allerdings nicht weiter spezifiziert werden: „Das Verfahren zur Früherkennung von Risiken dient insbesondere der rechtzeitigen Identifizierung von Kreditnehmern, bei deren Engagements sich erhöhte Risiken abzuzeichnen beginnen. Damit soll das Kreditinstitut in die Lage versetzt werden, in einem möglichst frühen Stadium Gegenmaßnahmen einleiten zu können (z. B. Intensivbetreuung von Engagements)." Vgl. MaRisk, BTO 1.3. TZ 1, S. 23.

[498] Die RSU Rating Service Unit GmbH & Co. KG ist ein Gemeinschaftsunternehmen von neun Landesbanken. Die RSU entwickelt und betreibt Basel II-konforme Ratingverfahren. Die Verfahren der RSU werden dabei sowohl von ihren Gesellschaftern als auch von Lizenznehmern aus allen drei Säulen des deutschen Bankensystems genutzt. Vgl. http://www.rsu-rating.de/.

2 Das Frühwarnsystem Risk Guard

Zentrale Aufgabe von Kreditinstituten oder Unternehmen mit kreditähnlichen Geschäftsbeziehungen ist die frühzeitige Erkennung von *Bonitätsverschlechterungen* ihrer Kunden. Internen Ratingverfahren kommt im Rahmen der fundamentalen Risikobewertung eine zentrale Rolle zu. Diese weisen allerdings eine gewisse Latenz auf. Nicht nur die jüngste Finanz- und Wirtschaftskrise hat gezeigt, dass sich die konjunkturellen Rahmenbedingungen und die betriebswirtschaftliche Situation abrupt verschlechtern können, mit den entsprechenden negativen Rückwirkungen auf die jeweilige Bonität des Kreditnehmers bzw. Geschäftspartners. Kreditinstitute und andere Unternehmen sind daher gefordert, ihre internen Ratingmodelle um Verfahren zu ergänzen, die frühzeitig Signale zu sich abzeichnenden Bonitätsrisiken liefern. Warum Ratingverfahren zwangsläufig eine gewisse Latenz aufweisen müssen, wird in Abbildung 1 skizziert.[499]

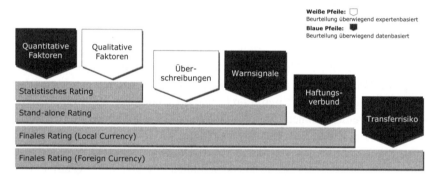

Abbildung 1: Schematische Darstellung Ratingverfahren

In einem Ratingverfahren werden im Regelfall *quantitative und qualitative Einzelfaktoren* über multivariate Schätzverfahren zu einem Mehrfaktormodell mit festen Faktorgewichten kombiniert. Dem Ergebnis des Mehrfaktormodells wird via Kalibrierung eine Ausfallwahrscheinlichkeit („Probability of Default") und damit ein so genanntes Stand-alone Rating zugewiesen. Dieses Stand-alone Rating ist ein rein statistisches Kundenrating. Üblicherweise hat der das Verfahren nutzende Analyst die Möglichkeit, das Stand-alone Rating in einem begrenzten Umfang zu über-

---

[499] Ratingverfahren existieren in den unterschiedlichsten Ausgestaltungsformen. Im täglichen Bankgeschäft werden üblicherweise so genannte Scorecards, die Finanzkennzahlen und qualitative Faktoren via Mehrfaktormodell kombinieren, sowie Cash-Flow-Simulationen, bei komplexen Projekt-/Objektfinanzierungen, eingesetzt. Die dargestellte Skizzierung der Ratingverfahren ist grundsätzlich auf beide Ansätze übertragbar. Beim Cash-Flow-Ansatz sind die reinen Ergebnisse der Simulationen als quantitativer Faktor zu interpretieren. Einen Überblick über Scorecards und ihre Entstehungsgeschichte liefern z. B. Caouette, J., Altman, E., Narayanan, P. (1998), S. 102–182 und De Servigny, A., Renault, O. (2004), S. 73–108. Eine kurze Beschreibung des Cash-Flow-Ansatzes findet sich in Henking, A., Bluhm, C., Fahrmeir, L. (2006), S. 210.

schreiben. Zudem werden Warnsignale (wie Betrug) aber auch Haftungsverbünde bei Konzernstrukturen berücksichtigt. Das Transferrisiko, das heißt, die Wahrscheinlichkeit, dass das Sitzland des zu bewertenden Unternehmens den Devisentransfer einschränken könnte, geht im Regelfall am Ende des Ratingverfahrens in die Berechnung der Ausfallwahrscheinlichkeit ein. Es resultiert das so genannte Foreign-Currency-Rating.

Die *quantitativen Faktoren* werden je nach Ratingverfahren und Portfoliosegment aus Jahresabschlüssen, Consultant Forecasts, Wertgutachten etc. berechnet und stehen damit teilweise nur mit erheblicher Zeitverzögerung bei einer abrupten Änderung der wirtschaftlichen Situation des zu beurteilenden Unternehmens zur Verfügung. Somit erklärt sich die inhärente Latenz von Ratingverfahren. Folglich kann innerhalb eines Ratingverfahrens nur noch über Anpassungen von qualitativen Faktoren, Überschreibungen oder Setzung von Warnsignalen auf eine veränderte Situation des Unternehmens reagiert werden. Hierfür benötigt der Analyst jedoch Informationen, bei welchen Kreditnehmern gegebenenfalls eine Überprüfung des Ratings oder eine Ratinganpassung vorzunehmen ist. Dieser Sachverhalt erhält vor allem auch dadurch Relevanz, dass im Rahmen eines normalen Ratingprozesses Re-Ratings im Regelfall nur jährlich erstellt werden.[500]

Genau an diesem Punkt setzt Risk Guard, das *marktdatenbasierte Frühwarnsystem* der RSU Rating Service Unit GmbH & Co. KG, an. Risk Guard prognostiziert etwaige Bonitätsrisiken von Unternehmen mit einem kurzen und einem langen zeitlichen Vorlauf vor den potentiellen Ereigniseintritten Ratingherabstufung („Downgrade") oder Ausfall („Default"). Das Frühwarnsystem verwendet dafür täglich verfügbare Kapitalmarktinformationen, in die sowohl die konjunkturellen Erwartungen als auch die betriebsspezifischen Gewinn- oder Verlusterwartungen der Marktteilnehmer eingehen. Über eine automatisierte Auswertung von Kapitalmarktdaten ermöglicht Risk Guard eine tägliche und kontinuierliche Überprüfung der Bonitätssituation einer Adresse und kann ggf. Anpassungen im Ratingverfahren oder in anderen Systemen (wie Limitsysteme) frühzeitig auslösen. Dieser Sachverhalt wird in der Abbildung 2 dargestellt.

---

[500] „Eine Beurteilung der Adressenausfallrisiken ist jährlich durchzuführen […]." Vgl. MaRisk, BTO 1.2.2 Abs.2, S. 21. Basel II sieht ebenfalls ein jährliches Re-Rating vor: „Borrowers and facilities must have their ratings refreshed at least on an annual basis." Vgl. Basel Committee on Banking Supervision (2006), § 425, S. 95.

Abbildung 2: Frühwarnsystem und Ratingprozess

Sehr viele Marktteilnehmer haben bereits *vielfältige Frühwarnindikatoren* im Einsatz. Üblicherweise werden Kontoinformationen oder Bilanzdaten der jeweiligen Adresse zum Zweck der Frühwarnung herangezogen. Bilanzdaten bilden zwar die wirtschaftliche Situation des Kunden umfassend ab. Allerdings sind die Aktualisierungszyklen wie gerade oben beschrieben relativ lang, sodass eine zeitnahe Frühwarnung nicht gewährleistet werden kann. Bei der Verwendung von Kontoinformationen als Warnsignal liegen Auffälligkeiten und Kreditausfall in der Regel zeitlich so eng beieinander, dass eine angemessene Risikosteuerung nicht mehr gewährleistet werden kann. Zudem bestehen oftmals keine direkten Kontobeziehungen zwischen Kreditgeber und Kreditnehmer. Unternehmen können auch bei bestehenden Kontoverbindungen im Rahmen ihres Liquiditätsmanagements etwaige Probleme gegenüber ihrem Kreditgeber längerfristig verschleiern.

Das marktdatenbasierte Frühwarnsystem Risk Guard hat demgegenüber einige *wesentliche Vorteile*. Marktdaten sind täglich verfügbar und damit hochaktuell. Alle auf dem Markt bekannten Informationen und Erwartungen zu einer Adresse sind schon in den Kurs- bzw. Preisdaten verarbeitet. Durch die Verwendung eines integrierten Systems können die relevanten Informationen zu einer Adresse automatisiert abgebildet werden. Die im Frühwarnsystem Risk Guard verwendeten Modelle wurden so entwickelt, dass der zeitliche Vorlauf (bis zu 220 Börsentage) vor einem potentiellen Ereigniseintritt dem Nutzer genügend Analyse- und Reaktionszeit bietet. Risk Guard kann als Stand-alone Lösung genutzt werden, aber auch problemlos bereits bestehende Systeme sinnvoll ergänzen. Eine Einbettung in bereits bestehende IT-Systeme ist dabei problemlos möglich.

2.2 Risk Guard – Überblick

Das Frühwarnsystem Risk Guard wertet täglich Kapitalmarktdaten aus den Assetklassen *Aktien und CDS* systematisch aus.[501] Zudem fließen externe und interne Ratinginformationen[502] in die Analysen zur Frühwarnindikation mit ein (siehe Abbildung 3). Die Risk Guard Engine ist dabei das Kernstück des Frühwarnsystems. Hier werden zunächst aus den Kapitalmarktdaten, externen und internen Ratings sowie Branchen und Sitzlandinformation Modellfaktoren generiert. In einem nächsten Schritt werden via Peergruppenanalysen und trennscharfer ökonometrischer Mehrfaktormodelle potentielle Ereignisse wie Ratingherabstufungen und Ausfälle prognostiziert.[503]

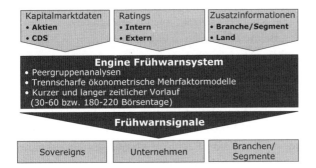

Abbildung 3: Marktdatenbasiertes Frühwarnsystem Risk Guard

---

[501] In einer Vielzahl von Studien wurden die Vorlaufeigenschafen von CDS-Spreads und Aktienmarktdaten vor den Ereignissen Ratingherabstufung und Ausfall untersucht. Die Entwicklung des Frühwarnsystems Risk Guard erfolgte u.a. auf Basis dieser Erkenntnisse. So kommen z. B. Hull, J., Predescu, M., White, A. (2004), S. 20 zu dem Ergebnis, dass der CDS-Markt Ratingherabstufungen der externen Agenturen durch Ausweitungen der CDS-Spreads vorweg nimmt. Bei der Deutschen Bundesbank kommt man ebenfalls zu dem Ergebnis, dass um Markteinflüsse bereinigte indexadjustierte CDS- und Bondspreads die veränderte Kreditwürdigkeit des jeweiligen Unternehmens bereits Wochen vor einer Ratingneueinschätzung widerspiegeln. Vgl. Deutsche Bundesbank Monatsbericht (Dezember 2004), S. 53. Aktienmarktdaten werden in so genannten strukturellen Modellen genutzt, die auf den Erkenntnissen von Black und Scholes (1973) und Merton (1974) basieren. Die Vorlaufeigenschaften dieser strukturellen Modelle wurden u.a. von Chan-Lau, J. (2006), S. 9 ff. und Gropp, R., Vesala, J., Vulpes, G. (2002) analysiert. Marktkapitalisierung und Aktienkursvolatilität der Unternehmen sind dabei wesentliche Modellbestandteile, die Risk Guard im Rahmen der Mehrfaktormodellierung ebenfalls verwendet.

[502] Interne Ratinginformationen werden aus den Basel-II konformen Ratingverfahren der RSU verwendet. Die Modelle des Frühwarnsystems Risk Guard wurden sowohl auf Basis interner und externer Ratings der Agenturen parametrisiert.

[503] Für die Mehrfaktormodellierung werden Logit-Modelle verwendet. Eine Beschreibung dieser Modellart ist den Standardlehrbüchern für multivariate Analysemethoden zu entnehmen. Siehe z. B. Backhaus, W., Erichson, B., Plinke, W., Weiber, R. (2003), S. 418 ff.

Die in der Engine *verwendeten Modelle* haben einen kurzen und einen langen zeitlichen Vorlauf vor dem jeweils zu prognostizierenden Ereigniseintritt. Der zeitliche Vorlauf der Kurzfristmodelle liegt bei 30–60 Börsentagen (~ 3 Kalendermonate), die Langfristmodelle weisen einen zeitlichen Vorlauf von 180–220 Börsentagen (~ 1 Kalenderjahr) auf.

Aus den unterschiedlichen Modellen resultieren als Modelloutput jeweils *Scores*. Je höher dabei der Score, desto höher ist das Risiko für einen potentiellen Ereigniseintritt in der Zukunft. Übersteigt der Score einen pro Modell kalibrierten Schwellenwert, wird jeweils ein Frühwarnsignal generiert.

Die in Risk Guard verwendeten Modelle liefern *Frühwarnsignale* für folgende Ereignisse:

- Bonitätsverschlechterungen von Kunden/Transaktionen (Downgrades),
- Risiken eines Wechsels in den Bereich Speculative Grade und
- erhöhte Ausfallrisiken (Default).

Auf Unternehmensebene werden für *externe Ratings* potentielle Downgrades aus der jeweiligen Ratingklasse prognostiziert. Für interne Ratings hingegen der Downgrade aus dem Investment in den Speculative Bereich (siehe Tabelle 1). Das erhöhte Risiko eines Ausfalls wird sowohl für interne als auch für externe Ratings modelliert. Für Sovereigns wird auf Basis von Peergruppenanalysen ein erhöhtes Risiko für externe Ratingherabstufungen durch die Ratingagenturen vorhergesagt. Bei Branchen/Segmenten ein erhöhtes Downgraderisiko für Unternehmen in der jeweiligen Branche. Die nachfolgende Tabelle gibt eine Übersicht über die im Frühwarnsystem Risk Guard verwendeten Modelle. Die jeweiligen Modelle werden in den nachfolgenden Abschnitten näher dargestellt.

Segment	Ereignis	Beschreibung	Assetklasse	Vorlauf (Börsentage)
Einzelunternehmen	Downgrade externes Rating	• Mit ökonometrischen Mehrfaktormodellen wird das Ereignis Downgrade extern mit kurzem und langem zeitlichen Vorlauf prognostiziert. • Peergruppenanalysen sind Bestandteil dieser Modelle. • Verwendet werden dabei Informationen aus den jeweiligen Assetklassen.	Aktien	30-60
			Aktien	180-220
			CDS	30-60
			CDS	180-220
	Downgrade internes Rating	• Prognostiziert wird das Ereignis interner Downgrade aus dem Investement in den Bereich Speculative Grade (in interne Ratingklasse > 8).	Aktien	30-60
			Aktien	180-220
	Ausfall externes Rating	• Prognostiziert wird das Ereignis externer Ausfall.	Aktien	30-60
			Aktien	180-220
	Ausfall internes Rating	• Prognostiziert wird das Ereignis interner Ausfall.	Aktien	30-60
			Aktien	180-220
Branchen/ Segmente	Erhöhte Anzahl Downgrades externe Ratings	• Prognostiziert wird das Ereignis erhöhte Anzahl Downgrades extern in den jeweiligen Segmenten. • Der zeitliche Vorlauf vor dem potentiellen Ereigniseintritt beträgt rund 60 Tage.	Aktienindizes (Branchen)	60
Sovereigns	Downgrade externes Rating	• CDS Peergruppenanalysen bezogen auf das jeweilige externe Rating via täglicher Optimierung der Schwellenwerte. • Auffälligkeiten deuten auf ein erhöhtes Risiko für einen externen Downgrade in 30-60 Tagen hin.	CDS (Sovereigns)	30-60

Tabelle 1: Frühwarnsystem Risk Guard – Modellübersicht

2.3 Unternehmen

Die *Modelle für Unternehmen* prognostizieren die Ereignisse Ausfall („Default") und Ratingherabstufung („Downgrade"). Die Ausfallmodelle messen den empirischen Zusammenhang zwischen den verwendeten Aktienmarktinformationen und dem zu erklärenden Ereignis interner Ausfall bzw. externer Ausfall. Hohe Scores als Modelloutput bedeuten, dass in der Vergangenheit Unternehmen mit ähnlichen Ausprägungen häufiger intern oder extern ausgefallen sind als Unternehmen, die diese Kombination von Faktorausprägungen nicht aufgewiesen haben.

Die *Downgrademodelle* messen den empirischen Zusammenhang zwischen den verwendeten Kapitalmarktinformationen (Aktien oder CDS) und dem zu erklärenden Ereignis Downgrade. Hohe Scores bedeuten hier, dass in der Vergangenheit bei Unternehmen mit ähnlichen Ausprägungen häufiger eine Ratingherabstufung erfolgte („Downgrade"). Bei den externen Downgrademodellen wird das Risiko für einen externen Downgrade > 1 Notch aus der bestehenden Ratingklasse des jeweiligen Unternehmens und nicht das Risiko für einen Downgrade >= eine bestimmte Ratingklasse prognostiziert. Die Modelle „erhöhtes Risiko Downgrade internes Rating >= Klasse 9 (Stufe)" messen hingegen das Risiko für einen Downgrade des internen Ratings in die Klasse 9 (Stufe 15) und schlechter. Dies entspricht einer Ratingherabstufung aus dem Investment in den Speculative Grade Bereich. Die Signale dieser Modelle sind folglich nur für Unternehmen relevant, bei denen das Ereignis noch nicht eingetreten ist, das heißt Unternehmen mit einem aktuellen Rating < Klasse 9 (Stufe 15).

In die *Mehrfaktormodelle* gehen neben Volatilitäten, gleitenden Durchschnitten von täglichen Aktienrenditen, der Marktkapitalisierung als Größenfaktor und CDS-Spreads auch die Ergebnisse von Peergruppenanalysen als erklärende Variable ein. Im Rahmen der Peergruppenanalysen werden täglich Volatilitäten und CDS-Spreads der beobachteten Unternehmen mit den Unternehmen ihrer jeweiligen Peergruppe (wie externe Ratingklasse und Branchenzugehörigkeit) verglichen. Für auffällige Unternehmen wird dabei jeweils eine Dummy-Variable generiert. Diese Zusatzinformation fließt neben den o.g. Markt(preis)informationen in die Score-Berechnung einzelner Modelle ein.

Übersteigt der Score eines Modells einen *kalibrierten Schwellenwert*, wird ein Frühwarnsignal generiert. Für die Einstufung der Schwere der erzeugten Frühwarnsignale wurde zudem ein Signalkonzept entwickelt. Hierfür wird pro Modell der relevante Modelloutputbereich in drei Signalzonen aufgeteilt. Bei Überschreitung der entsprechenden Schwellenwerte der Zonen wird das zugehörige Warnsignal ausgewiesen. Nach aufsteigendem Risiko für den Ereigniseintritt erfolgt eine Unterscheidung zwischen den Warnsignalen der Farbe Gelb, Orange und Rot. Die Signalzonen erlauben neben dem Scorewertvergleich innerhalb eines Modells somit einen Vergleich der Schwere des erzeugten Signals mit der jeweiligen Kalibrierungsstichprobe. Unabhängig von der Schwere des Signals gilt jedoch, dass ein

Frühwarnsignal grundsätzlich mit einem erhöhten Risiko für den jeweils zu prognostizierenden Ereigniseintritt einhergeht.

Für die Modellentwicklung wurde eine *Datenhistorie von 8 Jahren* sowie rund 4 Mio. Datenpunkte verwendet. Aus mehr als 250 potentiell erklärenden Variablen wurde zunächst eine Shortlist trennscharfer Einzelfaktoren ermittelt. Auf Basis dieser Shortlist wurden die Mehrfaktormodelle entwickelt, zu deren Optimierung mehr als 1.000.000 unterschiedliche Modellalternativen analysiert wurden. Das Ergebnis sind Verfahren mit sehr guten Trennschärfewerten, die von der RSU regelmäßig überwacht, validiert und weiterentwickelt werden. Die Funktionsweise der Modelle wird am Beispiel der Ambac Financial Group erklärt (siehe Abbildung 4).

Abbildung 4: Fallbeispiel Ambac – Modell Aktien Downgrade extern kurzer zeitlicher Vorlauf

Die *Ambac Financial Group* ist der ehemals größte Anleihenversicherer der USA. Zu Beginn des Beobachtungszeitraums (hier 2006) hat das Unternehmen mit AA+ ein hervorragendes Bonitätsrating (schwarze Linie, rechte Achse). In dieser Zeit ist der Risk Guard Score (blaue Linie, linke Achse) unauffällig und es werden keine Signale generiert. Mitte 2007 liefert das System erstmals ein Warnsignal. Seit Mitte August 2007 liefert Risk Guard die höchste Signalstufe ROT. Die Ratingagenturen beginnen erst Anfang Juni 2008 Downgrades für Ambac durchzuführen. Risk Guard liefert für alle folgenden Downgrades bis hin zum Ausfall von Ambac am 02.11.2010 kontinuierlich überwiegend rote Signalwerte.

2.4 Sovereigns

Täglich werden aktuelle *CDS-Spreads* für rund *65 Sovereigns* analysiert. Auf Grundlage der jeweils gültigen externen Ratings der beobachteten Länder werden Peergruppen gebildet. Innerhalb der Peergruppen werden zunächst aus den CDS-Spreads Schwellenwerte (Perzentil 0,90) als Ausgangspunkt für die Modellierung berechnet (Basis CDS-Spreads pro Ratingklasse). Bei CDS-Spreads für 65 Länder und 17 Ratingklassen der Agenturen sind einzelne Ratingklassen zwangsläufig jedoch nur mit wenigen CDS-Spreads belegt. Folglich wäre eine bloße Schwellenwertberechnung für die Signalerzeugung auf Grundlage der verfügbaren Daten anfällig für einzelne Ausreißer. Um dieser Ausreißeranfälligkeit entgegenzuwirken, werden täglich via Regressionsanalyse die Schwellenwerte für die Signalerzeugung optimiert. Über die Ratingklassen hinweg wird somit täglich eine 90 %-Perzentil-CDS-Spreadkurve geschätzt. Innerhalb der Peergruppen werden Frühwarnsignale erzeugt, wenn der aktuelle CDS-Spread des Landes größer als dieser optimierte Schwellenwert für die Signalerzeugung ist. Die Trennschärfeanalysen zeigen, dass die Signale auf Basis dieser Peergruppenvergleiche im Regelfall einen zeitlichen Vorlauf von 30–60 Börsentagen (~ 3 Kalendermonate) vor einem potentiellen Downgrade des externen Ratings eines Landes aufweisen. Bei Sovereigns wurde auf die reine Peergruppenanalyse zurückgegriffen, da für eine Mehrfaktormodellierung insgesamt vergleichsweise wenige Ereignisse („Downgrades" und „Ausfälle") zur Verfügung stehen.

Die *Peergruppenanalyse* für Sovereigns wird anhand des Fallbeispiels Irland genauer dargestellt (siehe Abbildung 5). Die blaue Linie (linke Skala) ist der Schwellenwert für die Signalerzeugung innerhalb der jeweiligen Ratingklasse, in der sich Irland befindet. Die rote Linie ist der tägliche CDS-Spread (linke Skala). Liegt der CDS-Spread Irlands über dem Schwellenwert der jeweiligen Ratingklasse, wird ein Frühwarnsignal erzeugt. Das externe Rating und die Signalerzeugung sind auf der rechten Skala dargestellt. Seit Anfang 2009 beurteilen die Marktteilnehmer Irland aufgrund seiner Banken und Immobilienkrise mehr als skeptisch. Der CDS-Spread Irlands liegt deutlich oberhalb der CDS-Spreads der anderen Länder in der jeweiligen Peergruppe. Seit dem zweiten Quartal 2009 haben die Ratingagenturen mit Ratingherabstufungen begonnen. Die CDS-Spreads für Irland blieben jedoch auch nach erfolgten Ratingherabstufungen weiterhin auffällig hoch, so dass trotz der erfolgten ersten Downgrades weiter kontinuierlich Frühwarnsignale erzeugt wurden. Der Markt hat somit trotz der erfolgten Downgrades die Bonität Irlands weiterhin schlechter als die Ratingagenturen selbst eingeschätzt. Irland musste im November 2010 unter den gemeinsamen Rettungsschirm der Europäischen Union und des Internationalen Währungsfonds schlüpfen. Derzeit wird Irland von den Ratingagenturen nur noch ein BBB+ Rating zugewiesen.

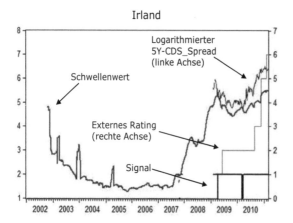

Abbildung 5: Fallbeispiel Sovereigns – Irland

2.5 Branchen/Segmente

Das Frühwarnsystem Risk Guard liefert täglich Informationen im Hinblick auf *Bonitätsrisiken* innerhalb von Branchen/Segmenten. Die verwendeten Modelle haben dabei einen zeitlichen Vorlauf von rund 60 Börsentagen und prognostizieren das etwaige Auftreten einer erhöhten Anzahl von Downgrades innerhalb der jeweiligen Branchen. Bislang werden täglich 10 MSCI World Sector Indices und 14 DAX-Sektoren-Indices ausgewertet. In das Mehrfaktormodell gehen als erklärende Variablen im Wesentlichen Tagesrenditen der Indizes und Volatilitäten ein. Die Branchen-/Sektoranalysen sind auch verwendbar für das gesamthafte Tracking von Kreditnehmeradressen, die nicht am Kapitalmarkt notiert sind, da keine unternehmensspezifischen Marktpreisinformationen benötigt werden.

Abbildung 6 zeigt die täglichen Renditen ausgewählter MSCI World Sector Indices (rechte Achse), die tägliche Anzahl Downgrades pro Branche, das zu erklärende Ereignis „erhöhte Anzahl Downgrades" und die durch das Modell generierten Frühwarnsignale (jeweils linke Achse). Aus den Grafiken wird ersichtlich, dass stärkere Kursausschläge und damit einhergehend Volatilitätscluster einen zeitlichen Vorlauf vor dem Ereignis „erhöhte Anzahl Downgrades" im jeweiligen Segment aufweisen.

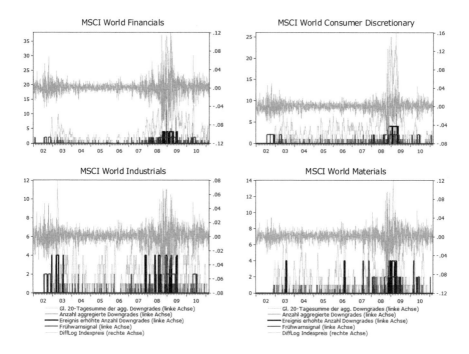

Abbildung 6: Beispiele Branchen/Segmente – ausgewählte MSCI World Segment Indices

3 Ergebnisse der Validierung 2011 Q1

Die *Entwicklung des Frühwarnsystems* Risk Guard wurde Ende 2009 abgeschlossen. Seit Februar 2010 wird das Frühwarnsystem durch die RSU betrieben. Risk Guard wird seit der Erstentwicklung regelmäßig validiert und weiterentwickelt. Die zugrunde liegenden Modelle haben sich dabei als sehr trennscharf und stabil erwiesen, sodass bislang keine Modellanpassungen notwendig gewesen sind. Dieser Sachverhalt wird durch die Analysen und Ergebnisse der jüngsten Validierung der Modelle, die im ersten Quartal 2011 stattgefunden hat und nachfolgend kurz dargestellt wird, bestätigt.

3.1 Übersicht Stichproben

Die *Validierung* wurde auf einer umfassenden Datenbasis durchgeführt, die sowohl sämtliche Unternehmen, die aktuell durch das System „getrackt" werden, als auch die Unternehmen umfasst, die bereits im Rahmen der Erstentwicklung für die Modellierung verwendet wurden. Diese aus Entwicklung und laufendem Betrieb zusammengesetzte Gesamtstichprobe für den Zeitraum 01.01.2002–28.02.2011 liefert für die Validierung eine hinreichend hohe Anzahl von durch die Modelle zu erklärende Ereignisse (Ausfälle oder Ratingherabstufungen), sodass eine hohe Aussagefähigkeit der Validierungsergebnisse gewährleistet ist.

Die *Aktienmodelle* für die Prognose externer Ratingereignisse konnten somit auf Basis von Kapitalmarktinformationen für 1612 Unternehmen validiert werden. Dabei wurden im o.g. Zeitraum 1952 Downgrades und 106 Ausfälle beobachtet (siehe Tabelle 2). Abbildung 7 und Tabelle 3 geben eine Übersicht über die Datengrundlage der „Modelle Aktien extern".

Für die CDS-Modelle standen Kapitalmarktinformationen von 936 Unternehmen zur Verfügung, wobei hier in den Beobachtungszeitraum 1395 Downgrades fallen (siehe Tabelle 4). Mit den CDS-Modellen werden nur Ratingherabstufungen prognostiziert. Aufgrund der hohen Trennschärfe der Aktienmodelle wurde bislang von einer Modellierung des Ausfallereignisses auf Basis von CDS-Preisen abgesehen. Abbildung 8 und Tabelle 5 geben eine Übersicht über die Datengrundlage der „CDS-Modelle Downgrade extern".

Anzahl Securities	Datenpunkte Preise	Datenpunkte Ratings	Datenpunkte Marktkapitalisierung	Datenpunkte Schnittmenge	Anzahl Downgrades	Datenpunkte gesamt	Anzahl Ausfälle
1.612	3.387.131	3.181.968	3.394.170	2.792.951	1.952	3.852.680	106

Tabelle 2: Datengrundlage – Übersicht Aktien extern

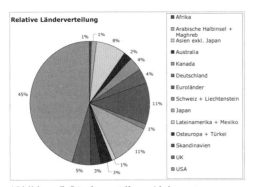

Abbildung 7: Länderverteilung Aktien extern

Afrika	Arabische Halbinsel + Maghreb	Asien exkl. Japan	Australia	Kanada	Deutschland	Euroländer	Schweiz + Liechtenstein	Japan	Lateinamerika + Mexiko	Osteuropa + Türkei	Skandinavien	UK	USA
11	21	131	35	59	61	175	24	173	17	48	45	80	732

Tabelle 3: Datengrundlage – Länderverteilung Aktien extern

Anzahl Securities	Datenpunkte Preise	Datenpunkte Ratings	Datenpunkte Schnittmenge	Anzahl Downgrades	Datenpunkte gesamt	Anzahl Ausfälle
936	1.382.663	2.029.688	1.297.253	1.395	2.237.040	40

Tabelle 4: Datengrundlage – Übersicht CDS extern

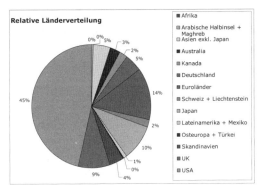

Abbildung 8: Länderverteilung CDS extern

Afrika	Arabische Halbinsel + Maghreb	Asien exkl. Japan	Australia	Kanada	Deutschland	Euroländer	Schweiz + Liechtenstein	Japan	Lateinamerika + Mexiko	Osteuropa + Türkei	Skandinavien	UK	USA
0	4	46	26	20	44	127	19	89	6	4	35	82	434

Tabelle 5: Datengrundlage – Länderverteilung CDS extern

Die Aktienmodelle für die *Prognose interner Ratingereignisse* konnten auf Basis von Kapitalmarktinformationen für 1401 Unternehmen validiert werden. Dabei wurden im o.g. Zeitraum 253 Downgrades vom Investment in den Bereich Speculative Grade und 134 Ausfälle beobachtet (siehe Tabelle 6). Abbildung 9 und Tabelle 7 geben eine Übersicht über die Datengrundlage der „Modelle Aktien intern".

Anzahl Securities	Datenpunkte Preise	Datenpunkte Ratings	Datenpunkte Marktkapitalisierung	Datenpunkte Schnittmenge	Anzahl Downgrades	Datenpunkte gesamt	Anzahl Ausfälle
1.401	2.916.981	2.060.400	2.942.732	1.871.714	253	3.348.390	134

Tabelle 6: Datengrundlage – Übersicht Aktien intern

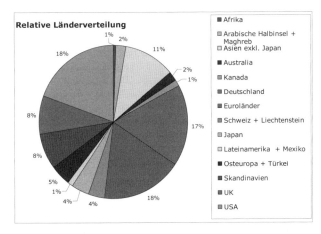

Abbildung 9: Länderverteilung Aktien intern

341

Afrika	Arabische Halbinsel + Maghreb	Asien exkl. Japan	Australia	Kanada	Deutschland	Euroländer	Schweiz + Liechtenstein	Japan	Lateinamerika + Mexiko	Osteuropa + Türkei	Skandinavien	UK	USA
9	29	157	26	19	242	246	50	53	16	63	105	113	271

Tabelle 7: Datengrundlage – Länderverteilung Aktien intern

3.2 Trennschärfeanalysen

Die *Trennschärfeanalysen* werden im Rahmen der Validierung der Einzelmodelle für Unternehmen auf vier Analyseebenen durchgeführt und geben nicht nur einen Überblick darüber, wie gut das jeweilige Modell den Ereigniseintritt prognostizieren kann, sondern auch über die Stabilität der Ergebnisse im Zeitablauf.[504]

Folgende Analyseebenen werden dabei betrachtet:

- Gesamter Zeitraum: Startzeitraum der Analysen bis aktueller Rand (Startzeitraum derzeit 0.1.01.2002; aktueller Rand = Zeitpunkt des Datenabzugs).
- Jahresstichproben über den Gesamtzeitraum gebildet.
- Zeitraum 01.01.2009 bis aktueller Rand (~ derzeit Out-of-Sample-Zeitraum).[505]
- Monatsstichproben über den derzeitigen Out-of-Sample-Zeitraum.

Bei den Trennschärfeanalysen werden für jeden Tag der jeweiligen Stichprobe der zugehörige Modelloutput und das zu prognostizierende Ereignis pro Unternehmen gegenübergestellt (0 = Ereignis ist nicht eingetreten; 1 = Ereignis ist eingetreten). Der Modelloutput wird dabei je nach Modell mit den erklärenden Variablen, die vor 30–60 bzw. 180–220 Tagen zur Verfügung standen, berechnet. Auf der Analyseebene Gesamtzeitraum wird die Trennschärfe auf Basis der Gesamtstichprobe für den gesamten Beobachtungszeitraum berechnet. Bei den Jahresstich-

---

[504] Die Trennschärfemessung erfolgt auf Basis des CAP-Ansatzes (CAP = Cumulative Accuracy Profile). Die Trennschärfe ist ein Maß dafür, wie gut ein Modell gute von schlechten Kunden unterscheiden kann. Hierbei werden die Scores (Modelloutput) der Unternehmen zunächst von schlecht nach gut sortiert und dann überprüft, ob das jeweils prognostizierte Ereignis mit dem modellierten zeitlichen Vorlauf tatsächlich eingetreten ist. Bei Modellen mit hoher Trennschärfe treten die Ereignisse Ausfall bzw. Ratingherabstufung häufiger bei Kunden mit schlechten Scorewerten auf. Die Trennschärfewerte liegen zwischen 0 % und 100 %. 0 % bedeutet, dass das Modell keine Trennschärfe aufweist und damit die Prognosefähigkeit eines Münzwurfs hat. Bei einer Trennschärfe 100 % läge perfekte Voraussicht und damit die so genannte Kristallkugel vor. Eine ausführliche Beschreibung des Konzeptes der Trennschärfe findet sich z. B. in Basel Committee on Banking Supervision (2005), S. 36–42 und Sobehart, J., Keenan, S., Stein, R. (2000), S. 11–14.

[505] Die Downgrademodelle für Unternehmen des Frühwarnsystems Risk Guard wurden auf Daten des Zeitraums 01.06.2007–31.12.2008 entwickelt. Daher wird der Zeitraum 2009 bis aktueller Rand als Out-of-Sample-Zeitraum bezeichnet. Die Entwicklungsstichproben für die Ausfallmodelle umfassten jeweils lediglich 100 nicht ausgefallene und 50 ausgefallene Unternehmen. Somit ist ein Großteil der Validierungsstichprobe für die Ausfallmodelle eigentlich als Out-of-Sample Stichprobe in allen vier Analyseebenen anzusehen.

proben wird die Trennschärfe auf Basis der Gesamtstichprobe für das jeweilige Kalenderjahr analysiert. Zudem wird, ausgehend vom Startjahr des Beobachtungszeitraums, der Mittelwert der Trennschärfe rollierend über die Folgejahre hinweg betrachtet, um Rückschlüsse auf die Stabilität der Ergebnisse ziehen zu können. Bei den Trennschärfeanalysen für den Out-of-Sample-Zeitraum und die zugehörigen Monatsstichproben wird analog vorgegangen.

Für die Validierungsdimension *Trennschärfe* wird jeweils eine „Ampelfarbe" vergeben, die Aufschluss darüber gibt, wie gut diese Dimension erfüllt wird. Es ist dabei nicht ausreichend allein die aktuelle Situation zu betrachten, sondern es werden die Aussagen, die sich auf den aktuellen Rand beziehen, der Veränderung im Zeitablauf gegenübergestellt. Auf diese Weise können einerseits Erfahrungen/Erkenntnisse aus den vorangegangenen Validierungen aufgegriffen werden, andererseits ist es auf diese Weise möglich, zyklische Effekte in der Beurteilung zu berücksichtigen.

Eine *Ampelfarbe* bestimmt sich daher grundsätzlich aus den drei Kriterien „(nicht plausibilisierbare) Auffälligkeit", „bedeutend" und „Langfristigkeit". Die Ampelfarben haben damit folgende Bedeutung, wobei die Einstufung der Ampelfarbe expertenbasiert erfolgt:

– Rot: „Es wurden Auffälligkeiten festgestellt, die bedeutend sind und als langfristig eingestuft werden."
– Gelb: „Es wurden Auffälligkeiten festgestellt, die bedeutend sind oder als langfristig eingestuft werden."
– Grün: „Es wurden keine (bedeutenden) Auffälligkeiten festgestellt."

Die Trennschärfeanalysen werden zunächst auf *Grundlage einiger ausgewählter Modelle* dargestellt. Die nachfolgenden Grafiken zeigen dabei jeweils die gemessene Trennschärfe auf den vier Analyseebenen. Die zugehörigen Trennschärfewerte sind der jeweils nachfolgenden Tabelle zu entnehmen. In dieser Tabelle sind zudem die im Rahmen der Entwicklung für dieses Modell gemessenen Trennschärfewerte nachrichtlich aufgeführt.

3.2.1 Unternehmen
3.2.1.1 Modell Aktien Ausfall extern zeitlicher Vorlauf 180–220 Tage

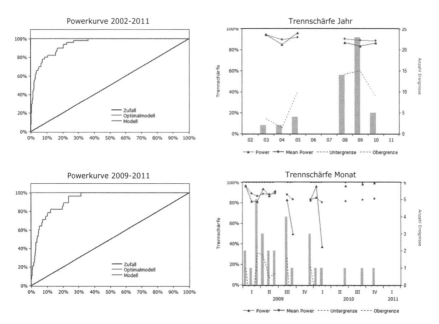

Abbildung 10: Trennschärfeanalysen – Modell: Aktien Ausfall extern Vorlauf 180 – 220 Tage[506]

Trennschärfe – Modell Aktien Ausfall extern 180–220 Tage Vorlauf:

Model	Power 2002-2011	Power 2009-2011	MW monatlich rollierend 2009 2011	MW jährlich rollierend 2002 2011	Entwicklung Power InSample	Zeitraum InSample	OutSample monatlich rollierend
Risiko_extern_aktien_180	0,88	0,85	0,84	0,88	0,87	06.10.03 - 02.10.09	
Status	●	●	●	●			

Tabelle 8: Trennschärfeanalysen – Modell Aktien Ausfall extern 180–220 Tage Vorlauf

Sowohl für den Gesamtzeitraum (88 %) als auch jährlich rollierend (MW 88 %) zeigen sich sehr hohe und stabile Trennschärfewerte im Vergleich zu den Ergebnissen aus der Entwicklung (siehe Abbildung 10). Hervorzuheben sind insbesondere auch die sehr guten Trennschärfewerte in den Jahren 2008 und 2009, in denen infolge der Finanz- und Wirtschaftskrise jeweils eine vergleichsweise hohe Anzahl von Ausfällen zu beobachten ist (siehe Tabelle 8). Für den Out-of-Sample-Zeitraum 2009–2011 sind sowohl gesamt (85 %) als auch monatlich rollierend (MW 84 %) ebenfalls sehr hohe Trennschärfewerte zu beobachten. Es ist darauf hinzuweisen,

---

[506] Die Graphiken für die Jahres- und Monatsstichproben zeigen neben der Trennschärfe gemessen auf der jeweiligen Stichprobe auch die rollierenden Mittelwerte (blaue Linie), die 0,95 Konfidenzbänder (gestrichelte Linien) sowie die Anzahl der Ereignisse in der jeweiligen Jahres- bzw. Monatsstichprobe.

dass in einzelnen Monaten teilweise keine bzw. nur sehr wenige Ausfälle zu beobachten sind. Dieser Sachverhalt spiegelt sich entsprechend in relativ breiten 95 %-Konfidenzbändern wider.

3.2.1.2 Modell CDS Downgrade extern zeitlicher Vorlauf 30–60 Tage

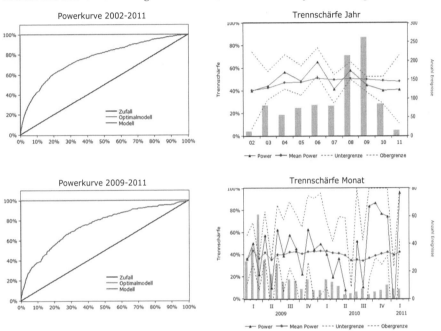

Abbildung 11: Trennschärfeanalysen – Modell CDS Downgrade extern Vorlauf 30–60 Tage

Trennschärfe – Modell CDS Downgrade extern 30–60 Tage Vorlauf:

Model	Power 2002-2011	Power 2009-2011	MW monatlich rollierend 2009 2011	MW jährlich rollierend 2002 2011	Entwicklung		
					Power InSample	Zeitraum InSample	OutSample monatlich rollierend
Downgrade_Extern_Modell_CDS_30	0,52	0,50	0,41	0,48	0,54	01.06.07 - 31.12.08	0,43
Status	●	●	●	●			

Tabelle 9: Trennschärfeanalysen – Modell CDS Downgrade extern 30–60 Tage Vorlauf

Sowohl für den Gesamtzeitraum (52 %) als auch jährlich rollierend (Mittelwert 48 %) zeigen sich auch hier hohe und stabile Trennschärfewerte (siehe Abbildung 11). Hervorzuheben sind auch hier die guten Trennschärfewerte in den Jahren 2008 und 2009, in denen jeweils eine hohe Anzahl von Downgrades zu beobachten war (siehe Tabelle 9). Für den Out-of-Sample-Zeitraum 2009–2011 sind gesamt (50 %) als auch monatlich rollierend (Mittelwert 41 %) ebenfalls hohe Trennschärfewerte zu beobachten. In einzelnen Monaten zeigen sich zwar niedrige Trennschärfewerte. Allerdings sind in diesen Monaten im Regelfall auch sehr wenig zu erklärende Ereignisse vorhanden, sodass die zu den Trennschärfeanalysen zugehörigen 95 %-Konfidenzbänder hier recht breit sind. Am aktuellen Rand befindet sich die Trennschärfe wieder auf dem höchsten Niveau seit Anfang 2009.

Die Analyse zeigt, dass die *externen Downgrademodelle* nicht das sehr hohe Trennschärfeniveau der Ausfallmodelle erreichen. Dieser Sachverhalt ist nicht nur bei den externen Downgrademodellen auf Basis von CDS-Spreads, sondern auch bei den Modellen auf Basis von Aktienmarktinformationen zu beobachten. Die im Vergleich zu den Ausfallmodellen niedrigere Trennschärfe ist darauf zurückzuführen, dass ein Ausfall letztendlich ein eindeutigeres Ereignis im Vergleich zu einem bloßen Downgrade ist und in seiner Auswirkung auch gravierende Konsequenzen für den Aktionär, den Kreditgeber oder den Sicherungsverkäufer eines CDS-Swaps hat. Folglich wird auch nicht jede Veränderung der Unternehmenssituation, die zu einem bloßen Downgrade führt, im Vorfeld zwangsläufig auch mit hohen Kursverlusten und damit einhergehend steigenden Volatilitäten bzw. starken CDS-Spreadausweitungen antizipiert.

3.2.1.3 Modell Aktien Ausfall intern zeitlicher Vorlauf 180–220 Tage

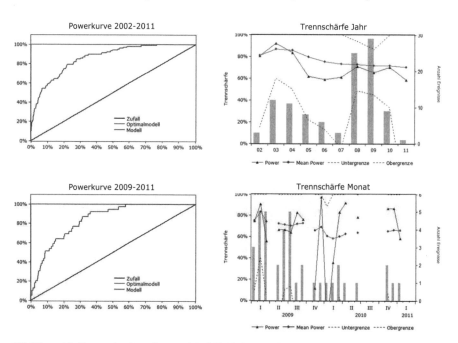

Abbildung 12: Trennschärfeanalysen – Modell Aktien Ausfall intern Vorlauf 180–220 Tage

Trennschärfe – Modell Aktien Ausfall intern 180–220 Tage Vorlauf:

Model	Power 2002-2011	Power 2009-2011	MW monatlich rollierend 2009 2011	MW jährlich rollierend 2002 2011	Entwicklung		
					Power InSample	Zeitraum InSample	OutSample monatlich rollierend
Risiko_Ausfall_intern_Aktien_180	0,72	0,68	0,66	0,70	0,76	01.04.02 - 17.11.09	
Status	●	●	●	●			

Tabelle 10: Trennschärfeanalysen – Modell Aktien Ausfall intern 180–220 Tage Vorlauf

Es zeigen sich für den Gesamtzeitraum (72 %) und auch jährlich rollierend (Mittelwert 70 %) sehr hohe Trennschärfewerte (siehe Abbildung 12). Die Trennschärfewerte in den Jahren 2008 und 2009 zeigen, dass auch dieses Modell während der Finanzkrise gut funktioniert hätte. Im Jahr 2011 ist bisher nur ein Ausfall zu beobachten, was bei der Interpretation der Trennschärfe für dieses Jahr zu berücksichtigen ist. Die Trennschärfe für den Out-of-Sample-Zeitraum 2009–2011 liegt gesamt (68 %) als auch monatlich rollierend (Mittelwert 66 %) leicht unterhalb des Niveaus aus der Modellentwicklung. Insbesondere am aktuellen Rand ist im Vergleich zu den beiden Vorjahren eine geringe Anzahl an Ausfällen zu beobachten (siehe Tabelle 10).

3.2.1.4 Modell Aktien Downgrade intern zeitlicher Vorlauf 180–220 Tage

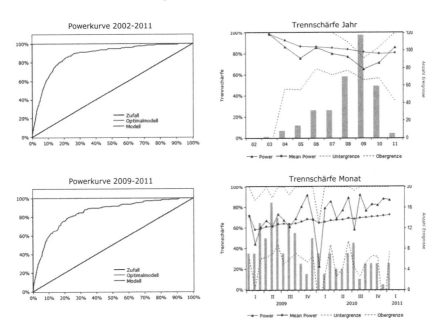

Abbildung 13: Trennschärfeanalysen – Modell Aktien Downgrade intern Vorlauf 180–220 Tage

Model	Power 2002-2011	Power 2009-2011	MW monatlich rollierend 2009 2011	MW jährlich rollierend 2002 2011	Entwicklung		OutSample monatlich rollierend
					Power InSample	Zeitraum InSample	
Downgrade_intern_Modell_aktien_180	0,75	0,69	0,72	0,80	0,64	25.07.03 - 17.11.09	
Status	●	●	●	●			

Tabelle 11: Trennschärfeanalysen – Modell Aktien Downgrade intern 180–220 Tage Vorlauf

Für den Gesamtzeitraum (75 %) und auch jährlich rollierend (Mittelwert 80 %) sind sehr hohe und stabile Trennschärfewerte zu beobachten. Das Niveau der Trennschärfe liegt über den in der Entwicklung erzielten Werten (siehe Abbildung 13). Die Wirtschafts- und Finanzkrise hat sich in den Jahren 2008–2009 jeweils in einer hohen Anzahl von Ratingherabstufungen aus den Investment- in den Speculative Grade Bereich niedergeschlagen, die durch das Modell sehr gut prognostiziert worden wären. Dieser Sachverhalt wird durch die hohen Trennschärfewerte in diesen beiden Jahren reflektiert. In 2010 und im Rumpfjahr 2011 zeigt sich zudem ein Anstieg der Trennschärfe. Für den Out-of-Sample-Zeitraum 2009–2011 sind gesamt (69 %) als auch monatlich rollierend (Mittelwert 72 %) ebenfalls hohe Trennschärfewerte zu beobachten, die über denen aus der Entwicklung liegen (siehe Tabelle 11). Es ist darauf hinzuweisen, dass in einzelnen Monaten teilweise nur sehr wenige Ratingherabstufungen in die interne Ratingstufe 9 und schlechter zu beobachten sind.

Die internen Downgrademodelle erreichen das sehr hohe Trennschärfeniveau der internen Ausfallmodelle. Hierbei ist zu berücksichtigen, dass bei den internen Downgrademodellen nicht die Ratingherabstufung pro Ratingklasse, sondern die Herabstufung von einer Ratingstufe besser als Stufe 9 in die Ratingstufe 9 und schlechter prognostiziert wird.

3.2.1.5 Gesamtübersicht Unternehmen

Die Tabelle 12 gibt eine Übersicht über *alle Modelle auf Unternehmensebene*. Sowohl die externen als auch die internen Ausfallmodelle weisen eine sehr hohe Trennschärfe auf. Die Analysen auf Basis der Jahres- und Monatsstichproben zeigen, dass die Modelle auch gut während der Finanzkrise funktioniert hätten. Die Trennschärfewerte der externen Downgrademodelle liegen unterhalb der Trennschärfewerte sowohl der Ausfallmodelle als auch der internen Downgrademodelle. Hierbei ist zu berücksichtigen, dass die externen Downgrademodelle eine Ratingherabstufung aus der jeweiligen aktuellen Ratingklasse mit dem entsprechenden zeitlichen Vorlauf prognostizieren. Die internen Downgrademodelle hingegen prognostizieren eine Ratingherabstufung aus dem Investment in den Speculative Grade Bereich, unabhängig von der Ausgangsratingklasse im Bereich Investment Grade.

Model	Power 2002-2011		Power 2009-2011		MW monatlich rollierend 2009-2011		MW jährlich rollierend 2002-2011		Entwicklung		OutSample monatlich rollierend
									Power InSample	Zeitraum InSample	
Downgrade_Extern_Modell_Aktien_30	0.43	●	0.52	●	0.44	●	0.42	●	0.45	01.06.07 - 31.12.08	0.47
Downgrade_Extern_Modell_Aktien_180	0.30	●	0.28	●	0.30	●	0.26	●	0.40	01.06.07 - 31.12.08	0.30
Risiko_Ausfall_extern_Aktien_30	0.91	●	0.92	●	0.91	●	0.90	●	0.93	25.02.03 - 02.10.09	
Risiko_Ausfall_extern_Aktien_180	0.88	●	0.85	●	0.84	●	0.88	●	0.87	06.10.03 - 02.10.09	
Downgrade_intern_Modell_Aktien_30	0.85	●	0.82	●	0.84	●	0.85	●	0.86	27.12.02 - 17.11.09	
Downgrade_intern_Modell_Aktien_180	0.75	●	0.69	●	0.72	●	0.80	●	0.64	25.07.03 - 17.11.09	
Risiko_Ausfall_intern_Aktien_30	0.86	●	0.86	●	0.85	●	0.88	●	0.83	01.04.02 - 17.11.09	
Risiko_Ausfall_intern_Aktien_180	0.72	●	0.68	●	0.66	●	0.70	●	0.76	01.04.02 - 17.11.09	
Downgrade_Extern_Modell_CDS_30	0.52	●	0.50	●	0.41	●	0.48	●	0.54	01.06.07 - 31.12.08	0.43
Downgrade_Extern_Modell_CDS_180	0.34	●	0.24		0.28		0.32		0.47	01.06.07 - 31.12.08	0.36

Tabelle 12: Trennschärfeanalysen – Modellübersicht

Die im Vergleich zu den Ausfallmodellen niedrigere Trennschärfe der *externen Downgrademodelle* ist – wie bereits erwähnt – darauf zurückzuführen, dass ein Ausfall letztendlich ein eindeutigeres Ereignis im Vergleich zu einem bloßen Downgrade ist und in seiner Auswirkung auch gravierende Konsequenzen hat. Die vergleichsweise höhere Trennschärfe der internen Downgrademodelle ist ebenfalls auf diesen Sachverhalt zurückzuführen. Bei einem Downgrade vom Investment in den Speculative Grade Bereich dürfte sich im Regelfall die Unternehmenssituation deutlicher verschlechtert haben als bei einer bloßen Ratingherabstufung innerhalb des guten Investment Grade Bereichs. Folglich schlägt sich auch die durch die Kapitalmarktteilnehmer antizipierte deutlich verschlechterte Unternehmenssituation in stärkeren Kursausschlägen nieder.

Die Modelle weisen seit ihrer Entwicklung im Jahre 2009 auch für den Out-of-Sample-Zeitraum insgesamt eine sehr hohe und stabile Trennschärfe auf. Die externen Downgrademodelle Aktien und CDS mit einem langfristigen Vorlauf haben temporär schwächere Trennschärfewerte ausgewiesen. Unsere Analysen zeigen jedoch, dass für beide Modelle am aktuellen Rand die Trennschärfe wieder deutlich gestiegen ist und das höhere Niveau aus der Entwicklung inzwischen wieder erreicht wird.

3.2.1.6 Exkurs Trennschärfe vs. Trefferquoten

Die hohe Trennschärfe eines Modells schlägt sich in entsprechend hohen *Trefferquoten* nieder. Dieser Sachverhalt wird anhand der nachfolgenden Analyse dargestellt. Für das Modell Ausfall extern mit einem zeitlichen Vorlauf von 180–220 Tagen vor dem potentiellen Ereigniseintritt werden die in der Stichprobe vorhandenen Ausfälle vom 01.01.2009 bis zum aktuellen Rand analysiert. Ein Frühwarnsignal wird dabei als Treffer gezählt, wenn das Signal mit dem entsprechenden zeitlichen Vorlauf durch das Modell generiert wurde.

Der Tabelle 13 ist zu entnehmen, dass 27 von 28 Ausfällen mit dem entsprechenden zeitlichen Vorlauf durch das Modell erkannt wurden. Zudem wird deutlich, dass die betroffenen Unternehmen bereits mit noch längerem zeitlichem Vorlauf in den Modellen auffällig waren. Der Tabelle sind zudem die zum Zeitpunkt der Signalerzeugung zugehörigen externen Ratings der jeweiligen Unternehmen zu entnehmen. Die Ergebnisse dieser Analyse sind auch auf die anderen Risk-Guard-Ausfallmodelle übertragbar. Risk Guard erkennt Bonitätsrisiken bereits sehr frühzeitig und eröffnet den Nutzern somit zeitlichen Handlungsspielraum für das Ergreifen von Gegenmaßnahmen.

Unternehmen	Ausfalldatum	Prognosehorizont			Bereits früher auffällig	
		Ausfall erkannt?	Datum Signal	Externes Rating Datum Signal	Datum 1. Signal	Externes Rating Datum 1. Signal
Aiful Corp.	24.09.2009	Ja	15.01.2009	BBB-	20.11.2007	BBB+
Alliance Bank JSC	14.04.2009	Ja	23.06.2008	B+	05.12.2007	B+
Ambac Financial Group	02.11.2010	Ja	29.12.2009	CC	13.12.2007	AA
American Capital Ltd	28.06.2010	Ja	24.08.2009	B-	10.11.2008	BBB
BTA Bank J.S.C.	24.04.2009	Ja	20.06.2008	BB	25.04.2007	BB
Charter Communications Inc.	15.01.2009	Ja	13.03.2008	B-	25.04.2005	CCC+
Chemtura Corp.	19.03.2009	Ja	15.05.2008	BB	25.04.2005	BB-
Citadel Broadcasting Corp.	21.12.2009	Ja	16.02.2009	B+	06.07.2007	B+
Clear Channel Communications Inc.	28.08.2009	Ja	24.10.2008	B	11.01.2007	BB+
ESCADA AG	14.08.2009	Ja	10.10.2008	B-	06.05.2005	BB-
Ford Motor Co.	06.04.2009	Ja	02.06.2008	B	30.06.2005	BB+
General Growth Properties	17.03.2009	Ja	13.05.2008	BB+	13.05.2008	BB+
General Motors Corp.	01.06.2009	Ja	28.07.2008	B	30.06.2005	BB
Gulf Finance House	10.02.2010	Nein				
Hayes Lemmerz International Inc.	12.05.2009	Ja	08.07.2008	B	25.04.2005	BB-
HEAD NV	14.08.2009	Ja	10.10.2008	CCC+	25.04.2005	B
Idearc Inc.	31.03.2009	Ja	27.05.2008	BB	02.01.2007	BB
Japan Airlines Corp.	02.12.2009	Ja	04.03.2009	B+	26.07.2006	B+
McClatchy Co. (The)	29.06.2009	Ja	25.08.2008	B+	21.06.2007	BB+
Mercer International Inc.	11.12.2009	Ja	06.02.2009	B-	25.04.2005	B
Nadra Bank	02.03.2009	Ja	28.04.2008	B-	07.03.2008	B-
Six Flags Inc.	16.04.2009	Ja	12.06.2008	CCC+	25.04.2005	B-
Smurfit-Stone Container Corp.	26.01.2009	Ja	24.03.2008	B+	28.04.2005	B+
Takefuji Corp.	28.09.2010	Ja	24.11.2009	CC	10.08.2009	BB+
Thomson S.A.	07.05.2009	Ja	03.07.2008	BB-	25.04.2008	BB
Unisys Corp.	03.08.2009	Ja	29.09.2008	B+	25.04.2005	BB+
Vitro S.A.B. de C.V.	02.02.2009	Ja	31.03.2008	B	25.04.2005	B
YRC Worldwide Inc.	04.01.2010	Ja	02.03.2009	CCC	03.01.2008	BB+

Tabelle 13: Modell Ausfall extern lang: Ausfallanalyse 2009 – aktueller Rand

3.2.2 Sovereigns

Die *Peergruppenanalyse Sovereigns* (Zeitraum 01.01.2002 bis zum aktuellen Rand) zeigt für zeitliche Vorläufe von 0 bis 120 Tagen gute Trennschärfewerte. Über alle Timelags hinweg ergibt sich für den gesamten Beobachtungszeitraum ein Mittelwert der Trennschärfe von 32 %. Die Vorlaufeigenschaften aus der Entwicklung von ca. 30–60 Tagen mit Trennschärfewerten zwischen 34 % und 39 % werden bestätigt. Berücksichtigt man nur den Zeitraum 2007 bis zum aktuellen Rand, erhöht sich die mittlere Trennschärfe. In diesem Zeitraum sind deutlich mehr Downgrades und damit zu erklärende Ereignisse zu beobachten. Der Mittelwert über alle Timelags liegt wie in der Validierung 2010 Q4 in diesem Zeitraum bei 39 % (siehe Tabelle 14).

Eine *Ex-post-Analyse* zeigt, dass über den jeweiligen Peergruppenvergleich in den Peripheriestaaten Eurolands frühzeitig potentielle Bonitätsverschlechterungen signalisiert worden wären. Die CDS-Spreads für Spanien waren schon seit Mitte

2007 auffällig. Auch die Downgrades für Irland wurden frühzeitig erkannt. Seit Ende 2009 sind Griechenland und Portugal auffällig.

Im Gegensatz zu den Peripherieländern zeigen die *CDS-Spreads für Deutschland* keine Auffälligkeiten. Nachdem in Großbritannien eine tief greifende Haushaltskonsolidierung beschlossen wurde, verhalten sich die CDS-Spreads auch hier wieder unauffällig. Zumindest temporär sind jedoch die CDS-Spreads Italiens im Vergleich zur relevanten Peergruppe deutlich gestiegen. Am aktuellen Rand hat sich jedoch auch hier die Situation wieder etwas entspannt (siehe Abbildung 14 und 15).

Timelag (in Tagen)	Power	
	2002 akt. Rand	2007 akt. Rand
0	0.29	0.41
10	0.42	0.51
20	0.39	0.48
30	0.40	0.47
40	0.31	0.35
50	0.29	0.34
60	0.33	0.39
70	0.31	0.37
80	0.30	0.35
90	0.29	0.33
100	0.26	0.30
110	0.32	0.39
120	0.29	0.33

Tabelle 14: Trennschärfeanalysen – Countries CDS Peergruppenvergleich

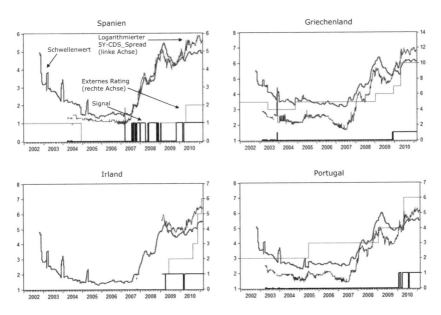

Abbildung 14: Peergruppenvergleich Peripherie Eurolands

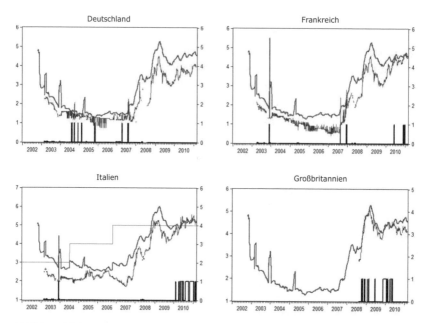

Abbildung 15: Peergruppenvergleich Die großen vier Volkswirtschaften Europas

3.2.3 Segmente/Branchen

Die Trennschärfe (Zeitraum 01.01.2002 bis zum aktuellen Rand) für die *MSCI World Sector Indices* gesamt liegt bei 44 %. Eine Analyse der Einzelsegmente zeigt, dass die Trennschärfe in den unterschiedlichen MSCI-Sektoren zum Teil stark variiert. So weist der MSCI World IT eine Trennschärfe von 94 % auf, wohingegen die Trennschärfe von weniger zyklischen Segmenten wie den MSCI World Sector Health Care deutlich abfällt (siehe Tabelle 15). Dies lässt sich sowohl mit der sehr geringen Anzahl an beobachteten als auch dem nur sporadischen Auftreten der Downgrades in diesen wenig zyklischen Sektoren erklären. Eine konkrete Definition des zu erklärenden Ereignisses „erhöhte Anzahl Downgrades" ist für den Beobachtungszeitraum in diesen wenig zyklischen Segmenten eigentlich gar nicht möglich, das heißt, Downgrades treten hier nur vereinzelt und nicht gehäuft auf (siehe Abbildung 16).

Index	Power
MSCI - World	0.44
MSCI - World Consumer Discretionary	0.93
MSCI - World Consumer Staples	0.01
MSCI - World Energy	0.41
MSCI - World Financials	0.92
MSCI - World Health Care	-0.36
MSCI - World Industrials	0.59
MSCI - World IT	0.94
MSCI - World Materials	0.75
MSCI - World Telecommunication Services	-0.11
MSCI - World Utilities	0.41

Tabelle 15: Trennschärfeanalysen – MSCI World Branchenindizes

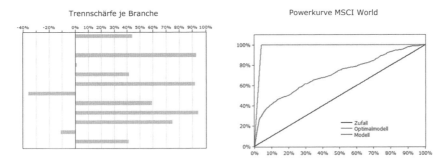

Abbildung 16: Trennschärfeanalysen – MSCI World Branchenindizes

4 Fallbeispiele

Die Finanz- und Wirtschaftskrise, die Mitte 2007 begann und mit dem Ausfall von Lehman Brothers im September 2008 ihren Höhepunkt erreichte, war sicherlich ein Auslöser für die Entwicklung des Frühwarnsystems Risk Guard. Deshalb kann hier, wie in den oben dargestellten Trennschärfeanalysen, leider nur ex post analysiert werden, wie Risk Guard während der Finanzkrise funktioniert hätte. Interessant ist hierbei vor allem die Fragestellung, ob Risk Guard z. B. während der Finanzkrise eine Differenzierung zwischen verschiedenen US Financials erlaubt hätte.

Vor diesem Hintergrund wurden *Einzelfallanalysen* für die (Investment-) Banken Morgan Stanley, Goldman Sachs, Lehman Brothers, JP Morgan sowie für den Kreditversicherer Ambac Financial Group durchgeführt. Morgan Stanley, Goldman Sachs und JP Morgan sind dabei als Positivbeispiele anzusehen. Goldman Sachs und insbesondere JP Morgan sind vergleichsweise gut durch die Finanzkrise gekommen. Morgan Stanley war nach den Zusammenbrüchen von Bear Stearns und vor allem Lehman Brothers zumindest nur temporär angeschlagen. Lehman ist am 16.09.2008 ausgefallen, Ambac letztendlich am 02.11.2010.

Für Lehman Brothers und Morgan Stanley wären schon sehr frühzeitig in den Downgrademodellen deutlich erhöhte Bonitätsrisiken erkannt worden (siehe Abbildung 17). Bereits seit August 2007 wurde Lehman Brothers sowohl am Aktien- als

Marktdatenbasierte Frühwarnsysteme als Antwort auf die Finanzkrise

auch am CDS-Markt deutlich risikobehafteter eingeschätzt als die beiden Positivbeispiele JP Morgan und Goldman Sachs, für die in den Downgrademodellen jeweils nur sehr kurzzeitig Frühwarnsignale generiert worden wären. Im Vergleich zu den Downgrademodellen wären Lehman, aber auch Morgan Stanley, letztere Investmentbank temporär auf dem Höhepunkt der Finanzkrise, zeitlich nachfolgend in den Ausfallmodellen auffällig gewesen. Morgan Stanley hatte nach Lehmans Insolvenz ebenfalls erhebliche Probleme. Die Situation konnte letztendlich u. a. nur durch die rechtliche Umwandlung von einer Investmentbank zu einer „normalen" Geschäftsbank und die Aufnahme zusätzlicher Notenbankkredite stabilisiert werden (siehe Abbildung 18). Die Analysen zeigen, dass Risk Guard eine differenzierte Beurteilung der US-Financials auch während der Finanzkrise ermöglicht hätte.

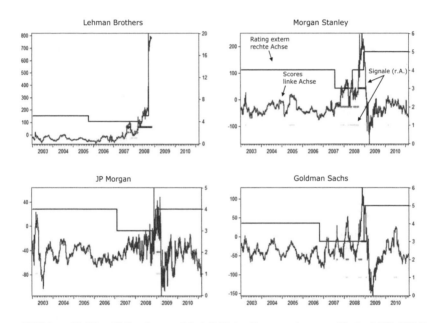

Abbildung 17: Einzelfallanalysen – Modell Aktien Downgrade extern Vorlauf 180–220 Tage

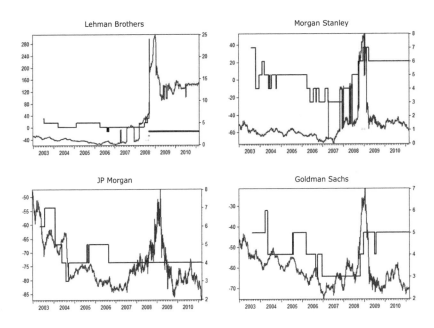

Abbildung 18: Einzelfallanalysen – Modell Aktien Ausfall intern Vorlauf 30–60 Tage

Ambac Financial Group war genau wie Lehman bereits Mitte 2007 in den Downgrademodellen stark auffällig. Bereits Anfang 2008 wurde für Ambac auch ein deutlich erhöhtes Ausfallrisiko identifiziert (siehe Abbildung 19). Im „Modell Aktien Downgrade extern lang" wären Signale der Zone 3 (rot) ab dem 03.08.2007 für Ambac bzw. 06.08.2007 für Lehman generiert worden. Die deutlichen Bonitätsrisiken für Lehman und Ambac wären durch Risk Guard somit sehr frühzeitig erkannt worden, so dass zeitlicher Handlungsspielraum für das Ergreifen von Gegenmaßnahmen sowohl für das Kredit- als auch das Handelsgeschäft vorhanden gewesen wäre (siehe Abbildung 20).

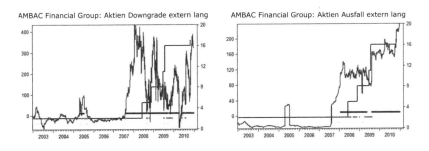

Abbildung 19: Einzelfallanalysen – Ambac Financial Group

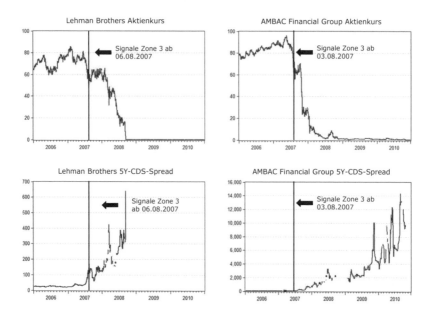

Abbildung 20: Einzelfallanalysen – Lehman und Ambac

5 Zusammenfassung und Ausblick

Interne Ratingverfahren weisen aufgrund ihrer Struktur leider eine gewisse Latenz bei abrupt veränderten konjunkturellen Rahmenbedingungen bzw. stark veränderter betriebswirtschaftlicher Situation auf. Dies hat nicht nur die jüngste Finanz- und Wirtschaftskrise aufgezeigt, in der auch die Ratingagenturen teilweise erst mit deutlicher Zeitverzögerung auf die veränderte Situation der Unternehmen reagiert haben. Vor diesem Hintergrund sollten Ratingverfahren sinnvoll durch Frühwarnsysteme ergänzt werden.

Der Lösungsansatz der RSU Rating Service Unit GmbH & Co. KG, das *marktdatenbasierte Frühwarnsystem Risk Guard*, wurde im Rahmen dieses Artikels genauer dargestellt. Risk Guard wertet täglich automatisiert Marktdaten aus und nutzt dabei den Sachverhalt, dass auf dem Kapitalmarkt alle bekannten Informationen und Erwartungen zeitnah und vorausschauend in den Marktpreisen verarbeitet werden. Risk Guard identifiziert mittels Peergruppenanalysen und komplexer ökonometrischer Mehrfaktormodelle frühzeitig Bonitätsrisiken für Unternehmen, Branchen und Länder mit einem zeitlichen Vorlauf von bis zu einem Jahr vor einer potentiellen Ratingherabstufung oder einem potentiellen Ausfall.

Die im Frühwarnsystem *verwendeten Modelle* weisen dabei eine sehr gute Trennschärfe auf und werden von der RSU regelmäßig überwacht, validiert und weiterentwickelt. Die hohe Trennschärfe der Modelle wurde nicht nur durch die Ergebnisse der jüngsten Validierung, die im ersten Quartal 2011 stattfand, bestätigt. Hier konnte ceteris paribus gezeigt werden, dass die Modelle des Frühwarnsystems auch gut in der Finanzkrise funktioniert hätten. Anhand von ausgewählten Fallbeispielen konnte zudem gezeigt werden, dass Risk Guard während der Finanzkrise eine Differenzierung zwischen den unterschiedlich stark betroffenen US-Finanzinstituten erlaubt und frühzeitig die deutlichen Bonitätsrisiken einzelner Institute erkannt hätte, so dass zeitlicher Handlungsspielraum für das Ergreifen von Gegenmaßnahmen vorhanden gewesen wäre. Die Ergebnisse dieser Fallbeispiele sind allgemein übertragbar, das heißt, das System ermöglicht nicht nur in Krisenzeiten eine gute Differenzierung zwischen den unterschiedlichen Bonitätsrisiken für Unternehmen innerhalb und über Branchen/Segmente hinweg.

Kein Frühwarnsystem sollte *statisch* sein. Auch für Risk Guard wurde bereits Weiterentwicklungspotential identifiziert. Zukünftig ist geplant, die Abdeckung und Anzahl der Branchen-/Segment- und Sovereignmodelle auszuweiten. Dabei werden voraussichtlich auch Anleiherenditen und Geldmarktzinssätze in die Analysen mit einbezogen. Aufgrund der hohen Trennschärfe der in Risk Guard verwendeten Ausfallmodelle werden zukünftig auch aggregierte Frühwarnindikatoren für Branchen und Länder auf Basis der erzeugten Frühwarnsignale auf Unternehmensebene ermittelt. Zudem werden perspektivisch die Analysen nicht nur auf Kapitalmarktdaten beschränkt bleiben. Eine systematische Auswertung von Konjunkturdaten sowie Geldmengen- und Kreditzeitreihen könnte die Frühwarnindikationen für einzelne Länder/Regionen ergänzen. Insgesamt ist angedacht, auch Unternehmen, für die selbst keine Kapitalmarktinformationen vorhanden sind, zukünftig besser durch das Frühwarnsystem Risk Guard abzudecken.

Literaturverzeichnis

Backhaus, W., Erichson, B., Plinke, W., Weiber, R. (2003): Multivariate Analysemethoden.
Basel Committee on Banking Supervision (2005): Studies on the Validation of Internal Rating Systems. Working Paper No. 14. Revised version.
Basel Committee on Banking Supervision (2006): International Convergence of Capital Measurement and Capital Standards. A Revised Framework. Comprehensive Version.
Black, F., Scholes, M. (1973): The Pricing of Options and Corporate Liabilities. Journal of Political Economy 81, S. 637–654.
Bundesanstalt für Finanzdienstleistungsaufsicht (2010): Rundschreiben 11/2010 (BA) vom 15.12.2010. Mindestanforderungen an das Risikomanagement – MaRisk.
Caouette, J., Altman, E., Narayanan, P. (1998): Managing Credit Risk. The Next Great Financial Challenge.
Chan-Lau, J. (2006): Market-Based Estimation of default Probabilities and Its Application to Financial Market Surveillance. IMF Working Paper WP/06/104.
De Servigny, A., Renault, O. (2004): Measuring and Managing Credit Risk.
Deutsche Bundesbank Monatsbericht (Dezember 2004): Credit Default Swaps – Funktionen, Bedeutung, Informationsgehalt.
Gropp, R., Vesala, J., Vulpes, G. (2002): Equity and Bond Market Signals as Leading Indicators of Bank Fragility. ECB Workiing Paper No. 150.
Henking, A., Bluhm, C., Fahrmeir, L. (2006): Kreditrisikomessung. Statistische Grundlagen, Methoden und Modellierung.

Hull, J., Predescu, M., White, A. (2004): The Relationship between Credit Default Swap Spreads, Bond Yield, and Credit Rating Announcements.

Merton, R. (1974): On the Pricing of Corporate Debt: The Risk Structure of Interest Rates. Journal of Finance 29, S. 449–470.

Sobehart, J., Keenan, S., Stein, R. (2000): Benchmarking Quantitative Default Risk Models: A Validation Methodology. Moody's Investors Service. Global Credit Research.

Ermittlung der Risikodeckungsmasse auf Grundlage des IFRS-Konzernabschlusses

Von
Karina Kuks, Thorsten Manns, Diana Savova und Alexander Schmid

Karina Kuks ist als Senior Consultant für das Themengebiet IFRS im Bereich „Rechnungswesen" der SKS Unternehmensberatung tätig. Neben allgemeinen IFRS Fragestellungen zählen die Konsolidierungsfragestellungen, Bilanzierung-, Bewertungs- und Prüfungsfragestellungen rund um Finanzinstrumente nach HGB, IFRS und US-GAAP, die aktuellen IFRS 9 Änderungen sowie das „Hedge Accounting" zu ihrem Fachgebiet.

Thorsten Manns ist als Managing Consultant für die Themengebiete „Internationales und Nationales Bankaufsichtsrecht" im Bereich „Bankaufsichtsrecht/Meldewesen" der SKS Unternehmensberatung tätig. Zuvor war Herr Manns mehrere Jahre im Bereich „Aufsichtsrechtliche Grundsatzfragen" beschäftigt.

Diana Savova ist als Consultant für das Themengebiet IFRS im Bereich „Rechnungswesen und Controlling" der SKS Unternehmensberatung tätig und hat im Rahmen ihrer Tätigkeit bereits an zahlreichen Projekten im Bereich Rechnungswesen sowie Bankaufsichtsrecht/Meldewesen gearbeitet.

Alexander Schmid ist selbständiger Wirtschaftsprüfer und war unter anderen bei diversen IFRS- und SolvV-Umsetzungsprojekten für die SKS Unternehmensberatung tätig.

Die Autoren vertreten in diesem Beitrag ausschließlich ihre persönliche Meinung, die nicht zwangsläufig mit der Meinung der SKS Unternehmensberatung GmbH & Co. KG übereinstimmen muss.

Inhaltsverzeichnis

1	Einleitung: Zur Bedeutung der Risikodeckungsmasse	361
2	Definition der Risikodeckungsmasse	364
	2.1 Regulatorische Eigenkapitalklassen und Eigenkapitalbegriffe	366
	2.2 Ökonomische Risikodeckungsmasse	368
3	Konsolidierung nach KWG und IFRS	370
	3.1 Abgrenzung der Konsolidierungskreise	371
	3.2 Methodische Unterschiede in der Art der Einbeziehung	376
	3.3 Überleitungsmaßnahmen	383
4	Neutralisierung der IFRS Bewertungseffekte durch Prudential Filter.....	387
	4.1 Behandlung der Zeitwertgewinne von AfS Wertpapieren	390
	4.2 Behandlung selbst genutzter und als Finanzinvestitionen gehaltener Grundstücke und Gebäude	391
	4.3 Behandlung von HtM Finanzinstrumenten	392
	4.4 Behandlung der Eigenkapitaleffekte aus der Absicherung von Zahlungsströmen	393
	4.5 Behandlung der Eigenkapitaleffekte aus der Veränderung des eigenen Kreditrisikos	394
5	Die Ermittlung der SolvV Risikopositionen	395
	5.1 Adressrisikopositionen	395
	5.2 Marktrisikopositionen	402
	5.3 Operationelle Risiken	403
6	Abschließende Betrachtung und Ausblick	404
Literaturverzeichnis		410

1 Einleitung: Zur Bedeutung der Risikodeckungsmasse

Nicht zuletzt vor dem Hintergrund der Finanzmarktkrise ist die **angemessene Eigenkapitalausstattung** der Institute, also das Verhältnis zwischen der Höhe des Eigenkapitals und dem Ausmaß der eingegangenen, potentiell eigenkapitalgefährdenden Risiken, mehr als je zuvor in das besondere Interesse der Bankenaufsicht, Ratingagenturen als auch der sonstigen Marktteilnehmer gerückt. Sind die Institute nämlich dauerhaft nicht in der Lage, entstandene Verluste auszugleichen, droht ihnen zwangsläufig die Insolvenz.[507] Zur Vermeidung oder Verringerung einer solchen Gefahr, sollten die Institute daher ein ausreichendes Liquiditätspolster sowie einen großzügigen Verlustpuffer in Form einer angemessenen Eigenkapitalausstattung vorhalten.

Ein Meilenstein zur Beurteilung der Angemessenheit des Eigenkapitals für Kreditinstitute stellt das **Basel-II-Rahmenwerk**[508] dar, welches der Baseler Ausschuss für Bankenaufsicht im Jahre 2006 in einer umfassenden Version veröffentlicht hat.[509] Nach den im Basel-II-Rahmenwerk verankerten Normen soll die Stabilität des Bankensektors durch drei Säulen gewährleistet werden:[510] Mindestkapitalanforderungen für Kredit- und Marktpreisrisiken sowie für Operationelle Risiken (**Säule 1**), bankaufsichtlicher Überprüfungsprozess der Adäquanz der Kapitalausstattung und des Risikomanagements (**Säule 2**) sowie Leitlinien und Offenlegungsvorschriften zum Zwecke der Stärkung der Marktdisziplin (**Säule 3**). Im Mittelpunkt der Norm steht jedoch die Einführung eines Standardansatzes und einer auf internen Ratings basierenden Methode zur Bemessung der risikogewichteten Aktiva der Institute.

---

[507] In diesem Zusammenhang sind auch die aktuellen Diskussionen um einen Schuldenschnitt Griechenlands und die dadurch bedingten Auswirkungen auf die Gläubigerbanken zu sehen. So betrug das ausstehende Forderungsvolumen deutscher Banken gegenüber dem griechischen Staat sowie den griechischen Banken und Unternehmen zum Ende des dritten Quartals 2010 rund 70 Mrd. USD. (Vgl. FAZ.net vom 2. Juni 2011, Banken bangen um griechische Forderungen). Eine (teilweise) Abschreibung dieser Forderungen könnte in einzelnen Fällen zu massiven Auswirkungen auf die Risikodeckungsmassen der Institute führen. Abgesehen von der NordLB, die jedoch keine Aussage über die Höhe der Abschreibung offengelegt hat, haben die anderen deutschen Institute bisher auf einen solchen Schritt verzichtet bzw. gehen davon aus, dass es zu keinen Ausfällen griechischer Forderungen kommen wird. (Vgl. FTD online vom 31. Mai 2011, Erste Landesbank schreibt Griechenland ab).

[508] Vgl. Baseler Ausschuss für Bankenaufsicht (2006).

[509] Als „angemessen" wird eine Eigenkapitalausstattung angesehen, wenn das aufsichtsrechtliche Eigenkapital größer oder gleich dem Produkt aus der Summe aller anzurechnenden risikogewichteten Positionen des Institutes und dem Solvabilitätskoeffizienten in Höhe von 8 Prozent ist. Der Solvabilitätskoeffizient wirkt insofern als Geschäftsbegrenzungsnorm der Institute, als diese nur das 12,5-fache (Kehrwert von 8 Prozent) ihres Eigenkapitals an Krediten herauslegen können.

[510] Vgl. für umfassende Ausführungen zum Basel-II-Rahmenwerk zum Beispiel Schulte-Mattler/Manns (2005).

Im Zuge der Finanzmarktkrise wurden die erst im Jahre 2008 in Kraft getretenen Basel II Regelungen durch das im Dezember 2010 veröffentlichte **Basel-III-Rahmenwerk**[511], welches grundsätzlich im Jahre 2013 in Kraft treten soll, modifiziert. Im Mittelpunkt dieser Modifizierung steht das Ziel, mit Hilfe neu definierter Eigenkapitalklassen und der Einführung bestimmter Kapitalpuffer, einer Verschuldungsobergrenze des Bankensektors (Leverage Ratio), eines globalen Liquiditätsstandards, einer CVA Risk Charge oder auch Änderungen im Bereich der Adressenausfallrisiken sowie der Risikominderungstechniken einen „belastbareren" Bankensektor zu fördern.

Die Arbeiten des Baseler Ausschusses für Bankenaufsicht werden grundsätzlich nur als Empfehlungen an international tätige Kreditinstitute formuliert und haben insofern keinen allgemein verbindlichen Charakter für den Bankensektor. Ihre Inhalte werden jedoch regelmäßig in den Richtlinien der Europäischen Union übernommen[512], die im Unterschied zu den Baseler Empfehlungen, zwingend in nationales Recht umzusetzen sind.

Mit der **Solvabilitätsverordnung**[513] (SolvV) wurden im Wesentlichen die Baseler und Brüsseler Vorschriften zur ersten und dritten Säule in nationales Recht transformiert. Die nationale Umsetzung des bankaufsichtlichen Überprüfungsverfahrens der zweiten Säule erfolgt in den Grundsätzen des § 25a Abs. 1 KWG und der diesbezüglichen Konkretisierung in den Mindestanforderungen an das Risikomanagement (MaRisk)[514]. Das in diesen Regelungen verankerte Prinzip der **doppelten Proportionalität** bedeutet für die Institute und die Bankenaufsicht folgendes:

– Für die Institute sollen die Verfahren zur Einschätzung der internen Kapitaladäquanz (Internal Capital Adequacy Assessment Process – **ICAAP**) umfassend und proportional zu Institutsgröße sowie Art, Umfang, Komplexität und Risikogehalt der Geschäftsaktivitäten sein.

– Für die Bankenaufsicht soll die Häufigkeit und Intensität der aufsichtlichen Überprüfungs- und Beurteilungsverfahren (Supervisory Review Evaluation Process – **SREP**) in Abhängigkeit von Relevanz der Geschäfte für das Finanzsystem sowie Art, Umfang und Komplexität der Geschäfte sein.

Der in der zweiten Säule verankerte ICAAP ist an den individuellen Strukturen des Institutes ausgerichtet und soll die **Risikotragfähigkeit** des Institutes sicherstellen. Dazu ist im Rahmen einer Risikotragfähigkeitsanalyse zu analysieren, ob sich das Institut die Übernahme bestimmter Risiken auch leisten kann. In der Konse-

---

[511] Vgl. Baseler Ausschuss für Bankenaufsicht (2010a) und (2010b).
[512] So beeinflusste das Basel II Rahmenwerk maßgeblich die Regulierung der europäischen Bankenrichtlinie (2006/48/EG) und der Kapitaladäquanzrichtlinie (2006/49/EG). Vgl. EG Kommission 2006a und 2006b.
[513] Vgl. Bundesanstalt für Finanzdienstleistungsaufsicht (2006).
[514] Vgl. Bundesanstalt für Finanzdienstleistungsaufsicht (2010).

quenz ist somit sicherzustellen, dass die vorhandenen Risikodeckungsmassen in Form der vorhandenen Eigenkapitalbestandteile jederzeit ausreichen, um die eingegangenen Risiken abzudecken. Anders als in Säule 1, die sowohl Vorgaben zur Einbeziehung der Risikoarten, der Methodik zur Bemessung der Risiken sowie der einzubeziehenden Unternehmen und der Definition der Risikodeckungsmasse enthält, gewährt die zweite Säule den Instituten weitestgehend methodische Freiheiten, erfordert jedoch die Erfassung aller aus Sicht des Institutes als wesentlich einzustufenden Risiken.

Nachdem alle bankaufsichtlich vorgegebenen Schwerpunktrisiken sowie alle sonstigen institutsspezifisch als wesentlich einzustufenden Risiken quantifiziert und zu einer Gesamtrisikoposition aggregiert worden sind, stellt sich die Frage, welche **Risikodeckungsmassen** diesen Risiken gegenübergestellt werden können. Diese werden von den Instituten oftmals unterschiedlich definiert. So verwenden einige Institute, insbesondere die kapitalmarktorientierten, ein adjustiertes Buchkapital (Adjusted Common Equity) als Risikodeckungsmasse, andere nutzen Teile des regulatorischen Eigenkapitals und erweitern dieses um bestimmte Komponenten.[515] Gemäß einer von der Deutschen Bundesbank im Jahre 2002 durchgeführten Studie verwenden viele Institute das regulatorische Kernkapital als interne Risikodeckungsmasse.[516] Vor dem Hintergrund des kürzlich veröffentlichten Basel-III-Rahmenwerkes ist aber wohl davon auszugehen, dass die Institute ihre interne Definition der Risikodeckungsmassen noch einmal überarbeiten werden.

Ausgangspunkt sowohl der Definition des regulatorischen Eigenkapitals als auch der darauf aufbauenden Definition der Risikodeckungsmasse gemäß Säule 2 sind bestimmte Bilanzpositionen, die in Abhängigkeit des angewendeten Rechnungslegungsstandards in ihrer Höhe variieren können. **Ziel dieses Beitrages** ist es, die durch die Umstellung auf das IFRS Regelwerk bedingten Auswirkungen auf das regulatorische Eigenkapital zu skizzieren, welches oftmals auch Eingang in die nach Säule 2 definierte Risikodeckungsmasse findet. **Abschnitt 2** des Beitrages geht dabei zunächst auf die Definition des aufsichtlichen Eigenkapitalbegriffes sowie darauf aufbauend der nach Säule 2 weiter gefassten Risikodeckungsmassen ein. Da der Umfang der in die Betrachtung einzubeziehenden Unternehmen wesentlichen Einfluss auf die Höhe der Eigenkapitalbestandteile als auch der Risikopositionen hat, erläutert **Abschnitt 3** zunächst die aufsichtsrechtliche Konsolidierung, grenzt diese von der IFRS Konsolidierung ab und diskutiert Methoden zur Überleitung des IFRS Konsolidierungskreises in den aufsichtsrechtlichen Konsolidierungskreis. Aufgrund der Konzeption der IFRS, wonach bestimmte Bewertungseffekte ergebnisneutral im bilanziellen Eigenkapital gebildet werden, diese für Zwecke der tatsächlichen Verlustabsorption jedoch nicht zur Verfügung stehen, beschreibt der dann folgende **Abschnitt 4** die Eliminierung derartiger Effekte durch

---

[515] Vgl. Schulte-Mattler/Manns (2010).
[516] Vgl. Deutsche Bundesbank (2002).

Anwendung der sogenannten Prudential Filter. **Abschnitt 5** skizziert überblicksartig die Auswirkungen einer Änderung des zugrundeliegenden Rechnungslegungsstandards auf die Bemessungsgrundlagen der aufsichtsrechtlich als wesentlich angesehenen Risikokategorien. Der sich anschließende **Abschnitt 6** diskutiert die Auswirkungen auf die Säule 1 und 2 aufgrund aktuell diskutierter Änderungen bestimmter IFRS Standards sowie des Basel III Rahmenwerkes und schließt den Beitrag mit einer Zusammenfassung und einem Ausblick ab.

2 Definition der Risikodeckungsmasse

Sowohl das in § 10 Kreditwesengesetz (KWG) definierte aufsichtsrechtliche Eigenkapital als auch die gemäß Säule 2 frei zu definierende Risikodeckungsmasse finden – zumindest in weiten Teilen – ihre Fundierung in den **bilanzrechtlichen Eigenkapitalbestandteilen** und sind somit unter anderem auch von den zugrundeliegenden Bilanzierungsregelungen geprägt.

Mit der Umsetzung der neu gefassten Banken- und Kapitaladäquanzrichtlinie vom 17. November 2006 hat die Bankenaufsicht den Grundstein zur Nutzung eines (IFRS) Konzernabschlusses im aufsichtsrechtlichen Meldewesen gelegt. Seither ist für Zwecke der Bestimmung der Mindesteigenkapitalausstattung gemäß der Säule 1 auf Ebene der aufsichtsrechtlichen Gruppe im Sinne des § 10a KWG neben das bisher allein gültige, HGB basierte, **Aggregationsverfahren** ein weiteres Verfahren, das **Konzernabschlussverfahren**[517], zur Bemessung der zusammengefassten Eigenmittel und der zusammengefassten Risikopositionen getreten. Dabei sehen die aktuellen Bestimmungen des § 10a Abs. 7 KWG i.V.m. § 64h Abs. 4 KWG vor, dass Institutsgruppen, die zur Aufstellung eines IFRS Konzernabschlusses verpflichtet sind, dieses Verfahren ab dem 1. Januar 2016 zwangsweise auch der Ermittlung der Eigenmittelausstattung zugrunde zu legen haben.[518]

Daneben hat die Bundesanstalt für Finanzdienstleistungsaufsicht (BaFin) in ihrem im März 2011 veröffentlichten Konsultationspapier zur **Modernisierung des bankaufsichtlichen Meldewesens** das bereits seit dem Jahr 2005 kontrovers diskutierte Thema „Financial Reporting – FinRep" aufgegriffen. Demnach ist geplant,

---

[517] Zum Teil wird das Konzernabschlussverfahren in der Literatur auch als Zusammenfassungsverfahren bezeichnet. Die Begriffe werden im Rahmen dieses Beitrags zum Teil synonym benutzt.

[518] Gemäß § 340i Abs. 1 HGB sind alle Institute, unabhängig von Rechtsform und Größe, zur Aufstellung eines Konzernabschlusses verpflichtet, sofern ein Mutter-/Tochterverhältnis vorliegt und das Mutterunternehmen auf Grund des Control Konzeptes Einfluss auf Tochterunternehmen ausüben kann. Ferner sind Mutterunternehmen verpflichtet einen Konzernabschluss nach internationalen Regelungen aufzustellen, wenn sie die Zulassung von Wertpapieren in einem organisierten Markt i.S.v. § 2 Abs. 5 WpHG beantragt haben. Erstellt ein Institut freiwillig einen Konzernabschluss, so ist dieser als Grundlage für die Ermittlung der zusammengefassten Eigenmittel sowie der zusammengefassten Risikopositionen heranzuziehen.

dass kapitalmarktorientierte IFRS Institute auf Gruppenebene unterjährig umfangreichen Meldepflichten von Finanzdaten unterworfen werden sollen, die Angaben dabei jedoch auf die in den aufsichtsrechtlichen Konsolidierungskreis einbezogenen Unternehmen zu begrenzen haben. Aber auch im Hinblick auf das Basel III Rahmenwerk erlangt der IFRS Konzernabschluss eine besondere Bedeutung. Im Zusammenhang mit der neu eingeführten **Leverage Ratio** hat die Bankenaufsicht klargestellt, dass diese Kennziffer auf Basis des IFRS Konzernabschlusses, jedoch unter Anwendung der in § 10a KWG definierten aufsichtsrechtlichen Gruppe zu ermitteln ist.

Für die Institute bedingen die Umstellung des aufsichtsrechtlichen Meldewesens und aufgrund der teilweise darauf basierenden Definition der Risikodeckungsmasse und der Gesamtrisikoposition gemäß Säule 2 im Wesentlichen drei große Herausforderungen:

1. *Anpassung des Konsolidierungskreises:* Die Vorgaben des § 10a Abs. 7 KWG erfordern eine Überführung des IFRS Konsolidierungskreises in das aufsichtsrechtliche Regime gemäß § 10a KWG. Dabei sind für Zwecke der Säule 1 einerseits die im Aufsichtsrecht nicht zu betrachtenden Unternehmen zu dekonsolidieren, während die im IFRS Konsolidierungskreis nicht berücksichtigten, für aufsichtsrechtliche Zwecke jedoch relevanten, Unternehmen hinzuzurechnen sind. Für Zwecke der Säule 2 bedeutet dies analog, dass alle für die Risikotragfähigkeitsanalyse unwesentlichen Unternehmen zu dekonsolidieren sind bzw. die relevanten, jedoch im IFRS Konzernabschluss nicht enthaltenen Unternehmen zusätzlich zu berücksichtigen sind. Da die Bankenaufseher mit dem Basel II Rahmenwerk auch das Ziel verfolgt haben, das regulatorische und das ökonomische Kapital anzugleichen[519] und oftmals kein materieller Unterschied zwischen den nach Säule 1 und 2 einbezogenen Unternehmen besteht, wird im Folgenden auf eine diesbezügliche Differenzierung verzichtet.[520]

2. *Bestimmung SolvV konformer Bemessungsgrundlagen:* Für die Bemessung der aufsichtsrechtlich als wesentlich eingestuften Risiken[521] wird insbesondere im Bereich der Adressrisiken auf Daten des externen Rechnungswesens zurückgegriffen. Dabei wird zur Bestimmung der zu berücksichtigenden Bemessungsgrundlage häufig an den Begriff „*Buchwert*" angeknüpft. Aufgrund der unterschiedlichen Belegung dieses Begriffes im Rahmen des HGB basierten Aggregationsverfahrens oder des IFRS-basierten Konzernabschlussverfahrens, ergeben sich entsprechende Auswirkungen auf die Bemessungsgrundlagen, die

---

[519] Vgl. Baseler Ausschuss für Bankenaufsicht (2006), z. B. Textziffern 18, 505, 528(a), 620(b), 665, 785 oder 801.

[520] Für den Fall eines abweichenden Kreises von Unternehmen für Zwecke der Säule 1 und 2 können die folgenden Ausführungen analog angewendet werden.

[521] Gemeint sind hier die Kreditrisiken, Marktpreisrisiken sowie die Operationellen Risiken, die sowohl für Zwecke der Säule 1 als auch der Säule 2 zu betrachten sind.

die Grundlage zur Quantifizierung des vorzuhaltenden regulatorischen oder ökonomischen Kapitals bilden.
3. *Eliminierung von IFRS Bewertungseffekten:* Aufgrund der Marktwertorientierung der IFRS werden bestimmte Bewertungseffekte ergebnisneutral im Eigenkapital ausgewiesen. Da sowohl die regulatorische als auch die ökonomische Risikodeckungsmasse auf den bilanziellen Eigenkapitalpositionen basiert, führen diese grundsätzlich zu einer entsprechenden Erhöhung der Risikodeckungsmassen. Die Volatilität dieser Bewertungseffekte und damit auch der Verlustpuffer und die Tatsache, dass derartige Kapitalbestandteile nicht dauerhaft zur Verlustabsorption zur Verfügung stehen, erfordern jedoch eine entsprechende Egalisierung im Rahmen der Bestimmung des aufsichtsrechtlichen und ökonomischen Kapitals. Bevor die vorstehend genannten Aspekte vertiefend diskutiert werden, erfolgt im folgenden Abschnitt zunächst eine kurze Definition der regulatorischen und der ökonomischen Risikodeckungsmasse, in welcher auch der teilweise Gleichlauf dieser Positionen skizziert wird.

2.1 Regulatorische Eigenkapitalklassen und Eigenkapitalbegriffe

Zentrale Norm für die **Definition des regulatorischen Eigenkapitals**, also der innerhalb der Säule 1 anerkannten Risikodeckungsmasse, ist § 10 KWG. Keine andere Vorschrift ist in den letzten Jahren so oft und grundsätzlich geändert worden wie diese und eine weitere Überarbeitung wird kurzfristig der Umsetzung des Basel-III-Regelwerkes geschuldet sein. Gemäß dieser zentralen Norm können nur solche Eigenkapitalinstrumente als Verlustpuffer berücksichtigt werden, die dem Institut tatsächlich zugeflossen und nicht wieder abgeflossen sind. Darüber hinaus werden die verschiedenen Kapitalbestandteile in Abhängigkeit ihrer Qualität als Risikopuffer in vier unterschiedliche Eigenkapitalklassen (Capital Tiers) eingeteilt, wobei ein Wertigkeitsgefälle vom Tier-1- bis zum Tier-4-Kapital unterstellt wird.

Das **Kernkapital** (Tier-1-Kapital) setzt sich aus mehreren bilanzrechtlichen Eigenkapitalbestandteilen zusammen, die je nach Rechtsform der Institute unterschiedlich definiert sind. Diese Kapitalklasse zeichnet sich dadurch aus, dass deren Bestandteile sofort, uneingeschränkt und unbefristet für die Abdeckung laufender Verluste zur Verfügung stehen und nicht auf Initiative der Gläubiger zurückgezahlt werden dürfen.[522] Grundsätzlich entspricht das Kernkapital dem Buchwert des bilanziellen Eigenkapitals und wird im Wesentlichen aus den folgenden Komponenten gebildet: eingezahltes Kapital je nach Rechtsform, offene und versteuerte Rücklagen, Sonderposten für allgemeine Bankrisiken (§ 340g HGB), nachgewiesene Zwischengewinne, bestimmte Hybridkapitalien[523] und den Rücklagen zugewiesene

---

[522] Das von den Gläubigern kündbare Geschäftsguthaben der Genossenschaftsbanken, das als Kernkapital anerkannt wird, stellt eine bedeutende Ausnahme von der Regel dar.

[523] Gemeint ist das in § 10 Abs. 4 KWG definierte „sonstige Kapital" unter Berücksichtigung der in § 10 Abs. 2 S. 3 ff. KWG definierten Anrechnungsgrenzen.

Reingewinne. Von der Summe der Kernkapitalbestandteile sind bestimmte Positionen (wie immaterielle Vermögensgegenstände und kumulative Vorzugsaktien mit Nachzahlungsverpflichtung) abzuziehen.

Zum **Ergänzungskapital** (Tier-2-Kapital) zählen Eigenkapitalbestandteile, die im Vergleich zum Kernkapital eine „geringere Qualität" besitzen. Die Qualitätskategorisierung bezieht sich im Wesentlichen auf die Eignung und die Fähigkeit der in Rede stehenden Komponenten, Verluste eines Instituts sofort auffangen zu können (Verlustpufferfunktion). Bislang wird das Ergänzungskapital in die Elemente der Klasse 1 (Upper-Tier-2-Kapital) und der Klasse 2 (Lower-Tier-2-Kapital) unterteilt. Zum Upper-Tier-2-Kapital zählen insbesondere Vorsorgereserven nach § 340f HGB, kumulative Vorzugsaktien mit Nachzahlungsverpflichtung, Neubewertungsreserven, Kapital, welches die Voraussetzungen des § 10 Abs. 5 KWG erfüllt[524], usw. Zu den Kapitalelementen des Lower-Tier-2-Kapitals gehören der Haftsummenzuschlag der Genossenschaftsbanken und längerfristige nachrangige Verbindlichkeiten mit einer Ursprungslaufzeit von mindestens fünf Jahren.

Die Drittrangmittel (Tier-3- und Tier-4-Kapital) stellen in Bezug auf ihre Fähigkeit, Verluste eines Instituts abzupuffern das qualitativ schlechteste Eigenkapital dar. Im Rahmen der Säule 1 können sie daher auch nur zur Eigenkapitalunterlegung von Marktpreis- und Optionsrisiken herangezogen werden. Zum Tier-3-Kapital zählen die kurzfristigen Nachrangverbindlichkeiten mit einer Ursprungslaufzeit von mindestens zwei Jahren und gegebenenfalls Positionen, die allein wegen einer Kappungsgrenze nicht als Tier-2-Kapital berücksichtigt werden können. Die Nettogewinne aus Handelsbuchaktivitäten eines Instituts, das heißt, der anteilige Gewinn, der bei einer Glattstellung aller Handelsbuchpositionen entstünde, abzüglich aller vorhersehbaren Aufwendungen und Ausschüttungen sowie der bei einer Liquidation des Instituts voraussichtlich entstehende Verlust aus dem Anlagebuch, bilden das Tier-4-Kapital.

Daneben existieren drei unterschiedliche **regulatorische Eigenkapitalbegriffe**, die in ihrer Zusammensetzung und Zielsetzung variieren[525]:

– Das **haftende Eigenkapital** gemäß § 10 Abs. 2 Satz 2 KWG, welches sich aus der Summe des Kern- und Ergänzungskapitals (Tier-1 und Tier-2-Kapital) zusammensetzt und für die Ermittlung der Definitions- und Obergrenzen der §§ 12, 13 und 13a KWG maßgeblich ist.

---

[524] Dazu zählen insbesondere: (1) Das Kapital nimmt bis zur vollen Höhe am Verlust teil und das Institut ist berechtigt, im Falle eines Verlustes Zinszahlungen aufzuschieben, (2) das Kapital wird im Falle eines Insolvenzverfahrens oder der Liquidation erst nach Befriedigung aller nicht nachrangigen Gläubiger zurückgezahlt, (3) das Kapital steht dem Institut für mindestens fünf Jahre zur Verfügung, (4) der Rückzahlungsanspruch ist nicht in weniger als zwei Jahren fällig und (5) der Vertrag über die Kapitalüberlassung enthält keine Besserungsabreden.

[525] Für eine weiterführende Diskussion der verschiedenen Eigenkapitalbegriffe vgl. z. B. Schulte-Mattler (2007).

- Das **modifizierte verfügbare Eigenkapital** gemäß § 10 Abs. 1d Satz 1 KWG, welches der Ermittlung der Angemessenheit der Eigenmittelausstattung (Kreditrisiken sowie operationelle Risiken) gemäß SolvV zugrunde zu legen ist.
- Die in § 10 Abs. 2 Satz 1 KWG definierten **Eigenmittel**, die sich aus dem haftenden Eigenkapital zuzüglich der Drittrangmittel (Tier-1- bis Tier-4-Kapital) zusammensetzen.

Mit dem Basel-III-Rahmenwerk, welches grundsätzlich zum 1. Januar 2013 in Kraft tritt, erfahren die vorstehend definierten Eigenkapitalklassen eine vollständige Überarbeitung, wobei dem Kernkapital zukünftig die zentrale Bedeutung beizumessen ist. In diesem Zusammenhang wird der Begriff des „**Going Concern Capital**" eingeführt, der den Aspekt unterstreicht, dass das Kernkapital dafür vorgesehen ist, Verluste aufzufangen und den Fortbestand des Institutes zu gewährleisten. Dabei wird das Kernkapital unterteilt in ein „hartes" (Common Equity Tier 1 – CET1) sowie ein „ergänzendes" (Additional Tier 1) Kernkapital. Das neu definierte Ergänzungskapital, für welches die bisher bestehende Unterteilung in Ergänzungskapital erster und zweiter Klasse sowie die definierten Kappungsgrenzen aufgegeben wird, soll hingegen die Verlustabsorption im Insolvenzfall sicherstellen. Die bislang den Eigenmitteln zurechenbaren Drittrangmittel stellen zukünftig kein aufsichtsrechtliches Kapitalelement mehr dar.[526]

2.2 Ökonomische Risikodeckungsmasse

Wenngleich in Literatur und Praxis detaillierte Vorschläge zur **Segmentierung der ökonomischen Risikodeckungsmasse** aufgezeigt werden, liegt es doch im Ermessen und der Verantwortung eines jeden einzelnen Institutes, die unterschiedlichen Deckungsmassen zu identifizieren und zu klassifizieren. Analog den aufsichtsrechtlichen Capital Tiers werden dabei oftmals verschiedene Klassen an Deckungsmassen definiert, die mit unterschiedlichen Absicherungszielsetzungen, wie Vorwarnstufe, Unternehmensfortführung (Going Concern) und Liquidationsfall (Gone Concern) verknüpft werden. Dabei stehen beispielsweise in der **Vorwarnstufe** die primäre und Teile der sekundären Risikodeckungsmassen, im **Going Concern Fall** weitere sekundäre bis tertiäre Deckungsmassen und im **Gone Concern Fall** die restlichen Risikodeckungsmassen zur Verfügung. Die nachfolgende Abbildung 1 skizziert beispielhaft eine solche abgestufte Abgrenzung zur Definition der Risikodeckungsmasse.

---

[526] Für detailliertere Ausführungen zu den Basel III bedingten Änderungen im Bereich des aufsichtsrechtlichen Eigenkapitals vgl. auch Schulte-Mattler/Manns (2011).

RISIKODECKUNGSMASSE	KAPITALELEMENTE
Primäre Deckungsmasse	Gebildete Rückstellungen + Standardrisikokosten für den erwarteten Verlust + Übergewinn[527]
Sekundäre Deckungsmasse	+ Stille Reserven
Tertiäre Deckungsmasse	+ Mindestgewinn[528] + Sonderposten für allgemeine Bankrisiken
Quartäre Deckungsmasse	+ Offene und versteuerte Rücklagen + Eingezahltes Kapital
Quintäre Deckungsmasse	+ Ergänzungskapital (ohne stille Reserven) + Nachrangkapital + Externe Haftungszusagen (Haftsummenzuschlag, freies Vermögen) + Hybride Kapitalinstrumente

Abbildung 1: Stufenweise Abgrenzung der Risikodeckungsmasse; Quelle: Schulte-Mattler/Manns (2010)

Die teilweise Übereinstimmung der Bestandteile der vorstehend aufgeführten Risikodeckungsmassen und den Bestandteilen des aufsichtsrechtlichen Eigenkapitals sowie deren bilanzielle Fundierung sind offensichtlich.[529] Vor diesem Hintergrund wird im Weiteren auf eine Differenzierung des gemäß der Säule 1 definierten regulatorischen Eigenkapitalbegriffs und der gemäß ICAAP intern zu definierenden Risikodeckungsmasse verzichtet. Die (teilweise) **Überschneidung der beiden Verlustpuffer** erlaubt es, die in den nachfolgenden Abschnitten beschriebenen, mit der Umstellung auf das Konzernabschlussverfahren induzierten Auswirkungen auf das regulatorische Eigenkapital analog auch auf die intern definierte Risikodeckungsmasse zu übertragen. Zur Verdeutlichung der mit einer solchen Umstellung verbundenen Effekte wird im Folgenden zunächst die Konsolidierung gemäß KWG von der gemäß IFRS abgegrenzt.

---

[527] Gewinn, der über den zur Deckung der Kapitalkosten notwendigen Gewinn hinausgeht; auch Residualgewinn genannt.
[528] Gewinn, den das Institut erzielen möchte und der insofern institutsspezifisch zu definieren ist.
[529] So zum Beispiel im Hinblick auf die teilweise im Kernkapital enthaltenen Positionen, wie eingezahltes Kapital, hybride Kapitalinstrumente oder stille Reserven. Bei Instituten, die ihre Risikodeckungsmasse auf dem Kernkapital oder auf dem haftenden Eigenkapital basieren besteht abweichend von der in Abbildung 1 dargestellten Abgrenzung hingegen ein Gleichlauf.

3 Konsolidierung nach KWG und IFRS

Bis zur Umsetzung der neugefassten Banken- und Kapitaladäquanzrichtlinie vom 17. November 2006, mit der das Basel-II-Rahmenwerk in nationales Recht umgesetzt wurde, bildete das sogenannte Aggregationsverfahren die alleinige Grundlage der aufsichtsrechtlichen Konsolidierung. Im Rahmen dieses in § 10a Abs. 6 KWG verankerten Verfahrens werden auf der Basis von HGB-Einzelabschlüssen die nach der SolvV maßgeblichen Risikopositionen und die Eigenmittel des Mutterunternehmens mit denen der nachgeordneten Unternehmen zusammengefasst. Dabei werden im Rahmen der **Kapitalkonsolidierung** im Wesentlichen die in der Bilanz des Mutterunternehmens ausgewiesenen Beteiligungsbuchwerte der zu konsolidierenden nachgeordneten Unternehmen von den zusammengefassten Eigenmitteln abgezogen. Daneben werden gemäß § 10a Abs. 6 Satz 11 KWG im Rahmen der **Schuldenkonsolidierung** die gruppeninternen Adressenausfallrisikopositionen eliminiert.

Mit der Umsetzung von Basel II hat die Bankenaufsicht im Rahmen von § 10a Abs. 7 KWG für Zwecke der aufsichtsrechtlichen Gruppenbetrachtung davon abweichend grundsätzlich die Nutzung des **Konzernabschlussverfahrens** vorgesehen[530], welchem der eher marktwertorientierte IFRS Konzernabschluss zugrunde liegt.[531] Allerdings gewährt § 64h Abs. 3 KWG den Instituten eine **Übergangsfrist**, wonach übergeordnete Unternehmen einer aufsichtlichen Gruppe, die bilanziell zur Aufstellung eines IFRS Konzernabschlusses verpflichtet sind, diesen erst ab dem 01. Januar 2016 als Grundlage der Ermittlung der zusammengefassten Eigenmittel und der zusammengefassten Risikopositionen zugrunde zu legen brauchen.

Im Gegensatz zum Aggregationsverfahren, bei dem die Konsolidierung lediglich auf die Eliminierung konzerninterner Kapitalverflechtungen beschränkt ist, sind die IFRS Konsolidierungsmethoden, die dem Konzernabschlussverfahren nach § 10a Abs. 7 KWG zugrunde liegen, wesentlich umfassender.[532] Darüber hinaus

---

[530] Das Aggregationsverfahren darf nach dem 31. Dezember 2015 nur noch angewendet werden, wenn das Institut nicht zur Aufstellung eines Konzernabschlusses verpflichtet ist (§ 10a Abs. 7 KWG) oder eine diesbezügliche Befreiung der BaFin vorliegt (§ 10a Abs. 8 KWG). Darüber hinaus kann das Aggregationsverfahren weiterhin angewendet werden für Unternehmen, die nicht im IFRS Konsolidierungskreis enthalten sind, aufsichtsrechtlich jedoch in die Betrachtungen einzubeziehen sind (§ 10a Abs. 7 Satz 6 KWG).

[531] Gemäß §§ 340 i.V.m. 290 ff. HGB sind alle Institute unabhängig von Rechtsform und Größe zur Aufstellung eines Konzernabschlusses verpflichtet. Darüber hinaus sind Mutterunternehmen dazu verpflichtet, einen IFRS Konzernabschluss aufzustellen, wenn sie die Zulassung von Wertpapieren in einem organisierten Markt beantragt haben (§ 2 Abs. 5 WpHG i.V.m. § 315a Abs. 2 HGB). Im Folgenden wird unterstellt, dass die Mutterunternehmen zur Aufstellung eines IFRS Konzernabschlusses verpflichtet sind.

[532] Nicht nur in Bezug auf die Art der Konsolidierung (Vollkonsolidierung, Quotenkonsolidierung, At Equity Methode), sondern auch im Hinblick auf die Konsolidierungsmethodiken. Abweichend vom Aufsichtsrecht, in dem im Rahmen der Konsolidierung nur eine Kapital- und Schuldenkonsolidierung vorgenommen wird, erfordern die IFRS darüber hinaus eine

können sich auch im Hinblick auf die in den **Konsolidierungskreis** einbezogenen Unternehmen gravierende Unterschiede ergeben, die sowohl zusätzliche **Konsolidierungs-** sowie insbesondere auch **Dekonsolidierungsmaßnahmen** erfordern. Diese Unterschiede sind einerseits auf die in den beiden Regelwerken unterschiedlichen Verbundkonzeptionen[533] sowie andererseits auf die unterschiedlichen Methoden und Kriterien für die (pflichtweise) Einbeziehung eines Unternehmens in den Konsolidierungskreis zurückzuführen. Im Folgenden werden die diesbezüglich wesentlichen Unterschiede und die notwendigen Überleitungsmaßnahmen sowie die damit verbundenen Auswirkungen auf das aufsichtsrechtliche Eigenkapital skizziert.

3.1 Abgrenzung der Konsolidierungskreise

Das wohl wichtigste Unterscheidungsmerkmal in Bezug auf die (pflichtweise) Einbeziehung eines Unternehmens in den jeweiligen Konsolidierungskreis ist seine **Branchenzugehörigkeit**. Innerhalb der IFRS wird die Branchenzugehörigkeit lediglich im Rahmen der Segmentberichterstattung berücksichtigt, während sie für Fragen der Einbeziehung eines Unternehmens in den Konsolidierungskreis keine Relevanz hat. Anders hingegen verhält es sich im Rahmen der aufsichtsrechtlichen Konsolidierung. Hier sind neben dem übergeordneten Unternehmen (Mutterunternehmen) nur die sogenannten „**nachgeordneten Unternehmen**" des **Bankensektors** einzubeziehen, der grundsätzlich die folgenden Unternehmensarten umfasst:

- Institute i.S.d. § 1 Abs. 1b KWG,
- Kapitalanlagegesellschaften i.S.d. § 2 Abs. 6 InvG,
- Finanzunternehmen i.S.d. § 1 Abs. 3 KWG,
- Anbieter von Nebendienstleistungen i.S.d. § 1 Abs. 3c KWG,
- E-Geld-Institute i.S.d. Zahlungsdiensteaufsichtsgesetzes,
- Zahlungsinstitute i.S.d. Zahlungsdiensteaufsichtsgesetzes.

Aufwands- und Ertragskonsolidierung, eine Zwischenergebniseliminierung sowie weitere Maßnahmen.

[533] Das Aufsichtsrecht differenziert zwischen einer Institutsgruppe (§ 10a Abs. 1 KWG) sowie einer horizontalen Unternehmensverbindung (§10a Abs. 2 KWG). Eine Institutsgruppe ist dabei definiert als eine Unternehmensverbindung zwischen einem Institut mit Sitz im Inland und anderen Unternehmen des Bankensektors, die zu einem klaren Über-/Unterordnungsverhältnis führt und ist insofern inhaltlich mit dem in § 18 Abs. 1 AktG definierten Unterordnungskonzern vergleichbar. Eine horizontale Unternehmensverbindung liegt hingegen vor, wenn ein Institut mit einem anderen Unternehmen des Bankensektors unter gemeinsamer Leitung steht oder die Verwaltungs-, Leitungs- oder Aufsichtsorgane dieser Unternehmen mehrheitlich aus denselben Personen bestehen. Eine horizontale Unternehmensverbindung knüpft insofern an den in § 18 Abs. 2 AktG definierten Gleichordnungskonzern an. Eine derartige Differenzierung ist innerhalb der IFRS nicht vorgesehen. Die folgenden Ausführungen unterstellen aufgrund der höheren Praxisrelevanz eine Institutsgruppe i.S.d. § 10a Abs. 1 KWG.

In diesem Zusammenhang gelten als nachgeordnete und damit im Konsolidierungskreis zu berücksichtigende Unternehmen die der Bankenbranche zuordenbaren

- Tochterunternehmen gemäß § 1 Abs. 7 KWG[534],
- qualifizierten Minderheitsbeteiligungen[535] gemäß § 10a Abs. 4 KWG, sowie
- die gemäß § 10a Abs. 5 KWG freiwillig in den Konsolidierungskreis einbezogenen Unternehmen[536].

Im IFRS Konsolidierungskreis sind hingegen grundsätzlich alle Tochterunternehmen[537], Gemeinschaftsunternehmen[538] sowie assoziierten Unternehmen[539] einzubeziehen, unabhängig von ihrer Branchenzugehörigkeit.[540] Beteiligungen, die

---

[534] Gemäß § 1 Abs. 7 KWG i.V.m. § 10a KWG gelten als Tochterunternehmen diejenigen Unternehmen der Bankenbranche, die als Tochterunternehmen im Sinne des § 290 HGB gelten oder auf die ein beherrschender Einfluss ausgeübt werden kann, ohne dass es auf die Rechtsform und den Sitz ankommt.

[535] Gemäß § 10a Abs. 4 KWG handelt es sich bei den qualifizierten Minderheitsbeteiligungen um Unternehmen der Bankenbranche mit Sitz im Inland oder Ausland, an denen ein gruppenangehöriges Unternehmen mindestens 20 Prozent der Kapitalanteile unmittelbar oder mittelbar hält, die Unternehmen gemeinsam mit anderen Unternehmen leitet und für die Verbindlichkeiten dieser Gesellschaft auf sein Kapitalanteil beschränkt haftet. Eine auf die Kapitalanteile beschränkte Haftung ist in der Regel nur bei Kapitalgesellschaften möglich, da bei Personengesellschaften in der Regel eine über die Kapitalanteile hinausgehende persönliche Haftung besteht. Eine Ausnahme hierzu stellt die GmbH & Co. KG dar.

[536] Gemäß § 10a Abs. 5 KWG handelt es sich bei den freiwillig konsolidierten Unternehmen um Beteiligungen von mehr als 10 Prozent des Kapitals an Instituten, Finanzunternehmen, E-Geld-Institute sowie Zahlungsinstitute, die nach § 10 Abs. 6 Satz 4 zur Vermeidung eines Kapitalabzuges freiwillig in die Konsolidierung einbezogen werden. Eine Ausnahme von der Abzugsverpflichtung des § 10 Abs. 6 KWG besteht für sogenannte Industrieholdinggesellschaften. Zudem gilt die Abzugsverpflichtung für Versicherungsunternehmen erst ab einer Anteilsquote von 20 Prozent.

[537] Ein Tochterunternehmen ist gemäß IAS 27.4 definiert als ein Unternehmen, welches von einem anderen Unternehmen beherrscht wird. Dabei wird unter „Beherrschung" die Möglichkeit verstanden, die Finanz- und Geschäftspolitik eines Unternehmens zu bestimmen, um aus dessen Tätigkeit Nutzen zu ziehen.

[538] Ein Gemeinschaftsunternehmen ist gemäß IAS 31.3 eine vertragliche Vereinbarung von zwei oder mehr Parteien, die auf eine ökonomische Tätigkeit mit gemeinschaftlicher Kontrolle gerichtet ist. Somit stellt lediglich die gemeinschaftlich ausgeübte Leitung das Kriterium für das Vorliegen eines Gemeinschaftsunternehmens dar; die einzelnen Beteiligungsquoten sind hierfür unerheblich.

[539] Ein Unternehmen ist gemäß IAS 28.2 als assoziiertes Unternehmen zu qualifizieren, wenn das Mutterunternehmen direkt oder indirekt maßgeblichen Einfluss auf die finanz- oder geschäftspolitischen Entscheidungen ausüben kann und das Unternehmen weder unter die Definition eines Tochterunternehmens noch eines Gemeinschaftsunternehmens fällt. Auf die tatsächliche Ausübung des maßgeblichen Einflusses kommt es nicht an (faktische Möglichkeit).

[540] Im Rahmen der Finanzmarktkrise wurde evident, dass in Bezug auf die Einbeziehung der Unternehmen in den IFRS Konsolidierungskreis weitergefasste Kriterien als bisher erforderlich sind. In diesem Zusammenhang hat das IASB am 12. Mai 2011 den Standard IFRS 10

nicht unter eine der vorgenannten Kategorien fallen, werden als Finanzinstrumente gemäß IAS 39 bilanziert.[541]

Zusammenfassend kann festgehalten werden, dass der **Begriff des Tochterunternehmens** gemäß KWG und IFRS weitestgehend deckungsgleich ist.[542] Darüber hinaus werden Gemeinschaftsunternehmen aufgrund des Erfordernisses einer gemeinschaftlichen Leitung regulatorisch in der Regel als qualifizierte Minderheitsbeteiligung klassifiziert. Allerdings geht der Begriff der qualifizierten Minderheitsbeteiligung über die gemeinsame Kontrolle hinaus, sodass der Kreis der als Gemeinschaftsunternehmen klassifizierten Unternehmen nicht zwingend deckungsgleich zu den qualifizierten Minderheitsbeteiligungen ist. Für assoziierte Unternehmen, die im Wesentlichen dadurch gekennzeichnet sind, dass auf sie lediglich ein maßgeblicher Einfluss ausgeübt werden kann, besteht regulatorisch neben der Möglichkeit des Kapitalabzugs die Möglichkeit, diese freiwillig in die Konsolidierung einzubeziehen. Die Möglichkeit der freiwilligen Einbeziehung einzelner Unternehmen besteht im Rahmen der IFRS nicht. Es besteht innerhalb der IFRS jedoch ein Einbeziehungsverbot für Unternehmen, für die eine Veräußerungsabsicht mit einem Zeithorizont von zwölf Monaten besteht.[543]

Ein weiterer Unterschied in Bezug auf die Einbeziehung eines Unternehmens in den regulatorischen bzw. den IFRS Konsolidierungskreis ergibt sich auf Basis bestimmter **Wesentlichkeitsgrenzen**. Nach dem Grundsatz der Wesentlichkeit nach IFRS kann bilanziell auf eine Konsolidierung eines Tochterunternehmens verzichtet werden, wenn sowohl das einzelne Unternehmen als auch die Summe aller nicht konsolidierten Unternehmen für die Darstellung der Vermögens-, Finanz- und Ertragslage des Konzerns von untergeordneter Bedeutung sind und sichergestellt ist, dass keine entscheidungsrelevanten Informationen verloren gehen. Dabei gibt es jedoch keine fest vorgegebenen Kriterien zur Beurteilung. Vielmehr ist die Wesentlichkeit nach IFRS institutsindividuell und nach Absprache mit dem Wirtschaftsprüfer festzulegen. Demgegenüber sind die regulatorischen Wesentlichkeitsgrenzen

---

"Konzernabschlüsse" verabschiedet, der IAS 27 (teilweise) und SIC-12 ersetzen wird und ein einheitliches Beherrschungskonzept enthält. IFRS 10 soll voraussichtlich zum 01. Januar 2013 in Kraft treten.

[541] Eine Ausnahme bilden Anteile, die beim erstmaligen Ansatz der IFRS Kategorie „at Fair Value through Profit or Loss" zugeordnet wurden. Diese werden nach IAS 31.1 i.V.m. IAS 39 zum Marktwert bilanziert; Marktwertänderungen werden erfolgswirksam erfasst.

[542] Eine Ausnahme hiervon bilden beispielsweise die sogenannten Zweckgesellschaften, auf welche bilanziell die Vorschriften nach SIC-12 (Risk Return Approach) anzuwenden sind. So stellt beispielsweise ein zu 100 Prozent gehaltener Spezialfonds eine Tochtergesellschaft nach IFRS dar, die nach den Vorschriften von SIC-12 grundsätzlich zu konsolidieren ist. Demgegenüber sind Zweckgesellschaften i.S.d. § 290 Abs. 4 HGB, die explizit auch inländische Spezialsondervermögen beinhalten, aufsichtsrechtlich nicht zu konsolidieren.

[543] Nach IFRS 5 sind diese Beteiligungen zum niedrigeren Wert vom Buchwert und beizulegendem Zeitwert abzüglich Veräußerungserlösen zu bewerten und in der separaten Position „Beteiligungen nach IFRS 5" zu erfassen.

in § 31 Abs. 3 KWG verankert.[544] Demnach können folgende nachgeordnete Unternehmen von der Einbeziehung in den aufsichtsrechtlichen Konsolidierungskreis freigestellt werden:

- Unwesentliche Unternehmen, d. h., Unternehmen deren Bilanzsumme niedriger ist als der kleinere Betrag von EUR 10 Mio. oder 1 Prozent der Bilanzsumme des der Institutsgruppe übergeordneten Unternehmens;
- Unternehmen, deren Einbeziehung auf Gruppenebene ohne oder von untergeordneter Bedeutung ist;
- Unternehmen, deren Einbeziehung in den Konsolidierungskreis ungeeignet oder irreführend ist.

Wird ein nachgeordnetes Unternehmen aufgrund der Befreiung nach § 31 Abs. 3 KWG nicht in die aufsichtsrechtliche Konsolidierung einbezogen, ist der Beteiligungsbuchwert dieses Unternehmens jeweils hälftig vom Kern- und Ergänzungskapital der Gruppeneigenmittel abzuziehen.[545] Nachstehende Tabelle 1 stellt die **Abweichungen in Bezug auf die Einbeziehung** eines Unternehmens in den aufsichtsrechtlichen bzw. den IFRS Konzernabschluss noch einmal zusammenfassend gegenüber.

---

[544] Auf die Besonderheiten der Freistellung gemäß § 31 Abs. 4 KWG wird aufgrund der geringen Relevanz an dieser Stelle nicht weiter eingegangen.

[545] Der Abzug ist begrenzt auf Institute, Finanzunternehmen (mit Ausnahme der Industrieholdinggesellschaften), E-Geld-Institute sowie Zahlungsinstitute.

SACHVERHALT	TEILASPEKTE	AUFSICHTSRECHT	IFRS
EINBEZIEHUNGS-PFLICHT	*Tochterunternehmen*	Tochterunternehmen i.S.v. HGB oder Unternehmen mit der Möglichkeit eines beherrschenden Einflusses	Alle wesentlichen Tochterunternehmen
	Gemeinschaftsunternehmen / qualifizierte Minderheitsbeteiligungen	Qualifizierte Minderheitsbeteiligungen	Alle wesentlichen Gemeinschaftsunternehmen
	Assoziierte Unternehmen	-	Alle wesentlichen assoziierten Unternehmen
FREISTELLUNGS-WAHLRECHT	*Unwesentliche Unternehmen*	Freistellung für unwesentliche Unternehmen	Wahlrecht für unwesentliche Unternehmen
EINBEZIEHUNGS-WAHLRECHT	*Freiwillig einbezogene Unternehmen*	Freiwillige Einbeziehung bei der Erfüllung bestimmter Kriterien	-
EINBEZIEHUNGS-VERBOT	-	Branchenfremde Unternehmen	Unternehmen mit Veräußerungsabsicht innerhalb von zwölf Monaten

Tabelle 1: Einbeziehung eines Unternehmens in den Konsolidierungskreis im Überblick

Aufgrund der **Maßgeblichkeit des aufsichtsrechtlichen Konsolidierungskreises** für die Zwecke der Ermittlung der zusammengefassten Eigenmittel und Risikopositionen ist der IFRS Konzernabschluss bei Anwendung des Konzernabschlussverfahrens gemäß § 10a Abs. 7 KWG um die vorstehend diskutierten Unterschiede anzupassen. Im Wesentlichen erfordert dies die **Dekonsolidierung** aufsichtsrechtlich nicht relevanter, jedoch im IFRS Konsolidierungskreis berücksichtigter Unternehmen bzw. die **zusätzliche Konsolidierung** aufsichtsrechtlich relevanter, unter Wesentlichkeitsaspekten jedoch nicht im IFRS Konzernabschluss berücksichtigter Unternehmen.[546] In diesem Zusammenhang spielt jedoch auch die Art der Einbeziehung eines Unternehmens in den Konsolidierungskreis eine wesentliche Rolle, was im nachfolgenden Abschnitt dargelegt wird.

---

[546] Gemäß § 10a Abs. 7 Satz 6 KWG dürfen aufsichtsrechtlich relevante, nicht jedoch im IFRS Konzernabschluss berücksichtigte Unternehmen auch zukünftig auf Basis des Aggregationsverfahrens berücksichtigt werden.

3.2 Methodische Unterschiede in der Art der Einbeziehung

Während der vorangegangene Abschnitt aufgezeigt hat, welche Unternehmen im aufsichtsrechtlichen bzw. im IFRS Konsolidierungskreis zu berücksichtigen sind, wird im Folgenden dargestellt, auf welche Weise die unterschiedlichen Beteiligungsverhältnisse zu berücksichtigen sind. Dabei ist für Tochterunternehmen in den verschiedenen Diktionen grundsätzlich eine Vollkonsolidierung vorgesehen. Anders hingegen verhält es sich in Bezug auf die qualifizierten Minderheitsbeteiligungen, die (aufsichtsrechtlich) pflichtweise im Wege der Quotenkonsolidierung zu berücksichtigen sind, und den Gemeinschaftsunternehmen gemäß IFRS. Letztere können wahlweise im Zuge der Quotenkonsolidierung oder aber im Rahmen der At Equity Methode einbezogen werden. Auch im Hinblick auf die freiwillig konsolidierten Unternehmen (Quotenkonsolidierung) und die assoziierten Unternehmen (At Equity Methode) besteht ebenso wie bei den sonstigen Unternehmen[547] und den Finanzbeteiligungen ein methodischer Unterschied. Nachstehende Abbildung 2 stellt die unterschiedlichen Beteiligungsverhältnisse und deren Art der Einbeziehung im Aufsichtsrecht und nach IFRS noch einmal überblicksartig dar.

AUFSICHTSRECHT		IFRS	
BETEILIGUNGS-VERHÄLTNIS	ART DER EINBEZIEHUNG	BETEILIGUNGS-VERHÄLTNIS	ART DER EINBEZIEHUNG
Tochterunternehmen	Vollkonsolidierung	*Tochterunternehmen*	Vollkonsolidierung
Qualifizierte Minderheitsbeteiligungen	Quotenkonsolidierung	*Gemeinschaftsunternehmen*	Quotenkonsolidierung / At Equity Methode
Freiwillig einbezogene Unternehmen	Quotenkonsolidierung	*Assoziiertes Unternehmen*	At Equity Methode
Sonstige KWG relevante Unternehmen	Abzug / kein Abzug	*Finanzbeteiligung*	Anschaffungskosten

Abbildung 2: Art der Einbeziehung[548]

---

[547] Die „Sonstigen Unternehmen" sind hier als Sammelposition zu verstehen und umfassen neben den aufsichtsrechtlich nicht relevanten Beteiligungsverhältnissen, die grundsätzlich als Risikoposition zu berücksichtigen sind, auch diejenigen Unternehmen, die nicht freiwillig in die Konsolidierung einbezogen werden und stattdessen gemäß § 10 Abs. 6 KWG hälftig vom Kern- und Ergänzungskapital abgezogen werden müssen.

[548] Für Finanzbeteiligungen sind gemäß IAS 39 die Anschaffungskosten, gemäß IFRS 9 hingegen der beizulegende Wert anzusetzen.

Wenngleich sowohl im Rahmen der regulatorischen als auch der bilanziellen Einbeziehung von Tochterunternehmen auf die Vollkonsolidierung abzustellen ist, so ergeben sich bei Anwendung des HGB-basierten Aggregationsverfahrens einerseits bzw. dem IFRS-basierten Konzernabschlussverfahren andererseits methodische Unterschiede in Bezug auf die **Konsolidierungsmaßnahmen**. Dies liegt darin begründet, dass neben der im Rahmen des Aggregationsverfahrens vorgenommenen Kapital- und Schuldenkonsolidierung innerhalb des IFRS Regelwerkes weitere Konsolidierungsmaßnahmen erforderlich sind, die dadurch auch ihren Niederschlag in dem Konzernabschlussverfahren nach § 10a Abs. 7 KWG finden. Nachfolgende Abbildung 3 verdeutlicht diese Unterschiede überblicksartig.

KONSOLIDIERUNGS-MAßNAHME	AGGREGATIONS-VERFAHREN	KONZERNAB-SCHLUSS-VERFAHREN	IFRS
EINHEITLICHE BILANZIERUNG / BEWERTUNG	Nein	Ja	Ja
WÄHRUNGS-UMRECHNUNG	Ja	Ja	Ja
AUFDECKUNG STILLER RESERVEN / LASTEN	Nein	Ja	Ja
KAPITAL-KONSOLIDIERUNG	Ja	Ja	Ja
SCHULDEN-KONSOLIDIERUNG	Ja	Ja	Ja
AUFWANDS- UND ERTRAGS-KONSOLIDIERUNG	Nein	Ja	Ja
ZWISCHENERFOLGS-ELIMINIERUNG	Nein	Ja	Ja
LATENTE STEUERN	Nein	Ja	Ja

Abbildung 3: Konsolidierungsmaßnahmen im Überblick

Nach Umstellung auf das Konzernabschlussverfahren darf das Aggregationsverfahren nur noch in Ausnahmefällen angewendet werden. In diesen Ausnahmefällen werden bestimmte Konsolidierungsschritte (einheitliche Bilanzierungs-/ Bewertungsmethoden, Aufdeckung stiller Reserven/Lasten, Aufwands-/Ertragskonsolidierung, Zwischenerfolgseliminierung, sowie die Berücksichtigung latenter

Steuern) nicht durchgeführt, da sie nicht Bestandteil des Aggregationsverfahrens sind.

Im Zuge der Überführung des IFRS Konsolidierungskreises in den aufsichtsrechtlichen Konsolidierungskreis gilt es, diese Unterschiede aufgrund ihrer Auswirkungen auf das Eigenkapital sowie die Risikopositionen entsprechend zu würdigen. Beispielhaft seien hier die Abweichungen aufgrund der **Aufdeckung stiller Reserven und Lasten** oder die **Währungsumrechnung** genannt. So führt die Aufdeckung stiller Reserven und Lasten einerseits zu einem in seiner Höhe von dem Aggregationsverfahren abweichenden Ansatz der Vermögenswerte und Verbindlichkeiten. Andererseits führt die vollständige Aufdeckung stiller Reserven und stiller Lasten dazu, dass der aufsichtsrechtliche aktivische Unterschiedsbetrag den IFRS relevanten Geschäfts- oder Firmenwert übersteigt. Die Währungsumrechnung erfolgt im Rahmen des Aggregationsverfahrens nach den HGB Grundsätzen[550] und nicht wie innerhalb der IFRS nach dem Konzept der funktionalen Währung, sodass sich entsprechende Differenzen einstellen.[551] Für die gemäß der Quotenkonsolidierung einzubeziehenden Beteiligungen gelten die vorstehenden Ausführungen der Vollkonsolidierung analog.

Weitere wesentliche Unterschiede in den beiden Konzeptionen ergeben sich für im Rahmen der **At Equity Methode** wahlweise berücksichtigte Gemeinschaftsunternehmen, deren aufsichtsrechtliches Pendant, die qualifizierten Minderheitsbeteiligungen, pflichtweise im Zuge der Quotenkonsolidierung zu berücksichtigen sind bzw. assoziierte Unternehmen, die aufsichtsrechtlich freiwillig quotal konsolidiert werden. Im Unterschied zur Voll- bzw. Quotenkonsolidierung werden bei der At Equity Methode im Rahmen der Konzernbilanzerstellung keine Vermögenswerte und Schulden übernommen. Stattdessen werden bei der erstmaligen Einbeziehung die Anschaffungskosten der Beteiligung in der Konzernbilanz angesetzt. Zwischengewinne und -verluste, die aus Transaktionen mit At Equity bewerteten Unternehmen entstehen, sind zu eliminieren. Im Rahmen der Folgebewertung werden die Wertänderungen des Nettovermögens des At Equity bewerteten Unternehmens nachvollzogen: realisierte und unrealisierte Gewinne erhöhen, realisierte und unrealisierte Verluste, Gewinnausschüttungen sowie Kapitalrückzahlungen an das Mutterunternehmen senken den Wert der At Equity Beteiligung.

---

[550] Gemäß § 308a HGB erfolgt die Währungsumrechnung der Bilanzpositionen zum Devisenkassamittelkurs am Abschlussstichtag, mit Ausnahme des Eigenkapitals, für das der historische Kurs maßgeblich ist. Die Posten der Gewinn- und Verlustrechnung sind zum Durchschnittskurs umzurechnen.

[551] Unter der funktionalen Währung wird die Währung verstanden, die für das wirtschaftliche Umfeld, in dem das betreffende Institut vorwiegend tätig ist, maßgebend ist. Nach Bestimmung der funktionalen Währung ist die lokale Währung unter Beachtung der Zeitbezugsmethode in die funktionale Währung umzurechnen. In einem dritten Schritt erfolgt die Umrechnung der funktionalen Währung in die Konzernwährung, wobei die modifizierte Stichtagskursmethode zu berücksichtigen ist. Handelt es sich bei der funktionalen Währung bereits um die Konzernwährung, kann dieser Schritt entfallen.

Im Rahmen der Umstellung auf das Konzernabschlussverfahren können bestimmte At Equity bewertete Beteiligungen im Aufsichtsrecht weitergeführt werden. Gemäß § 7 Abs. 1 Konzernabschlussüberleitungsverordnung (KonÜV) können **assoziierte Unternehmen des Bankensektors**, die im IFRS-Konzernabschluss At Equity bilanziert werden und aufsichtsrechtlich unter den freiwillig konsolidierten Unternehmen subsumiert werden, im Rahmen des Konzernabschlussverfahrens mit ihrem anteiligen bilanziellen Eigenkapital berücksichtigt werden. Die Berücksichtigung hat differenziert nach den jeweiligen Eigenkapitalbestandteilen zu erfolgen, wobei die in den §§ 2–6 KonÜV definierten Korrekturen zu berücksichtigen sind. Der anteilige fortgeführte Beteiligungsbuchwert ist dann unter Vernachlässigung eines eventuell bestehenden Goodwills hälftig vom Kern- und Ergänzungskapital abzuziehen. Der Goodwill hingegen ist direkt vom Kernkapital abzuziehen. Alternativ besteht die Möglichkeit diese assoziierten Unternehmen weiterhin nach dem Aggregationsverfahren gemäß § 10a Abs. 11 KWG quotal zu konsolidieren. Die Möglichkeit, At Equity bewertete, aufsichtsrechtlich relevante Gemeinschaftsunternehmen in eben dieser Weise weiter zu führen besteht nicht. Diese sind zwangsweise unter Berücksichtigung der vorstehenden Ausführungen zunächst zu dekonsolidieren und in einem zweiten Schritt im Rahmen des Aggregationsverfahrens dem aufsichtsrechtlichen Konsolidierungskreis hinzuzurechnen.

Die Behandlung At Equity bewerteter Unternehmen **außerhalb des Bankensektors**[552] ist in § 7 Abs. 2 KonÜV geregelt.[553] Demnach ist der fortgeführte IFRS Beteiligungsbuchwert als Risikoposition in die Ermittlung der angemessenen Eigenkapitalausstattung aufzunehmen. Darüber hinaus sind alle mit der At Equity Bilanzierung verbundenen Auswirkungen auf das Konzernkapital, z. B. eine Gewinnthesaurierung, zu eliminieren. Unter Berücksichtigung der Vorgaben des § 10 Abs. 2b Satz 1 Nr. 7 KWG[554] können jedoch die gegebenenfalls vorliegenden stillen Reserven zu 45 Prozent im Ergänzungskapital angerechnet werden.

Neben den vorstehend erläuterten Differenzen beinhalten die verschiedenen Normen auch unterschiedliche Herangehensweisen zur Bestimmung eines sogenannten **aktivischen oder passivischen Unterschiedsbetrages**, der sich als Differenz zwischen dem Beteiligungsbuchwert bei dem übergeordneten Unternehmen und der Summe aus dem anteiligen Eigenkapital zuzüglich Rücklagen[555] des nachgeordneten Unternehmens ergibt. Im Rahmen des HGB-basierten Aggregationsver-

---

[552] Mit Ausnahme von Anbietern von Nebendienstleistungen.
[553] Nach dem Wortlaut des Gesetzes sind Anbieter von Nebendienstleistungen nicht in den Anwendungsbereich des § 7 KonÜV einzubeziehen. Streng genommen müssten die Effekte der At Equity Beteiligung zurückgedreht und das Aggregationsverfahren angewendet werden. Da dies nicht immer praktikabel ist, vertreten die Autoren die Auffassung, dass diese unter § 7 Abs. 2 KonÜV subsumiert werden können.
[554] Die Vorschrift regelt i.V.m. § 10 Abs. 4a und 4c KWG unter welchen Voraussetzungen die vorhandenen stillen Reserven im Ergänzungskapital angerechnet werden können.
[555] Gemeint sind hier die Kapital- und Gewinnrücklagen.

fahrens ist ein eventueller Unterschiedsbetrag dynamisch zu ermitteln, das heißt, seine Höhe ist regelmäßig zu aktualisieren. Dabei beinhaltet der aktivische Unterschiedsbetrag zum einen stille Reserven und Lasten aus dem Vermögen der nachgeordneten Unternehmen, sowie andererseits einen Geschäfts- oder Firmenwert (Goodwill). Gemäß der Vorgaben des § 10a Abs. 6 Satz 9 KWG ist der aktivische Unterschiedsbetrag grundsätzlich je zur Hälfte vom Kern- und Ergänzungskapital abzuziehen. Im Rahmen einer Sonderregelung (sogenannter „ratierlicher Abzug") ist es den Instituten jedoch gestattet, den hälftigen Abzug über einen Zeitraum von zehn Jahren zu strecken.[556]

Die Behandlung eines **aktivischen Unterschiedsbetrages** im Rahmen des IFRS basierten Konzernabschlussverfahrens ist von den Übergangsvorschriften des § 64h Abs. 3 KWG geprägt, der hierfür auf den Zeitpunkt des Beteiligungserwerbs abstellt. Die nachfolgende Tabelle 2 stellt die Behandlung des aktivischen Unterschiedsbetrages gemäß Konzernabschlussverfahren nach § 10a Abs. 7 i.V.m. § 64h Abs. 3 KWG zusammenfassend dar.

ZEITPUNKT DES BETEILIGUNGSERWERBS	BEHANDLUNG DES AKTIVISCHEN UNTERSCHIEDSBETRAGS (ÜBERGANGSREGELUNG)
VOR DEM 31. DEZ. 2006	• Fortsetzung des begonnenen ratierlichen Abzugs • Der ratierliche Abzug erfolgt hälftig vom Kern- und Ergänzungskapital
VOR DER UMSTELLUNG DER ERMITTLUNG DER EIGENMITTEL UND RISIKOPOSITIONEN AUF DER BASIS DES IFRS-KONZERNABSCHLUSSES	• Fortsetzung des begonnenen ratierlichen Abzugs bis zum 31. Dez. 2015 • An die Stelle des aktivischen Unterschiedsbetrags tritt jedoch der ermittelte Goodwill • Der ratierliche Abzug erfolgt in voller Höhe vom Kernkapital
NACH DER UMSTELLUNG DER ERMITTLUNG DER EIGENMITTEL UND RISIKOPOSITIONEN AUF DER BASIS DES IFRS-KONZERNABSCHLUSSES	• Der ermittelte Goodwill wird sofort und in voller Höhe vom Kernkapital abgezogen

Tabelle 2: Übergangsregelungen für den aktivischen Unterschiedsbetrag im Rahmen des Konzernabschlussverfahrens nach § 10a Abs. 7 i.V.m. § 64h Abs. 3 KWG

Ein gegebenenfalls entstehender **passivischer Unterschiedsbetrag** ist als ein Überschuss des anteiligen eingezahlten Kapitals plus Rücklagen des nachgeordneten Unternehmens über den Beteiligungsbuchwert definiert und wird sowohl im Rahmen des Aggregations- als auch des Konzernabschlussverfahrens direkt im Kernkapital berücksichtigt.

---

[556] Der Abzug des aktivischen Unterschiedsbetrages vom Ergänzungskapital erfolgt vor Anwendung der einschlägigen Kappungsnormen.

Innerhalb des IFRS Regelwerkes beinhaltet der Unterschiedsbetrag hingegen lediglich einen **Goodwill/Badwill**, jedoch keine stillen Reserven oder Lasten, da diese bereits zuvor Eigenkapital-erhöhend bzw. -vermindernd aufgedeckt wurden. Dabei gewährt das IFRS Regelwerk den Instituten für die Ableitung des Goodwills bzw. Badwills grundsätzlich das Wahlrecht[557] zwischen zwei unterschiedlichen Methoden, die Partial-Goodwill-Methode oder die Full-Goodwill-Methode.[558] In Abhängigkeit der gewählten Methode, ergeben sich daraus auch Unterschiede in Bezug auf den Ansatz und die Bewertung der sogenannten Minderheitsbeteiligungen, die bei Anteilsquoten kleiner 100 Prozent entstehen.[559] Der Goodwill ist einmalig im Rahmen der Erstkonsolidierung zu ermitteln und dann mindestens jährlich einem Impairment-Test[560] zu unterziehen. Im Falle eines Badwills (passivischer Unterschiedsbetrag) erfolgt hingegen eine sofortige erfolgswirksame Berücksichtigung.

Unterschiede in der **Behandlung von Minderheitsanteilen** nach IFRS und dem Aggregationsverfahren ergeben sich aus der verwendeten Methode zu deren Ermittlung. Im IFRS Konzernabschluss bzw. im Rahmen des Konzernabschlussverfahrens hängt die Bewertung der ausgewiesenen Minderheiten davon ab, ob für deren Bewertung die Full-Goodwill-Methode oder die Partial-Goodwill-Methode zugrunde gelegt wurde. Im Rahmen der Full-Goodwill-Methode ist die Bewertung vom Wert der erworbenen Beteiligung abhängig. Bei Anwendung der Partial-Goodwill-Methode ist die Bewertung der Minderheitsanteile vom Fair Value des Nettovermögens[561] des erworbenen Unternehmens abhängig. Gemäß Aggregationsverfahren ist keine explizite Methode zur Berücksichtigung von Minderheitsanteilen vorgegeben; die Ermittlung erfolgt hier auf Basis der HGB Grundsätze. Mit Umsetzung des Bilanzrechtsmodernisierungsgesetzes (BilMoG) erfolgt die Bewertung der Minderheiten gemäß der Neubewertungsmethode, sodass diese auch stille Reserven bein-

---

[557] Das Wahlrecht kann für jede Beteiligung einzeln genutzt werden. An die einmalige Nutzung des Wahlrechtes ist das Institut jedoch in den Folgejahren gebunden.

[558] Bei der **Partial-Goodwill-Methode** wird zur Ermittlung des Unterschiedsbetrages der Buchwert der Beteiligung dem anteiligen Eigenkapital gegenüber gestellt. Stille Reserven und Lasten werden ebenfalls anteilig verteilt. Bei der **Full-Goodwill-Methode** wird im Unterschied dazu der Buchwert der Beteiligung auf 100 Prozent hochgerechnet und dem gesamten Eigenkapital gegenüber gestellt. Analog wird bei der Verteilung der stillen Reserven und Lasten vorgegangen. Im Ergebnis ergibt sich ein Goodwill/Badwill, der auch die nicht beherrschenden Anteile (Minderheiten) abdeckt.

[559] Allgemein ausgedrückt handelt es sich bei Minderheitsanteilen um Vermögensanteile fremder Gesellschafter am Grundkapital oder Periodenerfolg eines Unternehmens.

[560] Es handelt sich hierbei um einen Werthaltigkeitstest im Sinne eines verpflichtenden Niederstwerttests nach den Vorschriften des IAS 36. Gemäß IFRS hat eine periodische Beurteilung möglicher Indikatoren zu erfolgen, die eine nachhaltige Wertbeeinträchtigung nach sich ziehen könnten. Ziel dieses Werthaltigkeitstests ist es, dass der Goodwill nicht höher als sein „tatsächlich" erzielbarer Wert (recoverable amount) bilanziert wird.

[561] Das Nettovermögen ist definiert als der Betrag, um den der Wert der Vermögenswerte eines Unternehmens den Wert der Verbindlichkeiten übersteigt.

halten. Die vormals ebenfalls mögliche Bewertung mittels der Buchwertmethode wurde im Zuge der Umsetzung des BilMoG aufgegeben.

Zusammenfassend können in Bezug auf die Art der Einbeziehung einer Beteiligung gemäß des HGB basierten Aggregationsverfahrens und des IFRS basierten Konzernanschlussverfahrens folgende Unterschiede identifiziert werden, die entsprechende Auswirkungen auf die Höhe des regulatorischen Eigenkapitals/der intern definierten Risikodeckungsmasse bzw. der zu berücksichtigenden Risikopositionen haben:

1. *Art der Konsolidierung:* Im Rahmen der Vollkonsolidierung als auch der Quotenkonsolidierung ergeben sich insbesondere Abweichungen in der Art der angewendeten Bilanzierungs- und Bewertungsmethoden[562], der Währungsumrechnung, in der Aufdeckung der stillen Reserven und Lasten, sowie im Umfang der Konsolidierungsmaßnahmen. Der wohl wesentlichste Unterschied bezüglich der Art der Konsolidierung ist jedoch in der Behandlung von Beteiligungen an assoziierten Unternehmen, die nach der At Equity Methode einbezogen werden, zu sehen. Hier ist bei Überführung der At Equity Beteiligung in das Aufsichtsrecht das anteilige Eigenkapital zu übernehmen und der Buchwert, mit Ausnahme des Goodwills, hälftig vom Kern- und Ergänzungskapital abzuziehen; der Goodwill hingegen ist vollständig vom Kernkapital abzuziehen. Im Rahmen des Aggregationsverfahrens hingegen wird das anteilige Eigenkapital gegen den Beteiligungsbuchwert aufgerechnet und die Risikopositionen in die konsolidierte Betrachtung einbezogen.

2. *Behandlung eines Unterschiedsbetrages:* Das Aggregationsverfahren sieht den sofortigen bzw. zeitlich gestreckten hälftigen Abzug eines aktivischen Unterschiedsbetrages vom Kern- und Ergänzungskapital vor, der neben einem Goodwill auch stille Reserven und Lasten beinhaltet. Im Rahmen des Konzernabschlussverfahrens ist die Behandlung von dem Zeitpunkt des Beteiligungserwerbs abhängig. Für Beteiligungen, die nach dem 31. Dezember 2006 erworben wurden, erfolgt der Abzug grundsätzlich vom Kernkapital, allerdings ist hierfür nur auf den Goodwill abzustellen; stille Reserven bleiben im Rahmen des Abzugs hingegen unberücksichtigt.

---

[562] Zum Zeitpunkt der Konsolidierung muss der Einzelabschluss des Tochter-/Gemeinschaftsunternehmens bzw. der At Equity Beteiligung entsprechend den Bilanzierungs- und Bewertungsmethoden des Mutterunternehmens aufgestellt werden. Dabei sind die Wertansätze der Vermögenswerte und Schulden dieser Unternehmen an die Wertansätze des Mutterunternehmens anzupassen bzw. zu vereinheitlichen. Ziel ist es, eine konzerneinheitliche Bilanzierung und Bewertung im Konzern sicherzustellen. Beispiele sind die Anwendung einheitlicher Währungskurse im Konzern, der einheitliche Ansatz/Nicht-Ansatz immaterieller Vermögenswerte, usw. Rechtfertigung für die Vereinheitlichung ist der Grundsatz der wirtschaftlichen Betrachtungsweise im Konzern, der als eine wirtschaftliche Einheit gesehen wird.

3. Behandlung von Minderheitsanteilen: Zwar erfolgt sowohl gemäß Aggregationsverfahren als auch nach dem Konzernabschlussverfahren eine Berücksichtigung der Minderheitsanteile im Kernkapital. Die Höhe der zu berücksichtigenden Minderheitsanteile variiert jedoch in Abhängigkeit des gewählten Bewertungsverfahrens.

Bei Überführung der Konsolidierungsmethodik von dem Aggregations- auf das Konzernabschlussverfahren ergeben sich insofern entsprechende Auswirkungen auf die Höhe des regulatorischen Eigenkapitals bzw. der einzubeziehenden Risikopositionen. Da die Definition der internen Risikodeckungsmasse oftmals auch regulatorische Eigenkapitalbestandteile beinhaltet, sind derartige Umstellungseffekte auch im Rahmen der Säule 2 zu berücksichtigen. Weitere Effekte ergeben sich aus der Anwendung verschiedener Überleitungsmaßnahmen, die im Folgenden vertiefend diskutiert werden.

3.3 Überleitungsmaßnahmen

Bezüglich der **Einbeziehung der Unternehmen** sowie der **Konsolidierungsmethodik** nach dem Aggregations- und Konzernabschlussverfahren ergeben sich zahlreiche Unterschiede. Diese Unterschiede sind bei der aufsichtsrechtlichen Nutzung der IFRS Daten durch entsprechende Überleitungsmaßnahmen zu berücksichtigen, die im Folgenden näher ausgeführt werden.

In der Literatur werden letztlich zwei unterschiedliche Überleitungsmaßnahmen diskutiert, die unter den Begriffen „prospektive" und „retrospektive" Methode bekannt sind.[563] Im Rahmen der **prospektiven Methode** wird ein eigener „aufsichtsrechtlicher", jedoch auf den IFRS Regeln basierender (Teil-) Konzernabschluss erstellt; Ausgangspunkt dieser Vorgehensweise bildet also der bekannte aufsichtsrechtliche Konsolidierungskreis. Für die **retrospektive Methode** hingegen bildet die IFRS-Konzernbilanz und -GuV die Ausgangsbasis für die aufsichtsrechtliche Konsolidierung, die gemäß der Vorgaben des KWG an die aufsichtsrechtlichen Belange anzupassen ist. Der Vorteil der prospektiven Methode liegt darin, dass eine Dekonsolidierung branchenfremder Unternehmen nicht erforderlich ist. Nachteilig wirkt sich hingegen die aufwändige Vornahme der zahlreichen Erstkonsolidierungen unter der rückwirkenden Berücksichtigung von Einmaleffekten aus. Der Vorteil der retrospektiven Methode liegt darin begründet, dass keine Notwendigkeit für die parallele Unterhaltung von zwei Konzernabschlüssen besteht. Nachteilig hingegen wirken sich die Dekonsolidierungsmaßnahmen bzw. die zusätzlich vorzunehmenden Konsolidierungsmaßnahmen aus.

Nach Ansicht der Autoren dieses Beitrags ist dem Wortlaut des § 10a Abs. 7 KWG eindeutig zu entnehmen, dass im Rahmen der Erstellung der Institutsgruppenmeldung der für bilanzielle Zwecke **pflichtgemäß erstellte IFRS Konzernab-**

---

[563] Vgl. Auerbach/Kempers/Klotzbach (2009).

schluss zugrunde zu legen ist. Deutlich wird dies aus der vom Gesetzgeber gewählten Formulierung „*den Konzernabschluss*", womit explizit auf den pflichtweise nach den Vorschriften des Handelsgesetzbuches[564] zu erstellenden Abschluss abgestellt wird, nicht jedoch auf einen „*beliebigen*" (Teil-) Konzernabschluss. Diese Interpretation wird gestützt durch die „Begründung zum Entwurf eines Gesetzes zur Umsetzung der neugefassten Bankenrichtlinie und der neugefassten Kapitaladäquanzrichtlinie"[565], in der es diesbezüglich lautet:

„*...Ist das übergeordnete Unternehmen einer Institutsgruppe oder die an der Spitze einer Finanzholding-Gruppe stehende Finanzholding-Gesellschaft nach § 290 des Handelsgesetzbuches verpflichtet einen Konzernabschluss aufzustellen, bildet dieser künftig die Grundlage der Ermittlung der Angemessenheit der Eigenmittel auf zusammengefasster Basis. ...*"

Aber auch der **einschlägigen Literaturmeinung** folgend, ist bei Anwendung der Regelungen des § 10a Abs. 7 KWG der Ermittlung der zusammengefassten Eigenmittel und der zusammengefassten Risikopositionen der pflichtgemäß aufzustellende IFRS Konzernabschluss zugrunde zu legen.[566] Auch § 10a Abs. 7 Satz 5 KWG stellt durch seine Formulierung einen expliziten Bezug zur retrospektiven Methode her:

„*... Hierbei bleiben die Eigenmittel und sonstigen maßgeblichen Risikopositionen in den Konzernabschluss einbezogener Unternehmen, die keine gruppenangehörigen Unternehmen im Sinne dieser Vorschrift sind, unberücksichtigt...*"

Dabei wird das Wort „*unberücksichtigt*" im Rahmen der vorstehend genannten Gesetzesbegründung durch die Einführung des Begriffes der „*Dekonsolidierung*" weiter konkretisiert.

In der Konsequenz wird hier die Auffassung vertreten, dass die Anwendung der **prospektiven Methode** (oder einer von ihr abgeleiteten weiteren Form) nicht im Interesse der Bankenaufsicht liegt. Vor diesem Hintergrund bauen die folgenden Ausführungen ausschließlich auf der retrospektiven Methode auf. Institute, die eine von der retrospektiven Methode abweichende Vorgehensweise wählen wollen, wird an dieser Stelle empfohlen zunächst im Rahmen einer **Vergleichsrechnung** sicherzustellen, dass beide Methoden zu den gleichen Ergebnissen führen. Darüber hinaus empfiehlt sich eine diesbezügliche Abstimmung mit dem Wirtschaftsprüfer und/ oder der Bankenaufsicht.

Als **Ausgangsbasis** der Überleitung des Aggregationsverfahrens auf das Konzernabschlussverfahren wird nach der retrospektiven Methode der IFRS-Konzernabschluss verwendet. Die Maßnahmen zur Anpassung des IFRS-

---

[564] Im Falle von kapitalmarktorientierten Unternehmen – gemäß den internationalen Rechnungslegungsstandards.
[565] Vgl. Deutscher Bundestag (2006).
[566] Vgl. Boos (2008), Wiehagen-Knopke (2008) oder auch Brogl (2010).

Konzernabschlusses sind in § 10a Abs. 7 Satz 5 und 6 KWG geregelt. Danach sind bestimmte Unternehmen (z. B. branchenfremde) aus dem IFRS-Konzernabschluss für aufsichtsrechtliche Zwecke zu eliminieren, das heißt, zu dekonsolidieren. Des Weiteren sind bestimmte Unternehmen (z. B. aufsichtsrechtlich relevante Unternehmen, die nach IFRS für Konsolidierungszwecke als unwesentlich gelten) im IFRS-Konzernabschluss zusätzlich zu berücksichtigen, das heißt, zu konsolidieren. Durch diese Anpassungsmaßnahmen können sich einerseits Auswirkungen auf die Höhe der Risikodeckungsmassen sowie andererseits auf die zu berücksichtigenden Risikopositionen ergeben.

Im Rahmen der **Dekonsolidierung** von Tochter- und Gemeinschaftsunternehmen werden einzelne IFRS Konsolidierungsmaßnahmen, wie Erstellung der Summenbilanz oder Konsolidierungsbuchungen, rückgängig gemacht. Das grobe Ablaufschemata einer solchen Dekonsolidierung kann wie folgt dargestellt werden:

1. Ausgehend von der IFRS-Konzernbilanz sind sämtliche in der Konsolidierungsspalte enthaltenen **Konsolidierungsbuchungen** „zurückzudrehen". Dies betrifft insbesondere die Ausbuchung des fortgeführten Goodwills und der Minderheiten des Tochter-/Gemeinschaftsunternehmens, die Rücknahme der Eliminierung von konzernintern begründeten Forderungen und Verbindlichkeiten, die Ausbuchung von den auf die Konsolidierungsmaßnahmen entfallenen latenten Steuern[567] sowie der ergebniswirksamen Buchungen des Entkonsolidierungsergebnisses[568] über die Gewinn- und Verlustrechnung.
2. Ausgehend von der **Summenbilanz und der Summen-GuV**[569] sind sämtliche auf das Tochter-/Gemeinschaftsunternehmen entfallenden Vermögenswerte des Anlage-[570] und Umlaufvermögens, Schulden sowie das Eigenkapital des Tochter-/Gemeinschaftsunternehmens zu eliminieren. Dabei sind die Effekte aus der

---

[567] Latente Steuern können in diesem Zusammenhang z. B. in Verbindung mit der Eliminierung von Zwischengewinnen/-verlusten entstehen oder aufgrund von Abschreibungen von stillen Reserven und Lasten, die im Rahmen der Erstkonsolidierung aufgedeckt wurden.

[568] Unter dem Entkonsolidierungsergebnis ist die Differenz zwischen dem Veräußerungspreis der entkonsolidierten Beteiligung und dem bilanziellen Wert dieser Beteiligung zum Zeitpunkt der Entkonsolidierung zu verstehen.

[569] Die einzelnen Konsolidierungen werden ausgehend von der Summenbilanz und der Summen-GuV durchgeführt. In die Summenbilanz und Summen-GuV können jedoch nicht die originären Einzelabschlüsse der Konzernunternehmen (Mutter- und Tochterunternehmen) einbezogen werden. Gegebenenfalls sind Anpassungen erforderlich, d. h., es sind so genannte Handelsbilanzen II zu erstellen. Beispielsweise sind bei ausländischen Tochterunternehmen die Einzelabschlüsse nach anderen Rechnungslegungsvorschriften erstellt, auf den Konzernabschluss eines deutschen Mutterunternehmens ist jedoch das Recht des Mutterunternehmens anzuwenden.

[570] Die Ausbuchungsbeträge des Anlagevermögens enthalten z. B. Korrekturen aufgrund von Abschreibungen auf stille Reserven und Lasten, die im Rahmen der Erstkonsolidierung aufgedeckt wurden.

Vereinheitlichung der Bilanzierungs- und Bewertungsmethoden für die Konsolidierungszwecke ebenfalls zu eliminieren.

Die Verpflichtung zur Dekonsolidierung bestimmter Unternehmen kann darüber hinaus die Auflösung von **Hedge Beziehungen** oder **Fair Value Optionen** auf der Ebene des Konzerns[571] zur Folge haben.[572] In der Konsequenz führt dies dazu, dass im Rahmen der Dekonsolidierung bestimmte Ergebniseffekte zu eliminieren sind, die durch das Auflösen von konzerninternen Hedge Beziehungen und die Neuausübung der Fair Value Option entstehen.

Wird von dem nach § 7 Abs. 1 KonÜV eingeräumten Wahlrecht kein Gebrauch gemacht, ist auch ein nach der **At Equity** Methode einbezogenes assoziiertes Unternehmen für aufsichtsrechtliche Zwecke zunächst zu dekonsolidieren und in einem zweiten Schritt im Rahmen des Aggregationsverfahrens wieder in den aufsichtsrechtlichen Konsolidierungskreis einzubeziehen. Die Dekonsolidierungsmaßnahmen bei einer At Equity Beteiligung bestehen darin, dass alle Buchungen, die im Rahmen der Fortführung der At Equity Bewertung getätigt wurden, eliminiert („zurückgedreht") werden. Dies betrifft unter anderem die Ausbuchung des berücksichtigten anteiligen Ergebnisses des assoziierten Unternehmens seit dem Erwerb, sowie die bewertungstechnische Eliminierung von Gewinnausschüttungen und Kapitalrückzahlungen an das Mutterunternehmen.

Ergänzende **Konsolidierungsmaßnahmen** sind durchzuführen, wenn Unternehmen in den aufsichtsrechtlichen Konsolidierungskreis einzubeziehen sind, jedoch nicht Bestandteil des IFRS Konsolidierungskreises sind. Diese Konsolidierungsmaßnahmen können gemäß dem bisherigen Aggregationsverfahren durchge-

---

[571] Hedge Accounting und Fair Value Option werden zwecks Ergebnisaussteuerung bzw. Beseitigung von „Accounting Mismatches" auf der Ebene des Konzerns vorgenommen. In der Regel erfolgt die Ausübung der Fair Value Option um dadurch gegebenenfalls entstehenden „Accounting Mismatches" zu begegnen, und damit die Möglichkeit einer Bewertung des Grundgeschäfts zum Marktwert in Anspruch zu nehmen.

[572] Der Effekt soll anhand eines kurzen Beispiels erläutert werden. Es wird angenommen, dass die Kreditforderungen eines zu dekonsolidierenden Unternehmens gegen das Zinsänderungsrisiko mit einem entsprechenden Derivat abgesichert werden. Da es sich bei den Kreditforderungen um Loans and Receivables Beständen handelt, die zu fortgeführten Anschaffungskosten bewertet werden, während die Derivate zum Fair Value bewertet werden, kommt es zu einem bilanziellen „Accounting Mismatch". In der Konsequenz erfolgt die Ausübung der Fair Value Option (oder die alternative Designation zum Hedge Accounting) auf Konzernebene. Bei der Ausübung der Fair Value Option werden sowohl die Kreditforderungen als auch das Derivat zum Fair Value bewertet. Da die Wertänderungen der beiden Instrumente gegenläufig sind, erfolgte eine Kompensation der Bewertungsergebnisse in der GuV. Wird nun das Unternehmen dekonsolidiert, entfällt die Notwendigkeit der Ausübung der Fair Value Option (bzw. Designation zum Hedge Accounting), da das Grundgeschäft aus Sicht des angepassten Konzernabschlusses nicht mehr existiert. Im angepassten Konzernabschluss bleibt lediglich ein zum Fair Value bewertetes Zinsderivat. Da die Kompensation der Wertänderungen ebenfalls entfällt, werden lediglich die Fair Value Änderungen des Derivats unkompensiert in der GuV erfasst. Somit ändert sich nach der Dekonsolidierung die Höhe des bilanziellen Eigenkapitals und folglich der regulatorischen Eigenmittel.

führt werden.[573] Dabei sind die konzerninternen Beziehungen zwischen den Unternehmen im IFRS Konzernabschluss und den Unternehmen im Aggregationsverfahren zu berücksichtigen und im Rahmen der Überleitung zu eliminieren.

Durch die vorstehend erläuterten Überleitungsmaßnahmen entstehen aus der IFRS Konzernbilanz und Konzern-GuV eine angepasste (Teil-)Konzernbilanz sowie eine angepasste (Teil-)Konzern-GuV. Diese stellen im Anschluss u.a. auch die Grundlage für die weitere Behandlung der Beteiligungsbuchwerte dar. Entweder ist beim Vorliegen der entsprechenden Voraussetzungen ein Kapitalabzug gemäß § 10 Abs. 6 KWG durchzuführen oder der Beteiligungsbuchwert ist als Risikoposition mit Anpassungen des Ergänzungskapitals gemäß §§ 2-6 KonÜV zu berücksichtigen. Darüber hinaus müssen für alle in der angepassten Konzernbilanz berücksichtigten Tochter-/Gemeinschaftsunternehmen, die in § 64h Abs. 3 KWG definierten aufsichtsrechtlichen Anpassungen bezüglich des aktivischen Unterschiedsbetrags vorgenommen werden. Diese Anpassungen sind sowohl auf die Tochter-/Gemeinschaftsunternehmen im Aggregationsverfahren als auch auf die nach IFRS voll-/quotal konsolidierten Beteiligungen anzuwenden.

Nachdem die für aufsichtsrechtliche Zwecke notwendigen Überleitungsmaßnahmen sowie die hierfür zur Verfügung stehende Methodik diskutiert wurde, beschreibt der nun folgende Abschnitt die Eliminierung bestimmter, der Marktwertorientierung der IFRS geschuldeter, bilanzieller Eigenkapitaleffekte. Ziel dieser Adjustierungen ist es, die nicht für die Verlustabsorption tatsächlich zur Verfügung stehenden bilanziellen Eigenkapitalbestandteile für die Bestimmung der aufsichtsrechtlichen Eigenmittelzusammensetzung zu eliminieren.

4 Neutralisierung der IFRS Bewertungseffekte durch Prudential Filter

Der vorangegangene Abschnitt hat sowohl die Auswirkungen eines divergierenden Konsolidierungskreises als auch die aufgrund von unterschiedlichen Arten der Einbeziehung resultierenden Auswirkungen auf die Höhe des regulatorischen Eigenkapitals – und damit indirekt auch der intern zu definierenden Risikodeckungsmasse – beleuchtet. Denn im Gegensatz zum Aufsichtsrecht, in dem die Eigenmittel eine Risikopufferfunktion einnehmen, adressiert das IFRS-Regelwerk verstärkt das Informationsinteresse der Marktteilnehmer und die den tatsächlichen Verhältnissen entsprechende Darstellung der Vermögens-, Finanz- und Ertragslage. Aufgrund der damit verbundenen **Fair Value Orientierung** hat dies eine im Vergleich zum HGB umfangreichere Bilanzierung zum Marktwert und damit eine erhöhte Volatilität des bilanziellen Eigenkapitals zur Folge. Vor diesem Hintergrund soll im Folgenden die mit der IFRS Rechnungslegung zwangsläufig induzierte Berücksichtigung bestimmter Rücklagen und unrealisierter Reserven im bilanziellen Eigenkapital er-

---

[573] Das Aggregationsverfahren wurde im vorangegangenen Abschnitt erläutert.

örtert werden, die aufgrund des Sachzusammenhangs auch unmittelbaren Einfluss auf die Höhe des Kern- und Ergänzungskapitals hat.

Um den regulatorischen Anforderungen an die Anerkennung eines Eigenkapitalinstrumentes als Verlustpuffer Rechnung zu tragen, werden diese marktinduzierten Effekte über sogenannte „Prudential Filter" im aufsichtsrechtlichen Eigenkapital egalisiert bzw. an die Zielsetzung des Aufsichtsrechts angepasst. Die entsprechende Rechtsgrundlage für diese Adjustierung findet sich allgemein in § 10a Abs. 9 Satz 1 KWG, wobei die tatsächlich anzuwendenden Maßnahmen im Rahmen der KonÜV dargelegt werden. Eine Übersicht der einzelnen Anpassungsmaßnahmen und deren Berücksichtigung im Kern- und Ergänzungskapital werden in der nachstehenden Tabelle 3 überblicksartig zusammengefasst und im Folgenden eingehend dargestellt.[574]

---

[574] Neben den hier dargestellten Anwendungsbereichen enthält die KonÜV den ergänzenden § 7 „Behandlung der nach der Äquivalenzmethode bewerteten Beteiligungen bei Anwendung des Verfahrens nach § 10a Abs. 7 des Kreditwesengesetzes". Da dieser jedoch die Überführung von At Equity bewerteten Beteiligungen in das Aufsichtsrecht behandelt und somit dem Oberthema „Konsolidierung" zuzuordnen ist, wurde an dieser Stelle auf eine entsprechende Darstellung verzichtet. Diesbezüglich sei auf die Ausführungen im vorangegangenen Abschnitt verwiesen.

RECHTS-GRUNDLAGE	ANWENDUNG	AUFSICHTSRECHTLICHE BEHANDLUNG	
		KERNKAPITAL	ERGÄNZUNGS-KAPITAL
2 KONÜV	Available for Sale Eigenkapitalinstrumente	Berücksichtigung nur im Falle negativer Wertänderung	Ansatz von 45% der nicht realisierten Gewinne
	Available for Sale Schuldtitel	Keine Berücksichtigung	Keine Berücksichtigung
3 KONÜV	Selbst genutzte Grundstücke und Gebäude	Keine Berücksichtigung	Ansatz von 45% der nicht realisierten Gewinne
	Als Investition gehaltene Grundstücke und Gebäude	Keine Berücksichtigung	Ansatz von 45% der nicht realisierten Gewinne
4 KONÜV	Held to Maturity Finanzinstrumente	Keine Berücksichtigung	Ansatz von 45% der nicht realisierten Gewinne
5 KONÜV	Cashflow-Hedges auf Availabel for Sale Finanzinstrumente	Verrechnung bei Wertminderung des AfS-Finanzinstruments	Verrechnung mit Wertänderungen des AfS-Bestandes
	Sonstige Cashflow-Hedges	Keine Berücksichtigung	Keine Berücksichtigung
6 KONÜV	Eigenes Kreditrisiko	Keine Berücksichtigung	Keine Berücksichtigung

Tabelle 3: Prudential Filter gemäß Konzernabschlussüberleitungsverordnung (KonÜV)

Wie aus der vorstehenden Tabelle ersichtlich, adressiert die KonÜV neben der Adjustierung des auf den bilanziellen Eigenkapitalpositionen fundierenden Kernkapitals die Möglichkeit, bestimmte nicht realisierte Reserven zu einem bestimmten Anteil im Ergänzungskapital zu berücksichtigen. Dies betrifft bestimmte Finanzinstrumente der IFRS Kategorien Available for Sale und Held to Maturity, sowie eigengenutzte oder aber als Investition gehaltene Grundstücke und Gebäude.[575]

---

[575] Die Berücksichtigung dieser stillen Reserven, die innerhalb der IFRS in der Position „Neubewertungsrücklage" erfasst werden, setzt jedoch voraus, dass das Institut die Vorgaben des § 10 Abs. 2b KWG i.V.m. § 10 Abs. 4a bis 4c KWG erfüllt. Demnach sind sowohl ein Minderkernkapitalkoeffizient in Höhe von 4,4 Prozent als auch bestimmte Kappungsgrenzen einzuhalten. Darüber hinaus ist zur Vermeidung des Cherry-Picking sicherzustellen, dass sämtliche Aktiva einer Kategorie (Wertpapiere und Grundstücke) in die Ermittlung einbezogen werden (Vollständigkeitsgrundsatz).

4.1 Behandlung der Zeitwertgewinne von AfS Wertpapieren

Während das HGB die Einordnung eines Wertpapieres zum Anlagebestand, Handelsbestand oder der Liquiditätsreserve vorsieht, definiert das IFRS-Regelwerk davon abweichende Kategorien. Demnach sind die Wertpapiere grundsätzlich einer der folgenden Kategorien zuzuordnen:

- Held for Trading (**HfT**)/Fair Value Option (**FVO**),
- Loans and Receivables (**LaR**),
- Held to Maturity (**HtM**),
- Available for Sale (**AfS**).

Dabei ist die IFRS Kategorie Available for Sale als eine Restkategorie definiert, die sowohl Eigenkapitalinstrumente als auch Schuldtitel enthalten kann.

AfS Eigenkapitalinstrumente sind bei Zugang zum Marktwert zuzüglich angefallener, dem Erwerb direkt zurechenbarer Transaktionskosten zu bewerten. In den anschließenden Perioden erfolgt eine Bewertung zum Marktwert, wobei Wertänderungen nach Berücksichtigung latenter Steuern[576] in der Neubewertungsrücklage erfasst werden.[577] Die Bewertung zum Marktwert ergibt dann aufsichtsrechtlich unerwünschte Ergebnisse, wenn Wertsteigerungen über die Neubewertungsrücklage, bei der es sich um einen bilanziellen Eigenkapitalbestandteil handelt, das Kernkapital erhöhen. Da es sich hier um einen noch nicht realisierten Effekt handelt, der insofern nicht zur Deckung etwaiger Verluste zur Verfügung steht, ist die bilanziell induzierte Auswirkung auf das Kernkapital zu eliminieren.[578] Vor diesem Hintergrund sind die aus diesen Instrumenten resultierenden positiven Neubewertungsrücklagen im Kernkapital zu kürzen. § 2 KonÜV gibt den Instituten unter Einhaltung der entsprechenden Voraussetzungen jedoch die Möglichkeit, 45 Prozent der Neubewertungsrücklage vor Abzug latenter Steuern im Ergänzungskapital anzurechnen. Eine negative Neubewertungsrücklage führt bereits zu einer Minderung

---

[576] Unter latenten Steuern sind „verborgene" Steuerlasten bzw. -vorteile zu verstehen, die sich in Folge unterschiedlicher Ansätze bzw. Bewertungen von Vermögensgegenständen/Schulden in der Handels- und Steuerbilanz ergeben haben, sich jedoch voraussichtlich in späteren Geschäftsjahren abbauen. M.a.W. bedeutet dies, dass sich aufgrund der unterschiedlichen Ansätze/Bewertungen in der Zukunft unterschiedlich hohe steuerliche und handelsbilanzielle Gewinne einstellen. Bezogen auf die Neubewertungsreserve sind latente Steuern zu bilden, da eine spätere Realisierung der Marktwertänderungen zu Steuerverpflichtungen bzw. -forderungen führen und diese insofern nicht dem bilanziellen Eigenkapital zuzurechnen sind.

[577] Ist eine nachhaltige Wertminderung gegeben, so erfolgt eine Wertberichtigung auf den entsprechenden Marktwert. Das geschieht indem zunächst die positive Neubewertungsrücklage (sofern vorhanden) in Höhe der Wertminderung aufgelöst wird. Eine ggf. über die Neubewertungsrücklage hinausgehende Wertminderung wird ergebniswirksam erfasst. Eine erfolgswirksame Wertminderung kann nur erfolgsneutral über die Neubewertungsrücklage rückgängig gemacht werden.

[578] Es ist grundsätzlich auf die Gesamtheit aller Marktwertänderungen bzw. die gesamte Neubewertungsrücklage dieser Wertpapierkategorie abzustellen. Diese Vorgehensweise führt zu einer nur teilweisen Kompensation gegenläufiger Wertentwicklungen.

des bilanziellen Eigenkapitals und bedarf daher keiner weiteren aufsichtsrechtlichen Adjustierung.

AfS Schuldtitel werden grundsätzlich analog zu den AfS-Eigenkapitalinstrumenten bewertet.[579] Analog zu den Eigenkapitalinstrumenten bleiben auch hier erfolgsneutral erfasste Marktwertsteigerungen im Kernkapital unberücksichtigt, das heißt, sie sind entsprechend zu korrigieren. Anders als bei den Eigenkapitalinstrumenten dürfen die Marktwertsteigerungen jedoch nicht im Ergänzungskapital angerechnet werden (§ 2 Abs. 3 KonÜV). Abweichend zu den Eigenkapitaltiteln werden Effekte aus einer negativen Neubewertungsrücklage gemäß § 2 Abs. 3 KonÜV durch entsprechende Addition im Kernkapital neutralisiert, das heißt, diese führen nicht zu einer Minderung des Kernkapitals.[580]

4.2 Behandlung selbst genutzter und als Finanzinvestitionen gehaltener Grundstücke und Gebäude

Im Rahmen der bilanziellen Abbildung von Grundstücken und Gebäuden unterscheiden die IFRS zwischen selbst genutzten (IAS 16) und als Finanzinvestition gehaltenen Grundstücken und Gebäuden (IAS 40). Als **selbst genutzt gelten Grundstücke und Gebäude**, die zur Erbringung von Dienstleistungen oder für Verwaltungszwecke gehalten werden, und deren voraussichtliche Nutzungsdauer länger als ein Jahr ist. Bei Zugang werden diese Sachanlagen zu den Anschaffungs- bzw. Herstellungskosten[581] angesetzt. Die Folgebewertung kann dann wahlweise zu

---

[579] Beim Kauf anfallende Stückzinsen werden jedoch gesondert als eine erworbene Zinsforderung erfasst. Die Folgebewertung erfordert die Amortisierung eventuell vorhandener Agien/ Disagien nach der Effektivzinsmethode und gegebenenfalls die erfolgswirksame Vornahme von Wertberichtigungen bzw. erfolgswirksamen Wertaufholungen. Ist eine Marktbewertung nicht möglich, sind die Finanzinstrumente der Kategorie Loans and Receivables zuzuordnen.

[580] Bis Juli 2009 wurden AfS Schuld- und Eigenkapitaltitel grundsätzlich gleich behandelt. Im Zuge der Finanzmarktkrise erfolgte dann jedoch am 22. Juli 2009 eine entsprechende Überarbeitung der KonÜV. Ziel dieser Verordnungsänderung war es, auf Schuldtitel der IFRS Kategorie Available for Sale entfallende unrealisierte Gewinne und Verluste für Zwecke der aufsichtsrechtlichen Eigenmittelberechnung neutral zu behandeln, da andernfalls ein massives Absinken des regulatorischen Eigenkapitals bei einigen Instituten unvermeidbar gewesen wäre. Die Bankenaufsicht hat in diesem Zusammenhang jedoch klar gestellt, dass es sich hierbei lediglich um eine zeitweilige Aussetzung der Abzugsverpflichtung für eine negative Neubewertungsrücklage aus AfS Schuldtiteln handelt. Es ist insofern davon auszugehen, dass diese nach dem Ende der Finanzmarktkrise wieder eingeführt wird.

[581] Mit dem Begriff Anschaffungskosten bezeichnet man einen ursprünglichen Bewertungsmaßstab für erworbene Vermögenswerte. Anschaffungskosten sind die Aufwendungen, die geleistet werden, um einen Vermögensgegenstand zu erwerben und ihn in einen betriebsbereiten Zustand zu versetzen, soweit sie dem Vermögensgegenstand einzeln zugeordnet werden können. Die Herstellungskosten sind ein ursprünglicher Bewertungsmaßstab für hergestellte Vermögensgegenstände. Die International Financial Reporting Standards kennen nur einen Bewertungsmaßstab, „Anschaffungs- oder Herstellungskosten" auch „Historical Cost" genannt, der die Bewertungsmaßstäbe Anschaffungskosten und Herstellungskosten vereint.

den fortgeführten Anschaffungs- bzw. Herstellungskosten oder aber gemäß Neubewertungsmethode zum Marktwert abzüglich kumulierter Abschreibungen, erfolgen. Aufgrund der Marktwertorientierung führt ein den Buchwert übersteigender Marktwert zu einer erfolgsneutralen Erfassung der Differenz in der Neubewertungsrücklage. Im umgekehrten Fall hat zunächst eine erfolgsneutrale Verrechnung mit der Neubewertungsrücklage und dann eine erfolgswirksame Wertberichtigung zu erfolgen.[582] Diese grundsätzlich eigenkapitalrelevanten Effekte der Neubewertungsmethode, sind auf Basis der Vorgaben von § 3 KonÜV entsprechend zu neutralisieren

Als **Finanzinvestition gehaltene Immobilien**, sind gemäß IAS 40.5 Grundstücke und Gebäude, die zur Erzielung von Mieteinnahmen und/oder zum Zwecke der Wertsteigerung gehalten werden. Die Zugangsbewertung erfolgt zu den Anschaffungs- bzw. Herstellungskosten einschließlich anfallender Transaktionskosten (IAS 40.20). Für die Folgebewertung besteht gemäß IAS 40.30 das Wahlrecht zwischen der Bewertung nach dem Anschaffungskostenmodell oder aber der Bewertung zum Marktwert, was eine entsprechende erfolgswirksame Erfassung sämtlicher Wertänderungen und damit aufsichtsrechtlicher Korrekturen erfordert.

Bei beiden Immobilienarten führt die Marktwertbewertung zu einer Erfassung nicht realisierter Gewinne im bilanziellen Eigenkapital, die in der Folge das Kernkapital erhöhen und vor diesem Hintergrund zu neutralisieren sind. Im Rahmen der Bestimmung des Kernkapitals ist die positive Neubewertungsrücklage für selbst genutzte Grundstücke und Gebäude bzw. die erfolgswirksam erfasste Wertsteigerung von als Finanzinvestition gehaltenen Immobilien (nach latenten Steuern) in Abzug zu bringen. Im Rahmen der Berechnung des Ergänzungskapitals können sie jedoch mit dem Wert vor latenten Steuern in Höhe von 45 Prozent berücksichtigt werden.[583]

4.3 Behandlung von HtM Finanzinstrumenten

Finanzinstrumente der IFRS Kategorie Held to Maturity sind gemäß IAS 39.9 nicht derivative finanzielle Vermögenswerte mit festen oder bestimmbaren Zahlungen sowie einer festen Fälligkeit, die mit der Absicht und Fähigkeit erworben werden, diese bis zur Endfälligkeit zu halten. HtM Instrumente werden bei Zugang mit ihren Anschaffungskosten zuzüglich dem Erwerb direkt zurechenbarer angefallener Transaktionskosten und bei der Folgebewertung zu ihren fortgeführten Anschaf-

---

[582] Die Neubewertungsrücklage für selbst genutzte Grundstücke oder Gebäude kann insofern keinen negativen Wert annehmen.
[583] Hinzuweisen ist in diesem Zusammenhang auf die Tatsache, dass der Differenzbetrag auf Basis des nach den Vorgaben des Pfandbriefgesetzes ermittelten Beleihungswertes zu ermitteln ist.

fungskosten angesetzt.[584] Somit bleiben die **Marktwertänderungen** bei der Bilanzierung der HtM Finanzinstrumente bzw. bei der Bewertung des bilanziellen Eigenkapitals **unberücksichtigt**. Vor diesem Hintergrund ist eine Anpassung des aufsichtsrechtlichen Kernkapitals ebenfalls nicht erforderlich. Gleichwohl können die stillen Reserven unter Einhaltung der aufsichtsrechtlichen Anrechnungsvorschriften mit 45 Prozent (vor latenten Steuern) im Ergänzungskapital berücksichtigt werden, wobei eine Portfoliobetrachtung zur Anwendung kommt.[585] Aufgrund der Anforderungen für die Einstufung eines Instrumentes zu dieser Kategorie sowie den mit einer Umkategorisierung verbundenen Strafvorschriften[586], kommt diesen Instrumenten in der Praxis nur eine **untergeordnete Bedeutung** zu.

4.4 Behandlung der Eigenkapitaleffekte aus der Absicherung von Zahlungsströmen

Cashflow Hedges dienen der Absicherung gegen Schwankungen zukünftiger Zahlungsströme aus bilanziellen Vermögenswerten und Verbindlichkeiten oder geplanten und mit hoher Wahrscheinlichkeit erwarteten Transaktionen (IAS 39.86b). Das Grundgeschäft eines Cashflow Hedges ist entsprechend der IFRS Kategorie, der dieses zugeordnet wurde, zu bewerten. Das Sicherungsinstrument ist dagegen stets zum Marktwert zu bewerten. Der **effektive Teil** der Wertänderung, das heißt, der Betrag, der die Wertänderung des Grundgeschäftes ganz oder teilweise kompensiert, wird erfolgsneutral im Eigenkapital (sogenannte Rücklage aus Cashflow Hedges) erfasst. Der **ineffektive Teil**, das heißt, der Betrag, welcher über die Kompensation der Wertänderung des Grundgeschäftes hinausgeht, wird zwingend erfolgswirksam erfasst, wenn das Sicherungsgeschäft ein derivatives Instrument ist. Ansonsten, erfolgt die Behandlung in Abhängigkeit des abgesicherten Risikos entweder erfolgswirksam oder erfolgsneutral.

Die Behandlung der Rücklage aus Cashflow Hedges für AfS und sonstige Finanzinstrumente ist im Aufsichtsrecht unterschiedlich. Die erfolgsneutral erfassten Effekte aus der **Absicherung von AfS Instrumenten** sind beim Prudential Filter für AfS Bestände zu berücksichtigen. Aufgrund von § 2 Abs. 3 KonÜV, nach dem für AfS Schuldtitel sowohl positive als auch negative Neubewertungsrücklagen bei

---

[584] Positive Marktwertänderungen aus HtM-klassifizierten Finanzinstrumenten bleiben in dem IFRS Konzernabschluss unberücksichtigt; diese werden im Anhang erfasst. Bonitätsinduzierte negative Marktwertänderungen hingegen werden erfolgswirksam in der Gewinn- und Verlustrechnung erfasst. Negative marktinduzierte Wertänderungen werden in der Bilanz nicht berücksichtigt, sondern lediglich im Anhang ausgewiesen.

[585] Negative Wertänderungen bedürfen insofern weder einer Korrektur im Kern- noch im Ergänzungskapital.

[586] Wird mehr als ein unwesentlicher Teil an Finanzinstrumenten der HtM Kategorie verkauft oder umgewidmet, führt dies gem. IAS 39.9 zu Strafvorschriften oder sog. „tainting". D. h. es dürfen im laufenden und in den beiden Folgejahren keine Wertpapiere konzernweit als HtM kategorisiert werden.

der Ermittlung des aufsichtsrechtlichen Eigenkapitals unberücksichtigt bleiben, beeinflussen nur die Effekte aus der Absicherung von AfS-Eigenkapitalinstrumenten das haftende Eigenkapital. Allerdings kommt die Regelung für AfS Eigenkapitalinstrumente ökonomisch nicht zum Tragen, da Zahlungsströme aus Eigenmittelinstrumenten Dividenden darstellen und diese i.d.R. nicht abgesichert werden. Aus diesem Grund wird auf diese Regelung nicht näher eingegangen.

Die Rücklage für **sonstige Cashflow Hedges** darf gemäß § 5 Abs. 1 KonÜV nicht im haftenden Eigenkapital berücksichtigt werden und ist bei der Ermittlung des Kernkapitals zu neutralisieren. Bei einer positiven Neubewertungsrücklage für Cashflow Hedges wird das Kernkapital in entsprechender Höhe vermindert, bei einer negativen Neubewertungsrücklage erhöht. Dabei ist ebenfalls eine Portfoliobetrachtung zugrunde zu legen.

4.5 Behandlung der Eigenkapitaleffekte aus der Veränderung des eigenen Kreditrisikos

Auf der Passivseite der Bilanz kann ein Finanzinstrument entweder erfolgswirksam zum Marktwert bewertet oder den sonstigen Verbindlichkeiten zugeordnet werden. Eine erfolgswirksame Bewertung zum Marktwert kommt nur dann in Frage, wenn das Instrument dem **Handelsbestand** zugeordnet oder für dieses die **Fair Value Option** ausgeübt wurde. Diese Option kann nur im Zugangszeitpunkt sowie ausschließlich in den folgenden drei Fällen ausgeübt werden:

- zur Vermeidung eines sogenannten „Accounting Mismatch"[587],
- bei einer Marktwert-Steuerung auf Portfolio-Basis, oder
- bei hybriden Finanzinstrumenten, bei denen das eingebettete Derivat für bilanzielle Zwecke nicht abgetrennt wird.

Bilanziell bewirkt eine Verschlechterung der Bonität tendenziell eine Abwertung der Verbindlichkeiten, was sich in der Verbesserung des Ergebnisses und damit des bilanziellen Eigenkapitals niederschlägt; eine Verbesserung der Bonität führt zu analogen Auswirkungen. Gemäß § 6 darf das Kernkapital von **bonitätsinduzierten Wertänderungen** der eigenen Verbindlichkeiten, für die die Fair Value Option ausgeübt wurde, jedoch nicht beeinflusst werden. Um dies sicherzustellen, ist das bilanzielle Eigenkapital bei der Ermittlung des Kernkapitals um die auf die

---

[587] Es handelt sich dabei um eine inkonsistente Bewertung zwischen Aktivgeschäft (z. B. Marktbewertung) und Refinanzierung (z. B. fortgeführte Anschaffungskosten). Erhöht sich z. B. der Marktzins, vermindert sich der Zeitwert der Vermögenswerte, während der Buchwert der Verbindlichkeit konstant bleibt. Dieses Auseinanderfallen der beiden Seiten wird als „Accounting Mismatch" bezeichnet. Dem Effekt kann entgegengewirkt werden, indem die in Frage kommenden Verbindlichkeiten gemäß der Fair Value Option bewertet werden. Durch die Ausübung der Fair Value Option erfolgt dann auch für das Refinanzierungsinstrument eine Marktbewertung.

Änderung des eigenen Kreditrisikos zurückzuführenden Wertänderungen zu bereinigen.[588]

5 Die Ermittlung der SolvV Risikopositionen

Während die vorangegangenen Abschnitte 3 und 4 die Auswirkungen eines differierenden Konsolidierungskreises, unterschiedlicher Konsolidierungsmethoden sowie der erfolgsneutralen Erfassung bestimmter Bewertungseffekte und Rücklagen auf das Eigenkapital beleuchtet haben, widmet sich der nun folgende Abschnitt den sich mit der Umstellung auf das IFRS basierte Konzernabschlussverfahren ergebenden Auswirkungen auf die Risikopositionen. Dabei liegen die Betrachtungen auf den bankaufsichtlich vorgegebenen und sowohl im Rahmen der Säule 1 als auch der Säule 2 zu betrachtenden Adress- und Marktrisikopositionen, sowie den operationellen Risiken.[589]

Da zur Bestimmung der für die Risikobetrachtung relevanten Bemessungsgrundlage in der Regel auf dem Zahlenwerk des externen Rechnungswesens aufgebaut wird, liegt es auf der Hand, dass eine Umstellung der Ermittlung der zusammengefassten Risikopositionen von dem HGB-basierten Aggregationsverfahren auf das IFRS Konzernabschlussverfahren entsprechende Auswirkungen nach sich zieht. Hintergrund dabei ist die Verknüpfung der Bemessungsgrundlage mit dem Begriff des „Buchwertes", der in Abhängigkeit des zugrundeliegenden Rechnungslegungsstandards differiert. Wie im Folgenden dargelegt, ergeben sich dabei die wesentlichen Änderungen im Bereich der Adressrisikopositionen. Aufgrund der tendenziell vorherrschenden Marktwertbetrachtung im Bereich der Marktrisikopositionen bzw. einer für die operationellen Risiken nur marginal abweichenden Definition der zu betrachtenden GuV Positionen, sind die Auswirkungen in diesen Bereichen tendenziell zu vernachlässigen.

5.1 Adressrisikopositionen

Die SolvV ermöglicht den Instituten die Ermittlung der risikogewichteten Positionswerte nach dem auf externen Ratings basierenden Kreditrisikostandardansatz (KSA) oder aber auf Basis eines auf internen Ratings basierenden Ratingansatzes (IRB). Daneben werden vier Gruppen von Adressenausfallrisiken differenziert:
– bilanzielle Adressenausfallrisikopositionen,[590]

---

[588] Im Gesetzestext wird nicht eindeutig geregelt, wie mit auf derartigen Wertänderungen zu berechnende Steuern umzugehen ist. Die Autoren dieses Beitrages schließen sich der Meinung von Wiehagen-Knopke an, dass auf die Beträge nach Abzug von Steuern abzustellen ist. Vgl. Wiehagen-Knopke (2008).

[589] Vgl. hierfür auch Sopp (2010).

[590] Die wesentlichen Unterschiede zwischen dem HGB basierten Aggregationsverfahren und dem IFRS basierten Konzernabschlussverfahren beruhen im Bereich der zusammengefassten

- außerbilanzielle Adressenausfallrisikopositionen,
- derivative Adressenausfallrisikopositionen, sowie
- Vorleistungsrisikopositionen.

Die **KSA Bemessungsgrundlage** einer **bilanziellen Position** ist gemäß § 49 SolvV definiert als der Buchwert zuzüglich der als haftendes Eigenkapital anerkannten, den einzelnen Positionen zuzuordnenden freien Vorsorgereserven nach § 340f HGB und abzüglich passiver Rechnungsabgrenzungsposten aus Gebührenabgrenzung sowie für das Abgeld auf Darlehen. Gebildete Wertberichtigungen werden im Rahmen der Ermittlung des Buchwertes von der jeweiligen Forderung abgezogen und sind insofern bei der Bestimmung der KSA Bemessungsgrundlage berücksichtigt. Die **IRB Bemessungsgrundlage** ist gemäß § 100 SolvV hingegen definiert als der in Anspruch genommene Betrag, mindestens jedoch die Summe der folgenden Beträge:

- Betrag, um den das haftende Eigenkapital verringert würde, wenn die Position vollständig abgeschrieben würde, und
- der im letzten Jahres- oder Zwischenabschluss berücksichtigte Betrag für eingetretene oder potenzielle Wertminderungen infolge des adressrisikobezogenen Verlustrisikos.

Der in Anspruch genommene Betrag entspricht somit in der Regel dem Buchwert der Forderung zuzüglich der auf diese Position gebildeten Abschreibungen, Wertberichtigungen und Rückstellungen.[591]

Risikopositionen auf den bilanziellen Adressenausfallrisikopositionen. Gemäß § 10 SolvV handelt es sich dabei um Bilanzaktiva gemäß § 19 Abs. 1 Satz 2 Nr. 1-9 KWG, ohne unechte Wertpapierpensionsgeschäfte (§ 10 Abs. 1 SolvV), Sachanlagen und sonstige Vermögensgegenstände (§ 10 Abs. 2 SolvV), aktive Rechnungsabgrenzungsposten (ARAP) ohne Disagien für zum Nennwert bilanzierte Verbindlichkeiten (§ 10 Abs. 3 SolvV), sowie bestimmte Positionen bei Wohnungsunternehmen mit Spareinrichtung (§ 10 Abs. 4 SolvV). Zu den Bilanzaktiva gemäß § 19 Abs. 1 Satz 2 Nr. 1-9 KWG, die im Folgenden den Schwerpunkt der Betrachtungen bilden, gehören (1) Guthaben bei Zentralnotenbanken und Postgiroämtern, (2) Schuldtitel öffentlicher Stellen und Wechsel, die zur Refinanzierung bei Zentralnotenbanken zugelassen sind, (3) Im Einzug befindliche Werte, für die entsprechende Zahlungen bereits bevorschusst wurden, (4) Forderungen an Kreditinstitute und Kunden, (5) Schuldverschreibungen und andere festverzinsliche Wertpapiere, soweit sie kein Recht verbriefen, dass unter die in § 19 Abs. 1 Satz 1 KWG genannten Derivate fällt, (6) Aktien und andere nicht festverzinsliche Wertpapiere, soweit sie kein Recht verbriefen, dass unter die in § 19 Abs. 1 Satz 1 KWG genannten Derivate fällt, (7) Beteiligungen, (8) Anteile an verbundenen Unternehmen, sowie (9) Gegenstände, über die als Leasinggeber Leasingverträge abgeschlossen worden sind, unabhängig vom Bilanzausweis. Die Bezeichnung als auch die Gliederung lehnt sich an die Vorgaben des Formblatt 1 der RechKredV an. Posten, die im Formblatt, nicht jedoch in der SolvV aufgeführt werden, sind für aufsichtsrechtliche Zwecke insofern irrelevant. Solche Posten sind zum Beispiel die Ausgleichsforderungen gegen die öffentliche Hand.

[591] Die IRB Bemessungsgrundlage weicht insofern von der KSA Bemessungsgrundlage ab, bei der allein auf den Buchwert abgestellt wird. Dieser methodische Unterschied ist auf die besondere Behandlung des „Erwarteten Verlustes" im IRB Rahmenwerk zurückzuführen.

Die KSA und die IRB Bemessungsgrundlage einer **außerbilanziellen Position** bestimmen sich auf Basis des Buchwertes der Ansprüche und Eventualansprüche. Bei Kreditzusagen ist die Bemessungsgrundlage der zugesagte, noch nicht in Anspruch genommene Betrag (offene Kreditzusage). Im KSA sind gegebenenfalls gebildete Rückstellungen zu berücksichtigen, das heißt, dem Buchwert nicht zuzuschlagen.

Die Bemessungsgrundlage einer **derivativen Adressenausfallrisikoposition** ergibt sich sowohl im KSA als auch im IRB entweder aus der in § 18 SolvV definierten Marktbewertungsmethode, der Standardmethode gemäß § 218 SolvV oder aber der in § 223 SolvV definierten Internen Modelle Methode.[592] Gemäß Marktbewertungsmethode bestimmt sich die Bemessungsgrundlage einer derivativen Position auf Basis des marktbewerteten Wiedereindeckungsaufwandes. Dieser setzt sich zusammen aus der Summe des gegenwärtigen potenziellen Wiedereindeckungsaufwandes (**positiver Marktwert**) und der künftig zu erwartenden Erhöhung des gegenwärtigen potenziellen Wiedereindeckungsaufwandes (**Add-On**).

Für **Vorleistungsrisikopositionen** ermittelt sich die KSA und IRB Bemessungsgrundlage als Wert des Anspruchs des Institutes aus dem Geschäft, durch das die Vorleistungsrisikoposition gebildet wird. Nachfolgende Tabelle 4 stellt die KSA und die IRB Bemessungsgrundlagen für die unterschiedlichen Kategorien an Adressenausfallrisikopositionen noch einmal überblicksartig gegenüber.

---

[592] Aufgrund der vorherrschenden Nutzung der Marktbewertungsmethode wird im Folgenden nur die Marktbewertungsmethode betrachtet.

ADRESSENAUSFALL-RISIKOPOSITIONEN	UNTER-KATEGORIE	KSA BEMESSUNGS-GRUNDLAGE	IRB BEMESSUNGS-GRUNDLAGE	UNTER-SCHIED
BILANZIELLE	Bilanzaktiva allgemein	Buchwert (nach Abzug der Risikovorsorge) + freie Vorsorgereserven gemäß § 340f HGB – passiver Rechnungsabgrenzungsposten für Gebühren und Damnum	Max (Inanspruchnahme ; Buchwert zuzüglich Risikovorsorge)	Ja
	Leasinggeschäft	Barwert der Raten und des Restwertes	Barwert der Raten und des Restwertes	Nein
AUßERBILANZIELLE	Eventualverbindlichkeiten	Buchwert nach Abzug etwaiger Rückstellungen	Buchwert zuzüglich etwaiger Rückstellungen	Ja
	Kreditzusagen	Offene Zusage	Offene Zusage	Nein
DERIVATIVE	-	Kreditäquivalenzbetrag	Kreditäquivalenzbetrag	Nein
VORLEISTUNGS-RISIKO	-	Wert des Anspruchs	Wert des Anspruchs	Nein

Tabelle 4: Gegenüberstellung der KSA und der IRB Bemessungsgrundlagen

Es ist offensichtlich, dass der wesentliche Unterschied in der Bestimmung der Bemessungsgrundlagen bei den bilanziellen Adressenausfallrisikopositionen und hier im Speziellen bei den Bilanzaktiva besteht. In diesem Zusammenhang ist darauf hinzuweisen, dass ein wichtiges Kriterium für die Ermittlung eines HGB Buchwertes das **Anschaffungskostenprinzip** gemäß § 253 Abs. 1 Nr. 1 HGB darstellt, welches demnach auch die Grundlage des Aggregationsverfahrens bildet. Gemäß Anschaffungskostenprinzip sind die Vermögensgegenstände in der Regel höchstens zu ihren fortgeführten Anschaffungskosten[593] zu bewerten. Positive Marktwerte, die über den fortgeführten Anschaffungskosten liegen, werden dementsprechend bei der Ermittlung der HGB Buchwerte nicht berücksichtigt, sodass die fortgeführten Anschaffungskosten die Obergrenze für die Bewertung darstellen.[594] Die Untergrenze für die Ermittlung des HGB Buchwertes bemisst sich nach

---

[593] Die fortgeführten Anschaffungskosten ergeben sich aus den Anschaffungskosten eines Vermögensgegenstandes, vermindert um die vorgenommenen Abschreibungen.

[594] Eine Ausnahme hiervon bilden seit der Umsetzung des Bilanzrechtsmodernisierungsgesetzes (BilMoG) die sogenannten Finanzinstrumente des Handelsbestandes. Für diese ergibt sich der Buchwert seither ausschließlich auf Basis von Marktwerten, abzüglich eines Risikoabschlages.

dem Niederstwertprinzip gemäß § 340e Abs. 1 i.V.m. § 253 Abs. 3 und 4 HGB. Die tatsächliche Ausgestaltung des Niederstwertprinzips erfolgt jedoch in Abhängigkeit der Einstufung des Vermögensgegenstandes zum Anlage-[595] oder Umlaufvermögen[596]. Bei den volumenmäßig dominierenden **Bilanzaktiva** in Form von

– Forderungen an Kreditinstitute und Kunden,
– Schuldverschreibungen und festverzinslichen Wertpapieren sowie
– Aktien und anderen nicht festverzinslichen Wertpapieren

handelt es sich um Finanzinstrumente im Sinne von IAS 39. Für die Ermittlung des IFRS Buchwertes dieser Positionen ist ihre Einordnung in die folgenden fünf IFRS Kategorien maßgeblich:[597]

1. *Held for Trading:* Dieser Kategorie werden Finanzinstrumente zugeordnet, für die kurzfristige Weiterveräußerungsabsicht/Gewinnerzielungsabsicht besteht, sowie Derivate mit Ausnahme von Sicherungsderivaten. Die Bewertung erfolgt zum Marktwert (full fair value).
2. *Fair Value Option:* Eine Zuordnung eines Finanzinstrumentes zu dieser Kategorie ist an weitere Bedingungen geknüpft; die Bewertung erfolgt zum Marktwert (full fair value).
3. *Loans and Receivables:* In der Regel werden dieser Kategorie nicht derivative finanzielle Vermögenswerte mit festen oder bestimmbaren Zahlungen, wie „klassische" Kredite, Schuldscheindarlehen und Wertpapiere zugeordnet, für die keine Marktpreise an einem aktiven Markt verfügbar sind. Die Bewertung erfolgt zu den fortgeführten Anschaffungskosten (amortised cost).
4. *Held to Maturity:* Wertpapiere mit festen oder bestimmbaren Zinszahlungen sowie einer festen Laufzeit, die mit der Absicht und Fähigkeit erworben wer-

---

[595] Für Vermögensgegenstände des Anlagevermögens gilt das gemilderte Niederstwertprinzip, d. h., der Vermögensgegenstand ist nur bei voraussichtlich dauernder Wertminderung auf den niedrigeren Marktwert abzuschreiben. Eine Abschreibungsmöglichkeit bei einer voraussichtlich nicht dauernden Wertminderung besteht nur bei Finanzanlagen des Anlagevermögens. Fallen die Gründe für die Wertminderung weg, sind aufgrund des in § 253 Abs. 5 HGB verankerten Wertaufholungsgebotes Zuschreibungen auf den höheren Wert vorzunehmen. Die Obergrenze bilden jedoch nach wie vor die fortgeführten Anschaffungskosten.

[596] Für Vermögensgegenstände des Umlaufvermögens gilt das strenge Niederstwertprinzip. Ungeachtet der voraussichtlichen Dauer der Wertminderung ist bei diesen immer auf den niedrigeren Börsen- oder Marktwert (beizulegender Wert) abzustellen. Fallen die Gründe für die Wertminderung weg, sind aufgrund des in § 253 Abs. 5 HGB verankerten Wertaufholungsgebotes Zuschreibungen auf den höheren Wert vorzunehmen. Die Obergrenze bilden jedoch nach wie vor die fortgeführten Anschaffungskosten.

[597] Auf die Vorgaben im Zusammenhang mit der Behandlung von Bewertungseinheiten bzw. Hedge Beziehungen wird aufgrund des nur begrenzten Umfangs dieses Beitrags nicht weiter eingegangen.

den, diese bis zur Fälligkeit zu halten, werden dieser Kategorie zugeordnet. Die Bewertung erfolgt zu fortgeführten Anschaffungskosten (amortised cost).[598]
5. *Available for Sale:* Diese Kategorie dient als Restgröße für Finanzinstrumente; die Bewertung erfolgt zum Marktwert (full fair value). Vorübergehende Marktwertänderungen werden i.d.R.[599] nicht über die Gewinn- und Verlustrechnung gebucht, sondern über die dem Eigenkapital zuzuordnende Neubewertungsrücklage.[600]

In Bezug auf die Leasinggeschäfte eines Institutes entscheidet die Klassifizierung als „operative lease" oder aber als „finance lease" über die Bestimmung des Buchwertes. Beim **operative lease** erfolgt die Bilanzierung beim Leasinggeber nach den für den Gegenstand geltenden Vorschriften. Beim **finance lease** aktiviert der Leasingnehmer den Leasinggegenstand in Höhe des Marktwertes, oder, falls niedriger, in Höhe des Barwertes der Mindestleasingzahlungen. Der Leasinggeber hingegen aktiviert eine Forderung in Höhe des Nettoinvestitionswertes.

Zur Ermittlung der Bemessungsgrundlage einer **außerbilanziellen Adressenausfallrisikoposition** wird für Bürgschaften, Garantien und Akkreditiven als IFRS Buchwert nicht wie nach HGB der Wert verwendet, der sich aus der jeweiligen Verpflichtung ergibt, sondern die fortgeführten Anschaffungskosten (amortised cost)[601]. In Bezug auf die **derivativen Adressenausfallrisikopositionen** ist bei der Umstellung auf die IFRS Rechnungslegung keine Änderung von der bisherigen Praxis zur Verwendung von Marktwerten erforderlich. Auch in Bezug auf die **Vorleistungsrisikopositionen** ergeben sich aufgrund der Umstellung auf das Konzernabschlussverfahren keine Auswirkungen auf die Höhe der Bemessungsgrundlage. Hier ist auf den Wert der Ansprüche, die nach spezifischen SolvV Vorgaben zu ermitteln sind, abzustellen.

Es kann insoweit festgehalten werden, dass sich die wesentlichen Unterschiede in der **Ermittlung der SolvV-Bemessungsgrundlagen** für die bilanziellen Adressenausfallrisikopositionen ergeben, was sich auf eine unterschiedliche Buchwertdefinitionen in den beiden Rechnungslegungsnormen zurückführen lässt. Die nach-

---

[598] In der Praxis werden dieser Kategorie aufgrund der mit ihr verbundenen strengen Umwidmungsvorschriften in der Regel keine Finanzinstrumente zugeordnet. Für die mit den HtM klassifizierten Finanzinstrumenten verbundenen Auswirkungen auf das aufsichtsrechtliche Eigenkapital und die damit notwendige Adjustierung vgl. Kapitel 4.3 Behandlung von HtM Finanzinstrumenten.

[599] Eine Ausnahme stellen Finanzbeteiligungen dar. Diese sind mit ihren Anschaffungskosten zu bewerten.

[600] Für die damit notwendige Adjustierung des aufsichtsrechtlichen Eigenkapitals vgl. Kapitel 4.1 Behandlung der Zeitwertgewinne von AfS Wertpapieren.

[601] Im Unterschied zum HGB werden Bürgschaften, Garantien und Akkreditive nach IFRS bilanziell erfasst. Sie fallen unter die Definition für finanzielle Garantien (IAS 39.9) und werden als bilanzielle Geschäfte gemäß IAS 39 behandelt. Im Rahmen des Bruttoausweises werden Forderungen aus diesen Garantien der IFRS-Kategorie „Loans and Receivables" zugeordnet.

folgende Tabelle 5 fasst diese Unterschiede noch einmal überblicksartig zusammen, wobei Hedge Beziehungen hier unberücksichtigt bleiben:

	BILANZIELLE ADRESSENAUSFALLRISIKOPOSITION GEMÄß § 10 SOLVV	HGB BUCHWERT	IFRS BUCHWERT
BILANZAKTIVA	Guthaben bei Zentralnotenbanken	Anschaffungskosten	Anschaffungskosten (At Cost)
	Bei Zentralbanken refinanzierungsfähige Schuldtitel öffentlicher Stellen und Wechsel	Anschaffungskosten	Anschaffungskosten (At Cost)
	Forderungen an Kreditinstitute und Kunden; Schuldverschreibungen und andere nicht festverzinsliche Wertpapiere; Aktien und andere nicht festverzinsliche Wertpapiere		
	a) Anlagebestand bzw. LaR	Anschaffungskosten oder niedrigerer Marktwert abzgl. Risikovorsorge	Fortgeführte Anschaffungskosten (Amortised Cost)
	b) Liquiditätsreserve bzw. AfS	Anschaffungskosten oder niedrigerer Marktwert	Marktwert (Full Fair Value)
	c) Handelsbestand bzw. HfT	Marktwert abzgl. Risikoabschlag	Marktwert (Full Fair Value)
	Beteiligungen Anlagebestand bzw. AfS	Anschaffungskosten oder niedrigerer Marktwert	Fortgeführte Anschaffungskosten (Amortised Cost)

Tabelle 5: HGB und IFRS Buchwerte für Bilanzaktiva im Überblick

Für **bilanzielle Adressenausfallrisikopositionen** knüpft sowohl die KSA als auch die IRB Bemessungsgrundlage an dem Buchwertbegriff an. Im Rahmen des IFRS basierten Konzernabschlussverfahrens wirkt sich die in diesem Rechnungslegungsstandard vorherrschende Fair Value Bewertung auf die (finanziellen) Vermögenswerte und damit indirekt auch auf die Eigenmittelunterlegungspflicht aus. Während derartige Effekte im Rahmen der Eigenmittelberechnung durch die in Abschnitt Abschnitt 4 „Neutralisierung der IFRS Bewertungseffekte durch Prudential Filter" beschriebene Vorgehensweise neutralisiert werden, bleiben die entsprechenden Auswirkungen im Rahmen der Ermittlung der zusammengefassten Risikopositionen grundsätzlich ohne Korrektur. Die damit verbundenen Auswirkungen sollen an einem Beispiel verdeutlicht werden. Betrachtet wird ein AfS kategorisiertes

Finanzinstrument (Eigenkapitaltitel), dessen Marktwert über den (ursprünglichen) Anschaffungskosten liegt. Anders als im HGB verankertem Anschaffungskostenprinzip führt dies zu einem entsprechend höheren Wertansatz auf der für die Ermittlung der Risikopositionen relevanten Aktivseite sowie der Bildung einer korrespondierenden Neubewertungsrücklage auf der für die Ermittlung der aufsichtsrechtlichen Eigenmittel relevanten Passivseite der Bilanz. Aufsichtsrechtlich jedoch darf die Neubewertungsrücklage aus diesem Finanzinstrument gemäß § 2 KonÜV nicht im Kernkapital berücksichtigt werden und ist entsprechend zu korrigieren.[602] Auf der anderen Seite ist, wie vorstehend ausgeführt, im Rahmen der Bemessung der zusammengefassten Risikopositionen der höhere Marktwert dieses Finanzinstrumentes zu berücksichtigen, was im Vergleich zum HGB basierten Aggregationsverfahren zu tendenziell steigenden Eigenkapitalanforderungen führt.[603] Analoge Auswirkungen ergeben sich auch im Rahmen der Ermittlung der Gesamtrisikoposition gemäß Säule 2.

Es gibt jedoch auch Fallkonstellationen, bei denen nach Auffassung der Autoren der IFRS-Buchwert nicht als SolvV Bemessungsgrundlage für Adressenausfallrisikopositionen verwendet werden kann, da darin Elemente enthalten sind, die keine Adressenausfallrisiken darstellen. Es handelt sich dabei um Schuldtitel der IFRS-Kategorie AfS. Gemäß § 2 Abs. 3 KonÜV sind bei AfS-Schuldtiteln Fair Value Änderungen eigenkapitalneutral zu behandeln und stellen daher keine Adressenausfallrisiken dar. Daher sind für AfS-Schuldtitel nicht die Marktwerte (Full Fair Values) gemäß IFRS-Konzernbilanz, sondern die fortgeführten Anschaffungskosten (Amortised Cost) als SolvV Bemessungsgrundlage zu verwenden.

5.2 Marktrisikopositionen

Neben den vorstehend detailliert beschriebenen Auswirkungen der Umstellung des Rechnungslegungsstandards auf die Bemessung der Adressenausfallrisiken, ergeben sich auch im Marktrisikobereich vereinzelte Effekte auf die Ermittlung der Risikopositionen. Dabei können die Marktrisikopositionen eingeteilt werden, in die

– Währungsgesamtposition,
– Rohwarenposition, sowie
– Handelsbuchrisikopositionen.

Da § 296 SolvV die Ermittlung der Anrechnungsbeträge für die Rohwarenposition auf Basis aktueller Kassamarktpreise sowie die §§ 298 SolvV ff. für die An-

---

[602] Unter Einhaltung der einschlägigen Anforderungen dürfen jedoch 45 Prozent dieser Wertsteigerung vor Berücksichtigung latenter Steuern im Ergänzungskapital angerechnet werden.
[603] Auf der anderen Seite führen unter den Anschaffungskosten liegende Marktwerte tendenziell zu geringeren Kapitalanforderungen. Die Systematik bewirkt insofern volatile Bemessungsgrundlagen bzw. Eigenkapitalanforderungen, die sich tendenziell zyklisch verhalten.

rechnungsbeträge aus Handelsrisiken auf Markt- und Barwerte abstellt, ergeben sich lediglich im Bereich der Währungsrisiken entsprechende Auswirkungen.

Mit welchen Bemessungsgrundlagen die Aktiv- und Passivpositionen in die Ermittlung der **Währungsgesamtposition** einfließen, bestimmt § 295 Abs. 3 SolvV:

- Bilanzaktiva und -passiva: **Buchwert** einschließlich zeitanteiliger Erträge, wobei Wertberichtigungen bei den Aktivpositionen zu berücksichtigen (abzusetzen) sind;
- Eventualansprüche/-verbindlichkeiten auf Rückübertragung von in Pension genommenen/gegebenen Aktiva: **Buchwert** einschließlich zeitanteiliger Erträge;
- Unwiderrufliche Garantien und Gewährleistungen und vergleichbare Instrumente, die mit Sicherheit in Anspruch genommen werden[604]: **Buchwert**;
- Eigene und fremde Optionsrechte: **Marktwert**;
- Zahlungsansprüche oder -verpflichtungen bezüglich Kapitalbeträgen aus Finanz-Swaps, Liefer- und Zahlungsansprüchen/-verpflichtungen aus Kassageschäften und sonstigen Derivaten ohne Optionsrecht: **Nominalbetrag**;
- Liefer- und Zahlungsansprüche oder -verpflichtungen aus Devisen- und Goldoptionen: **Delta-Äquivalent**.

Für die im Rahmen der Ermittlung der Währungsgesamtposition zu berücksichtigenden Buchwerte wird auf die diesbezüglichen Ausführungen in Abschnitt 5.1 „Adressrisikopositionen" verwiesen. In Bezug auf die sonstigen Bemessungsgrundlagen ergeben sich aus der Umstellung auf die IFRS Rechnungslegung grundsätzlich keine Abweichungen von der bisherigen Praxis.

5.3 Operationelle Risiken

Als dritte und damit letzte Risikokategorie sind sowohl im Rahmen der Säule 1 als auch der Säule 2 pflichtweise die Operationellen Risiken zu betrachten. Für deren Bemessung können die Institute im Rahmen der Säule 1 zwischen drei unterschiedlichen Ansätzen wählen, die sich in ihrer Komplexität, Risikosensitivität und den resultierenden Eigenkapitalanforderungen unterscheiden:

- Basisindikatoransatz gemäß § 270 SolvV,
- Standardansatz gemäß § 272 SolvV,
- Fortgeschrittene Messansätze gemäß § 278 SolvV[605].

---

[604] Die Beurteilung erfolgt auf Basis einer gebildeten Einzelrückstellung wegen drohender „Inanspruchnahme".

[605] Aufgrund der mit diesen Ansätzen verbundenen Modellfreiheiten und der Tatsache, dass sich bisher kein eindeutiger Industriestandard etabliert hat, werden die fortgeschrittenen Messansätze im Folgenden nicht näher betrachtet. Der Fokus der nachfolgenden Ausführungen liegt insofern auf dem Basisindikator- bzw. dem Standardansatz.

Ermittlung der Risikodeckungsmasse auf Grundlage des IFRS-Konzernabschlusses

Sowohl beim Basisindikatoransatz als auch beim Standardansatz wird der Anrechnungsbetrag für das operationelle Risiko auf Basis eines relevanten Indikators bestimmt. Für nach HGB bilanzierende Unternehmen ist dieser Indikator auf Grundlage bestimmter Aufwendungen und Erträge zu ermitteln:

- Zinserträge und Zinsaufwendungen,
- Laufende Erträge aus Aktien und anderen nicht festverzinslichen Wertpapieren,
- Provisionserträge und Provisionsaufwendungen,
- Nettoerträge bzw. Nettoaufwände des Handelsbestands, sowie
- Sonstige betriebliche Erträge.

Institute, die ihren Jahresabschluss auf Basis von IFRS erstellen, haben diesen gemäß § 271 Abs. 5 SolvV der Ermittlung des Indikators zugrunde zu legen. An die Stelle der vorgenannten HGB Positionen treten dann jedoch die folgenden IFRS Positionen:

- Interest income, interest expense
- Dividend income
- Fee and commission income, Fee and commission expense
- Net gain/loss on financial assets and liabilities held for trading
- Net exchange differences
- Net gain/loss from hedge accounting
- Other operating income

Bei der Ermittlung der entsprechenden Positionen ist grundsätzlich auf die gemäß § 10a KWG definierte aufsichtsrechtliche Gruppe abzustellen, was grundsätzlich die in Abschnitt 3 „Konsolidierung nach KWG und IFRS" dargelegten Anpassungen erfordert. Legt ein Institut jedoch plausibel dar, dass durch die Abweichung vom aufsichtsrechtlichen Konsolidierungskreis die Höhe des relevanten Indikators nicht wesentlich reduziert wird, kann es der Berechnung auch den nicht adjustieren IFRS Konsolidierungskreis zugrunde legen.

6 Abschließende Betrachtung und Ausblick

Bis zum 31. Dezember 2006 bildete das HGB basierte Aggregationsverfahren die alleinige Grundlage für die Ermittlung der zusammengefassten Eigenmittel sowie der zusammengefassten Risikopositionen auf Gruppenebene. Mit Umsetzung von Basel II in nationales Recht wurde das Aggregationsverfahren durch das IFRS basierte Konzernabschlussverfahren abgelöst. Für Institute, die zur Aufstellung eines IFRS Konzernabschlusses verpflichtet sind, bildet dieser aufgrund der in § 64h KWG vorgesehenen Übergangsvorschriften spätestens zum 01. Januar 2016 die Grundlage zur Bestimmung der Eigenmittel und der Risikopositionen. Aufgrund der unterschiedlichen Ausrichtungen des HGB basierten Aggregationsverfahrens einerseits und dem IFRS basierten Konzernabschlussverfahren andererseits, erfordert die Nutzung der IFRS Konzernbilanz und Konzern-GuV für aufsichtsrechtliche Zwecke entsprechende **Anpassungsmaßnahmen**, die im Rahmen dieses Beitrags eingehend vertieft wurden.

Vor dem Hintergrund, dass der aufsichtsrechtliche **Konsolidierungskreis** in der Regel mit den im Rahmen der Säule 2 in die Risikorechnung einbezogenen Unternehmen übereinstimmt sowie der Tatsache, dass die Schwerpunktrisiken der Säule 1 pflichtweise auch im Rahmen der Säule 2 zu berücksichtigen sind, wurde in dem vorliegenden Beitrag auf eine entsprechende Differenzierung verzichtet. Sofern es aufgrund institutsspezifischer Definitionen zu etwaigen Abweichungen in Bezug auf die einzubeziehenden Unternehmen kommt, können die hier dargelegten Ausführungen zur Dekonsolidierung bzw. die gegebenenfalls zusätzlich notwendigen Konsolidierungsmaßnahmen sinngemäß überführt werden. Wie ausgeführt ist im Rahmen dieser Anpassungsmaßnahmen die „prospektive" und die „retrospektive" Methode zu unterscheiden. Nach Auffassung der Autoren dieses Beitrags entspricht jedoch nur die retrospektive Methode den Vorgaben der Bankenaufsicht, was bei einer abweichenden Vorgehensweise eine entsprechende Abstimmung mit dem Wirtschaftsprüfer und/oder der Bankenaufsicht erfordert.

In Bezug auf weitere, in die Risikobetrachtung der Säule 2 einzubeziehende **Risikokategorien** ist eine institutsindividuelle Analyse erforderlich, in wie weit sich hier zu berücksichtigende Unterschiede aus divergierenden Rechnungslegungsnormen ergeben. Im Hinblick auf die gemäß Säule 2 zu definierenden Risikodeckungsmassen wurde ebenfalls ein Gleichlauf mit dem aufsichtsrechtlichen Eigenmitteln unterstellt. Auch hier können bei institutsindividuellen Abweichungen analoge Rückschlüsse gezogen werden. Neben den in diesem Beitrag aufgezeigten Auswirkungen auf den Konsolidierungskreis, die Risikodeckungsmassen sowie die Risikopositionen entstehen noch weitere Effekte, die im Rahmen der Verwendung des IFRS Konzernabschlusses für aufsichtsrechtliche Zwecke zu berücksichtigen sind. Beispielhaft sei hier der von einem IRB Institut pflichtweise gemäß § 105 SolvV vorzunehmende **Wertberichtigungsvergleich** genannt. Diese Rechnung knüpft einerseits an der Bemessungsgrundlage an, die bei Nutzung von IFRS Daten entsprechende Schwankungen aufweist, sowie andererseits an der gebildeten Risikovorsorge, die in den beiden Rechnungslegungsstandards grundsätzlich anders definiert ist.

Neben der theoretischen Komplexität, insbesondere der Dekonsolidierung, gehen mit der Umstellung auf das Konzernabschlussverfahren auch nicht unwesentliche **Umsetzungsprobleme** einher. An erster Stelle stehen hier die mit den anderen Abteilungen (Rechnungswesen, Meldewesen und interne Steuerung) notwendige Abstimmung und die Schaffung einer gemeinsamen Sprache bzw. eines einheitlichen Verständnisses. Dies erfordert, dass alle mit einem derartigen Umsetzungsprojekt involvierten Personen ein gewisses Verständnis für die Vorgehensweisen, IT-Systeme aber auch der rechtlichen Rahmenbedingungen, die ihrer täglichen Arbeit zugrunde liegen, mitbringen. Aufgrund der Anforderung zur Umsetzung auf Gruppenebene ist auch die Einbindung der nicht rechenwerksangebundenen Tochterunternehmen entsprechend zu organisieren. Dabei ist insbesondere im Hinblick auf die Ermittlung der Bemessungsgrundlagen der Risikopositionen sicherzustellen, dass die korrekten Werte angeliefert werden. Darüber hinaus ist die Bereitstellung aller notwendigen Informationen auf Single Contract Level erforderlich, da nur so ein kontrahentenbezogenes Bonitätsgewicht ermittelt werden kann. Hierfür sind im Zweifel die Datenbestände der verschiedenen Abteilungen zusammenzuführen.

Vor dem Hintergrund der aktuell diskutierten **IFRS Änderungen** sowie des kürzlich vom Baseler Ausschuss veröffentlichten **Basel-III-Rahmenwerks**, ist im Rahmen eines entsprechenden Umsetzungsprojektes auch ein **optimaler Umstellungszeitpunkt** zu definieren, der gleichwohl dem Umfang, der Komplexität aber auch den zeitlichen Vorgaben für deren Erstanwendung gerecht wird. Dabei sind die Auswirkungen der entsprechenden Gesetzesänderung soweit wie möglich zu antizipieren. In Bezug auf die aktuell veröffentlichten IFRS 9, 10, 11 Änderungen sind dabei insbesondere die nachfolgend ausgeführten Aspekte zu berücksichtigen.

Durch die Einführung von **IFRS 9,** der voraussichtlich ab 1. Januar 2015 anzuwenden ist, ergeben sich umfangreiche Änderungen für die Klassifizierung und Bewertung von Finanzinstrumenten, für die Ermittlung der Risikovorsorge sowie für die bilanzielle Abbildung der Hedge Beziehungen.

1. Klassifizierung und Bewertung von Finanzinstrumenten

In der ersten Phase der Einführung von IFRS 9 sollen für die **Klassifizierung** finanzieller Vermögenswerte[606] zukünftig nicht mehr vier sondern lediglich **zwei** IFRS-Kategorien bestehen:

- Fortgeführte Anschaffungskosten (Amortised Cost) sowie
- Beizulegender Zeitwert (Fair Value).

Die Zuordnung zu der Kategorie „**Amortised Cost**" erfolgt auf Basis von zwei Kriterien, dem „Geschäftsmodell"[607] sowie den „vertraglichen Zahlungsströmen"[608]. Die Nichterfüllung eines dieser Kriterien führt zwingend zu einer Einordnung in die IFRS-Kategorie „**Fair Value**" (Residualgröße). Aus dieser Neukategorisierung ergeben sich zahlreiche Umgliederungen, die sich auf die Buchwerte der finanziellen Vermögenswerte auswirken sowie korrespondierende Ergebnisauswirkungen implizieren.

---

[606] Eine geänderte Klassifizierung finanzieller Verbindlichkeiten sieht IFRS 9 grundsätzlich nicht vor. Allerdings können sich Änderungen in der Kategorisierung finanzieller Verbindlichkeiten in Folge der Neuklassifizierung finanzieller Vermögenswerte ergeben.

[607] Definiert als langfristiges Halten der finanziellen Vermögenswerte zwecks Generierung zukünftiger Zahlungsströme.

[608] Definiert als die Vereinnahmung von aus Zins- und Tilgungszahlungen bestehenden Zahlungsströmen zu festgelegten Zeitpunkten.

Des Weiteren werden die IFRS-Kategorien Available for Sale sowie Held to Maturity zukünftig wegfallen. Durch den Wegfall dieser Kategorien wird die Anwendung bestehender Regelungen für **Prudential Filters** im Sinne von § 2 und § 4 KonÜV bis auf Weiteres obsolet werden bzw. die kurzfristige Anpassung der KonÜV erforderlich machen. Sollte die KonÜV diesbezüglich nicht angepasst werden, wirken sich diese Änderungen unmittelbar auf die Höhe des aufsichtsrechtlichen Eigenkapitals und damit implizit auch der Risikodeckungsmasse aus. Auch im Zusammenhang mit dem im Basel III Rahmenwerk neu definierten Eigenkapitalbegriff gehen entsprechende Wechselwirkungen mit der KonÜV einher. Beispielhaft seien hier die zukünftige adäquate Berücksichtigung der Rücklage zur Erfassung von versicherungsmathematischen Gewinnen und Verlusten im Zusammenhang mit den Pension Funds[609] oder auch die Berücksichtigung der latenten Steuern genannt.

Zusammenfassend lässt sich feststellen, dass mit der **Neukategorisierung nach IFRS 9** tendenziell mehr Finanzinstrumente zum Fair Value bewertet werden. Dies führt zum einen dazu, dass die unrealisierten Wertänderungen sofort die GuV belasten. Zum anderen werden die SolvV-Bemessungsgrundlagen volatiler. Die beiden Effekte, die aus der verstärkten Bilanzierung zum Fair Value resultieren, führen somit zu einer gestiegenen Volatilität des Ergebnisses und damit auch des aufsichtsrechtlichen Eigenkapitals.

2. *Ermittlung der Risikovorsorge*

Im Rahmen einer zweiten Phase zur Ablösung von IAS 39 soll das bestehende IFRS-Modell zur Risikovorsorgeermittlung bei finanziellen Vermögenswerten („Incurred Loss Model"), wonach der Verlust erst mit dem Ausfall der Zahlungsströme berücksichtigt wurde, durch das „**Expected Loss Model**", abgelöst werden. Beim „Expected Loss Model" werden (erwartete) Verluste bereits von Beginn der vertraglichen Laufzeit des Finanzinstruments an berücksichtigt. Insgesamt ist durch die Umstellung der Risikovorsorgeberechnung vom bisherigen Incurred Loss Modell auf Expected Loss Modell mit einer Erhöhung der Risikovorsorgebeträge zu rechnen. Dies führt zu einer Reduktion der Eigenmittel. Dieser Effekt wird teilweise kompensiert durch die Reduktion der KSA-Bemessungsgrundlagen (Buchwert nach Abzug der Risikovorsorge) und durch eine geringere Unterdeckung bzw. höheren Überschuss im Wertberichtigungsvergleich gemäß § 105 SolvV.

---

[609] Das IASB hat am 2. Juni 2011 einen Near Final Draft von Änderungen des IAS 19 „Leistungen an Arbeitnehmer" veröffentlicht. Die Änderungen sind bereits seit längerem in der Diskussion; für die finale Veröffentlichung des IAS 19 werden keine wesentlichen Änderungen erwartet. Künftig unerwartete Schwankungen der Pensionsverpflichtungen sowie etwaiger Planvermögensbestände, sog. versicherungsmathematische Gewinne und Verluste, müssen unmittelbar im sonstigen Ergebnis (other comprehensive income, OCI) erfasst werden. Damit wird das bisherige Wahlrecht zwischen sofortiger Erfassung in der Gewinn- und Verlustrechnung, Erfassung im sonstigen Ergebnis (OCI) und der zeitverzögerten Erfassung nach der sog. Korridormethode abgeschafft.

3. Bilanzielle Abbildung der Hedge Beziehungen

Am 9. Dezember 2010 hat das IASB den Exposure Draft ED/2010/13 veröffentlicht, welcher allgemeine Regelungen zum Hedge Accounting sowie Regelungen zum Micro Hedge Accounting enthält[610]. Diese neuen Regelungen sollen den Übergang von den bisherigen komplexen und unflexiblen „rules based"-Regelungen des Hedge Accounting nach IAS 39 zu mehr „principle based"-Regelungen sowie eine Annäherung der bilanziellen Abbildung an Steuerungsmechanismen und -aktivitäten des Risikomanagements sicherstellen. Mögliche Auswirkungen auf die SolvV Bemessungsgrundlagen (Adressenausfallrisiko) bzw. die regulatorische Risikodeckungsmasse ergeben sich insbesondere durch eine geänderte bilanzielle Abbildung des Fair Value Hedges. So soll nach dem neuen Modell keine Neubewertung der Grundgeschäfte erfolgen. Vielmehr ist geplant, den Ausweis der Buchwertanpassungen der Grundgeschäfte (sog. Hedge Adjustments) künftig in einem gesonderten Bilanzposten zu erfassen. Darüber hinaus soll nur noch der ineffektive Teil der Hedge Beziehung ergebniswirksam erfasst werden.

Am 12. Mai 2011 hat das IASB den **IFRS 10** „Consolidated Financial Statements" und **IFRS 11** „Joint Arrangements" veröffentlicht[611]. **IFRS 10** beinhaltet eine einheitliche Definition für den Begriff der Beherrschung und schafft damit eine einheitliche Grundlage für das Vorliegen einer Mutter-Tochter-Beziehung und die hiermit verbundene Abgrenzung des Konsolidierungskreises[612]. **IFRS 11** regelt die Bilanzierung von Fällen, in denen ein Unternehmen gemeinschaftliche Führung (*joint control*) über ein Gemeinschaftsunternehmen (*joint venture*) oder eine gemeinschaftliche Tätigkeit (*joint operation*) ausübt.[613]

Nach **IFRS 10** wird ein Tochterunternehmen durch einen an dessen variablen Ergebnisbestandteilen beteiligten Investor beherrscht, wenn dieser aufgrund von Rechtspositionen in der Lage ist, die für den wirtschaftlichen Erfolg wesentlichen Geschäftsaktivitäten des Tochterunternehmens zu beeinflussen. Zwar enthielt auch IAS 27 in der aktuell gültigen Fassung eine ähnliche Definition des Begriffs „Beherrschung", jedoch werden nach IFRS 10 die Einzelkriterien für die Definition der Beherrschung in eine kausale Beziehung gestellt und für die Auslegung einzelner

---

[610] Die Überarbeitung der Regelungen zum Portfolio-/Macro-Hedge Accounting erfolgt im Rahmen eines separaten Projekts. Die Ergebnisse dieser Überarbeitung werden im vierten Quartal 2011 erwartet.

[611] Die neuen Standards sind verpflichtend für Geschäftsjahre, die am oder nach dem 1. Januar 2013 beginnen, anzuwenden. Eine frühere Anwendung ist zulässig. Das EU-Endorsement ist noch ausstehend.

[612] Der neue Standard ersetzt (teilweise) IAS 27 (2008) „Consolidated and Separate Financial Statements" und SIC-12 „Consolidation – Special Purpose Entities".

[613] Der neue Standard ersetzt IAS 31 „Interests in Joint Ventures" und SIC-13 „Jointly Controlled Entities-Non-Monetary Contributions by Ventures".

Sachverhalte eine wirtschaftliche Betrachtungsweise betont: allein die Stimmrechtsverhältnisse heranzuziehen wird i.d.R. nicht mehr ausreichend sein.[614,615]

Die wichtigste Änderung des **IFRS 11,** der die Behandlung von Gemeinschaftsunternehmen einerseits und eine gemeinschaftliche Tätigkeit andererseits unterscheidet, gegenüber IAS 31 ist die Abschaffung der Quotenkonsolidierung für **Gemeinschaftsunternehmen**, sodass diese zukünftig stets nach der At Equity Methode zu berücksichtigen sind. Liegt hingegen eine **gemeinschaftliche Tätigkeit** vor, sind Vermögenswerte, Schulden, Erträge und Aufwendungen, die dem beteiligten Unternehmen direkt zurechenbar sind, unmittelbar im Konzernabschluss des beteiligten Unternehmens zu erfassen. Somit ist für die gemeinschaftliche Tätigkeit eine anteilige Konsolidierung und keine Einbeziehung nach der At Equity Methode vorgesehen.

Mit der Änderung der Definition der Kontrolle, der Überarbeitung von Kriterien bezüglich der Einbeziehung in den Konsolidierungskreis sowie dem Wegfall der Quotenkonsolidierung für Gemeinschaftsunternehmen ist sowohl mit Anpassungen des IFRS-Konsolidierungskreises als auch der gegenwärtigen Konsolidierungsmethoden zu rechnen.[616] Diese Änderungen sind im Rahmen der Überführung des IFRS-Konsolidierungskreises für die aufsichtsrechtlichen Zwecke und damit auch im Rahmen der internen Steuerung entsprechend zu würdigen.

Im Rahmen von Basel II hat die Bankenaufsicht eine **stärkere Konvergenz der internen und externen Steuerung** gefordert. Nach Einzug der internationalen Rechnungslegungsstandards in das aufsichtliche Regime wird jedoch deutlich, dass diese Konvergenz weiter gefasst werden muss. Wie der Beitrag zeigt, ergeben sich sowohl in der internen als auch der externen Steuerung rechnungslegungsbedingte Auswirkungen auf die Höhe der Risikopositionen als auch der Risikodeckungsmassen. Vor diesem Hintergrund scheint es essentiell, dass die Bankenaufseher und die Standardsetter in einen vertiefenden Dialog bezüglich zukünftiger Änderungen eintreten, um ungewollte Effekte in der einen oder anderen Diktion zu vermeiden bzw. die Schaffung neuer Arbitragemöglichkeiten zu vermeiden.

Verwirrungen, wie sie sich zuletzt im Zusammenhang mit den Auswirkungen des durch das BilMoG geänderten § 290 HGB auf die **aufsichtsrechtliche Konsolidierung** ergeben haben, sollten für die Zukunft in jedem Fall vermieden werden. Zumindest aber sollte der diesbezüglich formulierten Forderung der Kreditwirt-

---

[614] Im Vergleich zum ursprünglichen Standardentwurf ED 10 „Consolidated Financial Statements" enthält IFRS 10 prägnant formulierte und prinzipienbasierte Regelungen zur Konsolidierung.

[615] Darüber hinaus regelt IFRS 10 grundlegende Konsolidierungsfragen wie die Verwendung einheitlicher Bilanzierungs- und Bewertungsmethodenmethoden, die Behandlung von Anteilen nicht-beherrschender Gesellschafter (Minderheiten) oder die Entkonsolidierung. Hier wurden keine wesentlichen Änderungen vorgenommen.

[616] Änderungen des Konsolidierungskreises aufgrund der Neuregelung sind grundsätzlich rückwirkend zu berücksichtigen.

schaft nach einer Konsultation aller mit einer solchen Änderung betroffenen Bereiche (Bilanzierung, interne und externe Steuerung) zukünftig nachgekommen werden. Aufgrund der ständig zunehmenden Regulierungsintensität und -tiefe und der damit einhergehenden Komplexität wird nur die Kommunikation der verschiedenen institutsinternen Gruppen als auch aller bankaufsichtlich involvierten Bereiche zukünftige Fehlentwicklungen frühzeitig aufdecken können. Vor dem Hintergrund der mit der Umsetzung solcher Regelungen verbundenen hohen finanziellen Aufwände sollte dies im Interesse aller Beteiligter liegen.

Literaturverzeichnis
Auerbach, D.; Kempers, J.; Klotzbach, D. (2009), Kommentierung zu § 10a KWG, in: Schwennicke, Andreas; Auerbach, Dirk (2009), Kreditwesengesetz (KWG) Kommentar, München (Beck).
Baseler Ausschuss für Bankenaufsicht (2006), Internationale Konvergenz der Eigenkapitalmessung und Eigenkapitalanforderungen, Überarbeitete Rahmenvereinbarung, Umfassende Version, Juni 2006.
Baseler Ausschuss für Bankenaufsicht (2010a), Basel III: International framework for liquidity risk measurement, standards and monitoring, BCBS 188, Basel, 16. Dezember 2010.
Baseler Ausschuss für Bankenaufsicht (2010b), Basel III: A global regulatory framework for more resilient banks and banking systems, BCBS 189, Basel, 16. Dezember 2010.
Boos, K. H. (2008), Kommentar zu § 10a KWG, in: Boos, K.H.; Fischer, R.; Schulte-Mattler, H. (Hrsg.), Kreditwesengesetz - Kommentar zu KWG und Ausführungsvorschriften.
Brogl, F. A. (2010), Kommentar zu § 10a KWG, in: Reischauer, F.; Kleinhans, J. (Hrsg.), Kreditwesengesetz (KWG) – Kommentar, Ergänzungslieferung 8/10.
Bundesanstalt für Finanzdienstleistungsaufsicht (2006), Verordnung über die angemessene Eigenmittelausstattung von Instituten, Institutsgruppen und Finanzholding-Gruppen (Solvabilitätsverordnung – SolvV) vom 14. Dezember 2006, in: Bundesgesetzblatt, Jahrgang 2006 Teil 1 Nr. 61, 20. Dezember 2006, S. 2926–3064.
Bundesanstalt für Finanzdienstleistungsaufsicht (2010), Rundschreiben 11/2010 (BA) – Mindestanforderungen an das Risikomanagement (MaRisk), vom 15. Dezember 2010, abrufbar unter: http://www.bafin.de/cln_152/nn_724266/SharedDocs/Veroeffentlichungen/DE/Service/Rundschreiben/2010/rs__1011__ba__marisk.html.
Deutsche Bundesbank (2002), Das Eigenkapital der Kreditinstitute aus bankinterner und regulatorischer Sicht, in: Monatsbericht, Januar 2002, S. 41 ff.
Deutscher Bundestag (2006), Begründung zum Entwurf eines Gesetzes zur Umsetzung der neugefassten Bankenrichtlinie und der neugefassten Kapitaladäquanzrichtlinie, BT Drs. 16/1335 vom 26. April 2006, S. 54.
Europäische Kommission (2006a), Richtlinie 2006/48/EG des Europäischen Parlaments und des Rates vom 14. Juni 2006 über die Aufnahme und Ausübung der Tätigkeit der Kreditinstitute (Neufassung), in: Amtsblatt der Europäischen Gemeinschaften, Nr. L 177, 30. Juni 2006, S. 1–200.
Europäische Kommission (2006b), Richtlinie 2006/49/EG des Europäischen Parlaments und des Rates vom 14. Juni 2006 über die angemessene Kapitalausstattung von Wertpapierfirmen und Kreditinstituten (Neufassung), in: Amtsblatt der Europäischen Gemeinschaften, Nr. L 177, 30. Juni 2006, S. 200–255.
Lüders, U./Manns, T./Schnall, M. (2011), Beyond Basel III: Aufsichtliche Änderungen im Überblick, in: Risiko Manager, Heft 8.2011.

Manns, T./Schulte-Mattler, H. (2010), Aufsichtsfeuerwerk Basel III und CRD IV – Antwort der Bankenaufseher auf die Finanzmarktkrise, in: Wertpapier-Mitteilungen, Nr. 34, 28. August 2010, 64. Jahrgang, S. 1577–1624.

Schulte-Mattler, H. (2007), Das Basel-II-Puzzle: angemessene Eigenkapitalausstattung auf dem Prüfstand, in: Grieser, S. G.; Heemann, M. (2010), Hg,. Bankenaufsichtsrecht – Entwicklungen und Perspektiven, Frankfurt (Frankfurt School) 2010, S. 325–355

Schulte-Mattler, H./Manns, T. (2005), Basel II Rahmenwerk: Ein Meilenstein der Bankenaufsicht, in: Gündl, H.; Perlet, H. (Hrsg.), Solvency II und Risikomana-gement, S. 529–554, Wiesbaden (Gabler).

Schulte-Mattler, H./Manns, T. (2010), Bedeutung des regulatorischen und ökonomischen Eigenkapitals für das Risikomanagement der Banken, in: Bantleon, U; Becker, A. (Hrsg.), Risikomanagement und Frühwarnverfahren, S. 83–126, Stuttgart, (Deutscher Sparkassenverlag).

Schulte-Mattler, H./Manns, T. (2011), Basel – III – Neuerungen zur Stärkung der Widerstandskraft der Banken bei künftigen Finanzkrisen, in: Weinrich, G.; Jacobs, J.; Schulte-Mattler, H.; Riegler, J. (Hrsg.), Frühwarnindikatoren und Krisenfrühaufklärung – Konzepte zum präventiven Risikomanagement, erscheint im Herbst 2011.

Sopp, G. (2010), IFRS im Bankenaufsichtsrecht – Einflüsse auf Eigenmittel, Risikopositionen und Konsolidierungsfragen, Hamburg (Verlag Dr. Kovač).

Wiehagen-Knopke, Y. (2008), Kommentierung zu §§ 1, 6 KonÜV, in: Boos, K.-H.; Fischer, R.; Schulte-Mattler, H. (Hrsg.), Kreditwesengesetz – Kommentar zu KWG und Ausführungsvorschriften, München.

Institutsspezifische Fundierung von Risikotragfähigkeitskonzepten

Von
Thomas Stausberg

Thomas Stausberg ist Direktor in der NRW.BANK, Düsseldorf und verantwortet dort seit Sommer 2011 die Kreditabteilung im Bereich „Wohnraumförderung". Ausgehend von Banklehre und Studium an der Fachhochschule Dortmund (Dipl.-Betriebswirt) hat Thomas Stausberg sich zuvor in seiner insgesamt fast 20-jährigen Berufspraxis schwerpunktmäßig mit der Steuerung von Adressenausfallrisiken sowohl in der operativen Überwachung als auch auf Ebene der portfoliobezogenen Steuerung beschäftigt. Zuletzt als Abteilungsleiter „Gesamtbankrisiko & Kreditportfoliosteuerung" im Bereich Risikomanagement der NRW.BANK mit den Themenschwerpunkten Risikotragfähigkeit, Implementierung von Stresstests auf Gesamtbankebene oder die Steuerung operationeller Risiken.

Der Autor vertritt in diesem Beitrag ausschließlich seine persönliche Meinung, die nicht zwangsläufig mit der Meinung der NRW.BANK übereinstimmen muss.

Inhaltsverzeichnis

1	Einleitung: Zur Einordnung der Risikotragfähigkeit in einen Gesamtkontext............	415
2	Grundkomponenten von Risikotragfähigkeitskonzepten.........	419
	2.1 Deckungspotenzial...........	422
	2.2 Risikoprofil............	428
	2.2.1 Basisdefinition „Risiko"............	*429*
	2.2.2 Risikoidentifizierung............	*431*
	2.2.3 Risikoquantifizierung (Grundlagen)............	*433*
	2.2.4 Quantifizierung banktypischer Risiken............	*435*
3	Besondere Aspekte einer institutsspezifischen RTF-Steuerung............	438
	3.1 Abgrenzung der RTF-Steuerungsperspektive............	439
	3.1.1 Perspektivenbezogene Spezifizierung des Deckungspotenzial............	*442*
	3.1.2 Perspektivenbezogene Spezifizierung des Risikoprofils............	*446*
	3.2 Vollständige Risikoerfassung und Angemessenheit der Parametrisierung............	448
	3.2.1 Risikoinventur............	*448*
	3.2.2 Korrelation und Diversifikation............	*451*
	3.2.3 Angemessenheit der Parametrisierung und regelmäßige Validierung............	*453*
	3.3 Konsistente Einbindung in die Gesamtbanksteuerung............	454
	3.3.1 Strategie............	*455*
	3.3.2 Limitierung............	*456*
	3.3.3 Stresstesting............	*457*
4	Zusammenfassende Betrachtung und Ausblick............	460
Literaturverzeichnis............		461

1 Einleitung: Zur Einordnung der Risikotragfähigkeit in einen Gesamtkontext

"Nichts geschieht ohne Risiko, aber ohne Risiko geschieht auch nichts."
Walter Scheel, Bundespräsident 1974–1979

Die Beurteilung der Risikotragfähigkeit – im Verlauf des Beitrags vielfach mit „RTF" abgekürzt – kann ohne jeden Zweifel als das wesentliche und verbindende Element des internen Risikomanagementprozesses auf Gesamtbankebene bezeichnet werden. Insoweit ist es verständlich, dass der *Themenkomplex Risikotragfähigkeit* in der gegenwärtigen Diskussion zwischen Praxis und Bankenaufsicht einen besonderen Stellenwert einnimmt. Nicht zuletzt manifestiert sich dieser Eindruck auch in den Erfahrungen der Prüfungspraxis.

Die seitens der Aufsicht zweifellos *neu kalibrierte Sicht auf RTF-Konzepte* hat, genau wie die Mehrzahl der jüngsten bankaufsichtlichen Novellierungen, ihre Wurzeln eindeutig im Schatten der jüngsten Finanzkrise. Die seitens nationaler und internationaler Bankenaufsicht eingeleiteten Maßnahmen zur Stärkung des Risikomanagementinstrumentariums in den Banken sind dabei vielschichtig. Hierzu zählen beispielsweise Anforderungen zu Stresstests, Regelungen zu Vergütungsstrukturen, Konkretisierung von Liquiditätspuffern oder Risikokonzentrationen. Im Hinblick auf Deutschland münden die zentralen bankaufsichtlichen Novellierungen zum bankinternen Risikomanagement in die „Mindestanforderungen an das Risikomanagement (MaRisk)", die seit Dezember 2010 in ihrer dritten novellierten Fassung vorliegen. Abbildung 1 fasst noch einmal die wesentlichen Handlungsebenen und Maßnahmenbündel zusammen, um so den Eindruck der Vielschichtigkeit der aufsichtlichen Maßnahmen zu illustrieren. Neben den konkret auf die Fortentwicklung der bankinternen Risikomanagementfunktionen ausgerichteten Maßnahmen sind insbesondere über die CRD-Änderungsrichtlinie auch auf die Kapitalausstattung gerichtete Maßnahmen eingeleitet worden.[617]

Bei aller Vielschichtigkeit der Maßnahmenbündel und Themenfelder lässt sich dennoch ein „roter Faden" lokalisieren. Es wird deutlich, dass die Aufsicht mit den aus der Krise gezogenen Lehren erkannt hat, dass vielfach ein Versagen von Risikomanagementfunktionen in der *mangelnden Berücksichtigung von Kausalitäten* begründet lag. Angefangen mit den Folgen einer von monetären Incentives angeregten „originate-to-distribute"-Mentalität, fortgesetzt über die durch Vertrauensverluste nach sich häufenden Kreditausfällen in Extrembereiche geführte Liquiditätsverknappung auf den Interbankenmärkten, bis hin zu Folgewirkungen auf staatliche Schuldner aufgrund ihrer zuvor geleisteten Stützungsmaßnahmen für verschiedentlich in Bedrängnis geratene Finanzinstitute – alle diese Wirkungsketten geben der Aufsicht in der Ex-post-Betrachtung Bestätigung, mit Maßnahmen gegen

---

[617] Vgl. hierzu Bank for International Settlements BIS (2010) mit „Basel III: A global regulatory framework for more resilient banks and banking systems". Im Sinne dieses Beitrags wird aber im weiteren Verlauf der Fokus auf den originären bankinternen Risikomanagementkontext gelegt, insoweit also auf die Säule 2 des Basel-II-Rahmenwerkes.

monokausale Risikomanagementinstrumente vorzugehen. Die im Zuge der Krise ausgeweitete Prüfungsintensität der Aufsicht bestätigte möglicherweise vielfach diese Erklärungstheorien.

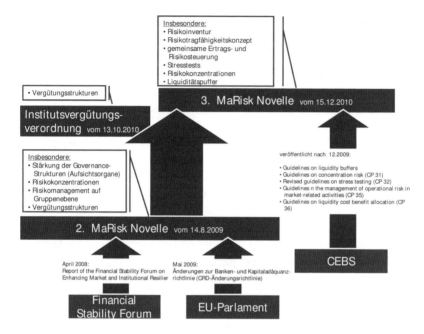

Abbildung 1: Handlungsebenen und zentrale Maßnahmenbündel im Kontext der MaRisk-Novellierungen

Im Hinblick auf das Schwerpunktthema dieses Beitrags – der bankinternen Steuerung der Risikotragfähigkeit – sind die grundlegenden Anforderungen nach wie vor an zentraler Stelle in den MaRisk verankert.[618] Der einer *konsistenten RTF-Steuerung* beigemessene besondere Stellenwert wird aber auch nochmals über eine Reihe von Querbezügen in den MaRisk unterstrichen, beispielsweise in und aus Richtung Stresstests[619] oder Strategien[620]. Von einigen redaktionellen Änderungen in diesem Umfeld abgesehen, beschränkt sich dennoch die Erweiterung der Anforderungen zur Risikotragfähigkeit im Zuge der jetzt aktuellen 3. MaRisk-Novelle im Wesentlichen auf die Berücksichtigung von Diversifikationseffekten. Hier zeigen sich sowohl die Lehren aus der Finanzmarktkrise, die teilweise fahrlässige oder von

---

[618] Vgl. BaFin (2010a), AT 4.1.
[619] Vgl. BaFin (2010a), AT 4.3.3 Tz. 5.
[620] Vgl. BaFin (2010a), AT 4.2 Tz. 1.

den Umständen eingeholte Verwendungen von Modellannahmen[621] auch im Hinblick auf Diversifikationseffekte zu Tage gefördert haben, als auch offenbar von der Aufsicht selbst im Rahmen der Prüfungspraxis gewonnene Eindrücke eines leichtfertigen und unangemessenen Umgangs mit einer kalkulatorischen Risikoreduzierung.[622]

Zur Erfassung des *bankaufsichtlichen Anforderungsspektrums* an eine institutspezifische Ausgestaltung der RTF-Steuerung spielen die hierzu in den jüngsten MaRisk enthaltenen neuen Aspekte jedoch eher eine etwas untergeordnete Rolle. Wichtiger dagegen ist die von der deutschen Aufsicht, das heißt in Kooperation von Bundesbank und BaFin, insbesondere mit den Institutsvertretern der Bankenverbände geführte *Diskussion zu Risikotragfähigkeitskonzepten*[623]. Grundlage der von der Aufsicht gestarteten Diskussionsinitiative sind die aus einer Institutsbefragung gewonnenen Erkenntnisse im Hinblick auf die Praxis der Risikotragfähigkeitskonzepte, die von Mitte 2009 bis Anfang 2010 deutschlandweit unter Banken durchgeführt wurde, sowie Erfahrungen aus der Prüfungspraxis. Zusammengefasst wurden die Erkenntnisse in einem Papier zur „Range of Practice (RoP)".[624]

Sowohl im RoP-Papier, als auch in der Diskussion im Fachgremium betont die Aufsicht, dass es mit der Initiative nicht um das Festlegen von konzeptionellen Standards, sondern um die *Anregung zur jeweiligen institutsspezifischen Reflexion* vor dem Hintergrund der im Diskussionsprozess gewonnenen Eindrücke geht.[625] Auf der einen Seite ist diese Aussage vollkommen auf der bisherigen Linie des Proportionalitätsprinzips der Aufsicht. Andererseits ist es auch aus Sicht der Praxis im Interesse einer nicht starren, sondern innovativen oder evolutionären Risikomanagementkultur zu begrüßen. Das darf jedoch nicht darüber hinweg täuschen, dass die „Auseinandersetzung" zur Verteidigung der eigenen Konzepte gegenüber Prüfern der Aufsicht insbesondere gerade in einem solchen, eher offenen Rahmen so manche Kraftanstrengung kosten wird. Nach wie vor ist zudem nicht klar, inwieweit in Teilen doch aus der Umfrage oder aus der Diskussion mit den Instituten

---

[621] Von der Realität eingeholt insoweit, dass vor 2008 z. B. bei der Strukturierung von synthetischen CDO- oder CDS- Baskets vielfach eine Reihe von Bankentiteln in Referenzpools aufgenommen wurden, nicht aus spekulativen Gründen, sondern zur Immunisierung der Risikostruktur gegen systematische Risiken (vielfach auch unter Margenverzicht). Umso überraschender war im Nachhinein der Effekt, als innerhalb kurzer Folge eine Reihe von Banken ausgefallen (zumindest im Hinblick auf Default Events in CDS-Kontrakten) ist: u.a. IKB, Lehman Brothers, isländische oder osteuropäische Banken.

[622] Vgl. BaFin (2010) im Übersendungsschreiben des Überarbeitungsentwurfs zur 3. MaRisk-Novelle vom 09.07.2010.

[623] Am 29. November 2010 organisierten Bundesbank und BaFin eine „Fachgremiumssitzung MaRisk (ICAAP)" mit Verbands- und Institutsvertretern zum Austausch über Risikotragfähigkeitskonzepte in deutschen Instituten.

[624] Vgl. Deutsche Bundesbank (2010).

[625] Vgl. Deutsche Bundesbank (2010), S. 5.

gewonnene Erkenntnisse ihren Weg in zukünftige MaRisk oder in ein eigenständiges „Leitplankenpapier" zur Risikotragfähigkeit finden werden.[626]

Was bedeuten die aufsichtlichen Impulse nun für die Praxis? Für die *bankbetriebliche Praxis* gilt es nun die aufsichtlichen Anforderungen aufzugreifen und in den Instituten umzusetzen. Dabei darf es aber auf lange Sicht nicht um eine formale Sollerfüllung gehen, sondern perspektivisch kann es nur darum gehen, dass die Praxis im Sinne der gebotenen Proportionalität ihrer „Marktführerrolle" gerecht wird und ihren maßgeblichen Beitrag zur nachhaltigen Fortentwicklung der Risikomanagementkultur in Banken leistet.

In diesem Sinne ist es *Ziel dieses Beitrags* aus bankpraktischer Sicht Anregungen für eine institutsspezifische Fundierung von RTF-Konzepten zu geben. Nach einem Einstieg in die zentralen Grundkomponenten von Risikotragfähigkeitskonzepten – insbesondere der beiden quantitativen Bestimmungsfaktoren „Deckungspotenzial" und „Risikoprofil" – werden im Detail besondere Aspekte einer institutsspezifischen RTF-Steuerung entwickelt. Ausgehend von der Frage nach der Abgrenzung von gewählten Steuerungsperspektiven, geht es über Fragen zur Sicherstellung einer vollständigen Risikoerfassung und sachgerechten Parametrisierung schließlich um die konsistente Einbindung der RTF-Steuerung in die Gesamtbanksteuerung. Abgerundet wird der Beitrag mit einem kurzen Fazit.

Im Sinne dieser Einordnung ist noch einmal wichtig hervorzuheben, dass es in diesem Beitrag um die Betrachtung von *RTF-Konzepten der bankinterne Risikosteuerung* im Kontext des ICAAP geht, das heißt letztlich also um die Säule 2 von Basel II. Auch bei im Grunde gleicher Motivationslage (=> Sicherstellung der Stabilität des Finanzsystems aufgrund insbesondere der Wahrung von Gläubigerschutzinteressen) unterscheiden sich Vorgehen der Säule 1 und Säule 2 methodenimmanent, wenngleich es natürlich auch eine Reihe von quantitativen Parallelen gibt. Aus letzterem ergeben sich auch spezielle Herausforderungen an die bankinterne Risikosteuerung, der es als zur (formalen) regulatorischen Sicht komplementäre und damit stärker an ökonomischen Realitäten orientierten Sicht eigentlich – im Sinne effizienter Steuerung – um eine möglichst überschneidungsfreie Betrachtung (das heißt Vermeidung von „Doppelanrechnungen") gehen muss, was jedoch dem Wege der Diskussion zwischen Aufsicht und Praxis nicht immer gelingt.

---

[626] Aktuelle Ergänzung nach Abschluss des generellen Lektorats: Zwischenzeitlich hat die BaFin am 05.07.2011 unter dem Titel „Aufsichtliche Beurteilung bankinterner Risikotragfähigkeitskonzepte" ein Eckpunktepapier mit aufsichtlichen Auslegungen im Hinblick auf bankinterne Risikotragfähigkeitskonzepte veröffentlicht. Das Papier ist über das Fachgremium MaRisk an die Institute mit der Möglichkeit zur schriftlichen Stellungnahme bis 30.08.2011 übergeben worden. Auf dieser Grundlage wird eine Diskussion zwischen Aufsicht und Banken im Rahmen einer eineinhalbtägigen Sitzung des Fachgremiums MaRisk im Herbst 2011 erfolgen. Danach dürfte auch Klarheit zur weiteren offiziellen Veröffentlichung vorliegen.

2 Grundkomponenten von Risikotragfähigkeitskonzepten

Die Implementierung von *bankinternen Risikotragfähigkeitskonzepten* weist grundlegende Parallelen zu anderen generellen betriebswirtschaftlichen Steuerungskonzepten auf. Auch bei der Steuerung der Risikotragfähigkeit geht es nämlich zunächst um das Lokalisieren des zentralen limitierenden Faktors, der den weiteren und übergeordneten Handlungsrahmen für alle weiteren betrieblichen Aktivitäten absteckt. Vor dem Hintergrund des limitierenden Faktors gilt es dann die betrieblichen Aktivitäten hinsichtlich ihrer quantitativen Implikationen zu erfassen, also darum, die Frage zu klären, ob eventuelle Potenziale für erweiterte betriebliche Aktivitäten ungenutzt bleiben oder – als negatives Extrem – die unternehmerischen Aktivitäten bereits an die Grenze der Tragbarkeit vorgestoßen sind.

Nur in einer solchen *auf Interdependenz ausgerichteten Betrachtung* ist eine Steuerung möglich. Anders formuliert: Nun wenn der Engpassfaktor bekannt ist und gleichzeitig auch der Ressourcenverbrauch aufgrund betrieblicher Aktivitäten im Hinblick auf den Engpassfaktor messbar ist, ist eine nachhaltige Steuerung der Aktivitäten möglich. Dann ist es im Grunde unerheblich, ob ein betriebswirtschaftliches Minimalprinzip (=> Erreichung eines fixierten betrieblichen Ziels mit minimalen Ressourceneinsatz) oder ein Maximalprinzip (=> Erreichung des größtmöglichen Unternehmenserfolgs mit fixierten Ressourcen) verfolgt wird. Vielfach hängt die Wahl des Steuerungsprinzips ja auch vom individuellen Steuerungskontext ab: In Zeiten knapper Ressourcen stehen diese eher am Ausgangspunkt der Betrachtung als bei einem nachhaltigen Ressourcenüberhang.

In Übertragung auf die bankbetriebliche RTF-Steuerung besteht der *limitierende Faktor* in Form des (Risiko)deckungspotenzials. Hiermit ist der aus einer bankinternen Sicht zur Abdeckung bankbetrieblicher Risiken zur Verfügung stehende Risikopuffer gemeint. Diesem Risikopuffer ist das Risikoprofil des Instituts gegenüberzustellen, das in diesem Sinne dem mit der bankbetrieblichen Tätigkeit verbundenen möglichen Verlustpotenzial entspricht.

Die MaRisk formulieren zunächst die *übergeordnete Mindestbedingung der RTF-Steuerung* in der Weise, dass die laufende Abdeckung des Risikoprofils durch das Deckungspotenzial gefordert wird.[627] Grundsätzlich fundiert wird diese Anforderung bereits durch § 25a (1) KWG, der an ein „angemessenes und wirksames Risikomanagement" den verbindlichen Anspruch formuliert, „die Risikotragfähigkeit laufend sicherzustellen". Übergeordnet ist hervorzuheben, dass das institutsspezifische Risikotragfähigkeitskonzept als wesentliches Element des Risikomanagements in die Gesamtverantwortung der Geschäftsleiter nach AT3 der MaRisk fällt bzw. sich schon unmittelbar aus §25a KWG ableitet.

Im Hinblick auf die konkrete Umsetzung eines Risikotragfähigkeitskonzepts und die darauf basierende Steuerung unterliegen die bankinternen Risikotragfähigkeitskonzepte – auch im Sinne der Proportionalität – jedoch einer *grundsätzlichen*

---

[627] BaFin (2010a), AT 4.2, Tz. 1.

Methodenfreiheit. Gleichwohl unterliegen sie – hier greift die doppelte Proportionalität – dem bankaufsichtlichen Überprüfungsprozess.[628] Die MaRisk liefern jedoch mit dem in AT 4.1 dargelegten Anforderungsrahmen[629] bereits eine wichtige Basis und notwendige Anhaltspunkte für die Implementierung einer angemessenen RTF-Steuerung. Aus den MaRisk-Passagen lassen sich vier wesentliche *Kernfelder der RTF-Steuerung* identifizieren (siehe auch Abbildung 2): Prozessuale Verankerung, Vollständigkeit des Risikoprofils, Querbezüge zur Risikostrategie und Querbezüge zu Stresstests.

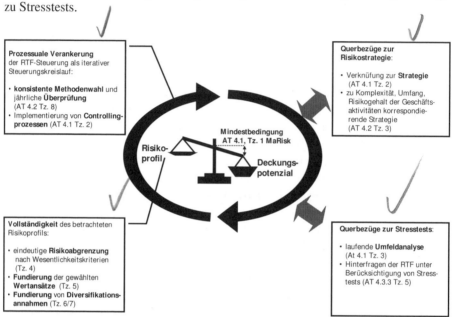

Abbildung 2: Operationalisierung eines RTF-Konzepts in Anlehnung an AT 4.2 MaRisk

Ausgehend von der zentralen Mindestbedingung, dass die Abdeckung des Risikoprofils laufend durch das Deckungspotenzial gegeben sein muss, ist das wesentliche Kriterium zur Operationalisierung eines bankinternen RTF-Konzepts die Verankerung als *klar geregelter Steuerungskreislauf.* Bereits die europäische Bankenrichtlinie (2006/49/EG) von 2006 zielte mit der Einführung des ICAAP (Internal Capital Adequacy Assessment Process) auf eine stärker auf die individuellen Risikostrukturen eines Instituts abgestellte Risikosteuerung. Maßstab der Betrachtung ist dabei eine streng ökonomisch orientierte Sichtweise mit dem Ziel, im Hinblick auf das eigene Risikoprofil stets über ein ausreichendes bankinternes Deckungspotenzial zu verfügen.[630] Noch wesentlicher als die originäre Kapitalpufferfunktion ist

---

[628] Supervisory Review and Evaluation Process.
[629] BaFin (2010a).
[630] Vgl. Schulte-Mattler/Gaumert (2008), S. 27–28.

hierbei jedoch, dass es bei ICAAP in der Tat vielmehr um eine weitergehende Prozesskette geht, die auf eine bewusste bankinterne Reflexion der Risikosituation des Instituts abzielt.[631]

Mit einer bewussten bankinternen Reflexion geht zwingend eine für das Institut angemessene (insbesondere angelehnt an Komplexität der Geschäftsaktivitäten) und *konsistente Methodenwahl* einher. Konsistent bedeutet in diesem Zusammenhang abgestimmt auf die grundlegende Banksteuerungsphilosophie. Neben der für Dritte nachvollziehbar gestalteten Dokumentation zu verwendeten Modellen, Annahmen und Parametrisierungen ist die mindestens jährliche oder fallbezogene Überprüfung dieser zentralen Einflussgrößen notwendig.[632]

Zu einem „gelebten" und praxisrelevanten Konzept wird die RTF-Steuerung aber erst dann, wenn diese fest in den *iterativen Risikocontrollingprozess* des Instituts eingebunden ist.[633] Eine solche Einbindung fängt regelmäßig mit dem Prozess der Risikoidentifizierung an, wenn beispielsweise im Rahmen der regelmäßig durchzuführenden Risikoinventur – wie sie seit der 3. MaRisk-Novelle in den MaRisk in AT 2.2., Tz. 1 manifestiert ist – explizit auch Implikationen auf die Risikotragfähigkeit in die Betrachtung einbezogen werden. Fortgesetzt wird die iterative Auseinandersetzung, wenn die im Nachgang zur Identifizierung aus den eingesetzten Verfahren zur Risikoquantifizierung gewonnenen Erkenntnisse Eingang in das bankinterne Berichtswesen finden und somit die Grundlage für Steuerungsimpulse und -entscheidungen bilden. Letzte bilden wiederum den Einstiegspunkt in eine neuerliche Betrachtung des Regelkreises aus Identifizierung, Quantifizierung und Steuerung.

Das neben der prozessualen Verankerung wesentliche zweite Kernfeld einer institutsspezifischen Implementierung eines RTF-Konzepts liegt zweifelsfrei in der *Vollständigkeit des betrachteten Risikoprofils*. Es liegt auf der Hand, dass sich eine RTF-Steuerung nur dann zu einem validen Instrument der bankinternen Steuerung entfalten kann, wenn sichergestellt ist, dass alle für die Risikotragfähigkeit wesentlichen – das heißt, diese möglicherweise auch gefährden können – Risiken inhaltlich und quantitativ in die Betrachtung einbezogen werden. Zu einer fundierten Risikoquantifizierung gehört schließlich auch der sachgerechte Umgang mit der Abbildung von Diversifikationseffekten zwischen verschiedenen Risikoarten. Das Einführungsschreiben zur 3. MaRisk-Novelle im Jahr 2010 unterstreicht, dass seitens der Aufsicht im Grunde nach ein gewisses „Störgefühl" gegenüber einer möglicherweise unsachgemäßen kalkulatorischen Risikominderung aus der Berücksichtigung von Diversifikationseffekten besteht.[634]

---

[631] Vgl. Hannemann/Schneider (2011), S. 136.
[632] Vgl. Hannemann/Schneider (2011), S. 180.
[633] Vgl. Hannemann/Schneider (2011), S. 159–161.
[634] Vgl. BaFin (2010a).

In den MaRisk werden bereits explizite Querbezüge zwischen der RTF-Steuerung und den beiden auf Nachhaltigkeit ausgerichteten Steuerungsinstrumenten „*Strategie*" und „*Stresstests*" aufgebaut. Die Interdependenz zwischen Strategie und RTF ist zwingend, da auf der einen Seite letztlich die Notwendigkeit zur Einhaltung der Mindestbedingung (=> Deckungspotenzial ≥ Risikoprofil) eine gewissermaßen natürliche Begrenzung der strategischen Geschäftsmöglichkeiten mit sich bringen kann. Andererseits könnten aber auch klar definierte strategische Geschäftsziele und das damit möglicherweise einher gehende erhöhte Risikoprofil dazu führen, aktiv eine Ausweitung des Risikodeckungspotenzial zu betreiben[635], beispielsweise indem im Kreise von Eigentümern und Aktionären um eine entsprechende Kapitalmaßnahme geworben wird. Letztlich ist die Richtung der Betrachtung unerheblich, das heißt, ob sich strategische Geschäftsentscheidungen dem limitierenden Faktor „Deckungspotenzial" unterordnen oder ob sie diesen stärken. Entscheidend ist vielmehr die interdependente Betrachtung.

Zwischen *Stresstests und RTF* gelten vergleichbare Interdependenzen wie zwischen RTF und Strategie. Eine nachhaltige RTF-Steuerung ist nur dann gegeben, wenn frühzeitig Auswirkungen auf die RTF aufgrund von geänderten Umfeldbedingungen antizipiert werden. Sofern veränderte Umfeldbedingungen mit dem eigenen veränderten unternehmerischen Handeln in Verbindung stehen, beispielsweise weil eine grundlegende neue strategische Ausrichtung des Instituts angestrebt wird, sollte der Ableitung einer RTF-Wirkungskette nichts im Wege stehen. Dagegen setzt die Berücksichtigung von extern induzierten Umfeldveränderungen im Rahmen der RTF-Steuerung voraus, dass explizite RTF-Stresstests unter Abbildung zentraler kausaler Wirkungsketten definiert werden.

Nach dieser eher grundlegenden Einführung zu Zusammenhängen und Abhängigkeiten in RTF-Konzepten legen die beiden folgenden Kapitel den Fokus auf die beiden quantitativen Eckpfeiler der RTF-Steuerung, nämlich Deckungspotenzial und Risikoprofil.

2.1 Deckungspotenzial

Im vorhergehenden Abschnitt wurden aus den MaRisk neben der Mindestbedingung der Risikotragfähigkeit (=> Deckungspotenzial ≥ Risikoprofil) die vier wesentlichen Kernfelder der RTF-Steuerung abgeleitet. Im Hinblick auf die konkrete *Bestimmung des Deckungspotenzials*, das zur Abdeckung des Risikoprofils zur Verfügung steht, machen die MaRisk jedoch keine Angaben, lediglich die Zwecksetzung der „laufenden Abdeckung" wesentlicher Risiken ist dort manifestiert.[636] In gleicher Weise liefert auch die EU-Kapitaladäquanzrichtlinie aus dem Jahr 2006 – als der den nationalen MaRisk zu Grunde liegender internationaler Rechtsrahmen

---

[635] Vgl. Hannemann/Schneider (2011), S. 159–160.
[636] BaFin (2010a), AT 4.2, Tz. 1.

– keine Angaben zur Zusammensetzung, sondern nennt auch allein die Zwecksetzung: *„Die Institute sollten gewährleisten, dass sie über ausreichendes internes Eigenkapital verfügen, das den Risiken, denen sie ausgesetzt sind oder ausgesetzt sein könnten, im Hinblick auf die Quantität, Qualität und Streuung angemessen ist. ..."* [637] Die EU-Bankenrichtlinie aus 2006 macht in ihrer Begründung neben der Motivation, risikoadäquates Eigenkapital sicherzustellen, ebenfalls keine Angaben zu konkreten Bestandteilen.[638]

In Ermangelung konkreter Vorgaben zur Ermittlung des als Deckungspotenzial verwendbaren Eigenkapitals kann dieses anhand von *zwei grundsätzlichen Kapitalsichten* abgeleitet werden: unternehmerische/ökonomische Kapitalsichten und bankaufsichtliche/regulatorische Kapitalsichten. Im weiteren Verlauf dieses Beitrags wird ausgehend von diesen beiden grundsätzlichen Kapitalsichten erläutert, wie diese zudem noch mit zwei grundsätzlichen Perspektiven der RTF-Steuerung in Verbindung – insbesondere in der aktuellen aufsichtlichen Diskussion – gebracht werden können: RTF-Steuerung in einer going-concern- bzw. Liquidationsperspektive. Doch zunächst zur Abgrenzung der beiden Kapitalsichten (siehe Abbildung 3).

Die *unternehmerische/ökonomische Kapitalsicht* und die *bankaufsichtliche/regulatorische Kapitalsicht* stehen trotz vorhandener Abgrenzungsmerkmale nicht völlig überschneidungsfrei nebeneinander, sondern weisen eine Reihe von inhaltlichen und quantitativen Verbindungen auf. Dennoch ist eine unmittelbare wertmäßige Überleitbarkeit sowohl aufgrund der Verwendung unterschiedlicher Wertansätze als auch aus den zu Grunde liegenden unterschiedlichen Motivationslagen heraus nicht ohne weiteres möglich.

In einer unternehmerischen/ökonomischen Kapitalsicht bildet der *bilanzielle Eigenkapitalbegriff* oder *Buchwert* die Ausgangsbasis. Der Buchwert umfasst – bereits geordnet nach absteigenden Liquiditätsaspekten – den Reingewinn, offene Gewinnrücklagen, offene Kapitalrücklagen sowie das gezeichnete Kapital. Der Wertansatz des bilanziellen Eigenkapitals hängt dabei maßgeblich vom für das Institut relevanten Rechnungslegungsstandard (HGB, IFRS, US-GAAP) ab. Der Buchwert beinhaltet allerdings keine stillen Reserven.[639] Im Gegensatz zur eher am Vorsichtsprinzip orientierten HGB-Bilanzierung verfolgt beispielsweise die Rechnungslegung nach IFRS eine deutlicher an Marktwerten orientierte Bewertung von Vermögensgegenständen.

---

[637] Vgl. Europäisches Parlament und Rat (2006a), Ziffer 29 des Begründungstextes.
[638] Vgl. Europäisches Parlament und Rat (2006), Art. 53.
[639] Vgl. Schierenbeck (2003), Band 2, S. 22 und Hartmann/Pfingsten/Wendels (2000), S. 375.

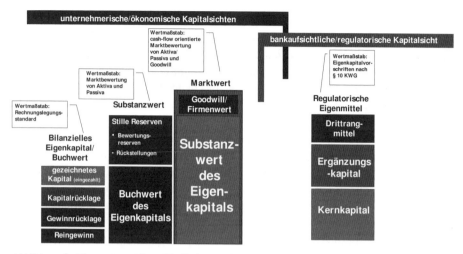

Abbildung 3: Abgrenzung unterschiedlicher Kapitalsichten (schematisch, nicht wertmaßstäblich)

Die *bilanzielle Eigenkapitalsicht* hat den Vorteil, dass es relativ einfach und objektiv bestimmbar sowie verhältnismäßig stabil im Zeitablauf ist. Nachteilig ist jedoch, dass es als Residualgröße eben stark abhängig ist von der Bewertung der Aktiva und Passiva. Insbesondere könnte beispielsweise in einer strikten HGB orientierten Betrachtung durch das systemimmanente Anschaffungskostenprinzip bei Aktiva in Verbindung mit der imparitätischen Sicht auf die Passiva ggfs. zu einer wertmäßigen Unterschätzung des Deckungspotenzials führen. Neben der damit verbundenen tendenziellen Basierung auf historische Werte (die stark von den aktuellen Marktwerten abweichen können) führt auch die Tatsache, dass insbesondere in einer HGB-Sicht Wertimplikationen von Außerbilanzpositionen unberücksichtigt bleiben[640], zunächst nur zu einer bedingten Eignung einer rein bilanziellen Eigenkapitalsicht bei der Bestimmung des Deckungspotenzials in der RTF-Steuerung. Wie später noch gezeigt wird, kann die Eignung jedoch auch durch marktwertorientierte oder barwertige Korrekturen deutlich verbessert werden. Vorteil der bilanziellen Eigenkapitalsicht im Einsatz als Deckungspotenzial ist jedoch die oben bereits angesprochene Differenzierbarkeit in einzelne Schichten zur Unterscheidung von Liquidierbarkeitsgraden.

Ausgehend vom bilanziellen Kapitalbegriff stellt der *Substanzwert* in einer unternehmerischen Sicht die nächste Erweiterung nach stärker ausgeprägten ökonomischen Kriterien dar, da hierbei auch stille Reserven einbezogen werden.[641] Zu den stillen Reserven zählen zum einen bei der Bewertung von Aktiva und Passiva gelegte Reserven, wie Wertberichtigungen oder Risikovorsorge, oder beispielsweise auch Reserven nach §340 HGB.[642] Die Bewertung von Aktiva und Passiva erfolgt

---

[640] Vgl. Zami (2005), S. 18.
[641] Vgl. Hebertinger (2002), S. 2330 ff.
[642] Vgl. Schierenbeck (2003), Band 2, S. 22–23.

im Grundsatz zu Marktwerten. Sofern keine marktnotierten Preise vorliegen, z. B. bei Immobilien, kommen Bewertungsmodelle oder Wertgutachten zum Einsatz. In einer Netto-Substanzwertsicht sind zu antizipierende Wertabschläge, z. B. aus steuerlichen Aspekten oder aus Marktstörungen, im Grundsatz wertmindernd anzusetzen. Gerade hierbei besteht jedoch die Problematik, dass diese vielfach schwer zu bemessen sind. Daher und aufgrund der Tatsache, dass bei einer substanzwertorientierten Sicht nur schwerlich eine Schichtung von Deckungspotenzialen möglich ist, ist der Substanzwert nur bedingt zur Bestimmung des Deckungspotenzials in der RTF-Steuerung geeignet.

Der am stärksten ökonomisch orientierte Kapitalbegriff in einer unternehmerischen Sicht lässt sich über den *Marktwert* ausdrücken. In Erweiterung des Substanzwertgedankens wird als zukunftsorientierte Komponente der „Goodwill" oder Firmenwert in die Betrachtung einbezogen. Während bei börsennotierten Aktiengesellschaften der Marktwert inkl. der seitens von Marktteilnehmern der Gesellschaft beigemessenen „Zukunftsphantasie" aus der Marktkapitalisierung abgeleitet werden kann, erfolgt die Bestimmung des Marktwertes von nicht marktgängigen Unternehmen anhand einer cash-flow orientierten Unternehmensbewertung. Letztlich ergibt sich der Marktwert einer Bank als die Differenz der barwertigen Vermögenswerte unter barwertigen Verbindlichkeiten.[643] Beispielsweise kann hier die DCF-Methode (discounted cash-flow Methode) zum Einsatz kommen.[644]

Die *Bemessung des Deckungspotenzials* im Rahmen der RTF-Steuerung anhand des Marktwerts erscheint zwar als die realste und dynamischste Methode, ist aber wenig geeignet, da zum einen die oben bei der Betrachtung des bilanziellen Eigenkapitals bereits als Vorteil angesprochene Schichtbarkeit nicht gegeben ist, weil ein blockweises Herauslösen von Kapitalbeträgen gerade bei einer für die Marktbewertung typischen ganzheitlichen Sicht nur schwer darstellbar ist. Zum anderen stellt sich die grundsätzliche Frage, ob oder zumindest in welcher Höhe in einer Marktwertsicht gerade im Belastungsfall noch zuverlässig Mittel mobilisiert werden können.[645]

Parallel zu der zuvor dargestellten unternehmerischen/ökonomischen Kapitalsicht existiert die *bankaufsichtliche/regulatorische* Kapitalsicht. In Deutschland ist der Eigenmittelbegriff nach § 10 KWG maßgeblich. In einer groben Dreigliederung sind hier Kernkapital, Ergänzungskapital und Drittrangkapital zu unterscheiden:[646]

– Die höchsten „Qualitätsansprüche" gelten dabei für das *Kernkapital*, das im Wesentlichen das gezeichnete Kapital, Reingewinn und Sonderposten für allgemeine Bankrisiken (§ 340g HGB) umfasst, wobei u.a. Abzüge für immate-

---

[643] Vgl. Österreichische Nationalbank (2006), S. 63.
[644] Vgl. zur DCF-Methode beispielsweise Schierenbeck (2003), Band I, S. 461–462 oder Kammer der Wirtschaftstreuhänder (2006), S. 18–23.
[645] Vgl. Hannemann/Schneider (2011), S. 140.
[646] Vgl § 10 KWG oder Schulte-Mattler/Traber (1997), S. 21–28.

rielle Vermögensgegenstände, „Goodwill" oder Kredite an Gesellschafter zu berücksichtigen sind.
- Als *Ergänzungskapital* gelten Kapitalbestandteile von schwächerer Qualität, wesentlich sind hier (stille) Vorsorgereserven nach § 340f HGB, Neubewertungsreserven nach § 10 Abs. 4a KWG sowie langfristige nachrangige Verbindlichkeiten. Als „Novum" – im Vergleich zu der oben vorgetragenen bilanziellen Sicht – ist bei der regulatorischen Sicht, dass auch Fremdkapitalbestandteile als Deckungspotenzial herangezogen werden können, sofern sie eben langfristiger Natur und im Belastungsfall (= Insolvenz) als nicht rückzahlbar gelten.
- *Drittrangmittel* bilden im Dreierkanon der regulatorischen Eigenmittel als kurzfristige nachrangige Verbindlichkeiten das schwächste Deckungspotenzial. Insoweit sind sie derzeit im Sinne der deutschen Solvabilitätsverordnung nur zur Abdeckung von Marktpreisrisiken zugelassen. Perspektivisch werden Drittrangmittel im Zuge der Basel III Implementierungen gar nicht mehr als regulatorisches Deckungspotenzial zugelassen sein.[647]

Bislang wurden die beiden grundsätzlichen Kapitalsichten zunächst in einem Nebeneinander inhaltlich charakterisiert. Im Sinne der in diesem Beitrag fokussierten RTF-Steuerung ist jedoch eine *kombinierte Sicht auf ein mögliches Deckungspozenzial* denkbar, die die beiden grundsätzlichen Sichtweisen in der Weise verknüpft, dass eine nach Aspekten der Liquidierbarkeit geschichtete Zusammenführung erfolgt. Letztlich handelt es sich dabei um eine noch etwas erweiterte ökonomische Sichtweise, da beispielsweise aus der regulatorischen Sicht nun nachrangige Verbindlichkeiten übernommen werden oder die bisherige unternehmerische Sicht noch um erwartete Überschusskomponenten aus der laufenden Periode ergänzt wird. Abbildung 4 stellt ein solches Schichtenkonzept schematisch dar, wobei dort auch Aspekte des Schichtenkonzepts nach Schierenbeck[648] aufgegriffen werden.

---

[647] Deutsche Bundesbank (2011), S. 10.
[648] Vgl. Schierenbeck (2003), Band 2, S. 30–31, Schierenbeck gliedert hier nach primären bis quintären Deckungsmassenbestandteilen.

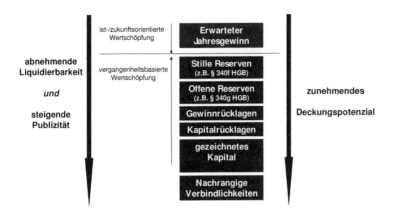

Abbildung 4: Schichtenkonzept zur Gliederung des RTF-Deckungspotenzials

Die *verschiedenen Risikodeckungspotenziale* lassen sich hinsichtlich ihrer Verwendbarkeit im Verlustfall nach ihrer Liquidierbarkeit klassifizieren. Mit Blick auf die konkrete Steuerungsperiode, z. B. Geschäftsjahr/e, bildet der erwartete und sukzessive über die Periode realisierte Jahresgewinn die Ausgangsbasis für das zur Verfügung stehende Deckungspotenzial. Grundsätzlich kann „erwartet" natürlich ein weiter Begriff sein. In diesem Fall geht es darum eine hinreichende Sicherheit zu Grunde zu legen und beispielsweise tatsächlich nur einen bereits um kalkulierte Risikokosten bereinigten erwarteten Übergewinn als Deckungspotenzial anzusetzen. Allein aus der Tatsache heraus, dass ein solcher periodenbezogener Übergewinn üblicherweise erst sukzessive über die Periode „verdient" wird, wird deutlich, dass es nicht ausreicht, Deckungspotenziale allein aus einer ist- oder zukunftsorientierten Wertschöpfung abzuleiten. Vielmehr ist auch das Vorhandensein von vergangenheitsbasierten und damit konkret realisierten Deckungspotenzialen notwendig. Hierbei handelt es sich um stille und offene Reserven, wobei bereits hier das Dilemma der abnehmenden Liquidierbarkeit und der zunehmenden Publizität deutlich wird.

Während die *Liquidierbarkeit von stillen Reserven* auch nicht zwangsläufig ein „Selbstläufer" sein muss, wenn es beispielsweise notwendig ist, zur Erschließung unterbewertete Vermögensgegenstände unter der Voraussetzung von entsprechenden Marktopportunitäten zu veräußern, kommt bei der Erschließung von offenen Reserven in jedem Fall der Aspekt der entstehenden Publizität zum Tragen. Mit der steigenden Publizität nimmt das „head-line-risk" (die Gefahr negativer Presse und die damit möglicherweise verbundenen Implikationen für das weitere erfolgreiche wirtschaftliche Handeln) deutlich zu. Problemstellungen der abnehmenden Liquidierbarkeit und steigenden Publizität erweitern sich in Richtung gezeichnetem Kapital und Nachrangkapitalien. Damit hängt die genaue Komposition bei der Allokation von Deckungspotenzialen letztlich auch davon ab, welches Beanspruchungsszenario – ausgehend von dem Szenario beigemessenen Risikoprofil – betrachtet wird: Normalbelastungsfall im Unternehmensalltag? Stressszenario mit erhöhter Risikoexponierung? etc.[649] Während es im existenzgefährdenden Stressszenario opportun ist, über den Einsatz von gezeichnetem Kapital und nachrangigen Kapitalbestandteilen nachzudenken bzw. als zwangsläufige Notwendigkeit zu akzeptieren, ist dies keine Option für einen unterstellten Normalbelastungsfall.

Mit den bisherigen Ausführungen wurde zunächst ein Weg aufgezeigt, wie Deckungspotenziale im Rahmen der RTF-Steuerung abgeleitet und abgegrenzt werden können. Hierauf kann im weiteren Verlauf bei Vertiefung in die Kernelemente einer institutsspezifischen RTF-Steuerung im Rahmen der Abgrenzung von verschiedenen RTF-Steuerungsperspektiven (vgl. Kapitel 3.1) aufgebaut werden. Zuvor gilt es aber im Folgenden die Ableitung des zum Deckungspotenzial korrespondierenden Risikoprofils zu skizzieren.

2.2 Risikoprofil

Nachdem zuvor mit den Ausführungen zum „Deckungspotenzial" gewissermaßen die „Haben"-Seite der RTF-Steuerung dargestellt wurde, gilt es nun die *Bestimmung des „Risikoprofils"* als „Soll"-Seite der RTF-Steuerung zu charakterisieren. Es liegt auf der Hand, dass eine RTF-Steuerung nur möglich ist, wenn eine substanziell belastbare Aussage zur Risikoexponierung vorliegt. Ohne ein angemessenes Pendant im Hinblick auf mögliche Risiken kann die Angemessenheit des Deckungspotenzials nicht beurteilt werden. An dieser Stelle ist es zunächst notwendig eine grundlegende Definition von „Risiko" zu entwerfen.

---

[649] Vgl. auch Schierenbeck, (2003), S. 31–32, der von primären bis quintären Deckungspotenzialen spricht: In diesem Abstufungssystem bezeichnen die primären Deckungspotenziale die Reserven, die als vereinnahmte Standardrisikokosten zur Verlustabdeckung im Normalbelastungsfall vorgesehen sind. Gefolgt werden diese von stillen Reserven (sekundäres Deckungspotenzial), die eingesetzt werden können, ohne dass eine Offenlegung gegenüber Anteilseignern und Kapitalgebern erfolgen muss. Tertiäre und quartäre Deckungspotenziale, zu denen Sonderposten für allgemeine Bankrisiken, offene Reserven und das gezeichnete Kapital gezählt werden, können nur mit bilanzieller Offenlegung zur Verlustabdeckung verwendet werden. Als quintäre Reserve zur Verwendung nur im äußersten Notfall („Stress") werden Fremdmittel in Form von Ergänzungs- und Nachrangmitteln bezeichnet. Spätestens mit der Verwendung von quintären Reserven ist allerdings ein Fortbestand der Bank mehr als fraglich.

2.2.1 Basisdefinition „Risiko"

Der Begriff „Risiko" wird in der betriebswirtschaftlichen Praxis und in der wissenschaftlichen Literatur sowie im allgemeinen Sprachgebrauch[650] in verschiedenen Facetten verwendet, so dass sich die allgemeingültige und trennscharfe Begriffsdefinition von Risiko als schwierig gestaltet. Bei den verschiedenen in der Literatur und in der Diskussion anzutreffenden Definitionsansätzen für Risiko kann zunächst einmal als „gemeinsamer Nenner" festgehalten werden, dass mit Risiko im Allgemeinen eine Betrachtung von zukünftigen Ereignissen verbunden wird. Somit liegt mit der Komponente „*Zeit*" eine erste Definitionsdimension für Risiko vor. Daneben kristallisieren sich mit „*Informationszustand*" und „*Zielerreichung*" in der wissenschaftlichen Betrachtung zwei weitere überwiegende Differenzierungsansätze und Betrachtungsdimensionen zur Definition von Risiko heraus.[651]

Hierbei handelt es bei der Dimension „*Informationszustand*" um eine ursachenbezogene Betrachtung, die in der Entscheidungstheorie verankert ist.[652] Im Hinblick auf den Informationszustand unterscheidet die Entscheidungstheorie im Allgemeinen zwischen den beiden generellen Informationszuständen „Sicherheit" und „Unsicherheit".[653] Bei der Entscheidung unter Sicherheit kann der Entscheidungsträger zukünftige Ereignisse und ihre Auswirkungen bereits zum Zeitpunkt der Entscheidung vollständig erfassen. In der unternehmerischen oder betriebswirtschaftlichen Realität kommen derartige deterministische oder naturgesetzliche Entscheidungssituationen im Regelfall jedoch nicht vor, weil wirtschaftliche Abläufe und die daraus resultierenden Ergebnisse nicht exakt vorhersehbar sind.[654]

Die für die betriebswirtschaftliche Praxis relevanten *Entscheidungen unter Unsicherheit* werden daher üblicherweise in die beiden Informationszustände „Ungewissheit" und „Risiko" unterschieden.[655] Im Fall der Ungewissheit kann der Entscheidungsträger zukünftigen Ereignissen keinerlei Eintrittswahrscheinlichkeiten zuordnen.[656] Unter diesen Voraussetzungen ist keine rationale Entscheidung möglich. Bei Entscheidungen unter Risiko ist der Entscheidungsträger dagegen in der Lage seine Entscheidung auf der Basis einer Wahrscheinlichkeitsverteilung im Hinblick auf das Eintreten zukünftiger Ereignisse zu treffen. Bei den herangezoge-

---

[650] Der sprachlichen Wurzeln des Begriffs „Risiko" werden vielfach im Italienischen des 14. Jahrhunderts gesehen und der Begriff von „*riscare*" = „*etwas wagen*" und „*rischio*" = „*Gefahr*" oder „*Wagnis*" abgeleitet [zum sprachlichen Ursprung von „Risiko" vgl. Niedostadek (2006), Tz. 357].

[651] Vgl. Völker (2001), S. 33.

[652] Vgl. Spellmann (2002), S. 8–9 oder Brakensiek (2001), S. 11.

[653] Vgl. u.a. Knight (1971), S. 197–232.

[654] Vgl. Spellmann (2002), S. 8, und die dortigen Hinweise auf Stocker (1997), S. 21.

[655] Vgl. Rohmann (2000), S. 9–10.

[656] Vgl. Spellmann (2002), S. 8. Dort auch der Hinweis, dass in der Literatur „Unsicherheit" im Zusammenhang mit Entscheidungssituationen teilweise auch mit dem Synonym „Ungewissheit im engeren Sinne" bezeichnet wird.

nen Wahrscheinlichkeiten muss es sich um objektive oder rationale Wahrscheinlichkeiten handeln, die aus empirischen Erfahrungen aus der Vergangenheit auf die Zukunft übertragen werden oder über statistische Schätzverfahren ermittelt werden. Entscheidungssituationen, bei denen nur intuitive oder subjektive Wahrscheinlichkeiten für Entscheidungen herangezogen werden können, werden dagegen im Allgemeinen als Entscheidungen unter Ungewissheit aufgefasst.[657] Unter den hier dargelegten und auf Informationszustände ausgelegten Betrachtungsansätzen ist „Risiko" also dadurch gekennzeichnet, dass im Zustand der Unsicherheit über zukünftige Ereignisse ihrem möglichen Eintreten objektive Eintrittswahrscheinlichkeiten zugeordnet werden können. Dies bedeutet, dass der Entscheidungsträger im Rahmen seiner Entscheidungen mögliche zukünftige Ereignisse mit Hilfe einer Wahrscheinlichkeitsfunktion bewertet.[658]

Während die informations- und entscheidungsorientierte Abgrenzung im Ergebnis die Wahrscheinlichkeitskomponente von Risiko beschreibt, erfolgt in Ergänzung dazu aus der Perspektive eines möglichen *Zielerreichungsgrads* eine wirkungsbezogene Betrachtung: Im Blickpunkt stehen die wertmäßig materiellen Auswirkungen von zukünftigen Ereignissen, das heißt also letztlich die mit dem Eintritt eines Risikoereignisses verbundene monetäre oder materielle Komponente von Risiko. Insoweit bedarf es einer inhaltlichen und quantitativen Betrachtung von Referenzgrößen.[659]

Die *Erfassung der materiellen Auswirkungen* von zukünftigen Ereignissen setzt zunächst voraus, dass eine quantifizierbare Zielgröße identifiziert wird, zum Beispiel die Rendite aus Wertpapieranlagen oder Verluste aus gewährten Krediten. Im zweiten Schritt muss für die Zielgröße ein quantitativer Referenzwert fixiert werden. Im Vokabular der Statistik handelt es sich hierbei um den Erwartungswert, z. B. die statistisch erwartete Mindestrendite oder der statistisch erwartete Verlust aus dem Kreditgeschäft. Das eigentliche Maß zur Erfassung des Risikos liegt dann in der Erfassung der Abweichung vom Erwartungswert, z. B. unter Verwendung von (statistischen) Kennzahlen, die die Streuung um den Erwartungswert beschreiben, zum Beispiel Standardabweichung oder Varianz.

Risiko wird in dieser wirkungsbezogenen Betrachtung mit der *Abweichung vom Erwartungswert* gleichgesetzt,[660] damit handelt es sich bei Risikoereignissen also

---

[657] Teilweise werden unter Heranziehung von subjektiven Wahrscheinlichkeiten getroffene Entscheidungen auch den Entscheidungen unter Risiko zugeordnet, vgl. zum Beispiel Büschgen (1998), S. 866.

[658] Hieraus erklärt sich im Übrigen auch, warum „Informationszustand" im Allgemeinen als ursachenbezogene Dimension von Risiko angesehen wird: Die Ursache dafür, dass letztlich mögliche Risikoereignisse eintreten, wird darin gesehen, dass auf einer unsicheren – aber dennoch über Wahrscheinlichkeiten abschätzbaren – Informationsbasis Entscheidungen gefällt wurden und entsprechende unternehmerische Handlungen vorgenommen wurden.

[659] Vgl. Spellmann (2002), S. 9.

[660] Vgl. Rohmann (2000), S. 9.

um unerwartete Ereignisse. Diese Definition schließt zunächst die beiderseitige Abweichung vom Erwartungswert ein, das heißt sowohl den monetären Erfolg (= Gewinn) als auch den monetären Misserfolg (= Verlust). Ein weit gefasster Risikobegriff umfasst auch die „Chance" einer positiven Ergebnisabweichung vom Erwartungswert. Im Fokus der betriebswirtschaftlichen Praxis steht jedoch in der Regel eine engere Begriffsauslegung von Risiko: Unter Risiko wird ausschließlich die negative Abweichung von einer bestehenden Ergebniserwartung verstanden. Der auf die Negativabweichung ausgerichtete Risikobegriff wird häufig auch als Downside- oder Shortfall-Risiko bezeichnet.[661]

Zusammenfassend ergibt sich der in diesem Beitrag verwendete *betriebswirtschaftliche Risikobegriff* aus der Zusammenführung der drei im Vorfeld betrachteten Dimensionen „Zeit", „Informationszustand" und „Zielerreichungsgrad" wie folgt: *Risiko bezeichnet die in einem unzureichenden Informationsstand begründete Gefahr einer negativen Abweichung des tatsächlichen Ergebniswertes vom erwarteten Ergebniswert innerhalb eines bestimmten Risikohorizonts.*[662] Diese Definition verdeutlicht, dass die im Zusammenhang mit einem Kreditportfolio erwarteten Verluste eben kein Risiko im Sinne dieser Definition darstellen, sondern in Form von zu vereinnahmenden Risikoprämien oder Standardrisikokosten Teil der ordentlichen Kostenstruktur einer Bank sind.[663]

Die *Bestimmung des Risikoprofils* im Kontext der RTF-Steuerung beinhaltet auch auf der zuvor dargestellten theoretischen Grundlage zwei grundsätzliche Aspekte des klassischen Risikomanagement Regelkreises[664]: Identifizierung von potenziellen Risiken und Quantifizierung.

2.2.2 Risikoidentifizierung

Bei der *Identifizierung* geht es zunächst um die Frage, welche Risiken im Hinblick auf die RTF-Steuerung relevant sind. Grundsätzlich liefern bereits die MaRisk (AT 2.2, Tz. 1) mit der dortigen Nennung der typischen Bankrisiken – Adressenausfallrisiken (einschließlich Länderrisiken), Marktpreisrisiken, Liquiditätsrisiken und operationelle Risiken – eine Auflistung von Risiken die mindestens („zumindest")

---

[661] Vgl. Hartmann-Wendels/Pfingsten/Weber (2000), S. 541 oder Spellmann (2002), S. 51.

[662] Diese Definition erfolgt in Anlehnung an Schierenbeck (2003), Band 2, S. 15, nimmt aber die Dimension Zeit als Bezugsgröße mit auf. Der Risikohorizont spielt eine zentrale Rolle in der Risikodefinition, weil das Eintreten von zukünftigen Risikoereignissen auch von der Länge des betrachteten Zeitinterfalls abhängt. Je weiter der Risikohorizont in die Zukunft reicht, desto unsicherer wird der Informationszustand zum Zeitpunkt einer unternehmerischen Entscheidung. Auch der Zielerreichungsgrad bzw. die Abweichung von Ergebniserwartungen wird im Regelfall von der Länge des betrachteten Zeitintervalls beeinflusst. Dabei können mit einem längeren Risikohorizont sowohl Ausweitungen als auch Einengungen der Ergebnisabweichungen einhergehen.

[663] Vgl. auch Schulte-Mattler/Gaumert (2008), S. 32.

[664] „Identifizieren – Quantifizieren – Steuern" als iterativer Managementprozess.

als wesentlich einzustufen sind. Zum einen stellt die im Rahmen der 3. MaRisk-Novelle in den MaRisk manifestierte Forderung nach einer „Risikoinventur" zur Erfassung des Gesamtrisikoprofils noch einmal explizit klar, dass eine vollumfängliche Risikosicht unabdingbar ist. Zum anderen werden auch für die nicht als wesentlich eingestuften Risiken „angemessene Vorkehrungen" gefordert. Die Thematik „Risikoinventur" wird als Thema von besonderer institutsspezifischer Relevanz im Rahmen von Abschnitt 3.2.1 dieses Beitrags noch eingehender behandelt. An dieser Stelle kann jedoch bereits vorweggenommen werden, dass die MaRisk-Ausführungen zur Risikoinventur und deren Zielrichtung (AT 2.2, Tz. 2) implizit das „magische" Dreieck der Banksteuerung aufspannen und insoweit die Risikoinventur den institutsspezifischen Einstiegspunkt in die Bestimmung des Risikoprofils darstellt.

Abbildung 5: „Magisches" Dreieck der Banksteuerung

Das *„magische" Dreieck der Banksteuerung* bildet die drei zentralen Steuerungsbedingungen ab, die zur nachhaltigen Erhaltung des Instituts notwendig sind: Die Sicherstellung der *Liquidität* ist dabei zweifellos die unmittelbarste Bedingung, da der Verlust der jederzeitigen Zahlungsfähigkeit zur sofortigen Beendigung der Institutsexistenz führen würde. Unmittelbar nachgelagert in der Dringlichkeit ist die Sicherstellung der im Sinne der Solvabilitätsverordnung notwendigen *regulatorische Kapitalsituation*. Verglichen zur regulatorischen Kapitalsituation kann die Sicherstellung der unternehmerischen Ertrags- und Kapitalsituation temporär als etwas nachgelagert eingestuft werden, wobei die Betonung auf temporär liegt. Denn schließlich wären nachhaltige „rote" Zahlen mit der Konsequenz eines Eigenkapitalverzehrs auf die Dauer keinem Eigentümer zu kommunizieren, was insoweit auch letztlich die Beendigung der Institutsexistenz nach sich ziehen würde.

Der Fokus der bankinternen RTF-Steuerung ist eindeutig auf den *Erhalt der unternehmerischen Ertrags- und Eigenkapitalsituation* gerichtet und fungiert in dieser Hinsicht komplementär zur regulatorischen Welt im Sinne der Solvabilitätsverordnung. Ein vollständiges Heranführen des Risikoprofils an das Deckungspotenzial und der damit der möglicherweise letztlich verbundene tatsächliche Zwang zur Verwendung des Deckungspotenzials wird im Regelfall der Banksteuerung jedoch dabei ein theoretisches Denkmodell sein. Dennoch oder gerade deswegen ergibt sich die Notwendigkeit das Risikoprofil der Bank im Rahmen der internen RTF-Steuerung adäquat zu quantifizieren.

2.2.3 Risikoquantifizierung (Grundlagen)
Zur *Risikoquantifizierung*, das heißt zur Ermittlung der über die Verlusterwartung hinausgehenden möglichen Verlustverteilung, kommen in aller Regel in der Praxis – zumindest für die zentralen Risiken in Gestalt von Adressenausfallrisiken und Marktpreisrisiken – üblicherweise *Value-at-Risk Konzepte* (VaR-Konzepte) zum Einsatz. Mit dem VaR-Konzept gelingt die Operationalisierung der im Vorfeld entwickelten Risikodefinition. *„VaR" bezeichnet im Hinblick auf einen bestimmten Risikohorizont den maximalen oder schwersten Verlust, der innerhalb eines bestimmten Konfidenzintervalls zu erwarten ist.*[665]

Durch die Angabe eines *Konfidenzintervalls* wird die Verlustaussage mit eine Wahrscheinlichkeitsaussage zusammengeführt, so dass im Ergebnis eine Verteilungsfunktion entsteht, die Verlusten eine Eintrittswahrscheinlichkeit zuordnet, die angibt, mit welcher Wahrscheinlichkeit ein bestimmter Verlust nicht überschritten wird. Mit der Wahl des Konfidenzniveaus wird im Rahmen der Banksteuerung festgelegt, mit welchem Sicherheitsniveau (= Wahrscheinlichkeit) die Bank die Abdeckung von abgeschätzten Verlusten mit Deckungspotenzial sicherzustellen beabsichtigt.[666] Vielfach wird diese Wahrscheinlichkeit mit dem Zielrating der Bank assoziiert.

Bei der *Interpretation einer VaR-Kennzahl* ist jedoch zu beachten, dass der angegebene Verlust lediglich einen Maximalverlust im Rahmen des Konfidenzniveaus *alpha* (z. B. 95%) beschreibt. Mit der Gegenwahrscheinlichkeit oder Irrtumswahrscheinlichkeit *(1 – alpha)* muss mit einem höheren Verlust gerechnet werden. Diese Schwäche des VaR-Konzepts ließe sich aber mit einer Erweiterung in Richtung des „expected shortfall" erweitern. Der expected shortfall bezeichnet den über die Eintrittswahrscheinlichkeit gewichteten Mittelwert aller Verluste, die größer als der VaR sind. Die Abbildung 6 verdeutlicht noch einmal am Beispiel einer für Adressenausfallrisiken typischen rechtsschiefen Verlustverteilung den Zu-

---

[665] „ ‚VaR' summarizes the expected maximum loss (or worst loss) over a target horizon within a given confidence intervall.", vgl. Jorion (2002), S. 107–108.
[666] Vgl. z. B. Schulte-Mattler/Gaumert (2008), S. 31.

sammenhang der möglichen Risikomaße erwarteter Verlust, Value-at-Risk (VaR) und expected shortfall, wobei ersterer im engeren Sinne der obigen Risikodefinition kein Risiko darstellt, sondern als Verlusterwartung eine Kostenkomponente des Bankbetriebs darstellt.

Die zuvor formulierte Hinweis auf *Schwächen von VaR-Konzepten* gibt auch noch einmal Anlass, darauf hinzuweisen, dass es bei allem berechtigten Interesse, das Risikoprofil des Instituts im Rahmen des RTF-Konzepts sachgerecht zu erfassen, letztlich weniger um die Erfassung eines absolut richtigen Risikobetrags geht. Vielmehr ist im Interesse einer sachgerechten Banksteuerung noch von viel größerer Bedeutung, jederzeit eine angemessene relative Risikoaussage treffen zu können. In diesem Sinne geht es also darum mit der Risikoquantifizierung den Kriterien eines kohärenten Risikomaßes zu folgen.

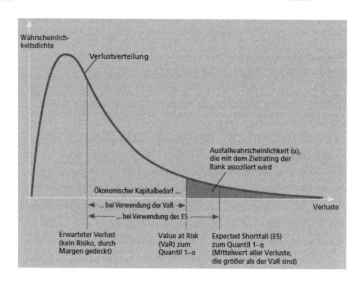

Abbildung 6: Erwarteter Verlust – Value-at-Risk – Expected Shortfall

Ein *kohärentes Risikomaß* zeichnet sich aus durch[667]

– *Monotonie*: Eine Ausweitung des Risikos (durch z. B. Positionsaufbau, Ratingherabstufung von Krediten) führt zu einem erhöhten Risikomaß.
– *Positive Homogenität*: Mit verdoppeltem Investment in eine Anlage verdoppelt sich das Risikomaß
– *Subadditivität/Diversifikation*: Das Risikomaß eines Portfolios mit zwei risikobehafteten Anlagen ist kleiner (= diversifiziert) oder gleich (= subadditiv) der Summe der beiden individuellen Risikomaße

---

[667] Vgl. z. B. Artzner/Delbaen/Eber/Heath (1998).

– *Translationsvarianz*: Mit zusätzlicher Investition in eine risikolose Anlage sinkt das Risikomaß.

2.2.4 Quantifizierung banktypischer Risiken

Nachfolgend werden zum Abschluss der Ausführungen zur Bestimmung des Risikoprofils im RTF-Konzept noch einige Verfahren zur Quantifizierung banktypische Risiken skizziert. Anhaltspunkte für *praxisrelevante Vorgehensweisen* lassen sich u.a. aus dem im Rahmen der Einordnung zu diesem Beitrag bereits erwähntem RoP-Papier ableiten.[668]

Im Regelfall stellen *Adressenausfallrisiken* das bedeutendste banktypische Risiko dar. Insoweit ist der Quantifizierung von Adressenausfallrisiken eine besondere Bedeutung im Rahmen der Bestimmung des Risikoprofils im RTF-Konzept beizumessen. Üblicherweise werden in der Praxis Kreditportfoliomodelle eingesetzt, über die es gelingt, eine mit Eintrittswahrscheinlichkeiten verknüpfte Verlustverteilung zu modellieren. Wesentliche Inputfaktoren sind die Qualität der Kreditnehmer – ausgedrückt mit einem Rating und diesem zugeordneter Ausfallrate oder PD („probability of default") – sowie Annahmen zur Korrelation des Ausfallverhaltens der im Kreditportfolio befindlichen Kreditnehmer. Daneben spielen die Bestimmung der für den Zeitpunkt des Ausfalls unterstellten Exponierung (EAD – „probability of default") sowie die bei Abwicklung anzusetzende Verlustquote (LGD – „loss given default") eine bedeutende Rolle.

Das Spektrum der eingesetzten Modelle reicht von einfacheren 1-Faktor-Modellen[669] über von externen Anbietern vertriebene Lösungen[670] bis hin zu umfassenden Eigenentwicklungen, die sich üblicherweise an gängige Modelle anlehnen. Bei der Modellwahl ist grundsätzlich auch festzulegen, welches Risikoereignis im Kontext von Adressrisiken betrachtet werden soll: a) das klassische Ausfallrisiko, b) das Wertänderungsrisiko aufgrund von Bonitätsverschlechterungen oder c) beide Betrachtungsperspektiven.

Default-Mode-Modelle bilden das klassische Ausfallrisiko ab und eignen sich daher besonders für Kreditbeziehungen, die bis zur Fälligkeit bestehen, also für typische Buy-and-hold Strategien.[671] *Migrations- oder Mark-to-Market-Modelle* bilden neben Ausfallereignissen auch die Auswirkungen von bonitätsinduzierten Wertverringerungen von Kreditpositionen ab. Für diesen Zweck berücksichtigen Migrationsmodelle auch Migrationswahrscheinlichkeiten von Schuldnern, von einer

---

[668] Vgl. Deutsche Bundesbank (2010).

[669] Z. B. die auch in der deutschen SolvV (Bestimmung des aufsichtlich notwendigen Eigenkapitals nach Säule 1) eingeflossene IRB-Formel, die letztlich auf Arbeiten von Robert Merton zum Asset Value Modell (AVM) zurückgeht.

[670] Eine gute und kurzgefasste Übersicht zu den externen Modellen „CreditMetrics", „CreditRisk+" und „KMV Portfolio Manager" findet sich z. B. bei Schwarz (2004).

[671] Vgl. Albrecht (2005), S. 26 oder Ohler/Unser (2001), S. 271–272.

in eine andere Ratingklasse zu wechseln oder ein bestimmtes Rating zu behalten. Hier wird Ausfall als Spezialfall oder Extremfall in einer Reihe von Bonitätsverschlechterungen aufgefasst.

Über die Modelle lassen sich auch *Abschreibungsrisiken von Positionen* bestimmen, die nicht im Rahmen einer Buy-and-hold-Strategie gehalten werden. Allerdings weisen Migrationsmodelle im Regelfall einen höheren Komplexitätsgrad auf und stellen daher auch größere Datenanforderungen als Default-Mode-Modelle.[672] Aufgrund der konzeptionellen Nähe von bonitätsinduzierten Wertverringerungen zu spezifischen oder idiosynkratischen Marktpreisrisiken kann teilweise auch auf Modelle zur Quantifizierung von Marktpreisrisiken zurückgegriffen werden.

Zu Bestimmung des Risikoprofils aus *Marktpreisrisiken* greifen in der Praxis die meisten Banken zwischenzeitlich auf eigene Modelle zu, die nahezu vollständig auf VaR-Konzepte basieren dürften. Marktpreisrisiken bestehen in Form einer potenziellen negativen Veränderung von Positionswerten. Ursächlich lassen sich differenzieren nach (Aktien-)Kursrisiken, Zinsänderungsrisiken, Währungsrisiken und Preisrisiken aus Warengeschäften.[673] Bei Zinsänderungsrisiken ist zwischen allgemeinen Zinsänderungsrisiken und den – ursächlich auch Adressenausfallrisiken zuordnenbaren – spezifischen Zinsänderungsrisiken aufgrund von bonitätsinduzierten Wertänderungen zu unterscheiden („Credit Spread Risiken")[674].

Der Umfang der Berücksichtigung von *Credit Spread Risiken* im Rahmen des RTF-Konzepts orientiert sich nach der von der Bundesbank in der durchgeführten Bankenbefragung offenbar stark an der Behandlung im Rechnungswesen. Während in einem IFRS-Kontext Credit Spread Risiken im Zusammenhang mit „Fair Value Positionen" in der Regel in die Risikomessung integriert werden, ist das Vorgehen nach den Erfahrungen der Bundesbank bei den Kategorien „hold to maturity" und „Loans and Receivables" sowie bei HGB-Rechnungslegung deutlich selektiver.[675]

Die Risikoquantifizierung von *Marktpreisrisiken* im Kontext der RTF-Steuerung erfolgt üblicherweise über Hochskalierungen aus täglichen VaR-Kennzahlen (unterstellte 1-tägige Haltedauer) auf VaR-Kennzahlen mit längerfristiger Haltedauer überführt, dabei wird im Regelfall von Haltedauern von 3 Monaten ausgegangen.[676]

Zur Quantifizierung von *operationellen Risiken* liegt im Gegensatz zu den schon langjährig etablierten Verfahren für Marktpreis- und Adressenausfallrisiken noch kein umfassendes Methodenspektrum vor. Die Steuerung von operationellen

---

[672] Vgl. Albrecht (2005), S. 26 oder Ohler/Unser (2001), S. 271–272.
[673] Neben klassischen Rohwaren- oder Edelmetallrisiken zählen hierzu heute insbesondere auch Risiken aus Energiekontrakten oder im Zusammenhang mit CO_2-Emissionsrechten („Klimazertifikate").
[674] Vgl. Deutsche Bundesbank (2010), S. 13.
[675] Vgl. ebenda.
[676] Vgl. Deutsche Bundesbank (2010), S. 19–20.

Risiken erfolgt in der Bankpraxis vielfach über primär qualitative Verfahren.[677] Zur Quantifizierung in der RTF-Steuerung wird häufig auch auf aus der Solvabilitätsverordnung bekannte Verfahren – Basisindikatoransatz oder Standardansatz – zurückgegriffen, wobei dann aber eine plausible Überleitung auf das im Rahmen der bankinternen RTF-Steuerung verwendete Konfidenzniveau sowie auf den dort gewählten Risikohorizont notwendig ist.[678] Alternativ ist eine pauschalisierte Berücksichtigung im Sinne der MaRisk (AT 2.1, Tz. 5) möglich oder auch in Ermangelung anderer Verfahren mindestens erforderlich, daseit der MaRisk-Novelle von 2009 kaum noch die „Methodenfreiheit" besteht, operationelle Risiken als wesentliche Bankrisiken pauschal aus der Berücksichtigung im RTF-Konzept auszuklammern.[679]

Liquiditätsrisiken stellen – nicht zuletzt auch weil die Sicherstellung der Liquidität ein Element des „magischen" Dreiecks der Banksteuerung ist[680] – ein wesentliches Risiko des Bankbetriebs dar. Grundsätzlich ist noch eine weitere Differenzierung von Liquiditätsrisiken notwendig, die der vielschichtigen Ausprägung von Liquiditätsrisiken Rechnung trägt. Neben dem klassischen Zahlungsunfähigkeitsrisiko sind noch das Refinanzierungsrisiko und das Marktliquiditätsrisiko zu unterscheiden. Ersteres beschreibt die Gefahr, dass die Refinanzierungsmöglichkeiten der Bank aufgrund einer Ausweitung des eigenen Refinanzierungsspreads massiv verteuert werden[681], so dass daraus erhebliche Ergebnisbelastungen und schlimmstenfalls daraus folgende Belastungen der Deckungsmasse resultieren können. Das Marktliquiditätsrisiko beschreibt das Verlustpotenzial, dass insbesondere im Zusammenhang mit einer möglichen Veräußerung von Positionen aufgrund von Liquiditätsabschlägen – speziell in gestörten Marktumfeldern – schlagend werden kann. Letztlich handelt es sich inhaltlich also um eine Ausprägung des Preisrisikos.

Bei der getroffenen *Dreifachdifferenzierung von Liquiditätsrisiken* ist eindeutig, dass das klassische Zahlungsunfähigkeitsrisiko in keinem Fall in geeigneter Weise über Deckungsmassen aufgefangen werden kann.[682] Wie bereits angedeutet ließe sich das Marktliquiditätsrisiko als Teilkomponente des Marktpreisrisikos modellieren. Für die Quantifizierung des Refinanzierungsrisikos könnten durchaus eigenständige VaR-Konzepte herangezogen werden, indem bezogen auf einen erwarteten dispositiven Nettofinanzbedarf Wertschwankungsrisiken im Zusammenhang mit der Entwicklung des eigenen Refinanzierungsspreads ermittelt werden.[683] Nach Erkenntnissen der Bundesbank beziehen rund 20 % der Institute Liquiditätsrisiken

---

[677] Vgl. auch hierzu die in Kapitel 3.2.1 im Kontext der Risikoinventur vorgestellten Instrumente.
[678] Vgl. Deutsche Bundesbank (2007), S. 64–65.
[679] Vgl. BaFin (2009) im Hinblick auf AT 4.1, Tz. 4.
[680] Vgl. Abbildung 5 und die dortigen Ausführungen.
[681] Vgl. Deutsche Bundesbank (2010), S. 14.
[682] Vgl. Hannemann/Schneider (2011), S. 155.
[683] Vgl. Hannemann/Schneider (2011), S. 154.

in ihre RTF-Konzepte ein, wobei aufgrund einer nicht einheitlichen Begriffsabgrenzung nicht eindeutig ist, um welche Facetten außerhalb des klassischen Zahlungsunfähigkeitsrisikos, das aufgrund seiner Spezifika nicht sinnvoll in RTF-Konzepte einzubeziehen ist, es sich handelt.[684] Unabhängig von der Einbeziehung in RTF-Konzepte liegt aufgrund der existenziellen Bedeutung des Liquiditätsrisikos auf der Hand, dass dieses wesentliche Risiko in der Praxis gleichwohl durch adäquate bankinterne Risikomanagementverfahren gesteuert wird.

Neben den im Vorfeld für die vier zentralen banktypischen Risiken skizzierten möglichen Verfahren zur Bestimmung des Risikoprofils öffnen die MaRisk (AT 4.1 Tz. 4) – wie bereits im Zusammenhang mit operationellen Risiken erwähnt – die Möglichkeit, *expertenbasierte Risikobeträge* als Näherungen für nicht modellmäßig zu quantifizierende Risiken anzusetzen.

Neben der nach Risikoarten isolierten Risikoquantifizierung stellt sich auch die Frage nach einer *Aggregation der verschiedenen Risikobeiträge* in einer Gesamtbanksicht. Sobald Risiken nicht rein additiv zusammengeführt werden, sondern Diversifikationseffekte zwischen verschiedenen Risiken berücksichtigt werden, stellen die MaRisk seit 2010 deutlich erhöhte Anforderungen im Hinblick auf den Nachweis der institutsspezifischen Angemessenheit (AT 4.1, Tz. 6/7). Diese Thematik wird im Kontext der besonderen Aspekte einer institutsspezifischen RTF-Steuerung behandelt.[685]

3 Besondere Aspekte einer institutsspezifischen RTF-Steuerung

Die bereits in der Einordnung skizzierte aktuelle Diskussion der Aufsicht mit dem Bankgewerbe im Zusammenhang mit RTF-Konzepten verdeutlicht, dass es sich dabei um eine zentrale Fragestellung der Banksteuerung in der Wahrnehmung der Aufsicht handelt. Auch wenn in der jüngsten MaRisk-Novelle aus Dezember 2010 die Ausführungen zur Risikotragfähigkeit mit wenigen Ausnahmen (=> Berücksichtigung von Diversifikationseffekten, Berücksichtigung von Risikokonzentrationen) nahezu unverändert zu vorherigen MaRisk-Fassungen sind, lassen Erfahrungen aus der Prüfungspraxis, aus dem veröffentlichten RoP-Papier sowie aus der Fachgremiumssitzung MaRisk (ICAAP)" erkennen, dass eine Art *Paradigmenwechsel* im Hinblick auf die aufsichtliche Beurteilung von bankinternen RTF-Konzepten stattgefunden hat.

Insgesamt tendieren die bislang über Diskussion und Prüfungspraxis manifestierten aufsichtlichen Anforderungen hin zu einer deutlicher institutsspezifisch angemessenen Ausgestaltung der bankinternen RTF-Konzepte. Wie bereits in der Einordnung erwähnt, ist es in der Tat offen, ob die von der Aufsicht vorgebrachten Aspekte ihren Weg in zukünftige MaRisk oder in ein eigenständiges „Leitplanken-

---

[684] Vgl. Deutsche Bundesbank (2010), S. 14.
[685] Vgl. Abschnitt 3.2.2 dieses Beitrags.

papier" zur Risikotragfähigkeit finden werden. Vor diesem Hintergrund werden nachfolgend als besonders erachtete Aspekte einer institutsspezifischen RTF-Steuerung thematisch gebündelt dargestellt: Abgrenzung der RTF-Steuerungsperspektive, vollständige Risikoerfassung und Angemessenheit der Parametrisierung und konsistente Einbindung in die Gesamtbanksteuerung.

3.1 Abgrenzung der RTF-Steuerungsperspektive

Im Grundsatz gilt für bankinterne Risikotragfähigkeitskonzepte das *Prinzip der Methodenfreiheit*. Das spricht die Banken jedoch nicht davon frei, dass die gewählten Ansätze geeignet sein müssen, die Risikosituation einer Bank angemessen und vor allen Dingen konsistent zur generellen Steuerungsphilosophie zu erfassen.[686]

Gewissermaßen die Eintrittsbarriere einer konsistenten Risikotragfähigkeitskonzeption besteht in der eindeutigen *Perspektivenabgrenzung*, das heißt in der Klärung, ob eine Bank in ihrem Konzept eine Liquidationssicht oder aber going-concern-Sicht verfolgt. Abbildung 6 veranschaulicht die so auch von der Aufsicht unterschiedenen Differenzierungsebenen, wobei der Steuerungsfokus das für die Unterscheidung nach Liquidationssicht oder Going-concern-Sicht wesentliche Kriterium ist.

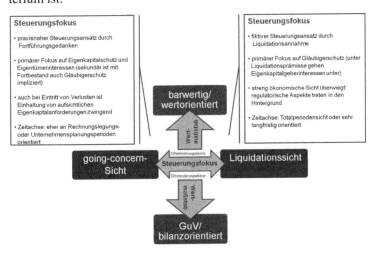

Abbildung 6: Perspektivenabgrenzung: going-concern-Sicht vs. Liquidationssicht; Quelle: Eigene Darstellung, basierend auf Seuthe (2010), RdNr. 255–266, sowie anhand von Unterlagen aus der „Fachgremiumssitzung MaRisk (ICAAP)" vom 29.11.2010, Frankfurt

Unter *Wertmaßstab* ist das grundsätzliche Vorgehen zur Quantifizierung des Risikoprofils und des Deckungspotenzial, das heißt der beiden im Sinne der Risiko-

---

[686] Vgl. u.a. Seuthe (2010), RdNr. 256.

tragfähigkeit auszutarierenden Größen, zu verstehen. Im Hinblick auf den Ausgangspunkt der Ableitung für beide Größen wird zwischen „barwertig/ wertorientiert" oder „GuV/bilanzorientiert" unterschieden, wobei die Aufsicht die Unterscheidung primär am gewählten Verfahren zur Ableitung des Deckungspotenzials festmacht: Während barwertig/wertorientiert im Extremfall das Deckungspotenzial als Portfoliobarwert im Sinne einer konsequenten Reinvermögenssicht definiert, geht GuV/bilanzorientiert von einer Ableitung aus Größen der GuV und/oder Bilanz aus.[687]

Theoretisch können beide Steuerungssichten mit beiden Wertmaßstäben kombiniert werden, wobei rein nach theoretischer Intuition die Paarungen „*Goingconcern-Sicht & GuV/bilanzorientiert*" und „*Liquidationssicht & barwertig/ wertorientiert*" als am stimmigsten erscheinen, da unter einer nachhaltigen Fortführungsannahme eine konsequente wertorientierte Reinvermögenssicht ökonomisch nicht sinnvoll erscheint bzw. eine strenge Liquidationssicht letztlich genau eine solche konsequente Reinvermögenssicht erfordert. Die beiden anderen Paarungen können jeweils jedoch in einer praktischen Umsetzungssicht die sinnvollen und pragmatischen Näherungen für das theoretische Denkmodell sein. Als weiteres generelles Kriterium zur Abgrenzung der beiden Steuerungssichten kann auch die zeitliche Dimension herangezogen werden. Während mit einer Liquidationssicht eher eine Totalperiodensicht in Verbindung gebracht werden kann, orientiert sich die Going-concern-Sicht eher an Rechnungslegungsperioden. Grundsätzliche konzeptionelle Unterschiede der beiden Steuerungssichten werden noch einmal in Abbildung 7 zusammengeführt.

Vor dem Hintergrund der *Methodenfreiheit* könnten im Grund alle Institute ausschließlich einen Going-concern-Ansatz verfolgen, da dies völlig konsistent zum – unter normalen Umständen bei allen Banken zu unterstellenden – konsequent auf Fortbestand ausgerichteten Steuerungskonzept ist. Die Aufsicht behält sich jedoch vor, insbesondere in Abhängigkeit von Größe und Bedeutung des Instituts, als „Korrektiv" auch die Liquidationssicht zu fordern.[688]

---

[687] Vgl. Seuthe (2010), RdNr. 256.
[688] Vgl. Seuthe (2010), RdNr. 266.

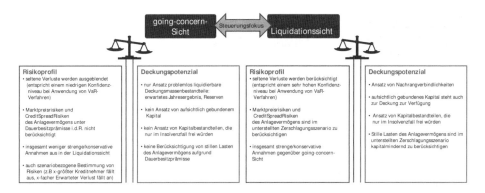

Abbildung 7: Grundlegende konzeptionelle Unterschiede: going-concern vs. Liquidation; Quelle: Eigene Darstellung, basierend auf Seuthe (2010), RdNr. 255–266, sowie anhand von Unterlagen aus der „Fachgremiumssitzung MaRisk (ICAAP)" vom 29.11.2010, Frankfurt.

Die Vielschichtigkeit, aber auch die Schwierigkeit der Trennschärfe in der genauen Unterscheidung von *Going-concern- oder Liquidationsprämisse* aus bankbetrieblicher Sicht werden noch einmal deutlich, wenn vier zentrale Perspektiven der Banksteuerung – nämlich Stakeholder-Fokus, Periodenbezug, Erhaltungskalkül und bankbetriebliche Funktion – parallel betrachtet werden (vgl. Abbildung 8). Letztlich kommt es auf den Grad der Fokussierung/Intensität im jeweiligen Steuerungskorridor an, ob der gewählte Steuerungsansatz eher der Liquidationsprämisse oder der going-concern-Prämisse folgt. Im Zweifel wären in der Praxis tatsächlich Mischformen denkbar.

Im Hinblick auf das *Erhaltungskalkül* wäre in der Tat auch eine Grauschattierung zwischen einem reinen Going-concern-Ansatz und einem reinen Liquidationsansatz denkbar und in Anbetracht der zu Grunde liegende Rahmenbedingungen auch konsistent. Beispielsweise wäre bei einem hanseatisches Förderinstitut, das nahezu vollständig auf die bankmäßige Umsetzung der sozialen Wohnraumförderung innerhalb des Stadtstaates spezialisiert ist und das mit einer umfassenden Gewährträgerhaftung des Senats ausgestattet ist, eine reine Liquidationssicht mit sofortiger Zerschlagungsprämisse keine unbedingt angemessene Steuerungsperspektive für die RTF-Steuerung, da eine sofortige Liquidation in Anbetracht des Haftungsmechanismus und der Gewährträgerhaftung auch in einem Krisenszenario eher unwahrscheinlich wäre und auch nicht zur Nachhaltigkeit des Förderauftrags kompatibel wäre. In Ergänzung zur Going-concern-Sicht wäre dagegen vielleicht eher eine Abwicklungsperspektive, die auch in einem Krisenszenario nur von einer teilweisen Liquidation ausgeht (Liquidation „light") sinnvoll.

Institutsspezifische Fundierung von Risikotragfähigkeitskonzepten

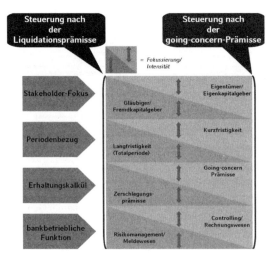

Abbildung 8: Sich überschneidende Steuerungskorridore

Mit Blick auf *bankbetriebliche Funktionen* wird deutlich, dass eine stark unter Going-concern-Prämissen ausgerichtete Banksteuerung tendenziell eher auf Funktionen des bankbetrieblichen Controllings/Rechnungswesens ausgerichtet ist. Auch hier könnte eine Mischform in Richtung Liquidation „light" die Integration von Risikomanagement und bankbetrieblichen Controlling unter Umständen diese Funktionen in idealer Weise verknüpfen.

In den Augen der Aufsicht wird in Anbetracht der Diskussionen im Fachgremium MaRisk (ICAAP) sowie aus Erfahrungen der Prüfungspraxis jedoch eine konsequente Trennung der beiden Steuerungsperspektiven angestrebt. Vor diesem Hintergrund widmen sich die beiden folgenden Abschnitte detaillierter der perspektivenbezogenen Spezifizierung des Deckungspotenzials und des Risikoprofils.

3.1.1 Perspektivenbezogene Spezifizierung des Deckungspotenzial

Die Aufsicht knüpft die Einordnung der von einer Bank gewählten RTF-Steuerungsperspektive nach Going-concern- oder Liquidationssicht primär an der Spezifizierung des Deckungspotenzials. Als Einstiegspunkt in die abgrenzende Betrachtung wird hier an erster Stelle die Frage nach dem Umgang mit im Sinne der Solvabilitätsverordnung (SolvV) notwendigen Eigenmitteln gestellt. Sofern eine Bank die nach SolvV notwendigen Mitteln als Teil des Deckungspotenzials im Rahmen eines RTF-Steuerungsansatzes berücksichtigt, wird davon ausgegangen, dass hier ein Steuerungsansatz unter einer Liquidationsprämisse verfolgt wird.[689] Anders formuliert setzt die RTF-Steuerung unter einer Going- oder Fortführungs-

---

[689] Vgl. Seuthe (2010), RdNr. 258 und 262.

prämisse dagegen zwingend voraus, dass die Mindestkapitalanforderung der Säule 1 jederzeit erfüllt ist, so dass in dieser Perspektive ein Abzug der nach SolvV notwendigen Mittel obligatorisch ist.[690] Diese Sichtweise spiegelt auch die Kernthese des „magischen" Dreiecks der Banksteuerung wider, in dem Sicherstellung der regulatorischen Kapitalsituation eine elementare Voraussetzung der Unternehmensfortführung ist.

In vergleichbarer Weise zum Umgang mit nach SolvV notwendigen Mitteln nimmt die Aufsicht im Hinblick auf das Deckungspotenzial noch eine Reihe von *perspektivenbezogenen Korrekturen* vor, die zu einer mit der gewählten RTF-Steuerungsperspektive konformen und konsistenten Ableitung des Deckungspotenzials führen. Zur Veranschaulichung kann als Ausgangspunkt der weiteren Betrachtung das in Abbildung 4 eingeführte Schichtenkonzept dienen.

Abbildung 9 stellt auf dieser Grundlage zunächst die Ableitung eines *perspektivenbezogenen going-concern-Deckungspotenzials* dar. Ausgangsbasis ist dabei eine im Prinzip aus dem aufsichtlichen Kern- und Ergänzungskapital zusammengesetzte Kapitalbasis (zunächst mit Ausnahme von Nachrangkomponenten). Die Wahl einer quasi regulatorischen Ausgangsbasis hat den Vorteil, dass auch bereits immaterielle Wertkomponenten, wie Firmenwert oder „Goodwill", die typischerweise in einem marktwert- oder substanzwertbasierten Verfahren Berücksichtigung finden, ausgeklammert sind. Damit wird berücksichtigt, dass deren Eignung als Deckungspotenzial aufgrund der nicht zwangsläufig im Bedarfsfall gegebenen Liquidierbarkeit ohnehin zweifelhaft ist (siehe Ausführungen im Abschnitt 2.1). Die Aufsicht beurteilt den „Goodwill" als „in der Krise flüchtig" und rechtfertigt darüber in nachvollziehbarer Weise die Nichtberücksichtigung.[691]

Insgesamt ist die zentrale Frage bei der Bestimmung des Going-concern-Deckungspotenzials, welches Deckungspotenzial zur *Absorbierung von möglichen Verlusten* in der laufenden Jahresabschlussperiode oder in zeitlich nahen Jahresabschlussperioden zur Verfügung, so dass aber in jedem Fall die Unternehmensfortführung sichergestellt ist.

---

[690] Vgl. Deutsche Bundesbank/BaFin (2010), S. 4.
[691] Vgl. Deutsche Bundesbank/BaFin (2010a), S. 13.

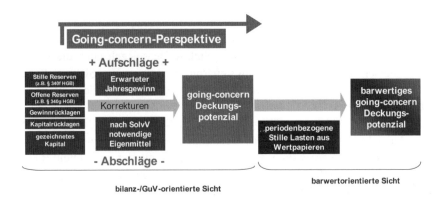

Abbildung 9: Perspektivenbezogene Ableitung des Going-concern-Deckungspotenzials (schematisch)

Wie bereits schon ausgeführt, ist der *Abzug der nach SolvV notwendigen Eigenmittel* der entscheidende Schritt auf dem Weg zur Ableitung eines Going-concern-Deckungspotenzials. Als Deckungspotenzial erhöhend kann unter der Going-concern-Prämisse auch der erwartete Jahresgewinn angesetzt werden. Allerdings ist eine Bereinigung um erwartete Verluste notwendig. Zur Sicherstellung einer konsistenten RTF-Betrachtung könnte alternativ auf eine Bereinigung um erwartete Verluste verzichtet werden, sofern diese bei der Betrachtung des Risikoprofils zusätzlich zu unerwarteten Verlusten (dem eigentlichen „Risiko" also) berücksichtigt werden. Entscheidend ist, dass auch in der Going-concern-Prämisse ein angesetzter *erwarteter Jahresgewinn als nachhaltig anzusehen* ist. Es darf keinesfalls dazukommen, dass „Phantasiegewinne" Berücksichtigung finden. Im Sinne einer imparitätischen Betrachtung wären (absehbare) Planverluste in jedem Fall als Abzugsposten vom Deckungspotenzial abzusetzen.[692]

Auch sofern die bislang besprochenen Korrekturen berücksichtigt werden, ist das so abgeleitete Going-concern-Deckungspotenzial im Grunde nach immer noch eine eher *bilanz-/GuV-orientierte Größe*. Eine Erweiterung in Richtung einer eher barwertigen Sicht würde sich dann ergeben, wenn etwaige stille Lasten aus Wertpapieren in Abzug gebracht würden. Dies wäre aber nur dann angemessen, wenn tatsächlich von einer Realisierung innerhalb der laufenden Periode/in nachfolgenden Perioden ausgegangen werden muss und keine Dauerhalteabsicht gegeben ist. Sofern eine Wertaufholung glaubwürdig ist und eine Bank tatsächlich auch dauerhaltefähig und -willig ist, wäre eine Berücksichtigung unter Going-concern-Prämisse entbehrlich.[693]

In gleicher Weise lässt sich eine *perspektivenbezogene Ableitung eines Liquidations-Deckungspotenzials* vornehmen. Abbildung 10 stellt dies schematisch dar.

---

[692] Vgl. Deutsche Bundesbank/BaFin (2010a), S. 8.
[693] Vgl. Deutsche Bundesbank/BaFin (2010a), S. 5.

Insgesamt ist die zentrale Frage bei der Bestimmung des Liquidations-Deckungspotenzials, welches Deckungspotenzial zur Absorbierung von möglichen Verlusten im Zerschlagungsfall zur Verfügung steht.

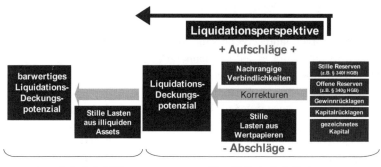

Abbildung 10: Perspektivenbezogene Ableitung des Liquidations-Deckungspotenzials (schematisch)

Auch bei der Bestimmung des *Deckungspotenzials unter der Liquidationsprämisse* ist die Ausgangsbasis auch eine im Prinzip aus dem aufsichtlichen Kern- und Ergänzungskapital zusammengesetzte Kapitalbasis, wobei Nachrangkomponenten unmittelbar erhöhend angesetzt werden können. Letztlich ist für die Frage, ob nachrangige Verbindlichkeiten berücksichtigt werden, entscheidend, ob die Gläubigerschutzprämisse nur auf vorrangige Gläubiger bezogen wird oder ob sie nachrangige Gläubiger mit einschließt. Im letzteren Fall wäre eine Einbeziehung der Nachrangmittel jedoch ausgeschlossen.

In den Augen der Aufsicht besteht für die Bestimmung des Deckungspotenzials unter der Liquidationsprämisse in jedem Fall die Notwendigkeit *offensichtliche stille Lasten*, das heißt aus Wertpapieren, in Abzug zu bringen. Allerdings wird dies erst als Annäherung an eine eigentlich zur Liquidationssicht konsistente streng barwertige Sicht gesehen, weil im Grund immer noch bilanzielle Größen die Ausgangsbasis bilden und stille Lasten aus Krediten nicht berücksichtigt werden. Letzteres wird bislang jedoch noch nicht explizit gefordert, sondern als „methodischer Bruch noch akzeptiert".[694] Eine nach Liquidationskriterien vollständige Konsistenz in der Ableitung des Deckungspotenzials wäre streng genommen nur dann gegeben, wenn das Deckungspotenzial als Marktwert bestimmt würde, wobei aber die in Kapitel 2.1 bereits genannten Schwierigkeiten bestehen.

---

[694] Vgl. Deutsche Bundesbank/BaFin (2010a), S. 6. Bei Kreditportfolien von Förderbanken, die sich im Kontext des Förderauftrags teilweise durch eine deutliche Unterverzinslichkeit auszeichnen, hat die praktische Erfahrung jedoch gezeigt, dass in solchen Fällen die Aufsicht durchaus eine barwertige Korrektur in Form eines Bewertungsabschlags bei der Ableitung des Deckungspotenzials unter Liquidationsprämisse fordert, wobei auch erwartete Verluste berücksichtigt werden müssen.

Abschließend ist noch anzumerken, dass eine *Berücksichtigung von erwarteten Jahresergebnissen* unter einer Liquidationsprämisse in den Augen der Aufsicht eindeutig keine Akzeptanz findet, weil im Liquidationsfall die Ertragserzielung aus Neugeschäften als äußerst unwahrscheinlich angesehen wird.[695] Insoweit verbietet sich in dieser Perspektive der aktive Ansatz von Ergebniskomponenten. Unter der Voraussetzung, dass in einem imparitätischen Ansatz ein sich in der laufenden Periode einstellendes negatives Jahresergebnis unmittelbar mindernd im Deckungspotenzial abgesetzt wird, erscheint es jedoch dennoch angemessen ein nicht explizit angesetztes erwartetes positives Jahresergebnis als implizites Deckungspotenzial für erwartete Verluste der laufenden Periode anzusehen.

Einleitend wurde bereits ausgeführt, dass die Aufsicht die Einordnung der von einer Bank gewählten Abgrenzung der RTF-Steuerungsperspektive primär an der Bestimmung des Deckungspotenzials festmacht. Allerdings gilt, dass auch die Bestimmung des Risikoprofils konsistent zur gewählten RTF-Steuerungsperspektive sein muss. Dieser Aspekt wird im folgenden Abschnitt aufgegriffen.

3.1.2 Perspektivenbezogene Spezifizierung des Risikoprofils

Die Notwendigkeit, in der RTF-Steuerung *das Risikoprofil auch perspektivenbezogen* zu bestimmen, leuchtet allein schon vor dem Hintergrund ein, dass die Bestimmung der Risikotragfähigkeit nur dann adäquat funktionieren kann, wenn sowohl Deckungspotenzial als auch Risikoprofil nach vergleichbaren Maßstäben ermittelt werden. Beispielsweise wäre es nicht sachgerecht ein Deckungspotenzial für Extremsituationen – wie es typischerweise unter der Liquidationsprämisse bestimmt wird – mit einem für Fortführungsszenarien adäquaten Risikoprofil, das von mäßigen Risiken ausgeht, zu konfrontieren. In einem solchen Fall wäre keine vernünftige Risikotragfähigkeitsaussage möglich. Die Aufsicht sieht vor diesem Hintergrund die nachvollziehbare Notwendigkeit, dass die Schwere der Parametrisierung bei der Risikomessung der Logik des Gesamtkonzepts und der daraus abgeleiteten Abgrenzung des Deckungspotenzials entspricht.[696] Damit ist der Wahl des Konfidenzniveaus eine entscheidende Bedeutung beizumessen.

In diesem Sinne gilt für die *Bestimmung des Risikoprofilss unter einer Liquidationsprämisse*, dass ein konservatives Konfidenzniveau von 99,9x % gewählt werden sollte, um ein der Liquidationsprämisse angemessenes Sicherheitsniveau zu erreichen. Hinsichtlich der unter einer Liquidationsprämisse einzubeziehenden Risiken sind zweifellos Adressenausfallrisiken, Marktpreisrisiken (inkl. Credit Spread Risiken des Anlagebuchs) und operationelle Risiken zu nennen. In dieser Perspektive wären sehr wahrscheinlich Liquiditätsrisiken im Sinne des Refinanzierungsrisikos auszuschließen, da sich in einem Liquidationsszenario eindeutig nicht mehr

---

[695] Vgl. Deutsche Bundesbank/BaFin (2010a), S. 7.
[696] Vgl. Deutsche Bundesbank/BaFin (2010a), S. 25.

die Frage nach Mittelaufnahme und die damit verbundenen Kosten stellt. Wie bereits im Vorfeld dargelegt ist eine Berücksichtigung eines Zahlungsunfähigkeitsrisikos unter RTF-Gesichtspunkten grundsätzlich nicht sinnvoll. Im Zweifel wäre Zahlungsunfähigkeit höchstens ein möglicher Grund, dass ein ansonsten eher fiktives Liquidationsszenario auch tatsächlich zum Tragen kommt.

In Abgrenzung zur Liquidationsprämisse erscheint bei *Bestimmung des Risikoprofils im Rahmen einer Going-concern-Betrachtung* die Wahl eines deutlich moderateren Konfidenzniveaus im Bereich von 95 bis 99 % angemessen.[697] Hinsichtlich der einzubeziehenden Risiken in einer Going-concern-Perspektive gilt es der Frage nachzugehen, welche Risiken unter dem Kriterium der angestrebten Unternehmensfortführung für die laufende Periode und eine angemessene Umfeldbetrachtung schlagend werden könnten. Im Hinblick auf den Zeitbezug ist in den Augen der Aufsicht in jedem Fall bei einer stark GuV-orientierten Risikobetrachtung Rechnung zu tragen, dass der Fokus der Risikomessung nicht ausschließlich auf den aktuellen Rechnungsstichtag gelegt wird. Entsprechendes ist in den MaRisk (AT 4.1, Tz. 3) verankert. Hierbei betrachtet die Aufsicht entweder eine rollierende 12-Monatssicht oder aber die Betrachtung bis auf den Folgestichtag ab Jahresmitte des laufenden Jahres als angemessen.[698]

Einzubeziehen in die Going-concern-Perspektive sind in jedem Fall *Adressenausfallrisiken*, wobei eine Berücksichtigung des unerwarteten Verlustes unter der gewählten Konfidenzniveauannahme ausreichend erscheint, sofern erwarteten Verlusten genügend Rechnung getragen wird, indem bei der Bestimmung des Deckungspotenzial höchstens ein um erwartete Verluste bereinigtes Jahresergebnis berücksichtigt wird. Um Diskussionen zum Umgang mit erwarteten Verlusten proaktiv aus dem Weg zu gehen, könnte es auch angemessen sein, im Rahmen des Deckungspotenzials auch unter einer Going-concern-Prämisse grundsätzlich keine erwarteten positiven Jahresergebniskomponenten zu berücksichtigen, weil so bereits ein impliziter Puffer für erwartete Verluste gelegt ist.

Unter einer Going-concern-Prämisse sind – mit Ausnahme von Credit Spread Risiken in Verbindung mit Handelsbuchpositionen – *Marktpreisrisiken* nur relevant bei Zinsbindungsinkongruenzen, deren Schließung für die nahe Zukunft als wahrscheinlich anzusehen ist. Insoweit würde es sich – bei HGB-Bilanzierung – im Prinzip um einen HGB-VaR als sinnvoll zu betrachtendes Risikomaß handeln.

Im Gegensatz zur Liquidationsprämisse erscheint die Berücksichtigung von *Liquiditätsrisiken* in Gestalt eines Refinanzierungsrisikos in der Going-concern-Betrachtung notwendig, weil in der Tat gestiegene Refinanzierungskosten innerhalb der betrachteten Risikoperiode (z. B. 1-Jahr rollierend) schlagend werden können.

---

[697] Vgl. Deutsche Bundesbank/BaFin (2010a), S. 27.
[698] Vgl. offizieller Erläuterungstext zu AT 4.2, Tz. 3 der MaRisk.

Die Quantifizierung von *operationellen Risiken* gestaltet sich generell als schwierig. Unter einer Going-concern-Prämisse wäre sehr wahrscheinlich zumindest eine dem gewählten Konfidenzniveau entsprechende Skalierung anzustreben.

3.2 Vollständige Risikoerfassung und Angemessenheit der Parametrisierung

Neben einer konsistenten Abgrenzung der gewählten RTF-Steuerungsperspektive sind die Sicherstellung der *vollständigen Risikoerfassung* und die *Angemessenheit der Parametrisierung* das zweite wesentliche Modul auf dem Wege zu einem nachvollziehbaren institutsspezifischen RTF-Steuerungskonzept. Auch wenn das Anstreben der Vollständigkeit der Risikoerfassung eine Selbstverständlichkeit sein sollte, erscheint die mit der jüngsten MaRisk-Novelle im Jahr 2010 erstmals explizit manifestierte „Risikoinventur" als Möglichkeit, sich diesem Thema strukturiert – und für mögliche Prüfer nachvollziehbar – zu nähern. Mit der Frage nach der Vollständigkeit stellt sich auch grundsätzlich die Frage, ob etwaige Diversifikationsannahmen zutreffend und nachhaltig sind. Insgesamt ist eine fundierte Befassung mit gewählten Parametern und deren Validierung ein Merkmal eines institutsspezifischen und fundierten RTF-Konzepts. Diese Themenkomplexe werden in den folgenden drei Abschnitten näher beleuchtet.

3.2.1 Risikoinventur

Im Lichte der Anforderung an eine „*Risikoinventur*" dürften sich prozessuale und argumentative Synergieeffekte bei der Sicherstellung der Vollständigkeit der in das RTF-Konzept einbezogenen Risiken sowie deren angemessener Quantifizierung ergeben. Die dem Bekunden nach aus Erfahrungen der Prüfungspraxis abgeleitete Forderung[699] nach einer Risikoinventur ist eine Besonderheit der deutschen MaRisk-Novelle des Jahres 2010, die nicht unmittelbar aus internationalen Vorgaben von z. B. CEBS oder FSB[700] hervorgeht. Im Grunde handelt es sich um keine materielle Neuerung, da bereits die ursprünglichen MaRisk die Notwendigkeit erkannt haben, dass die Institute über einen Überblick ihres Gesamtrisikoprofil der wesentlichen Risiken verfügen müssen.[701] Die neue Begriffswahl „Risikoinventur" lässt

---

[699] Beispielsweise in der Sitzung des „Fachgremiums MaRisk", zu dem Bundesbank und BaFin gemeinsam Verbandsvertreter der Institute am 07. Oktober 2010 in Berlin eingeladen hatten.

[700] Das „Financial Stability Board" der G20 Staaten (bis 04.2009 „Financial Stability Forum" der G7-Staaten) setzt sich zusammen aus Vertretern der Zentralbanken und/oder Finanzaufsicht der Mitgliedstaaten. Das Mandat besteht in der Stärkung der Finanzmarktstabilität durch koordinierte Aktivitäten zwischen den Mitgliedsstaaten. Das FSB überwacht die nationale Umsetzung der Vorgaben und Konzepte in den jeweiligen nationalen Regelungsgebieten. Vgl. auch www.financialstabilityboard.org.

[701] Vgl. AT 2.2 des Rundschreibens 18/2005.

jedoch bereits eine tiefere Intention der Aufsicht erkennen. Mit Inventur wird ganz im Sinne von § 240/241 HGB der <u>Prozess</u> zur Feststellung des Inventars in den Vordergrund gerückt. Es geht also nicht darum, eine einmalige „mechanische" Auflistung von – in diesem konkreten Fall – Risiken vorzunehmen, sondern um einen adäquaten Prozess auf dem Wege der Inventarisierung, also um das „Zählen-Messen-Wiegen"; oder – mit den Worten der Risikomanagementpraxis formuliert – um die Identifizierung und Quantifizierung von Risiken.

Dieser *Prozess* hat nach Auffassung der Aufsicht laufend zu erfolgen, um insbesondere rechtzeitig zu erkennen, dass unwesentlich geglaubte Risiken zu wesentlichen geworden sind.[702] Vertretern der Aufsicht zur Folge wird im Interesse der Nachvollziehbarkeit durch sachkundige Dritte eine „angemessene Schriftspur"[703] erwartet. Dem Grunde nach sollte der Risikomanager ob dieser nun etwas formaler gestalteten Anforderung nicht erschrecken, sondern diese an sich Selbstverständlichkeit als konkreten Bankprozess implementieren. Wie könnte dies aussehen?

Das moderne Risikomanagementinstrumentarium verfügt im Grunde schon mit dem ebenfalls seit Beginn an in den MaRisk und seinen Vorläuferwerken (MaH und MaK) geregelten *Neuproduktprozess* (NPP) über einen Ansatzpunkt, zumindest bei allen Produktneueinführungen oder -anpassungen genauer im Hinblick auf daraus möglicherweise resultierende Verschiebungen im Risikoprofil hinzuschauen.[704] Der NPP zielt nämlich genau auf „Analyse des Risikogehalts dieser neuen Geschäftsaktivitäten sowie deren Auswirkungen auf das Gesamtrisikoprofil" ab. Die Anforderung, alle in die späteren Arbeitsabläufe eingebundenen Bereiche einer Bank in den NPP einzubeziehen, stellt sicher, dass eine ganzheitliche und bankübergreifende Sicht auf neue Geschäftsaktivitäten gelegt wird. Das schließt auch die jeweils betroffenen Risikomanagementeinheiten mit ein. Wenn die Koordination des NPP – wie vielfach in der Praxis üblich – ohnehin zentral über Risikomanagement erfolgt, ist zudem auch sichergestellt, dass ein bankübergreifender Überblick zu gesamten Produktspektrum einer Bank besteht. Insoweit bestünden auch die Voraussetzungen, ungünstige Querwirkungen zwischen neuen Geschäftsfeldern untereinander oder zum Bestandsportfolio zu lokalisieren.

Da auch nicht für das *langjährige Bestandsportfolio* auszuschließen ist, dass durch z. B. geänderte Umfeldbedingungen bislang als unwesentlich erachtete Risiken zu wesentlichen Risiken migrieren, werden – unabhängig vom durch den NPP abgedeckten Spektrum – adäquate Instrumente zum laufenden „Screening" der bestehenden Geschäftsaktivitäten benötigt. Hierzu bietet sich eine Anlehnung an die aus dem Management operationeller Risiken bekannten Instrumente an: Risk Assessment/Szenarioanalysen, Risikoereignis- und Schadensfallerfassung, Risikoindikatoren und Neuproduktprozess.

---

[702] Vgl. BaFin (2010a) im Einführungsschreiben zur 2. MaRisk-Novelle.
[703] So auch im „Fachgremium MaRisk" vom 07. Oktober 2010.
[704] Vgl. zum Neuproduktprozess AT 8 der MaRisk.

Risk Assessment/Szenarioanalysen: Im Bereich des Managements operationeller Risiken haben sich Assessmenttechniken oder Risikopotenzialeinschätzungen mittlerweile weit in der Bankpraxis etabliert. Auch in der Literatur wird häufig das Risk Assessment als Risikoinventur verstanden.[705] In Abhängigkeit von den bewertenden Personen und deren Fokus auf eigene Wirkungsbereiche wird vielfach von Self Assessments gesprochen. Ganz allgemein kann aber von einer strukturierten Form von Szenarioanalysen gesprochen werden, die angewandt werden, um auf der Basis der Erhebung von multiplen Meinungen möglichst verschiedene Risikoeinschätzungen zu gewinnen oder auch die Grundlagen für das Erkennen von Risikomustern zu schaffen.[706]

Im Grunde geht es also um *Experteneinschätzungen*, die aber ein unabdingbarer Bestandteil für ein wirkungsvolles Risikomanagement sind.[707] Gelegentlich wird in der Praxis mit „Assessment" fälschlicherweise eine rein qualitative Beurteilung verbunden. Dabei können gut strukturierte Experteneinschätzungen gleichberechtigt qualitative, quantitative Resultate, aber auch Kombinationen aus beidem liefern. Das Ergebnis hängt stark davon ab, inwieweit den Assessment-Teilnehmern quantitative oder qualitative Bewertungsraster vorgegeben werden. Wesentlich für die Aussagekraft der Assessment-Ergebnisse ist selbstverständlich auch die Eignung der Befragten.[708]

Risikoereignis- und Schadensfallerfassung: Die Erfassung von Risikoereignissen oder Schadensfällen hat sich im Management operationeller Risiken bewährt, weil hierüber ein Instrument zur Erkennung von Versagensmustern vorliegt. Grundsätzlich ließe sich dies auch im Hinblick auf eine generelle Risikoinventur anwenden.[709] Eine eindeutig identifizierte Häufung von z. B. Kreditausfällen muss nicht die Konsequenz von fehlerhaften Analyseprozessen innerhalb des eigenen Hauses sein (=> OP-Risk), sondern könnte auf systematische Risiken in einem bestimmten Teilportfolio der Bank hindeuten. Vielleicht werden auch „nur" ungünstige Risikokonzentrationen evident.

Risikoindikatoren: Im Management operationeller Risiken werden Risikoindikatoren als Frühwarninstrument zur engen Beobachtung von kritischen Prozessen eingesetzt, z. B. „Stornoquote bei der Erfassung von Geschäftsvorfällen." Ein Heraufschnellen der Stornoquote kann beispielsweise Indiz für verschiedene Ursachen

---

[705] Z. B. österreichische Nationalbank und die Finanzmarktaufsicht FMA, die in ihrem „Leitfaden Management des operationellen Risikos" das Self-Assessment direkt mit dem in Klammern gesetzten Begriff „Risikoinventur" aufführt, veröffentlicht November 2005 (http://www.oenb.at/de/img/lf_operationelles_risiko_tcm14-36314.pdf.
[706] Vgl. z. B. Kaiser/Köhne (2004); S. 38–40.
[707] Vgl. Rheinbay/Tiebing (2009), S. 149–154.
[708] Kaiser/Köhne (2004) skizzieren anschaulich den Ablauf eines OP-Risk-Assessments, S. 86–103 oder auch Schmidt (2009), S. 86–88.
[709] Kaiser/Köhne (2004) skizzieren ebenfalls anschaulich die Umsetzung einer Verlustdatensammlung im OP-Risk-Kontext, S. 74–86.

sein, wie fehlende/unzureichende Einarbeitung neuer Mitarbeiter oder Schwächen der Benutzeroberfläche eines neuen Buchungssystems. Im Kontext einer ganzheitlichen Risikoinventur könnten so auch Warnschwellen bei allen bekannten Risikoarten entwickelt werden, um ein rechtzeitiges Erkennen von Fehlentwicklungen zu ermöglichen, noch bevor etwaige Limite „gerissen" werden. Allein die Suche nach geeigneten Risikoindikatoren regt vielleicht schon die tiefergehende Befassung mit dem Risikoprofil der Bank an, damit wäre sicherlich schon ein wesentliches Ziel in Richtung bewusste Risikokultur erreicht.

Neuproduktprozess: Der Neuproduktprozess gilt gemeinhin als „der" Prozess zu Verhinderung operationeller Risiken im Kontext neuer Geschäftsaktivitäten. Im Hinblick auf eine ganzheitliche Risikoinventur wurde der NPP bereits als möglicher Ansatzpunkt gewürdigt.

Vor dem vorstehend geschilderten Hintergrund erscheint es sinnvoll die Thematik der *Risikoinventur* funktional bei mit dem *Management operationeller Risiken* betreuten Einheiten im Risikomanagement anzusiedeln. Auch im Hinblick auf die „angemessene Schriftspur" lassen sich Parallelen entdecken: In der Praxis haben sich vielfach zusammenhängende Berichte zur Gefährdungsanalyse in punkto Betrugsprävention oder Jahresberichte zum OP-Risk-Management etabliert. In gleicher Weise wäre eine konsolidierte Berichterstattung zur jährlichen Risikoinventur denkbar. Instrumente, wie Risikoindikatoren, stellen sicher, dass es sich bei der Risikoinventur trotz vielleicht jährlicher Berichterstattung nicht um ein starres oder mechanisches Instrument handelt. Die Risikoinventur erscheint insgesamt als ein probates Mittel, auch die Sicherstellung der Vollständigkeit der in das RTF-Konzept einbezogenen Risiken zu gewährleisten.

3.2.2 Korrelation und Diversifikation

Bei der *Aggregation von verschiedenen Risiken* im Rahmen von RTF-Konzepten stellt die angemessene Berücksichtigung von Diversifikationseffekten eine zentrale Herausforderung dar. Eine Verwendung von Diversifikationsannahmen zwischen Risikoarten, insbesondere zwischen Marktpreis- und Adressenausfallrisiken wird zukünftig aufsichtlichen Überprüfungen nur Stand halten, wenn eine eindeutige und institutsspezifische Fundierung erfolgt und dokumentiert wird.[710] Die Ausgangsfrage liegt definitiv in der Identifizierung von Interdependenzen und Wirkungszusammenhängen zwischen einzelnen Risikoarten, um so die heranzuziehenden Risikofaktoren zu lokalisieren. Diese könnten u.a. anhand der in der „Risikoinventur" gewonnenen Erkenntnisse fundiert werden. In jedem Fall dürfte eine bloße „Experteneinschätzung" zukünftig nicht anerkannt werden. An die Nutzung von externen

---

[710] Zumal auf internationaler Ebene Diversifikationsannahmen zwischen Risikoarten teilweise bereits äußerst kritisch gesehen werden, z. B. schließt BIS (2009) in Form von „compounding effects" in Krisenzeiten auch die methodisch i.d.R. nicht plausibeler Super-Additivität nicht aus, das heißt $1 + 1 > 2$.

Zeitreihen knüpfen die MaRisk seit 2010 erhebliche Anforderungen, was den Nachweis der institutsspezifischen Angemessenheit angeht.[711]

Im Hinblick auf eine konkrete *Ableitung von Korrelationen* unter 1 zwischen einzelnen Risikoarten könnte es hilfreich sein, modular vorzugehen, das heißt, auf eindeutig institutsspezifisch zu charakterisierende Teilportfolios abzustellen. Beispielsweise dürfte es einfacher sein, das Zusammen-/bzw. Gegeneinanderwirken von Credit-Spread-Risiken (Marktspreisrisiko) und Adressenausfallrisiken in einem isoliert betrachteten Corporate-Bond-Portfolio zu lokalisieren als eine institutsweite Korrelationsannahme für das Gesamtinstitut zu begründen.

Die Zusammenführung so ermittelter verschiedener Chance/Risiko-Profile zum einem Gesamtbankrisiko müsste dann beispielsweise über *Copula-Verfahren* erfolgen. Die vielfach in der Praxis angewandte korrelierte Addition kommt wahrscheinlich bei der Betrachtung von – zwar leichter argumentierbaren – partiellen Korrelationen an ihre Grenzen.

Alternativ kommen *historische Simulationsverfahren* in Frage, um Risiken übergreifende korreliert zu messen. Bei diesem Verfahren werden Portfolio übergreifend historisch beobachtete Szenarien zu Wertänderungen respektive zur Risikoentwicklung auf das aktuelle Portfolio angewandt und im Hinblick auf ihre Intensität absteigend sortiert. Vorteil gegenüber Copula-Verfahren ist, dass die historische Simulation ohne zusätzliche Korrelationsannahmen auskommt.[712]

Unabhängig von der methodischen Art und Weise wie Diversifikationseffekte berücksichtigt werden, sollte in jedem Fall die von der Bank vorgehaltene *Dokumentation* Hinweise aufnehmen, inwieweit ein Wegbrechen von günstigen Korrelationen in Krisenzeiten oder konjunkturellen Abschwungphasen analysiert wurde. Hier bieten sich zudem gute Ansatzmöglichkeiten einer integrierten Verzahnung zu Stresstests.

In Verbindung mit korreliertem Verhalten können Konzentrationen im Portfolio zu *Konzentrationsrisiken* führen. Mit der im Jahr 2010 veröffentlichten MaRisk-Novelle wurde in AT 4.1, Tz. 1 die Berücksichtigung von Risikokonzentrationen im Rahmen des RTF-Konzept stärker konkretisiert. Während Intra-Risk-Konzentrationen bei VaR-Modellen für Marktpreisrisiken quasi modellimmanent abgebildet werden, haben im Hinblick auf Adressenausfallrisiken insbesondere eng an die aufsichtlichen Messansätze der Säule 1 angelehnte Modelle Defizite. Inwieweit vor dem Hintergrund der MaRisk-Novelle die bisher hier häufig in der Praxis alternativ eingesetzten Konzepte für Konzentrationslimite (z. B. Einzelkonzentrationslimite, Länderlimite, Branchenlimite)[713] noch Bestand haben können, ist fraglich. Letztlich gibt es aber auch in der Literatur bereits Vorschläge, wie 1-Faktor-

---

[711] Vgl. AT 4.1, Tz. 6 der MaRisk sowie die dazu gehörenden offiziellen Erläuterungen.
[712] Vgl. zu möglichen Aggregationsverfahren z. B. Beck/Lesko (2006), Dürr/Ender (2009), Schulte-Mattler/Hahneiser (2010).
[713] Vgl. Deutsche Bundesbank (2007), S. 63 und Hannemann/Schneider (2011), S. 147–149.

Modelle für Adressenausfallrisiken im Hinblick auf die Abbildung von Einzelkonzentrationen erweitert werden können.[714]

3.2.3 Angemessenheit der Parametrisierung und regelmäßige Validierung

Im Hinblick auf die *Angemessenheit der Parametrisierung* und die grundsätzliche Eignung der gewählten Modelle innerhalb des in der Bank eingesetzten RTF-Konzepts verlangen die MaRisk (AT 4.1, Tz. 8.) explizit nachvollziehbare Begründungen und mindestens jährliche Überprüfungen. Damit wird die grundsätzliche Methodenfreiheit als Kernelement des Proportionalitätsgedanken der MaRisk auch im Hinblick auf das RTF-Konzept nicht eingeschränkt. Gleichwohl ist die Bank dennoch gerade aufgrund der doppelten Proportionalität der MaRisk (AT 1, Tz. 2) in der Pflicht, die von ihr gewählten Verfahren mit deren zu Grunde liegenden Prämissen und Parametern argumentativ sauber zu belegen, so dass das Gesamtkonzept der RTF-Steuerung einer aufsichtlichen Überprüfung standhält. Wie schon mehrfach betont geht es dabei natürlich nicht um ein „Schaulaufen" für die Aufsicht oder für interne/externe Prüfer, sondern in erster Linie darum, dass die für das RTF-Konzept verantwortlichen Stellen der Bank auf diesem Wege selbst ein umfassendes Verständnis der eigenen Konzeption und auch ihrer Grenzen gewinnen. Letztlich kann also die explizite Manifestierung im Hinblick auf Angemessenheit – positiv interpretiert – auch als „Hilfe zur Selbsthilfe" aufgefasst werden. Wie könnte diese also aussehen?

Von zentraler Bedeutung für den *Nachweis der institutsspezifischen Eignung* und Konsistenz der implementierten RTF-Steuerung ist mit Sicherheit die in Kapitel 3.1 beschriebene präzise Abgrenzung der RTF-Steuerungsperspektive. Ferner sind Synergieeffekte aus der prozessualen Verankerung der Risikoinventur (siehe Abschnitt 3.2.1) sowie insbesondere auch aus der Implementierung von Stresstestkonzepten (siehe Abschnitt 3.3.3) zu erwarten. Stresstestkonzepte sind insbesondere auch im Hinblick auf die Beurteilung und Begründung der Nachhaltigkeit von Diversifikationsannahmen (siehe Abschnitt 3.2.2) unerlässlich.

Die gerade aufgezeigten Querbezüge zu verschiedenen Themen mit besonderer tatsächlicher und aufsichtlicher Relevanz verdeutlichen auch noch einmal, dass es sich bei RTF-Steuerungskonzepten im Grunde um notwendigerweise konsistent zu verzahnende „Gesamtkunstwerke" handelt. Dieses Verständnis gilt es auch im Rahmen der im Zuge der regelmäßigen aufsichtlichen Überprüfungen angeforderten Dokumentation stimmig zu transportieren.

Nicht zu verschweigen ist jedoch auch, dass innerhalb von regelmäßigen Überprüfungsprozessen oder auch in der Diskussion mit dem Top-Management oder aber auch in kritischer Selbstreflexion der für das RTF-Konzept Verantwortlichen regelmäßig die Frage nach der quantitativen *Angemessenheit und Richtigkeit der*

---

[714] Vgl. z. B. Gordy/Lütkebomert (2007) oder Hommels/Tschisjakow (2010).

ausgewiesenen Risikokennzahlen aufkommt. Die Beantwortung gestaltet sich in gleicher Regelmäßigkeit als schwierig, da insbesondere bei einer RTF-Steuerung unter einer (fiktiven) Liquidationsprämisse üblicherweise keine Back-testing-Ergebnisse innerhalb einer lebenden Geschäftsorganisation vorliegen. Diese wären dann bestenfalls Gegenstand von Untersuchungsausschüssen (bei öffentlich-rechtlichen Banken) oder Gerichtsverfahren (bei privatwirtschaftlichen Banken). Bei einer Going-concern-RTF-Steuerung wäre ein Backtesting theoretisch eher denkbar, aber gleichfalls letztlich nicht wirklich erstrebenswert.

Das skizzierte *quantitative Dilemma* bei der Frage nach der absoluten Richtigkeit der ausgewiesenen Kennzahlen ist dennoch lösbar, wenn die Bank ganz im Sinne der im oberen Teil des Beitrags schon beschriebenen Kriterien der kohärenten Risikomessung regelmäßig „Intuitivitätstests" oder Sensitivitätsanalysen durchführt. Es geht also darum, über die aufgrund tatsächlicher Ereignisse (z. B. Lehman-Krise) oder aufgrund von fiktiven Ereignissen (im Rahmen von Stresstests) beobachteten Ausschläge in RTF-Kennzahlen Klarheit über die Wirkungszusammenhänge der verwendeten Modelle zu bekommen. Eine solche intuitive Befassung kann nicht zuletzt auch hilfreich sein in der Diskussion mit dem Top-Management oder mit Eigentümern.

Die unter Fachkollegen diskutierten vielschichtigen *Erfahrungen aus der Prüfungspraxis* unterstreichen auch im Hinblick auf Fragen der Angemessenheit des implementierten RTF-Konzepts, dass nicht zuletzt eine plausible und aktuelle Dokumentation von Annahmen und aus eigener Anschauung gewonnenen Erkenntnissen der Schlüssel zum Prüfungserfolg sein können.

3.3 Konsistente Einbindung in die Gesamtbanksteuerung

Neben einer klaren Abgrenzung der Steuerungsperspektive und die Sicherstellung der Vollständigkeit und Angemessenheit zeichnet die konsistente Einbindung des RTF-Konzepts in die *Gesamtbanksteuerung* ein fundiertes institutspezifisches RTF-Konzept aus.

Bereits seit der 2. MaRisk-Novelle im Jahr 2009 wurden die expliziten Anforderungen zur Implementierung des Risikotragfähigkeitskonzepts in einem *prozessualen Rahmen* seitens der Aufsicht unterstrichen.[715] Im Grunde sollte es bereits im Eigeninteresse jeder Bank eine Selbstverständlichkeit sein, dass sowohl Deckungspotenzial als auch Risikoprofil in regelmäßiger Frequenz im Rahmen eines geordneten Produktionsprozesses (das heißt insbesondere abgenommene Datenflüsse, nachvollziehbare Modelldokumentation, klar geregelte Produktionsabläufe und -zuständigkeiten, Vier-Augen-Kontrollen) ermittelt werden. Weitere Kernanforderungen zu prozessualen Rahmenbedingungen sind, dass eindeutige Berichtsfre-

---

[715] Vgl. BaFin (2009) bzw. (2010a), AT 4.1, Tz. 2 und auch Seuthe (2010), insbesondere RdNr. 245–251.

quenzen hinsichtlich der Situation der Risikotragfähigkeit an Geschäftsleitung und Aufsichtsorgane eingerichtet sein müssen. Berichtsfrequenzen müssen sich dabei an der Intensität der Auslastung orientieren: je angespannter, desto kürzer sind Produktionszeitpunkte und Berichterstattung zu setzen. Abgerundet wird ein adäquater prozessualer Rahmen durch regelmäßige, aber auch anlassbezogene Validierungen der verwendeten Modellannahmen und Parametrisierungen auf institutsspezifische Angemessenheit (siehe Abschnitt 3.2.3) sowie die Einbindung des Risikotragfähigkeitskonzepts in Stresstests.

Grundsätzlich ist hervorzuheben, dass das institutsspezifische Risikotragfähigkeitskonzept als wesentliches Element des Risikomanagements in die *Gesamtverantwortung der Geschäftsleiter* nach AT3 der MaRisk fällt bzw. sich schon unmittelbar aus §25a KWG ableitet. Besondere Themen im Hinblick auf eine konsistente Einbindung des RTF-Konzepts in die Gesamtbanksteuerung sind Strategie, Limitierung und Stresstesting. Diese gilt es in den folgenden Abschnitten näher zu beleuchten.

3.3.1 Strategie

Das Erfordernis einer für die Bank *angemessenen Strategie* wird in den MaRisk (AT 4.2) manifestiert. Gleichermaßen wird unterstrichen, dass diese in den originären Zuständigkeitsbereich des Vorstandes fällt. Über die Strategie sind die Unternehmensziele hinsichtlich aller Geschäftsaktivitäten unter Würdigung von externen Einflussfaktoren (z. B. Konjunktur-, Markt- und Wettbewerbsumfeld) und internen Einflussfaktoren (z. B. Liquidität, Ertragslage, personell-technische Ressourcenausstattung) zu definieren. Ganz im Sinne des „magischen" Dreiecks der Banksteuerung ist hierbei auch insbesondere die Sicherstellung der Risikotragfähigkeit zu würdigen. Entsprechend explizit sind die Anforderungen der MaRisk (AT 4.1, Tz. 2).

Die wesentliche Voraussetzung für die angemessene *Berücksichtigung von Belangen der Risikotragfähigkeit im Rahmen der Strategie* ist, dass die operative Umsetzung des strategischen Planungsprozesses bereits explizit RTF-Implikationen berücksichtigt. Das bedeutet, dass in einem zum Planungsauftakt üblicherweise verwendeten Bottom-up-Prozess, der bei den Marktbereichen der Bank aufsetzt, Planungstools zum Einsatz kommen, die unmittelbar das aus den geplanten Geschäftsaktivitäten resultierende RTF-Risikoprofil ausweisen. Umsetzbar ist ein solches Vorgehen jedoch nur, wenn die konzeptionellen Grundlagen und Wirkungszusammenhänge der RTF-Steuerung in hinreichender Detailtiefe in die Bank getragen wurden. Diese Voraussetzung gilt natürlich auch – wie bereits oben einleitend unterstrichen – für die Fortsetzung des Strategieprozesses als top-down-Prozess, wenn es um die Feinjustierung der Planung durch den Vorstand geht. Auch hierbei ist die ausreichende Kenntnis der konzeptionellen Grundlagen und Wirkungszusammenhänge des RTF-Konzepts die Basis einer hinsichtlich der Belange der Risikotragfähigkeit vollständigen und konsistenten Strategie.

Neben der Berücksichtigung von RTF-Belangen im strategischen Planungsprozess gilt dies auch für den regelmäßigen und anlassbezogenen Überprüfungsprozess[716] der Strategie. Hierbei sind auf der Grundlage eines *prozessual implementierten Reportings* regelmäßig die Implikationen des laufenden Geschäftsbetriebs, aber auch unter Berücksichtigung von Stressszenariobetrachtungen, auf die Entwicklung der Risikotragfähigkeit zu ermitteln und zu analysieren. An dieser Stelle ist jedoch der Hinweis anzubringen, dass bei einer solchen Zielerreichungskontrolle hinsichtlich der Risikotragfähigkeit implizit eine Verschiebung der Betrachtungsdimension von einer eher abstrakteren strategischen Sicht hin zu einer operativen Sicht notwendig ist.

Die *Identifizierung von Fehlentwicklungen* hinsichtlich der Risikotragfähigkeit wird sicherlich zunächst auf einer operativen Steuerungsebene deutlich werden. Hierzu ist es natürlich selbstverständlich, dass eine Verzahnung von strategischer und operativer Steuerung notwendig ist. Das strategische Ziel „Sicherstellung der Risikotragfähigkeit" kann letztlich nur erreicht werden, wenn es hinreichend über z. B. Limite auf operativer Ebene operationalisiert wird. Der nachfolgende Abschnitt befasst sich hierzu mit der Thematik „Limitierung". Im Hinblick auf die Einbindung der RTF-Steuerung in die Geschäfts- und Risikostrategie liefert im Übrigen auch Seuthe eine gute Checkliste.[717]

3.3.2 Limitierung

Die zur RTF-Steuerung konsistente Ausrichtung der *operativen Limitierung* stellt in der Praxis eine Herausforderung dar und wird auch vielfach im Rahmen von internen und externen Prüfungshandlungen hinterfragt. Während das Herunterbrechen eines auf Gesamtbankebene definierten RTF-Limits, das sich im Einklang mit der gewählten Steuerungsperspektive (going-concern oder Liquidation) am zur Verfügung stehenden Deckungspotenzial ausrichtet, auf einzelne Marktbereiche und Risikokategorien auf Grundlage des bankübergreifenden Planungsprozesses möglich und auch in der Praxis üblich ist, gestaltet sich dies für die tiefsten operative Limitierungsebenen, z. B. Kreditnehmerlimite, als schwierig oder gar unmöglich.

In theoretischen Konzepten zu *Limithierarchien* wird gern davon ausgegangen, dass ein RTF-Limit auf Gesamtbankebene beliebig tief herunter gebrochen werden kann. In der Praxis scheitert das jedoch daran, dass zum einen auf dem Wege zum Gesamtbankrisikoprofil Diversifikationseffekte berücksichtigt werden, die so auf untersten Steuerungsebenen nicht anzutreffen sind, sondern erst in aggregierter Sicht Gültigkeit haben, zum andern sind z. B. im Hinblick auf die operative Steuerung von Adressenausfallrisiken kreditnehmerbezogene RTF-Limite unüblich. Nach wie vor sind absolute Exposurelimite gängige Praxis.

---

[716] Vgl. Hannemann/Schneider (2011), S. 189–190.
[717] Vgl. Seuthe (2010), S. 111–112.

Hier stellt sich neben der bisweilen schwierig herbeizuführenden Akzeptanz bei Kreditanalysten auch insbesondere die Frage der *Operationalisierbarkeit*. Beispielsweise ist es bei der Einrichtung von kreditnehmerbezogenen Emittentenlimiten üblich, Limite parallel für verschiedene Emittenten einzurichten, um der Marktseite genügend Flexibilität bei der Allokation einzuräumen. Wenn nun diese operativen Limite in ihrer Höhe alle unmittelbar additiv an einem Gesamtbank-RTF-Limit ausgerichtet wären, könnte dies teilweise zu einem permanenten Limitallokationsprozess führen, der praktisch nicht sinnvoll darstellbar ist. Vielmehr genügt es, wenn die Einhaltung der Risikotragfähigkeit als übergeordnete Nebenbedingung in Ergänzung zur operativen Limitierung sichergestellt wird.

Gleichwohl ist es notwendig und auch möglich, dass *operative Einzellimite oder Konzentrationslimite* (z. B. Länder oder Branchen) in ihrer Höhe nach kompatibel zum RTF-Konzept der Bank sind. Der Autor hat in diesem Zusammenhang beispielsweise in der Praxis eine Länderlimitmatrix etabliert, die die bonitätsabhängige Limitallokation auf der Basis von Länderratings über einen CreditVaR-Ansatz umsetzt. Hierzu wird basierend auf der Parametrisierung des Kreditrisikomodells jeder Ratingklasse ein identischer VaR-Beitrag zugeordnet, der in Abhängigkeit der Bonität in rekursiver Weise zu risikoadäquat abgestuften Exposurelimiten führt. Dieses Konzept lässt sich auch auf die Festlegung von Einzelkonzentrationslimiten oder anderen Clusterungen (z. B. Branchen, Regionen) übertragen.

3.3.3 Stresstesting

Die jüngste Finanzmarktkrise hat ihre Einzigartigkeit nicht allein durch ihre Intensität gewonnen, sondern in einem erheblichen Umfang auch dadurch, dass sie *verheerende Wirkungszusammenhänge* offenkundig werden ließ. In dieser Hinsicht ist es wenig überraschend, dass in der bankaufsichtlichen Wahrnehmung die Thematik Stresstests an enormer Bedeutung gewonnen hat, wenn es um Ansatzpunkte für ein verbessertes und Kausalitäten berücksichtigendes Risikomanagement in Banken geht. Im Hinblick auf die jüngste MaRisk-Novelle handelt es sich mit Ausnahme der neuen Anforderungen an „inverse Stresstests" eher um Konkretisierungen von bereits in der letzten Novelle behandelten Aspekten.[718] Im Einführungsschreiben zu den novellierten MaRisk und in Gesprächen mit Vertretern der Aufsicht wird wiederholt verdeutlicht, dass es der Aufsicht weniger um eine mechanische Implementierung einer Vielzahl von Rechenalgorithmen geht, sondern vielmehr um ein in die Steuerungsprozesse integriertes „Stresstestprogramm", das die institutsspezifischen Besonderheiten in angemessener Weise berücksichtigt. Die Verknüpfung von Stresstests und Risikotragfähigkeitskonzept ist explizit in den MaRisk verankert (At 4.3.3, Tz. 5).

---

[718] Vgl. Bafin (2010a), AT 4.3.3 sowie im entsprechenden Einführungsschreiben.

Wie kann ein solches Programm in der Praxis aussehen? Zunächst kann vorweggeschickt werden, dass die Erfahrungen der Krise auch ein Übriges dazu beigetragen haben, dass inzwischen der Themenkomplex *Stresstests auch in der hausinternen Wahrnehmung* der verschiedenen Managementebenen an Intensität und Verständnis für Sinn und Zweck gewonnen hat. Während in der Pre-Lehman-Phase beispielsweise Überlegungen zu einer Szenarioanalyse „Ausfall eines bedeutenden Derivatepartners" in vielen Häusern noch belächelt wurden, sieht das heute ganz anders aus. Nachfolgend einige, zwangsläufig nicht abschließende, Anregungen, wie in der bankinternen Praxis bei der Implementierung eines integrierten Stresstestprogramms vorgegangen werden kann.

Identifizierung von Wirkungszusammenhängen: Die Identifizierung von Wirkungszusammenhängen ist die Grundvoraussetzung für die Entwicklung eines integrierten Stresstestprogramms. Im Wesentlichen dürfte die ebenfalls nun zu intensivierende umfassende Risikoinventur gute Dienste tun. Im Rahmen eines bankweiten Risk Assessments gilt es das institutsspezifische Risikoprofil gerade auch im Hinblick auf mögliche „Spill Over-Effekte" zu untersuchen, das heißt zu hinterfragen, welche Wirkungsketten eine kumulierende Wirkung entfalten können.[719]

Szenariodefinition unter Berücksichtigung von Umfeldbedingungen: Sobald mögliche Wirkungszusammenhänge identifiziert sind, geht es darum geeignete Szenarien zu definieren, über die die Stabilität des eigenen Hauses im Angesicht von genügend außergewöhnlichen, aber dennoch plausiblen Ereignissen hinterfragt wird. In Anbetracht der Bedeutung des Risikotragfähigkeitskonzepts im Rahmen des bankinternen Risikomanagements sollte darauf ein wesentlicher Schwerpunkt der Stressanalyse liegen.

Ein möglicher Ansatz für die *Generierung von geeigneten Stressszenarien* könnte die Implementierung eines Stresstestingarbeitskreises oder -komitees sein, das in regelmäßigen Abständen (quartalsweise, aber ggfs. auch ad-hoc) Szenarien definiert. In jedem Fall ist ein solches Komitee mit Experten des Risikomanagements interdisziplinär (das heißt Vertreter der wesentlichen Themenfelder: Adressenausfallrisiken, Marktpreisrisiken, Liquiditätsrisiken und operationelle Risiken) zu besetzen, wobei neben Expertise zur originären Risikosteuerung auch Erfahrung mit der Risikosteuerung im Rahmen des Risikotragfähigkeitskonzepts vorhanden sein muss. Häufig stellt sich die Frage, ob ein solches Komitee sinnvollerweise auch von Vertretern der Marktseite oder einer volkswirtschaftlichen Abteilung/Research zu verstärken ist. Die Beantwortung der Frage hängt sicherlich stark von der institutsspezifischen Situation ab, oder auch davon, wie eng die Vertreter des Risikomanagements an Marktgeschehen und Research ausgerichtet sind.

Wesentlich ist, dass die definierten Szenarien auch an den *aktuellen Umfeldbedingungen* orientiert sind, das heißt, die Intensität der betrachteten Szenarien sollte

---

[719] Vgl. zur Untersuchung von Wirkungsketten z. B. Klauck/Wünnemann (2010).

berücksichtigen, ob das aktuelle Umfeld bereits Krisenmerkmale zeigt oder ob gerade prosperierende Rahmenbedingungen vorherrschen. Beispielsweise ist es nicht sinnvoll für Adressenausfallrisiken in „voller Härte" Ratingverschlechterungen zu unterstellen, wenn bereits schon seit längerem ein Trend in Richtung Downgrade zu verzeichnen war. Umgekehrt kann es unter prosperierenden Rahmenbedingungen notwendig sein, aggressivere oder extremere Szenarien zu definieren, um die Anforderung an Außergewöhnlichkeit zu erfüllen.

Um im Kontext der Risikotragfähigkeit *situative Szenarien* definieren zu können, bietet sich das Aufsetzen einer modular aufgebauten Sensitivitätsmatrix an. Als Grundlage für die Beurteilung der Risikotragfähigkeit „unter Stress" sind Sensitivitätsanalysen auf 3 Niveaus für ausgewählte Komponenten festzulegen, z. B.: Stille Lasten, Adressenausfallrisiken, allgemeine Marktpreisrisiken und Credit Spread Risiken. Die Wertänderungen je Stress-Niveau zeigen dabei die berechneten Auswirkungen der Stresstest-Annahmen gegenüber der Ausgangssituation.

Während bei Historischen Szenarien in der Vergangenheit beobachtete Krisen auf das aktuelle Portfolio gespiegelt werden, können *hypothetische Szenarien* unter Verwendung von Research-Unterlagen, Markteinschätzungen und Experteneinschätzungen durch den das Stresstestingkomitee entwickelt werden. Derartige Szenarien könnten wie in Abbildung 11 dargestellt aussehen:

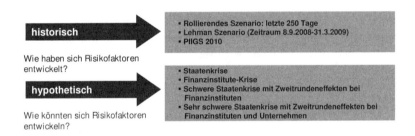

Abbildung 11: Historische und hypothetische Szenarien

Im Hinblick auf Adressenausfallrisiken würde das *Szenario „Staatenkrise"* beispielsweise verschiedene Niveaus von Ratingherabstufungen definieren (z. B. gemessen in Ratingstufen, „Notches"). Bei einer „Staatenkrise mit Zweitrundeneffekten" würden diese Überlegungen entsprechend auf die Assetklassen Finanzinstitute und Unternehmen ausgeweitet werden. Der Umfang, der je Niveau unterstellten Ratingherabstufungen könnte sich auch an historischen Erfahrungen orientieren: Was waren die höchsten Ausschläge? Wie sahen Krisen mit moderaten Ausschlägen aus?

Das *„Lehman Szenario"* ist ein gutes Beispiel für integrierte Betrachtungen: Während in der „heißen" Phase im Herbst 2008 Marktpreisparameter nahezu explosionsartige Ausschläge zeigten, waren adressbezogene Ratingherabstufungen noch eher die Seltenheit.

In der Abbildung 12 wird abschließend noch ein *verzahntes Stresstestingkonzept* im Hinblick auf die Risikotragfähigkeit skizziert. Dabei sind die unterstellten Wirkungszusammenhänge hinsichtlich Deckungspotenzial und Risikoprofil dargestellt. Dies könnte auch die Basis für „inverse" Betrachtungen sein, z. B.: Was müsste passieren, damit das Risikodeckungspotenzial um x Mio € an Wert verliert?

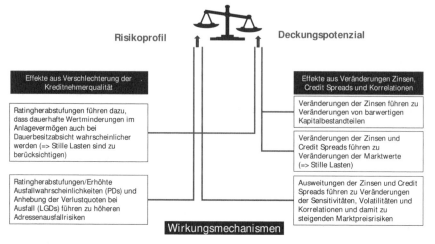

Abbildung 12: Wirkungszusammenhänge in einem Stresstesting im Risikotragfähigkeitskonzept

Explizite Managementbefassung (einschließlich Vorstand): Stresstestingannahmen und Ergebnisse sind mit dem Vorstand zu erörtern. Dies könnte zum Beispiel im Rahmen eines monatlichen Risikoreports oder in einem ALCO[720] unter Beteiligung von Vorstand und Vertretern der 2. Führungsebene aus Markt- und Marktfolgebereichen erfolgen.

4   Zusammenfassende Betrachtung und Ausblick

Dieser Beitrag ist mit dem Ziel gestartet, aus bankpraktischer Sicht *Anregungen für eine institutsspezifische Fundierung von RTF-Konzepten* zu geben. Dabei wurde deutlich, dass die bankinternen Risikotragfähigkeitskonzepte (ICAAP) – auch im Sinne der Proportionalität – einer grundsätzlichen Methodenfreiheit unterliegen. Gleichwohl unterliegen sie – hier greift die doppelte Proportionalität – jedoch dem bankaufsichtlichen Überprüfungsprozess. Auch wenn nicht die „Benotung" durch die Aufsicht der Maßstab für den Anspruch an das bankinterne Risikotragfähigkeitskonzept sein sollte, sondern der bankinterne Anspruch an eine angemessene und ökonomisch sinnvolle Risikosteuerung, liefert die im Beitrag verschiedentlich referenzierte aktuelle Diskussion der Aufsicht mit dem Bankgewerbe wichtige Ansatzpunkte für eine institutsspezifische Reflexion des eigenen Konzepts.

---

[720] = Asset-Liability-Committee.

Von zentraler Bedeutung für ein institutsspezifisch fundiertes RTF-Konzept ist zweifellos die *konsistente Abgrenzung der RTF-Steuerungsperspektive/-perspektiven*. Die Hinzufügung des Plurals resultiert daraus, dass die Aufsicht in Abhängigkeit der institutspezifischen Risikosituation teilweise sowohl eine Going-concern als auch Liquidationssicht fordert, um so sich ergänzende „Korrektive" zu gewährleisten.

Daneben steht die Erkenntnis, dass die Berücksichtigung von Wirkungszusammenhängen – ganz im Sinne einer integrierten Risikomanagementkultur – auf dem Wege zu einem *institutsspezifisch fundierten RTF-Konzept* ebenfalls von elementarer Bedeutung ist. Nahezu alle wesentlichen Aspekte im Hinblick auf die Angemessenheit der gewählten Verfahrung zur RTF-Steuerung und der zu Grunde gelegten Annahmen und verwendeten Parameter lassen sich auf eine ganzheitliche Risikoinventur zurückführen. Die Notwendigkeit zur Berücksichtigung von Querbezügen zwischen Risikotragfähigkeit und Stresstests ist offenkundig.

Die *Finanzkrise* hat in der Bankenwelt ihre Spuren hinterlassen und ein wirkliches Ende ist noch nicht abzusehen. In Anbetracht der zahlreichen insbesondere im Jahr 2010 veröffentlichten bankaufsichtlichen Neuerungen hat bereits das Jahr 2010 gute Chancen als das „Jahr der Bankregulierung" in die Geschichte einzugehen.[721] Inwieweit auch Anforderungen an RTF-Konzepte in der nahen Zukunft Gegenstand weiterer expliziter Regelungen werden, muss zu diesem Zeitpunkt offen bleiben.

Unabhängig vom Maß einer möglichen aufsichtlichen Konkretisierung muss es auch weiterhin Anspruch der Praxis bleiben, im Sinne der gebotenen Proportionalität ihrer *„Marktführerrolle"* gerecht zu werden und ihren maßgeblichen Beitrag zur nachhaltigen Fortentwicklung zu Konzepten der RTF-Steuerung in Banken zu leisten.

„Nicht weil es schwer ist, wagen wir es nicht, sondern weil wir's nicht wagen, ist es schwer." Seneca, römischer Philosoph und Staatsmann

Literaturverzeichnis

Albrecht, P. (2005): Kreditrisiken – Modellierung und Management: Ein Überblick, erschienen in: German Risk and Insurance Review, 1. Jahrgang, Seiten 22–152.

Artzner, P./Delbaen, F./Eber, J-M./Heath, D. (1998): Coherent Measures of Risk, joint working paper, Strasbourg, Zürich, Paris, Pittsburgh

Bank for International Settlements (2009): Findings on the interaction of market and credit risk, Working Paper No. 16, Mai 2009.

Bank for International Settlements (2010): Basel III: A global regulatory framework for more resilient banks and banking systems, veröffentlicht am 16. Dezember 2010.

Beck A./Lesko M. (2006): Zur Modellierung von Abhängigkeiten in der Bankpraxis – Copula-Funktionen zur Ermittlung des Gesamtrisikoprofils, in: Betriebswirtschaftliche Blätter, Ausgabe 05/2006.

---

[721] Vgl. Wittkowski (2010).

Beeck, H. und Kaiser, T. (2000): Quantifizierung von Operational Risk mit Value-at-Risk, in: Handbuch Risikomanagement, Bad Soden.

Bräunig, G./Hille L. (2010): Deutsche Verbriefungen und ihre Standards stärken den Mittelstand, in: Börsen-Zeitung, Ausgabe 243, 16.12.2010.

Bundesanstalt für Finanzdienstleistungsaufsicht (2002): Mindestanforderungen an das Kreditgeschäft der Kreditinstitute, Rundschreiben 34/2002.

Bundesanstalt für Finanzdienstleistungsaufsicht (2009): Veröffentlichung der MaRisk, Rundschreiben 15/2009.

Bundesanstalt für Finanzdienstleistungsaufsicht (2010): Übersendungsschreiben des Überarbeitungsentwurfs zur 3. MaRisk-Novelle vom 09.07.2010.

Bundesanstalt für Finanzdienstleistungsaufsicht (2010a): Veröffentlichung der MaRisk, Rundschreiben 11/2010 mit begleitendem Übersendungsschreiben.

Bundesanstalt für Finanzdienstleistungsaufsicht (2010b): Begründung zur Verordnung über die aufsichtsrechtlichen Anforderungen an Vergütungssysteme von Instituten (Instituts-Vergütungsverordnung – InstitutsVergV).

Bundesfinanzministerium (2010), Geschichte der Bankenaufsicht, www.bundesfinanzministerium.de.

Deutsche Bundesbank (1996): Monatsbericht der Deutschen Bundesbank, März 1996.

Deutsche Bundesbank (2007): Monatsbericht der Deutschen Bundesbank, Dezember 2007.

Deutsche Bundesbank (2010): „Range of Practice" zur Sicherstellung der Risikotragfähigkeit bei deutschen Kreditinstituten, veröffentlicht am1.11.2010.

Deutsche Bundesbank (2011): Basel III – Leitfaden zu den neuen Eigenkapital- und Liquiditätsregeln für Banken, Frankfurt/M.

Deutsche Bundesbank/BaFin (2010): Risikotragfähigkeitskonzepte im Überblick – Erkenntnisse aus den Umfragen und der Prüfungspraxis, Präsentationsunterlage zum „Fachgremium MaRisk (ICAAP)" am 29.11.2010, Frankfurt/M.

Deutsche Bundesbank/BaFin (2010a): Range of Practice – Aufsichtliche Schlussfolgerungen – Einordnung der Range of Practice aus aufsichtlicher Perspektive, Präsentationsunterlage zum „Fachgremium MaRisk (ICAAP)" am 29.11.2010, Frankfurt/M.

Dürr, H./Ender, M. (2009): Risikoaggregation unter Berücksichtigung der Ereignisse aus der Finanzkrise, erschienen in: RisikoManager, Ausgabe 05/2009, S. 1, 14–19, Bank-Verlag, Köln.

Europäisches Parlament und Rat (2006): Richtlinie 2006/48/EG des Europäischen Parlaments und des Rates über die Aufnahme und Ausübung der Tätigkeit der Kreditinstitute („Bankenrichtlinie"), veröffentlicht am 14. Juni 2006.

Europäisches Parlament und Rat (2006a): Richtlinie 2006/49/EG des Europäischen Parlaments und des Rates über die angemessene Eigenkapitalausstattung von Wertpapierfirmen und Kreditinstituten („Kapitaladäquanzrichtlinie"), veröffentlicht am 14. Juni 2006.

Financial Stability Board (2009): Principles for Sound Compensation Practices – Implementation Standards, veröffentlicht am 25. September 2009.

Gordy, M.B./Lütkebohmert, E. (2007): Granularity adjustment for Basel II, Discussion Paper Series 2: Banking and Financial Studies, No 01/2007, veröffentlicht von: Deutsche Bundesbank

Hannemann R./Schneider, A. (2011): Mindestanforderungen an das Risikomanagement (MaRisk) – Kommentar unter Berücksichtigung der Instituts-Vergütungsverordnung (IntsitutsVergV), Schäffer-Poeschel Verlag, Stuttgart.

Hartmann-Wendels, T./Pfingsten, A./Weber, M. (2000): Bankbetriebslehre, Springer Verlag, Berlin/Heidelberg.

Hebertinger M. (2002): Substanzwert, in: Handwörterbuch der Rechnungslegung und Prüfung, Hrsg.: Ballwieser W./Coenenberg A.G./von Wysocki K., Stuttgart.

Hellner, T. (1976): Die Novellierung des Kreditwesengesetzes, in: Bank-Betrieb, 16. Jg. Nr. 3, Seite 86–92.

Heusinger, R. von (2003): Der Mann, die Gier, das Debakel, in: Die Zeit, Ausgabe 15/2003.

Hommels, J./Tchistiakov, V. (2010): Name concentration correction, in: Risk Magazine, December 2010.

Jorion, P. (2002), Value at Risk – the new benchmark for managing financial risk, 2nd Edition, McGraw-Hill, Singapore.

Kaiser T./Köhne F. K. (2004): Operationelle Risiken in Finanzinstituten – Wege zur Umsetzung von Basel II und CAD 3, Gabler, Wiesbaden.

Kammer der Wirtschaftstreuhänder (2006): Fachgutachten des Fachsenats für Betriebswirtschaft und Organisation des Instituts für Betriebswirtschaft, Steuerrecht und Organisation der Kammer der Wirtschaftstreuhänder, Wien.

Knight, F. H. (1971): Risk, Uncertainty and Profit: Hart, Schaffner & Marx (1921), Nachdruck: Beard Books, Washington, D.C. (2002).

Klauck, K-O./Wünnemann C. (2010): Wirkungsketten im Risikomanagement, in: RisikoManager, Ausgabe 07/2010, S. 20 – 24, Bank-Verlag, Köln.

Niedostadek, A. (2006), Rating: Eine Einführung für Rechtsanwälte, Bank- und Unternehmensjuristen, Erich Schmidt Verlag, Berlin.

Peachey, A. N. (2006): Great Financial Desasters of our time, in: Neue Betriebswirtschaftliche Studienbücher – Band 21, Berliner Wissenschafts-Verlag BWV, Berlin.

Ohler A./Unser M. (2001): Finanzwirtschaftliches Risikomanagement, Springer-Verlag, Berlin

Österreichische Nationalbank; Finanzaufsicht (2006): Leitfaden zur Gesamtbanksteuerung. Internal Capital Assessment Process (ICAAP), ÖNB Hausdruck, Wien.

Rheinbay, A. D./Tiebing O. (2009): Risk Assessment Verfahren – Der Prozess zur Generierung valider Expertenmeinungen im Rahmen einer szenariobasierten Risikoquantifizierung, in: OpRisk-Management in Banken und Sparkassen, Hrsg. Buchmüller P., Finanz Colloquium Heidelberg GmbH, Heidelberg.

Rohmann, M. (2000): Risikoadjustierte Steuerung von Ausfallrisiken in Banken, Bundesverband Öffentlicher Banken Deutschlands (VÖB), Bonn.

Schierenbeck, H. (2003), Ertragsorientiertes Bankmanagement, Band 1 und Band 2, Gabler Verlag, Wiesbaden.

Schmidt, B. (2009): Umsetzung der Anforderungen für das Management und Controlling operationeller Risiken in der DZ BANK, in: OpRisk-Management in Banken und Sparkassen, Hrsg. Buchmüller P., Finanz Colloquium Heidelberg GmbH, Heidelberg.

Schneider, A. (2009): Lehren aus der Krise – die neuen MaRisk, veröffentlicht auf risknet.de/risknews, 03.08.2009.

Schulte-Mattler, H./Dürselen K. (2009): CRD –Änderungsrichtlinie - Weiterentwicklung der europäischen Bankenaufsicht, in: Die Bank, Ausgabe 09/2009.

Schulte-Mattler, H./Gaumert U. (2008): Regulatorisches und ökonomisches Eigenkapital, in: Handbuch Ökonomisches Kapital, Hrsg. Becker/Gehrmann/Schulte-Mattler, Fritz Knapp Verlag, Frankfurt/M.

Schulte-Mattler H./Hahneiser O. (2010): Aggregation von Marktpreis- und Adressenausfallrisiken, , erschienen in: RisikoManager, Ausgabe 15/2010, Bank-Verlag, Köln.

Schulte-Mattler, H./Traber, U. (1997): Marktrisiko und Eigenkapital 2. Auflage, Gabler, Wiesbaden.

Seuthe, A. (2010): Sicherstellung und Monitoring der Risikotragfähigkeit aus Sicht der Bankenaufsicht, erschienen in: Risikotragfähigkeit im Fokus der Bankenaufsicht, Finanz Colloquium Heidelberg GmbH, Heidelberg.

Schwarz, R. (2004): Kreditrisikomodelle, in: Working Papers by the University of Applied Sciences of bfi, Wien.

Spellmann, F. (2002): Gesamtrisiko-Messung von Banken und Unternehmen, Gabler Verlag, Wiesbaden.

Völker, J. (2001): Value-at-Risk-Modelle in Banken, Berlin Verlag

Weber, A. (2009): Finanzkrise: Fragen der Aufarbeitung, Bewältigung und Prävention, aus: Redebeitrag an „Hertie School of Governance, Berlin" am 20.03.2009, www.bundesbank.de.

Wimmer, K. (2006): MaRisk-Umsetzungsleitfaden – Neue Planungs-, Steuerungs- und Reportingpflichten gemäß Mindestanforderungen an das Risikomanagement, Hrsg. Pfeifer/Ullrich/Wimmer, Bank-Verlag, Köln).

Wittkowski, B. (2010): Jahr der Bankregulierung, in: Börsen-Zeitung, Ausgabe 250, 28.12.2010.

Zami, S. (2005), Economic Capital in der Preisgestaltung von Kreditgeschäften: von der Theorie zur Praxis, Haupt Verlag, Bern, Stuttgart, Wien.

Zeitler, F. (2009): Lehren aus der Finanzkrise, aus: Redebeitrag „Bankenabend der Hauptverwaltung Stuttgart" am 11.02.2009, www.bundesbank.de.

Neue Regulierung des OTC-Derivatemarktes

Von
Jan Hrynko und Daniela Schröder

Jan Hrynko ist Geschäftsführer bei der SKS Unternehmensberatung GmbH & Co.KG und leitet zudem den Bereich Strategische Steuerung. Zu seinen Themenschwerpunkten gehört die Umsetzung von regulatorischen und juristischen Themen. Derzeit befindet sich der Themenkomplex rund um den zentralen Kontrahenten ebenfalls in seinem Fokus.

Daniela Schröder studierte an der Fachhochschule Dortmund den Master of Science-Studiengang Risk and Finance. Seit 2010 ist sie bei der SKS Unternehmensberatung GmbH & Co. KG im Bereich Strategische Steuerung tätig und ist derzeit als Senior Consultant für Projekte zum Thema Clearing von standardisierten OTC-Derivaten über zentrale Kontrahenten verantwortlich.

Inhaltsverzeichnis

1 Einleitung: Regulierung des OTC-Derivatemarktes 467
2 Zentrale Kontrahenten als Grundidee der neuen Regulierungen 468
    2.1 Dodd-Frank Act vs. EMIR-Entwurf 469
    2.2 Regulierungsvorhaben zur Stabilisierung des Finanzmarktes .. 470
    2.3 Eigenkapitalunterlegung von Forderungen gegenüber zentralen Kontrahenten gemäß Baseler Konsultationspapier ... 471
3 Vertragsrechtliches und aufsichtsrechtliches Szenario zwischen Client, Clearing Mitglied und zentralem Kontrahenten (CCP) 473
    3.1 Vertragsrechtliches Szenario 474
    3.2 Aufsichtsrechtliches Szenario 475
4 Chancen und Risiken der Regulierung des OTC-Derivatemarktes......... 476
5 Zusammenfassende Betrachtung und Ausblick 478
Literaturverzeichnis.. 479

1 Einleitung: Regulierung des OTC-Derivatemarktes[722]

„Ich habe Finanzminister Connolly angewiesen, die Konvertierbarkeit des Dollars in Gold aufzuheben."

Mit diesem unspektakulären Satz setzte Präsident Richard Nixon am 15. August 1971 das damals gültige Währungssystem von *Bretton Woods* außer Kraft und ermöglichte somit die Entwicklung von Währungsfuturen.[723] Diese waren die ersten Derivate, deren Wert sich nicht von konkreten Gütern ableitete, sondern von einer virtuellen Größe – dem Wechselkurs. Inspiriert von den Währungsfuturen, entwickelten Finanzexperten weitere und immer kompliziertere Derivate, wobei schon lange nicht mehr der Wunsch der Kontraktpartner bestand, sich gegen Schwankungen abzusichern sondern rein spekulativ tätig zu werden.

Ohne *Deregulierung* hätten Derivate ihre gewaltige Bedeutung in den Finanzmärkten wohl nie entfalten können. In den USA begann die Deregulierung Mitte der 70er Jahre, als die neoliberalen Ideen Milton Friedmans in die Wirtschaftspolitik einflossen. In Europa wurden die Bankkartelle erst zehn Jahre später aufgebrochen. Die britische Premierministerin Margaret Thatcher spielte dabei eine wichtige Rolle, weil sie im Jahr 1986 die Regeln an der Londoner Börse änderte. Thatchers Reform ging als Big Bang, als Urknall, in die Geschichte der Finanzbranche ein. In der Bundesrepublik Deutschland galt der Handel mit Derivaten bis zum Jahr 1989 als Glücksspiel.[724]

Vor allem in der letzten Finanzkrise gerieten *OTC-Derivat*, als Wetten auf den Niedergang eines Unternehmens und damit als wesentlicher Destabilisierungsfaktor des Finanzmarktes in Verruf. Die G-20 Staaten erwecken momentan den Eindruck, dass sie offensichtlich geeinigt Maßnahmen zur Stabilisierung des Finanzmarktes entwickelt haben. Hierbei soll vor allem dem OTC-Derivatemarkt mehr Transparenz und durch eine höhere Standardisierung mehr Sicherheit verliehen werden. Eine wesentliche Rolle spielen in diesem Maßnahmenpaket zukünftig die sogenannten zentralen Kontrahenten.

Ziel des vorliegenden Beitrages ist es die Thematik zentraler Kontrahent aufsichts- und vertragsrechtlich übersichtsweise darzustellen und die Komplexität durch die Verbindung mit anderen Themenschwerpunkten, wie Basel III oder MiFID dazustellen. Aus diesem Grund wird im Abschnitt 2 die Grundidee des zentralen Kontrahenten dargestellt. Abschnitt 3 beinhaltet die Vorgehensweise beim Abschluss und Clearing eines standardisierten OTC-Derivates zwischen Client, Clearing Mitglied und zentralen Kontrahenten (CCP). In Abschnitt 4 werden die Chancen und Risiken näher betrachtet, die mit der Regulierung des OTC-

---

[722] Der vorliegende Beitrag ist eine überarbeitete Fassung des Beitrages „Aktuelle Maßnahmen in den USA und Europa – Die Regulierung des OTC-Derivatemarktes" von Jan Hrynko und Daniela Schröder, der in der Zeitschrift Risiko Manager Nr. 10 vom 12.05.2011 erschienen ist.

[723] Vgl. Kellermann, Chr., 2006, S. 91 ff.

[724] Vgl. Diehl, T., 2010, S. 45.

Derivatemarktes einhergehen. Abschnitt 5 rundet den Beitrag mit einer zusammenfassenden Betrachtung und einem Fazit ab.

2 Zentrale Kontrahenten als Grundidee der neuen Regulierungen

Ein *zentraler Kontrahent* (Central Counterparties, CCP) beendet die ursprünglich zwischen zwei Kontrahenten abgeschlossene Vertragsbeziehung und ersetzt diese gleichzeitig durch zwei neue Vertragsbeziehungen, jeweils zwischen den Parteien und dem zentralen Kontrahenten („Novation"). Der zentrale Kontrahent stellt somit für jeden Käufer einen Verkäufer und für jeden Verkäufer einen Käufer dar.[725] Ziel ist es, die Sicherheit der derivativen Geschäfte durch Margins, die Einhaltung der überwachten standardisierten Prozesse, sowie eine kontinuierliche Meldung der einzelnen Derivate an ein zentrales Transaktionsregister zu erhöhen.

Sicherheiten in Form der *Initial und der Variation Margin* sind an den zentralen Kontrahenten zu leisten und nicht mehr an die jeweils andere Kontraktpartei. Die Initial Margin stellt dabei eine echte Sicherheitenleistung dar und ist am Anfang in Form von Wertpapieren oder Cash für das Geschäft zu stellen. Die erforderliche Höhe wird vom zentralen Kontrahenten in Abhängigkeit des Nominalvolumens und des Risikos des Geschäftes bestimmt. Die Variation Margin stellt keine echte Sicherheitsleistung dar, sondern einen täglichen Gewinn- und Verlustausgleich, der ebenfalls vom zentralen Kontrahenten auf Grundlage der Mark-to-Market Methode berechnet wird und welche vom Clearing-Mitglied bzw. Client zu leisten ist.[726]

Um Geschäfte über zentrale Kontrahenten „*clearen*" lassen zu können, das heißt, abwickeln zu können, ist es notwendig, bei diesem Mitglied zu sein. An diese Mitgliedschaft sind verschiedene Bedingungen geknüpft (wie Einzahlungen in den Default Fund, eine bestimmte Portfoliogröße, ein Mindest-Rating und weitere Bedingungen).[727] Diese jeweils vom zentralen Kontrahenten festgelegten Kriterien sind K.O.-Kriterien, die den Kreis derer, die Zugang zum zentralen Kontrahenten erhalten, einschränken sollen. Die Mitglieder von zentralen Kontrahenten werden als Clearing-Mitglied bezeichnet. Nicht-Clearing-Mitglieder sind die „Clients", die ein Clearing-Mitglied benötigen, um in Zukunft standardisierte OTC-Derivate über zentrale Kontrahenten clearen lassen zu können.

Die *Standardisierung von OTC-Derivaten* und die *Einführung des Clearings über zentrale Kontrahenten* stellt eine Maßnahme eines ganzen Paketes der G-20 Staaten dar, um die Finanzmärkte weltweit in Zukunft stabiler zu gestalten. Diese Maßnahmenpakete sind die Grundlage für Vorhaben zur Regulierung der Marktinfrastruktur auf EU-Ebene. Die Regelungen beinhalten unter anderem Infrastrukturmaßnahmen die in der European Market Infrastructure Regulation (kurz EMIR)

---

[725] Vgl. Rat der Europäischen Union, 2009, EMIR-Entwurf, Stand 2011, Art. 2.
[726] Vgl. Bank for International Settlement, 2010, Baseler Konsultationspapier, S. 15.
[727] Vgl. LCH Swapclear, 2010.

vom September 2010 festgehalten wurden. Hierfür bildete der G-20-Gipfel in Pittsburgh im September 2009 mit folgender Erklärung die Grundlage:
"All standardised OTC derivative contracts should be traded on exchanges or electronic trading platforms, where appropriate, and cleared through central counterparties by end 2012 at the latest. OTC derivative contracts should be reported to trade repositories. Non- centrally cleared contracts should be subject to higher capital requirements."

Demnach soll der Großteil der OTC-Derivate zukünftig *standardisiert*, an Börsen und elektronischen Handelsplattformen gehandelt und über CCP gecleared werden. Zur besseren Abschätzung möglicher sich aufbauender systemischer Risiken sollen darüber hinaus Informationen über alle Derivate-Transaktionen an zentrale Datenregister (Trade Repositories) gemeldet werden, auf welche die Aufseher Zugriff haben. Nach derzeitigem Erkenntnisstand sollen die neuen Vorschriften auf europäischer Ebene ab Januar 2013 gelten. Die Erklärung des G-20-Gipfels vom September 2009 bildete nicht nur die Grundlage für den europäischen Verordnungsentwurf EMIR, sondern für Aufseher weltweit, z. B. in den USA.

2.1 Dodd-Frank Act vs. EMIR-Entwurf

Neben den Aufsehern der EU, sind die *Aufseher in den USA* ebenfalls derzeit damit beschäftigt die vorgeschlagenen Maßnahmenpakete der G-20-Staaten in Regulierungsvorschriften umzusetzen. Das Pendant zum europäischen EMIR-Entwurf bildet der Dodd-Frank Wall Street Reform and Consumer Protection Act, kurz Dodd-Frank-Act. Dieses im Juli 2010 vom amerikanischen Kongress verabschiedete und im selben Monat von Präsident Obama unterzeichnete Gesetz unterscheidet sich in vielerlei Hinsicht von den europäischen Regulierungsvorhaben.

Der *Dodd-Frank-Act* verbietet Banken zukünftig Geschäfte in Bezug auf Eigenhandel, Hedge Fonds und Private Equity.[728] Die bisherige Geschäftspolitik der Finanzinstitute wird somit in erheblichem Maße verändert. Verschiedene Finanzinstitute treten zudem auch für europäische Finanzinstitute als Swap-Dealer auf. Durch die „Swap-Push-Out-Rule" wird zukünftig diesen Swap-Dealern der Abschluss von bestimmten Swap-Geschäften untersagt.

Dies stellt eine weitere *Einschränkung der bisherigen Geschäfte* der amerikanischen und in diesem Fall auch der europäischen Finanzinstitute dar. Für die zukünftig noch zugelassenen Swaps gilt nicht nur eine Clearingpflicht über zentrale Kontrahenten, sondern erweiterte Berichtspflichten und Regelungen zur Sicherheitenstellung. Die Clearingpflicht betrifft nicht nur alle Unternehmen, die als systemrelevant von den Aufsehern eingestuft werden, sondern alle Derivate, die der Produktklasse Swap und Security Based Swap zugeordnet werden können.

---

[728] Vgl. US-Congress, 2010, Dodd-Frank Act, H.R. 4173.

Gegenüber den europäischen Vorschlägen besitzt der Dodd-Frank-Act somit *weitreichendere Konsequenzen* für den bisherigen OTC-Derivatemarkt, auf den nicht nur Finanzinstitute, sondern auch Industrieunternehmen Derivate handeln. Allerdings bietet der Dodd-Frank-Act auch Ausnahmen von der Clearingpflicht für kleinere Finanzinstitute, was im EMIR-Entwurf bis jetzt gänzlich fehlt. Dies stellt für den europäischen Finanzmarkt einen besonderen Nachteil dar, da hier auch kleine Institute von der Clearingpflicht betroffen sein werden und aufgrund ihrer Größe und ihres Derivatevolumens keine eigene Mitgliedschaft bei zentralen Kontrahenten erreichen werden. Somit stellen diese Institute Clients dar, die in jedem Fall auf ein Clearing-Mitglied angewiesen sein werden, um standardisierte OTC-Derivate clearen lassen zu können.

Die oben aufgeführten Einschränkungen sind auch für *europäische Finanzinstitute* von Relevanz, die in den USA Töchterunternehmen besitzen oder mit amerikanischen Finanzinstituten Derivate handeln wollen. Der Dodd-Frank-Act wird im Gegensatz zu seinem europäischen Pendant zudem bereits im Juli dieses Jahres verpflichtend! Damit können diese Regelungen zu Wettbewerbsverzerrungen führen, da einige europäische Finanzinstitute, die z. B. amerikanische Swap-Dealer verwenden, zukünftig nur noch begrenzt Swap-Geschäfte mit diesen abschließen können.

Die im Gegensatz zu den amerikanischen Regelungen derzeitigen Vorschläge zur Regulierung des europäischen OTC-Derivatemarktes beinhalten eine *Clearingpflicht* vorrangig für Finanzinstitute. Diese müssen überprüfen, ob sich eine Clearing-Mitgliedschaft bei den jeweiligen zentralen Kontrahenten, sowohl in den USA, als auch in Europa lohnt.

2.2 Regulierungsvorhaben zur Stabilisierung des Finanzmarktes

Neben dem EMIR-Entwurf sollen mit Hilfe der *CRD IV* verschiedene *Basel-III-Vorschläge* umgesetzt werden. Diese Vorschläge beinhalten unter anderem Änderungen in der Definition des regulatorischen Eigenkapitals, eine höhere Eigenkapitalanforderung bei Derivaten und Geschäften, mit denen Wertpapiere finanziert werden. Zudem wird in den Basel-III-Vorschlägen für Finanzinstitute als Vertragspartner mit einer Bilanzsumme von 100 Mrd. USD ein Risikoaufschlag festgelegt und neue Kennziffern wie die Leverage Ratio und die Liquiditätskennzahlen Liquidity Coverage Ratio (LCR) und Net Stable Funding Ratio (NSFR) sollen eingeführt werden. Diese Kennziffern dienen zum einen der Begrenzung der Verschuldung und dem verringerten Abschluss von zu risikoreichen Geschäften der Institute (Leverage Ratio) und zum anderen der Überwachung des Liquiditätsrisikos (LCR, NSFR).[729]

---

[729] Vgl. Bank for International Settlement, 2010, Basel III.

Weiterhin soll durch EU-Bemühungen die *Marktmissbrauchsrichtlinie* ergänzt werden.[730] Die Anwendung der Vorschriften zur Verhinderung von Marktmanipulationen soll auf alle Derivatemärkte, sowie die Warenterminbörsen und möglicherweise auch auf den Handel mit Emissionsberechtigungen erweitert werden. In diesem Zusammenhang sollen auch die bestehenden Meldepflichten ausgebaut werden. Ein konkreter Zeitplan für das Inkrafttreten der erweiterten Marktmissbrauchsrichtlinie steht noch nicht fest.

Neben der Marktmissbrauchsrichtlinie sollen auch die geltenden *MiFID-Regelungen* erweitert werden. Dazu prüft die EU-Kommission die derzeitigen Regelungen.[731] Anhand dieser Überprüfung soll MiFID zu einem robusten Regelwerk für alle Wertpapierdienstleistungen werden, welches zudem die Transparenzanforderungen für die Märkte, auch für die OTC-Märkte, festlegt. Neben diesen Anforderungen soll MiFID den Anlegerschutz stärken, was auf Erkenntnissen aus der zurückliegenden Finanzkrise beruht (Beispiel Lehman Brothers). Vorschläge der EU-Kommission sind hierfür ab April 2011 zu erwarten, wobei für einen konkreten Umsetzungsplan noch kein konkreter Zeitplan festgelegt wurde. Weitere Vorhaben der EU-Kommission zur Regulierung des europäischen Finanzmarktes betreffen die Wertpapierrichtlinie, Leerverkaufsverordnungen und das Insolvenzrecht für Finanzinstitute.

Neben den vom Baseler Ausschuss vorgeschlagenen Änderungen der Eigenkapitaldefinition sollen in Bezug auf den OTC-Derivatemarkt Risiken aus den auch zukünftig bilateralen Beziehungen zwischen Kontrahenten (*Kontrahentenausfallrisiko*) stärker mit Eigenkapital abgesichert werden.[732] Daneben hat der Baseler Ausschuss auch Vorschläge zur Eigenkapitalunterlegung für Forderungen gegenüber zentralen Kontrahenten (CCP) veröffentlicht.

2.3 Eigenkapitalunterlegung von Forderungen gegenüber zentralen Kontrahenten gemäß Baseler Konsultationspapier

In Bezug auf den OTC-Derivatemarkt und auf das Clearing der dann standardisierten OTC-Derivate über zentrale Kontrahenten wurde vom Baseler Ausschuss im Dezember 2010 ein Konsultationspapier veröffentlicht, welches sich u.a. mit der geeigneten *Eigenkapitalunterlegung von Forderungen gegenüber den zentralen Kontrahenten* beschäftigt. Demnach können Forderungen gegenüber „qualifizierten" zentralen Kontrahenten (qualifying CCP), die den CPSS/IOSCO Standards entsprechen[733] einem Risikogewicht von 2% angerechnet werden. Dieses Risiko-

---

[730] Vgl. Europäisches Parlament und Rat, 2003, Marktmissbrauchsrichtlinie.
[731] Vgl. Europäisches Parlament und Rat, 2006, MiFID.
[732] Sogenannte Credit Value Adjustment (CVA) Risk Charge zur Absicherung des Risikos, dass die Bonität eines Kontrahenten sinkt und sich in diesem Zuge auch die Marktwerte verschlechtern.
[733] Vgl. Bank for International Settlement, 2010, Baseler Konsultationspapier, S. 1–3.

gewicht wird der Wahrscheinlichkeit gerecht, dass auch zentrale Kontrahenten ausfallen können, auch wenn dies, selbst in der zurückliegenden Finanzkrise noch nie der Fall gewesen ist. Sollte ein zentraler Kontrahent den Anforderungen von CPSS/IOSCO nicht gerecht werden, so ist keine Erleichterung anzusetzen. Damit würde der zentrale Kontrahent nicht als qualifiziert anerkannt (non-qualifying CCP) und das Geschäft würde als bilaterales OTC-Derivat behandelt werden.[734]

Für die Mitgliedschaft bei einem zentralen Kontrahenten sind unter anderem *Einzahlungen in den Default Fund* zu leisten. Dieser Fonds dient der Absorption möglicher Verluste im Falle der Insolvenz eines oder mehrerer Clearing-Mitglieder.

Die *Eigenkapitalunterlegung* von Beiträgen zum *Default Fund* eines qualifizierten zentralen Kontrahenten orientiert sich an einem risikosensitiven Ansatz, der auf der Kalkulation des hypothetischen Kapitals durch den zentralen Kontrahenten basiert.[735] Hypothetisches Kapital dient dabei lediglich der Bestimmung der Beiträge, die die Clearing-Mitglieder zum Default Fund leisten müssen, damit die gewünschte Absicherung durch den zentralen Kontrahenten für den Fall des Ausfalles eines oder mehrerer Clearing-Mitglieder gewährleistet werden kann. Diese Mittel bilden zusammen mit den eigenen finanziellen Mittel die vorfinanzierten Mittel[736] („prefunded financial resources") des zentralen Kontrahenten. Dabei können drei verschiedene Situationen entstehen, die Auswirkungen für die Eigenkapitalunterlegung der Clearing-Mitglieder haben können:

- *Vorfinanzierte Mittel des CCPs > Hypothetisches Kapital des CCPs*: Im ersten Fall (Situation 1) übersteigen die vorfinanzierten Mittel des CCPs, das errechnete hypothetische Kapital des CCPs. Das bedeutet, dass die Clearing-Mitglieder mehr als ausreichende Beiträge zum Default Fund geleistet haben. Im Zuge dessen können die Clearing-Mitglieder ein Risikogewicht von 20 % für die Beiträge zum Default Fund des CCPs ansetzen. Diese somit risikogewichteten Beiträge (Aktiva) sind mit 8 % Eigenkapital zu unterlegen, sodass insgesamt also ein Eigenkapitalunterlegungssatz von 1,6 Prozent (RG 20 % x Eigenkapital 8 %) anzusetzen ist. Das Risikogewicht bedeutet eine Erleichterung für die Clearing-Mitglieder bei der Eigenkapitalunterlegung gegenüber den folgenden Fällen (Situation 2,3).
- *Vorfinanzierte Mittel des CCPs < Hypothetisches Kapital des CCPs < vorfinanzierte Mittel des CCPs + Eingezahlte Beträge der Clearing-Mitglieder in Default Fund*: Im zweiten Fall entsprechen die vorfinanzierten Mittel des CCPs nicht dem hypothetischen Kapital des CCPs. Damit mindestens das hypothetische Kapital erreicht wird, sind neben den eigenen vorfinanzierten Mittel weitere Beiträge der Clearing-Mitglieder zum Default Fund notwendig. Für die Clearing-Mitglieder bedeutet dies, dass ein Risikogewicht von 1250 % für die zu-

---

[734] Vgl. Bank for International Settlement, 2010, Baseler Konsultationspapier, S. 6.
[735] Vgl. Bank for International Settlement, 2010, Baseler Konsultationspapier, S. 4.
[736] Vgl. ebenda.

sätzlichen Beiträge zum Default Fund, sobald die vorfinanzierten Mittel des CCP das hypothetische Kapital unterschreiten, angesetzt werden muss. Diese sind mit 8 % Eigenkapital zu unterlegen, sodass eine 100% Besicherung (RG 1250 % x Eigenkapital 8 %) der Beiträge zum Default Fund das Ergebnis ist.[737]

– *Vorfinanzierte Mittel des CCPs + Eingezahlte Beträge der Clearing-Mitglieder in Default Fund < Hypothetisches Kapital des CCPs*: Im dritten und letzten Fall liegen die vorfinanzierten Mittel des CCPs und die bisherigen Beiträge der Clearing-Mitglieder unter dem errechneten hypothetischen Kapital des CCPs. In diesem Fall müssen die Clearing-Mitglieder zum einen Beiträge in einer Höhe von 120 % zum Default Fund nachschießen und zum anderen diese nachgeschossenen Beiträge (20 %) ebenfalls mit einem Risikogewicht von 1250 % ansetzen. Die bis dahin geleisteten Beiträge (100 %) können aufgrund der Qualifizierung des zentralen Kontrahenten weiterhin mit einem Risikogewicht von 20% angerechnet werden. Wie auch in den oben beschriebenen Situationen sind diese risikogewichteten Beiträge jeweils mit 8 % Eigenkapital zu unterlegen.[738]

Die *Beiträge zum Default Fund* sind nur vom Clearing Mitglied zu leisten und von diesem auch mit Eigenkapital zu unterlegen. Aufgrund der Clearing Mitgliedschaft ist das Clearing Mitglied in der Lage jedes Geschäft (standardisiertes/nichtstandardisiertes OTC-Derivat) abzuschließen und anschließend zu clearen. Dabei können als Kontrahenten sowohl weitere Clearing Mitglieder, als auch Clients auftreten. Im folgenden Szenario wird aus vertragsrechtlicher und aufsichtsrechtlicher Sichtweise das Szenario des Abschlusses und Clearings eines standardisierten OTC-Derivates zwischen Client, Clearing-Mitglied und zentralem Kontrahenten betrachtet.

3 Vertragsrechtliches und aufsichtsrechtliches Szenario zwischen Client, Clearing Mitglied und zentralem Kontrahenten (CCP)

Neben der Sicherheit in Form von Beiträgen zum Default Fund, sind Sicherheiten in Form von *Initial und Variation Margin* gegenüber dem Clearing-Mitglied (aus Sicht des Clients) und gegenüber dem CCP (aus Sicht des Clearing-Mitgliedes) zu stellen. Dazu ist der Abschluss eines standardisierten OTC-Derivates im Vorhinein notwendig. In dem dargestellten Szenario in Abbildung 1 schließen ein Client und ein Clearing-Mitglied ein standardisiertes OTC-Derivat unter einem Standardrahmenvertrag ab. Angenommen werden separate Konten für den Client und das Clearing-Mitglied (Segregated Accounts), sowohl auf Ebene des Clearing-Mitgliedes, als auch auf der Ebene des CCPs (siehe Abbildung 1).

---

[737] Vgl. Bank for International Settlement, 2010, Baseler Konsultationspapier, S. 5.
[738] Vgl. ebenda.

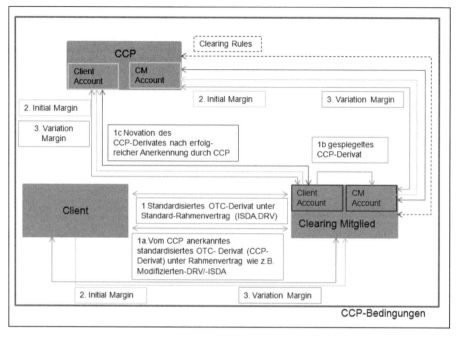

Abbildung 1: Vertragsrechtliches Szenario zwischen Client, Clearing-Mitglied und CCP

3.1 Vertragsrechtliches Szenario

Das *standardisierte OTC-Derivat* wird nach Abschluss als Position auf dem für den Client beim Clearing-Mitglied eingerichteten Client-Account gehalten. Um das Derivat vollständig auf die Clearing-Mitglieds-Ebene zu bringen, wird das Clearing-Mitglied ein Spiegelgeschäft vom Client-Account zum CM-Account abschließen (eigenes Konto des Clearing-Mitgliedes). Das Geschäft befindet sich nun vollständig auf Clearing-Mitglieds-Ebene und wird vom zentralen Kontrahenten auf Clearingfähigkeit überprüft, falls dies nicht bereits im Vorhinein getan wurde.

Nach erfolgter Prüfung mit positivem Ergebnis wird zwischen Client und Clearing-Mitglied ein *modifizierter Rahmenvertrag*, der den CCP-Bedingungen entspricht und somit das immer noch zwischen Client und Clearing-Mitglied bestehende standardisierte OTC-Derivat als vom CCP anerkanntes standardisiertes OTC-Derivat klassifiziert, abgeschlossen. Gleichzeitig wird der CCP das zwischen Client-Account und CM-Account bestehende gespiegelte standardisierte OTC-Derivat beenden und durch zwei neue Geschäfte (CCP-Derivate) zwischen dem Client-Account und dem CCP, sowie zwischen dem CM-Account und dem CCP ersetzen (Novation). Diese Geschäfte sind ökonomisch gleich dem gespiegelten standardisierten OTC-Derivat, das vom CCP beendet wurde. Der CCP hat somit alle Informationen, um auf Basis dieser beiden Geschäfte (CCP-Derivat) die Sicherheiten (Initial und Variation Margin) zu berechnen. Die Initial und Variation

Margins werden dann vom Client-Account und vom CM-Account eingefordert. Da der Client-Account ein Konto des Clients beim Clearing-Mitglied darstellt, wird die Forderung über die Sicherheit an den Client weitergereicht, die dieser zu bedienen hat.

3.2 Aufsichtsrechtliches Szenario

Die aus den errechneten Sicherheiten *resultierenden Forderungen* sind mit Eigenkapital, sowohl durch das Clearing Mitglied, als auch die den Client, zu unterlegen. Die Positions und Margins des Clearing Mitgliedes werden beim CCP auf separaten Konten (Segregated Account) hinterlegt. Für den Client besteht die Wahlmöglichkeit zwischen segregated (Individual Account) und non-segregated accounts (Omnibus Account), welche sowohl vom Clearing-Mitglied, als auch vom zentralen Kontrahenten angeboten werden sollen.[739] Die *segregated accounts* sind für Clients u.a. die Voraussetzung für die Anwendung eines Risikogewichtes von 2%, dass sonst nur für Clearing-Mitglieder für Forderungen gegenüber Qualifying CCPs gilt (siehe Abbildung 2).

Eine weitere Voraussetzung ist eine Vereinbarung zwischen Client und Clearing Mitglied, die für den *Fall eines Ausfalls des Clearing-Mitgliedes* regelt, dass die Positions und Margins des Clients vom ausfallenden Clearing Mitglied auf ein anderes, sogenanntes Ersatz Clearing Mitglied übertragen werden.[740] Diese Vereinbarung abschließen zu können, gestaltet sich in der Praxis als schwierig, da der Client ein Ersatz Clearing Mitglied heute bestimmen muss für unbestimmte Zeit. Das Ersatz-Clearing-Mitglied muss zudem zustimmen, die Positionen und Margins des Clients zu übernehmen, obwohl heute noch nicht abzuschätzen ist, wie sich das Portfolio des Clients zukünftig entwickeln wird. Für den Fall, dass ein Client kein Ersatz-Clearing-Mitglied bestimmen kann, würde ihm die Privilegierung der Anrechnung des reduzierten Risikogewichtes von zwei Prozent nach dem derzeitigen Stand der Konsultation nicht zu Teil werden. Abbildung 2 zeigt die Konstellation Client, Clearing Mitglied und CCP aus aufsichtsrechtlicher Sicht.

---

[739] Vgl. Rat der Europäischen Union, 2009, EMIR-Entwurf, Stand 2011, Art. 37a.
[740] Vgl. Bank for International Settlement, 2010, Baseler Konsultationspapier, S. 11.

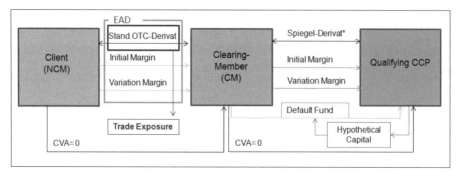

Abbildung 2: Aufsichtsrechtliches Szenario zwischen Client, Clearing-Mitglied und CCP

Für Clearing-Mitglieder gilt das *Risikogewicht* in Höhe von 2 % gegenüber qualifying CCPs immer dann, wenn die (Trade-) Exposures gestellte Sicherheiten (Initial und Variation Margin), sowie einen Kreditäquivalenzbetrag umfassen (mark-to-market exposure und potential future exposure). Forderungen gegenüber Non-Qualifying CCPs werden wie bilaterale Verträge behandelt und sind dementsprechend mit Eigenkapital zu hinterlegen, wobei neben dem Faktor des Kontrahentenausfallrisikos (CCR) auch das CVA-Risiko beachtet werden muss.

Zur Analyse der vorgeschlagenen Regelugen zur Eigenkapitalhinterlegung führte der Baseler Ausschuss Anfang des Jahres eine *Quantitative Impact Study* durch, die allerdings nur auf Grundlage des aktuellen Status Quo der über CCPs geclearten Derivate (börsliche Derivate), die notwendige Eigenkapitalunterlegung berechnet. Nicht gezeigt wird die zukünftig notwendige Eigenkapitalunterlegung auf Basis der dann standardisierten OTC-Derivate.

Die Eigenkapitalunterlegung von Forderungen gegenüber zentralen Kontrahenten ist ein Bestandteil der Regulierung des OTC-Derivatemarktes und basiert auf des Standardisierung der einst individuell ausgestalteten OTC-Derivate. Die Regulierung des OTC-Derivatemarktes bietet aufgrund der höheren Transparenz die Aussicht auf mehr Sicherheit, allerdings in gleichem Maße durch die Reduktion der charakteristischen Individualität dieser Finanzinstrumente die Gefahr, dass einst lukrative Märkte ausgetrocknet werden.

4 Chancen und Risiken der Regulierung des OTC-Derivatemarktes

Wie alle neuen Regelungen beinhalten auch diese *Chancen und Risiken* für die Institute. Nach einer Analyse der Stanford-Professoren Darrell Duffie und Haoxiang Zhu wird es aus Effizienzgründen nur eine geringe Anzahl von zentralen Kontrahenten geben.[741] Diese zentralen Kontrahenten werden genau überprüfen, wen sie als Clearing-Mitglied akzeptieren, da sie das Kontrahentenrisiko tragen und der Ausfall eines Clearing-Mitgliedes nicht nur zu hohen Verlusten führen, sondern

---

[741] Vgl. Duffie, D., Zhu, X., 2010.

auch das System des zentralen Kontrahenten trotz aller Sicherheitsmaßnahmen ernsthaft in Gefahr bringen kann. Deshalb werden die zentralen Kontrahenten die Institute als Clearing-Mitglieder auswählen, die nicht nur über genügend Liquidität verfügen, sondern auch über große Portfolien und Kundenstämme.

Diese *Kriterien für zentralen Kontrahenten* werden von den großen Investmentbanken erfüllt, die somit wohl die Gewinner der neuen Regelungen sind. Aufgrund der „Too-big-to-fail-Doktrin" würden die systemrelevanten Institute auf Basis der Erkenntnisse aus der Insolvenz von Lehmann Brothers mit hoher Wahrscheinlichkeit in Krisenzeiten auf jeden Fall staatlich gestützt werden, um eine weitere Finanzkrise zu verhindern. Diese Institute könnten ihre somit gesicherte Position weiter ausnutzen und standardisierte OTC-Derivate zu so günstigen Preisen anbieten, dass Kunden von anderen Clearing-Mitgliedern bzw. von Clients zu ihnen wechseln.

Im derzeitigen *EMIR-Entwurf* fehlen Ausführungen, die dem Abschluss von standardisierten OTC-Derivaten zwischen zwei Clients die gesetzliche Grundlage geben würden. Für den Fall, dass z. B. in Bezug auf den deutschen Bankensektor einige Landesbanken aufgrund ihres Ratings nicht Clearing-Mitglied bei zentralen Kontrahenten werden würden, könnte dies bedeuten, dass diese Institute Clients darstellen, die Geschäfte mit ihren Sparkassen (ebenfalls Clients) faktisch nicht mehr abschließen dürften. Die Sparkassen wären dann ebenso wie die Landesbanken auf Clearing-Mitglieder wie sie große Investmentbanken darstellen, angewiesen. Aufgrund dessen müssen sich alle Finanzdienstleister in Deutschland, bis auf wenige Ausnahmen, Gedanken um ihr zukünftiges Geschäftsmodell machen.

Ein Status als Client bei zentralen Kontrahenten bedeutet für das betroffene Institut und seine Kunden, dass sich der *Abschluss von standardisierten OTC-Derivaten* aufgrund der dann notwendig werdenden zusätzlichen Sicherheitenanforderungen (Initial und Variation Margin), sowie der durch das Clearing-Mitglied erhobenen Clearing-Fee deutlich verteuern wird. Ein Ausweichen in nichtstandardisierte OTC-Derivate wird keine Möglichkeit zur Kostenersparnis darstellen, da hier höhere Eigenkapitalhinterlegungen und gegebenenfalls das Stellen von Sicherheiten notwendig werden und die Anwendung von reduzierten Risikogewichten nicht möglich sein wird. Neben den Derivaten für Spekulationen werden diese auch zur Absicherung von z. B. Kundenkrediten abgeschlossen.

Wenn sich die *Kosten für den Abschluss von Derivaten erhöhen*, so ist es als Folge denkbar, dass diese Kosten auf den Kundenkredit projiziert werden. Somit ergibt sich ein weiteres Argument dafür, dass Kunden des Clients künftig ihre Geschäfte, sowohl Derivate, als auch Kredite direkt mit einem Clearing-Mitglied abschließen. Damit hat die Regulierung des OTC-Finanzmarktes auch Auswirkungen auf die Realwirtschaft. Unter Berücksichtigung der aufgeführten Argumente ist erkennbar, dass Investmentbanken in ihrer Rolle als Clearing-Mitglieder die Gewinner der neuen Regelungen zur Regulierung des OTC-Derivatemarktes sind und damit das BIG TICKET gezogen haben. Die eigentliche Intention zur Regulierung der Derivatemärkte kann aber dadurch nicht erreicht werden.

5 Zusammenfassende Betrachtung und Ausblick

Der *G-20-Gipfel* in Pittsburgh 2009 bildete die Basis für verschiedene Maßnahmenpakete, unter anderem auch für die Regulierung der OTC-Derivatemärkte, sowohl auf amerikanischer, als auch auf europäischer Ebene. Der bereits verabschiedete amerikanische Dodd-Frank-Act wird nicht nur Auswirkungen auf den lokalen Finanzmarkt haben, sondern auch für europäische Finanzinstitute die Frage nach dem zukünftigen Abschluss von standardisierten Derivaten mit amerikanischen Instituten mit sich bringen.

Der sich noch in Konsultation befindliche *EMIR-Entwurf*, das Pendant zum Dodd-Frank Act, wird bis zu seinem in Kraft treten im Jahr 2013 noch für einige Diskussionen sorgen. Das bisherige Fehlen einer Ausnahme von der Clearingpflicht für kleine Institute, sowie die ebenfalls fehlenden Ausführungen zum Abschluss von zukünftig standardisierten OTC-Derivaten zwischen zwei Nicht-Clearing-Mitgliedern (Client-Client) sind nur zwei Punkte, die noch einmal zu überdenken sind. Im EMIR- Entwurf vom März 2011 wurde bezüglich der Clearingpflicht der Zusatz "OTC" bei Derivaten gestrichen. Dies hätte bedeutet, dass zukünftig nicht nur die standardisierbaren OTC-Derivate unter die Clearingpflicht über zentrale Kontrahenten gefallen wären, sondern auch alle bereit derzeit börsengehandelten Derivate.

Aufgrund des *massiven Drucks* aus dem Finanzmarkt wurde dies allerdings im EMIR-Entwurf vom Mai 2011 revidiert. Die Clearingpflicht gilt somit zukünftig nur für standardisierte OTC-Derivate. Börsengehandelte Derivate können über einen zentralen Kontrahenten gecleart werden, es besteht allerdings keine Verpflichtung dazu. „Echte" OTC-Derivate (bilateraler Abschluss zwischen zwei Kontrahenten) bleiben auch zukünftig von der Clearingpflicht unberührt, da ihnen das Mindestmaß an Standardkriterien fehlt, die erfüllt sein müssen, um über einen zentralen Kontrahenten gecleart werden zu können.

Eine weitere Änderung innerhalb des EMIR-Entwurfs gab es bezüglich der *Ausnahme von der Clearingpflicht*. Bisher waren lediglich Zentralbanken, multilaterale Entwicklungsbanken und die Bank für internationalen Zahlungsausgleich von der Clearingpflicht befreit. Nun wurde die Ausnahme erweitert auf Körperschaften öffentlichen Rechtes, wobei derzeit diskutiert wird, ob dazu nur Förderkreditinstitute auf Zentralstaatsebene zählen oder weitere. Unter der Beachtung des eigentlichen Zieles von EMIR, das in der Schaffung höherer Transparenz und der Eingrenzung des systemischen Risikos liegt, sollten die Ausnahmen von den neuen Regelungen vorsichtig gewährt werden.

Die neuen Regulierungen werden sowohl nach dem europäischen Entwurf (EMIR), als auch nach seinem amerikanischen Pendant (Dodd Frank Act) zu *Ver-*

änderungen des bisherigen OTC-Derivatemarktes führen und darüber hinaus zu Marktverschiebungen aufgrund der Tatsache, dass nicht jedes Institut Clearing Mitglied werden kann. Alle Clients werden auf mindestens ein Clearing Mitglied angewiesen sein, um standardisierte OTC-Derivate zukünftig abschließen und clearen lassen zu können. Die Abhängigkeit von Clearing Mitgliedern hat für Clients die Folge, dass mit erhöhten Kosten für den Abschluss von standardisierten OTC-Derivaten zu rechnen ist. Ein Ausweichen in den Abschluss nicht-standardisierter OTC-Derivate ist aufgrund des dabei mit Eigenkapital zu unterlegenden CVA-Risikos keine kostengünstigere Alternative. Der Abschluss von OTC-Derivaten, egal ob zukünftig standardisiert oder nicht, wird aufgrund höherer Sicherheitenanforderungen und der Unterlegung der Forderungen mit Eigenkapital insgesamt teurer werden. Nur wenige werden an der aktiven Gestaltung des standardisierten OTC-Derivatemarktes teilnehmen können, sodass sich die systemischen Risiken, die eigentlich durch die Regulierung dieses Marktes reduziert werden sollen, tendenziell erhöhen werden.

Literaturverzeichnis

Bank for International Settlements (2010): Basel III: A global regulatory framework for more resilient banks and banking systems, 16. Dezember 2010.

Bank for International Settlements (2010): Capitalization of bank exposures to central counterparties, 20. Dezember 2010.

Diehl, T. (2010): Die Wirtschaftspolitik Margaret Thatchers- Eine Erfolgsgeschichte?,1. Auflage 2010, Norderstedt.

Duffie, D., Zhu, X. (2010): Does central clearing counterparty reduce counterparty risk?, März 2010.

Europäisches Parlament und Rat (2003): MAD, Marktmissbrauchsrichtlinie: Richtlinie 2003/6/EG des Europäischen Parlaments und des Rates über Insider-Geschäfte und Markt-manipulation, Richtlinie 2003/6/EG, 28. Januar 2003.

Europäisches Parlament und Rat(2004): MiFID: Investment Service Directive- Markets in Financial Instruments Directive, Richtlinie 2004/39/EC, 30. April 2004.

Hrynko, J., Schröder, D.,(2011) in: Risiko Manager Nr. 10 vom 12.05.2011, S. 01–07.

Kellermann, Chr. (2006): Die Organisation des Washington Consensus- Der Internationale Währungsfonds und seine Rolle in der internationalen Finanzarchitektur, Bielefeld, 2006.

LCH Swapclear (2010): Anforderungen an Clearing-Mitgliedschaft: http://www.lchclearnet.com/Images/General%20regulations_tcm6-43737.pdf

Rat der Europäischen Union (2009): EMIR-Entwurf: Proposal for a regulation of the european parliament and of the council on the otc derivatives, central counterparties and trade repositories, letzter Stand März 2011.

US-Kongress (2010): Dodd-Frank-Act: Dodd-Frank Wall Street Reform and Consumer Protection Act, H.R. 4173, verabschiedet im Juli 2010.

Stichwortverzeichnis

A

Abschreibungsrisiken von Positionen 436
Absicherung von AfS Instrumenten 393
Absorbierung möglicher Verluste 443
Abzugspositionen 41
Account 473
Additional Tier 1-Kapital 40
Add-On 397
Adressenausfallrisiken 30, 435, 447
Adressrisiko 181
AfS Eigenkapitalinstrumente 390
AfS Schuldtitel 391
Aggregation verschiedener Risikobeiträge 438
Aggregationsverfahren 364
Aktivitäten und Prozesse 289
Aktuelle Umfeldbedingungen 458
Allgemeine Anforderungen 31
Allgemeine Anforderungen an das Risikomanagement 19
Amortised Cost 406
Anerkennung von grundpfandrechtlichen Sicherheiten 54
Angemessene Strategie 455
Angemessenheit der Parametrisierung 448, 453
Anlegerschutz 471 siehe Dodd Frank Wall Street Reform and Consumer Protection Act
Anpassungsmaßnahmen 405
Anschaffungskostenprinzip 398
Antizyklische Puffer 81
Anwenderkreis 17
Anwendungsbereich 16
At Equity Methode 378, 386
Aufbau- und Ablauforganisation 22, 27, 91
Aufbauorganisatorischen Trennung 315
Aufbauprüfung 293
Aufdeckung stiller Reserven und Lasten 378
Aufsichtlich vorgegebene Add-on-Faktoren 64
Aufsichtsorgan 22
Aufsichtsrechtliche Konsolidierung 409
Aufsichtsrechtlichen Anforderungen 287
Aufsichtssäule I 13
Aufsichtssäule II 14

Ausfallrisiko des Kontrahenten 57
Ausgangsbasis 384
Außerbilanzielle Adressenausfallrisikoposition 400
Außerbilanzielle Position 397
Available for Sale 400

B

Badwill 381
Bankaufsichtliche Anforderungen 82, 417
Bankaufsichtlicher Überprüfungsprozess 15
Bankaufsichtliches Anforderungsspektrum 417
Bankaufsichtliches Überprüfungsverfahren 14
Bankbetriebliche Funktionen 442
Bankbetriebliche Praxis 418
Banken 43
– Aufsicht 96
– Wettbewerbsumfeld 219
Bankenrichtlinie 14
Bankensektor
– assoziierte Unternehmen 379
– außerhalb 379
Bankinterne Risikotragfähigkeitskonzepte 419
Barwertmethodik 177
Basel III-Rahmenwerk 39–40, 362, 406, 470
Basel-II-Rahmenwerk 13, 361
– Säule 1 361
– Säule 2 361
– Säule 3 361
Berichte für Prozessprüfungen 298
Berichtswesen 296
Berücksichtigung von erwarteten Jahresergebnissen 446
Bestandportfolio 449
Beteiligungspositionen 55
Betriebswirtschaftlicher Risikobegriff 431
Bilanzaktiva 399
Bilanzielle Adressenausfallrisikopositionen 401
Bilanzielle Position 396
Bilanzorientierte Größe 444
Bilanzorientierte Liquiditätsvorsaurechnungen 211

Bilanzrechtliche Eigenkapitalbestandteile 364
Bonitätseinschätzung, externe 28
Bonitätsinduzierte Wertänderungen 394
Branchenzugehörigkeit 371
Bretton Woods 467
Buchwert 403, 423
Business Case Revision 88

C
Capital Conservation Buffer 42
Capital Requirements Directive 39
Cashflow Hedges, sonstige 394
CCF für qualifizierte Liquiditätsfazilitäten 50
CCP 468, 472–474
– Bedingungen 474
CCR siehe Kontrahentenausfallrisiko
Clearing 471
Clearing Mitglied Account 474 siehe Account
Clearing-Mitglieder 468, 472, 474, 476, 470
Clearingpflicht 470, 478
Client 468, 470, 474–475, 477
Client-Account 474, 475
Committee of European Banking Supervision (CEBS) 34
Common Equity Tier 1-Kapital 40
Copula-Verfahren 452
Countercyclical Buffer 43
Covered bonds 53
CRD II 45
CRD IV 470
Credit Ratings von Instituten 55
Credit Spread Risiken 436
CreditPortfolioView (CPV) 184, 194
CVA Risk Capital Charge 59
– Ermittlung 58
CVA-Risiko 476

D
Deckungspotenzial 426, 428, 445
– Bemessung 425
– Bestimmung 422
Default Fund 468, 473
Default fund exposures 62
Default-Mode-Modelle 435
Dekonsolidierung 375, 385
Dekonsolidierungsmaßnahmen 371
Deleveraging 66

Delta-Äquivalent 403
Deregulierung 467
Derivate 66
Derivative Adressenausfallrisikoposition 397, 400
Deterministische Zinsprodukte 212
DIIR-Prüfungsstandard Nr. 4 „Standard zur Prüfung von Projekten – Definitionen und Grundsätze" 87
Diversifikationseffekte 188
– Ermittlung 21
Dodd-Frank Wall Street Reform and Consumer Protection Act 469
Dokumentation 25, 452
Doppelte Proportionalität 362
Dreifachdifferenzierung 437
Dreijähriger Prüfungsrhythmus 295
Drittrangmittel 367, 426
Drittverwendung der entsprechenden Leistung 318
Due-Diligence 49

E
Eigenhandel 469
Eigenkapital 472
– Anforderung 51, 470
– Ausstattung, angemessene 361
– Begriff 423
– Sicht, bilanzielle 424
– Standards 81
– Unterlegung 476
Eigenkapital- und Liquiditätsstandards 81
Eigenmittel 368
– Bestandteile 39
Eigenmittelanforderungen Anhebung 64
Einflussfaktoren, externe und interne 21
Einseitig wirtschaftliche Abhängigkeiten 307
Einzeladresskonzentrationen 194
Einzubeziehende Geschäfte 18
EMIR siehe European Market Infrastructure Regulation
Entscheidungen unter Unsicherheit 429
Ereignisstressszenarien 229
Erfordernisse der MaRisk 91
Ergänzungskapital 367, 426
Ergänzungskapital Tier 2 41
Erhaltungskalkül 441
Erhöhung des Korrelationsparameters 56
Ermittlung des KSA-Risikogewichts 54

Ertrags- und Eigenkapitalsituation 433
Erwarteter Jahresgewinn 444
Erwartungswert, Abweichung 430
European Banking Authority (EBA) 34
European Market Infrastructure Regulation 468
Existenzbedrohende Auswirkungen 318
Expected Loss Model 407
Expertenbasierte Risikobeträge 438
Experteneinschätzungen 450
Explizite Managementbefassung 460
Ex-Post- und Ex-Ante Ansatz 90

F
Fair Value 406
Fair Value Option 386, 394, 399
Fair Value Orientierung 387
Finance lease 400
Finanzielle Vermögenswerte, Klassifizierung 406
Finanzkrise 77, 98, 104–105, 107, 114, 116, 119, 122, 132, 214, 216, 461
Finanzmärkte 34
Finanzmarktliquidität 212
Früherkennung von Risiken, Voraussetzungen 118
Früherkennungsverfahren und -prozesse 77
Frühindikatoren 113
Frühwarnindikatoren 15, 83
– externe 83
– interne 83
Frühwarnnote 97
Frühwarnportfolio 96
Frühwarnsysteme 109
Frühwarnverfahren 82
– Prüfungen 84
Führungskrise 108
Full-Goodwill-Methode 381
Funktionsprüfung 97, 293, 294
Funktionstrennung 27
Fusion 26

G
Gemeinschaftsunternehmen 409
General wrong way risk 65
Gesamtbanksteuerung 454
Gesamt-Eigenmittelbelastung 60
Gesamtkapitalunterlegung, geforderte 42
Gesamtverantwortung der Geschäftsleiter 19, 455

Geschäfts- und Risikostrategie 296
Geschäftsaktivitäten in neuen Produkten 26
Gestaltungsspielräume 34
Going Concern Capital 368
Going Concern Fall 368
Going-concern-Prämisse 441
Gone Concern Fall 368
Goodwill 381
Grundsätzliche Methodenfreiheit 420
GuV-orientierte Größe 444

H
Haftendes Eigenkapital (hEK) 314, 367
Handelsbestand 394
Handelsgeschäft 18, 29
– Anforderungen an Prozesse 29
Hard Test 54
Hedge Beziehungen 386
Hedge Fonds 469
Held for Trading 399
Held to Maturity 399
Historische Simulationsverfahren 452
Hypothetische Szenarien 459
Hypothetisches Kapital 472

I
ICAAP 362
Identifizierung 431
Identifizierung von Fehlentwicklungen 456
Identifizierungsprozesse 311
IDW Prüfungsstandard 525 287
IDW Prüfungsstandard 300 292
IFRS 9 406
IFRS 10 408
IFRS 11 408, 409
IFRS Änderungen 406
Immobilien als Finanzinvestition 392
Immobilienkredite 78
Indikatorensysteme 116
Individual Account *siehe* Segregated Account
Informationskrise 104
Informationszustand 429
Initial Margin 468
Institutsindividueller Nachweis der Privilegierung 54
Institutsspezifische Reflexion 417
Intensivbetreuung 94
Internal Control – Integrated Framework 288

483

Interne Revision 24, 78, 98
- besondere Anforderungen an die Ausgestaltung 33
Interner Revisor 294
Internes Kontrollsystem 22, 26, 292
Inter-Risikokonzentrationen 18
Intra-Risikokonzentrationen 17
Inverse Stresstests 24, 173, 197
IRB Bemessungsgrundlage 396
IRBA-Fähigkeit, Begriff 50
Iterativer Risikocontrollingprozess 421
IT-Systeme, Eignung 25

J
Jährliche Prüfungsplanung 289
Jederzeitige Zahlungsbereitschaft 208

K
Kapital 177
Kapitalkonsolidierung 370
Kapitalmarktorientierte Institute, zusätzlichen Anforderungen 32
Kapitalpuffer, zusätzliche 81
Kapitalsicht
- bankaufsichtliche/regulatorische 423, 425
- unternehmerische/ökonomische 423
Kausalitäten, mangelnde Berücksichtigung 415
Kernkapital 366, 425
Klassische Krediteinzelfallprüfungen 97
Kohärentes Risikomaß 434
Konditionen 29
Konfidenzintervall 433
Konsistente Methodenwahl 421
Konsolidierungsbuchungen 385
Konsolidierungskreis 371, 405
Konsolidierungsmaßnahmen 371, 377, 386
Konsolidierungsmethodik 383
Konsolidierung, zusätzliche 375
Kontrahentenausfallrisiko 476
Kontrollrisiko 289
Konzentrationslimite 457
Konzentrationsrisiken 452
- im Kundengeschäft 195
Konzernabschlussverfahren 364, 370
Korrelationsrisio 65
- allgemeines 65
- spezielles 65
Kredit- und Finanzdienstleistungswesen, Missstände 16

Kreditäquivalenzbetrag 476
Kreditfinanzierung 53
Kreditgeschäft 18, 27
- Anforderungen an die Prozesse 27
Kreditgewährung 135
Kreditnehmereinheit nach § 19 Abs. 2 305
Kreditportfoliomodelle 183
Kreditvergabestandards 47
Kreditweiterbearbeitung 135
Krise 46
Krisenindikatoren 109–110, 112, 116, 134
- Anforderungen 110
- Bankebene 121
- Einsatz 120
KSA Bemessungsgrundlage 396
Kurzfristige Liquiditätsvorsorge 209

L
LCR *siehe* Liquidity Coverage Ratio
Letter of Credits 309
Leverage Ratio 67, 365, 470
- Vergleichbarkeit 67
Limithierarchien 456
Liquidationsprämisse 441
Liquidierbarkeit von stillen Reserven 427
Liquidität 207
Liquiditätsablauffächer 227
Liquiditätsbedarf 31
Liquiditätsbeschaffungsrisiko 228
Liquiditätsengpässe, Notfallplan 32
Liquiditätskennziffern 217
Liquiditätskrise 109, 229
Liquiditätspuffer 68
Liquiditätsreserve 222
Liquiditätsrisiken 31, 67, 209, 437, 447
- Analyse 206, 227, 218
- Riskotreiber 230
- Steuerung 210
- Strategie 224
- Stressszenarien 220
- Stresstests 207, 219, 220
- Stresstests, materielle Ableitung 221
Liquiditätsschock 188, 192
Liquiditätssteuerung 205
- kurzfristige 211, 224
- Schwachstellen 215
Liquiditätsübersicht 31
Liquiditätsversorgung 228
Liquidity at Risk (LaR) 187

Liquidity Coverage Ratio 68, 470
Liquidity risk 214
Liquidity Value at Risk (LVAR) 187, 211
Loans and Receivables 399

M
MAD *siehe* Marktmissbrauchsrichtlinie
Marktführerrolle 461
Marktmissbrauchsrichtlinie 471
Mark-to-Market 468
Mark-to-Market-Modelle 435
Marktpreisrisiken 30–31, 436, 447
Marktwert 403, 425
Marktwertänderungen 393
Marx-Engels-/Lohman-Ruchti-Effekt 128
Maßgeblichkeit des aufsichtsrechtlichen Konsolidierungskreises 375
Materielle Auswirkungen, Erfassung 430
Materieller Nettoanteil 47
Mathematisches Modell 63
Meldepflichten 471
Methodenfreiheit 440
Methodik, Wahl 48
MiFID 471
Migrationmodelle 435
Minderheitsanteile, Behandlung von 381
Mindestanforderungen an das Risikomanagement (MaRisk) 13, 34, 78
Mindestkapitalanforderungen, unterschiedliche 62
Modernisierung des bankaufsichtlichen Meldewesens 364
Modifiziertes verfügbare Eigenkapital 368
Monitoringtools 71
Monte-Carlo-Simulation 195

N
Nachhaltige Steuerungsinstrumente 422
Nachschussrisikozeiträume 64
Nationales Recht 39
Net economic interest 47
Net Stable Funding Ratio 70, 470
Nettoanteil 48
Nettomittelabflüsse 223
Nettomittelabflüsse in Banklliquiditätskrisen 225
Neukategorisierung nach IFRS 9 407
Neuproduktprozess (NPP) 449, 451
Nichtberücksichtigung von wesentlichen Risiken 20

Nominalbetrag 403
Non-qualifying CCP 472, 476
Novation 468
NSFR *siehe* Net Stable Funding Ratio

O
Off-Balance Sheet Positionen 67
Offensichtliche stille Lasten 445
Omnibus Account 475
Operationalisierbarkeit 457
Operationelle Risiken 436, 448, 451
Operatives Einzellimit 457
Operative lease 400
Optimaler Umstellungszeitpunkt 406
Ordnungsgemäße Geschäftsorganisation 19, 287
Organisationsrichtlinien 24
Originate-to-distribute 47
OTC-Derivate 467, 468, 470, 473, 478,
 – im Handels- und Anlagebuch eines Instituts 58
 – Markt 470–471
Outsourcing 26

P
Partial-Goodwill-Methode 381
Periodische Sichtweise 182
Personal 25
Perspektivenabgrenzung 439
Perspektivenbezogene Ableitung eines Liquidations-Deckungspotenzials 444
Perspektivenbezogene Korrekturen 443
Perspektivenbezogenes going-concern-Deckungspotenzial 443
Pflichtgemäß erstellter IFRS Konzernabschluss 384
Poolspezifische Liquiditätsfazilitäten 51
Positiver Marktwert 397
Prinzip der Methodenfreiheit 439
Privatinsolvenz 77
Projekt Management Revision 88
Projektrevision 89
 – im Bereich der Frühwarnverfahren 88
Prospektive Methode 383–384
Prozess 449
Prozessabhängigen Kontrollen 287
Prozessanforderung Ablauforganisation 92
Prozessanforderung Aufbauorganisation 91
Prozessanforderung Intensivbetreuung 93
Prozessanforderung Normalbetreuung 92

prozessorientierter Ansatz 290
Prozessualer Rahmen 454
Prozessunabhängige Prüfungsstelle 288
Prudential Filters 407
Prüferteam 295
Prüfung wirtschaftlicher Abhängigkeiten 311
Prüfungsansatz, qualitative Ausrichtung 186
Prüfungsansätze der Internen Revision 95
Prüfungsplan 33
Prüfungsplanung 294
Prüfungspraxis, Erfahrungen 454
Prüfungsstandard 261 290
Prüfungsstandard 340 287

Q

Qualifizierte zentrale Gegenpartei (CCP) 61
Qualifizierter CCP 61
Qualifying CCP *siehe* CCP
Qualitative Aufsicht 34
Quantifizierung der Risikoanalyse 289
Quantitatives Dilemma 454

R

Rahmenvertrag 474
Ratingsystem 132, 289
Regressionsanalyse 195
Regulatorische Eigenkapitalbegriffe 366–367
Regulatorische Kapitalsituation 432
Regulatorische Lücken 79
Ressourcen 25
Retrospektive Methode 383
Revision der fachlichen Anforderungen 88
Revisoren, Qualifikation 300
Revisoren, spartenübergreifende Zusammenarbeit 300
Risiken
– Aggregation 451
– Begriff 429–430
– Operationelle 33
– Verfahren zur Früherkennung 28
– Wertorientierte Ermittlung 179
Risikoanalyse im Depot A 231
Risikoarten, Ableitung von Korrelationen 452
Risikobegrenzung und -steuerung, zwei zentrale Bereiche 80
Risikodeckungsmassen 363
Risikodeckungspotenzial 176, 178, 427
Risikoeinheit 313

Risikoereignis- und Schadensfallerfassung 450
Risikoerfassung, vollständige 448
Risikofrüherkennungsfunktion 115
Risikogemeinschaft 313
Risikogerechte Bewertung 52
Risikogewicht 472, 473, 476
Risikogewichte für Wiederverbriefungspositionen 52
Risikoindikatoren 97, 450
Risikoinventur 17, 448, 451
Risikokennzahlen, quantitative Angemessenheit und Richtigkeit 454
Risikokennziffer 295
Risikoklassifizierungsverfahren 28, 86, 118
– Prüfung 86
Risikokonzentrationen 17, 30, 188
Risikomanagement
– auf Gruppenebene 24
– Wirksamkeit und Angemessenheit 290
Risikomerkmale, qualitative und quantitative 85
Risikomindernde Diversifikationseffekte 20
Risikoorientierter Prüfungsansatz 87–88, 289
Risikoprofil 177, 428, 446
– Bestimmung 431
– Bestimmung im Rahmen einer Going-concern-Betrachtung 447
Risikoquantifizierung 433
Risikosensitives Risikomaß 67
Risikosteuerungs- und Risikocontrollingprozesse 23
– Anforderungen 30
Risikostrategie 21
Risikotoleranzen 22
Risikotragfähigkeit 176, 362
Risikotragfähigkeitskonzepte 417
Risikotransferinstrument der Verbriefungen 53
Risikowahrnehmung 79
Risk Assessment 450
RTF 422
– RTF-Konzepte 415, 418
– RTF-Steuerung 416, 446, 453
– RTF-Steuerungsperspektive 446, 461

S

Sale-and-lease-back-Transaktionen 127
Schlüsselkontrollen 292, 296
Schuldenkonsolidierung 370

Schuldnergesamtheit 305
Security Based Swap 469
Segmentierung der ökonomischen Risikodeckungsmasse 368
Segregated Account 475
Sektorkonzentrationen 194
Selbst genutzte Grundstücke und Gebäude 391
Sicherheitenleistung 468
Sicherheitenverwaltungseinheit 65
Single Rule Book 53
Situative Szenarien 459
Solvabilitätsverordnung (SolvV) 362
– Änderungen 45
– Bemessungsgrundlage, Ermittlung 400
Spätindikatoren 113
Specific wrong way risk 65
Spekulation 477
Spekulationskrise 104
Spiegelgeschäft 474
SREP 362
Standard Risk Capital Charge 60
Standardisierung 467–468
Stärkere Konvergenz der internen und externen Steuerung 409
Stärkung der Risikodeckung 57
Strategie des Kreditengagements 94
Strategien 21
Strategieprozess 22
Strategische Krise 93, 107
Stressszenarien 33, 68, 228, 230, 458
Stresstest 23, 32, 81, 192, 218, 225, 422, 458
Stresstestsimulationen 184
Strukturelles Risiko 310
Substance over form 39
Substanzwert 424
Summenbilanz 385
Summen-GuV 385
Swap 469, 470
Swap Dealer 469–470
Swap Push Out Rule 469
System- und Funktionsprüfungen 295
System- und Verfahrensprüfung 91
System von Limiten 30
Systemprüfungen 95, 292, 299
– Durchführung 296
Szenario „Staatenkrise" 459
Szenarioanalysen 450
Szenariodefinition 458

T
Technisch-organisatorische Ausstattung 25
Tests
– marktinduzierte und modellinduzierte 193
– modellinduzierte 193
Tochterunternehmen, Begriff 373
Trade exposures 61
Turn-Around-Maßnahmen 111

U
Übergangsfrist 41, 50, 370
Übernahme 26
Überschneidung der beiden Verlustpuffer 369
Umsetzungsprobleme 405
Unbesicherte Forderungen 56
Unternehmensindikatoren 116
Unternehmenskrise 105–106, 111
Unterschiedsbetrag, aktivischer oder passivischer 379–380

V
Value-at-Risk-Konzepte 181, 433
Variation Margin 468
VaR-Kennzahl, Interpretation 433–434
Verbriefungen 47, 52
Verbriefungen im Handelsbuch 52
Verbriefungsstruktur 49
Verfügbarer Bestand an stabilen Passiva 70
Vergleichsrechnung 384
Verschärfte Regulierung 79
Verschuldungsgrad 66
Verzahntes Stresstestingkonzept 460
Vollständigkeit des betrachteten Risikoprofils 421
Vorfinanzierte Mittel 472
Vorleistungsrisikopositionen 397, 400
Vorwarnstufe 368
Votierung 27

W
Wahlrecht 53–56
Währungsgesamtposition 403
Währungsumrechnung 378
Wertänderung
– effektiver Teil 393
– ineffektiver Teil 393
Wertberichtigungsvergleich 405
Wertmaßstab 439
Wertorientierte Sichtweise 182

Wesentliche Risiken 17
Wesentlichkeitsgrenzen 373
Wiederverbriefung, Begriff 51
Wirkungszusammenhänge 457–458
Wirtschaftliche Abhängigkeit 309, 314
Worst-Case-Fall 135, 139

Z
Zahlungsmittelabflüsse 68

Zahlungsmittelzuflüsse 68
Zeitlicher Turnus der Auswertungen 86
Zentrale Datenregister 469
Zentraler Kontrahent *siehe* CCP
Zielerreichung 429–430
Zu Früh-Indikatoren 112
Zukünftige Risikotragfähigkeit 20
Zunahme des Eigenmittelbedarfs 57
Zu-Spät-Indikatoren 114